CHRISTIAN PFENGLER

Plenarvorbehalt und Delegation

Beiträge zum Parlamentsrecht

Herausgegeben von

Professor Dr. Horst Risse, Berlin
Professor Dr. Utz Schliesky, Kiel
Professor Dr. Christian Waldhoff, Berlin

Band 79

Plenarvorbehalt und Delegation

Zur Übertragung von Plenarkompetenzen auf Ausschüsse

Von

Christian Pfengler

Duncker & Humblot · Berlin

Die Rechts- und Staatswissenschaftliche Fakultät der Universität Greifswald
hat diese Arbeit im Jahre 2019 als Dissertation angenommen.

Bibliografische Information der Deutschen Nationalbibliothek

Die Deutsche Nationalbibliothek verzeichnet diese Publikation in der Deutschen Nationalbibliografie; detaillierte bibliografische Daten sind im Internet über http://dnb.d-nb.de abrufbar.

Satz: 3w+p GmbH, Rimpar
Druck: buchbücher.de gmbh, Birkach
Printed in Germany
ISSN 0720-6674
ISBN 978-3-428-15874-4 (Print)
ISBN 978-3-428-55874-2 (E-Book)

Gedruckt auf alterungsbeständigem (säurefreiem) Papier
entsprechend ISO 9706 ♾

Internet: http://www.duncker-humblot.de

Vorwort

Die vorliegende Arbeit wurde im Sommersemester 2019 von der Universität Greifswald als Dissertation angenommen. Literatur und Rechtsprechung wurden weitgehend bis Januar 2019 berücksichtigt.

An erster Stelle zu danken habe ich Herrn Professor Dr. Uwe Kischel, LL.M. (Yale), nicht nur für viele nützliche Hinweise sowie die zügige Erstellung des Erstgutachtens, sondern auch für den großzügigen Freiraum während meiner Zeit als wissenschaftlicher Mitarbeiter. Jenseits dessen bin ich ihm auch für wertvolle Ratschläge und Hilfe bei der Vorbereitung meines Auslandsstudiums und darüber hinaus zu großem Dank verpflichtet.

Zudem schulde ich Herrn Professor Dr. Joachim Lege Dank für die zügige Erstellung des Zweitgutachtens sowie für viele wertvolle Hinweise.

Schließlich wäre diese Arbeit ohne die Unterstützung meiner Familie und Partnerin nicht möglich gewesen, weshalb ich nicht weniger meinen Eltern Annett und Steffen Pfengler, meiner Großmutter Ingrid Schwabe sowie Viola Witt danken möchte, denen diese Arbeit gewidmet ist.

Ann Arbor, im Oktober 2019 *Christian Pfengler*

Inhaltsverzeichnis

Erster Teil

Delegation und Plenarkompetenzen 17

Dritter Teil

Grundsätzliche Delegierbarkeit von Plenarkompetenzen 144

Vierter Teil

Erster Teil

Delegation und Plenarkompetenzen

Bevor beurteilt werden kann, ob die Delegation von Kompetenzen des Plenums auf Ausschüsse[1] zulässig ist, muss vorab geklärt werden, was genau der Begriff Delegation bedeutet (A.). Eine Delegation von Kompetenzen setzt jedenfalls voraus, dass der Übertragende überhaupt über Kompetenzen verfügt. Daher ist ferner zu überlegen, welche Kompetenzen gerade dem Plenum allgemein zukommen (B.). Darüber hinaus kann eine Kompetenzübertragung nur dann überzeugend problematisiert werden, wenn zwischen den Beteiligten (Plenum und Ausschüssen) überhaupt Unterschiede von Gewicht bestehen (C.). Aufgrund dessen kann abschließend ein Überblick gewonnen werden über die für die Untersuchung relevanten Plenarkompetenzen und Ausschüsse (D.).

A. Delegationsbegriff

Der Begriff der Delegation bezeichnet im Kern nichts anderes als einen Rechtsakt, durch den eine Kompetenz übertragen wird. Bei genauerer Betrachtung lassen sich allerdings verschiedene Unterformen von Delegationen unterscheiden (I.). Neben der Delegation gibt es zudem noch weitere Rechtsinstitute, die eine der Delegation vergleichbare Funktion erfüllen und daher von ihr abzugrenzen sind (II.). Die Delegation von Plenarkompetenzen zeichnet sich dabei speziell dadurch aus, dass der Kreis der an der Delegation Beteiligten auf das Plenum und die Ausschüsse beschränkt bleibt (III.).

[1] Unter anderem *Steiger*, Organisatorische Grundlagen, S. 136 spricht bei der Delegation von Kompetenzen des Plenums auf Ausschüsse auch von innerparlamentarischen Delegationen; vgl. auch *Kreuzer*, Staat 7 (1968), 183 (184). Die Begriffe „Delegation von Plenarkompetenzen“ und „innerparlamentarische Delegation“ werden im Folgenden ebenfalls synonym verwendet.

I. Begriff und Formen

1. Begriff

Die Delegation ist ein Rechtsakt, durch den eine Kompetenz[2] des Übertragenden (Deleganten) mit dessen Willen ganz oder zum Teil auf den Empfänger (Delegatar) übergeht. Es handelt sich also um eine Kompetenzveränderung, die von dem Inhaber der Kompetenz veranlasst wurde.[3]

a) Eigene Kompetenz und willentliche Übertragung: delegatio per constitutionem?

Nur wenn der Inhaber einer Kompetenz diese selbst überträgt, handelt es sich um eine Delegation. Das heißt, dass solche Übertragungen von Kompetenzen, die nicht durch den Inhaber der Kompetenz bewirkt werden, keine Delegationen darstellen.[4] Für die Delegation von Plenarkompetenzen bedeutet dies, dass das Plenum die Übertragung seiner Kompetenz veranlasst haben muss. Wird hingegen erstmalig dem Parlament beziehungsweise dem Plenum eine Kompetenz durch die ursprüngliche Verfassung zugeordnet oder eine typische parlamentarische Funktion einem anderen

---

[2] Begrifflich sind Kompetenzen und Zuständigkeiten nach *H. J. Wolff* zu trennen, *H. J. Wolff/Bachof/Stober/Kluth*, Verwaltungsrecht[7] II, § 83 Rn. 5 ff.; anders noch: *H. J. Wolff*, Theorie der Vertretung, S. 236 f., 272 ff., insbesondere S. 274. Danach ist Zuständigkeit die Berechtigung beziehungsweise Verpflichtung eines Subjektes, Kompetenz hingegen der Gegenstand dieser Berechtigung oder Verpflichtung; zustimmend *Lauscher*, Delegation von Hoheitsrechten, S. 47 ff. Dieser Gewinn an begrifflicher Klarheit ist anzuerkennen und soll im Folgenden genutzt werden. Für den Delegationsbegriff selbst ist diese Differenzierung allerdings im Ergebnis ohne Folge; vgl. *Lauscher*, Delegation von Hoheitsrechten, S. 50; zu demselben Schluss kommt *Reinhardt*, Delegation und Mandat, S. 21 Fn. 10.

[3] Grundlegend zum Delegationsbegriff: *Triepel*, Delegation und Mandat, S. 23. Zustimmend: *Berg*, Staat 9 (1970), 21 (29); *Dagtoglou*, Kollegialorgane, S. 62; *Kewenig*, Staatsrechtliche Probleme, S. 43 f.; *Kunz*, Ausgabenermächtigungen, S. 10; *Ossenbühl*, Verwaltungsvorschriften, S. 440 f.; *Pietzner*, Petitionsausschuss, S. 53; *Rasch*, DÖV 10 (1957), 337 (338); *Reinhardt*, Delegation und Mandat, S. 20; *Schenke*, VerwArch 68 (1977), 118 (120); *Schmitt-Vockenhausen*, Verfassungsrechtliche Probleme, S. 53 f.; *Schwerin*, Bundestag, S. 167; *H. J. Wolff/Bachof/Stober/Kluth*, Verwaltungsrecht[7] II, § 83 Rn. 67; mit kleinen Abweichungen *Obermayer*, JZ 11 (1956), 625 (625); vgl. auch *Schwabe*, DVBl. 89 (1974), 69 (70); *Staupe*, Parlamentsvorbehalt, S. 34; zu anderen Bezeichnungen für die Delegation in der Literatur siehe *Lauscher*, Delegation von Hoheitsrechten, S. 34 f. Einen abweichenden Delegationsbegriff entwickelte *Barbey*, Rechtsübertragung und Delegation, passim. Danach bildeten Subjekt und Kompetenz eine Einheit, weshalb ein vom Subjekt losgelöster Übergang auf ein anderes Subjekt ausgeschlossen sei, siehe *Barbey*, ibd., S. 48 ff. et passim. Daher bedeute Delegation die Begründung einer außerordentlichen Zuständigkeit, S. 77. Mit überzeugender Kritik an den hieraus gezogenen Schlüssen *Lauscher*, Delegation von Hoheitsrechten, S. 46 ff. und damit letztlich wieder i.E. mit *Triepel* in Übereinstimmung, S. 49 f.; kritisch *Barbey* gegenüber auch *Heinz*, Staat 36 (1997), 495 (499); *Reinhardt*, Delegation und Mandat, S. 24; *Schenke*, VerwArch 68 (1977), 118 (122). Den Delegationsbegriff *Barbeys* befürwortend hingegen *Schinkels*, Normsatzstruktur des IPR, S. 155 f.

[4] *Triepel*, Delegation und Mandat, S. 60 ff.

Organ zugewiesen, dann handelt es sich nicht um eine Delegation. Denn die ursprüngliche Verfassung weist den Organen erstmalig Kompetenzen zu, so dass diese noch keine eigenen besitzen, die sie bereits willentlich übertragen könnten.[5] So ist etwa Art. 95 Abs. 3 GG i. d. F. vom 23.05.1949 keine Delegation von Wahlrechten auf den Richterwahlausschuss. Denn keine staatliche Gewalt hat vor dem Inkrafttreten des Grundgesetzes Kompetenzen, die übertragen werden könnten. Das Grundgesetz begründet und ordnet diese Kompetenzen erst. Folglich gibt es keine delegatio per consitutionem, keine Delegation durch die ursprüngliche Verfassung. Hingegen möglich bleibt es, die durch die ursprüngliche Verfassung zugewiesenen Kompetenzen anschließend durch verfassungsänderndes Gesetz zu delegieren. So wurde etwa die sich aus Art. 17 GG ergebende Kompetenz des Parlamentes zur Behandlung der Petitionen durch die Einfügung des Art. 45c[6] vom Plenum auf den Petitionsausschuss delegiert.[7] Wird eine Delegation verfassungsrechtlich fixiert, hat dies im Übrigen auch Auswirkung auf die Beurteilung ihrer Zulässigkeit.[8]

In aller Regel erfolgt die Übertragung von Plenarkompetenzen auf Ausschüsse jedoch durch formelles Gesetz oder via Geschäftsordnungsbestimmungen,[9] so dass die willentliche Übertragung eigener Kompetenzen durch den Inhaber nicht zweifelhaft ist[10]. Durch verfassungsändernde Gesetze wird dagegen vorwiegend allein die Möglichkeit zur Delegation durch einfaches Gesetz geschaffen.[11]

b) Rechtsqualität des Delegatars

Empfänger einer delegierten Kompetenz kann jedes andere Rechtssubjekt sein.[12] Parlamentsausschüsse als auch andere parlamentarische Gremien[13] sind Zuordnungsobjekte bestimmter Rechte und Pflichte, das heißt sie sind Rechtssubjekte und damit auch allgemein taugliche Delegatare.[14] Dass Ausschüsse wie auch das Plenum

---

[5] Zu diesem Ergebnis unter der WRV *Triepel*, Delegation und Mandat, S. 2 f., 62, vgl. auch S. 81; ebenso: *Kuhne*, Problem der Delegation, S. 16; *Staupe*, Parlamentsvorbehalt, S. 34. Durch die Brille des Verwaltungsrechts mit selbigen Ergebnis, *Obermayer*, JZ 11 (1956), 625 (625); *Reinhard*, Delegation und Mandat, S. 21 f.

[6] Gesetz vom 15.7.1975 (BGBl. I, S. 1901).

[7] Siehe hierzu nur *Bauer*, in: Dreier, Art. 45c Rn. 22 f. und umfassend infra S. 147 ff.

[8] Siehe hierzu sogleich infra S. 27 f.

[9] Vgl. die Beispiele infra S. 146 ff., 175 ff., 250 ff.

[10] Voraussetzung bleibt aber, dass das Parlament ihm eigene Kompetenzen überträgt, siehe infra S. 26 f.

[11] Vgl. hierzu Art. 45, 45d GG und Näheres infra S. 27 f.

[12] Vgl. *Triepel*, Delegation und Mandat, S. 23, 97; vgl. *Reinhardt*, Delegation und Mandat, S. 25. Neben staatlichen Subjekten werden von genannten Autoren auch Privatpersonen als mögliche Delegatare erwähnt, die hier aber keine Rolle spielen.

[13] Siehe zum Begriff des Gremiums sogleich infra S. 33 f.

[14] Vgl. *Reinhardt*, Delegation und Mandat, S. 25; vgl. *Schenke*, VerwArch 68 (1977), 118 (140) zur Delegation inneroganisatorischer Kompetenzen. Zum Begriff des Rechtssubjektes

Teile desselben Organs sind, ist unschädlich.[15] Darüber hinaus verfügen Ausschüsse selbst auch über weitere Untergliederungen,[16] die Kompetenzen für die Ausschüsse wahrnehmen und etwa Beschlüsse vorbereiten.[17] Diese stellen somit ebenfalls potentielle Delegatare dar.

2. Formen

Delegationen lassen sich sowohl in ausschließliche und konservierende (a)) als auch in horizontale und vertikale (b)) unterteilen.[18] Zudem sind aufgrund ihrer Besonderheiten die zuweisende Delegation (c)) und die Delegation durch Verfassungsänderung (d)) zu unterscheiden.

a) Ausschließliche und konservierende Delegation

aa) Dogmatische Unterscheidung

Bei einer ausschließlichen Delegation überträgt der Delegant seine Kompetenz ohne die Möglichkeit, diese weiterhin neben dem Delegatar ausüben zu können. Der Übertragende verliert damit seine Kompetenz. Im Gegensatz dazu behält der Delegatar bei einer konservierenden Delegation die Kompetenz, kann sie also weiterhin neben dem Delegatar ausüben.[19] Eine ausschließliche Delegation muss jedoch nicht final sein, vielmehr kann die Übertragung zulässigerweise bedingt, befristet oder unter Widerrufsvorbehalt gestellt werden.[20] Unterscheidungskriterium für beide Delegationsformen ist also nicht, ob der Delegant die Kompetenz nach der Übertragung wieder ausüben kann. Entscheidend ist vielmehr allein, dass bei der ausschließlichen Delegation allein der Delegatar (bis zum Bedingungseintritt, Fristablauf, Widerruf) kompetent ist, bei der konservierenden aber sowohl Delegatar als auch Delegant gleichzeitig kompetent sind, hier somit eine Dopplung der Kompetenz stattfindet.

---

allgemein siehe etwa *Bachof*, AöR 85 (1958), 208 (260); *H. J. Wolff/Bachof/Stober*, Verwaltungsrecht III, § 83 Rn. 12.

[15] Vgl. *Reinhardt*, Delegation und Mandat, S. 25.

[16] Siehe etwa für Unterausschüsse § 55 GO BT.

[17] *Dach*, in: Schneider/Zeh, Parlamentsrecht, § 40 Rn. 6 f.; *Edinger*, Wahl und Besetzung, S. 189; Näheres infra S. 96 f., 99 ff., Beispiel infra S. 152 ff.

[18] Zu weiteren Unterteilungen der Delegation – die allerdings vornehmlich im Verwaltungsrecht Bedeutung erlangen und daher hier nicht näher vorgestellt werden sollen – siehe grundlegend: *Triepel*, Delegation und Mandat; zur Übersicht siehe auch *Lauscher*, Delegation von Hoheitsrechten, S. 34 ff.; umfassend: *Reinhardt*, Delegation und Mandat, S. 25 ff.

[19] Grundlegend: *Triepel*, Delegation und Mandat, S. 51 ff.

[20] *Triepel*, Delegation und Mandat, S. 51 f.; zustimmend etwa *Dagtoglou*, Kollegialorgane, S. 62. Ebenso explizit verweisen *H. J. Wolff/Bachof*, Verwaltungsrecht[4] II, S. 25 darauf, dass der Delegant bei einer echten Delegation in der Regel diese wieder beseitigen kann.

Die konservierende Delegation wird auch als unechte Delegation[21] bezeichnet. Zur Begründung der Bezeichnung als unecht wird darauf hingewiesen, dass eine Delegation die Verschiebung einer Kompetenz voraussetze. Behält sich der Delegant aber vor, diese weiterhin selber ausüben zu können, sei keine „echte“ Delegation erfolgt. Daher wird auch Art. 45d GG zum Teil der Delegationscharakter abgesprochen, da das Plenum weiterhin selbständig die Kontrolle der Geheimdienste ausüben könne und nicht allein das durch Art. 45d GG geschaffene Parlamentarische Kontrollgremium zuständig sei.[22] Aber auch von diesen kritischen Stimmen wird nicht geleugnet, dass die konservierende Delegation effektiv der ausschließlichen sehr nahe steht.[23] Aus dieser Ähnlichkeit wird wiederum von anderen gefolgert, dass auch eine konservierende Delegation eine „echte“ Delegation sei.[24] Dafür spreche auch, dass es dem üblichen Sprachgebrauch[25] entspräche, unter einer Delegation auch die konservierende zu verstehen. Andernfalls wäre die Übertragung von Rechtsetzungsbefugnissen auf die Exekutive aufgrund von Art. 80 Abs. 1 S. 1 GG, die typischerweise eine konservierende sei,[26] keine „echte“ Delegation.

Für die „Echtheit“ der konservierenden Delegation spricht weiterhin auch die grammatikalische Auslegung des Begriffes der Delegation. Zwar wird dieser Begriff seit jeher häufig im Sinne eines Abtretens oder Abgebens von Aufgaben oder Kompetenzen verstanden,[27] was dagegen spricht, die konservierende Delegation als eine „echte“ zu betrachten. Allerdings ist diese restriktive Auslegung des Begriffes keinesfalls zwingend, denn Delegation wird auch im Sinne eines Zuweisens und Beauftragens verstanden[28]. Diesen Interpretationsvarianten ist nicht immanent, dass der Zuweisende oder Auftraggeber sich seines Zugriffs- oder Entscheidungsrechtes begibt, so wie es angeblich eine „echte“ Delegation fordere. Demnach wäre auch eine konservierende Delegation eine echte Delegation. Jenseits dieser begrifflichen Of-

---

[21] Zur Bezeichnung und ihrer Begründung: *Triepel*, Delegation und Mandat, S. 53 ff., der die konservierende Delegation als eine von mehreren Unterformen der unechten Delegation einordnet; zustimmend *Klein*, in: Maunz/Dürig, Art. 45d Rn. 27 Fn. 8. Ebenfalls für die Einordnung als unechte Delegation, aber fußend auf der Unterscheidung von Kompetenz und Zuständigkeit, *Lauscher*, Delegation von Hoheitsrechten, S. 53.

[22] *Risse/Witt*, in: Hömig/Wolff, Art. 45d Rn. 3; *Klein*, in: Maunz/Dürig, Art. 45d Rn. 27, 52; *Mehde*, in: BeckOK, Art. 45 d Rn. 15; zur Einordnung von Art. 45d GG als konservierende Delegation auch *Hempel*, Bundestag und Nachrichtendienste, S. 78.

[23] *Triepel*, Delegation und Mandat, S. 59; zustimmend: *Dagtoglou*, Kollegialorgane, S. 63; *Pietzner*, Petitionsausschuss, S. 56.

[24] *Reinhardt*, Delegation und Mandat, S. 22; vgl. auch *Obermayer*, JZ 11 (1956), 625 (625, 627).

[25] Zu diesem Argument und dem anschließenden Beispiel: *Schenke*, VerwArch 68 (1977), 118 (121).

[26] So etwa *Busch*, Gesetzes- und Parlamentsvorbehalt, S. 56 f.

[27] *Kluge*, Etymologisches Wörterbuch der deutschen Sprache, S. 187; *Schulze*, Deutsches Fremdwortbuch, Bd. 4, S. 198 f.

[28] Für Delegation in der Bedeutung von „Zuweisung” siehe *Götz*, Lateinisch-althochdeutsch-neuhochdeutsches Wörterbuch, S. 180. Für Delegation im Sinne von „Beauftragung“ siehe *Schulze*, Deutsches Fremdwortbuch, Bd. 4, S. 198 f.

fenheit spricht entscheidend der Zweck einer jeden Begriffsbildung für die Aufnahme der konservierenden Delegation in den Kreis der „echten" Delegationen. Begriffe sollen ähnliche Probleme und Sachverhalte zusammenfassen, um sie aufgrund dieser Ähnlichkeit zu systematisieren und einheitlich beurteilen zu können. Dies spricht dafür, sowohl die ausschließliche als auch die konservierende Delegation als „echte" Delegationen anzusehen. Denn ihre rechtliche Bedeutsamkeit jedenfalls erhält die Delegation nicht allein dadurch, dass ein Organ eine Kompetenz verliert. Vielmehr ist die Extension des Kompetenzumfanges, des rechtlichen Dürfens, auf ein weiteres Organ ebenso entscheidend. In dieser Hinsicht unterscheiden sich konservierende und ausschließliche Delegation nicht. Zudem wird der ursprünglich alleinige Kompetenzinhaber bei einer konservierenden Delegation nur selten von seiner verbleibenden Kompetenz Gebrauch machen, dient eine Delegation doch vor allem der Arbeitsentlastung[29]. Daher bedeutet auch bei der konservierenden Delegation der Kompetenzgewinn eines weiteren Organes sehr häufig, dass dieses rein faktisch ganz überwiegend die mitübertragene Kompetenz ausübt.[30] Damit mangelt es an gewichtigen Unterschieden zwischen ausschließlicher und konservierender Delegation, um letztere nicht als „echte" Delegation anzuerkennen.

bb) Einordnung der Delegation von Plenarkompetenzen

Die Einordnung der Delegation von Plenarkompetenzen als konservierend oder ausschließlich kann nicht abstrakt vorgenommen werden. Es spielt für die Einordnung keine Rolle, welche Kompetenz (Entscheidungs- oder Vorbereitungskompetenz) übertragen ((2)) und dass sie durch das Parlament übertragen wird ((1)).

(1) Bedeutung des Deleganten

Da die Delegation von Plenarkompetenzen für gewöhnlich durch Bestimmungen der Geschäftsordnung des Parlamentes oder durch einfaches Parlamentsgesetz erfolgt, scheint die Delegation aufgrund der fortbestehenden Rechtssetzungskompetenz des Parlamentes stets konservierend zu sein. Denn das Parlament kann die Delegation jederzeit wieder aufheben.[31]

So kann beispielsweise durch das StabMechG[32] gemäß § 3 Abs. 3 ein Sondergremium für den Bundestag über den Ankauf von Staatsanleihen auf dem Sekun-

[29] *Geis*, in: HStR III § 54 Rn. 1; vgl. auch *Steiger*, in: Schneider/Zeh, Parlamentsrecht, § 25 Rn. 3.

[30] Für die Bedeutung und den Anteil der Fachausschüsse an der Gesetzgebung siehe *Zeh*, in: Schneider/Zeh, Parlamentsrecht, § 39 Rn. 2 sowie Näheres infra S. 157 ff.

[31] Zu diesem Befund vgl. auch *Schürmann*, in: Morlok/Schliesky/Wiefelspütz, Parlamentsrecht, § 19 Rn. 13.

[32] Gesetz zur Übernahme von Gewährleistungen im Rahmen eines europäischen Stabilisierungsmechanismus (Stabilisierungsmechanismusgesetz – StabMechG), Gesetz vom 22.05. 2010 (BGBl. I, S. 627 [Nr. 24]; zuletzt geändert durch Artikel 1 G. v. 23.05.2012 [BGBl. I, S. 1166]).

därmarkt mitentscheiden.[33] Hiervon unbenommen kann der Bundestag jedoch von seinem Gesetzgebungsrecht jederzeit Gebrauch machen und die Regelung revidieren und die Delegation damit annullieren. Insofern bleibt eine potentielle Kompetenz des Parlamentes immer bestehen.[34] Ein Zustimmungsrecht des Bundesrates, das einer Ausübung der fortbestehenden Kompetenz des Bundestages im Wege stehen könnte, besteht nicht. Denn die Delegation von Plenarkompetenzen ist eine organisationsrechtliche Maßnahme und damit nicht zustimmungspflichtig.[35] Auch erhöhte Anforderung an ein die Delegation annullierendes oder abänderndes Gesetz aufgrund des Einspruchsverfahrens gem. Art. 77 Abs. 3 und 4 GG ändern an der fortbestehenden potentiellen Kompetenz des Parlamentes nichts. Denn es bleibt dem Parlament belassen, eine Änderung oder Annullation vorzunehmen, auch wenn gegebenenfalls andere Quoren nach Art. 77 Abs. 4 GG zu erreichen sind als bei dem Erlass des delegierenden Gesetzes.

Auch eine Änderung der Geschäftsordnung ist jederzeit möglich.[36] Zudem kann von bestehenden Geschäftsordnungsbestimmungen mit einer Zweidrittelmehrheit gem. § 126 GO BT abgewichen werden, ohne diese Bestimmungen selbst aufzuheben oder abzuändern.

Somit verbleibt dem Parlament die Kompetenz zwar stets mittelbar erhalten, dennoch handelt es sich nicht allein aufgrund dessen bei der Übertragung von Kompetenzen des Plenums um konservierende Delegationen. Das ergibt sich daraus, dass der Delegatar trotz der Möglichkeit der Annullation der Delegation zunächst allein kompetent sein kann.[37] Auch ist es schon allgemein für die Feststellung einer ausschließlichen Delegation unerheblich, ob der Delegant sich explizit den Widerruf vorbehalten hat.[38] Dies muss dann erst recht auch für den Fall gelten, dass der Widerruf nicht explizit vorbehalten wurde, sondern die Widerrufsmöglichkeit sich

---

[33] Siehe hierzu noch genauer infra S. 229 ff.

[34] Die Unterscheidung von konservierender und ausschließlicher Delegation hat seine maßgebliche Bedeutung daher auch eher im Verwaltungsrecht, siehe *Reinhardt*, Delegation und Mandat, passim. Denn dort wird eine Behörde i. d. R. gesetzlich ermächtigt, eine Kompetenz auf eine weitere Behörde zu übertragen und ggf. explizit festgehalten, dass die Kompetenz der ursprünglichen Behörde erhalten bleibt. Dies ist im Parlamentsrecht anders, da das Parlament seine Delegationen stets widerrufen kann.

[35] Vgl. *J. Dietlein*, in: BeckOK, Art. 77 Rn. 20 und 20.1; vgl. *Kersten*, in: Maunz/Dürig, Art. 77 Rn. 95; vgl. auch *Klein*, in: Maunz/Dürig, Art. 40 Rn. 1 f. Überdies wäre die Aufhebung eines zustimmungspflichtigen Gesetzes selbst nicht zustimmungspflichtig, *J. Dietlein*, ibd., Rn. 24; *Kersten*, ibd., Rn. 103.

[36] Mit einfacher Mehrheit, siehe Art. 40 Abs. 1 S. 2 und 42 Abs. 2 S. 1; dazu und zur Praxis *Troßmann*, Parlamentsrecht, § 127 GO BT Rn. 1; siehe ebenfalls *Schmidt*, AöR 128 (2003), 608 (634 ff.).

[37] *Triepel*, Delegation und Mandat, S. 52.

[38] Siehe bereits supra S. 20. Die Möglichkeit des Widerrufs ist bei der Delegation von Plenarkompetenzen wie gesehen implizit stets vorhanden. Insofern irrt *Pietzner*, Petitionsausschuss, S. 56 f., wenn er allein aufgrund des Rückholrechts des Plenums von einer konservierenden Delegation ausgeht.

mittelbar aus dem Gesetzgebungsrecht des Deleganten ergibt. Daher kann allein aus dem Umstand, dass bei der Delegation von Plenarkompetenzen der Gesetzgeber Delegant ist und seine allgemeine Rechtsetzungskompetenz unangetastet bleibt, nicht davon ausgegangen werden, dass es sich hierbei stets um konservierende Delegationen handelt.

(2) Einordnung nach Art der Kompetenz = Vorbereitung oder Entscheidung

Das Plenum kann sich dafür entscheiden, Vorbereitungskompetenzen auf Ausschüsse zu übertragen. Eine klassische delegierte Vorbereitungskompetenz ist beispielsweise die Vorbereitung von Gesetzesbeschlüssen durch Fachausschüsse[39]. Das Plenum kann hierbei seine ihm nach wie vor verbliebene Kompetenz zur selbständigen Vorbereitung eines Gesetzesbeschlusses dadurch ausüben, dass es einen Gesetzesentwurf gar nicht erst an einen Ausschuss überweist, sondern über einen vorbereiteten Entwurf direkt abstimmt.[40] Soweit also auf Ausschüsse die Vorbereitung von Gesetzen nach der GO BT delegiert wurden, handelt es sich hierbei um eine konservierende Delegation. Denn dem Plenum bleibt es unbenommen, die delegierte Vorbereitung des Gesetzesbeschlusses selbst vorzunehmen.

Dies ist aber nicht immer so. Es kommt vielmehr in jedem Einzelfall darauf an, ob das Plenum es sich vorbehalten hat, die Vorbereitung selbst zu übernehmen. Dies ist zum Beispiel bei der Wahlprüfung nach dem WahlPrüfG fraglich, da dem Wahlprüfungsausschuss die Vorbereitung ohne erkennbare Einschränkung delegiert[41] wurde und das Plenum nur über dessen Anträge abstimmen kann.[42] In diesem Fall handelt es sich daher um eine ausschließliche Delegation.

Nicht unüblich ist auch die Delegation einer Entscheidungskompetenz auf einen Ausschuss beziehungsweise ein parlamentarisches Gremium.[43] Hier kommt es ebenso darauf an, ob das Plenum die übertragene Kompetenz selbst weiterhin unmittelbar ausüben kann (konservierende Delegation) oder eine Änderung der Delegationsnorm erforderlich wäre (ausschließliche Delegation). So konnten die nach § 6 Abs. 1 und 2 BVerfGG a.F.[44] gewählten Richter des Bundesverfassungsgerichtes nur durch einen Wahlausschuss gewählt werden, nicht auch durch das Plenum. Im Gegensatz dazu kann das Plenum bestimmte, auf den Haushaltsausschuss übertragene Kompetenzen nach § 4 Abs. 4 StabMechG weiterhin jederzeit selbst ausüben.[45] Im ersten Fall handelt es sich folglich um eine ausschließliche, im letzteren um eine konservierende Delegation.

---

[39] Allgemein dazu etwa *Achterberg*, Parlamentarische Verhandlung, S. 145 f.

[40] Vgl. §§ 80 Abs. 2 S. 1, 81, 84, 86 GO BT.

[41] § 3 Abs. 1 WahlPrüfG.

[42] § 13 WahlPrüfG; siehe hierzu noch infra S. 146 f., 257 ff.

[43] Siehe etwa *Achterberg*, Parlamentarische Verhandlung, S. 152 ff.

[44] Gültig bis zur Änderung durch Artikel 1 des Neunten Gesetzes zur Änderung des Bundesverfassungsgerichtsgesetzes vom 24.06.2015 (BGBl. I, S. 973).

[45] Siehe hierzu vertiefend S. 227 f., 246.

Im Ergebnis verrät also die Art der delegierten Kompetenz selbst nichts über den Typus der Delegation. Sowohl Vorbereitungs- als auch Entscheidungskompetenzen können konservierend oder ausschließend delegiert werden.

cc) Bedeutsamkeit der Unterscheidung für die Delegation von Plenarkompetenzen

Die Bedeutung der Unterscheidung zwischen ausschließlicher und konservierender Delegation zeigt sich daran, dass im Fall der ausschließlichen Delegation die Übertragung einer Kompetenz des Plenums weitergehend ist als bei der konservierenden Delegation.[46] Denn bei der konservierenden Delegation kann der Delegant ohne Weiteres eine von der des Delegatars abweichende Entscheidung treffen, behält er doch die Kompetenz. Im Rahmen einer ausschließlichen Delegation ist hingegen zunächst erforderlich, dass der Delegant die rechtliche Grundlage der Delegation verändert, um seine Kompetenz zurückzuerhalten. Dabei kann der Erlass dieses neuen Parlamentsgesetzes möglicherweise sogar durch Einspruch des Bundesrats[47] erschwert werden.

Diese Unterscheidung ist auch bedeutsam, wenn Delegationen auf Normen der Geschäftsordnung des Parlamentes beruhen.[48] Allerdings ist hier eine Abänderung[49] vergleichsweise einfach möglich ist, da keine Beteiligung anderer Verfassungsorgane vorgesehen ist.

b) Horizontale und vertikale Delegation

Delegationen lassen sich des Weiteren auch in horizontale und in vertikale unterteilen. [50] Unter einer horizontalen Delegation ist die Übertragung von Kompetenzen zwischen verschieden staatlichen Gewalten zu verstehen. Sie ist grundsätzlich unzulässig.[51] Prominente Ausnahme ist die Übertragung von Rechtsetzungskompetenzen des Bundestages auf die Exekutive aufgrund von Art. 80 GG.[52]

---

[46] So auch – ohne nähere Begründung – *Pietzner*, Petitionsausschuss, S. 56; siehe zudem infra S. 245 ff.

[47] Siehe supra S. 23.

[48] Siehe infra S. 245 f.

[49] Zur Änderung der GO BT siehe supra S. 23.

[50] So auch *Ipsen*, StaatsR I, Rn. 265; *Kreuzer*, Staat 7 (1968), 183 (184); *Wiefelspütz*, ZParl 43 (2012), 227 (233). Diese Begriffe nehmen eine Anleihe an den Begriffen der horizontalen und vertikalen Gewaltenteilung, wobei die vertikale Ebene in diesem Kontext das föderalistische System betrifft. Bei der Delegation von Plenarkompetenzen betrifft die vertikale Ebene aber das intraorganschaftliche Verhältnis – also den Bereich innerhalb eines Staatsorganes. Zu den Begriffen im Rahmen der Gewaltenteilung siehe allein *Maurer*, StaatsR I, § 12 Rn. 20 und *Vogel*, NJW 49 (1996), 1505 (1505 f.). Die Verwendung des Begriffes der horizontalen Delegation und die Unterscheidung in der Sache schon bei *Kewenig*, Staatsrechtliche Probleme, S. 44; siehe aber auch *Hempel*, Bundestag und Nachrichtendienste, S. 78 f.

[51] Statt vieler *BVerfGE* 30, 1 (27 f.).

Bei der vertikalen Delegation hingegen verbleibt die Kompetenz innerhalb einer Gewalt. Dies ist etwa dann der Fall, wenn Kompetenzen der Legislative auf Hilfsorgane wie beispielsweise Ausschüsse übertragen werden. Bei der Übertragung von Plenarkompetenzen auf Ausschüsse handelt es sich daher um eine vertikale Delegation.

c) Zuweisende Delegation

Zum Teil wird bei der Zuweisung von Kompetenzen durch den Gesetzgeber von einer unechten beziehungsweise zuweisenden Delegation gesprochen, wenn der Gesetzgeber nicht gerade sein eigenes Recht zur Gesetzgebung überträgt.[53] Nur wenn er seine eigene Gesetzgebungskompetenz übertrage, delegiere er, nicht aber, wenn er durch Gesetz andere (nicht eigene) Kompetenzen nur zuweise. Damit handele es sich nicht um eine echte Delegation, wenn der Gesetzgeber etwa Verwaltungs- oder Rechtsprechungskompetenzen durch Gesetz lediglich zuweise.[54]

Dieser Einschränkung ist allgemein zuzustimmen.[55] So ist etwa die Zuweisung der Gesetzesausführung an eine bestimmte Behörde keine Delegation, weil der Vollzug[56] dem Parlament nicht obliegt. Widerspruch ist hingegen zu erheben, wenn Delegationen des Gesetzgebers allein auf die Übertragung der Gesetzgebungskompetenz beschränkt werden sollen. Wird der Begriff „Gesetzgeber" rein funktionell gebraucht, so ist zwar offenkundig, dass ihm nur die Kompetenz zur Gesetzgebung zukommt, die er delegieren könnte. Dies verstellt aber den Blick darauf, dass das Parlament als maßgebliches Organ der Gesetzgebung noch über weitere Kompetenzen[57] verfügt als die reine Rechtsetzung. Nicht der „Gesetzgeber", sondern das konkrete Organ „Parlament" ist also in den Fokus zu rücken. Diesem obliegt etwa die Kompetenz zur Kontrolle der Regierung, die er auch delegieren könnte und

---

[52] Die nach *Triepel*, Delegation und Mandat, S. 55 ff. keine echte (sondern eine konservierende) Delegation darstellt, da der Gesetzgeber weiterhin statt und neben der ermächtigten exekutiven Stelle tätig werden kann. Zum Ausnahmecharakter des Art. 80 GG im Verhältnis zum Gewaltenteilungsprinzip, *BVerfG* NJW 1969, 33 (34). Gegen den Ausnahmecharakter und für eine Konkretisierung des Gewaltenteilungsprinzips siehe nur *Maurer*, StaatsR I, § 12 Rn. 15 und *Remmert*, in: Maunz/Dürig, Art. 80 Rn. 6.

[53] Zu diesem Unterfall grundlegend: *Triepel*, Delegation und Mandat, S. 60 ff.; Gleiches gelte zudem auch für den Verfassungsgeber, der lediglich seine Kompetenz zur Verfassungsgesetzgebung delegieren könne, ibd., S. 62. Für *Barbey*, Rechtsübertragung und Delegation, S. 84 f. hingegen ist der Verlust einer eigenen Kompetenz nicht Voraussetzung der Delegation.

[54] *Triepel*, Delegation und Mandat, S. 61.

[55] *Lauscher*, Delegation von Hoheitsrechten, S. 55 f. mit einer Ausnahme, die faktisch nur im Verwaltungsrecht eine Rolle spielt; *Reinhardt*, Delegation und Mandat, S. 24.

[56] Siehe etwa *BVerfG*E 83, 60 (72); *Antoni*, in: Hömig, Art. 20 Rn. 9; vgl. auch *Klein*, in: Maunz/Dürig, Art. 38 Rn. 47 und *Robbers*, in: BK, Art. 20 Rn. 3214 f.

[57] *Butzer*, in: BeckOK, Art. 38. Rn. 19; *Klein*, in: Maunz/Dürig, Art. 38 Rn. 47; *Steiger*, in: Schneider/Zeh, Parlamentsrecht, § 25 Rn. 1.

teilweise auch delegiert hat.[58] Weiterhin ist dem Parlament gemäß Art. 41 Abs. 1 S. 1 GG explizit die Kompetenz zur Wahlprüfung übertragen. Somit könnte hypothetisch die dem Parlament zukommende Kompetenz zur Wahlprüfung delegiert werden.[59]

d) Delegation durch verfassungsänderndes Gesetz

Ein Sonderfall ist die Übertragung von Plenarkompetenzen durch verfassungsänderndes Gesetz, also durch den pouvoir constitué[60]. Im Gegensatz zu einer Festlegung von Kompetenzen durch die ursprüngliche Verfassung[61] handelt es sich hierbei um eine Delegation. Denn insofern verfügt das Parlament bereits über ihm durch die Verfassung zugewiesene Rechte, die es als pouvoir constitué übertragen kann.

Der Bundestag ist beispielsweise zuständig für die Kontrolle der Regierung.[62] Daher ist der 2009 inkorporierte Art. 45d GG der Form nach[63] eine Delegation. Die Übertragung von Kontrollrechten auf das Parlamentarische Kontrollgremium geschieht zwar durch den verfassungsändernden Gesetzgeber. Dennoch überträgt das Plenum in dieser Funktion eigene Kompetenzen konservierend. Dies war auch in Form eines schlichten Parlamentsgesetzes grundsätzlich möglich. Der Weg über eine Verfassungsänderung führt hier zu keinem anderen Ergebnis. Bedeutung hat die Fixierung einer Delegation in der Verfassung nur für die Frage der Verfassungskonformität. Eine derartige Delegation kann nur an Art. 79 Abs. 3 i.V.m. Art. 20 GG gemessen werden.[64]

Bedeutsam ist die Delegation in dieser Form auch aufgrund der besonders eingeschränkten Reversibilität. Denn hier ist eine Rückholung der Kompetenz nur durch erneute Verfassungsänderung, also nur mit Zustimmung des Bundesrates und mit Zweidrittelmehrheit (Art. 79 Abs. 2 GG), möglich.[65]

---

[58] Überblick infra S. 46 f.

[59] Der Wahlprüfungsausschuss ist gem. § 3 Abs. 1 WahlPrüfG mit der Vorbereitung des Beschlusses des Bundestages betraut. Zum Wahlprüfungsausschuss siehe infra S. 146 f. Zur Frage, ob die Übertragung von Vorbereitungsaufgaben auch eine Delegation sein kann, siehe infra S. 29 ff.

[60] Zu den Begriffen des pouvoir constitué und des pouvoir constituant siehe *Herdegen*, in: Maunz/Dürig, Art. 79 Rn. 7 m.w.N.

[61] Siehe supra S. 18 f.

[62] Siehe statt vieler *Hermes*, in: Dreier, Art. 63 Rn. 8. Zur Unterscheidung von der judikativen Kontrolle der Regierung siehe *Klein*, in: HStR III, § 50 Rn. 33.

[63] Die Übertragung der Befugnisse geschah bereits früher durch das PKGrG, siehe hierzu etwa *H. A. Wolff*, in: BK, Art. 45d Rn. 5 ff. Für *Uerpmann-Wittzack*, in: v. Münch/Kunig, Art. 45d Rn. 1 hat die Schaffung von Art. 45d GG daher auch nur symbolische Wirkung; siehe auch *Hempel*, Bundestag und Nachrichtendienste, S. 88.

[64] Vgl. hierzu auch noch infra S. 105 ff.

[65] Dies gilt selbstredend nicht für Verfassungsänderungen auf Landesebene, siehe etwa Art. 56 LVerf. M-V.

Tatsächlich gibt es etwa mit den Art. 45c Abs. 1 GG oder Art. 45 S. 1 GG auch weitere Delegationen durch Verfassungsänderung. Zu beachten ist jedoch, dass die verfassungsrechtlichen Delegationsnormen inhaltlich unergiebig sind. Die Ausgestaltung der übertragenen Kompetenz und damit die eigentlich wesentliche Regelung erfolgt dann auch erst durch Bundesgesetz.[66] Die wichtigsten Entscheidungen verbleiben also in den Händen des einfachen Gesetzgebers und sind auch ohne Zweidrittelmehrheit und Zustimmung des Bundesrates reversibel. Hingegen bleibt die Grundentscheidung für die Übertragung von Kompetenzen auf die entsprechenden Ausschüsse in der Verfassung verankert.[67]

II. Abgrenzung zu anderen Rechtsinstituten

Die Delegation ist von anderen Rechtsinstituten abzugrenzen, die einem ähnlichen Zweck dienen. Dies ist vor allem das Mandat (1.), aber auch die Ernennung (2.). Sodann stellt sich die Frage sowohl nach der Einordnung der Übertragung von Plenarkompetenzen (3.) als auch nach der Relevanz der Unterscheidung zwischen Delegation und Mandat (4.).

1. Mandat

Im Gegensatz zur Delegation lässt das Mandat[68] die Kompetenzordnung gänzlich unberührt.[69] In seiner hier relevanten Variante[70] ist das Mandat die Erteilung des Auftrages und der Vollmacht zu Gunsten des Mandatars, die Kompetenz des Mandanten im Namen des Mandanten auszuüben.[71] Wichtigster Unterscheidungspunkt ist somit, dass die Delegation die Ausübung einer eigenen Kompetenz in eigenem

---

[66] Siehe Art. 45c Abs. 2 und vgl. Art. 45 S. 2, 3. Insofern ungenau *Ipsen*, StaatsR I, Rn. 267, der in der Ermächtigung zur Delegation bereits eine Delegation sieht.

[67] Vgl. *H. A. Wolff*, in: BK, Art. 45d Rn. 124 ff. Hinsichtlich des Europaausschusses ist sogar das „Ob" der Übertragung fakultativ, vgl. etwa hierzu *Kretschmer*, in: BK, 125. Ergänzungslieferung (2006), Art. 45 Rn. 213.

[68] Auch hier grundlegend: *Triepel*, Delegation und Mandat, S. 23 ff. (insbes. S. 26). Sich anschließend und zusammenfassend etwa: *Berg*, Staat 9 (1970), 21 (29); *Ossenbühl*, Verwaltungsvorschriften, S. 441; *Pietzner*, Petitionsausschuss, S. 53 ff.; *Schwerin*, Bundestag, S. 167; *H. J. Wolff/Bachof/Stober/Kluth*, Verwaltungsrecht[7] II, § 83 Rn. 75 ff. Diese Unterscheidung macht sich auch die Rechtsprechung zu eigen: *BVerwG*E 18, 333 (334); *BVerwG* DÖV 15 (1962), 340 (340 ff.).

[69] *Reinhardt*, Delegation und Mandat, S. 19 weist darauf hin, dass die Abgrenzung insbesondere zum Mandat häufig nicht trennscharf vorgenommen wird und es daher noch zu Vermengungen kommt. Dieser Befund ebenso schon bei *Triepel*, Delegation und Mandat, S. 5.

[70] Siehe hierzu *Triepel* Delegation und Mandat, S. 26; sich anschließend *Rasch*, DÖV 10 (1957), 337 (339).

[71] *Triepel*, Delegation und Mandat, S. 26.

Namen ermöglicht, wohingegen das Mandat lediglich zur Wahrnehmung einer fremden Kompetenz in fremden Namen führt.[72]

2. Ernennung

Auch die Ernennung[73] unterscheidet sich von der Delegation dadurch, dass keine Veränderung der Kompetenzordnung eintritt. Werden einem Beamten bestimmte Aufgaben übertragen, wird er also beispielsweise zum Amtsleiter ernannt, so werden ihm keine neuen Kompetenzen zugeordnet, vielmehr übt er die bereits dem Organ zustehenden nunmehr aus. Im Gegensatz zum Mandat wird hier eine gesetzlich vorgesehene Position besetzt und im Namen dieses Organs gehandelt und nicht eine Aufgabe eines anderen Subjektes zur Ausübung in dessen Namen übertragen.

3. Einordnung der Übertragung von Kompetenzen auf Ausschüsse

Bei den hier untersuchten Fällen handelt es sich ausschließlich um Delegationen und nicht um Mandate. Das ist bei der Übertragung von Entscheidungskompetenzen wie etwa auf das Sondergremium[74] unproblematisch, da dem Gremium hier eine Kompetenz des Plenums als eigene zur selbständigen Erledigung zugewiesen wird. Bei der Übertragung von Vorbereitungsaufgaben, beispielsweise auf Fachausschüsse im Rahmen des Gesetzgebungsprozesses, wird hingegen teilweise von einer Mandatierung ausgegangen[75]. Richtigerweise handelt es sich hierbei aber auch um eine Delegation.[76] Hierfür spricht schon, dass der Delegationsbegriff keine Vorgaben für die Art der zu delegierenden Kompetenz enthält. Er umfasst also nicht nur die Übertragung von Entscheidungskompetenzen, sondern auch von Informations- und

---

[72] *Dagtoglou*, Kollegialorgane, S. 62; *Triepel*, Delegation und Mandat, S. 26; *Obermayer*, JZ 11 (1956), 625 (628), *Schwerin*, Bundestag, S. 167.

[73] Siehe auch hierzu wieder *Triepel*, Delegation und Mandat, S. 81 f.

[74] Vgl. supra S. 24. Explizit für Entscheidungsbefugnisse etwa *BVerfG*E 130, 318 (360).

[75] *Kreuzer*, Staat 7 (1968), 183 (188) ohne nähere Begründung und *Schwerin*, Bundestag, S. 164 Fn. 203 sowie *J. Dietlein*, Gutachten, S. 58. Auch *Triepel*, Delegation und Mandat, S. 98 tendiert eher dazu, anzunehmen, dass die Übertragung von Aufgaben auf Ausschüssen keine Delegation ist, sondern vielmehr eine Ernennung. Es sei aber nicht ausgeschlossen, dass (ausnahmsweise) die Übertragung auf Ausschüsse eine echte Delegation sei, vgl. ibd.

[76] So auch *Pietzner*, Petitionsausschuss, S. 65; zustimmend *Abmeier*, Parlamentarische Befugnisse, S. 78 f.; siehe ebenfalls *Moeser*, Beteiligung des Bundestages, S. 171; vgl. *Schürmann* , in: Morlok/Schliesky/Wiefelspütz, Parlamentsrecht, § 19 Rn. 15; vgl. *Vitzthum/März*, in: Schneider/Zeh, Parlamentsrecht, § 45 Rn. 24. *Kunz*, Ausgabenermächtigungen, S. 26 ff. und *Vetter*, Parlamentsausschüsse, S. 131 sprechen im Rahmen der faktischen Vorentscheidung im Immunitätsvefahren von Delegationen – diese sind inhaltlich Vorbereitungsmaßnahme ähnlich.

Kontrollrechten[77] und Vorbereitungskompetenzen.[78] Vor allem aber üben die Ausschüsse die Vorbereitungsaufgaben gegenüber dem Plenum selbständig als eigene Kompetenzen aus. Es handelt sich bei den vorbereitenden (Fach-)Ausschüssen nämlich um stark verselbständigte[79] Beschlussorgane des Bundestages, die die Pflicht haben, dem Plenum Beschlüsse zu empfehlen (§ 62 Abs. 1 S. 2 GO BT). Die Vorbereitung von Gesetzesbeschlüssen ist daher eine notwendige Teilkompetenz des Plenums zum Gesetzesbeschluss an sich, die (konservierend) auf die (Fach-)Ausschüsse übertragen wird (vgl. §§ 54 Abs. 1, 62 Abs. 1 S. 1 und 2 GO BT).[80] Diese Vorbereitung und Beschlussempfehlung geschieht gegenüber dem Plenum in eigenem Namen.[81] Übt ein Rechtssubjekt eine übertragene, nun eigene Kompetenz eigenständig und im eigenen Namen aus, dann handelt es sich um eine Delegation und nicht um ein Mandat.

Hiergegen wird zwar eingewandt, dass allein entscheidend sein müsse, dass nach außen das Parlament sich als Ganzes für das Ergebnis verantwortlich zeichne. Die Vorbereitung einer Entscheidung sei daher allgemein keine eigenständige (Teil-) Kompetenz und damit kein taugliches Delegationsobjekt.[82] Mangels übertragbarer Kompetenz kann die Vorbereitung einer Entscheidung etwa durch Ausschüsse nach dieser Ansicht nur eine Mandatierung sein. Für die Gesetzgebung bedeutete dies etwa, dass der Gesetzesbeschluss die Kompetenz des Parlaments als Ganzes ist und diesem zugerechnet wird. Die Vorbereitung dieses Beschlusses durch die Fachausschüsse wäre dementsprechend keine delegationsfähige Kompetenz. Diese Sichtweise ist jedoch zu undifferenziert und übersieht, dass die Kompetenz zur Vorbe-

---

[77] Vgl. etwa *BVerfGE* 130, 318 (355); zur parlamentarischen Kontrollfunktion vgl. allein *Klein*, in: HStR III, § 50 Rn. 33 ff.

[78] Siehe ebenfalls *Pietzner* Petitionsausschuss, S. 65; *Abmeier*, Parlamentarische Befugnisse, S. 78 f. Die Delegation von Vorbereitungskompetenzen wird allgemein für völlig unproblematisch gehalten, vgl. *BVerfGE* 130, 318 (350 f.); *Berg*, Staat 9 (1970), 21 (30); *J. Dietlein*, Gutachten, S. 57 f.; *Kasten*, DÖV 39 (1985), 222 (222); *Kischel*, Stellungnahme zum Werftenförderungsgesetz, S. 2; *Moeser*, Beteiligung des Bundestages, S. 171; *Pietzner*, Petitionsausschuss, S. 64 ff.; *Schmitt-Vockenhausen*, Verfassungsrechtliche Probleme, S. 66 f.; *Schürmann*, in: Morlok/Schliesky/Wiefelspütz, Parlamentsrecht, § 19 Rn. 2; *Schwerin*, Bundestag, S. 171; genauer dann infra S. 144 f.

[79] *Steiger*, Organisatorische Grundlagen, S. 130, 133 f., jedoch die Eigenständigkeit für nur vorbereitende Ausschüsse ablehnend, obgleich ihre Unabhängigkeit betonend, ibd., S. 146 f. Ihre Selbstbestimmtheit und Selbständigkeit betonend: *Berg*, Staat 9 (1970), 21 (21); *Kewenig*, Staatsrechtliche Probleme, S. 12 ff.; *Vetter*, Parlamentsausschüsse, S. 128 f. Für *Achterberg*, Parlamentsrecht, S. 135 f. bestehen keine Zweifel an der Organqualität vorbereitender Ausschüsse. Zum Streit um die Rechtsnatur von Parlamentsausschüssen siehe nur *Kasten*, Ausschussorganisation, S. 25 ff. und *Vetter*, Parlamentsausschüsse, S. 19 f. Die Frage der Organqualität ist für die Delegation unerheblich, ausreichend ist die Rechtssubjektivität des Delegatars, siehe supra S. 19 f.

[80] Siehe hierzu schon supra S. 24. Ähnliches gilt auch für weitere Ausschüsse, die Vorbereitungsmaßnahmen übertragen bekommen haben.

[81] So lassen etwa die Beschlussempfehlungen der Ausschüsse den Autor deutlich erkennen, vgl. beispielhaft BT-Drs. 18/12999; vgl. auch *Mandelartz*, Parlament und Regierung, S. 277.

[82] Vgl. *Schneider*, in: AK, Art. 40 Rn. 3; *Triepel*, Delegation und Mandat, S. 98.

reitung einer Entscheidung und die Kompetenz zum Treffen dieser Entscheidung nicht nur gedanklich getrennt werden können, sondern auch getrennt werden müssen. Besonders im Rahmen der Gesetzgebung wird deutlich, welch großer Einfluss der Vorbereitung des Beschlusses durch die Ausschüsse zukommt, wie sehr diese die Entscheidung vorprägen können.[83] So zu tun, als wäre die Kompetenzordnung nicht berührt, weil lediglich Vorbereitungsaufgaben übertragen werden, nicht aber die abschließende Entscheidung, wird der Realität daher nicht gerecht. Deswegen handelt es sich sowohl bei Beschluss- als auch bei Vorbereitungskompetenzen um jeweils eigenständige Kompetenzen, die zur eigenständigen Wahrnehmung delegiert werden können.

Schließlich überzeugt auch ein weiterer, möglicher Kritikpunkt nicht: Es könnte eingewandt werden, dass Ausschüssen nur in bestimmten Fällen eigene Rechte zugeordnet werden, die sie dann auch beispielsweise im Rahmen des Organstreitverfahrens selbständig gegenüber dem Parlament verteidigen können.[84] Dies gilt etwa für Untersuchungsausschüsse gem. Art. 44 Abs. 1 GG. Davon ausgehend könnte man im Gegenzug annehmen, dass Vorbereitungsaufgaben keine derart eigenen Rechte der Ausschüsse seien, sondern diesen nur zur Unterstützung des Plenums übertragen würden. Würden Kompetenzen zur Ausübung im fremden Namen übertragen, handelte es sich aber um eine Mandatierung. Diese Unterscheidung zwischen „eigenen" und „fremden" Rechten der Ausschüsse trägt allerdings hier nicht. Dass die Vorbereitung eines Parlamentsbeschlusses als Unterstützung des Plenums verstanden wird, rechtfertigt es nicht, davon auszugehen, dass diese Vorbereitungsaufgabe keine eigenständige, dem Ausschuss überwiesene Kompetenz ist. Schließlich sollten juristische Begriffsbestimmungen vorrangig dazu dienen, gleichgelagerte Fälle zusammenzuführen und so für den Diskurs brauchbar zu machen. Die Übertragungen von Entscheidungs- und von Vorbereitungskompetenzen liegen allerdings rein faktisch häufig so nahe beieinander[85], dass eine begriffliche Trennung ihrer Übertragung nicht gerechtfertigt erschiene. Beide sind daher als Delegationen anzusehen.

4. Bedeutung der Unterscheidung

Wie gerade gesehen, sind sowohl die Übertragung von Entscheidungs- als auch von Vorbereitungskompetenzen Delegationen. In den hier zu untersuchenden Fällen innerparlamentarischer Aufgabenverteilung geht es also stets um Delegationen und nie um Mandate. Tatsächlich hätte aber auch die Einordnung eines Übertragungsakts als Mandatierung auf die Bewertung seiner Zulässigkeit keine Auswirkungen. Zwar wird vielfach aus dem Umstand, dass bei der Delegation der Delegant die Kompetenz

[83] Siehe hierzu noch genauer infra S. 145 f., 157 ff.

[84] *Schneider*, in: AK, Art. 40 Rn. 3, 9; vgl. auch *Morlok*, in: Dreier, Art. 40 Rn. 23; *Pieroth*, in: Jarass/Pieroth, Art. 40 Rn. 2.

[85] Siehe dazu noch ausführlicher die Beispiele infra S. 146 ff.

verliert[86], bei der Mandatierung die Zuständigkeitsordnung jedoch nicht derart verändert wird, gefolgert, dass an die rechtliche Zulässigkeit der Delegation höhere Anforderungen zu stellen sind als bei der Mandatierung.[87]

Allerdings werden die Unterschiede zwischen der Delegation und dem Mandat zu Recht von anderen Stimmen als gering oder gänzlich unbeachtlich angesehen und davon ausgehend keine Notwendigkeit für eine Differenzierung zwischen diesen Instituten gesehen.[88] Zwar sei eine Vermutung dahingehend schlüssig, dass es bei der ausschließlichen Delegation zu einer signifikanteren Verschiebung des Kompetenzrahmens komme. Jedoch sei dies keineswegs zwingend. Vielmehr würde bei beiden Rechtsinstituten am Ende ein fremder Wille für den Deleganten beziehungsweise Mandanten entscheiden. Ob dies in eigenem Namen des Delegatars oder unter fremden Namen durch den Mandatar erfolge, sei irrelevant.[89]

In der Tat wäre es im selben Maße kritikwürdig, sollte das Plenum wichtigste Kompetenzen (beispielsweise die Gesetzgebung)[90] auf einen Ausschuss übertragen, damit er diese als ihm eigene ausübt, wie wenn ein solcher Ausschuss diese Kompetenz nur im Namen des Plenums als fremde Kompetenz ausübte. Es ist daher nicht so bedeutsam, zwischen einer Delegation oder Mandatierung als Übertagungsakt zu unterscheiden. Bedeutsam ist vielmehr, welche Kompetenz aus welchen Gründen auf ein anderes Rechtssubjekt übertragen werden soll.[91]

III. Plenum und Ausschüsse als relevante Delegationssubjekte

Bei der Delegation von Plenarkompetenzen geht es um die innerparlamentarische Verteilung von Kompetenzen zwischen dem Plenum sowie Ausschüssen und weiteren parlamentarischen Untergliederungen.[92] Relevante Delegationssubjekte können also nur diese Untergliederungen des Parlaments sein.

---

[86] Anders bei der konservierenden Delegation, siehe supra S. 20.

[87] Vgl. *Dagtoglou*, Kollegialorgane, S. 63; vgl. *Dahlinger*, DÖV 14 (1961), 938 (939); *Pietzner*, Petitionsausschuss, S. 53 f.; vgl. *Rasch*, DÖV 10 (1957), 337 (339). Hingegen möchte *Obermayer*, JZ 11 (1956), 625 (628) das Mandat sogar nur ausnahmsweise zulassen, weil es dazu führe, dass eine nach der Kompetenzordnung nicht zuständige Stelle entscheide; ebenso *Dagtoglou*, ibd., S. 64 f.; noch strenger und sogar im Einzelfall die Zulässigkeit verneinend *Mangels*, JZ 12 (1957), 161 (162); *Spanner*, DÖV 15 (1962), 340 (343).

[88] *Berg*, Staat 9 (1970), 21 (30); weit überwiegend wortgleich, aber ohne direktes Zitat, dafür mit ungenauem Verweis *Schwerin*, Bundestag, S. 168 f.

[89] Zu all dem *Berg*, Staat 9 (1970), 21 (30). *Schwerin*, Bundestag, S. 168 f. verweist darüber hinaus darauf, dass die Rechtsordnung einem Organ eine Kompetenz deshalb zuweise, weil es für die Ausübung besonders geeignet sei. Vor diesem Hintergrund sei es stets problematisch, wenn ein anderes Organ diese Ausübung übernehme, unabhängig davon, ob die Kompetenz ganz übertragen, oder ein anderes Organ als Mandatar berufen werde.

[90] Siehe zu diesem Beispiel schon *Berg*, Staat 9 (1970), 21 (30).

[91] So auch *Berg*, Staat 9 (1970), 21 (30).

[92] Als Delegatare von Plenarkompetenzen kommen neben Ausschüssen auch andere Empfänger in Betracht. Zum Beispiel der Delegation der Sitzungsgewalt auf den Parla-

1. Ausschüsse und Gremien

Delegatare von Plenarkompetenzen sind häufig Parlamentsausschüsse. Neben diesen Ausschüssen gibt es jedoch noch weitere parlamentarische Untergliederungen, die als Gremium bezeichnet werden und ebenfalls Empfänger von Kompetenzen des Plenums sind. Dabei werden Gremien, beispielsweise das Parlamentarische Kontrollgremium nach Art. 45d GG, im Unterschied zu einem Ausschuss deshalb geschaffen, weil die Bestimmungen der Geschäftsordnung bezüglich der Besetzung und des Verfahrens der Ausschüsse nicht anwendbar seien sollen.[93] Ein Gremium unterliegt auch nicht dem Grundsatz der Diskontinuität und seine Mitglieder werden nicht durch die Fraktionen bestimmt, sondern können direkt durch das Plenum gewählt werden.[94]

Relevant als Delegationssubjekt sind hier also nicht ausschließlich Parlamentsausschüsse, sondern alle Organisationsformen „unterhalb" des Plenums, unabhängig von ihrer Bezeichnung.[95]

2. Parlamentsinterner Bereich

Allerdings ist nicht jedes Gremium ein relevantes Delegationssubjekt. Entscheidend ist vielmehr, ob es sich um ein parlamentarisches Gremium handelt.[96] Zur Abgrenzung parlamentarischer Gremien von nichtparlamentarischen ist zu untersuchen, inwieweit das Gremium eigenständig und unabhängig vom Plenum ist oder andersherum, wie sehr es in den parlamentarischen Bereich institutionell eingebunden ist, was sich besonders daran zeigt, ob Berichtspflichten gegenüber dem Plenum bestehen und das Gremium mit Parlamentariern besetzt ist.[97] Demnach ist

mentspräsidenten siehe etwa *Schürmann*, in: Morlok/Schliesky/Wiefelspütz, Parlamentsrecht, § 19 Rn. 7 und 10 mit weiteren Beispielen. Jedoch geben diese Fälle seltener Anlass zur verfassungsrechtlichen Kritik.

[93] Siehe beispielsweise zum Parlamentarischen Kontrollgremium *Klein*, in: Maunz/Dürig, Art. 45d Rn. 25; siehe hierzu noch infra S. 104 ff.

[94] *H. A. Wolff*, in: BK, Art. 45d Rn. 78.

[95] Wenn im Weiteren von der Delegation auf Ausschüsse gesprochen wird, seien andere parlamentarische Untergliederungen wie etwa Gremien explizit nicht ausgeschlossen.

[96] Diese Unterscheidung ist deshalb wichtig, weil bei der Delegation auf außerparlamentarische Gremien andere Rechtsprinzipien eine Rolle spielen beziehungsweise denselben Rechtsprinzipien nicht die gleiche Bedeutung zukommt. So spielen Fragen der Mandatsgleichheit bei der Delegation auf parlamentsexterne Gremien keine Rolle, sondern vorrangig solche der demokratischen Legitimation

[97] Vgl. *BVerfGE* 143, 1 (16 f.); *Edinger*, Wahl und Besetzung, S. 247; besonders auf die Bestellung durch Abgeordnete abstellend und auch insgesamt restriktiv hinsichtlich der Definition von Parlamentsausschüssen, *Kasten*, Ausschußorganisation, S. 19 ff.; restriktiv auch *Vetter*, Parlamentsausschüsse, S. 5 f.; vgl. allgemein auch *Frost*, AöR 95 (1970), 38 (40 f.). *Edinger*, Wahl und Besetzung, S. 247 hält es auch für relevant, ob die vom Gremium ausgeübte Aufgabe einer solche des Parlamentes ist. Dem ist jedoch zu widersprechen. Es ist nämlich durchaus vorstellbar, dass Parlamentskompetenzen auf außerparlamentarische Gremien dele-

ein vom Plenum weitgehend unabhängiges und eigenständiges Gremium, das nicht aus Parlamentariern besteht, kein parlamentarisches Gremium.

Ein solches nicht parlamentarisches Gremium ist etwa die G 10-Kommission.[98] Denn diese besteht weder zwingend aus Parlamentariern (§ 15 Abs. 1 S. 1 G 10-Gesetz) noch unterliegt sie typischen Berichtspflichten an das Plenum und schließlich mangelt es an der Abhängigkeit vom Plenum[99]. Auch ist die institutionelle Einbettung in das Parlament allein dadurch fraglich, dass die Kommission nicht ebenfalls dem Grundsatz der Diskontinuität unterliegt (§ 15 Abs. 1 S. 4 G 10-Gesetz). Anders[100] ist es wiederum beim Parlamentarischen Kontrollgremium, das mit Parlamentariern besetzt und dem Plenum berichtspflichtig ist (§ 14 Abs. 1 S. 2 G 10-Gesetz). Dieses stellt ein parlamentarisches Gremium dar, welches Delegatar von Plenarkompetenzen sein kann und auch ist.

IV. Zusammenfassung

Die Delegation ist die willentliche Übertragung einer Kompetenz des Deleganten auf den Delegatar. Dies setzt voraus, dass die ursprüngliche Verfassung den einzelnen Organen bereits Kompetenzen zugeordnet hat, die diese dann übertragen können. Daher kann es eine Delegation durch die ursprüngliche Verfassung nicht geben.

Delegationen sind konservierend – der Delegant behält sich die Kompetenzausübung selbst weiterhin vor – und ausschließend – der Delegant verliert die Kompetenz – möglich. Beides sind „echte" Delegationen. Innerparlamentarische Delegationen können konservierend oder ausschließend sein, je nachdem, ob die konkrete Delegationsnorm dem Deleganten (Plenum) weiterhin die Ausübung der delegierten Kompetenz erlaubt.

Die Unterscheidung zwischen horizontalen und vertikalen Delegationen betrifft hingegen die Frage, ob Kompetenzen zwischen den Gewalten (horizontal) oder innerhalb derselben Gewalt (vertikal) übertragen werden. Die Delegation von Ple-

giert werden. Besonders deutlich wird dies vor dem Hintergrund des Art. 80 Abs. 1 S. 1 GG, der einer Regierungsbehörde die Rechtsetzung erlaubt. Niemand käme auf die Idee, diese Behörde deshalb dem parlamentsinternen Bereich zuzuordnen. Daher kann aufgrund der Art der ausgeübten Kompetenz lediglich eine rein tatsächliche Vermutung dahingehend aufgestellt werden, dass das Gremium ein parlamentsinternes ist, sofern auf dieses parlamentarische Kompetenzen delegiert werden. Statt einer funktionellen Betrachtung ist daher auch eine eher formelle vorzugswürdig, die maßgeblich auf die institutionelle Einbindung in und die Abhängigkeit vom Parlament und die Besetzung mit Parlamentariern abstellt.

98 Deutlich *BVerfGE* 143, 1 (16 f.); *Edinger*, Wahl und Besetzung, S. 247; *Geis*, in: HStR III, § 54 Rn. 23; *Kloepfer*, Verfassungsrecht I, § 15 Rn. 313; vgl. auch *Schürmann*, in: Morlok/Schliesky/Wiefelspütz, Parlamentsrecht, § 19 Rn. 4.

99 *BVerfGE* 143, 1 (16 f.); siehe *C. Arndt*, in: Schneider/Zeh, Parlamentsrecht, § 50 Rn. 32.

100 *Edinger*, Wahl und Besetzung, S. 247; vgl. *Huber*, NVwZ 28 (2009), 1321 (1321); vgl. *Klein*, in: Maunz/Dürig, Art. 45d Rn. 24 f.; vgl. *Schürmann*, in: Morlok/Schliesky/Wiefelspütz, Parlamentsrecht, § 19 Rn. 4

narkompetenzen ist demnach eine vertikale Delegation. Beim Begriff der zuweisenden Delegation darf nicht übersehen werden, dass dem Parlament neben der Gesetzgebung weitere Kompetenzen zukommen, also ihm eigene Kompetenzen, deren Übertragung folglich eine Delegation und keine Zuweisung darstellt. Schließlich stellt die Delegation durch verfassungsänderndes Gesetz nur insoweit einen Sonderfall dar, als es die Form der Delegationsnorm betrifft. Die sich hieraus ergebenden Besonderheiten betreffen die erschwerte Änderbarkeit der Delegationsnorm und ihren erheblich schwächeren verfassungsrechtlichen Prüfungsmaßstab.

Abzugrenzen ist die Delegation vor allem von der Mandatierung, die nicht zu einer Veränderung der Kompetenzordnung führt, sondern es lediglich erlaubt, eine weiterhin fremde Kompetenz in fremden Namen auszuführen. Die Übertragung von Plenarkompetenzen stellt in den relevanten Fällen stets unabhängig davon, ob Vorbereitungs- oder Entscheidungskompetenzen übertragen werden sollen, eine Delegation und keine Mandatierung dar.

Als Empfänger von Plenarkompetenzen kommen die Parlamentsausschüsse, aber auch andere parlamentarische Untergliederungen, in erster Linie Gremien, in Betracht.

B. Die Kompetenz des Plenums

Um klären zu können, ob und gegebenenfalls wann die Delegation von Plenarkompetenzen auf Ausschüsse zulässig ist, muss zunächst festgestellt werden, wann das Plenum im Besitz von Kompetenzen ist, die es dann womöglich delegieren kann.

I. Konnex zwischen Parlaments- und Plenarkompetenz

Es besteht ein direkter Zusammenhang zwischen einer Kompetenz des Parlamentes und der Kompetenz des Plenums, der sich in dem Grundsatz der Plenarzuständigkeit ausdrückt. Das bedeutet, dass immer wenn die Verfassung dem Parlament eine Kompetenz zuordnet, diese Kompetenz damit grundsätzlich dem Plenum zukommt.[101] Dies ergibt sich im Wesentlichen aus drei Überlegungen: Das Plenum ist das Hauptorgan des Parlamentes.[102] Weiterhin wird das Volk nur durch das Parlament in seiner Gesamtheit, das heißt nur durch Mitwirkung aller seiner Mitglieder re-

---

[101] *BVerfGE* 1, 144 (152); vgl. *Berg*, Staat 9 (1970), 21 (23); *Kasten*, DÖV 39 (1985), 222 (224); *Mandelartz*, Parlament und Regierung, S. 270; *Pietzner*, JR 23 (1969), 43 (45 Fn. 45); *Steiger*, Organisatorische Grundlagen, S. 81; *Vetter*, Parlamentsausschüsse, S. 199; *Wiefelspütz*, ZParl 43 (2012), 227 (230 f.); vgl. auch *Koch*, in: Röhring/Sontheimer, Hdb Parlamentarismus, zu Plenarsitzung, S. 393 f. und Plenum, S. 394 f.

[102] So *Borgs-Maciejewski/Drescher*, Parlamentsorganisation, S. 16; *Steiger*, Organisatorische Grundlagen, S. 81.

präsentiert.[103] Schließlich werden andere Untergliederungen des Parlamentes stets explizit[104] mit Kompetenzen bedacht, wenn ausnahmsweise nicht das Plenum zuständig sein soll. Aus diesen Gründen erschiene es bedenklich, stünde es im Belieben des Parlamentes, festzulegen, ob eine Entscheidung durch das Plenum oder einen Ausschuss getroffen wird.[105] Daher überträgt jede Norm des Grundgesetzes, die eine Kompetenz dem Parlament zuweist und nicht explizit einem anderen Organ des Parlaments, diese Kompetenz generell dem Plenum.[106]

II. Konnex zwischen Parlaments- und Plenarvorbehalt

Neben einer Verbindung von Parlaments- und Plenarkompetenz besteht eine solche auch zwischen dem Parlaments- und dem Plenarvorbehalt. Der Parlamentsvorbehalt[107] ordnet bestimmte Kompetenzen dem Parlament (ohne explizite Vorgabe des Grundgesetzes) zu und verbietet eine Delegation.[108] Welche Kompetenzen dem Parlament danach vorbehalten sind, bestimmt sich danach, ob sie wesentlich sind (sogenannte Wesentlichkeitslehre)[109]. Da die Kompetenz des Parlamentes grundsätzlich auch die Kompetenz des Plenums ist, kann sich daher parallel ebenfalls eine exklusive Zuweisung an das Plenum analog der Wesentlichkeitslehre ergeben.[110] Hier kann dann von einem Plenarvorbehalt gesprochen werden.[111] Wenn und soweit ein solcher besteht, ist eine Delegation von Plenarkompetenzen unzulässig.

---

[103] *BVerfGE* 130, 318 (342). Zum sogenannten Gesamtrepräsentationsprinzip siehe noch ausführlicher infra S. 82 ff. *Kretschmer*, in: Schneider/Zeh, Parlamentsrecht, § 9 Rn. 97 f. verwendet den Begriff des Vollversammlungsprinzips; *Mahrenholz* spricht in diesem Kontext hingegen von einem sogenannten Gesamtheitsprinzip, *BVerfGE* 70, 324 (367 ff., insbesondere 369) – Sondervotum *Mahrenholz*. Gemeint ist in der Sache stets dasselbe.

[104] Beispielhaft angeführt seien die Art. 44, 45a, 45c und 45d GG.

[105] *Kreuzer*, Staat 7 (1968), 183 (191) und im Anschluss *Steiger*, Organisatorische Grundlagen, S. 136; vgl. auch *Kasten*, DÖV 39 (1985), 222 (224).

[106] *Kreuzer*, Staat 7 (1968), 183 (191); *Pietzner*, Petitionsausschuss, S. 55.

[107] Zu den Vorbehaltsbegriffen allgemein *Staupe*, Parlamentsvorbehalt, S. 28 ff.

[108] Siehe etwa *Staupe*, Parlamentsvorbehalt, S. 30; Genaueres infra S. 111 ff. Darüber hinaus enthält der Parlamentsvorbehalt auch Aussagen über die notwendige Regelungsdichte einer wesentlichen Materie, siehe *Staupe*, Parlamentsvorbehalt, S. 30 f

[109] Siehe etwa *BVerfGE* 116, 24 (58) m.w.N.

[110] Siehe hierzu infra S. 112 ff.

[111] Dieser Begriff schon bei *Pietzner*, Petitionsausschuss, S. 78 ff.; siehe auch *Kasten*, DÖV 39 (1985), 222 (222); Verwendung etwa auch bei *Brink*, NVwZ 22 (2003), 953 (954); *Kretschmer*, in: Schneider/Zeh, Parlamentsrecht, § 9 Rn. 106; *Schürmann*, in: Morlok/Schliesky/Wiefelspütz, Parlamentsrecht, § 19; *Wiefelspütz*, Einsatz, S. 78 ff.

C. Unterschiede zwischen Plenum und Ausschüssen

Durch eine Delegation wird zunächst lediglich eine Kompetenz übertragen. Daher bestehen rein abstrakt jenseits der Veränderung der Kompetenzordnung keine rechtlichen Bedenken.[112] Auf der konkreten Ebene jedoch können zwischen Delegatar und Delegant Unterschiede[113] von solcher Qualität bestehen, dass eine Delegation doch schwerwiegende Bedenken hervorruft.[114] So kann sich etwa die demokratische Legitimation zwischen den Beteiligten unterscheiden und womöglich einer Delegation im Wege stehen.[115] Aus diesem Grund sind die Unterschiede zwischen Parlament und Plenum in Bezug auf Zusammensetzung (I.) und Verfahren (II.) bedeutsam.

I. Zusammensetzung von Plenum, Ausschüssen und Unterausschüssen

Im Verhältnis vom Plenum über den Ausschuss bis hin zum Unterausschuss findet eine Degression der quantitativen Partizipationsmöglichkeiten der Abgeordneten des Parlamentes statt.

1. Ausschüsse als verkleinertes Abbild des Plenums

Während das Plenum die Vollversammlung der Abgeordneten des Parlamentes darstellt, findet sich im Vergleich hierzu in den Ausschüssen nur eine geringe Zahl von Abgeordneten. Die Plenarversammlung ist daher besser geeignet, den Souverän zu repräsentieren. Immerhin verlangt der Grundsatz der Spiegelbildlichkeit[116], dass jeder Ausschuss ein verkleinertes Abbild des Plenums ist. Rein mathematisch ist die

[112] Einige Autoren sehen bereits die Veränderung der Kompetenzordnung an sich als kritisch an: *Dagtoglou*, Kollegialorgane, S. 63 f.; *Obermayer*, JZ 11 (1956), 625 (628); strikter noch *Mangels*, JZ 12 (1957), 161 (162); *Spanner*, DÖV 15 (1962), 340 (343). Diese Bedenken ergeben sich aus dem verwaltungsrechtlichen Fokus dieser Autoren. Wird einer Behörde die Kompetenz einer anderen Behörde übertragen, kann dies schon deshalb problematisch sein, weil der delegierenden Behörde die delegierte Kompetenz aus bestimmten Gründen gesetzlich zugeordnet wurde. Die Situation ist bei innerparlamentarischen Delegationen eine andere, da hier das Plenum selbst durch Gesetz oder Geschäftsordnung eigene Kompetenzen übertragen, den Kompetenzrahmen also originär festlegen kann.

[113] Die häufig auch der Grund für die Delegation sein dürften.

[114] Zum Gedanken der Bedeutsamkeit der Unterschiede zwischen Delegatar und Deleganten für die Frage der Delegation vgl. bereits *Berg*, Staat 9 (1970), 21 (27).

[115] Siehe hierzu im Detail infra S. 125 f.

[116] Zum Grundsatz der Spiegelbildlichkeit siehe zunächst nur *BVerfG*E 80, 188 (222). Kritisch hierzu *Kreuzer*, Staat 7 (1968), 183 (197 f.), der in dem Wahlausschuss nach § 6 Abs. 2 BVerfGG kein Abbild des Plenums, sondern vielmehr ein aliud zu diesem sieht; genauer infra S. 91 ff.

absolut maßstabsgetreue Abbildung des Verhältnisses der Fraktion zueinander (vgl. § 12 GO BT) in den Ausschüssen allerdings nicht möglich.[117]

2. Unterausschüsse und Arbeitsgruppen

Ausschüsse können gem. § 55 Abs. 1 S. 1 GO BT Unterausschüsse[118] bilden. Diese können sich mit einzelnen Fragen befassen, aber auch ständige Aufgaben übernehmen.[119] Da sich hier eine noch geringere Zahl an Abgeordneten zusammenfindet, ist eine maßstabsgerechte Abbildung des Plenums besonders erschwert.[120] Ebenfalls möglich und gängig ist die Einsetzung von flexiblen, informellen Arbeitsgruppen[121], die meist die Vorklärung einzelner Detailfragen für den Ausschuss übernehmen.[122] Anders als die (formellen) Unterausschüsse unterliegen die Arbeitsgruppen, wenn dort die Entscheidungen nicht vorweggenommen werden, nicht den Vorgaben der Geschäftsordnung zur Zusammensetzung und Verfahren der Ausschüsse.[123]

---

117 *BVerfGE* 106, 253 (268); *Geis*, in: HStR III, § 54 Rn. 42; *Achterberg*, Parlamentarische Verhandlung, S. 155; *J. Dietlein*, Gutachten, S. 52; *Steiger*, Organisatorische Grundlagen, S. 123 f.; siehe auch *Berg*, Staat 9 (1970), 21 (27); zustimmend und darüber hinaus darauf verweisend, dass sich ebenfalls nicht alle Strömungen im Plenum oder beispielsweise auch die Altersstruktur übertragen lässt, *Kreuzer*, Staat 7 (1968) 183 (196 f.); so deutlich auch *Schürmann*, in: Morlok/Schliesky/Wiefelspütz, Parlamentsrecht, § 19 Rn. 20; ähnlich *Schwerin*, Bundestag, S. 173. Zu den verschieden Besetzungsmethoden auch unter historischem Blickwinkel *Edinger*, Wahl und Besetzung, S. 191 ff.; *Vetter*, Parlamentsausschüsse, S. 52 f.

118 Siehe hierzu allgemein *Dach*, in: Schneider/Zeh, Parlamentsrecht, § 40 Rn. 6; *Edinger*, Wahl und Besetzung, S. 216 f. Siehe zu Unterausschüsse noch ausführlicher infra S. 96 f.

119 *Edinger*, Wahl und Besetzung, S. 216 f.

120 Vgl. zum aus der geringen Größe folgenden Repräsentationsdefizit *BVerfGE* 130, 318 (352 f.).

121 Auch die Fraktionen selbst bilden Arbeitsgruppen zur internen Koordination der Ausschussarbeit und Rückkopplung mit der Gesamtfraktion, *Melzer*, in: Schneider/Zeh, Parlamentsrecht, § 41 Rn. 11, 18, 33 ff. Siehe hierzu ausführlicher infra S. 104, 160 f.

122 Instruktiv zu Unterausschüssen und Arbeitsgruppen *Vetter*, Parlamentsausschüsse, S. 186 ff.

123 Undifferenziert *Vetter*, Parlamentsausschüsse, S. 187; vgl. auch *Borgs-Maciejewski/Drescher*, Parlamentsorganisation, S. 81. Siehe hierzu noch ausführlicher infra S. 99 f.

II. Verfahren und Arbeitsweise des Plenums und der Ausschüsse

1. Ausschüsse – Hilfsorgane und Sachkunde

Die Ausschüsse dienen vorrangig[124] dazu, das Plenum zu entlasten. Ohne eine Aufgabenteilung und Unterstützung bei der Vorbereitung der Beschlüsse wäre das Plenum nicht arbeitsfähig.[125]

a) Sachlichkeit, Detailorientierung, Independenz

Insbesondere ältere Darstellungen in der Literatur zeugen von einem verklärenden, kaum empirisch fundierten Blick auf die Arbeit der Ausschüsse.[126] Danach zeichne sich die Arbeit des und die Diskussion im Ausschuss durch besondere Sachlichkeit[127] aus und sei besonders auf die Herstellung eines Konsenses[128] ausgerichtet. Zudem wird betont, dass sich die Abgeordneten im Ausschuss häufig unabhängig[129] von der Fraktions- und Parteilinie verhielten. Ziel der Ausschusstätigkeit sei dabei die Erarbeitung einer optimalen Regelung. [130] Dieser konsensualen, unabhängigen Arbeit entspreche auch die stärkere Flexibilität des im Gegensatz zum Plenum weniger formalisierten Ausschussverfahrens, bei dem beispielsweise keine Festsetzung von Redeanteilen zwischen den Fraktionen erfolgt.[131]

---

[124] Manche Ausschüsse dienen beispielsweise auch dem Schutz von Geheimhaltungsinteressen, die im Plenum dank der größeren Zahl Beteiligter nur schwer zu wahren wäre. Siehe dazu etwa das Vertrauensgremium nach § 10 Abs. 2 S. 1 BHO und hierzu noch infra S. 58 ff.

[125] *BVerfGE* 44, 308 (317); *Borgs-Maciejewski/Drescher*, Parlamentsorganisation, S. 71 f.; *Schwerin*, Bundestag, S. 162; vgl. *Kretschmer*, in: Schneider/Zeh, Parlamentsrecht, § 9 Rn. 99; siehe auch *Vetter*, Parlamentsausschüsse, S. 98 f. Zur allgemeinen Notwendigkeit vorbereitender Gremien bei größeren Personenvereinigungen mit Entscheidungsfunktion *Frost*, AöR 95 (1970), 38 (41).

[126] Vgl. zu dieser Kritik *Schulze-Fielitz*, Theorie und Praxis, S. 346.

[127] *Frost*, AöR 95 (1970), 38 (61); *Schwerin*, Bundestag, S. 175; aktueller vgl. *Klein*, in: Maunz/Dürig, Art. 40 Rn. 127.

[128] *Dach*, in: Schneider/Zeh, Parlamentsrecht, § 40 Rn. 49; *Linck*, DÖV 26 (1973), 513 (519); aktueller: *Kersten*, in: Maunz/Dürig, Art. 77 Rn. 18; *Masing*, in: vM/K/S[6], Art. 77 Rn. 29; vgl. *Klein*, in: Maunz/Dürig, Art. 40 Rn. 127.

[129] Nach *Schürmann*, in: Morlok/Schliesky/Wiefelspütz, Parlamentsrecht, § 19 Rn. 21 können die Experten im Ausschuss gar „unpolitische" Entscheidungen treffen, die von der Fraktionslinie abweichen und im Plenum nicht mehrheitsfähig sind; vorsichtiger *BVerfGE* 80, 188 (224).

[130] Vgl. zum Ganzen auch *Berg*, Staat 9 (1970), 21 (27 f.); *Dach*, in: Schneider/Zeh, Parlamentsrecht, § 40 Rn. 49; *Steiger*, Organisatorische Grundlagen, S. 140; vgl. *Vetter*, Parlamentsausschüsse, S. 99, 122 f.; siehe auch *Bryde*, in: Schneider/Zeh, Parlamentsrecht, § 30 Rn. 10.

[131] *Steiger*, Organisatorische Grundlagen, S. 140; vgl. *Hadamek*, in: Kluth/Krings, Gesetzgebung, § 17 Rn. 125.

Tatsächlich aber ist die unideologische, unabhängige, sachliche Expertenberatung der Ausschussmitglieder, die lediglich durch das Abwägen von Argument und Gegenargument zur optimalen Regelungen gelangt, ein Mythos.[132] Gesetze beruhen in der Regel auf Regierungsvorlagen, die im Ausschuss nur selten verändert werden. Die Entscheidung für ein Gesetz und seine Ausgestaltung ist bereits durch die Mehrheitsfraktionen und die Regierung gefallen, bevor der Entwurf in den Ausschuss gelangt. Entsprechend werden dann auch vor der Ausschussberatung die Positionen und entscheidenden Argumentationslinien bereits in den Fraktionen abgestimmt und es sind auch die Fraktionssprecher, die vorrangig die zuvor geformten Meinungen präsentieren.[133] Schließlich verhindern häufig auch die faktische Öffentlichkeit[134] der Ausschusssitzungen und ihr durchaus formalisiertes Verfahren, dass eine tatsächliche Deliberation, ein auf Erzielung eines Konsenses gerichteter Austausch von Argumenten stattfindet.[135] Diese faktische Öffentlichkeit verhindert es, dass Abgeordnete von ihrer Fraktionslinie abweichen und dass die Argumente in der Ausschussdebatte an die anderen Ausschussmitglieder gerichtet werden, um diese zu überzeugen, und nicht nach „außen", um den Fraktionsstandpunkt vor der Öffentlichkeit zu rechtfertigen.

Der Befund, dass in den Ausschüssen von Fraktions- und Pateivorgaben freischwebend versucht wird, einen Konsens zwischen allen Beteiligten herzustellen, hält daher einen Abgleich mit der Realität nicht stand. Gleichwohl mag die Atmosphäre in den Ausschüssen von einer im Vergleich zur Plenarverhandlung größeren Sachlichkeit und stärker fachlichen Orientierung geprägt sein.[136] Dass in den Ausschüssen nicht gegen die Linie der Mehrheitsfraktion entschieden wird, schließt es überdies nicht aus, dass ausnahmsweise auch wichtige Ergänzungen und (Detail-) Regelungen im Ausschuss beschlossen werden.[137]

---

[132] Vgl. zu einem ebenfalls kritischen Blick und zum Weiteren *Schulze-Fielitz*, Theorie und Praxis, S. 344 ff.; vgl. auch *O. Moench*, Bundestagsausschüsse, S. 74 f.

[133] Hierzu *Borgs-Maciejewski/Drescher*, Parlamentsorganisation, S. 72 f.; *Vetter*, Parlamentsausschüsse, S. 188 ff. Die Bedeutung der Fraktionslinie und Vorabsprache betonend *Melzer*, in: Schneider/Zeh, Parlamentsrecht, § 41 Rn. 2, 19. Zum Befund der Oligarchisierung des Parlamentsbetriebes aufgrund der enormen Bedeutung der Fraktionsführung siehe *Schneider*, in: Benda/Maihofer/Vogel, § 13 Rn. 121.

[134] Siehe hierzu sogleich infra S. 41 f.

[135] *Melzer*, in: Schneider/Zeh, Parlamentsrecht, § 41 Rn. 42; vgl. *F. Schneider*, APuZ 16 (6/1968), 3 (17); einschränkend: *Vetter*, Parlamentsausschüsse, S. 190. Weniger kritisch hingegen *Magiera*, Parlament und Staatsleitung, S. 137.

[136] Diese Sachlichkeit und Fachorientierung wird teilweise deswegen kritisiert, da sie dazu beitrage, dass der Blick der Abgeordneten für das „große politische Ganze" jenseits ihrer speziellen Facharbeit verloren ginge. Zudem erleichterte es diese fachliche Orientierung, dass Sonderinteressen sich durch Einflussnahme auf Fachpolitiker in den relevanten Ausschüssen durchsetzten. Siehe dazu *Kewenig*, BT-Drs. VI/3829, S. 85; zum Aspekt der Durchsetzung von Sonderinteressen auch *Berg*, Staat 9 (1970), S. 21 (28) und infra S. 166 ff.

[137] Siehe hierzu und zur Bedeutung des Ausschussverfahrens insgesamt infra S. 157 ff.

b) Transparenzdefizit

Soweit der Ausschussarbeit zugeschrieben wird, besonders sachlich und häufiger auch frei von Partei- und Fraktionsdenken[138] sowie tendenziell auf das Erreichen eines Kompromisses[139] gerichtet zu sein, wird dies vielfach darauf zugrückgeführt, dass Ausschüsse regelmäßig unter Ausschluss der Öffentlichkeit verhandeln.[140] Dies erlaubt § 69 Abs. 1 S. 1 GO BT, der bestimmt, dass die Beratungen der Ausschüsse grundsätzlich nichtöffentlich sind und davon nur nach S. 2 durch Beschluss des Ausschusses abgewichen werden kann.

Die geringe Transparenz des Ausschussverfahrens ergibt sich aber nicht nur aus dem grundsätzlichen Ausschluss der Öffentlichkeit während der Ausschussverhandlungen. Der Transparenz des Ausschussverfahrens ist auch die weiter ausdifferenzierte Unterorganisation (Unterausschüsse, Berichterstattergruppen etc.)[141] der Ausschüsse abträglich, aber auch, dass manche Angelegenheiten auf Grundlage schriftlicher Berichte und ohne weitere Debatte erledigt werden.[142] Die Arbeit dieser Unterorganisationseinheiten im Vorfeld der Ausschusssitzung und der Beschluss auf Grundlage schriftlicher Berichte entziehen sich ebenfalls dem Blick von außen. Dadurch kann ein Außenstehender nicht nur nicht die Ausschussverhandlung selbst verfolgen, sondern er kann auch nicht erkennen, ob und wie weit Entscheidungen vorbereitet oder bereits im Vorfeld getroffen wurden.

Jedoch sind das Transparenzdefizit der Ausschüsse und damit der Kontrast zur öffentlichen Plenarverhandlung (Art. 42 Abs. 1 S. 1 GG) kleiner, als man zunächst zu vermuten geneigt sein könnte. So gilt der Grundsatz der Nichtöffentlichkeit der Ausschusssitzung in weniger starkem Maße als es zunächst den Anschein hat.[143] Dies ergibt sich insbesondere daraus, dass im Anschluss an die Ausschusssitzung die Weitergabe der Ergebnisse an die Presse und damit eine Berichterstattung möglich und üblich ist sowie auch öffentliche Anhörungen der Ausschüsse vor allem von

---

138 *Kasten*, DÖV 39 (1985), 222 (224); *Scheuner*, in: Kluxen, Parlamentarismus, S. 361 (370). Vorsichtig und einschränkend *Borgs-Maciejewski/Drescher*, Parlamentsorganisation, S. 72 f.

139 *v. Lucius*, AöR 97 (1972), 568 (584); siehe auch *J. Dietlein*, Gutachten, S. 47 f.

140 Vgl. *Achterberg*, Parlamentsrecht, S. 681; *Berg*, Staat 9 (1970), 21 (28); *Frost*, AöR 95 (1970), 38 (85); *Klein*, in: Maunz/Dürig, Art. 40 Rn. 127; *Linck*, DÖV 26 (1973), 513 (519); vgl. auch *Geis*, in: HStR III, § 54 Rn. 52 und *Zeh*, in: HStR III, § 53 Rn. 60. Gegen diese Argumentation wendet sich *Mengel*, ZRP 17 (1984), 153 (157). Auch *Melzer*, in: Schneider/Zeh, Parlamentsrecht, § 41 Rn. 39 widerspricht dieser nur vermeintlichen Kausalität und sieht stattdessen den Grund für die sachbezogene und harmonische Ausschussarbeit in dem Wissen der Beteiligten um ihre jeweilige Gebundenheit an die zuvor in der Fraktion festgelegte Position.

141 Siehe hierzu noch infra S. 95 ff.

142 *Edinger*, Wahl und Besetzung, S. 189. Zu ersterem auch *Vetter*, Parlamentsausschüsse, S. 187.

143 Siehe zu den Ausnahmen etwa *Edinger*, Wahl und Besetzung, S. 190.

Sachverständigen gem. § 70 GO BT sich starker Beliebtheit erfreuen.[144] Daher wird denn auch vertreten, dass der Grundsatz der Nichtöffentlichkeit obsolet sei und keine Rechtfertigung in einer etwaigen vertraulichen, sachlichen und unabhängigen Beratung mehr finde, seien die interessierten Kreise doch ohnehin informiert.[145]

Somit vermag auch das Ausschussverfahren mittelbar eine gewisse Transparenz zu erlangen. Gleichwohl bleibt es aber dabei, dass die Ausschüsse im Vergleich zum Plenum ein Transparenzdefizit aufweisen. Denn nicht nur wird die Öffentlichkeit der Ausschussarbeit in aller Regel lediglich mittelbar hergestellt, sondern das unmittelbar öffentliche Plenarverfahren erreicht auch schon aufgrund seiner Bedeutung eine größere Öffentlichkeit. Im Vergleich ist das Ausschussverfahren daher weniger transparent als das Plenarverfahren.

2. Plenum – Affirmation und Integration

Im Plenum werden die Entscheidungen des Parlamentes publik und vor allem durch öffentliche Rede begründet und damit auch eine Integrationsleistung (auch und besonders zu Gunsten dissentierender Bürger) erbracht.[146] An diesem Ort wird sichtbar, welcher Abgeordnete und welche Fraktion sich für welche Lösung entscheidet und damit welchen Ansichten und Meinung innerhalb der Gesellschaft Geltung erlangen. Diese Entscheidungen und ihre Begründung kann der repräsentierte Bürger bei seiner Meinungsbildung einbeziehen und besonders bei der nächsten Wahl berücksichtigen. Die Plenardebatte und -entscheidung ermöglichen

---

[144] Hierauf hinweisend *Steiger*, Organisatorische Grundlagen, S. 142 ff. Siehe auch § 69 Abs. 1 S. 2, 3 GO BT für die Zulassung der Öffentlichkeit. Zur Beliebtheit der öffentlichen Anhörung siehe bereits *Edinger*, Wahl und Besetzung, S. 190; *Dach*, in: Schneider/Zeh, Parlamentsrecht, § 40 Rn. 72 und *Kißler*, in: Schneider/Zeh, Parlamentsrecht, § 36 Rn. 40; mit positivem Fazit hinsichtlich Öffentlichkeitswirkung und Legitimationsvermittlung *Schüttemeyer*, in: Schneider/Zeh, Parlamentsrecht, § 42 Rn. 23 ff., besonders 43 ff.; hingegen kritisch gegenüber den öffentlichen Anhörungen *v. Beyme*, in: Röhring/Sontheimer, Hdb Parlamentarismus zum Hearing, S. 193 f.; ebenfalls reservierter *Vetter*, Parlamentsausschüsse, S. 202 ff. Die geringe Relevanz der Zulassung der Öffentlichkeit gem. §§ 69 Abs. 1 S. 2, 69a Abs. 1 S. 1 GO BT betonend *Zeh*, in: HStR III, § 53 Rn. 60. Zur Berichterstattung über die Ausschussarbeit und die besondere Informiertheit von Fachkreisen siehe *Zeh*, in: Schneider/Zeh, Parlamentsrecht, § 32 Rn. 38.

[145] *Zeh*, in: Schneider/Zeh, Parlamentsrecht, § 32 Rn. 43. Überzeugend gegen den Grundsatz der Nichtöffentlichkeit von Ausschusssitzungen argumentierend, *Vetter*, Parlamentsausschüsse, S. 205 ff. Dagegen *Borgs-Maciejewski/Drescher*, Parlamentsorganisation, S. 79 f. Zur Verfassungskonformität des grundsätzlichen Ausschlusses der Öffentlichkeit siehe noch infra S. 137 ff.

[146] Vgl. *Borgs-Maciejewski/Drescher*, Parlamentsorganisation, S. 18; *Friesenhahn*, VVDStRL 16 (1958), 29 (32); vgl. *Luhmann*, Legitimation, S. 190; *Pünder*, VVDStRL 72 (2012), 191 (253 f.); *Steiger*, Organisatorische Grundlagen, S. 141; *Vetter*, Parlamentsausschüsse, S. 197 f. Die Präsentation der Entscheidung und das Nachreichen der Gründe sind für *F. Schneider*, APuZ 16 (6/1968), 3 (21 f.) die untere Grenze, um noch von einem Parlament sprechen zu können. Zum Konnex zwischen Kommunikation und Legitimation siehe *Zeh*, in: Schneider/Zeh, Parlamentsrecht, § 32 Rn. 8 ff., 40.

daher auch den Dialog zwischen Repräsentanten und Repräsentierten und damit die Kontrolle des Souveräns über seine Vertretung.[147] Dementsprechend ist die Öffentlichkeit der Plenarverhandlung im Gegensatz zum Ausschussverfahren ein herausragendes Wesensmerkmal.[148]

Gleichwohl ist die Einschätzung der Bedeutung des Plenarverfahrens wie auch die des Ausschussverfahrens nicht gänzlich frei von idealisierenden Zuschreibungen. Dem Plenum wird nämlich vielfach zugeschrieben, dass es der Ort des Kompromisses zwischen den divergierenden politischen Ansichten sei und dort letztlich die maßgeblichen Interessen zur Konkordanz geführt würden.[149] Dabei wird übersehen oder nicht ausreichend berücksichtigt, dass zu diesem Zeitpunkt die Entscheidung in der Sache zumeist gefallen ist und damit lediglich eine Affirmation der Ausschussarbeit beziehungsweise des bereits zwischen den Mehrheitsfraktionen und der Regierung Ausgehandelten stattfindet.[150] Der Entscheidung wird im Plenarverfahren also Legitimität vermittelt und die Verantwortung des Plenums sichtbar, eine Korrektur des Ausschussergebnisses[151] ist allerdings äußerst selten.[152] Dabei ist die dem Plenum vorgelagerte Willensbildung und Entscheidungsfindung vergleichsweise wenig transparent und vor diesem Hintergrund wird von manchem bezweifelt, ob

---

[147] *Moeser*, Beteiligung des Bundestages, S. 33 f.; *Schürmann*, in: Morlok/Schliesky/Wiefelspütz, Parlamentsrecht, § 19 Rn. 23; *Steiger*, Organisatorische Grundlagen, S. 141 f.; vgl. auch *Zeh*, in: Schneider/Zeh, Parlamentsrecht, § 32 Rn. 15.

[148] Vgl. Art. 42 Abs. 1 S. 1 GG; siehe hierzu auch *Berg*, Staat 9 (1970), 21 (28); vgl. zudem: *Schwerin*, Bundestag, S. 163; *Vetter*, Parlamentsausschüsse, S. 197 f. *Steiger*, Organisatorische Grundlagen, S. 143 f. weist darauf hin, dass die Öffentlichkeitsfunktion vom Plenum nicht mehr allein gewährleistet werden könne, daher eine Öffnung der Ausschusssitzung hier eine notwendige unterstützende Aufgabe erfüllen würde; so auch *Frost*, AöR 95 (1970), 38 (84 f.); für eine strikte Handhabung des Grundsatzes der Nichtöffentlichkeit der Ausschusssitzungen *Mengel*, ZRP 17 (1984), 153 (157); zum Ganzen Näheres infra S. 137 ff.

[149] Vgl. *BVerfGE* 40, 237 (249); E 70, 324 (355), E 140, 115 (150); *Achterberg*, Parlamentarische Verhandlung, S. 155; *Achterberg*, Parlamentsrecht, S. 681; *Berg*, Staat 9 (1970), 21 (28); *Partsch*, VVDStRL 16 (1958), 74 (79); *Schürmann*, in: Morlok/Schliesky/Wiefelspütz, Parlamentsrecht, § 19 Rn. 22.

[150] *BVerfGE*, 44, 308 (319); *Borgs-Maciejewski/Drescher*, Parlamentsorganisation, S. 12; *Brenner*, in: HStR III, § 44 Rn. 56; vgl. bereits *Dechamps*, Macht und Arbeit, S. 98 f.; vgl. *Edinger*, Wahl und Besetzung, S. 186; vgl. *Geis*, in: HStR III, § 54 Rn. 1; *Heun*, Staatshaushalt, S. 192; *Kißler*, Öffentlichkeitsfunktion, S. 327, 396; *Leibholz*, in: Kluxen, Parlamentarismus, S. 341 (354); *F. Schneider*, APuZ 16 (6/1968), 3 (8); vgl. *Schneider*, in: Benda/Maihofer/Vogel, § 13 Rn. 121; *Schulze-Fielitz*, Theorie und Praxis, S. 351 ff.; *Steiger*, Organisatorische Grundlagen, S. 125, 130, 143; *Vetter*, Parlamentsausschüsse, S. 99, 136; *Zeh*, in: Schneider/Zeh, Parlamentsrecht, § 32 Rn. 40 und § 39 Rn. 2; vgl. zudem infra S. 157 ff. Seinerzeit bereits äußerst kritisch *Schmitt*, Geistesgeschichtliche Lage, S. 62 f.; ebenso *Habermas*, Strukturwandel, S. 244 f. et passim. *Schröder*, ZG 30 (2015), 150 (162) spricht, obgleich die demokratische Bedeutung der Plenardebatte betonend, deutlich pejorativ von einer „Inszenierung".

[151] Vgl. *Heun*, Staatshaushalt, S. 194; siehe zudem infra S. 157 ff.

[152] *Heun*, Staatshaushalt, S. 192 f.; *Zeh*, in: HStR III, § 53 Rn. 59.

dieses Defizit durch eine nachträgliche Sichtbarmachung des Entscheidungsprozesses im Plenum ausgeglichen werden kann.[153]

Letztlich darf jedoch ebenfalls nicht übersehen werden, dass alle Deliberation und jegliches Aushandeln, das sich außerhalb des Plenums abspielt, durch die Notwendigkeit einer Plenarentscheidung vorgeformt wird.[154] Das Plenum erlangt seine Bedeutung also nicht allein dadurch, dass hier die ausgehandelten Entscheidungen und ihre Begründungen öffentlich sichtbar werden und damit die Kontrolle durch den Souverän ermöglicht. Sondern das Plenum ist auch das Nadelöhr, durch das die bereits getroffenen Entscheidungen geführt werden müssen, um Geltung zu erlangen. Hierdurch wird der Entscheidung nicht nur Legitimität durch die Abstimmung aller Abgeordneten zuteil ebenso wie die Verantwortlichkeit der zustimmenden Abgeordneten für den jeweiligen Beschluss sichtbar. Vielmehr muss beim vorwegnehmenden Aushandeln von Entscheidungen stets dieses Nadelöhr mitbedacht und überlegt werden, was durch dieses hindurchgeführt werden kann. Insofern hat die Plenarabstimmung als Schlussstein des parlamentarischen Verfahrens auch eine relevante Vorwirkung.

D. Im Kontext der Delegation relevante Plenarkompetenzen und Ausschüsse

Da eine Delegation die Übertragung einer eigenen Kompetenz voraussetzt, können die Fälle der Delegation von Plenarkompetenzen nur solche betreffen, die dem Parlament und dem Plenum zukommen.

I. Gesetzgebungsrecht

Zu einer vollständigen Delegation der Gesetzgebungskompetenz des Bundestages ist es bisher nicht gekommen und wird es unter dem Grundgesetz[155] auch nicht kommen.[156] Jedoch spielen Ausschüsse bei der Vorbereitung von Gesetzesbeschlüssen eine nicht unerhebliche Rolle.[157]

---

153 Dies negierend: *Schneider*, in: Benda/Maihofer/Vogel, § 13 Rn. 120.

154 *Eichenberger*, VVDStRL 40 (1982), 7 (33); *Heun*, Staatshaushalt, S. 194; *Luhmann*, Legitimation, S. 190; *Thoma*, in: Kluxen, Parlamentarismus, S. 54 (56). Um die Zustimmung des Plenums zu erhalten, muss also bereits im Vorfeld eine Abwägung der divergierenden Interessen stattfinden und gegebenenfalls ein Kompromiss erzielt werden.

155 Siehe infra S. 189 f.

156 Zu den ständigen gesetzgebenden Ausschüssen in Spanien (Art. 75 Abs. 2 S. 1 Sp. Verf.) siehe *Llorente*, in: López Pina, Spanisches Verfassungsrecht, S. 377 (386 f.) – und zum spanischen Recht rechtsvergleichend *Kischel*, Rechtsvergleichung, § 7 Rn. 16 ff. – und in Italien (Art. 72 Abs. 3 Ital. Verf.), *v. Lucius*, AöR 97 (1972), 568 (570 ff.).

1. Fachausschüsse

Die Unterstützung der Fachausschüsse bei der Gesetzgebung entspricht langer parlamentarischer Praxis.[158] Hier wird die eigentliche parlamentarische (Detail-) Arbeit an den Gesetzen verortet.[159] Das Plenum ist im Anschluss rein faktisch auf die Rolle des Affirmierenden beschränkt. Wenn dies einen bedenklichen Kompetenzverlust des Plenums darstellte und die Delegation der Gesetzesvorbereitung auf die Fachausschüsse dazu maßgeblich beitrüge, könnte diese Kompetenzübertragung verfassungswidrig seien.[160]

2. Hauptausschuss

Der Hauptausschuss[161] sollte zu Beginn der 18. und der 19. Legislaturperiode die Zeit bis zur Verabschiedung des Koalitionsvertrages überbrücken und Personalentscheidungen[162] verschieben, die bereits durch die Besetzung der Bundestagsausschüsse notwendig geworden wären.[163] Da dieser Ausschuss aus wenigen Abgeordneten die Arbeit sämtlicher sonst tätiger Ausschüsse und damit auch die Gesetzesvorbereitung übernahm, stellen sich hier vor allem Fragen nach der gleichberechtigten Teilhabe aller Abgeordneten und der womöglich unterlassenen Einsetzung der Pflichtausschüsse.[164]

II. Kontrollrecht

Auch im Rahmen der parlamentarischen Kontrolle[165] werden Kompetenzen durch Unterorgane des Bundestages wahrgenommen.[166]

---

[157] Siehe infra S. 157 ff.

[158] Siehe hierzu *Vetter*, Parlamentsausschüsse, S. 9 ff.

[159] Laut *Borgs-Maciejewski/Drescher*, Parlamentsorganisation, S. 71 findet hier das „Kernstück der parlamentarischen Tätigkeit“ statt.

[160] Siehe infra S. 156 ff., 250 f.

[161] BT-Drs. 18/101; Pl.-Protokoll 18/3, S. 75–80; BT-Drs. 19/85; Pl.-Protokoll 19/2 TOP 1.

[162] *Koschmieder*, NVwZ 33 (2014), 852 (853). So deutlich auch *Grosse-Brömer*, Plenarprotokoll 18/3, S. 76, v. 18. 11. 2013.

[163] Deskriptiv und zur Genese m.w.N. aus den Medien *Thielbörger/Ackermann*, ZJS 7 (2014), 497 (497).

[164] Siehe hierzu infra S. 273 ff.

[165] *Klein*, HStR III, § 50 Rn. 33 ff.; *Steffani*, in: Schneider/Zeh, Parlamentsrecht, § 49 Rn. 11; *H. A. Wolff*, in: BK, Art. 45d Rn. 20 ff.

[166] Denkbar wäre es auch, die Ausübung des Untersuchungsrechts des Bundestages (siehe hierzu nur *Klein*, in: Maunz/Dürig, Art. 44 Rn. 62) durch die Untersuchungsausschüsse als seine Hilfsorgane (siehe beispielsweise *BVerfG*E 124, 78 [114]; *Schneider*, in: AK, Art. 44 Rn. 7) zu thematisieren. Mit der Einsetzung eines Untersuchungsausschusses delegiert das Plenum konservierend (weil das Untersuchungsrecht beim Plenum „verbleibt“, vgl. *BVerfG*E

1. Petitionsausschuss

Der Petitionsausschuss dient im Wesentlichen der Regierungskontrolle.[167] Mit der Einfügung von Art. 45c GG 1975 wurde die teilweise Delegation in Petitionsangelegenheiten auch verfassungsrechtlich positiviert.[168] Der Ausschuss bereitet die Petitionsentscheidung des Plenums dadurch vor, dass er diesem Sammelübersichten[169] mit Beschlussempfehlungen vorlegt. Über diese findet im Plenum weder eine Aussprache[170] statt noch ist den meisten Abgeordneten ihr Inhalt bekannt[171]. Dies weckt Zweifel an der konkreten Ausformung der Delegation in Petitionsangelegenheiten.

2. Parlamentarisches Kontrollgremium

Auf das parlamentarische Kontrollgremium wurden konservierend[172] und zum Teil ausschließlich Kontrollkompetenzen durch das Plenum delegiert.[173] Dabei wurden jene Kompetenzen ausschließlich delegiert, die aus Geheimhaltungsgründen exklusiv dem Gremium vorbehalten sind und auch nicht vom Plenum zurückgeholt werden können.[174] Auch hier wurde die Delegation[175] verfassungsrechtlich abgesi-

---

105, 197 [220]) das Untersuchungsrecht beschränkt nach Maßgabe des Einsetzungsbeschlusses (so dem Grunde nach wohl auch *Wiefelspütz*, ZParl 43 [2012], 227 [232]; vgl. auch *Glauben*, in: BK, Art. 44 Rn. 43; vgl. *Schürmann*, in: Morlok/Schliesky/Wiefelspütz, Parlamentsrecht, § 19 Rn. 4). Die besonderen Rechte nach Art. 44 Abs. 2 und 3 GG (vgl. hierzu etwa *Schneider*, in: AK, Art. 44 Rn. 7, 15, 18.) stehen dem Plenum jedoch nicht selbst zu, können folglich auch nicht delegiert werden, sind vielmehr originär den Untersuchungsausschüssen bereits zugeordnet (Der häufig zu findende Hinweis auf die Korrolartheorie, wonach das Parlament nicht mehr übertragen kann [auf die Untersuchungsausschüsse] als ihm kompetentiell zusteht [siehe hierzu etwa *Glauben*, ibd.] ergibt sich bereits aus dem Grundsatz *nemo plus iuris ad alium transferre potest quam ipse habet* [Corpus Iuris Civilis, D 50.17.55] und gilt auch ganz allgemein für Delegationen). Da jedoch die Ermächtigung zur Delegation in der Verfassung nach Art. 44 Abs. 1 GG vorgesehen und diese auch konservierend ist, findet sich kein Anhaltspunkt für die Verfassungswidrigkeit dieser Kompetenzübertragungen.

[167] *Brocker*, in: BeckOK, Art. 45 c Rn. 3; *H. A. Wolff*, in: BK, Art. 45d Rn. 18; vgl. auch *Schmitt-Vockenhausen*, Verfassungsrechtliche Probleme, S. 4. Gegen eine Einordung nach den Funktionen des Parlamentes, *Vitzthum/März*, in: Schneider/Zeh, Parlamentsrecht, § 45 Rn. 3, 20 ff.

[168] Siehe hierzu *Vitzthum/März*, in: Schneider/Zeh, Parlamentsrecht, § 45 Rn. 24 ff.

[169] § 112 Abs. 1 S. 1 GO BT.

[170] Eine Aussprache findet nur auf Antrag statt, § 112 Abs. 2 S. 2 GO BT. Siehe auch *Borgs-Maciejewski/Drescher*, Parlamentsorganisation, S. 98.

[171] *Röper*, NVwZ 21 (2002), 53 (54).

[172] Siehe supra S. 20 und § 1 Abs. 2 PKGrG.

[173] So ausdrücklich, ohne Differenzierung des Delegationstypus, *Mehde*, in: BeckOK, Art. 45d Rn. 2.1; vgl. auch *BVerfGE* 130, 318 (351).

[174] *Hermes*, in: Dreier, Art. 45d Rn. 34; *H. A. Wolff*, in: BK, Art. 45d Rn. 76.

[175] Siehe § 1 PKGrG.

chert[176] (Art. 45d GG), womit die Schaffung des Parlamentarischen Kontrollgremiums (Abs. 1) und gewisse Minimalanforderungen[177] an seine Ausstattung vorgegeben sind.[178] Eine genaue Ausgestaltung wird durch die Verfassung jedoch nicht vorgenommen (Abs. 2), womit die Konturierung der Delegation verfassungsrechtlicher Kritik keineswegs entzogen ist. So stellt sich etwa die Frage, ob mit der Delegation von Kontrollkompetenzen Mindestanforderungen an die (spiegelbildliche) Besetzung des Gremiums einhergehen.[179]

3. Vertrauensgremium

Die Kompetenz zur Bewilligung von Ausgaben der Geheimdienste, die nicht öffentlich gemacht werden dürfen, kann ausnahmsweise auf das Vertrauensgremium delegiert werden. Dieses Gremium rekrutiert sich aus Mitgliedern des Haushaltsausschusses.[180]

Besondere Bedeutung hat diese Delegation bisweilen dadurch erhalten, dass die Größe des Gremiums im Haushaltsgesetz 1984 so gewählt wurde, dass seinerzeit nicht alle Fraktionen des Deutschen Bundestages einen Sitz erhielten.[181]

III. Wahlrecht

Auch im Rahmen der Kreationsfunktion[182] des Parlamentes finden Delegationen zu Gunsten von Ausschüssen statt. Von besonderem Interesse ist hier die Wahl der Richter des Bundesverfassungsgerichtes.

Die Richter des Bundesverfassungsgerichtes wurden bis vor Kurzem durch einen Ausschuss gewählt, obgleich Art. 94 Abs. 1 S. 2 GG diese Kompetenz dem Bundestag und damit dem Plenum[183] zuordnet.[184] Diese Delegation sah sich starker Kritik

[176] Zur verfassungsrechtlichen Kritik am verfassungsändernden Gesetz siehe *H. A. Wolff*, in: BK, Art. 45d Rn. 68 ff.

[177] So explizit *Hermes*, in: Dreier, Art. 45d Rn. 20. Ohne Mindeststandards wäre die verfassungsrechtliche vorgesehene Schaffung eines Kontrollgremiums leicht zu konterkarieren.

[178] Siehe hierzu *Hermes*, in: Dreier, Art. 45d Rn. 20.

[179] Hierzu etwa *Hermes*, in: Dreier, Art. 45d Rn. 35 ff. Zum Parlamentarischen Kontrollgremium insgesamt siehe Näheres infra S. 105 ff., 259 ff.

[180] § 10a Abs. 2 S. 1 BHO und zum Vertrauensgremium allgemein noch infra S. 105 f., 109.

[181] Das Bundesverfassungsgericht beanstandete dies nicht: *BVerfGE* 70, 324 (366).

[182] Siehe hierzu nur *Kotzur*, in: BK, Vorbem. z. Art. 38–49 Rn. 53.

[183] Zum Grundsatz der Plenarzuständigkeit supra S. 35 f.

[184] Ähnlich verhält es sich mit der Wahl der Mitgliedern der G 10-Kommission, die nach Art 10 Abs. 2 S. 2 GG von der Volksvertretung zu wählen sind, nach § 15 Abs. 1 S. 4 G 10-Gesetz aber durch das Parlamentarische Kontrollgremium bestellt werden. Siehe hierzu

des Schrifttums[185] ausgesetzt, wohingegen das Bundesverfassungsgericht[186] keine durchdringenden Bedenken ausmachen konnte. Seit der Neufassung des § 6 Abs. 1 BVerfGG wird im Anschluss an die Kandidatenauswahl durch einen Ausschuss die Zustimmung des Plenums eingeholt. Ob hiermit jedoch alle verfassungsrechtlichen Bedenken ausgeräumt sind, bleibt fraglich.[187]

IV. Budgetrecht

Sieht man in der starken Arbeitsbelastung und in komplexen und diffizilen Materien einen Grund[188] für Aufteilung und Abgabe von (Teil-)Aufgaben des Plenums, so wird es kaum überraschen, dass ganz besonders im Haushaltsrecht bedeutende Delegationen gang und gäbe sind.

Von Interesse als Akteure sind hier in erster Linie der Haushaltsausschuss und das Sondergremium nach dem StabMechG sowie der Finanzausschuss M-V im Zuge der Werftenrettung in Mecklenburg-Vorpommern.

1. Haushaltsausschuss

Dem Haushaltsausschuss werden durch sogenannte Zustimmungsvorbehalte und qualifizierte Sperrvermerke Entscheidungsbefugnisse übertragen. Danach kann dieser Ausschuss über die Freigabe von im Haushaltsplan vorgesehenen Mitteln und ihre Umschichtung entscheiden. Dies geschieht, obwohl im Falle der qualifizierten Sperrvermerke nach § 36 S. 3 BHO sogar die Befassung des Bundestages[189] und damit des Plenums explizit vorgesehen ist.[190]

2. Sondergremium EFSF/ESM

Im Zuge der Eurokrise wurden zunächst ein vorübergehender (EFSF) und dann ein dauerhafter (ESM) Rettungsschirm geschaffen. Die nationalstaatliche Zustimmung zu bestimmten Rettungsmaßnahmen durch die EFSF/den ESM wurde gem. § 3

Edinger, Wahl und Besetzung, S. 245; zur Kritik siehe *Pietzner*, Petitionsausschuss, S. 89 f.; siehe zudem S. 264 Fn. 295.

[185] Zur Kritik siehe zunächst nur *Kischel*, in: HStR III, § 69 Rn. 48 ff.

[186] *BVerfG*E 131, 230 (234 ff.).

[187] Zur Richterwahl siehe infra S. 154 ff., 263 ff. Zur Genese der Neufassung siehe *Ruppert*, in: Burkiczak/Dollinger/Schorkopf, BVerfGG, § 6 Rn. 4 ff.

[188] Siehe noch infra S. 55 f.

[189] §§ 36 S. 2, 22 S. 3 BHO.

[190] Hierzu noch infra S. 207 ff., 269 ff.

Abs. 3 S. 2 StabMechG beziehungsweise § 6 ESM-FinzG[191] auf sogenannte Sondergremien delegiert, um schnell und unter Geheimhaltung entscheiden zu können.[192]

3. Werftenrettung in Mecklenburg-Vorpommern

Mit § 11 Abs. 4 Werftenförderungsgesetz (WFG) M-V wird die Gewährung von Bürgschaften ab einer Höhe von fünf Millionen Euro von der Zustimmung des Finanzausschusses abhängig gemacht. Dies wirft nicht nur die Frage nach der Zulässigkeit von Einzelfallentscheidungen durch die Legislative auf.[193] Zumindest zweifelhaft ist ebenso die Delegation dieses Entscheidungsrechtes auf den Finanzausschuss.[194]

V. Mitwirkungsrechte in Angelegenheiten der Europäischen Union

Nach Art. 45 S. 2 und 3 GG können dem Europaausschuss Kompetenzen des Parlamentes gegenüber der Regierung und solche, die sich aus dem EUV und AEUV ergeben, übertragen werden.[195] Zwar nicht die grundgesetzlich verankerte Delegationsmöglichkeit selbst, aber ihre Ausübung im Einzelfall kann Anlass zur verfassungsrechtlichen Kritik geben.[196]

---

[191] Hierbei ist § 6 ESM-FinG mit § 3 Abs. 3 StabMechG wortlautidentisch bis auf die Ausführung zum Anlass der Delegation, da die Rechtsprechung des Bundesverfassungsgerichts zu § 3 Abs. 3 StabMechG beim neueren ESM-FinG berücksichtigt wurde; vgl. hierzu *Schürmann*, in: Morlok/Schliesky/Wiefelspütz, Parlamentsrecht, § 19 Rn. 35 Fn. 157.

[192] Siehe infra S. 229 ff., 234 f., 272 f.

[193] Siehe hierzu *Kischel*, Stellungnahme zum Werftenförderungsgesetz, S. 1 f.

[194] Siehe infra S. 222 f.

[195] Siehe hier zunächst nur *Baddenhausen*, in: Morlok/Schliesky/Wiefelspütz, Parlamentsrecht, § 27 Rn. 7 ff.; *Kretschmer*, BK, 125. Ergänzungslieferung (2006), Art. 45 Rn. 210 ff.

[196] So etwa *BVerfGE* 123, 267 (432). Auch die Bundesländer verfügen zum Teil über Ausschüsse, die Mitwirkungshandlungen in Angelegenheiten der Europäischen Union bei Eilbedürftigkeit für das jeweilige Plenum übernehmen. Siehe hierzu *Schürmann*, in: Morlok/Schliesky/Wiefelspütz, Parlamentsrecht, § 19 Rn. 13.

VI. Kompetenzen in eigenen Angelegenheiten und der Ausschuss für Wahlprüfung, Immunität und Geschäftsordnung

Der Ausschuss für Wahlprüfung, Immunität und Geschäftsordnung[197] ist entgegen dieser Bezeichnung nicht ein einzelner Ausschuss, vielmehr gibt es einen Wahlprüfungsausschuss und einen Ausschuss für Immunitätsangelegenheiten und Geschäftsordnungsfragen.[198]

Der Wahlprüfungsausschuss bereitet zwar nur den Beschluss des Bundestages vor.[199] Jedoch kann nach einer abgelehnten Beschlussempfehlung des Ausschusses eine weitere Beschlussempfehlung nur abgelehnt werden, wenn gleichzeitig eine andere Empfehlung vorhanden ist, die stattdessen angenommen wird.[200] Der Ausschuss könnte demnach durch Beharren einen Beschluss des Plenums erzwingen. Fraglich ist hierbei, ob (beabsichtigt oder nicht) eine rein faktische Letztentscheidungskompetenz delegiert wurde.[201]

Auch der Immunitätsausschuss[202] soll eigentlich nur die Entscheidung des Plenums vorbereiten. Allerdings trifft er Vorentscheidungen, die im Rahmen eines vereinfachten Verfahrens[203] zur endgültigen Entscheidung des gesamten Bundestages werden, sofern nicht innerhalb von sieben Tagen Widerspruch eingelegt wird. Damit besteht eine gewisse Ähnlichkeit zur Delegation von Entscheidungskompetenzen. Es ist daher konsequent, die Delegation auf den Immunitätsausschuss demselben Prüfungsmaßstab zu unterwerfen wie einer Delegation einer Entscheidungskompetenz.[204]

---

[197] So bezeichnet in den §§ 127 f. GO BT.

[198] Siehe hierzu *Paschmanns*, in: Morlok/Schliesky/Wiefelspütz, Parlamentsrecht, § 24 Rn. 1; *Schulte/Zeh*, in: Schneider/Zeh, Parlamentsrecht, § 43 Rn. 4. Im Weiteren ist stets der Immunitäts- und Geschäftsordnungsausschuss gemeint, auch wenn nur von dem Immunitätsausschuss oder dem Geschäftsordnungsausschuss gesprochen wird.

[199] § 3 Abs. 1 WahlPrüfG.

[200] § 13 Abs. 2 S. 2 WahlPrüfG.

[201] Zu diesem Problem *Wiefelspütz*, ZParl. 43 (2012), 227 (232) und Näheres zum Wahlprüfungsausschuss infra S. 146 f., 257 ff.

[202] Der Ausschuss für Immunitätsangelegenheiten und der Petitionsausschuss haben gemein, dass sie ihre eigenen Verfahrensregeln selbst schaffen dürfen (§§ 107 Abs. 2 und 110 Abs. 1 GO BT.). Hierin kann eine Delegation von Rechtsetzungskompetenzen auf eben diese Ausschüsse gesehen werden; siehe hierzu *Kretschmer*, ZParl 17 (1986), 334 (343).

[203] A. Nr. 13 Anlage 6 zur GO BT. Das vereinfachte Verfahren betrifft die Genehmigung der Vollstreckung von Erzwingungshaft oder Freiheitsstrafen bis zu drei Monaten (Nr. 8), die Aufhebung der Immunität bei Verkehrsdelikten (Nr. 11) und bei Bagatellsachen (Nr. 12), ebenso die Ermächtigung zur Strafverfolgung nach den §§ 90b Abs. 2 und 194 Abs. 4 (siehe auch C).

[204] Siehe hierzu noch infra S. 176 ff., 251 ff.

Der Geschäftsordnungsausschuss besitzt die Kompetenz zur Auslegung der Geschäftsordnung.[205] Wird eine derartige Entscheidung nicht durch Antrag zur Überprüfung dem Plenum vorgelegt, so gilt sie letztgültig.[206] Es handelt sich also um eine konservierende Delegation der Auslegungskompetenz. Auch hier stellt sich die Frage nach Besonderheiten bei Vorentscheidungen, die mit erfolglosem Ablauf einer Widerspruchsfrist letztgültige Entscheidungen werden.[207]

---

[205] § 127 Abs. 1 S. 2 Hs. 1 GO BT. Während der Sitzung hat der Bundestagspräsident die Kompetenz zur Einzelfallentscheidung, § 127 Abs. 1 S. 1 GO BT.

[206] § 127 Abs. 1 S. 2 Hs. 2, Abs. 2 GO BT.

[207] Hierzu noch infra S. 254 f.

Zweiter Teil

Maßgebliche Verfassungsprinzipien

Bei der Delegation von Plenarkompetenzen stehen sich mehrere grundlegende Verfassungsprinzipien gegenüber. Auf der einen Seite steht die Parlamentsautonomie, aufgrund derer vor allem zur Wahrung oder Herstellung der Funktionsfähigkeit des Parlamentes grundsätzlich Plenarkompetenzen den entsprechenden Unterorganen des Parlamentes übertragen werden können (A.). Einer jedenfalls unbeschränkten, beliebigen Verteilung der Kompetenzen steht auf der anderen Seite dabei das Repräsentationsprinzip (B.) entgegen. Maßgebliche Bedeutung kommt darüber hinaus auch der im Vergleich zu den Ausschüssen größeren Öffentlichkeit (D.) und der stärkeren demokratischen Legitimation (C.) des Plenums zu.

A. Parlamentsautonomie und Funktionsfähigkeit

Die Parlamentsautonomie (I.) ermöglicht es, Regelungen zu treffen, die der Funktionsfähigkeit (II.) des Parlamentes dienen. Dabei können diese Regeln in Konflikt mit anderen Rechtspositionen oder -prinzipien von Verfassungsrang[1] geraten, zum Beispiel mit Abgeordnetenrechten. Insofern stellt dann die Funktionsfähigkeit einen entscheidend zu berücksichtigenden Punkt bei der Frage dar, ob die Einschränkung der anderen Rechtspositionen oder -prinzipien gerechtfertigt werden kann.[2]

I. Parlamentsautonomie

Aufgrund seiner Stellung als unmittelbar demokratisch legitimiertes Verfassungs- und zugleich Repräsentativorgan der Bürger kommt dem Parlament weitgehende[3]

---

[1] *Brocker*, in: BK, Art. 40 Rn. 67; vgl. *Schneider*, in: AK, Art. 40 Rn. 10.

[2] Vgl. hierzu *BVerfGE* 96, 264 (278); E 130, 318 (348, 358 f.). Siehe etwa auch *Brocker*, in: BK, Art. 40 Rn. 52 f.; vgl. *Schneider*, in: AK, Art. 40 Rn. 10; *Pietzcker*, in: Schneider/Zeh, Parlamentsrecht, § 10 Rn. 7. Aus umgekehrter Perspektive der Abgeordnetenrechte *Badura*, in: Schneider/Zeh, Parlamentsrecht, § 15 Rn. 16; *Kretschmer*, in: Schneider/Zeh, Parlamentsrecht, § 9 Rn. 70; *C. Moench/Ruttloff*, DVBl. 127 (2012), 1261 (1263). Allgemein zu den Grenzen der Parlamentsautonomie *Kühnreich*, Selbstorganisationsrecht, S. 157 ff.

[3] *Schneider*, in: AK, Art. 40 Rn. 10; *Steiger*, in: Schneider/Zeh, Parlamentsrecht, § 25 Rn. 5.

Autonomie[4] zu.[5] Diese ermöglicht Unabhängigkeit von der Exekutive und die selbstbestimmte Regelung eigener, interner Angelegenheiten.[6] Die wichtigste Grundlage dieser Unabhängigkeit des Parlamentes findet sich in Art. 40 Abs. 1 GG, der sowohl die Organisationsautonomie als auch die Geschäftsordnungsautonomie umfasst.[7]

1. Organisationsautonomie

Die Organisationsautonomie, die ihre Grundlage in Art. 40 Abs. 1 S. 1 GG hat,[8] ermöglicht es dem Parlament, Organe und andere Untergliederungen zu schaffen und zu besetzen.[9] Hierunter fällt damit auch die Schaffung von Ausschüssen und anderen Gremien,[10] die als mögliche Delegatare dienen, also Empfänger von Plenarkompetenzen sein können.

2. Geschäftsordnungsautonomie

Mittels der Geschäftsordnungsautonomie aus Art. 40 Abs. 1 S. 2 GG kann das Parlament selbständig und flexibel[11] den internen Verfahrensablauf definieren.[12] Die Geschäftsordnungsautonomie als Ausprägung der Parlamentsautonomie dient, neben dem Schutz vor Einflussnahmen durch andere Verfassungsorgane, außerdem auch der Effektivität des Verfahrens, da die am Verfahren Beteiligten zugleich Normgeber sind und am besten wissen, wer welche Aufgaben erledigen sollte.[13]

---

[4] Zur Vorsicht bei der Verwendung des Begriffs der Autonomie ratend *Bollmann*, Verfassungsrechtliche Grundlagen, S. 29.

[5] *Steiger*, in: Schneider/Zeh, Parlamentsrecht, § 25 Rn. 5. Zur Autonomie aufgrund des Status eines Verfassungsorgans siehe *K. Arndt*, Geschäftsordnungsautonomie, S. 60.

[6] *Morlok*, in: Dreier, Art. 40 Rn. 1. Zum Aspekt der Gewaltenteilung *Brocker*, in: BK, Art. 40 Rn. 50 f.

[7] Siehe hierzu etwa *Bollmann*, Verfassungsrechtliche Grundlagen, S. 33 ff.; *Brocker*, in: BK, Art. 40 Rn. 57.

[8] Instruktiv *BVerfGE* 70, 324 (360 f.); hierzu auch *Brocker*, in: BeckOK, Art. 40 Rn. 4.

[9] *Brocker*, in: BK, Art. 40 Rn. 57 ff.; *Kühnreich*, Selbstorganisationsrecht, S. 52 ff.; *Morlok*, in: Dreier, Art. 40 Rn. 23. Ungenau hingegen *Frost*, AöR 95 (1970), 38 (48), der Organisations- und Geschäftsordnungsautonomie vermischt.

[10] Vgl. *Morlok*, in: Dreier, Art. 40 Rn. 29; *Schneider*, in: AK, Art. 40 Rn. 3.

[11] Vgl. *BVerfGE* 130, 318 (348); *Kühnreich*, Selbstorganisationsrecht, S. 60; *Morlok*, in: Dreier, Art. 40 Rn. 6. Dabei erschöpft sich die Geschäftsordnungsautonomie nicht in der Rechtsetzungskompetenz, siehe hierzu den umfassenden Begriff der Geschäftsordnungsautonomie bei *K. Arndt*, Geschäftsordnungsautonomie, S. 15, 67 f. et passim.

[12] *BVerfGE* 44, 308 (314 f.); *Brocker*, in: BK, Art. 40 Rn. 75; *Morlok*, in: Dreier, Art. 40 Rn. 6.

[13] Vgl. *BVerfGE* 130, 318 (348); *Kühnreich*, Selbstorganisationsrecht, S. 60; vgl. *Schürmann*, in: Morlok/Schliesky/Wiefelspütz, Parlamentsrecht, § 19 Rn. 27. *Steiger*, in: Schneider/Zeh, Parlamentsrecht, § 25 Rn. 5 spricht hierbei auch von Organisationseffektivität. Darüber

Innerparlamentarische Delegationen regeln das interne Verfahren, indem sie festlegen, welche Organisationseinheit welche Kompetenz wahrnehmen soll. Damit stützen sich diese Delegationen auf die Geschäftsordnungsautonomie des Parlamentes.[14] Trotz dieser Delegationsgrundlage und eines weiten Gestaltungsspielraums[15] des Parlamentes bei der Regelung des eigenen Verfahrens können auf diese Weise allerdings nicht unbeschränkt Kompetenzen übertragen werden, da die Geschäftsordnungsautonomie mit anderen Verfassungsprinzipien kollidieren kann.[16]

II. Funktionsfähigkeit

Die Funktionsfähigkeit des Parlamentes[17] ist ein Rechtsgut von Verfassungsrang.[18] Ganz allgemein ist die Funktionsfähigkeit eines Rechtssubjektes hierbei logisch mit seiner Kreation verbunden (1.). Im Übrigen nimmt seit geraumer Zeit die Bedeutung der Funktionsfähigkeit als Rechtfertigungsgrund für die Beeinträchtigung anderer Verfassungsprinzipien (insbesondere das Repräsentationsprinzip)[19] mit steigender Arbeitsbelastung des Parlamentes weiter zu (2.). Denn die steigende Arbeitsbelastung erfordert es, zur Aufrechterhaltung der Funktionsfähigkeit des Parlamentes bestimmte Kompetenzen auf parlamentarische Ausschüsse oder Gremien zu delegieren, was zur Beeinträchtigung anderer Verfassungsprinzipien führt. Insbesondere die Eilbedürftigkeit und Vertraulichkeit als Unterfälle der Funktionsfähigkeiten werden dabei zunehmend als Delegationsgründe geltend gemacht (3.).

---

hinaus sind die Verfahrensregeln auch von besonderer Bedeutung für ein qualitativ überzeugendes Ergebnis am Ende des Verfahrens, also in der Regel des Gesetzes, vgl. *Morlok*, in: Morlok/Schliesky/Wiefelspütz, Parlamentsrecht, § 3 Rn. 53.

[14] Vgl. *BVerfG*E 80, 188 (218 f.); E 130, 318 (350 f.); vgl. *K. Arndt*, Geschäftsordnungsautonomie, S. 67 f.; vgl. *Schliesky*, in: Morlok/Schliesky/Wiefelspütz, Parlamentsrecht, § 5 Rn. 62. Zur Frage, ob die Geschäftsordnung des Parlamentes nur durch die GO BT oder auch durch Parlamentsgesetz geregelt werden kann, siehe infra S. 282 ff.

[15] *BVerfG*E 80, 188 (220); E 130, 318 (349). Siehe hierzu – sehr weitgehend – auch *Schürmann*, in: Morlok/Schliesky/Wiefelspütz, Parlamentsrecht, § 19 Rn. 27.

[16] Siehe etwa *K. Arndt*, Geschäftsordnungsautonomie, S. 71 ff.; *Brocker*, in: BeckOK, Art. 40 Rn. 3, 25; *Morlok*, in: Dreier, Art. 40 Rn. 7; zur typischen Kollision mit Abgeordnetenrechten siehe *BVerfG*E 80, 188 (219) und ebenfalls *K. Arndt*, Geschäftsordnungsautonomie, S. 72 ff.; i.Ü. siehe auch supra S. 52.

[17] Verwendung dieses Begriffs soweit ersichtlich in der Rechtsprechung des Bundesverfassungsgerichts erstmalig in E 14, 121 (136). Zur exakteren Genese siehe *Bollmann*, Verfassungsrechtliche Grundlagen, S. 72 Fn. 55.

[18] So explizit *BVerfG*E 134, 141 (199) m.w.N.

[19] Siehe hierzu noch infra S. 62 ff. Zur Einschränkung der Repräsentationsfunktion aus Gründen der Funktionsfähigkeit siehe hier nur *BVerfG*E 44, 308, 317; aktueller E 130, 318 (348).

1. Funktionsfähigkeit als dem Kreationsakt inhärentes Element

Wenn ein beliebiges Subjekt eine Funktionseinheit kreiert, um ihr Aufgaben zur selbständigen Erledigung zu übertragen, dann ist insoweit seine Funktionsfähigkeit vom Kreationswillen bereits mitumfasst. Eine Funktionseinheit zu schaffen, um ihr Aufgaben zuzuweisen, die sie mangels Funktionsfähigkeit nicht erledigen kann, wäre schlicht widersprüchlich.

Insofern kann davon ausgegangen werden, dass der pouvoir constituant[20] bei der Schaffung des Parlamentes und der Zuordnung von Aufgaben und Kompetenzen die Funktionsfähigkeit des Parlamentes unausgesprochen voraussetzte. Es besteht sogar hinsichtlich der grundlegenden Funktionsfähigkeit des Parlamentes ein Verfassungsgebot, diese sicherzustellen.[21] Daher ist die Funktionsfähigkeit auch ein bedeutender Rechtfertigungsgrund, wenn es darum geht, Regeln oder Maßnahmen zu ergreifen, die die Arbeit des Parlamentes erleichtern oder ermöglichen, aber andere Rechtsgüter oder -positionen von Verfassungsrang einschränken.[22]

Hingegen muss aber auch vor einer Überbetonung der Funktionsfähigkeit gewarnt werden, mit deren Hilfe andernfalls ungerechtfertigterweise andere Rechtsgüter oder -positionen von Verfassungsrang, etwa Abgeordneten- und Fraktionsrechte, unbesehen und einseitig beschränkt würden.[23]

2. Wahrung der Funktionsfähigkeit bei steigender Arbeitsbelastung

Die Feststellung steigender Arbeitsbelastung der Parlamente ist mittlerweile zum Gemeinplatz geworden.[24] Insbesondere der Befund – und die vielfach damit vorgetragene, oft nicht nur unterschwellige Kritik – der Dualität[25] beziehungsweise des Wandels vom Rede- zum Arbeitsparlament[26] zeigt, dass diese Entwicklung nicht

---

[20] Siehe zu diesem Begriff bereits supra S. 27.

[21] *BVerfGE* 112, 118 (140). Siehe hierzu etwa auch *Brocker*, in: BeckOK, Art. 40 Rn. 2.

[22] Das Bundesverfassungsgericht erwägt gar im Rahmen des Ausgleichs mit widerstreitenden Verfassungsgütern ein Optimierungsgebot der Funktionsfähigkeit, *BVerfGE* 134, 141 (200). Zur Bedeutung der Funktionsfähigkeit des Parlamentes für die Staatsorganisation siehe *Bollmann*, Verfassungsrechtliche Grundlagen, S. 72.

[23] So auch *Bollmann*, Verfassungsrechtliche Grundlagen, S. 72 f.

[24] Zum Befund wachsender Belastung siehe etwa *Schneider*, in: Benda/Maihofer/Vogel, § 13 Rn. 120; vgl. auch *Edinger*, Wahl und Besetzung, S. 263; *Hermes*, Parlamentsgesetz, S. 63; *v. Lucius*, AöR 97 (1972), 568 (568 f.).

[25] So z. B. *Kewenig*, BT-Drs. VI/3829, S. 84; *BVerfGE* 80, 188 (241) – Sondervotum *Kruis*; von einer „Synthese" spricht hingegen *Kißler*, Öffentlichkeitsfunktion, S. 391 ff.; *Steffani*, Parlamentarische und präsidentielle Demokratie, S. 103 spricht von einer Zwischenform.

[26] Unter anderem *Brocker*, in: BK, Art. 40 Rn. 165; instruktiv *Dechamps*, Macht und Arbeit, S. 93 ff., insbes. 96 ff.; *J. Dietlein*, Gutachten, S. 4; *Kasten*, DÖV 39 (1985), 222 (224); instruktiv auch *Kißler*, Öffentlichkeitsfunktion, S. 384 ff.; *Klein*, in: Maunz/Dürig, Art. 40

ohne Einfluss auf die Arbeitsweise des Parlamentes geblieben ist. Dem Idealtyp[27] des Redeparlamentes entspräche es, wenn im Plenum spontan durch den Austausch der Argumente eine Entscheidung getroffen, eine Regelung entworfen und beschlossen würde. Der Bundestag gleicht demgegenüber aber stärker dem Arbeitsparlament, in dem aufgrund der hohen Arbeitsbelastung die Debatte und Entscheidung im Plenum durch Ausschüsse und Gremien vorbereitet oder gar gänzlich übernommen werden.

a) Ursachen steigender Arbeitsbelastung

Als Ursache für die häufig beklagte zunehmende Arbeitsbelastung der Parlamente wird zum einen die steigende Komplexität der zu behandelnden Materien[28] genannt. Allein der seit Jahrzehnten anhaltende technologische Fortschritt[29] zeigt, dass das Parlament sich längst mit höchst diffizilen Themen beschäftigen muss. Zur steigenden Arbeitsbelastung trägt zum anderen auch ein Anstieg an Regelungssachverhalten in quantitativer Hinsicht[30] bei. Daher muss sich das Parlament nicht nur mit immer komplexeren Fragen beschäftigen, sondern auch mit einer zunehmenden Vielzahl an Themen.[31]

b) Maßnahmen zur Wahrung der Funktionsfähigkeit

Als Reaktion auf die steigende Arbeitsbelastung ist der Rekurs auf die Parlamentsautonomie naheliegend,[32] mithilfe derer Unterorganisationen (besonders Ausschüsse) geschaffen oder ausgebaut werden können, die dann zur Vorbereitung des Plenarbeschlusses beziehungsweise gar zur selbständigen Entscheidung ermächtigt werden können[33] und damit eine Alternative zum vergleichsweise schwerfälligen[34] Plenarverfahren bieten. Hilfreich ist dabei auch die Spezialisie-

Rn. 127; sehr kritisch bereits *Schmitt*, Verfassungslehre, S. 318 f.; *Steffani*, in: Lenz, Mensch und Staat, S. 259 (266 f.).

[27] Zur derart idealisierenden, schon immer weltfremden Vorstellungen siehe infra S. 65 ff.

[28] Siehe hierzu etwa *BVerfG*E 44, 308 (317); E 102, 224 (236); E 130, 318 (350); E 140, 115 (150); *Brenner*, in: HStR III, § 44 Rn. 59 f.; *Mückenberger*, APuZ 62 (22–23/2014), 3 (5).

[29] Insbesondere zu den aktuellen Herausforderung durch Big Data und soziale Medien siehe *Hill*, in: Hill/Wieland, Zukunft der Parlamente, S. 121 (121 ff.).

[30] Vgl. hierzu *Hermes*, Parlamentsgesetz, S. 63; *Schürmann*, in: Morlok/Schliesky/Wiefelspütz, Parlamentsrecht, § 19 Rn. 32.

[31] Zusammenfassend *Martini*, AöR 133 (2008), 155 (157); zu diesem Befund siehe auch *Habermas*, Faktizität und Geltung, S. 519.; zudem bereits auch *Kreuzer*, Staat 7 (1968), 183 (183) und zur nach wie vor bestehenden Gültigkeit dieses Befundes auf diesen bezugnehmend *Schürmann*, in: Morlok/Schliesky/Wiefelspütz, Parlamentsrecht, § 19 Rn. 1.

[32] Vgl. hierzu *BVerfG*E 102, 224 (236 f.).

[33] *BVerfGE* 130, 318 (351 f.); vgl. auch *Bollmann*, Verfassungsrechtliche Grundlagen, S. 262 f.

[34] *BVerfG*E 44, 308 (317); E 130, 318 (350).

rung[35] der einzelnen Abgeordneten durch die Arbeit im jeweiligen Ausschuss oder Gremium. Da es kaum jedem Abgeordneten möglich ist, über alles detailliert und umfassend informiert zu sein, ist es nützlich, dass Abgeordnete in ihrem Bereich Expertise durch die Facharbeit in den Ausschüssen entwickeln. Die Empfehlungen dieser Experten im Ausschuss ermöglichen dem Plenum eine sachlich fundierte Entscheidung und entlasten es damit zugleich.[36] In diesem Rahmen dient die innerparlamentarische Delegation also als Instrument zur Entlastung des Plenums und ist eine Antwort auf die steigende Arbeitsbelastung und dient damit letztlich der Sicherung der Funktionsfähigkeit des Parlamentes insgesamt.[37]

Der Befund der hohen und sogar steigenden Arbeitsbelastung und die Delegation von Plenarkompetenzen als eine mögliche Antwort zur Aufrechterhaltung der Funktionsfähigkeit des Parlamentes lassen allerdings noch keine konkrete Aussage über die Zulässigkeit innerparlamentarischer Delegationen im Allgemeinen zu.[38]

3. Wahrung der Funktionsfähigkeit in Ausnahmesituationen

Der Gesichtspunkt der Funktionsfähigkeit ist daher für sich als Kriterium zur Bewertung derartiger Delegationen nicht über alle Maßen aussagekräftig, sondern vielmehr ein schwach umrissener Topos.[39] Jede innerparlamentarische Delegation dient der Arbeitsteilung und erlaubt es den Abgeordneten sich zu spezialisieren, wodurch die Funktionsfähigkeit des Parlaments allgemein gefördert wird. In bestimmten Situationen dient eine Delegation der Funktionsfähigkeit aber in viel höherem Maße. Dies ist der Fall, wenn die besondere Eilbedürftigkeit (a)) oder Vertraulichkeit (b)) einer Entscheidung eine innerparlamentarische Delegation ausnahmsweise zwingend erfordern, da eine schnelle oder vertrauliche Entscheidung des Plenums schlicht unmöglich wäre. Ohne Delegation könnte in diesen Fällen gar keine parlamentarische Entscheidung getroffen werden, die Funktionsfähigkeit des Parlamentes kann insoweit nur durch die Delegation sichergestellt werden. Es ist daher danach zu differenzieren, ob eine Delegation nur allgemein einen Beitrag leistet als Antwort auf die steigende Arbeitsbelastung oder ob sie in einer Ausnahmesituation die Funktionsfähigkeit des Parlamentes sichert.[40]

---

[35] Vgl. *BVerfGE* 44, 308 (316); *Schulze-Fielitz*, Theorie und Praxis, S. 210.

[36] Siehe zur Bedeutung der Experten in den Ausschüssen und Fraktionen genauer noch infra S. 104, 160 f.

[37] Hinsichtlich des demokratischen Verfahrens weist beispielsweise auch *Habermas*, Faktizität und Geltung, S. 384 drauf hin, dass die gesellschaftliche Komplexität unter anderem zur Delegation von Entscheidungsbefugnissen zwingen könne.

[38] So auch *Schürmann*, in: Morlok/Schliesky/Wiefelspütz, Parlamentsrecht, § 19 Rn. 32.

[39] Zur Kritik an solchen Begriffen und ihrer Eigendynamik *Niemöller/Schuppert*, AöR 107 (1982), 387 (400 f.); hierzu auch allgemein sowie konkret zum Begriff der Funktionsfähigkeit *Lerche*, FS Zeidler, Bd. 1, S. 557 (557 ff.).

[40] Vgl. auch *Schürmann*, in: Morlok/Schliesky/Wiefelspütz, Parlamentsrecht, § 19 Rn. 26.

a) Eilbedürftigkeit

Zeitnot kann dazu führen, dass die Entscheidungsfindung im Plenum zu langsam ist, um adäquat auf veränderte oder neue Umstände zu reagieren. Dies gilt etwa im Rahmen von Bundeswehreinsätzen, bei denen eine schnelle und vorläufige Entscheidung durch die Bundesregierung die einzige Möglichkeit sein kann, die Wehr- sowie Bündnisfähigkeit sicherzustellen.[41]

Nicht immer ist es jedoch erforderlich, dass eine Entscheidung aus Zeitgründen auf die Exekutive verlagert und damit dem Parlament insgesamt entzogen wird. Eine schnelle Antwort kann denn auch innerhalb des Parlamentes, wenn auch nicht durch das Plenum, so doch durch ein Untergremium, sei es ein Ausschuss oder Unterausschuss, getroffen werden. Dies galt beispielsweise für das Sondergremium, einen Unterausschuss des Haushaltsausschusses[42], der in Fällen besonderer Eilbedürftigkeit die Entscheidung über finanzielle Notmaßnahmen im Zuge der Eurokrise an des Plenums Statt treffen konnte.[43] Hierdurch wurden zwar die Mitwirkungsrechte der Mehrheit der Abgeordneten beschnitten, die Entscheidung verblieb jedoch immerhin im parlamentarischen Bereich.[44]

b) Geheimnisschutz

Eine weitere Ausnahmesituation, in der nur eine Delegation die Funktionsfähigkeit des Parlamentes sicher kann, kann sich aus der Geheimhaltungsbedürftigkeit bestimmter Informationen ergeben. Dabei ist die Geheimhaltung nie ein Wert an sich ist, sondern dient vielmehr dem Schutz anderer Belange (von Verfassungsrang) wie etwa dem Schutz konkreter Geheimhaltungsinteressen Privater oder des Staates.[45] Die sachgerechte Behandlung geheimhaltungsbedürftiger Sachverhalte durch das Parlament kann es im Einzelfall gebieten, den Mantel des Schweigens über die Beratung und Entscheidung zu breiten, gegebenenfalls gar über die Tatsache, dass überhaupt über das Thema beraten wird. Andernfalls wäre vor allem die parlamentarische Kontrolle der Regierung mit Bezug zu Geheimhaltungsinteressen unmöglich, da stets die Offenlegung vertraulicher Information durch das parlamentarische Verfahren drohte. Damit das Parlament seine Funktionen erfüllen kann,

---

41 *BVerfGE* 90, 286 (388).

42 Siehe § 3 Abs. 3 S. 2 StabMechG.

43 Siehe § 3 Abs. 3 S. 1 StabMechG i. d. F. v. 14. 10. 2011.

44 So auch *Morlok*, in: Morlok/Schliesky/Wiefelspütz, Parlamentsrecht, § 3 Rn. 45 und *Schürmann*, in: Morlok/Schliesky/Wiefelspütz, Parlamentsrecht, § 19 Rn. 28; siehe hierzu noch infra S. 229 ff.

45 *Schürmann*, in: Morlok/Schliesky/Wiefelspütz, Parlamentsrecht, § 19 Rn. 30; vgl. auch *Bollmann*, Verfassungsrechtliche Grundlagen, S. 98 f. und *O. Moench*, Bundestagsausschüsse, S. 61.

muss es also manchmal geheim arbeiten. Umgekehrt dient die Geheimhaltung damit der Erhaltung der Funktionsfähigkeit des Parlamentes.[46]

Aus der Tatsache, dass schützenswerte Interessen existieren, die der öffentlichen Beratung im Plenum zu entziehen sind, ließe sich Verschiedenes ableiten. Zum einen könnte eine Ausnahme von der Öffentlichkeit der Plenarverhandlung gemacht und könnten die Abgeordneten zur vertraulichen Behandlung verpflichtet werden (aa)), zum anderen könnte aber auch der Beratungsgegenstand sogleich auf ein kleineres parlamentarisches Gremium delegiert werden, von dem man sich eher die Wahrung der Vertraulichkeit verspricht (bb)). Letztlich steht der Geheimnisschutz jedoch stets im Konflikt mit dem Öffentlichkeitsprinzip und muss daher mit diesem in Einklang gebracht werden (cc)).

aa) Bedeutung der Geheimschutzordnung des Bundestages

Der Ausschluss der Öffentlichkeit bei Verhandlungen des Plenums ist gem. Art. 42 Abs. 1 S. 2, 3 GG möglich. Daneben besteht als Anlage 3 der Geschäftsordnung des Deutschen Bundestages eine Geheimschutzordnung, die die Vertraulichkeit bestimmter sensibler Informationen darüber hinaus sicherstellen soll.[47] Danach werden Abgeordnete allgemein zur Geheimhaltung sensibler Informationen (Verschlusssachen) verpflichtet.

Zur Wahrung von Geheimhaltungsinteressen genügen diese Maßnahmen im Grundsatz.[48] Sie sind daher der Delegation der Beratung und Entscheidung auf ein Untergremium des Parlamentes vorzuziehen. Im Gegensatz zu einer solchen Delegation ermöglicht die Anwendung der Geheimschutzordnung nämlich, dass weiterhin alle Abgeordneten an einer Entscheidung oder Beratung mitwirken können.[49]

---

[46] *BVerfGE* 67, 100 (135); *Edinger*, Wahl und Besetzung, S. 309 f.; *Jahn/Engels*, in: Schneider/Zeh, Parlamentsrecht, § 20 Rn. 2; vgl. *O. Moench*, Bundestagsausschüsse, S. 62; vgl. *Vetter*, Parlamentsausschüsse, S. 214 ff.

[47] Ihre Nichtbeachtung ist sogar strafbar, siehe hierzu *Klein*, in: Maunz/Dürig, Art. 38 Rn. 224. Ebenfalls hierzu und zur Geheimschutzordnung allgemein *Badura*, in: Schneider/Zeh, Parlamentsrecht, § 15 Rn. 45; ausführlicher zu dieser noch *Jahn/Engels*, in: Schneider/Zeh, Parlamentsrecht, § 20.

[48] *BVerfGE* 130, 318 (362); wenn auch zuvor großzügiger bei der Beschränkung von Abgeordnetenrechten aus Geheimschutzgründen, *BVerfGE* 70, 324 (364 f.) – bereits mit berechtigter Kritik, ibd., 372 – Sondervotum *Mahrenholz* und ibd., 382 ff. – Sondervotum *Böckenförde*; der Kritik zustimmend auch *Dreier*, JZ 45 (1990), 310 (320). Auf die neuere Rechtsprechung eingehend: *Kischel*, Stellungnahme zum Werftenförderungsgesetz, S. 3 f.; *Schürmann*, in: Morlok/Schliesky/Wiefelspütz, Parlamentsrecht, § 19 Rn. 30; *Wiefelspütz*, ZParl 43 (2012), 227 (242 f.). Für den Vorrang der Geheimschutzordnung bereits schon *Bollmann*, Verfassungsrechtliche Grundlagen, S. 99; *Edinger*, Wahl und Besetzung, S. 311.

[49] Vgl. *BVerfGE* 70, 324 (372) – Sondervotum *Mahrenholz* sowie E 70, 324 (383 f.) – Sondervotum *Böckenförde*; *Bollmann*, Verfassungsrechtliche Grundlagen, S. 99.

Zwar gibt es durchaus Kritik an der fehlenden Effektivität der Geheimschutzordnung, allerdings nur bezogen auf ihre korrekte Anwendung.[50] Dagegen wird zu Recht darauf verwiesen, dass es auf die objektive Rechtslage ankomme, Rechtsanwendungsfehler im Einzelfall nicht maßgeblich für die Beurteilung seien.[51] Dies wäre allenfalls dann anders, wenn die Praxis sich über längere Zeit und deutlich von einer regelkonformen Anwendung verabschiedet hätte. Da dem aber nicht so ist,[52] genügt es grundsätzlich zur Wahrung der Geheimhaltung, dass die Öffentlichkeit von der Verhandlung im Plenum ausgeschlossen wird und die Abgeordneten entsprechend der Geheimschutzordnung zur Verschwiegenheit zu verpflichten sind.

bb) Geheimnisschutz als Rechtfertigungsgrund

Als Ausnahme zum Grundsatz des Vorrangs der Geheimschutzordnung gilt, dass im Einzelfall eine Delegation etwa auf einen Ausschuss unter dem Gesichtspunkt des Geheimnisschutzes dann doch zulässig ist, wenn bereits das Bekanntwerden der Beratung und Beschlussfassung des Parlaments zwingend geheim gehalten werden muss.[53] Denn dies kann auch durch den Ausschluss der Öffentlichkeit im Plenum und die Anwendung der Geheimschutzordnung nicht sichergestellt werden. Die Anwendung der Geheimschutzordnung kann nur die Vertraulichkeit bestimmter Informationen während des parlamentarischen Verfahrens sicherstellen. Sie ist aber nicht dazu geeignet, die Tatsache, dass überhaupt über ein bestimmtes Vorhaben im Plenum beraten und entschieden werden soll, unabhängig von einzelnen Informationen, geheimzuhalten. Dies liegt nicht nur daran, dass mehr als 600 Abgeordnete über die bevorstehende Beratung und Entscheidung im Plenum informiert werden müssen und es wohl kaum ein Geheimnis gibt, das bei einem so großen Kreis an Eingeweihten vertraulich bleibt.[54] Vielmehr kommt noch hinzu, dass auch die geheimzuhaltende Befassung des Plenums vorbereitet werden muss, also auch Mitarbeiter der Bundestagsverwaltung notwendigerweise informiert sind. Zusätzlich sind in jedem Büro eines Abgeordneten mehrere Mitarbeiter tätig, die ebenfalls leicht Kenntnis über eine bevorstehende Plenarsitzung erlangen können. Das Risiko, dass auch nur eine Person aus diesem großen Kreis Beteiligter die Information über das parlamentarische Vorhaben an die Presse durchsticht, kann durch Anwendung der

---

[50] Zur Kritik vgl. *Jahn/Engels*, in: Schneider/Zeh, Parlamentsrecht, § 20 Rn. 19.

[51] *Jahn/Engels*, in: Schneider/Zeh, Parlamentsrecht, § 20 Rn. 19 unter Verweis auf *BVerfG*E 67, 100 (136).

[52] *Edinger*, Wahl und Besetzung, S. 311; auch das *BVerfG*E 130, 318 (362) geht davon aus, dass die Geheimschutzordnung eine grundsätzlich ausreichende Vorsorge für die Wahrung der Vertraulichkeit bietet.

[53] *BVerfG*E 130, 318 (362); E 147, 50 (131); zustimmend etwa *Schürmann*, in: Morlok/Schliesky/Wiefelspütz, Parlamentsrecht, § 19 Rn. 30.

[54] Vgl. *H. A. Wolff*, in: Dietrich u. a., Nachrichtendienste, S. 69 (77 f.).

Geheimschutzordnung also nicht adäquat reduziert werden.[55] Daher kann ausnahmsweise die Beratung und Entscheidung auf ein kleineres parlamentarisches Gremium delegiert werden. In einem solchen Gremium ist der Kreis der Beteiligten wesentlich kleiner und die Gefahr des Durchstechens von Informationen daher signifikant geringer.

Einen Fall, in dem schon das Bekanntwerden der parlamentarischen Beratung geheim gehalten werden musste, stellte die Zustimmung des Parlaments zum Ankauf von Staatsanleihen auf dem Sekundärmarkt durch die Europäische Finanzstabilisierungsfazilität dar.[56] Hier hätte bereits das Bekanntwerden der bevorstehenden Rettungsmaßnahme ihren Erfolg vereitelt. Daher wurde die Beratung und Entscheidung auf das Sondergremium delegiert.[57]

cc) Geheimnisschutz im Kontrast zur Öffentlichkeitsfunktion

Die repräsentative Demokratie lebt davon, dass die wahlberechtigten Bürger die Entscheidungen der gewählten Mandatsträger nachvollziehen und diese Information zur Grundlage ihrer Wahlentscheidung machen und auch daneben anderweitig Einfluss auf die staatliche Entscheidungsfindung nehmen können.[58] Hierfür ist ein hohes Maß an Transparenz notwendig. Der Geheimnisschutz steht hierzu jedoch im flagranten Widerspruch.[59] Geheimhaltungsinteressen und Öffentlichkeitsprinzip sind daher in Ausgleich miteinander zu bringen,[60] wobei die große Bedeutung der Transparenz für die Demokratie nicht unterschätzt werden darf.[61]

---

[55] Weshalb die Geheimschutzordnung nicht ausreicht, um schon die Tatsache der Beratung eines Vorhabens im Plenum geheimzuhalten, wird soweit ersichtlich nirgends erklärt, sondern einfach unterstellt. Das Bundesverfassungsgericht begnügt sich insoweit mit einem Hinweis darauf, dass die Befassung des Plenums „schon aufgrund der damit verbundenen umfangreichen organisatorischen Vorbereitungen Risiken" trage, *BVerfGE* 130, 318 (363). In der Literatur wird nur die Feststellung des Bundesverfassungsgerichts wiederholt, dass die Geheimschutzordnung nicht ausreiche, die Befassung des Parlaments geheim zu halten: *Schürmann*, in: Morlok/Schliesky/Wiefelspütz, Parlamentsrecht, § 19 Rn. 30; *Wiefelspütz*, ZParl 43 (2012), 227 (242).

[56] *BVerfGE* 130, 318 (362 f.). Hieran aus tatsächlichen Gründen zweifelnd *Ketterer/Van Roosebeke*, BayVBl. 143 (2012), 466 (467). Siehe zum Sondergremium und zur Zulässigkeit der Delegation noch ausführlicher infra S. 229 ff., 234 f., 272 f.

[57] Ob dabei aber ein derart kleines Gremium von neun Mitgliedern wie das Sondergremium die Geheimhaltung derart deutlich besser gewährleisten kann als der etwa vierzigköpfige Haushaltsausschuss, ist keineswegs von axiomatischer Evidenz. Überzeugt hiervon ist hingegen das *BVerfGE* 130, 318 (362 f.).

[58] Zur Öffentlichkeitsfunktion des Parlamentes siehe an dieser Stelle zunächst nur *Klein*, in: HStR III, § 50 Rn. 42 ff. Siehe hierzu noch Genaueres infra S. 80 f., 134 ff.

[59] Zu diesem Widerspruch etwa *Jahn/Engels*, in: Schneider/Zeh, Parlamentsrecht, § 20 Rn. 1 et passim; vgl. zudem *BVerfGE* 137, 185 (262 ff.); E 147, 50 (131 f.).

[60] Vgl. *Jahn/Engels*, in: Schneider/Zeh, Parlamentsrecht, § 20 Rn. 2; vgl. *Kißler*, Öffentlichkeitsfunktion, S. 69 ff.; *Vetter*, Parlamentsausschüsse, S. 215 f. *Mengel*, ZRP 17 (1984), 153 (156) will nur ein Minimum an Beschränkung der Öffentlichkeit zulassen.

Neben den Abgeordnetenrechten, die durch eine Delegation berührt werden, sprechen daher auch Gründe der Transparenz gegen eine Delegation zur Wahrung vertraulicher Informationen und unterstreichen den Ausnahmecharakter einer solchen Delegation.

B. Repräsentation

Das Repräsentationsprinzip ist von maßgeblicher Bedeutung für die Delegation von Plenarkompetenzen. Der aus ihm folgende Grundsatz der gleichberechtigten Teilhabe aller Abgeordneten wird jeweils dadurch berührt und eingeschränkt[62], dass durch die Delegation nur noch eine kleine Anzahl Mandatsträger zur Entscheidung oder Beratung berufen ist. Einer Steigerung oder Optimierung der Parlamentsarbeit mittels Delegation von Kompetenzen an Ausschüsse und andere Gremien ist damit eine zumindest theoretische Grenze gesetzt.[63] Zudem ist aus dem Repräsentationsprinzip der Grundsatz der Spiegelbildlichkeit abzuleiten, der darüber Auskunft gibt, wie ein Ausschuss als Empfänger einer Plenarkompetenz besetzt sein muss. (II.)

Was sich aber exakt aus dem Repräsentationsprinzip zur Beantwortung der Frage herleiten lässt, ob und wann innerparlamentarische Delegationen zulässig sind, hängt grundlegend davon ab, welches Verständnis man dem Verfassungsprinzip der Repräsentation zugrunde legt. Dabei ist insbesondere eine Auseinandersetzung mit veralteten Vorstellungen notwendig (I.).

I. Repräsentation als Verfassungsprinzip

Während das Kernelement des Repräsentationsprinzips (1.) ohne Weiteres nachvollziehbar ist, so bestehen doch deutlich divergierende Ansichten (2.) über seine genaue Konzeption.

---

[61] Siehe hierzu *BVerfG*E 137, 185 (264).

[62] Zur Einschränkbarkeit des Repräsentationsprinzips bei Vorliegen typischer Delegationsgründe vgl. *BVerfG*E 44, 308 (316 ff.); E 80, 188 (220 f.); E 96, 264 (278); E 130, 318 (352 f.).

[63] Siehe hierzu zunächst nur *J. Dietlein*, Gutachten, S. 38 f.; *Morlok*, in: Morlok/Schliesky/Wiefelspütz, Parlamentsrecht, § 5 Rn. 62 f.

1. Grundgedanke der Repräsentation

a) Ontologischer Begriff

In ontologischer Sicht beschreibt der Begriff[64] der Repräsentation das Problem, „Etwas", das heißt das Repräsentierte, durch den Repräsentanten zur Existenz[65] zu bringen, zu vergegenwärtigen[66] oder zumindest darzustellen. Grund für die Notwendigkeit, dieses „Etwas" durch ein Medium sichtbar zu machen, zu vergegenwärtigen, ist, dass das Repräsentierte realiter beziehungsweise logisch nicht präsent ist oder sein kann. Realiter kann das Repräsentierte in zeitlicher oder räumlicher Hinsicht abwesend sein,[67] logisch ist es abwesend beziehungsweise nicht sichtbar, wenn man das Repräsentierte einer höheren, ideellen Wertesphäre zuordnet[68]. So kann etwa die gesamte Bevölkerung niemals realiter an einem Ort versammelt sein und wird daher repräsentiert, wohingegen der Volkswille rein ideell ist und daher schon logisch allenfalls repräsentiert werden kann.

Abhängig davon, was man genau unter dem Repräsentationsvorgang versteht, kann auch eine weitere Unterscheidung getroffen werden. Wird nämlich davon ausgegangen, dass das Repräsentierte erst durch fortwährende Repräsentation geschaffen wird, zur Existenz gelangt, dann handelt es sich um ein dynamisches[69] Repräsentationsverständnis; hingegen von einem statischen[70] Repräsentationsbegriff kann gesprochen werden, wenn das Repräsentierte präexistent ist und durch die Repräsentation lediglich sichtbar wird.[71] Nimmt man also beispielsweise an, dass der Volkswille sich erst durch den stetigen Prozess der Repräsentation konstituiert, handelt es sich um eine dynamischen Begriff der Repräsentation. Wird dementgegen vertreten, der Volkswille existiere bereits, er müsse aber durch die Repräsentation

---

[64] Zum Repräsentationsbegriff siehe unter anderem: *Glum*, in: Rausch, Theorie der Repräsentation, S. 105 (105); *Kimme*, Repräsentativsystem, S. 22 f.; *Leibholz*, Wesen der Repräsentation, S. 26 et passim; *Liu*, Moderne politische Repräsentation, S. 19; *Rausch*, in: Röhring/Sontheimer, Hdb Parlamentarismus, zur Repräsentation, S. 430 f.; *Rausch*, in: Rausch, Theorie der Repräsentation, S. VIII; *Schmitt*, Verfassungslehre, S. 209 f. und im Anschluss an diesen *Habermas*, Strukturwandel, S. 20.

[65] Vgl. *Kimme*, Repräsentativsystem, S. 22 f.

[66] *Liu*, Moderne politische Repräsentation, S. 19.

[67] *Rausch*, in: Rausch, Theorie der Repräsentation, S. VIII.

[68] So vor allem *Schmitt*, Verfassungslehre, S. 210 und *Leibholz*, Wesen der Repräsentation, S. 32. Anders dagegen *Rausch*, in: Rausch, Theorie der Repräsentation, S. VIII, IX und *Rausch* in: Röhrig/Sontheimer, Hdb Parlamentarismus, zur Repräsentation, S. 431.

[69] So etwa *Rausch*, in: Rausch, Theorie der Repräsentation, S. X.

[70] *Schmitt*, Verfassungslehre, S. 209; siehe hierzu auch *Kimme*, Repräsentativsystem, S. 89; *Linden*, in: Linden/Thaa, Krise und Reform, S. 149 (153) bezeichnet *Schmitts* Repräsentationsbegriff als antiprozedural und damit als statisch; noch deutlicher *Böckenförde*, Recht, Staat, Freiheit, S. 364.

[71] Zu dieser Unterscheidung im Ansatz der Sache nach: *Liu*, Moderne politische Repräsentation, S. 146 ff., 156; ebenfalls differenzierend *Hofmann/Dreier*, in: Schneider/Zeh, Parlamentsrecht, § 5 Rn. 8; vgl. hierzu auch *Böckenförde*, Demokratie und Repräsentation, S. 25.

erkennbar gemacht und verwirklicht werden, dann liegt dem ein statisches Verständnis der Repräsentation zugrunde.

Da der Begriff der Repräsentation sowohl den Vorgang selbst als auch sein Ergebnis bezeichnet,[72] ist schließlich zu unterscheiden zwischen dem Repräsentationsprozess auf der einen und der Handlungsbefugnis sowie einer etwaigen Zurechnung der Handlung des Repräsentanten als Ergebnis auf der anderen Seite.[73] Trotz dieser Unterscheidbarkeit hängen beide Teile aber derart eng zusammen, dass mit Recht davon ausgegangen werden kann, dass die Handlungsbefugnis und die Zurechnung des Repräsentanten sich bereits unmittelbar aus dem Vorgang selbst ergeben,[74] da der Repräsentierte im Repräsentanten als gegenwärtig und selbst agierend gedacht wird.[75]

b) Repräsentation im Gemeinschaftswesen

Unbestreitbar ist, dass ein Personenverbund, zumindest ab einer bestimmten Größe, nicht ohne Repräsentation auskommt.[76] Da nie zu jeder Zeit alle Mitglieder selbst handeln können, ist es schlicht notwendig, dass Einzelne dies für den Rest der Gemeinschaft übernehmen, um so die Handlungsfähigkeit der Gruppe herzustellen. Die Repräsentation und die dadurch bewirkte Zurechnung des Handelns der befugten Repräsentanten löst dieses Problem. Ob hierbei die Summe der Einzelindividuen der Gemeinschaft repräsentiert wird[77] oder aber die politische (ideelle) Einheit des Volkes[78], hängt davon ab, welche Anforderung an den Wert des Repräsentierten gestellt wird.[79]

---

[72] *Kimme*, Repräsentativsystem, S. 23; vgl. auch *Kotzur*, in: BK, Vorbem. z. Art. 38–49 Rn. 44.

[73] So deutlich: *Rausch*, in: Rausch, Theorie der Repräsentation, S. IX; siehe auch die Unterscheidung von inhaltlicher und formeller Repräsentation bei *Böckenförde*, Demokratie und Repräsentation, S. 18 f.

[74] Vgl. *Edinger*, Wahl und Besetzung, S. 294; für *Weber*, Wirtschaft und Gesellschaft, I, 3. Kap. § 21 ist die Zurechnung sogar das Primäre der Repräsentation. Damit ist aber insgesamt noch nichts darüber gesagt, welche Anforderungen an eine „wirksame" Repräsentation zu stellen sind, die erst die Handlungsbefugnis hervorriefe.

[75] *Leibholz*, Wesen der Repräsentation, S. 37 f. Dies gilt jedenfalls in ontologischer Hinsicht. Ob dies auch auf normativer Ebene der Fall ist, ob der Repräsentationsvorgang als solcher überhaupt der Normierung zugänglich ist, ist hiermit explizit nicht gesagt.

[76] Zu dieser grundlegenden Erkenntnis und zum Folgenden: *Böckenförde*, in: HStR III, § 34 Rn. 12; *Edinger*, Wahl und Besetzung, S. 294; *Fairlie*, in: Rausch, Theorie der Repräsentation, S. 28 (29); *Hättich*, in: Rausch, Theorie der Repräsentation, S. 498 (501); *Landshut*, in: Rausch, Theorie der Repräsentation, S. 482 (483) unter Verweis auf Montesquieu und Madison; *Kimme*, Repräsentativsystem, S. 137; *Rausch*, in: Rausch, Theorie der Repräsentation, S. IX; *Schliesky*, in: Morlok/Schliesky/Wiefelspütz, Parlamentsrecht, § 5 Rn. 27.

[77] *Böckenförde*, in: HStR III, § 34 Rn. 32; *Kotzur*, in: BK, Vorbem. z. Art. 38–49 Rn. 41.

[78] So etwa *Schmitt*, Verfassungslehre, S. 212.

[79] Siehe infra S. 70 f., 76 f.

Die entscheidende staatsrechtliche Frage ist hierbei nun, welche Anforderungen an die Repräsentation der Gemeinschaft, also des Staatsvolkes gestellt werden sollen, damit dieses zurechenbar vertreten wird und die Repräsentanten im Rahmen der verliehenen Handlungsbefugnis agieren.[80]

2. Divergierende Vorstellungen vom Repräsentationsprinzip

Die Diskussion um die Zulässigkeit der Delegation von Plenarkompetenzen auf Ausschüsse wird zu einem wesentlichen Teil von einer idealistischen Vorstellung von Repräsentation beeinflusst (a)). Es fragt sich daher zunächst, worauf diese Sichtweise zurückzuführen ist und ganz besonders auch, ob sie konkurrenzlos geblieben ist oder umgekehrt eine andere Betrachtungsweise der Repräsentation den Vorzug verdient (b)).

a) Idealistische Konzeption

Nach einer idealisierenden Vorstellung[81] von der Repräsentation, deren eminenteste Vertreter *Carl Schmitt* und *Gerhard Leibholz*[82] sind[83] und die auf Ansichten des Liberalismus des 19. Jahrhunderts beruht, sind hohe Anforderungen an das Plenarverfahren (aa)) und ihre Teilnehmer (bb)) zu stellen. Grundlegende Kernge-

---

[80] So auf den Punkt gebracht *Hofmann/Dreier*, in: Schneider/Zeh, Parlamentsrecht, § 5 Rn. 2.

[81] Überblick etwa bei *Badura*, in: BK, Art. 38 Rn. 24 ff.; *Butzer*, in: BeckOK, Art. 38 Rn. 8.2; *Hofmann/Dreier*, in: Schneider/Zeh, Parlamentsrecht, § 3 Rn. 9 ff.; *Koch*, in: Röhring/Sontheimer, Hdb Parlamentarismus, zum Plenum, S. 394; *Kotzur*, in: BK, Vorbem. z. Art. 38–49 Rn. 45.

[82] Zur Kritik an der methodischen Vorgehensweise von Leibholz hinsichtlich der (phänomenologischen) Untersuchung des Repräsentationsbegriffes siehe *Kimme*, Repräsentativsystem, S. 24 ff.; *Köttgen*, in: Rausch, Theorie der Repräsentation, S. 74 (75 ff.); *H. J. Wolff*, in: Rausch, Theorie der Repräsentation, S. 116 (132) leugnet gar, dass Repräsentation ontisch wäre, dass sie ein feststellbares Wesen haben könnte, nur die Repräsentationsvorstellungen als Ideologien habe dies; zur Offenheit des Begriffes auch *Draht*, in: Rausch, Theorie der Repräsentation, S. 260 (288 f.).

[83] Erwähnt wird stellenweise auch *Rudolf Smend*, vgl. hierzu etwa *Hofmann/Dreier*, in: Schneider/Zeh, Parlamentsrecht, § 3 Rn. 10. Auf wichtige Impulse durch *Max Weber*, Wirtschaft und Gesellschaft I, 3. Kap. §§ 20 f. weist *Badura*, in: BK, Art. 38 Rn. 24 hin. Zu *Schmitt* siehe *Schmitt*, Geistesgeschichtliche Lage, S. 5 ff. et passim sowie *Schmitt*, Verfassungslehre, S. 205 ff., 310 ff. sowie für einen Überblick über seine Gedankengänge und weitere Hinweise etwa *Böckenförde*, Recht, Staat, Freiheit, S. 344 ff.; *Hofmann*, Legitimität gegen Legalität, passim; *Kimme*, Repräsentativsystem, S. 89 ff.; *Linden*, in: Linden/Thaa, Krise und Reform, S. 149 (152 ff.); *Liu*, Moderne politische Repräsentation, S. 100 ff.; *Röhrich*, Repräsentative Demokratie, S. 84 ff.; *Wefelmeier*, Repräsentation, S. 55 ff.; zu den Gedanken von *Leibholz* siehe *Leibholz*, Wesen der Repräsentation, passim sowie etwa *Kimme*, Repräsentativsystem, S. 92 ff.; *Köttgen*, in: Rausch, Theorie der Repräsentation, S. 74 (74 ff.); *Liu*, Moderne politische Repräsentation, S. 117 ff.; *Röhrich*, Repräsentative Demokratie, S. 113 ff.; *Wefelmeier*, Repräsentation, S. 59 ff.

danken dieser Konzeption sind die Idealisierung der direkten Demokratie (cc)) und eines ideellen Repräsentationsbegriffes (dd)). Dabei sieht sie sich unter anderem der Kritik ausgesetzt, sich nicht mehr aktueller Begrifflichkeiten vergangener Epochen zu bedienen (ee)). Letztlich führt ein idealistisches Repräsentationsverständnis zu einem äußerst kritischen Blick auf die Zulässigkeit der Delegation von Plenarkompetenzen (ff)). Bemerkenswert dabei ist, dass auch in der aktuelleren Diskussion um eben jene Zulässigkeit Argumente vorgebracht werden, bei denen immer noch dieses überholte idealistisches Verständnis der Repräsentation durchscheint.[84]

aa) Zweck der Parlamentsdebatte – veritas statt autoritas

Da sich Parlament von Parlieren ableitet,[85] kann es nicht verwundern, dass die Diskussion im Plenum von herausragender Bedeutung ist. Welche Anforderungen an die Debatte zu stellen sind und welchem Ziel sie dient, ist hiermit aber noch nicht bestimmt.

Der idealistische Repräsentationsbegriff erkennt die Bedeutung der öffentlichen Plenardebatte nicht nur an, vielmehr wird sie für unverzichtbar erklärt. Repräsentation könne nämlich nur in der Sphäre der Öffentlichkeit stattfinden. Folglich habe ein Parlament, das seine Arbeit jenseits der Öffentlichkeit verrichte, keinen repräsentativen Charakter. Würden die Entscheidungen nicht im Plenum vor den Augen der Allgemeinheit, sondern bereits zuvor etwa in geheim tagenden Gremien, Ausschüssen oder Ähnlichem getroffen, so repräsentiere das Parlament nicht mehr die politische Einheit des Volkes.[86]

Aber nicht nur die Öffentlichkeit der Debatte sei entscheidend, sondern auch, dass die Entscheidung durch eine „echte" Diskussion gefunden werde, durch den Meinungsaustausch, das Überzeugen ebenso wie das Sich-überzeugen-lassen durch den Vortrag von Argumenten. Es dürften hierbei nicht vorgefertigte Meinungen lediglich präsentiert werden. Erwartet werde vielmehr die Bereitschaft, seine vorläufig gebildete Meinung aufzugeben, allein weil die Argumente des Anderen überzeugender

[84] Vgl. hierzu noch infra S. 180 f., 192 ff.

[85] *Zeh*, in: Schneider/Zeh, Parlamentsrecht, § 32 Rn. 2.

[86] Vgl. *Schmitt*, Geistesgeschichtliche Lage, S. 5; *Schmitt*, Verfassungslehre, S. 208 f.; zur Publizität bei *Leibholz*, Wesen der Repräsentation, S. 176 ff. Mit dem vernichtenden Befund, dass das (Weimarer) Parlament zu seiner Zeit diesen Anforderungen nicht mehr gerecht geworden sei, *Schmitt*, Geistesgeschichtliche Lage, S. 62; *Schmitt*, Verfassungslehre, S. 319 – die Kritik für überzogen und verzerrt hält *Röhrich*, Repräsentative Demokratie, S. 97 f.; *Hofmann*, Legitimität gegen Legalität, S. 97 f. geht sogar davon aus, dass es für Schmitt unerheblich sei, ob diese Ideale jemals – auch in der Zeit des Liberalismus – verwirklicht wurden, denn es gehe nur um die Prinzipien selbst. Hierzu aktueller *Leibholz*, Wesen der Repräsentation, S. 226 f. und *Habermas*, Strukturwandel, S. 214 f., 235 f., der die Voraussetzungen für ein solches echtes Räsonieren im Parlament nach liberalem Vorbilde, also das Finden einer gerechten Entscheidung nur durch den öffentlichen Austausch von Argumenten, ebenso wie Schmitt für nicht mehr gegeben hält.

sind. Ein Verhandeln im Sinne eines Entgegenkommens mit der Absicht, einen Kompromiss zu schließen, ist ausdrücklich nicht gewollt.[87]

Diese hohen Anforderungen, diese Idealisierung einer zur Gänze rationalen Diskussion diene zudem dem ebenso ideellen Ziel der Wahrheitsfindung. Aufgrund der Debatte ergebe sich wie von selbst Wahrheit und Gerechtigkeit. Im Gegensatz zu einem Beschluss der Regierung, der einen bloßer Befehl („autoritas“) darstelle, sei die Entscheidung des Parlamentes durch die Deliberation und Balancierung der Ansichten und den Austausch von Argumenten die Verkündung von Wahrheit („veritas“) und Richtigkeit.[88]

bb) Qualität der Repräsentanten – aristokratische Tugenden

Eine „echte“, rationale Debatte, die auf dem Austausch von Argumenten beruht und die dem Auffinden von Wahrheit und Gerechtigkeit dient, könne nicht von Jedermann geleistet werden. Vielmehr müssen die Abgeordneten nach dem idealistischen Verständnis bestimmte Qualitäten aufweisen.

Von besonderer Bedeutung hierbei sei die Unabhängigkeit des Disputierten, was insbesondere Parteibindungen und Fraktionsvorgaben ausschließe. Darüber hinaus müssten sie auch über persönlichen Interessen stehen und sich nicht von etwaigen eigenen Vorteilen leiten lassen. Handeln und Denken seien allein am Gemeinwohl auszurichten. Dies setze nicht nur eine gewisse Bildung und beachtlichen Intellekt voraus, sondern auch materielle Unabhängigkeit, also einen gewissen Besitzstand. Dass gerade derart Gebildete und Wohlhabende den Weg in das Parlament schafften, stelle der Wahlvorgang sicher, der eine Art Bestenauslese sei. Damit würden sie jedoch keinesfalls zu „Dienern“ des Wahlvolks, sondern bewahrten gerade ihre Unabhängigkeit und besäßen somit die Qualität von „Herren“ und damit eine bestimmte Autorität[89].[90]

Nicht zu Unrecht wird darauf hingewiesen, dass eben jene aristokratisch-elitären Züge dieses Ansatzes vielleicht noch zu Zeiten der Honoratioren-Parlamente ihre

---

87 *Schmitt*, Geistesgeschichtliche Lage, S. 9, 43 ff.; *Schmitt*, Verfassungslehre, S. 315; vgl. auch *Leibholz*, Wesen der Repräsentation, S. 212 f. und *Habermas*, Strukturwandel, S. 214.

88 *Schmitt*, Geistesgeschichtliche Lage, S. 9, 43, 50, 54, 56, 58, 60 f.; *Schmitt*, Verfassungslehre, S. 315; vgl. *Leibholz*, Wesen der Repräsentation, S. 174 ff.; *Habermas*, Strukturwandel, S. 214. Zum Gegensatz von „autoritas“ und „veritas“ siehe *Schmitt*, Geistesgeschichtliche Lage, S. 54 f., 56 f.

89 Besonders zu diesem Aspekt *Weber*, Wirtschaft und Gesellschaft, S. 172; im Anschluss hieran *Leibholz*, Wesen der Repräsentation, S. 73.

90 Allgemein hierzu: *Leibholz*, Wesen der Repräsentation, S. 73 ff.; *Leibholz*, in: Rausch, Theorie der Repräsentation, S. 235 (237); *Schmitt*, Verfassungslehre, S. 212 f., insbesondere S. 217, S. 219 zur Bestenauslese, siehe zudem S. 310 ff., 317 f. Zur Honoratiorenparteien und Abgeordneten der liberalen Epoche siehe *Habermas*, Strukturwandel, S. 240. Zu dem Idealbild dieses Typus des Abgeordneten und seiner historischen Wurzeln siehe *Draht*, in: Rausch, Theorie der Repräsentation, S. 260 (300 ff.).

Berechtigung hatten, jedoch spätestens mit der Geltung des Grundgesetzes keinesfalls mehr normative Geltung beanspruchen können.[91] Gleichwohl könnten gewisse Aspekte – Betonung der Gemeinwohlorientierung und zumindest Mut zum Widerspruch gegen die Parteilinie – durchaus ein bedenkenswertes Sollen in rechtspolitischer Hinsicht beschreiben.

cc) Idealbild direkter Demokratie

Charakteristisch für diesen idealistischen Ansatz ist weiterhin, die Repräsentation für etwas gegenüber der direkten Demokratie Defizitäres, Minderwertiges, allenfalls für eine Kompromissform, jedenfalls noch nicht einmal für einen Unterfall der Demokratie zu halten.[92] Eine gewisse Legitimierung erhalte die Repräsentation und damit die mittelbare Demokratie allenfalls aufgrund technischer Notwendigkeiten, also aus der bedauernden Feststellung heraus, die unmittelbare Demokratie ließe sich nun einmal praktisch leider nicht realisieren.[93] Grundlage dieser Haltung kann in dem Ideal der athenischen Demokratie sowie in der Idee Rousseaus, die Souveränität des Volkes sei nicht übertragbar, gesehen werden.[94]

---

[91] So etwa *Butzer*, in: BeckOK, Art. 38 Rn. 8.2; *Hofmann/Dreier*, in: Schneider/Zeh, Parlamentsrecht, § 5 Rn. 39 ff.; *Scheuner*, in: Kluxen, Parlamentarismus, S. 361 (369 f.); so deutlich aber auch *BVerfG*E 118, 277 (327). Zum Honoratiorenparlament *Hofmann/Dreier*, in: Schneider/Zeh, Parlamentsrecht, § 5 Rn. 29 ff. Die Beschreibung als aristokratisch-elitär auch schon bei *Schmitt*, Verfassungslehre, S. 217. Bereits *Weber*, in: Kluxen, Parlamentarismus, S. 27 (29 f.) betonte seinerzeit, dass der parteigebundene Berufspolitiker unvermeidlich sei. Schließlich betont *Draht*, in: Rausch, Theorie der Repräsentation, S. 260 (302 f., 311 f.), dass ein derart idealer Abgeordneter kaum existiere und dieses Idealbild in der Vergangenheit bereits scheiterte.

[92] So deutlich *Schmitt*, Verfassungslehre, S. 215, 218; kritisch ebenfalls *Kelsen*, Wesen und Wert, S. 27 ff.; vgl. auch *Landshut*, in: Rausch, Theorie der Repräsentation, S. 482 (482 ff.); vgl. hierzu auch *Böckenförde*, Demokratie und Repräsentation, S. 6 ff. sowie *Wefelmeier*, Repräsentation, S. 74 f. Allerdings gesteht auch *Schmitt*, ibd., S. 205 f. ein, dass ein Staat ohne zumindest repräsentative Elemente nicht existieren könne – die Inkonsistenz dieser Einsicht mit der propagierten Dichotomie zwischen Identität und Repräsentation kritisiert *Wefelmeier*, Repräsentation, S. 65; zur Kritik an *Schmitts* Demokratieverständnis und seiner Bewertung der Repräsentativität des Parlamentes siehe *Kimme*, Repräsentativsystem, S. 91 f.

[93] Vgl. hierzu *Böckenförde*, Demokratie und Repräsentation, S. 7; vgl. auch *Landshut*, in: Rausch, Theorie der Repräsentation, S. 482 (482 ff.); ebenso *Draht*, in: Rausch, Theorie der Repräsentation, S. 260 (260 f.), der von einem Notbehelf und Surrogat-Charakter spricht, siehe auch S. 293.

[94] Exakt so *Böckenförde*, Demokratie und Repräsentation, S. 6 f. und noch auf die Pariser Kommune von 1871 und ihre Beobachtung und Beschreibung durch Marx verweisend, ibd. S. 7; siehe zur Grundlage dieses Ideals in Rousseaus Gedanken auch *Badura*, in: HStR II, § 25 Rn. 43 und *Hofmann/Dreier*, in: Schneider/Zeh, Parlamentsrecht, § 5 Rn. 21; siehe zur Idee der Unveräußerlichkeit der Volkssouveränität *Rousseau* selbst in Du contrat social, S. 55 (= Zweites Buch, 1. Kap.).

Ausgangspunkt ist dabei die Vorstellung, Demokratie könne nur die Identität von Herrschaftsobjekt und Herrschaftssubjekt bedeuten.[95] Beruhe die politische Einheit des Volkes auf einer derartigen Identität, verbleibe kein Bedarf mehr für eine Repräsentation dieser Einheit.[96] Entscheidet aber eine andere Instanz (zum Beispiel das Parlament) an Stelle und im Namen sowie für die Herrschaftsunterworfenen (das Volk), so sei diese Mittelung schon nicht mehr demokratisch.[97] Im Übrigen wäre bei einer so verstandenen Demokratie auch keine Diskussion mehr notwendig, da bei ausreichender Identität, das heißt auch Homogenität,[98] sich mangels Interessensgegensätzen die Entscheidungen im Gemeinschaftswesen von selbst ergäben. Hingegen gehöre die Idee des Parlamentarismus, der Repräsentation und der Entscheidung durch Diskussion dem Liberalismus an, der vom Demokratischen zu trennen sei.[99]

dd) Gegenstand und Vorgang der Repräsentation

Das idealistische an diesem Ansatz kommt weiterhin darin zum Ausdruck, dass auch dasjenige, was repräsentiert werden soll, idealistisch bestimmt wird. Nur solche Ideen könnten Gegenstand der Repräsentation sein, die einer höheren Art des Seins, einer ideell bestimmten Wertesphäre entstammten.[100] Auf das Staatsrecht übertragen bedeute dies, dass nicht das „empirische" Volk, sondern die Idee der politischen Einheit des Volkes repräsentiert werde.[101] Dabei sei Repräsentation aber kein Verfahren, das nach bestimmten Gesetzmäßigkeiten ablaufe, sondern etwas „Existenzielles".[102] Daher werde auch die (präexistente) politische Einheit durch die Repräsentation lediglich dargestellt.[103]

---

[95] *Schmitt*, Verfassungslehre, S. 234 ff.; so auch *Kelsen*, Wesen und Wert, S. 14.

[96] *Schmitt*, Verfassungslehre, S. 205.

[97] Vgl. *Schmitt*, Verfassungslehre, S. 215, 218; *Schmitt*, Geistesgeschichtliche Lage, S. 21.

[98] Dazu *Schmitt*, Geistesgeschichtliche Lage, S. 13 ff.

[99] *Schmitt*, Geistesgeschichtliche Lage, S. 13, 21 f.; *Schmitt*, Verfassungslehre, S. 204 ff., 214 f., 262, wenngleich *Schmitt*, ibd., S. 215 zugibt, dass es sich bei der automatischen Entscheidung dank Identität um ein rein gedankliches Idealbild handelt. Allgemein unterscheidet *Schmitt*, Verfassungslehre, S. 204 ff. die politischen Gestaltungsprinzipien der Identität (Demokratie) und der Repräsentation; überzeugende Kritik hieran etwa bei *Wefelmeier*, Repräsentation, S. 65 ff.; zur grundsätzlichen Unterscheidung siehe auch *Kelsen*, Wesen und Wert, S. 10 f.

[100] *Leibholz*, Wesen der Repräsentation, S. 32; *Schmitt*, Verfassungslehre, S. 210 und an diesen Begriff anknüpfend *Habermas*, Strukturwandel, S. 20.

[101] *Schmitt*, Verfassungslehre, S. 207, 210, 212.

[102] *Schmitt*, Verfassungslehre, S. 209.

[103] *Schmitt*, Verfassungslehre, S. 207, der aber auch an gleicher Stelle eingesteht, dass die politische Einheit des Volkes unter Umständen auch erst über die Darstellung bewirkt werden könne; vgl. hierzu auch *Kimme*, Repräsentativsystem, S. 89. Hierin kommt ein statisches Repräsentationsverständnis zum Ausdruck, siehe hierzu supra S. 63 f.

ee) Veraltete Ideale?

Da sich diese Deutung der Repräsentation maßgeblich auf Ideale des Liberalismus des 19. Jahrhunderts beruft[104], sieht sie sich dem Vorwurf ausgesetzt, auf veralteten Begriffen und Werten zu beharren und sich einer zeitgemäßen Deutung von Begriffen wie Parlamentarismus und Repräsentation zu verschließen.[105] Dieser erste Vorwurf wird zuweilen um einen zweiten ergänzt, der vor allem *Carl Schmitt* unterstellt, seine Interpretation des Repräsentationsbegriffes diene ihm lediglich zur Kritik am Weimarer Parlamentarismus.[106]

Gewiss ist es äußerst fraglich und mutet wie metaphysisches Geplänkel an, fern eines praktischen Nutzens für die Auslegung aktueller Verfassungsnormen, wenn der Parlamentarismus so interpretiert wird, dass er Wahrheit produzieren soll und dies im Rahmen einer ins Impraktikable gesteigerten, idealisierten, rationalen Debatte.[107] Insgesamt mag zwar festgestellt werden, dass Werte und Ideen aus der Zeit des Liberalismus durchaus auch Aufnahme in das Grundgesetz gefunden haben[108] und

---

[104] Siehe bereits supra S. 65, aber auch etwa *Linden*, in: Linden/Thaa, Krise und Reform, S. 149 (154); *Wefelmeier* Repräsentation, S. 63 ff. sieht die Begriffe des idealistischen Ansatzes nicht nur im Liberalismus verhaftet, sondern weist auch nach, dass die rezipierten Ideale des Liberalismus nicht einmal zu ihrer Blütezeit realisiert wurden.

[105] Zu diesem Vorwurf siehe infra Fn. 107 und vgl. infra S. 72 ff.; vgl. auch *Wefelmeier*, Repräsentation, S. 63 ff. Dies erkennt zwar sogar *Schmitt*, Geistesgeschichtliche Lage, S. 5 ff. an, betont aber die Alternativlosigkeit zu diesen Werten. Auch *Leibholz*, Wesen der Repräsentation, S. 238 ff. betont, dass es nicht darum gehen kann, den repräsentativ-parlamentarischen Liberalismus zu rekonstruieren, sondern vielmehr darum, übernommene und weiterhin relevante Ideen und Werte nutzbar zu machen für den modernen massendemokratischen Parteienstaat; vgl. auch *Leibholz*, in: Rausch, Theorie der Repräsentation, S. 235 (241), der konstatiert, dass das liberale Prinzip seit Langem nicht mehr verwirklicht werde.

[106] Vgl. hierzu etwa *Hofmann/Dreier*, in: Schneider/Zeh, Parlamentsrecht, § 5 Rn. 21; vgl. *Hofmann*, Legitimität gegen Legalität, S. 97, 125, 155 f.; vgl. auch *Kimme*, Repräsentativsystem, S. 91; *Linden*, in: Linden/Thaa, Krise und Reform, S. 149 (154 f.), besonders deutlich S. 159; vgl. *Röhrich*, Repräsentative Demokratie, S. 89, 98, der ibd. sogar auf eine Kontinuität in Richtung der Hinwendung zum Führerstaat hinweist. Vgl. auch *Schmitt*, Geistesgeschichtliche Lage, passim.

[107] Auch *Linden*, in: Linden/Thaa, Krise und Reform, S. 149 (166) kritisiert die „monoistische Überhöhung der Kriterien“; siehe auch *Draht*, in: Rausch, Theorie der Repräsentation, S. 260 (302); vgl. *Abmeier*, Parlamentarische Befugnisse, S. 80; vgl. *Lege*, JZ 64 (2009), 756 (758); ebenfalls kritisch – auch allgemein gegenüber solcherart idealisierenden Vorstellungen – *Klein*, ZParl 17 (1986), 263 (263 ff.); *Kißler*, Öffentlichkeitsfunktion, S. 305, der, ibd., S. 5, darauf hinweist, dass ein solches Modell ohnehin nie der Wirklichkeit entsprochen habe – so auch *Kriele*, VVDStRL 29 (1971), 46 (56 f.) und *Meyer*, in: Schneider/Zeh, Parlamentsrecht, § 4 Rn. 5; prägnant auch *BVerfGE* 70, 324 (369) – Sondervotum *Mahrenholz:* „Die Abstimmung nach dem Mehrheitsprinzip ist keine Feststellung der Wahrheit.“

[108] Vgl. hierzu *Leibholz*, Wesen der Repräsentation, S. 235 ff., 269 f.; vgl. *Leibholz*, in: Kluxen, Parlamentarismus, S. 349 (351 ff.); zustimmend *Röhrich*, Repräsentative Demokratie, S. 115 f.; zur Vorsicht mahnend *Köttgen*, in: Rausch, Theorie der Repräsentation, S. 74 (77 f., 87 f., 96) und stark zweifelnd, da der Repräsentationsbegriff des Liberalismus heute und bereits zur Zeit der Schaffung des Grundgesetzes fremd geworden sei; zur Prägung des Repräsentationsbegriff durch liberale Anschauungen siehe *Rausch*, in: Rausch, Theorie der Repräsenta-

bei ihrer Interpretation auf ihre Genese im 19. Jahrhundert vorsichtig (!) rekurriert werden darf. Aus diesem Grunde sind vor allem die Gedanken zur Relevanz der Plenardebatte und ihrer Öffentlichkeit weiter von Bedeutung und ihre Interpretation zur Zeit des Liberalismus zumindest bedenkenswert – wenngleich dies jedoch nicht etwa für die aristokratischen Tugenden gesagt werden kann, die die Disputierten nach dieser Ansicht aufweisen sollten. Dennoch dürfen vorkonstitutionelle Konzepte (wie das der Repräsentation) nicht ohne Weiteres als für die Auslegung des Grundgesetzes maßgeblich erachtet werden. Entscheidend ist, ob diese Konzepte bei der Schaffung des Grundgesetzes zu Grunde gelegt wurden und auch, ob sie sich in seine Systematik einordnen lassen.[109] Danach darf etwa konstatiert werden, dass die von diesem idealistischen Ansatz zu Recht betonte hohe Bedeutung der Plenarverhandlung und ihrer Öffentlichkeit keineswegs ihre Bedeutung verloren haben (Art. 42 GG), sondern vielmehr jenseits ihres Eigenwertes gar Hintergrund weiterer grundgesetzlicher Bestimmungen[110] sind.[111] Im Gegensatz dazu finden die aristokratischen Tugenden, das Erzeugen einer wahren und gerechten Entscheidungen mittels rationaler Plenardebatte und die Minderwertigkeit der repräsentativen Demokratie weder in Art. 20 Abs. 2 oder Art. 38 Abs. 1 S. 2 GG noch an anderer Stelle im Grundgesetz auch nur im Ansatz Anerkennung.

ff) Bedeutung für die Delegation

Für die Delegation von Plenarkompetenzen auf Ausschüsse und andere parlamentarische Gremien bedeutet ein idealistisches Repräsentationsverständnis das Aufstellen von großen, wenn nicht gar unüberwindbaren Hürden. Ist danach doch die Wahrheitsfindung und das Auffinden der gerechten Entscheidung der rationalen Plenardebatte vorbehalten, deren Öffentlichkeit die Repräsentation der Einheit des Volkes sicherstelle, so wären bei einer Delegation zu Gunsten anderer Gremien nachhaltig Bedenken geltend zu machen. Eine Delegation etwa von Gesetzgebungsbefugnissen an einen Ausschuss ist hiernach undenkbar. Zwar wird das Bedürfnis nach Unterstützung bei der Bewältigung der großen Anzahl zu entscheidender Sachverhalte und zu schaffender oder zu korrigierender Normen anerkannt, Ausschüsse dürfen dennoch nur der „äußerlichen technischen Vorbereitung“ dienen.[112]

---

tion, S. VIII; eine auch heute noch maßgebende Prägung des Begriffes durch den Liberalismus postuliert *Landshut*, in: Rausch, Theorie der Repräsentation, S. 482 (482).

[109] Vgl. auch *Wefelmeier*, Repräsentation, S. 68.

[110] Vor allem die Regeln zur Immunität und Indemnität von Abgeordneten, Art. 46 GG; zur Bedeutung des Prinzips der parlamentarischen Repräsentation allgemein für weitere Verfassungsbestimmung siehe *Badura*, in: HStR II, § 25 Rn. 36.

[111] Siehe hierzu bereits *Schmitt*, Geistesgeschichtliche Lage, S. 7 f.; vgl. zudem *Kißler*, Öffentlichkeitsfunktion, S. 305.

[112] *Schmitt*, Verfassungslehre, S. 316 f.; weniger streng hingegen *Leibholz*, Wesen der Repräsentation, S. 176 f., 181, da er die Publizität nicht wie *Schmitt* verabsolutiert.

Die Delegationsfeindlichkeit dieser Ansicht speist sich zudem aus einem weiteren Gedanken. Danach gehe es nicht nur darum, dass in Ausschüssen die Öffentlichkeit nicht gleichermaßen sichergestellt werden könne und damit die Repräsentation unmöglich würde, vielmehr sei das Plenum aufgrund seiner Repräsentantenstellung ohnehin schon nicht befugt, Aufgaben zu übertragen, wie es eine einfache Behörde könnte, welche lediglich Maßnahmen zu treffen habe.[113]

b) Realistische Konzeption

Wenn auch nicht geleugnet werden kann, dass einige Elemente, die das Grundgesetzes aufgreift, ihre geistige Grundlage im Liberalismus haben,[114] so wird dagegen vielfach darauf verwiesen, dass diese im Geiste der aktuellen Verfassung zu bestimmen und nicht nach einer vergangenen Epoche unverändert auszulegen seien.[115] Nach dem Ende der Epoche des Liberalismus, also der Emanzipierung des Bürgertums, kam es vor allem zur Mitbestimmung nicht nur einer kleinen, privilegierten Gruppe, sondern zur Demokratisierung der Massen.[116] Daher kann gerade auch der Begriff der Repräsentation richtigerweise nicht im Wandel der Zeiten seit dem 19. Jahrhundert jeglichen gesellschaftlichen und politischen Veränderungen getrotzt haben.[117] Vielmehr ist dieser von idealistischen Überhöhungen zu befreien

---

[113] *Schmitt*, Verfassungslehre, S. 316 f. unter Bezugnahme auf *Bluntschli*, Allgemeines Staatsrecht I, S. 488.

[114] Beispielsweise geht *Leibholz*, in: Rausch, Theorie der Repräsentation, S. 235 (254) und *Leibholz*, Wesen der Repräsentation, S. 235 davon aus, dass Art. 38 Abs. 1 S. 1 GG maßgeblich auf dem liberal-repräsentativen Parlamentarismus des 19. Jahrhunderts beruhe.

[115] So etwa *Butzer*, in: BeckOK, Art. 38 Rn. 8.2; *Häberle*, in: Häberle, Öffentlichkeit, S. 225 (230, 233); vgl. *Kißler*, Öffentlichkeitsfunktion, S. 4 f.; im Ansatz auch *Leibholz*, in: Rausch, Theorie der Repräsentation, S. 235 (253); *Magiera*, in: Sachs, Art. 38 Rn. 5; *O. Moench*, Bundestagsausschüsse, S. 34 ff.; vgl. *Röhrich*, Repräsentative Demokratie, S. 98; *Scheuner*, in: Kluxen, Parlamentarismus, S. 361 (363 f., 369); vgl. *Sobolewski*, in: Rausch, Theorie der Repräsentation, S. 419 (419); vgl. auch *H. J. Wolff*, in: Rausch, Theorie der Repräsentation, S. 116 (128); besonders deutlich *Köttgen*, in: Rausch, Theorie der Repräsentation, S. 74 (76 ff.). Gegen eine Ideologisierung des Repräsentationsbegriffes, die zwangsweise zum Auseinanderfallen von Verfassungsrecht und Verfassungswirklichkeit führt, siehe auch *Rausch*, in: Rausch, Theorie der Repräsentation, S. XIV; siehe hierzu ebenfalls *Thoma*, in: Kluxen, Parlamentarismus, S. 54 (55 f.).

[116] *Badura*, in: HStR II, § 25 Rn. 38; *Leibholz*, in: Kluxen, Parlamentarismus, S. 349 (351 f.); *Leibholz*, in: Rausch, Theorie der Repräsentation, S. 235 (241); vgl. *Scheuner*, in: Kluxen, Parlamentarismus, S. 361 (361); *Röhrich*, Repräsentative Demokratie, S. 12. Zum Übergang von den Honoratiorenparteien zu den Massenparteien siehe *Habermas*, Strukturwandel, S. 241 ff.

[117] Zur Wandelbarkeit des Repräsentationsbegriffes und seiner jeweiligen historischen Einbettung siehe *H. J. Wolff*, in: Rausch, Theorie der Repräsentation, S. 116 (132 ff.); ebenso *Draht*, in: Rausch, Theorie der Repräsentation, S. 260 (288 f.); *Thoma*, in: Kluxen, Parlamentarismus, S. 54 (56); zur Kritik an einem dem Repräsentationsbegriff inhärenten und unwandelbaren Wesenskern wie ihn *Schmitt* und *Leibholz* vertreten siehe *Wefelmeier*, Repräsentation, S. 62 f.

und „realistischer" auszulegen.[118] Ziel ist eine verfassungsrechtliche Begriffsbestimmung – keine politisch-ideologische oder philosophische.[119]

Im Vordergrund steht dabei der formelle Gedanke, dass Repräsentation vor allem der Zurechnung und Legitimierung des Handelns der Repräsentanten gegenüber den Repräsentierten dient (aa)). In Erwiderung auf die idealistische Konzeption wird die Idealisierung der direkten Demokratie kritisiert (bb)) und der These widersprochen, Repräsentation und Demokratie ließen sich prinzipiell nicht vereinbaren (cc)). Unterschiede ergeben sich des Weiteren auch bei der Frage, wer oder was repräsentiert werden soll (dd)). Schließlich muss sich auch eine realistische Konzeption der Repräsentation der Frage stellen, ob sie nur mit formellen Elementen auskommt oder aber weiterhin ein materieller, wenn auch nicht idealisierender, Aspekt hinzukommen muss (ee)). Von der Bedeutung dieses materiellen Aspektes hängt es dann auch entscheidend ab, inwiefern unter diesem Verständnis eine Delegation von Plenarkompetenzen zulässig ist (ff)).

aa) Repräsentation als Legitimierung und Zurechnung – formelles Moment

Wird der Begriff der Repräsentation also von allem ideologisch und historisch überkommenen Ballast befreit, so wird der Blick wieder freigelegt auf die eigentliche Funktion der Repräsentation. Sie ist eine Organisationsform, eine Technik, die die Handlungsfähigkeit einer Gruppe von Menschen durch das Auftreten Einzelner unter (beständiger) Rückkoppelung zur Gemeinschaft herstellen soll. Rein formell betrachtet erschöpft sich die Repräsentation in der Legitimation Einzelner durch die Gemeinschaft zum verbindlichen und zurechenbaren Handeln für die Gemeinschaft.[120]

---

[118] Etwa *Badura*, in: BK, Art. 38 Rn. 29; vgl. auch *Magiera*, in: Sachs, Art. 38 Rn. 7; *Scheuner*, DÖV 18 (1965), 577 (577 ff.); vgl. auch *Scheuner*, in: Kluxen, Parlamentarismus, S. 361 (361).

[119] Vgl. *Wefelmeier*, Repräsentation, S. 67 f., 71 ff.

[120] *Badura*, in: BK, Art. 38 Rn. 29; *Böckenförde*, Demokratie und Repräsentation, S. 18 f.; *Böckenförde*, in: HStR III, § 34 Rn. 26; *Draht*, in: Rausch, Theorie der Repräsentation, S. 260 (292 ff.); vgl. *Fraenkel*, in: Rausch, Theorie der Repräsentation, S. 330 (330); *Scheuner*, DÖV 18 (1965), 577 (579); *Scheuner*, in: Kluxen, Parlamentarismus, S. 361 (364, 369); *Steiger*, Organisatorische Grundlagen, S. 160; besonders radikal die Repräsentation auf den formalen Kern reduzierend: *Kelsen*, Allgemeine Staatslehre, S. 310 ff.; *Weber*, Wirtschaft und Gesellschaft, I, 3. Kap. § 21; *Wefelmeier*, Repräsentation, S. 69 f. spricht von der Entscheidungsfunktion der Repräsentation, zur Bedeutung von Wahlen als den Legitimationsakt für eine demokratische Repräsentation, ibd., S. 81 ff.; vgl. auch *Rausch*, in: Rausch, Theorie der Repräsentation, S. IX ff., der zwischen dem politischen, nicht normierbaren Vorgang der Repräsentation und der dadurch verliehenen, durchaus normierbaren, Handlungsbefugnis unterscheidet – vgl. dazu etwa auch *Badura*, in: HStR II, § 25 Rn. 36.

bb) Unzulänglichkeiten direkter Demokratie

Vor dem Zerrbild einer idealisierten direkten Demokratie[121] kann das Repräsentationsprinzip als Herrschaftssystem kaum bestehen und muss als etwas Minderes gelten. Dabei ist das Konzept der direkten Demokratie selbst unrealisierbar[122] und unzulänglich[123] und taugt daher nicht als Idealbild zur Kritik am Repräsentativsystem.

Dies ergibt sich zunächst daraus, dass der in einer direkten Demokratie gerade maßgebliche Volkswille der Formung und Artikulation bedarf, also auf ein Verfahren angewiesen ist. Es werden also Fragen von Wenigen vorbereitet und vorgelegt, auf die die Masse nur noch mit Zustimmung oder Ablehnung reagieren, jedoch keinen inhaltlichen Einfluss nehmen kann.[124] Die Masse kann daher gerade deshalb nicht selbst unmittelbar Herrschaft ausüben, weil gerade eine Organisation und Mediatisierung der Willensbildung und -artikulation erforderlich ist.[125] Jede Gemeinschaft ist auf Organisation angewiesen, um handlungsfähig zu sein. Nur durch Einzelne können daher die Interessen und Meinungen Aller gebündelt und eine politische Einheit gebildet werden. Das Volk selbst ist nicht ohne Weiteres, also auch nicht unmittelbar dazu in der Lage.[126]

Ebenso unvereinbar mit der Idee unmittelbarer Herrschaftsausübung durch das ganze Volk ist es, dass stets bestimmte Gruppen von der Mitbestimmung ausgeschlossen werden (zum Beispiel durch Festlegung des Wahlalters), diese also und ebenso eine dissentierende und unterliegende Minderheit (in einer bestimmten Sachfrage) sich fremden Willen beugen müssen und daher gerade nicht unmittelbar selbst Herrschaft ausüben können.[127]

---

[121] Siehe hierzu supra S. 68 f. *Badura*, in: BK, Art. 38 Rn. 29 spricht von einer „jakobinische[n] Utopie des herrschaftslosen Staates".

[122] Jedenfalls jenseits von kleineren, lokalen Gemeinschaften; siehe hierzu bereits supra S. 64; vgl. hierzu auch allgemein *Badura*, in: HStR II, § 25 Rn. 41, der der Idee der direkten Demokratie ein „überschießendes programmatisch-utopisches Moment" attestiert; *Butzer*, in: BeckOK, Art. 38 Rn. 8.3; *Hofmann/Dreier*, in: Schneider/Zeh, Parlamentsrecht, § 5 Rn. 21; *Kelsen*, Wesen und Wert, S. 30; *Steiger*, Organisatorische Grundlagen, S. 156 f., 161 ff.; vgl. gar *Schmitt*, Verfassungslehre S. 207 selbst.

[123] Für die Kritik siehe besonders *Böckenförde*, Demokratie und Repräsentation, S. 8 ff.; *Böckenförde*, in: HStR III, § 34 Rn. 3 ff.

[124] *Weber*, in: Kluxen, Parlamentarismus, S. 27 (37); *Wefelmeier*, Repräsentation, S. 76 f.

[125] *Achterberg/Schulte*, in: vM/K/S^6, Art. 38 Rn. 8; *Böckenförde*, Demokratie und Repräsentation, S. 8 ff.; *Böckenförde*, in: HStR III, § 34 Rn. 4 f.; *Wefelmeier*, Repräsentation, S. 76 f.

[126] Hierzu bereits supra S. 64; *Badura*, in: HStR II, § 25 Rn. 35; *Böckenförde*, Demokratie und Repräsentation, S. 12 ff.; *Böckenförde*, in: HStR III, § 34 Rn. 9 ff.; *Edinger*, Wahl und Besetzung, S. 294; *Klein*, in: Maunz/Dürig, Art. 38 Rn. 43 Fn. 2; *Wefelmeier*, Repräsentation, S. 68 f.

[127] Vgl. *Hofmann/Dreier*, in: Schneider/Zeh, Parlamentsrecht, § 5 Rn. 17; *Lege*, JZ 64 (2009), 756 (760); *Steiger*, Organisatorische Grundlagen, S. 161; *Wefelmeier*, Repräsentation, S. 75 f.

Ein weiterer Kritikpunkt betrifft die ungleiche Verteilung von politischem Interesse sowie von Überzeugungs- und Durchsetzungskraft in der Bevölkerung. Dadurch wird in einem grundsätzlich direktdemokratischen System faktisch eine Herrschaft von besonders aktiven und im politischen Diskurs erfolgreichen Minderheiten begünstigt.[128] Eine sich hieraus ergebende Elitenherrschaft ist jedoch wiederum nicht mehr direktdemokratisch, nicht das ganze Volk herrscht dann noch unmittelbar.

Schließlich ist eine unmittelbare Volksherrschaft angesichts der Fülle und Komplexität der auflaufenden Gemeinschaftsfragen und -probleme nicht realisierbar. Zur Lösung komplexer Probleme[129] bietet sich häufig eine Vielzahl von Optionen an, die unter Umständen für die Allgemeinheit auch schwer oder gar nicht verständlich sind. Dem kann eine unmittelbare Demokratie, die tendenziell auf eher wenige und einfache, verständliche Fragen und deren Beantwortung mit Zustimmung oder Ablehnung ausgerichtet ist, nicht gerecht werden. In einer modernen, ausdifferenzierten und arbeitsteiligen Industriegesellschaft ist ein derartiger Abstimmungsmodus nicht ansatzweise leistungsfähig genug und daher nicht (mehr) opportun. Als Gegenpart zur heutigen, komplexen und pluralistischen Gesellschaft bedarf es daher auch des Staates als legitimierter Entscheidungsinstanz, welcher über eine organisatorische Arbeitsteilung und Binnendifferenzierung verfügt, um seinen Aufgaben gerecht werden zu können. Diese Instanz und seine Differenzierung und damit die Entscheidung Weniger für Alle scheint dabei genauso der Idee unmittelbarer Selbstbestimmung zu widersprechen wie sie zugleich für das Funktionieren eines modernen Gemeinwesens unerlässlich ist.[130]

---

[128] *Badura*, in: HStR II, § 25 Rn. 40; *Böckenförde*, Demokratie und Repräsentation, S. 10 ff.; *Böckenförde*, in: HStR III, § 34 Rn. 6 f.; vgl. auch *Hofmann/Dreier*, in: Schneider/Zeh, Parlamentsrecht, § 5 Rn. 17; *Lege*, JZ 64 (2009), 756 (760); *Magiera*, Parlament und Staatsleitung, S. 101; vgl. *Pünder*, VVDStRL 72 (2013), 191 (251 f.); *Scheuner*, DÖV 18 (1965), 577 (578); vgl. *Weber*, in: Kluxen, Parlamentarismus, S. 27 (38); vgl. *Wefelmeier*, Repräsentation, S. 76 f. Dabei versuchen diese Minderheiten ihrer Partikularinteressen durchzusetzen, ein Austragen von grundlegenden gesamtgesellschaftlichen Konflikten droht auszubleiben, *Böckenförde*, in: HStR III, § 34 Rn. 6 ff.

[129] Zum Umfang und zur Komplexität zu beantwortender politischer Themen und Probleme heutzutage siehe bereits supra S. 55 f.; zu diesem Hinweis im hiesigen Kontext siehe etwa auch *Böckenförde*, Demokratie und Repräsentation, S. 12 und *Wefelmeier*, Repräsentation, S. 77 f.

[130] *Achterberg/Schulte*, in: vM/K/S[6], Art. 38 Rn. 8; *Magiera*, Parlament und Staatsleitung, S. 100; *Morlok*, in: Morlok/Schliesky/Wiefelspütz, Parlamentsrecht, § 3 Rn. 55; vgl. *Steiger*, Organisatorische Grundlagen, S. 163 ff.; vgl. *Weber*, in: Kluxen, Parlamentarismus, S. 27 (37); *Wefelmeier*, Repräsentation, S. 77 f. Obgleich Anhänger eines identitären Demokratiebegriffs, anerkennt auch *Kelsen*, Wesen und Wert, S. 14, dass die unmittelbare Demokratie nicht mehr durchführbar ist und sieht zwar im Parlamentarismus eine Einschränkung der unmittelbaren Selbstbestimmungen des Volkes, aber auch einen notwendigen Kompromiss, ibd., S. 28 ff.

cc) Vereinbarkeit von Repräsentation und Demokratie

Auch wenn festzustellen ist, dass die Idee direkter Demokratie nicht realisierbar und ein nur vermeintliches Idealbild ist, so bedeutet dies nicht, dass der Repräsentationsgedanke sich zu Lasten der Demokratie durchgesetzt hat. Vielmehr sind Demokratie und Repräsentation keineswegs unvereinbar, wie es aber von Vertretern des liberalen Repräsentationsverständnisses[131] behauptet wird.

Ganz im Gegenteil ermöglicht die Repräsentation gerade, dass die Volkssouveränität nicht ein bloßes Ideal bleibt, sondern tatsächlich verwirklicht wird. Denn der grundlegende Gedanke des Volkes als Souverän wird realisiert, wenn alle Entscheidungen auf den Willen des Volkes zurückgehen, also legitimiert sind. Dies geschieht in erster Linie formal mittels Bestimmung der Entscheidungsträger durch das Volk.[132] Damit ist die Repräsentation gerade Voraussetzung der Demokratie in einer komplexen, modernen Gesellschaft; keineswegs sind beide unvereinbar.[133]

dd) Bezugspunkt der Repräsentation

Während die idealistische Konzeption der Repräsentation die politische Einheit des Volkes repräsentiert sehen möchte,[134] geht der realistischere Ansatz grundlegend von dem „empirischen" Volk aus.[135] Das Volk, also die Gesamtheit der Bürger, wird damit aber nicht durch das Verhalten der Repräsentanten unmittelbar rechtlich verpflichtet.[136] Stattdessen sind die Handlungen der Repräsentanten dem Staat zu-

---

[131] Siehe hierzu bereits supra S. 68 f.

[132] Zu den materiellen Aspekten der Repräsentation sogleich infra S. 77 ff.

[133] *Badura*, in: BK, Art. 38 Rn. 29; *Badura*, in: HStR II, § 25 Rn. 35 f.; *Böckenförde*, Demokratie und Repräsentation, S. 14 ff.; *Böckenförde*, in: HStR III, § 34 Rn. 13 ff.; *Edinger*, Wahl und Besetzung, S. 294 f.; *Hättich*, in: Rausch, Theorie der Repräsentation, S. 498 (498); *Hofmann/Dreier*, in: Schneider/Zeh, Parlamentsrecht, § 5 Rn. 22; *Kotzur*, in: BK, Vorbem. z. Art. 38–49 Rn. 20; *Magiera*, in: Sachs, Art. 38 Rn. 7; *Magiera*, Parlament und Staatsleitung, S. 102; *Morlok*, in: Dreier, Art. 38 Rn. 33; *Scheuner*, in: Kluxen, Parlamentarismus, S. 361 (363 ff., 367 ff., 373); vgl. *Schliesky*, in: Morlok/Schliesky/Wiefelspütz, Parlamentsrecht, § 5 Rn. 27; *Steiger*, Organisatorische Grundlagen, S. 163; *Wefelmeier*, Repräsentation, S. 78 f., 80 f.; siehe zudem *Schmitt*, Verfassungslehre, S. 205 selbst und hierzu auch *Hofmann*, Legitimität gegen Legalität, S. 154 f.; a.A. etwa *Landshut*, in: Rausch, Theorie der Repräsentation, S. 482 (484 ff.), der die Volkssouveränität (zu eng) nur als direkte Herrschaft des Volkes begreift und sich von der praktischen Unmöglichkeit der Realisation eines derartigen Idealbegriffes unbeeindruckt zeigt – zur Kritik an einem solchen Verständnis der Volkssouveränität siehe etwa *Hofmann/Dreier*, in: Schneider/Zeh, Parlamentsrecht, § 5 Rn. 22; vgl. auch *Kelsen*, Allgemeine Staatslehre, S. 313 f.

[134] Siehe hierzu supra S. 69 f.

[135] Vgl. *Böckenförde*, Demokratie und Repräsentation, S. 22; *Kotzur*, in: BK, Vorbem. z. Art. 38–49 Rn. 41.

[136] Siehe etwa *Badura*, in: BK, Art. 38 Rn. 32; *Steiger*, Organisatorische Grundlagen, S. 160; allenfalls wird davon gesprochen, dass der Wille des Parlamentes der hypothetische Wille des Volkes sei: hierzu *Butzer*, in: BeckOK, Art. 38 Rn. 8.1; *Magiera*, in: Sachs, Art. 38 Rn. 9.

zurechnen und verpflichten nur diesen.[137] Das Verhältnis von Volk und Parlament ist hingegen in erster Linie von nur politischer Natur.[138] Hierin kommt wieder das Kernelement der realistischen Konzeption zum Ausdruck, nämlich die Definition und Anwendung relevanter Rechtsbegriffe nicht über den normierbaren Bereich hinaus auszudehnen und politisch aufzuladen, sondern einen juristisch nicht determinierbaren, politischen Bedeutungsgehalt anzuerkennen.[139] Dass aber das Parlament das Volk nicht rechtlich verpflichtet, bedeutet jedoch keineswegs, dass zwischen beiden keinerlei Beziehungen bestünden, die im juristischen Kontext von Bedeutung wären.

ee) Responsivität und materielles Moment

Wird die Repräsentation allein formal betrachtet, dann bedarf es für die Zurechnung des Handelns der Repräsentanten und für die Befugnis zur Verpflichtung der Repräsentierten allein eines Legitimationsaktes.[140] Durch die Wahl der Abgeordneten würden diese zu Repräsentanten und weitere Wechselbeziehungen und Einflussmöglichkeiten wären nicht erforderlich. Dies wird vielfach als unzureichend empfunden und daher neben dem formalen auch ein materielles Moment der Repräsentation gefordert.[141]

Zur Begründung dieser Forderung wird zum einen auf das Prinzip der Volkssouveränität verwiesen. Soll in einer mittelbaren Demokratie alle Staatsgewalt vom Volke ausgehen (Art. 20 Abs. 2 S. 1 GG) und wird sie zugleich nicht durch dieses selbst, sondern durch besondere Organe (mittelbar) ausgeübt (Art. 20 Abs. 2 S. 2 GG), so bedürfe es einer besonderen Verbindung zwischen den Inhabern der Herrschaftsgewalt und den Ausübenden. Diese als inhaltliche Repräsentation bezeichnete (enge) Verbindung erlaube es, weiterhin von Volksherrschaft zu sprechen, auch wenn die Herrschaft tatsächlich von einer kleinen Gruppe ausgeübt wird.[142]

---

[137] *Badura*, in: BK, Art. 38 Rn. 33; *Butzer*, in: BeckOK, Art. 38 Rn. 8.1; *Magiera*, in: Sachs, Art. 38 Rn. 9; *Steiger*, Organisatorische Grundlagen, S. 160.

[138] Etwa *Badura*, in: BK, Art. 38 Rn. 33; *Butzer*, in: BeckOK, Art. 38 Rn. 8.1; *Magiera*, in: Sachs, Art. 38 Rn. 9.

[139] Vgl. hierzu *Rausch*, in: Rausch, Theorie der Repräsentation, S. IX ff.; vgl. auch *Badura*, in: HStR II, § 25 Rn. 36.

[140] So radikal etwa *Kelsen*, Allgemeine Staatslehre, S. 310 ff., 312 ff., insbesondere 316 f.

[141] Siehe besonders die Unterscheidung von formaler und inhaltlicher Repräsentation bei *Böckenförde*, Demokratie und Repräsentation, S. 18 ff.; *Böckenförde*, in: HStR III, § 34 Rn. 28 ff.; weiterhin etwa *Butzer*, in: BeckOK, Art. 38 Rn. 42; *Hofmann/Dreier*, in: Schneider/Zeh, Parlamentsrecht, § 5 Rn. 22; *Morlok*, in: Morlok/Schliesky/Wiefelspütz, Parlamentsrecht, § 3 Rn. 75; *Pünder*, VVDStRL 72 (2013), 191 (198 f.); *Schliesky*, in: Morlok/Schliesky/Wiefelspütz, Parlamentsrecht, § 5 Rn. 27; *Wefelmeier*, Repräsentation, S. 69 f., 79 f.

[142] Vgl. *BVerfGE* 44, 125 (142); E 131, 152 (205); E 137, 185 (232); vgl. *Böckenförde*, Demokratie und Repräsentation, S. 20; *Draht*, in: Rausch, Theorie der Repräsentation, S. 260 (294); *Hofmann/Dreier*, in: Schneider/Zeh, Parlamentsrecht, § 5 Rn. 22; vgl. *Kißler*, Öffentlichkeitsfunktion, S. 289; *Morlok*, in: Dreier, Art. 42 Rn. 20; *Pünder*, VVDStRL 72 (2013), 191

Zum anderen wird aus dem Begriff des „Volksvertreters" (vgl. Art. 38 Abs. 1 S. 2 GG) geschlussfolgert, dass an dieses Vertretungsverhältnis jenseits des legitimationsbegründenden Wahlaktes weitere Forderungen zu stellen seien. Nur wenn zwischen Vertreter und Vertretenem eine bestimmte Bindung bestehe und es dem Vertretenem fortwährend möglich sei, auf den Vertreter einzuwirken und sich über sein Handeln zu informieren, könne ein Vertretungsverhältnis angenommen werden.[143]

Wie auch immer die Notwendigkeit einer auch inhaltlichen Repräsentation begründet wird, besteht im Kern Einigkeit darüber, was diesen materiellen Aspekt ausmacht.[144] Mit ihr soll das Verhältnis zwischen Repräsentanten und Repräsentierten, Abgeordneten und Volk näher umschrieben werden. Im Vordergrund steht hierbei ein fortwährender Prozess der Rückkopplung, auch Responsivität[145] genannt. Auch jenseits der Wahltermine[146] (formelle Repräsentation/Legitimation) ist es danach notwendig, dass die verschiedenen Ansichten und Interessen im Volk wahrgenommen und in die parlamentarische Arbeit einbezogen und gesellschaftlich relevante Probleme erkannt und möglichst konsensfähig gelöst werden. Durch die inhaltliche Repräsentation soll letztlich verhindert werden, dass die Willensbildung im Parlament unabhängig von der Willensbildung des Volkes stattfindet. Im Gegensatz dazu soll gerade eine Rückkopplung von staatlicher und gesellschaftlicher Willensbildung erfolgen und der Einfluss auf und die Kontrolle der Repräsentanten gewährleistet werden.[147] Letztlich wird hierdurch die Akzeptanz[148] des Handelns der

(199); *Schliesky*, in: Morlok/Schliesky/Wiefelspütz, Parlamentsrecht, § 5 Rn. 27; vgl. *Steiger*, Organisatorische Grundlagen, S. 161; für einen unüberwindbaren Gegensatz hingegen hält *Landshut*, in: Rausch, Theorie der Repräsentation, S. 482 (484 f.) das Prinzip der Volkssouveränität und das der repräsentativen Versammlung.

[143] *Meyer*, in: Schneider/Zeh, Parlamentsrecht, § 4 Rn. 10; *Morlok*, in: Dreier, Art. 38 Rn. 33 f.; zur Begründung der Notwendigkeit einer inhaltlichen Repräsentation aus dem Repräsentationsbegriff heraus siehe *Rausch*, in: Rausch, Theorie der Repräsentation, S. XI.

[144] Zur inhaltlichen Repräsentation: *Böckenförde*, Demokratie und Repräsentation, S. 25; vgl. *Bollmann*, Verfassungsrechtliche Grundlagen, S. 53 ff.; vgl. *Draht*, in: Rausch, Theorie der Repräsentation, S. 260 (294 ff.); *Hofmann/Dreier*, in: Schneider/Zeh, Parlamentsrecht, § 5 Rn. 18, 22 f.; vgl. *Kißler*, Öffentlichkeitsfunktion, S. 86 ff., 289 ff.; vgl. *Kischel*, Begründung, S. 110; vgl. *Kotzur*, in: BK Vorbem. z. Art. 38–49 Rn. 57 f.; *Meyer*, in: Schneider/Zeh, Parlamentsrecht, § 4 Rn. 10; kurz *O. Moench*, Bundestagsausschüsse, S. 36 f.; *Morlok*, in: ders/Schliesky/Wiefelspütz, Parlamentsrecht, § 3 Rn. 75 f.; vgl. *Müller-Terpitz*, in: BK, Art. 42 Rn. 26 ff.; *Pünder*, VVDStRL 72 (2013), 191 (199 ff.); *Scheuner*, DÖV 18 (1965), 577 (579 f.); vgl. *Scheuner*, in: Kluxen, Parlamentarismus, S. 361 (371); *Schliesky*, in: Morlok/Schliesky/Wiefelspütz, Parlamentsrecht, § 5 Rn. 33 f.; vgl. *Schüttemeyer*, in: Schneider/Zeh, Parlamentsrecht, § 42 Rn. 29; *Wefelmeier*, Repräsentation, S. 83 ff., 124 ff., 131 f.; *Zeh*, in: Schneider/Zeh, Parlamentsrecht, § 32 Rn. 33.

[145] Vgl. hierzu etwa *Böckenförde*, Demokratie und Repräsentation, S. 24 f.; *Schliesky*, in: Morlok/Schliesky/Wiefelspütz, Parlamentsrecht, § 5 Rn. 33.

[146] Vgl. *Kißler*, Öffentlichkeitsfunktion, S. 65 f., 289, 426.

[147] *Wefelmeier*, Repräsentation, S. 89; vgl. zudem die Nachweise supra Fn. 144.

[148] Siehe hierzu *Kißler*, Öffentlichkeitsfunktion, S. 289; *Morlok*, in: Dreier, Art. 42 Rn. 20; *Müller-Terpitz*, in: BK, Art. 42 Rn. 30; *Schliesky*, in: Morlok/Schliesky/Wiefelspütz, Parla-

Repräsentanten beim Volk gesteigert und das Prinzip der Volkssouveränität verwirklicht[149].

Diese Rückkopplung setzt auf Seite der Repräsentanten die Fähigkeit und Bereitschaft voraus, diese vielgestaltigen Meinungen und Konflikte wahr- und ernst zu nehmen. Zudem müssen die Abgeordneten ihre Entscheidungen erklären und begründen,[150] damit die Vertretenen erkennen können, aus welchen Gründen einer Lösung oder Ansicht der Vorzug gegeben wurde. Daraufhin können die Vertretenen wiederum beispielsweise ihre Meinung revidieren, den Entscheidern die politische Unterstützung entziehen oder auf eine Änderung hinwirken. Dadurch wird gerade die Wechselwirkung ermöglicht. Auf Seiten der Repräsentierten hingegen sind die Fähigkeit, der Wille und die Möglichkeit[151] erforderlich, eigene Interessen und Ansichten zu artikulieren und gesellschaftliche Probleme aufzuzeigen und zu debattieren. Dies ist dann wieder Grundlage dafür, dass die Repräsentanten hierauf Bezug nehmen und reagieren können.

Wenn auch die Bedeutung der inhaltlichen Repräsentation nicht unterschätzt werden sollte, so muss gleichwohl berücksichtigt werden, dass sie kein unmittelbar justiziables Rechtsverhältnis umschreibt.[152] Denn die Freiheit des Mandates[153] verbietet es, den Abgeordneten genaue Vorgaben dahingehend zu machen, auf welche gesellschaftlichen Interessen und Probleme sie zu reagieren haben.[154] Dennoch kommt die Relevanz der Responsivität insofern zum Ausdruck, als sie verstärkend die Wichtigkeit der Öffentlichkeit der Parlamentsarbeit im Allgemeinen[155] und (der

mentsrecht, § 5 Rn. 33; *Wefelmeier*, Repräsentation, S. 89; kritisch *Classen*, Legitimation, S. 29, der der Akzeptanz keine normative Bedeutung beimisst; *Böckenförde*, Demokratie und Repräsentation S. 25 f. geht davon aus, dass demokratische Repräsentation dazu führe, dass unter anderem der Einzelne sich im Handeln der Repräsentanten wiedererkennt – ebenso *Hofmann/Dreier*, in: Schneider/Zeh, Parlamentsrecht, § 5 Rn. 22.

[149] Hierzu bereits supra S. 76 und supra Fn. 142.

[150] Vgl. *Kißler*, Öffentlichkeitsfunktion, S. 306; *Meyer*, in: Schneider/Zeh, Parlamentsrecht, § 4 Rn. 10; *Pünder*, VVDStRL 72 (2013), 191 (208 f.); *Schliesky*, in: Morlok/Schliesky/Wiefelspütz, Parlamentsrecht, § 5 Rn. 40; siehe zudem bereits supra S. 42 ff.

[151] Grundgesetzlich abgesichert vor allem durch die Art. 5, 8, 17 GG – hierzu etwa *Kotzur*, in: BK, Vorbem. z. Art. 38–49 Rn. 42 und besonders *Wefelmeier*, Repräsentation, S. 89 ff.

[152] Siehe hierzu *Pünder*, VVDStRL 72 (2013), 191 (202); vgl. auch *Wieckhorst*, Grundrechtsschutz, S. 157 ff.

[153] Vgl. Art. 38 Abs. 1 S. 2 GG; siehe statt aller hierzu *Klein*, in: HStR III, § 51 Rn. 1 ff. und *Gassner*, Staat 30 (1995), 429 (442).

[154] *Badura*, in: BK, Art. 38 Rn. 33; richtigerweise weist *Wieckhorst*, Grundrechtsschutz, S. 157 ff. darauf hin, dass aus der Responsivität nicht folgen könne, dass in jedem Einzelfall die Berücksichtigung Einzelner oder gesellschaftlicher Gruppen zur zwingenden Voraussetzung werde, ibd., S. 158.

[155] *Kißler*, in: Schneider/Zeh, Parlamentsrecht, § 36 Rn. 5 ff.; *Kotzur*, in: BK, Vorbem. z. Art. 38–49 Rn. 57 f.; *Morlok*, in: ders/Schliesky/Wiefelspütz, Parlamentsrecht, § 3 Rn. 76; *Schliesky*, in: Morlok/Schliesky/Wiefelspütz, Parlamentsrecht, § 5 Rn. 40; zur Publizität staatlicher Entscheidungen vgl. auch *Kischel*, Begründung, S. 111, 113 f.

Öffentlichkeit) der Parlamentsdebatte[156] im Besonderen betont. Nur wenn eine informierte Öffentlichkeit besteht, die sich auf die kommunizierten und erläuterten Entscheidungen des Parlamentes beziehen und im Rahmen der öffentlichen Parlamentsdebatte erkennen kann, welche Interessen und Ansichten sich mit welcher Begründung durchsetzen, ist eine wechselseitige Beeinflussung und Rückkopplung möglich.

Schließlich muss auch der Forderung nach einer für die Stimmungen und Ansichten in der Bevölkerung aufmerksame und feinfühlige Volksvertretung Grenzen gesetzt werden. Ein hierfür überempfängliches (over-responsive)[157] Parlament, das seine Entscheidungen nur noch demoskopisch[158] begründet, ist gerade nicht das Ziel. Vielmehr müssen die Deputierten von der mehrheitlichen Stimmung und Meinung im Volk auch frei und selbstbestimmt entscheiden[159] – ein demokratischer Staat braucht auch politische (legitimierte und kontrollierte) Führung[160]. Andernfalls würde wohl beispielsweise jeglicher Steuergesetzgebung ein jähes Ende gesetzt.

ff) Bedeutung für die Delegation

Während eine idealistische Konzeption der Repräsentation dem Plenum und der Plenardebatte maßgebliche Bedeutung für das Auffinden der „wahren" und „richtigen" Entscheidung beimisst,[161] verzichtet eine realistische Auslegung hierauf. Gleichwohl ist diese Ansicht nicht indifferent gegenüber der Delegation von Plenarkompetenzen auf Ausschüsse und andere parlamentarische Gremien. Zwar dient das Plenum hiernach nicht überhöhten, idealistischen Zwecken, allerdings ist es von großer Bedeutung für die inhaltliche Repräsentation. Der Bürger soll erkennen, welche Entscheidungen aus welchen Gründen getroffen, welche Meinungen und Ansichten vertreten werden. Nur hierdurch kann Einfluss auf die Parlamentsarbeit zwischen den Wahlterminen gewährleistet und das Prinzip der Volkssouveränität realisiert werden. Die inhaltliche Repräsentation stellt also bestimmte Anforderungen an die Öffentlichkeit und Offenheit des parlamentarischen Entscheidungsprozesses, die jedenfalls tendenziell im Plenarverfahren eher gewahrt werden können als in Ausschüssen und Gremien.[162] Damit erkennt auch die realistische Konzeption

---

[156] *Hofmann/Dreier*, in: Schneider/Zeh, Parlamentsrecht, § 5 Rn. 18; *Kotzur*, in: BK, Vorbem. z. Art. 38–49 Rn. 57 f.; *Morlok*, in: Dreier, Art. 42 Rn. 20.

[157] Vgl. *Morlok*, in: Morlok/Schliesky/Wiefelspütz, Parlamentsrecht, § 3 Rn. 76.

[158] Vgl. *Böckenförde*, Demokratie und Repräsentation, S. 22; zu den Vorteilen der Demoskopie für die inhaltliche Repräsentation hingegen *Wefelmeier*, Repräsentation, S. 92 f.

[159] *Morlok*, in: Morlok/Schliesky/Wiefelspütz, Parlamentsrecht, § 3 Rn. 76; *Pünder*, VVDStRL 72 (2013), 191 (199 ff.).

[160] *Pünder*, VVDStRL 72 (2013), 191 (199 ff.); zum politikwissenschaftlichen Überblick zur over-responsiveness und der Gefahr zu schwacher politischer Führung siehe *Linden/Thaa*, in: Linden/Thaa, Krise und Reform, S. 11 (19 ff.).

[161] Siehe hierzu bereits supra S. 66 f.

[162] Siehe hierzu bereits supra S. 41 f.

des Repräsentationsprinzips die Bedeutung der Öffentlichkeit des parlamentarischen Verfahrens an. Im Gegensatz zum idealistischen Verständnis wird aber darauf verzichtet, die Öffentlichkeit zu verabsolutieren. Das realistische Verständnis steht daher auch nicht unverrückbar einer Delegation im Wege. Entscheidend ist dabei, was für eine Kompetenz übertragen werden soll und weiterhin, ob bei einer besonders wichtigen Kompetenz ein besonders hohes Maß an Responsivität und Öffentlichkeit bei der Entscheidungsfindung hergestellt werden muss.[163] Relevanz besitzt schließlich hierbei auch die Frage, welches Gewicht man dem inhaltlichen Aspekt der Repräsentation beimessen muss. Jedenfalls handelt es sich nicht um einen ergänzenden, nebensächlichen Aspekt, der vor allem für die politikwissenschaftliche Diskussion von Bedeutung wäre und verfassungsrechtlich allenfalls mittelbar zum Tragen käme. Vielmehr ist er eine elementare Bedingung für die Realisation der Volkssouveränität.[164]

3. Zusammenfassung

Repräsentation bedeutet, etwas Abwesendes, nicht Sichtbares durch den Vorgang der Repräsentation zu vergegenwärtigen, sichtbar zu machen. Keine größere Gemeinschaft kommt ohne eine Form von Repräsentation aus, durch die es möglich ist, dass einige Wenige für die Gemeinschaft handeln und diese vertreten.

Das idealistische Verständnis von Repräsentation ist veraltet. Dies wird besonders daran deutlich, dass es die Erzeugung von Wahrheit durch Argumentieren im Plenum propagiert und dazu nur Menschen von besonderem Intellekt (Honoratioren, Aristokraten) in der Lage seien sollen. Dieses Verständnis findet keinen direkten Widerklang im Grundgesetz. Lediglich die besondere Bedeutung des Plenarverfahrens und seiner Öffentlichkeit werden vom Grundgesetz (Art. 42) anerkannt – allerdings ohne Anspruch auf das Hervorbringen von Wahrheit. Insofern ist die Delegationsfeindlichkeit dieses Ansatzes auch nur beachtlich, soweit sie sich aus der Betonung der besonderen Bedeutung der Plenarverhandlung und seiner Öffentlichkeit speist.

Die realistische Konzeption des Repräsentationsbegriffes führt zum Wesenskern der Repräsentation zurück: das Handeln weniger Repräsentanten für die Repräsentierten zu legitimieren und letzteren zuzurechnen. Jedoch kommt auch dieser realistische Ansatz nicht ganz ohne ein materielles, ideelles Moment aus. Über den Akt der bloßen Legitimationsvermittlung durch Wahlen hinaus muss ein gewisser Grad an Rückkopplung zwischen Volk und Volksvertretung sichergestellt werden. Dies erfordert insbesondere die Öffentlichkeit der Plenarverhandlung und die Begründung des dort Beschlossenen.

Nach beiden Ansätzen sind daher die Plenarverhandlung und ihre Öffentlichkeit bedeutsam. Jedoch werden diese nach dem realistischen Repräsentationsverständnis

---

[163] Siehe hierzu noch infra S. 179 ff., 191 ff., 195 ff.

[164] Hierzu bereits supra S. 77.

nicht verabsolutiert und stehen daher einer Delegation von Plenarkompetenzen richtigerweise nicht uneingeschränkt entgegen.

II. Gesamtrepräsentation und Mandatsgleichheit

Aber nicht nur vor dem Hintergrund der inhaltlichen Repräsentation nach einem realistischen Verständnis lassen sich Bedenken gegen die Delegation von Plenarkompetenzen auf Ausschüsse geltend machen. Diese Art der Delegation gerät auch in Konflikt mit dem Grundsatz der Gesamtrepräsentation und der Mandatsgleichheit. Der Grundsatz der Gesamtrepräsentation postuliert, dass das Parlament insgesamt und damit nur die Gesamtheit der Abgeordneten das Volk repräsentiert.[165] Wird nun aber eine Entscheidung auf einen Ausschuss delegiert, dann wird das Volk bei der Entscheidung des Ausschusses nicht von der Gesamtheit der Abgeordneten repräsentiert, sondern nur von denjenigen, die dem Ausschuss angehören. Zudem gebietet die Mandatsgleichheit, dass es grundsätzlich keine Ungleichbehandlung zwischen den einzelnen Abgeordneten geben kann.[166] Jedoch bewirkt die Delegation auf Ausschüsse einen verstärkten Einfluss bestimmter ausschussangehöriger Abgeordneter gegenüber solchen, die dem jeweiligen Ausschuss nicht angehören. Damit kommt es zu einer Ungleichbehandlung zwischen den Abgeordneten. Die Delegation von Plenarkompetenzen ist daher auch aufgrund der mit ihr einhergehenden Ungleichbehandlung zwischen den Abgeordneten rechtfertigungsbedürftig.

Während sich der Gedanke der inhaltlichen Repräsentation mit der Frage beschäftigt, wie das Parlamentsverfahren beschaffen sein muss, damit das Volk als Souverän vertreten wird und Einfluss behält, geht es bei der Mandatsgleichheit und Gesamtrepräsentation also auch um das Verhältnis der Abgeordneten untereinander (1.). Eine Einschränkung dieser Prinzipien durch eine innerparlamentarische Delegation kann im Einzelfall gerechtfertigt sein (2.). Dabei ergibt sich aus diesen Prinzipien auch, dass der Empfänger der Kompetenz, in der Regel ein Ausschuss, repräsentativ zusammengesetzt sein muss (3.).

1. Mandatsgleichheit – Gesamtrepräsentation und Gleichheit der Wahl

Die Gleichheit der Abgeordneten (auch Mandatsgleichheit) verlangt, dass die Abgeordneten den gleichen Status besitzen und über die gleichen Mitwirkungsrechte verfügen. Die Mandatsgleichheit ergibt sich zum einen aus dem selbständigen Grundsatz der Gesamtrepräsentation und zum anderen aus der Wahlrechtsgleichheit.

---

[165] Siehe hierzu zunächst nur als Überblick: *BVerfG*E 80, 188 (217 f.); *Edinger*, Wahl und Besetzung, S. 297.

[166] Siehe genauer sogleich infra 1.

Der Bundestag ist das Repräsentationsorgan des Volkes. Jedoch vollzieht sich die Repräsentation erst durch die Abgeordneten. Damit das ganze Volk tatsächlich repräsentiert wird, müssen auch alle Abgeordneten an der Willensbildung des Bundestages beteiligt sein (Gesamtrepräsentation).[167] Zwar wird der einzelne Abgeordnete auch als „Vertreter des ganzen Volkes" (Art. 38 Abs. 1 S. 1 GG) bezeichnet, aber erst das Parlament als Ganzes ist „besonderes Organ" im Sinne von Art. 20 Abs. 2 GG und übt als solches die vom Volk ausgehende Staatsgewalt aus.[168] Damit erfordert der Grundsatz der Gesamtrepräsentation die grundsätzliche Mitwirkung aller Abgeordneten bei der staatlichen Willensbildung im Parlament.[169] Wird also die Repräsentation nicht durch Gruppen von Abgeordneten oder ihrer Mehrheit, sondern durch die Gesamtheit bewirkt, so ist daraus zu folgern, dass allen Abgeordneten auch gleiche Rechte und Pflichten zukommen.[170] Nur wenn die Abgeordneten über gleiche Rechte verfügen und gleichen Pflichten unterliegen, kann sichergestellt werden, dass jeder Abgeordnete die gleiche Chance auf Beeinflussung der staatlichen Willensbildung hat. In diesem Fall kann auch jeder Abgeordnete das Volk bei der Willensbildung und Entscheidung repräsentieren. Verfügten die Abgeordneten nicht über die gleichen Möglichkeiten der Einflussnahme auf die Willensbildung oder würde es gar Abgeordnete mit besonderen Rechten geben, könnte die Repräsentation durch die Gesamtheit aller Abgeordneten nicht mehr sichergestellt werden. Im Gegenteil bestünde die Gefahr, dass wenige Abgeordnete aufgrund ihrer besonderen Stellung die Willensbildung und Entscheidungsfindung dominierten und damit hiervon ausgeschlossene Abgeordnete das Volk nicht mehr repräsentierten.

Die Gleichheit des Status und der Rechte der Abgeordneten lässt sich darüber hinaus auch aus der Wahlrechtsgleichheit herleiten. Dies wurde in der Rechtsprechung des Bundesverfassungsgerichts früh anerkannt[171] – wenngleich zwischen-

---

[167] *BVerfGE* 44, 308 (315 f.); E 56, 396 (405); E 70, 324 (381) – Sondervotum *Böckenförde*; E 80, 188 (217); E 130, 318 (342); E 140, 115 (149 f.); *O. Moench*, Bundestagsausschüsse, S. 37 f.; gegen die Rückführung dieses Grundsatzes unter dem Grundgesetz auf die liberale Repräsentationstheorie von *Carl Schmitt* siehe *Pietzner*, Petitionsausschuss, S. 69 ff. und wohl auch *Schmitt-Vockenhausen*, Verfassungsrechtliche Probleme, S. 68 ff.

[168] *BVerfGE* 44, 308 (316); E 56, 396 (405); E 80, 188 (217); E 84, 304 (321); E 102, 224 (237); E 130, 318 (342); E 140, 115 (149 f.); *Badura*, in: Schneider/Zeh, Parlamentsrecht, § 15 Rn. 6; vgl. auch *Bollmann*, Verfassungsrechtliche Grundlagen, S. 50; vgl. zudem *Morlok*, in: Morlok/Schliesky/Wiefelspütz, Parlamentsrecht, § 3 Rn. 45; kritisch hinsichtlich der Argumentation des Bundesverfassungsgerichts *Ziekow*, JuS 31 (1991), 28 (28 f.).

[169] *BVerfGE* 44, 308 (316 f.); E 56, 396 (405); E 80, 188 (218); E 102, 224 (237); vgl. auch *Kasten*, DÖV 39 (1985), 222 (224); *O. Moench*, Bundestagsausschüsse, S. 41 f.; *Morlok*, JZ 44 (1989), 1035 (1037).

[170] *BVerfGE* 80, 188 (218); E 84, 304 (321); E 96, 264 (278); E 102, 224 (237); E 130, 318 (342); E 140, 115 (150); *Badura*, in: Schneider/Zeh, Parlamentsrecht, § 15 Rn. 16; *Müller*, in: vM/K/S, Art. 38 Rn. 80; mit besonders klarer Begründung *Morlok*, JZ 44 (1989), 1035 (1038); vgl. *Schliesky*, in: Morlok/Schliesky/Wiefelspütz, Parlamentsrecht, § 5 Rn. 29.

[171] *BVerfGE* 40, 296 (317 f.); vgl. hierzu auch *Kretschmer*, in: Schneider/Zeh, Parlamentsrecht, § 9 Rn. 69.

zeitlich vorübergehend widerrufen[172]. Von der Gleichheit der Wahl ausgehend wird dabei auch auf die Gleichheit im Status des Abgeordneten geschlossen. Wenn die Staatsbürger in formal gleicher Weise das aktive und passive Wahlrecht genießen, muss diese Gleichheit auch auf der „zweiten Stufe" für den Status und die Ausübung des Mandats gelten.[173] Denn würden einige Abgeordnete über eine besondere Stellung verfügen oder ihnen spezielle Rechte zur Verfügung stehen, wäre das Votum ihrer Wähler „mehr wert", was wiederum der Wahlrechtsgleichheit widerspräche.[174]

Mittlerweile geht das Bundesverfassungsgericht davon aus, dass beide Begründungsstränge der Mandatsgleichheit (Wahlrechtsgleichheit und Gesamtrepräsentation) sich wechselseitig bedingen und nicht voneinander lösen lassen.[175]

2. Anforderungen an die Beschränkung der Mandatsgleichheit und Gesamtrepräsentation

Arbeitsteilung ist im repräsentativ-demokratischen Parlament unumgänglich und so kann auch nicht in jeder Angelegenheit die Gesamtheit der Abgeordneten agieren.[176] Es ist faktisch nicht möglich, dass alle Abgeordneten bei allen Entscheidungen und Beratungen vollumfänglich mitwirken. Vielmehr müssen einige wenige Abgeordnete beispielsweise Beschlüsse in Ausschüssen vorbereiten.[177] Diese Beschränkung der gleichen Mitwirkungsmöglichkeit aller Abgeordneten ist durch die hohe Arbeitsbelastung bedingt und soll die Funktionsfähigkeit des Parlamentes si-

---

[172] *BVerfGE* 84, 304 (324 f.); E 96, 264 (279); dann aber wieder *BVerfGE* 102, 224 (237 ff.).

[173] *BVerfGE* 40, 296 (317 f.); E 70, 324 (367) – Sondervotum *Mahrenholz*; E 102, 224 (238); E 112, 118 (134); E 130, 318 (352); *Morlok*, in: Morlok/Schliesky/Wiefelspütz, Parlamentsrecht, § 3 Rn. 49; vgl. auch knapp *O. Moench*, Bundestagsausschüsse, S. 28, 38, 42.

[174] Vgl. *BVerfGE* 70, 324 (367) – Sondervotum *Mahrenholz*; E 70, 324 (381) – Sondervotum *Böckenförde*.

[175] *BVerfGE* 102, 224 (238 f.); E 112, 118 (134); E 130, 318 (352); vgl. auch *Bollmann*, Verfassungsrechtliche Grundlagen, S. 66 f.; vgl. zudem *Schliesky*, in: Morlok/Morlok/Wiefelspütz, Parlamentsrecht, § 5 Rn. 29.

Letztlich rechtfertigt die grundsätzliche Mitwirkungsmöglichkeit aller Abgeordneten auch, dass die Beschlüsse der Mehrheit der Abgeordneten mit Wirkung und im Namen der Gesamtheit ergehen (*BVerfGE* 70, 324 [(368 f.] – Sondervotum *Mahrenholz*; E 70, 324 [381] – Sondervotum *Böckenförde*; zur Ableitung aus dem Demokratieprinzip siehe *Bollmann*, Verfassungsrechtliche Grundlagen, S. 38, 50). Als weitere Folgerung der Mandatsgleichheit lassen sich auch gleiche Rechte der Fraktionen herleiten, die daher ebenfalls grundsätzlich gleich zu behandeln sind (*BVerfGE* 70, 324 [363]; E 70, 324 [382] – Sondervotum *Böckenförde;* E 93, 195 [203 f.]; siehe zusätzlich infraS. 93; zur Kritik an dieser Ableitung siehe etwa *Edinger*, Wahl und Besetzung, S. 284 f.; zu alternativen Herleitung des verfassungsrechtlichen Status der Fraktion siehe *Grzeszick*, NVwZ 36 [2017], 985 [985 ff.]).

[176] Siehe hierzu bereits supra S. 55 ff.; *BVerfGE* 44, 308 (316); zudem *Marschall*, Parlamentarismus, S. 77, 84.

[177] Dies wird auch in den Art. 44 ff. GG anerkannt; so auch *Hermes*, in: Dreier, Art. 45d Rn. 16.

cherstellen.[178] Grundlage findet diese Beschränkung in der Autonomie des Parlamentes zur Regelung eigener Angelegenheiten und insbesondere des Verfahrensablaufes.[179] Beschränkungen ergeben sich allerdings nicht erst und allein daraus, dass das Parlament regeln darf und muss, wie Beratungen und Abstimmungen ablaufen sollen, um dem hohen Arbeitsaufwand gerecht zu werden. Denn die Rechte der Abgeordneten leiten sich aus der Mitgliedschaft zum Parlament ab.[180] Als Mitgliedschaftsrechte sind sie notwendigerweise von vornherein dadurch beschränkt, dass sie aufeinander bezogen sind und der Abstimmung bedürfen, die Art und Weise ihrer Ausübung geregelt werden muss.[181]

Regelt das Parlament den eigenen Geschäftsgang, gesteht ihm das Bundesverfassungsgericht daher zwar einen weiten Gestaltungsspielraum zu, jedoch müsse eine verfassungsgerichtliche Kontrolle hinsichtlich des Grundsatzes der Beteiligung aller Abgeordneten stattfinden.[182] Es wird also trotz Zuerkennung dieses Spielraums geprüft, ob die Abgeordneten grundsätzlich die gleichen Rechte und Einflussmöglichkeiten auf den Prozess der staatlichen Willensbildung besitzen.

a) Differenzierungsmaßstab

Die Beteiligung aller Abgeordneten und ihre gleiche Einflussmöglichkeit auf die staatliche Willensbildung werden also nur grundsätzlich gewährleistet. Damit sind Ausnahmen von diesem Grundsatz möglich. Der Rechtfertigungsmaßstab für die Beschränkungen der Prinzipien der Mandatsgleichheit und Gesamtrepräsentation, die sich aus der Ungleichbehandlung zwischen den Abgeordneten ergibt, entspricht den Anforderungen zur Abweichung von der Wahlrechtsgleichheit. Dies ist auch insoweit konsequent, als die Mandatsgleichheit sich unter anderem auf den Gedanken der Wahlrechtsgleichheit stützt. Werden also Abgeordnete in ihrem Status oder in ihren Rechten ungleich behandelt, ist dies nur unter den Voraussetzungen gerechtfertigt, unter denen auch eine Ungleichbehandlung des Wahlrechts gerechtfertigt wäre.[183] Daher forderte das Bundesverfassungsgericht zunächst einen „zwingenden Grund“, der die Ungleichbehandlung zwischen den Abgeordneten rechtfertige,[184] so wie es auch bei Abweichungen von der Wahlrechtsgleichheit[185]

---

178 Siehe hierzu bereits supra S. 56 f.; *BVerfGE* 44, 308 (316); E 130, 318 (348).

179 Hierzu ebenso bereits supra S. 52 ff.; *BVerfGE* 130, 318 (348).

180 *O. Moench*, Bundestagsausschüsse, S. 44.

181 *BVerfGE* 80, 188 (219); E 84, 304 (321); E 96, 264 (278); E 130, 318 (348); siehe hierzu insgesamt auch zusammenfassend *C. Moench/Ruttloff*, DVBl. 127 (2012), 1261 (1263).

182 *BVerfGE* 80, 188 (220); E 84, 304 (322); E 130, 318 (349 f., 358); Zweifel daran, dass dieser Gestaltungsspielraum durch das BVerfG tatsächlich eingeräumt wird, äußert *Nettesheim*, NJW 65 (2012), 1409 (1411).

183 *BVerfGE* 130, 318 (352); *Müller*, in: vM/K/S, Art. 38 Rn. 81.

184 Hinsichtlich der Wahlrechtsgleichheit: vgl. *BVerfGE* 4, 375 (382 f.); E 93, 373 (376 f.); E 120, 82 (107). Hinsichtlich der Mandatsgleichheit: *BVerfGE* 40, 296 (317 f.) verlangt noch

vom Bundesverfassungsgericht verlangt wird. Später verlangte es nur noch einen „besonderen rechtfertigenden Grund“ für Differenzierungen zwischen Abgeordneten.[186] Mit dieser sprachlichen Änderung ist gleichwohl keine Absenkung des Rechtfertigungsmaßstabes verbunden. Dies ergibt sich nicht nur daraus, dass das Gericht weiterhin die Parallelität von Wahlrechtsgleichheit und Abgeordnetengleichheit auch im Hinblick auf ihre Einschränkbarkeit betont.[187] Vielmehr wird auch in Entscheidungen zum Wahlrecht präzisiert, dass mit dem zwingenden Grund nicht nur zwingend notwendige Gründe gemeint sind.[188] Ausreichend sind bereits verfassungsrechtlich legitimierte Gründe von einem Gewicht, das der Wahlrechtsgleichheit die Waage halten kann.[189] Anders gefasst spricht das Bundesverfassungsgericht auch davon, dass besondere, sachlich legitimierte, zwingende Gründe erforderlich seien.[190] Bei dieser Formulierung wird besonders deutlich, dass mit dem „zwingenden Grund“ und dem „besonders rechtfertigenden Grund“ dasselbe gemeint ist.

Allerdings kann ausnahmsweise die Ungleichbehandlung von Abgeordneten auch dann nicht gerechtfertigt werden, wenn ein zwingender Grund geltend gemacht wird. Dies ist dann der Fall, wenn die Differenzierung zwischen den Abgeordneten zum vollständigen Entzug der Abgeordnetenrechte führt. Das Bundesverfassungsgericht betont, dass zwar das Recht, an der Willensbildung und Entscheidungsfindung teilzunehmen, näher ausgestaltet und begrenzt werden könne, aber nicht grundsätzlich in Frage gestellt oder entzogen werden dürfe.[191]

b) Insbesondere Ausschussarbeit

In Anbetracht der Prämisse, dass die Abgeordnetenrechte aufeinander abgestimmt werden müssen und dabei notwendigerweise eingeschränkt werden, verlangt das Bundesverfassungsgericht auch keine bedingungslose Mitwirkung aller Abgeordneten am gesamten parlamentarischen Verfahren, sondern nur „nach Möglichkeit und im Rahmen des im demokratisch-parlamentarischen System des Grundgesetzes

---

einen zwingenden Grund und stimmt damit wörtlich mit den Urteilen zur Wahlrechtsgleichheit überein.

185 Ständige Rechtsprechung seit *BVerfG*E 1, 208 (248 f.).

186 *BVerfG*E 93, 195 (204); E 96, 264 (278); E 112, 118 (133, 140); vgl. *Kretschmer*, in: Schneider/Zeh, Parlamentsrecht, § 9 Rn. 70.

187 *BVerfG*E 130, 318 (352).

188 *BVerfG*E 98, 408 (418); E 120, 300 (320).

189 *BVerfG*E 98, 408 (418).

190 *BVerfG*E 120, 300 (320).

191 *BVerfG*E 80, 188 (219); E 84, 304 (321 f.); E 130, 318 (350); *Müller*, in: vM/K/S, Art. 38 Rn. 82. *Bollmann*, Verfassungsrechtliche Grundlagen, S. 67 unterscheidet zwischen relativen Rechten der Abgeordneten auf Freiheit und Gleichheit, die keine konkreten Befugnisse enthalten, und absoluten Abgeordnetenrechten, die nicht entziehbar sind, wie beispielsweise das Stimmrecht.

Vertretbaren"[192]. Die Notwendigkeit von Ausschussarbeit wird dabei durchaus anerkannt und auf ihre parlamentarische Tradition verwiesen.[193] Durch Ausschussarbeit kommt es damit zwar zu einer Ungleichbehandlung der Abgeordneten, die nicht dem Ausschuss angehören und daher nicht über dieselbe Mitwirkungsmöglichkeit verfügen. Den besonderen rechtfertigenden Grund sieht das Bundesverfassungsgericht hier in der Notwendigkeit der Ausschussarbeit. Nur mittels Arbeitsteilung und Ausschussarbeit kann das Arbeitspensum des Parlamentes bewältigt und seine Funktionsfähigkeit erhalten werden.

Gleichwohl macht das Bundesverfassungsgericht auch Bedenken geltend. Da wesentliche Aufgaben des Parlamentes durch Ausschüsse wahrgenommen würden und die tatsächliche Entscheidung hier vorweggenommen werde,[194] zeichnete das Bundesverfassungsgericht anfangs Grenzen für die Zulässigkeit von Ausschussarbeit:

1. Die endgültige Beschlussfassung muss durch das Plenum erfolgen, und
2. die Mitwirkung bei der Vorbereitung außerhalb des Plenums muss ihrer Art und ihrem Gewicht nach der Mitwirkung im Plenum im Wesentlichen gleich zu erachten sein, und
3. der parlamentarische Entscheidungsprozess muss institutionell im Bereich des Parlaments eingefügt bleiben.[195]

Diese Bedingungen sind bei der vorbereitenden Ausschussarbeit in aller Regel erfüllt und danach unproblematisch. Entscheidet aber nun ein Ausschuss statt des Plenums abschließend, ist jedenfalls die erste Bedingung nicht erfüllt. Aber auch das Vorliegen der zweiten Bedingung wird man in diesem Fall verneinen müssen. Entscheidet der Ausschuss selbst und plenarersetzend, handelt es sich nicht mehr um die Vorbereitung einer Entscheidung außerhalb des Plenums, bei der die Mitwir-

[192] *BVerfG*E 44, 308 (316); ibd., 317, hier wird mit der Beschreibung der Präsenz aller Abgeordneten als ideal ein tendenziell idealistisches Repräsentationsverständnis zum Ausdruck gebracht; ähnlich auch *Badura*, in: Schneider/Zeh, Parlamentsrecht, § 15 Rn. 35. *Bollmann*, Verfassungsrechtliche Grundlagen, S. 38 bezeichnet die Mitwirkung aller Abgeordneten an der Willensbildung als „oberste Regel parlamentarischer Arbeitsweise".

[193] *BVerfG*E 44, 308 (317); E 130, 318 (351); E 140, 115 (150); vgl. auch *Kasten*, DÖV 39 (1985), 222 (224).

[194] *BVerfG*E 44, 308 (318); E 80, 188 (221 f.); E 84, 304 (323); E 130, 318 (351); E 140, 115 (151).

[195] Diese Bedingungen finden sich annähernd wortgleich in *BVerfG*E 44, 308 (317); bestätigend: E 140, 115 (150); zudem bereits sehr kritisch gegenüber der Delegation auf Ausschüsse *BVerfG*E 1, 144 (154): Der Ausschuss „kann nie endgültig über den Antrag entscheiden"; kritisch hinsichtlich der letzten Bedingung *Kasten*, DÖV 39 (1985), 222 (225 Fn. 31). *Abmeier*, Parlamentarische Befugnisse, S. 80 f und *Schwerin*, Bundestag, S. 172 halten die erstgenannte Entscheidung für nicht verallgemeinerungsfähig, da sie sich auf das Gesetzgebungsverfahren beziehe – hiergegen spricht aber nicht nur der offene Wortlaut („endgültige Beschlussfassung über ein parlamentarisches Vorhaben", *BVerfG*E 44, 308 [317]), sondern auch, dass sich die Entscheidung allgemein auf die Regelung der Beschlussfähigkeit durch die Geschäftsordnung bezieht; im Ergebnis so auch *Kischel*, in: HStR III, § 69 Rn. 51.

kungsmöglichkeiten denen im Plenum nicht nachstehen dürften. Vorbereitung und Entscheidung liegen dann außerhalb des Plenums, die Mitwirkungsmöglichkeiten für alle Abgeordneten im Plenum selbst sind nicht existent. Bedenklich erscheint es daher auch, dass die Rechte der nicht beteiligten Abgeordneten nicht nur beschränkt, sondern in der Sache vollständig entzogen werden,[196] was nach der bisherigen Rechtsprechung gerade nicht möglich sein sollte. Dennoch hat das Bundesverfassungsgericht später die Übertragung von Aufgaben zur plenarersetzenden und selbständigen Erledigung zugelassen und damit stillschweigend seine frühere Rechtsprechung abgeändert.[197]

Ausgangspunkt waren hierbei nicht die gerade genannten Leitlinien, die für vorbereitende Ausschussarbeit entwickelt wurden. Stattdessen wurde als Maßstab derjenige herangezogen, welcher für Differenzierungen zwischen Abgeordneten gilt. Es wurde also auf das Vorliegen eines zwingenden Grundes abgestellt.[198] Zwar scheint das Bundesverfassungsgericht um eine Präzisierung dieses allgemeinen Maßstabes bemüht, der die Anforderung an die Rechtmäßigkeit einer Ungleichbehandlung zwischen den Abgeordneten verschärft. So verlangte das Bundesverfassungsgericht zunächst eine strikte Verhältnismäßigkeitsprüfung[199] und als Zweck den Schutz anderer Rechtsgüter mit Verfassungsrang[200]. Zudem wurde eine strenge verfassungsgerichtliche Kontrolle[201] angekündigt. Im Weiteren präzisierte es diese Vorgaben aber dahingehend, dass ein besonderer, verfassungsrechtlich legitimierter Grund erforderlich sei und dass dieser auch von einem derartigen Gewicht sein müsse, dass er der Gleichheit der Abgeordneten die Waage halten könne.[202] Hier wird also auf den allgemeinen Maßstab für Differenzierungen zwischen Abgeordneten abgestellt. Insoweit sagt das Bundesverfassungsgericht also nichts Neues aus. Auch die Forderung, der Schutz von Rechtsgütern mit Verfassungsrang solle mit der

---

196 Siehe hierzu *Ketterer/Van Roosebeke*, BayVBl. 143 (2012), 466 (467).

197 *BVerfG*E 130, 318 (353 ff.); vgl. *O. Moench*, Bundestagsausschüsse, S. 128 ff., der ebenfalls auf diesen Widerspruch in der Rechtsprechung des Bundesverfassungsgerichts hinweist; *J. Dietlein*, Gutachten, S. 22 ff. spricht in diesem Zusammenhang hingegen von einer Präzisierung. Das Bundesverfassungsgericht selbst scheint keinen Unterschied zu seiner früheren Rechtsprechung festzustellen: So wird in *BVerfG*E 140, 115 (150) die frühere Entscheidung 44, 308 (317) wieder aufgegriffen und bestätigt. Es lässt sich nicht argumentieren, dass es sich bei der Entscheidung 130, 318 (318 ff.) um einen Sonderweg im Haushaltsrecht handelt, sie also nur einen speziellen Bereich betrifft und ansonsten weiterhin die frühere Rechtsprechung gilt. Denn derselbe Prüfungsmaßstab aus der E 130, 318 (318 ff.) findet sich wenig später auch in E 131, 230 (230 ff.) wieder, bei der es um die Wahl der Verfassungsrichter durch den Richterwahlausschuss ging.

198 Siehe *BVerfG*E 130, 318 (353).

199 *BVerfG*E 130, 318 (350); E 131, 230 (235); E 137, 185 (242); zustimmend *Schnelle*, NVwZ 31 (2012), 1597 (1598); vgl. *Morlok*, in: Morlok/Schliesky/Wiefelspütz, Parlamentsrecht, § 3 Rn. 45.

200 *BVerfG*E 130, 318 (350); E 131, 230 (235); E 137, 185 (242).

201 *BVerfG*E 130, 318 (353); siehe auch E 131, 230 (235 f).

202 *BVerfG*E 130, 318 (352); E 131, 230 (235); E 137, 185 (242); vgl. *Badura*, in: Schneider/Zeh, Parlamentsrecht, § 15 Rn. 16.

Ungleichbehandlung bezweckt werden, deckt sich mit der Vorgabe, dass besondere, verfassungsrechtlich legitimierte Gründe vorliegen müssen. Ebenfalls ergibt sich die Notwendigkeit der jetzt explizit geforderten Verhältnismäßigkeitsprüfung schon aus der bereits bekannten Formulierung, dass die Gründe für die Ungleichbehandlung von einem Gewicht sein müssen, das der Wahlrechts- beziehungsweise Abgeordnetengleichheit die Waage halten kann.[203] Der einzige relevante Unterschied zur bisherigen Rechtsprechung zur Ungleichbehandlung von Abgeordneten besteht daher lediglich in der Forderung nach einer *strikten* Verhältnismäßigkeitsprüfung. Wirklich ernst nimmt das Bundesverfassungsgericht diese Forderung später allerdings selbst nicht. Dies wird in der Entscheidung[204] zur Verfassungsmäßigkeit des Wahlausschusses, der eine Hälfte der Richter des Bundesverfassungsgerichts wählte (§ 6 BVerfGG a.F.), deutlich. Das gesetzgeberische Anliegen war es, das Ansehen des Gerichtes und das Vertrauen in seine Unabhängigkeit und damit letztendlich seine Funktionsfähigkeit zu erhalten, indem die Wahlentscheidung auf einen geheim tagenden Ausschuss delegiert wurde. Befürchtet wurde offenbar, eine öffentliche Auseinandersetzung über die Kandidaten könnte diesen und damit mittelbar dem Gericht schaden. Das Bundesverfassungsgericht hält diese Einschätzung explizit für nicht verfassungsrechtlich geboten, beanstandet die Delegation aber im Ergebnis nicht.[205] Wenn diese Einschätzung und damit die Delegation der Wahlentscheidung auf einen Ausschuss damit aber nicht geboten war, konnte sie auch nicht zwingend erforderlich gewesen sein. Einer strikten Verhältnismäßigkeitsprüfung hält diese Delegation also nicht stand. Einen Widerspruch zur vom Gericht selbst propagierten strikten Verhältnismäßigkeitsprüfung kann dieses hier rätselhafterweise aber nicht ausmachen.[206]

Ebenfalls ohne Neuigkeitswert ist die Klarstellung des Bundesverfassungsgerichts, dass die Einschränkung der Mandatsgleichheit durch die Delegation einer Entscheidungskompetenz nur dann verhältnismäßig ist, wenn der Grundsatz der Spiegelbildlichkeit gewahrt wird.[207] Die Vorgabe, dass Ausschüsse spiegelbildlich besetzt, also die Fraktionen entsprechend ihrem Stärkeverhältnis im Plenum vertreten sein müssen, gilt bereits seit Langem für auch nur beratende und vorbereitende

---

[203] Siehe hierzu soeben supra S. 85 f. sowie zusätzlich *Klein*, in: Maunz/Dürig, Art. 38 Rn. 123.

[204] *BVerfG*E, 131, 230 (Erster Senat); bestätigt in E 142, 1 (3 f.) (Zweiter Senat), allerdings nur mit 7:1 Stimmen.

[205] *BVerfG*E 131, 230 (236).

[206] *Haratsch*, in: M/S/K/B, BVerfGG, § 6 Rn. 11; *C. Moench/Ruttloff*, DVBl. 127 (2012), 1261 (1268); *O. Moench*, Bundestagsausschüsse, S. 252; *Ruppert*, in: Burkiczak/Dollinger/Schorkopf, BVerfGG, § 6 Rn. 9 ff.; *Schnelle*, NVwZ 31 (2012), 1597 (1598 f.); *Schreier*, Verfassungsrichter, S. 162 ff.; *Schürmann*, in: Morlok/Schliesky/Wiefelspütz, Parlamentsrecht, § 19 Rn. 19 Fn. 105; siehe zum Wahlausschuss und zur Verhältnismäßigkeit dieser Delegation noch infra S. 154 ff., 263 ff.

[207] *BVerfG*E 130, 318 (353); E 131, 230 (236); zustimmend *C. Moench/Ruttloff*, DVBl. 127 (2012), 1261 (1263).

Ausschüsse.[208] Lediglich die Forderung, dass nicht beteiligte Abgeordnete soweit wie möglich über Unterrichtungs- und Informationsmöglichkeiten verfügen müssten,[209] ist eine besondere Vorgabe, die sich nur bei der Delegation von Entscheidungskompetenzen findet.

Insgesamt bedeutet dies letztlich, dass die Vorgaben, die bereits seit Langem für die Differenzierung zwischen Abgeordneten galten, jetzt auch bei der Delegation von Entscheidungskompetenzen auf Ausschüsse gelten. Gleichzeitig wird damit auch Abschied genommen von der eher formalen dreistufigen Prüfung von Ausschussdelegationen zu Gunsten einer Verhältnismäßigkeitsprüfung. Dabei wäre aber eine Abstufung des Rechtfertigungsmaßstabes beziehungsweise eine tatsächlich strikte Verhältnismäßigkeitsprüfung begrüßenswert gewesen. Auf diese Weise könnte den Unterschieden zwischen der Delegation von Vorbereitungs- und der Delegation von Entscheidungskompetenz sichtbarer Rechnung getragen werden.[210]

In der Literatur ist die neue Rechtsprechungslinie auch aus anderen Gründen auf Widerspruch gestoßen.[211] Kritisiert wird zum einen, dass die Prüfung, ob die Einschränkung der Mandatsgleichheit verhältnismäßig ist, keinen sicheren Maßstab zur Prüfung von Delegationsfällen an die Hand gebe. Zum anderen könne aus der Mandatsgleichheit nicht abgeleitet werden, welche Kompetenzen nun genau ausschließlich dem Plenum zustünden. Diese Kritik vermag jedoch nicht zu überzeugen. Der erste Kritikpunkt kann gegenüber jeglicher Verhältnismäßigkeitsprüfung geltend gemacht werden.[212] Mancherlei Rechtsphänomen ist auf Systematisierung und Konkretisierung durch Rechtsprechung und Lehre angewiesen, die auch hier den Maßstab über die Zeit verfeinern können. Der zweite Kritikpunkt geht schließlich gänzlich am Thema vorbei. Es ist nämlich, wie noch zu sehen sein wird, abstrakt zu unterscheiden, ob eine Kompetenz überhaupt delegierbar ist – besteht also eine absolute Grenze für die Delegation dieser Kompetenz, etwa aufgrund ihrer Wesentlichkeit – und wenn ja, ob die konkrete Delegation zulässig ist – wurde die relative Grenze beachtet, ist die Delegation also verhältnismäßig.[213] Wenn kritisiert wird, dass aus der Mandatsgleichheit keine exklusiven, unübertragbaren Plenarkompetenzen abgeleitet werden können, wird dem Bundesverfassungsgericht eine Aussage unterstellt, die es nicht beabsichtigte. Denn das Bundesverfassungsgericht

---

[208] Siehe hierzu noch infra S. 91 ff.

[209] *BVerfG*E 130, 318 (353); E 131, 230 (236); zustimmend *C. Moench/Ruttloff*, DVBl. 127 (2012), 1261 (1263).

[210] Siehe hierzu noch infra S. 241 f., 250 ff.

[211] Die folgende Kritik findet sich bei *Schürmann*, in: Morlok/Schliesky/Wiefelspütz, Parlamentsrecht, § 19 Rn. 19; vgl. zum zweiten Punkt auch *Abmeier*, Parlamentarische Befugnisse, S. 80; siehe zudem *Nettesheim*, NJW 65 (2012), 1409 (1410 ff.); kritisch dagegen, Delegationen nur daran zu messen, ob Abgeordnetenrechte verletzt werden, jetzt auch *Payandeh*, in: FS Morlok, 205 (211 ff.).

[212] Auch die erwähnte nicht überzeugende Prüfung der *strikten* Verhältnismäßigkeit durch die Rechtsprechung kann nicht die Gültigkeit des Maßstabes selbst in Frage stellen.

[213] Siehe hierzu noch infra S. 195 ff. (Vierter Teil A.) und S. 236 ff. (Vierter Teil B.).

klammert die Frage explizit aus, ob es überhaupt, neben den verfassungsrechtlich ausdrücklich geregelten Fällen, möglich ist, Entscheidungskompetenzen des Plenums auf Ausschüsse zu delegieren (absolute Grenze).[214] Es wollte daher überhaupt nicht feststellen, ob und wann eine solche Delegation möglich ist, ob es delegationsfeindliche Kompetenzen des Plenums gibt (also einen Plenarvorbehalt). Vielmehr geht es im Bereich des Haushaltsrechts – unter Hinweis auf die Staatspraxis – davon aus, dass eine Delegation von Entscheidungskompetenzen grundsätzlich möglich sei.[215] Die Frage, unter welchen Bedingungen, jenseits der grundsätzlichen Möglichkeit, die Delegation zulässig ist, wird unter Bezugnahme auf die Mandatsgleichheit beantwortet (relative Grenze). Dies ist im Ergebnis auch überzeugend. Nimmt man an, dass eine Delegation in diesem Bereich grundsätzlich möglich ist, stellt sich folgerichtig die Frage, ob sie in ihrer konkreten Ausformung die Mandatsgleichheit verletzt. Die Kritik macht allerdings berechtigt darauf aufmerksam, dass die Rechtsprechung des Bundesverfassungsgerichts die Frage der absoluten Grenze, also des Plenarvorbehaltes, letztlich ausklammert.[216] Auch ist die vom Gericht propagierte Verhältnismäßigkeitsprüfung, an späterer Stelle, um einige allgemeine Abwägungskriterien zu ergänzen.[217]

3. Gesamtrepräsentation und Spiegelbildlichkeit

Der Grundsatz der Gesamtrepräsentation verlangt, dass alle Abgeordneten an der staatlichen Willensbildung teilhaben und über gleiche Mitwirkungsmöglichkeiten verfügen. Bei der Ausschussarbeit können jedoch nicht alle Abgeordneten an der Willensbildung partizipieren und so alle zusammen das Volk repräsentieren. Diese Einschränkung ist angesichts der Arbeitsbelastung des Parlaments zwar grundsätzlich gerechtfertigt. Es ist aber zu verlangen, dass das Volk auch bei der Ausschussarbeit repräsentiert wird. Dazu müssen die Ausschüsse spiegelbildlich besetzt sein.[218]

a) Grundsatz der Spiegelbildlichkeit

Der Grundsatz der Spiegelbildlichkeit knüpft an die Zusammensetzung des Plenums an. Das dort bestehende Verhältnis der Fraktionen zueinander muss auf die Ausschüsse übertragen werden. Diese sind also dann spiegelbildlich besetzt, wenn

---

[214] *BVerfGE* 130, 318 (351).

[215] *BVerfGE* 130, 318 (351 f.).

[216] Vgl. *BVerfGE* 130, 318 (351); vgl. hierzu *Nettesheim*, NJW 65 (2012), 1409 (1410 f.).

[217] Dazu noch infra S. 195 ff., 236 ff.

[218] Der Grundsatz der Spiegelbildlichkeit leitet sich ebenfalls aus dem Grundsatz der Mandatsgleichheit und -freiheit ab (*BVerfGE* 112, 118 [133]) sowie aus der Repräsentationsfunktion des Bundestages (*BVerfGE* 130, 318 [353]); siehe hierzu auch etwa *Schliesky*, in: Morlok/Schliesky/Wiefelspütz, Parlamentsrecht, § 5 Rn. 63 f. sowie sogleich infra S. 93).

sie ein verkleinertes Abbild des Plenums darstellen.[219] Dabei ergeben sich aus dem Grundsatz der Spiegelbildlichkeit keine exakten Vorgaben hinsichtlich der Mindestgröße[220] des Ausschusses oder Gremiums oder des mathematischen Verteilungsverfahrens.[221]

Der Grundsatz der Spiegelbildlichkeit vermag nur einen Idealzustand zu beschreiben. Denn die spiegelbildliche Abbildung des Plenums kann nur eine Annäherung sein. Rein mathematisch lässt sich mit keiner Rechenmethode das Stärkeverhältnis der Fraktionen zueinander exakt abbilden.[222] Eine Abbildung gelingt dabei umso besser, je größer der Ausschuss ist. Von einem (nur) denkbaren Ausschuss, in dem alle Abgeordneten Platz fänden und der das Plenum perfekt widerspiegeln würde bis zu einem Ausschuss, in dem von jeder Fraktion nur ein Abgeordneter abgesandt wird, nimmt die Exaktheit der Abbildung des Plenums kontinuierlich ab. Mit sinkender Ausschussgröße sinkt daher zugleich die Repräsentativität des Ausschusses. Daher steigen gleichzeitig die Anforderungen an die Rechtfertigung der Kompetenzübertragung, je kleiner und damit je weniger repräsentativ der Ausschuss ist.[223]

Somit wird das Repräsentationsprinzip durch die Arbeit und Entscheidungen von Ausschüssen nicht ebenso effektiv verwirklicht wie es bei der Plenarbefassung der Fall ist. Daher wird auch hier deutlich, dass die Befassung der Ausschüsse kein äquivalentes Surrogat zur Beteiligung aller Abgeordneten im Plenum ist. Der Grundsatz der Spiegelbildlichkeit stellt also einen Kompromiss dar zwischen dem Repräsentationsgedanken und dem Grundsatz der Beteiligung aller Abgeordneter

---

[219] *BVerfG*E 80, 188 (222); E 84, 304 (323); E 112, 118 (135 f.); E 130, 318 (353 f.); E 140, 115 (151); weitergehender noch *Edinger*, Wahl und Besetzung, S. 297 f.; *Kasten*, DÖV 39 (1985), 222 (225); *Kretschmer*, in: Schneider/Zeh, Parlamentsrecht, § 9 Rn. 73 f.; *C. Moench/Ruttloff*, DVBl. 127 (2012), 1261 (1266); genauer sogleich infra S. 93.

[220] *BVerfG*E 130, 318 (354); E 140, 115 (152); *C. Moench/Ruttloff*, DVBl. 127 (2012), 1261 (1266).

[221] *BVerfG*E 130, 318 (354); E 140, 115 (152); zustimmend *Ketterer/Van Roosebeke*, BayVBl. 143 (2012), 466 (467).

[222] *BVerfG*E 140, 115 (152); *Berg*, Staat 9 (1970), 21 (27); *Hermsdorf*, ZParl 39 (2008), 30 (31 f.); *Marschall*, Parlamentarismus, S. 86; *Meyer*, in: Schneider/Zeh, Parlamentsrecht, § 4 Rn. 108 und bereits supra S. 37 f.

[223] *BVerfG*E 130, 318 (354); E 140, 115 (152 f.). Die Repräsentativität eines Ausschusses im soziologischen Sinne hängt nicht allein von seiner Größe ab. Soll das Volk auch im Ausschuss so repräsentiert werden, wie es das im Plenum tatsächlich ist, wären eigentlich weitere Gesichtspunkte maßgeblich. So wäre das Volk besser im Ausschuss repräsentiert, würden die Mitglieder beispielsweise danach benannt, welches Alter oder welchen Berufsabschluss sie erreicht haben und der Ausschuss entsprechend dieser Vorgaben besetzt (vgl. *Schüttemeyer*, in: Oberreuter, Macht und Ohnmacht, S. 59 [61]). Allerdings benennen die Fraktionen ihre Mitglieder für die Ausschüsse nicht nach diesen Gesichtspunkten, sondern nach ihrer fachlichen Eignung (*Berg*, Staat 9 [1970], 21 [27]) oder anderen parteitaktischen Überlegungen. Dies ist juristisch auch nicht zu beanstanden, da der Grundsatz der Spiegelbildlichkeit allein auf die Zusammensetzung der Fraktionen im Plenum abstellt und keine ideale politisch-soziologische Abbildung verlangt.

auf der einen Seite und der Funktionsfähigkeit des Parlamentes, die die Ausschussarbeit zur Bewältigung der hohen Arbeitsbelastung erfordert, auf der anderen Seite.

b) Herleitung und Abweichungen

Genau betrachtet lässt sich der Grundsatz der Spiegelbildlichkeit auf zwei[224] Überlegungen stützen. Zum einen soll die Repräsentation des Volkes auf die Ausschüsse und andere Gremien vorgelagert werden, wenn dort die Entscheidungen für das Parlament getroffen oder aber realiter vorweggenommen werden.[225] Dementsprechend müssen diese Untergliederungen auch repräsentativ zusammengesetzt sein. Zum anderen folgt aus dem Gleichbehandlungsgebot zu Gunsten der Abgeordneten ein entsprechendes Gebot zu Gunsten der Fraktionen.[226] Sie müssen daher grundsätzlich einen ihrer Stärke im Plenum entsprechenden und gleichen Einfluss innerhalb der Ausschüsse haben. Dies gilt auch deshalb, weil die Stärkeverhältnisse der Fraktionen im Plenum Ergebnis der Ausübung des gleichen Wahlrechts der Bürger sind.[227]

Vereinzelt wird diese Ableitung der Gleichbehandlung der Fraktionen bei der Ausschussbesetzung aus den Abgeordnetenrechten kritisiert.[228] Den Fraktionen würde so ein Anspruch auf Berücksichtigung in parlamentarischen Gremien gewährt, der sich gar nicht aus dem Abgeordnetenrecht selbst ergebe. Denn der einzelne Abgeordnete habe kein Recht darauf, stimmenberechtigt einem Ausschuss anzugehören. Dies verkennt aber, dass es um die Übertragung des Gleichbehandlungsrechts des Abgeordneten geht. Hat der einzelne Abgeordnete einen Anspruch darauf, grundsätzlich gleichberechtigt mit den anderen Abgeordneten Einfluss auf die staatliche Willensbildung auszuüben, gilt dies im Weiteren auch für die von ihnen gebildeten Fraktionen. Diese müssen dann ebenfalls gleich behandelt werden, soweit sie Einfluss auf die staatliche Willensbildung ausüben können, das heißt hier insbesondere bei der Zusammensetzung der für die staatliche Willensbildung relevanten Ausschüsse. Daher ist es unerheblich, dass dem einzelnen Abgeordneten nicht dieselben Rechte zustehen wie den Fraktionen.[229]

---

[224] Vgl. *BVerfGE* 130, 318 (353).

[225] Vgl. *BVerfGE* 44, 308 (319); E 70, 324 (363); E 80, 188 (222); E 84, 304 (323); E 112, 118 (136); E 130, 318 (353); E 140, 115 (153); vgl. *Brocker*, in: BK, Art. 40 Rn. 167; vgl. *Meyer*, in: Schneider/Zeh, Parlamentsrecht, § 4 Rn. 107; vgl. auch *Morlok*, JZ 44 (1989), 1035 (1038, insbesondere Fn. 21).

[226] Hierzu *BVerfGE* 112, 118 (133); vgl. *Lang*, NJW 58 (2005), 189 (189).

[227] *Kretschmer*, in: Schneider/Zeh, Parlamentsrecht, § 9 Rn. 73; *Meyer*, in: Schneider/Zeh, Parlamentsrecht, § 4 Rn. 107.

[228] *Edinger*, Wahl und Besetzung, S. 284 f.

[229] *Edinger*, Wahl und Besetzung, S. 285 f. kommt letztlich auf anderem Wege zum selben Ergebnis. Er geht dabei davon aus, dass die Informations-, Beratungs- und Abstimmungsrechte des Abgeordneten nur über die Fraktionen sinnvoll ausgeübt werden könnten. Die Fraktionen

Abweichungen von dem Grundsatz der Spiegelbildlichkeit sind nur in besonderen Fällen zulässig.[230] In den relevanten Konstellationen kollidieren vor allem die Funktionsfähigkeit[231] des Parlamentes oder das Mehrheitsprinzip[232] mit dem Grundsatz der Spiegelbildlichkeit. Zu Gunsten des Mehrheitsprinzips sind dann Abweichungen von der proportionalen Besetzung zulässig, wenn nur so sichergestellt werden kann, dass die Entscheidung des Ausschusses/Gremiums von der Plenarmehrheit unterstützt und bestätigt wird.[233] Ist etwa ein Gremium so klein, dass von jeder Fraktion nur ein Abgeordneter entsendet werden kann und hätten dadurch drei Oppositionsfraktionen eine Mehrheit im Gremium gegenüber zwei Regierungsfraktionen, so bestünde hier ein Konflikt mit dem Mehrheitsprinzip. Verlangt wird nämlich, dass die (vorbereitenden) Beschlüsse des Gremiums Aussicht haben, von der (Regierungs-)Mehrheit im Plenum sanktioniert zu werden. Daher wäre hier eine Abweichung vom Grundsatz der Spiegelbildlichkeit zu Gunsten des Mehrheitsprinzips zulässig. Abweichungen zu Gunsten der Funktionsfähigkeit sind hingegen nicht allein dadurch möglich, dass geltend gemacht wird, ein kleinerer Ausschuss arbeite effektiver als ein größerer. Vielmehr ist hier besonders zu beachten, dass es aufgrund der Fünf-Prozent-Hürde nicht zu derart übermäßig großen Ausschüssen kommt, die die Funktionsfähigkeit infrage stellten, wenn auch jede „kleine" Fraktion berücksichtigt wird.[234] Es muss also überzeugend begründet werden, warum ein einzelner Ausschuss nur bei einer so geringen Größe funktionsfähig ist, dass er etwa durch Ausschluss der kleinsten Fraktion nicht mehr spiegelbildlich besetzt ist. Den Ausschluss von parlamentarischen Gruppen unterhalb der Fraktionsstärke und von fraktionslosen Abgeordneten sieht das Bundesverfassungsgericht unter dem Gesichtspunkt der Funktionsfähigkeit hingegen bereits

---

ermöglichten es dem einzelnen Abgeordneten, sich auch über Vorhaben in einem Gremium zu informieren und sich darüber eine Meinung zu bilden, wenn zwar nicht er, aber andere Mitglieder seiner Fraktion dem Gremium angehörten. Wäre nun eine Fraktion nicht in einem parlamentarischen Gremium berücksichtigt und dieses damit nicht spiegelbildlich besetzt, würden damit die Rechte der Abgeordneten der ausgeschlossenen Fraktion beschnitten. Dies führte zu einer Ungleichbehandlung im Vergleich zu den Abgeordneten, deren Fraktion im Gremium vertreten ist. Allerdings vermag dieser Ansatz nur zur begründen, weshalb jede Fraktion im Gremium vertreten sein muss, nicht aber, weshalb es die Stärkeverhältnisse der Fraktionen im Plenum widerspiegeln muss. Dies ist aber auch nicht *Edingers* erklärtes Ziel. Vielmehr geht es ihm allein darum, zu begründen, weshalb jede Fraktion in jedem parlamentarischen Gremium vertreten sein müsse (Grundmandat). Siehe dazu und zu weiteren Begründungsaspekten des Grundmandats *Edinger*, Wahl und Besetzung, S. 272 ff.

[230] *BVerfG*E 112, 118 (133, 140 ff.); E 130, 318 (355); E 140, 115 (154); schärfer *BVerfG*E 70, 324 (383) – Sondervotum *Böckenförde*.

[231] *BVerfG*E 112, 118 (133).

[232] *BVerfG*E 112, 118 (140 ff.); E 130, 318 (355); E 140, 115 (154); dass der Mehrheitsabbildung der Vorrang eingeräumt werden kann, wird teilweise auch direkt aus dem Grundsatz der Spiegelbildlichkeit selbst abgeleitet, *BVerfG*E 112, 118 (155) – Sondervotum *Lübbe-Wolff*.

[233] Vgl. *BVerfG*E 112, 118 (141).

[234] Siehe hierzu *Meyer*, in: Schneider/Zeh, Parlamentsrecht, § 4 Rn. 110.

dadurch gerechtfertigt, dass andernfalls keine kleinen Gremien mehr gebildet werden könnten.[235]

c) Reichweite

Die Geltung des Grundsatzes der Spiegelbildlichkeit ist für Ausschüsse unbestritten. Neben Ausschüssen bedient sich das Parlament aber auch weiterer Organisationseinheiten, um seine Aufgaben wahrzunehmen. Der Spiegelbildlichkeitsgrundsatz gilt – entsprechend seiner Herleitung – für diese Organisationseinheiten nur, wenn dort die Entscheidungen des Parlamentes fallen oder vorweggenommen werden. Eine Vorwegnahme der Entscheidung ergibt sich häufig daraus, dass in den Ausschüssen und Gremien des Parlamentes die Entscheidungen vorberaten und daher der Sache nach bereits hier getroffen werden. Findet also die parlamentarische Willensbildung in diesen Organisationseinheiten statt, ist ihre spiegelbildliche Besetzung erforderlich.[236]

Die Reichweite des Grundsatzes der Spiegelbildlichkeit ist aber nicht nur insoweit beschränkt, als er sich auf Organisationseinheiten beschränkt, in denen Einfluss auf die parlamentarische Willensbildung genommen wird. Vielmehr ist er zusätzlich nur auf solche Organisationseinheiten anwendbar, die dem parlamentarischen Bereich zuzuordnen sind.[237] Denn der Grundsatz der Spiegelbildlichkeit bezieht sich ausschließlich auf die proportionale Besetzung parlamentarischer Untergliederungen, insbesondere von Ausschüssen. Einer der diesem Grundsatz zugrunde liegende Begründungsgedanken, die Repräsentation sei dorthin zu verlagern, wo die Entscheidung tatsächlich getroffen wird, könnte allerdings zu einer Überdehnung seiner Reichweite verleiten, das heißt zu seiner Anwendung jenseits des parlamentarischen Bereiches. Beispielsweise wird in sogenannten Koalitionsrunden von Vertretern der Regierungsfraktionen, der Regierungsparteien und des Regierungskabinetts über relevante politische Fragen beraten und faktisch eine Vorentscheidung getroffen, bevor ein entsprechendes Vorhaben überhaupt in das Parlament eingebracht wurde.[238] Da hier für das parlamentarische Verfahren bedeutende Vorentscheidungen getroffen werden, könnte man kurz versucht sein, auch die Koalitionsrunden dem Spiegelbildlichkeitsgrundsatz zu unterwerfen. Hiergegen[239] spricht aber der zweite

---

[235] *BVerfG*E 70, 324 (363 f.).

[236] Siehe hierzu supra S. 93. Deutlich auch *Hansalek*, Parlamentarische Kontrolle, S. 271 f.

[237] Zur dieser Unterscheidung und den maßgeblichen Differenzierungskriterien siehe bereits supra S. 33 f.

[238] Zu den Koalitionsrunden siehe *Lorz/Richterich*, in: Morlok/Schliesky/Wiefelspütz, Parlamentsrecht, § 35 Rn. 123; *Schneider/Zeh*, in: Schneider/Zeh, Parlamentsrecht, § 48 Rn. 71; *Schulze-Fielitz*, Theorie und Praxis, S. 257 f. Zum externen Einfluss auf die parlamentarische Willensbildung siehe umfassend noch infra S. 161 ff.

[239] In diesem konkreten Fall spräche auch schon gegen die Geltung des Spiegelbildlichkeitsgrundsatzes, dass es in einer parlamentarischen Demokratie unerlässlich ist, dass die Regierung und die sie stützenden parlamentarische Mehrheit sich beraten. Vgl. zur notwen-

Begründungsgedanke dieses Grundsatzes, der seine Reichweite präzisieren kann und erklärlich macht, weshalb er auf den parlamentarischen Bereich beschränkt bleibt. Danach leitet sich der Gleichbehandlungsanspruch der Fraktionen bei der Besetzung parlamentarischer Untergliederungen aus dem Gleichbehandlungsanspruch der Abgeordneten ab. Der Anspruch der Fraktionen kann sich daher wie derjenige der Abgeordneten nur auf den parlamentsinternen Bereich erstrecken. Denn die Abgeordneten haben keinen Anspruch darauf, an außerparlamentarischen Arbeitsgruppen teilzunehmen. Ihr Gleichbehandlungsanspruch erstreckt sich allein auf das parlamentarische Verfahren und den Einfluss auf die parlamentarische Willensbildung. Damit haben auch die Fraktionen nur einen Anspruch auf Berücksichtigung bei der Besetzung parlamentarischer Organisationseinheiten.

Wenn nun zu unterscheiden[240] ist zwischen parlamentarischen und außerparlamentarischen Organisationseinheiten, so wird man dabei auf bestimmte Punkte mit Indizcharakter abstellen können. Relevant sind dabei die Fragen, wie eigenständig oder vom Plenum abhängig die Organisationseinheit ist und auch, ob sie ausschließlich mit Parlamentariern besetzt ist.

aa) Unterausschüsse

Ausschüsse können gem. § 55 GO BT Unterausschüsse einsetzen, die in der Regel aus Mitgliedern des einsetzenden Ausschusses bestehen (vgl. § 55 Abs. 1 S. 2 GO BT)[241]. Sie stellen eine weitere Stufe der Arbeitsteilung dar, denn diese Untereinheit soll die Arbeit des einsetzenden Ausschusses vorbereiten (§ 55 Abs. 1 S. 1 GO BT) – so wie Ausschüsse regelmäßig die Verhandlungen des Plenums vorbereiten (§ 54 Abs. 1 S. 1 GO BT). Den Unterausschüssen kann ein Themenbereich des einsetzenden Ausschusses übertragen werden, aber auch lediglich ein konkretes Projekt.[242] Genau wie der Ausschuss selbst müssen auch die Unterausschüsse spiegelbildlich besetzt sein. Dies ergibt sich nicht nur aus § 55 Abs. 2 S. 1 GO BT, sondern ist schon verfassungsrechtlich aus denselben Gründen wie bei Ausschüssen geboten.[243] Werden in den Unterausschüssen Entscheidungen vorbereitet und damit ein wesentlicher Teil der staatlichen Willensbildung vorweggenommen, dann muss auch die Repräsentation in die Unterausschüsse verlagert werden.

---

digen Verbindung von Regierung und Regierungsmehrheit etwa *Lorz/Richterich*, in: Morlok/Schliesky/Wiefelspütz, Parlamentsrecht, § 35 Rn. 2 ff.

[240] Siehe supra S. 33 f.

[241] Siehe zu Unterausschüssen bereits kurz supra S. 38 f.

[242] *Winkelmann*, in: Morlok/Schliesky/Wiefelspütz, Parlamentsrecht, § 23 Rn. 12.

[243] *BVerfG*E 130, 318 (353): gilt in Ausschüssen und anderen Untergremien des Plenums; E 140, 115 (151): explizit für Unterausschüsse. Zur Herleitung des Grundsatzes der Spiegelbildlichkeit siehe supra S. 93.

bb) Enquete-Kommissionen

Neben Ausschüssen kann der Bundestag auch sogenannte Enquete-Kommissionen[244] einsetzen. Sie dienen der „Vorbereitung von Entscheidungen über umfangreiche und bedeutsame Sachkomplexe" (§ 56 Abs. 1 S. 1 GO BT). Unterschiede zu den Parlamentsausschüssen ergeben sich zum einen daraus, dass die Mitglieder der Enquete-Kommissionen nicht zwingend Parlamentarier sein müssen, sondern meist zu einem Teil aus externen Sachverständigen bestehen. Zum anderen bereiten diese Kommissionen keine Beschlüsse des Bundestages vor, sondern untersuchen ein vorgegebenes Themenfeld. Damit ermöglicht dieses Instrument dem Parlament eine eigene wissenschaftliche Untersuchung komplizierter Probleme mit externem Sachverstand, was sonst häufig der besser ausgestatteten Exekutive vorbehalten bleibt.[245] Für die Beantwortung der Frage, ob auch Enquete-Kommissionen spiegelbildlich zu besetzen sind,[246] sind diese beiden Unterschiede entscheidend.

Dass die Kommissionen nicht zwingend aus Parlamentieren zusammengesetzt sind, sondern ihnen in der Regel zu einem gewissen Teil Nichtparlamentarier angehören, lässt bereits daran zweifeln, dass es sich um eine parlamentarische Organisationseinheit handelt, für die der Grundsatz der Spiegelbildlichkeit Geltung beansprucht. Allerdings gelten für die Enquete-Kommissionen die Vorschriften über das Ausschussverfahren entsprechend, was sich schon daraus ergibt, dass § 56 GO BT sich im VII. Abschnitt der Geschäftsordnung befindet, der mit „Ausschüsse" betitelt ist.[247] Diese Nähe zu den Ausschüssen könnte für eine Einordnung in den parlamentarischen Bereich sprechen. Zudem muss die Kommission dem Plenum einen Bericht vorlegen und ist insofern vom Plenum abhängig, was ebenfalls für eine Einbettung in den parlamentarischen Bereich sprechen könnte. Aufgrund dieser Nähe zu den Ausschüssen wird in der Literatur auch kontrovers diskutiert, ob Art. 43 GG nicht nur auf Ausschüsse, sondern auch auf Enquete-Kommissionen anwendbar sein soll, das heißt, ob die Kommission die Anwesenheit von Regierungsmitgliedern verlangen kann (Art. 43 Abs. 1 GG) und umgekehrt Mitglieder von Bundesrat und Bundestag oder ihre Beauftragten ein Zutrittsrecht zu den Sitzungen der Kommission haben (Art. 43 Abs. 2 S. 1 GG) sowie das Recht, jederzeit gehört zu werden (Art. 43

---

[244] Zur Enquete-Kommission siehe *Borgs-Maciejewski/Drescher*, Parlamentsorganisation, S. 111 ff.; *Edinger*, Wahl und Besetzung, S. 218 ff.; *Hoffmann-Riem/Ramcke*, in: Schneider/Zeh, Parlamentsrecht, § 47 Rn. 1 ff.; *Schmidt-Jortzig*, in: Morlok/Schliesky/Wiefelspütz, Parlamentsrecht, § 32 Rn. 1 ff.; *Steiger*, Organisatorische Grundlagen, S. 147 ff.; *Zeh*, in: HStR III, § 53 Rn. 83 f.

[245] *Hoffmann-Riem/Ramcke*, in: Schneider/Zeh, Parlamentsrecht, § 47 Rn. 36; *Schmidt-Jortzig*, in: Morlok/Schliesky/Wiefelspütz, Parlamentsrecht, § 32 Rn. 1; vgl. auch *Borgs-Maciejewski/Drescher*, Parlamentsorganisation, S 113 ff.

[246] Spiegelbildlich zu besetzen würde für die Enquete-Kommissionen nicht heißen, dass die Fraktionen proportional vertreten wären, sondern dass ihnen ein proportionaler Sitzanteil zusteht, den sie auch mit externen Sachverständigen besetzen könnten.

[247] Hierzu etwa auch *Schmidt-Jortzig*, in: Morlok/Schliesky/Wiefelspütz, Parlamentsrecht, § 32 Rn. 23.

Abs. 2 S. 2 GG).[248] Allerdings wird auch von der Ansicht, die Art. 43 GG auf Enquete-Kommissionen anwenden will, die grundsätzliche Unterschiedlichkeit der Kommissionen im Vergleich zu den Parlamentsausschüssen betont, die sich aus der Besetzung der Kommission mit Nichtparlamentariern ergibt.[249] Dieser Befund entspricht auch der allgemeinen Diskussion darüber, wie sich Enquete-Kommissionen in das Ausschusssystem des Bundestages einfügen, bei der niemand behauptet, es handle sich schlicht um Ausschüsse. Vielmehr wird einerseits wieder die Ausschussähnlichkeit in unterschiedlichen Formulierungen betont oder aber festgestellt, dass es sich nicht um ein rein parlamentarisches Gremium handele.[250] Tatsächlich stehen die Enquete-Kommissionen auf der Grenze zum parlamentarischen Bereich. Vergegenwärtigt man sich die Extreme, so wird dies deutlich. Ein Ausschuss, der allein mit Parlamentariern besetzt ist und ein komplexes Thema wissenschaftlich bearbeitet, ist dem parlamentarischen Bereich zuzuordnen; die Beauftragung eines wissenschaftlichen Instituts, dem keine Abgeordneten angehören, mit der wissenschaftlichen Untersuchung desselben Themas führt in den außerparlamentarischen Bereich. Die Enquete-Kommissionen, denen Abgeordnete nur angehören *können* und die nur im Vorfeld parlamentarischer Entscheidungen tätig werden, bewegen sich auf der Skala zwischen diesen beiden Extremen eher in der Nähe des letzteren. Gehören die Enquete-Kommissionen also nicht dem parlamentarischen Bereich an, müssen sie auch nicht spiegelbildlich besetzt werden.[251]

Allerdings würde auch die Zuordnung der Enquete-Kommissionen zum parlamentarischen Bereich zu keinem anderen Ergebnis führen. Denn entscheidend dafür, ob der Grundsatz der Spiegelbildlichkeit gilt, ist weiterhin die Möglichkeit der Einflussnahme des Ausschusses oder Gremiums auf die parlamentarische Willensbildung. Diese Möglichkeit besteht bei der Arbeit der Ausschüsse deshalb, weil Ausschüsse die Beschlüsse des Plenums vorberaten und empfehlen. Folgt das Ple-

---

[248] Siehe hierzu *Klein*, in: Maunz/Dürig, Art. 43 Rn. 54 m.w.N.

[249] Siehe etwa *Schröder*, in: BK, Art. 43 Rn. 37 sowie *Lorz/Richterich*, in: Morlok/Schliesky/Wiefelspütz, Parlamentsrecht, § 35 Rn. 61 m.w.N. für diese Ansicht. Für die Gegenansicht, die Art. 43 GG nicht auf Enquete-Kommissionen anwenden will vgl. hier allein: *Hoffmann-Riem/Ramcke*, in: Schneider/Zeh, Parlamentsrecht, § 47 Rn. 34 ff.; *Klein*, in: Maunz/Dürig, Art. 43 Rn. 54; *Schmidt-Jortzig*, in: Morlok/Schliesky/Wiefelspütz, Parlamentsrecht, § 32 Rn. 5, 24; *Troßmann*, Parlamentsrecht, § 74a Rn. 15.

[250] Siehe hierzu *Hoffmann-Riem/Ramcke*, in: Schneider/Zeh, Parlamentsrecht, § 47 Rn. 4: „Gremium eigener Art" zudem m.w.N.; *Achterberg*, Parlamentsrecht, S. 463: „gemischte Ausschüsse"; *Schmidt-Jortzig*, in: Morlok/Schliesky/Wiefelspütz, Parlamentsrecht, § 32 Rn. 5: „keine (Parlaments)Ausschüsse"; *Steiger*, Organisatorische Grundlagen, S. 151: „keine reinen parlamentarischen Gremien"; *Troßmann*, Parlamentsrecht, § 74a Rn. 1: „keine Ausschüsse des Bundestages".

[251] Dies entspricht auch der Regelung der GO BT. § 56 Abs. 2 S. 1 GO BT erlaubt die Benennung der Mitglieder im interfraktionellen Konsens, das heißt, die Anzahl der von den einzelnen Fraktionen vorgeschlagenen Sachverständigen muss nicht der jeweiligen Stärke der Fraktionen im Plenum entsprechen. Nur sofern diese interfraktionelle Einigung scheitert, verlangt § 56 Abs. 2 S. 2 GO BT, dass die Sachverständigen durch die Fraktionen im Verhältnis zu ihrer Stärke im Plenum benannt werden.

num der Empfehlung des Ausschusses, so kann das Ausschussergebnis gar unmittelbare Rechtsgeltung erlangen.[252] Die Enquete-Kommissionen können hingegen nur Anregungen geben. Damit ihre Ergebnisse im parlamentarischen Verfahren berücksichtigt werden, ist es notwendig, dass sie zum Beispiel von einer Fraktion in einem Gesetzesentwurf aufgenommen und ins Parlament eingebracht werden. Der Einfluss der Enquete-Kommissionen auf die staatliche Willensbildung ist daher nicht vergleichbar mit dem Einfluss der Parlamentsausschüsse. Aus diesem Grund wäre auch keine spiegelbildliche Besetzung der Kommissionen geboten, selbst wenn sie dem parlamentarischen Bereich zuzuordnen wären.[253]

cc) Leitungsorgane

Auch für die Einordnung der parlamentarischen Leitungsorgane ist der Gedanke bedeutsam, dass der Grundsatz der Spiegelbildlichkeit nur Beachtung verlangt, wenn in der jeweiligen parlamentarischen Organisationseinheit tatsächlich Einfluss auf die staatliche Willensbildung genommen wird.[254] Dies ist dann nicht der Fall, wenn eine parlamentarische Untergliederung nur mit Fragen der innerparlamentarischen Organisation befasst ist.[255] Zum Beispiel sind das Parlamentspräsidium und der Ältestenrat (§§ 5 ff. GO BT) als parlamentarische Leitungsorgane mit den Fragen des parlamentarischen Ablaufes und der Verwaltung (zum Beispiel Personalverwaltung) befasst und haben damit keinen Einfluss auf die Willensbildung des Parlamentes. Verfassungsrechtlich ist daher ihre spiegelbildliche Besetzung nicht zwingend.[256]

dd) Informelle Untergliederungen

Neben den Ausschüssen, Unterausschüssen, Enquete-Kommissionen und Leitungsorganen gibt es eine Reihe weiterer, allerdings informeller Untergliederungen des Parlamentes. Diese Untergliederungen sind insofern informell, als sie im Grundgesetz und in der GO BT nicht oder nur im Ansatz geregelt werden.

Der Spiegelbildlichkeitsgrundsatz kann dabei aber nicht für jegliche Form informeller Zusammenarbeit gelten, sondern nur für solche, die über einen gewissen

[252] Vgl. §§ 62 Abs. 1 S. 2, 79 ff. GO BT. Dies gilt vor allem, wenn es um den Erlass, die Aufhebung oder Änderung von Gesetzen geht.

[253] Siehe zu diesem Befund und seiner Begründung *Edinger*, Wahl und Besetzung, S. 220 sowie *Borgs-Maciejewski/Drescher*, Parlamentsorganisation, S. 111 f.; vgl. zudem *BVerfG*E 80, 188 (230).

[254] Vgl. *BVerfG*E 140, 115 (151); vgl. E 130, 318 (353).

[255] *BVerfG*E 140, 115 (151).

[256] Siehe etwa auch *Blum*, in: Morlok/Schliesky/Wiefelspütz, Parlamentsrecht, § 21 Rn. 53. Gleichwohl verlangt § 6 Abs. 1 GO BT, dass der Ältestenrat aus dem Präsidenten und seinen Stellvertretern besteht und daneben aus dreiundzwanzig weiteren Mitgliedern, die entsprechend dem Stärkeverhältnis der Fraktionen im Plenum zu benennen sind.

Institutionalisierungsgrad hinausreicht. Erfasst sind also nicht jeder informelle Gesprächskreis von Abgeordneten, sondern tatsächliche, informelle Untergliederungen des Parlamentes. Denn Informalität ist nicht per se negativ. Die Herstellung eines mehrheitsfähigen Konsens bei so vielen Akteuren im Parlament setzt ganz im Gegenteil voraus, dass es Raum gibt für vertrauliche, nicht durchnormierte und daher flexible Gesprächsprozesse.[257] Dies erkennt auch das Grundgesetz an, indem es nicht die Einzelheiten regelt, wie es zu einer Entscheidung kommt, sondern lediglich festhält, wer die Entscheidung zu treffen hat.[258] Zudem entfalten informale Gespräche keine Rechtswirkung, sondern das Plenum muss noch zustimmen. Daher werden auch diese Gespräche bereits im Hinblick auf eine öffentliche Abstimmung aller Abgeordneten im Plenum geführt. Die Absprachen müssen daher aus diesen informalen Gesprächskreisen in konzentrischen Kreisbewegungen mehr und mehr die Entscheidungsträger (das heißt alle Abgeordneten beziehungsweise die der Mehrheitsfraktionen) und die Öffentlichkeit erreichen, um im Plenum bestätigt zu werden. Wird also anerkannt, dass Kompromisse und Mehrheiten sich nicht spontan und von selbst ergeben, wird man auch informelle Gespräche zwischen Abgeordneten zulassen, ohne sogleich eine spiegelbildliche Besetzung des Gesprächskreises zu verlangen. Dies gilt insbesondere für Zusammenkünfte von Vertretern der Koalitionsfraktionen, die in erster Linie die parlamentarische Mehrheit organisieren. Würde man hier versuchen, die spiegelbildliche Besetzung zu erzwingen, würden die informellen Gespräche in ein anderes Format an andere Stelle verlagert und unter Umstände noch weniger transparent.[259] Dem Freiraum der notwendigen informalen Gesprächskreise wird man erst dort eine Grenze setzen müssen, wo ein gewisser Grad an Verstetigung und eine Art Institutionalisierung erreicht und die Entscheidungsfindung des Parlamentes vorweggenommen wird. Dies wäre jedenfalls dann gegeben, wenn ein ständiger informaler Gesprächskreis etwa einen Ausschuss in seinem ganzen Aufgabenbereich oder für ein bestimmtes parlamentarisches Vorhaben funktional ersetzte, soweit im Gesprächskreis die Entscheidungen tatsächlich getroffen würden.

(1) Obleutegespräch

Zu den parlamentarischen, informellen Untergliederungen zählt das sogenannte Obleutegespräch[260]. Die Fraktionen im Ausschuss benennen Obleute, die zusammen mit dem Ausschussvorsitzenden über die Reihenfolge der Verhandlungsgegenstände, den Ablauf der Beratungen sowie Termin- und Planungsfragen entscheiden. Damit erfüllt das Obleutegespräch dieselbe Funktion für den Ausschuss

---

[257] Vgl. hierzu und zur Notwendigkeit von Informalität *Morlok*, VVDStRL 62 (2003), 37 (67 ff.); vgl. zudem *Krüper*, ZJS 9 (2016), 96 (96 f.).

[258] *Krüper*, ZJS 9 (2016), 96 (96).

[259] Siehe zu dieser Argumentation die Diskussion, ob die Öffentlichkeit von Ausschusssitzungen verfassungsrechtlich zwingend sein kann, infra S. 137 ff.

[260] Siehe hierzu *Dach*, in: Schneider/Zeh, Parlamentsrecht, § 40 Rn. 45 ff. und *Winkelmann*, in: Morlok/Schliesky/Wiefelspütz, Parlamentsrecht, § 23 Rn. 42.

wie der Ältestenrat für das Plenum.[261] Da hier kein Einfluss auf die Willensbildung genommen wird, sondern nur organisatorische Fragen geklärt werden, müssen die Fraktionen nicht zwingend spiegelbildlich bei diesen Gesprächen beteiligt sein.

(2) Berichterstattergespräch

Differenziert zu bewerten sind hingegen die Berichterstattergespräche[262], die ebenfalls zu den informellen Untergliederungen der Parlamentsausschüsse zählen. Für jeden Verhandlungsgegenstand des Ausschusses benennt in der Regel der Ausschussvorsitzende einen oder mehrere Berichterstatter (§ 65 GO BT). Dieser bereitet die Beratung über den Verhandlungsgegenstand vor. Im Gegensatz zu früheren Zeiten ist es mittlerweile parlamentarische Praxis, dass bei wichtigen Themen von jeder Fraktion ein Berichterstatter benannt wird. Die Berichterstatter beraten dann unter sich (Berichterstattergespräch) über den Ablauf der Beratung. Dies hat den Vorteil, dass so in Absprache mit den Oppositionsfraktionen vorab geklärt werden kann, ob es zu einem einvernehmlichen Beschluss kommt oder ob beispielsweise eine öffentliche Ausschussanhörung (§ 70 GO BT) von Sachverständigen durchgeführt werden soll. Da § 66 Abs. 2 S. 1 GO BT verlangt, auch die Ansicht der Ausschussminderheit im Ausschussbericht an das Plenum wiederzugeben, ist es auch deshalb sinnvoll, die Oppositionsfraktion bereits in Form der Berichterstattergespräche einzubeziehen. Werden in diesen Gesprächen lediglich über das Verfahren der Ausschusssitzung verhandelt und organisatorische Fragen geklärt, ist hier mangels Einflusses auf die Willensbildung keine spiegelbildliche Besetzung des Gesprächskreises erforderlich. Diese Verfahrens- und Organisationsabsprachen betreffen vor allem die Abgleichung der unterschiedlichen Standpunkte der Fraktionen, um den Verhandlungsbedarf und damit auch den Verfahrensgang abzuklären sowie den Ausschussbericht inklusive Ansicht der Ausschussminderheit vorzubereiten. Eine Oppositionsfraktion könnte in diesem Fall also ausgeschlossen werden, wenn sich die Berichterstattergespräche hierauf beschränkten.

Da jedoch das Obleutegespräch der eigentliche Ort ist, um über den Ablauf der Ausschussberatung zu beraten, kann der Fokus der Berichterstattergespräche auch

---

[261] So ausdrücklich *Dach*, in: Schneider/Zeh, Parlamentsrecht, § 40 Rn. 45.

[262] Siehe hierzu *Achterberg*, Parlamentsrecht, S. 143 f.; *Achterberg/Schulte*, in: vM/K/S^6, Art. 40 Rn. 21; *Dach*, in: Schneider/Zeh, Parlamentsrecht, § 40 Rn. 56 ff.; *Hadamek*, in: Kluth/Krings, Gesetzgebung, § 17 Rn. 140; *Ritzel/Bücker*, Parlamentarische Praxis, § 65 GO BT Rn. 5; *Schäfer*, Bundestag, S. 121 f.; *Schäfer*, Ausschußberatung, in: FS Hermens, S. 99 (110 ff.); *Schulze-Fielitz*, Theorie und Praxis, S. 343 f.; siehe insbesondere zum Folgenden *Winkelmann*, in: Morlok/Schliesky/Wiefelspütz, Parlamentsrecht, § 23 Rn. 55. Zur besonderen Rolle der Berichterstatter des Haushaltsausschusses siehe *Eickenboom*, in: Schneider/Zeh, Parlamentsrecht, § 44 Rn. 6 f.; *Hasenjäger*, in: Morlok/Schliesky/Wiefelspütz, Parlamentsrecht, § 25 Rn. 12 ff. Die Bezeichnung als Berichterstattergespräch ist uneinheitlich, vgl. *Vetter*, Parlamentsausschüsse, S. 186. Häufig wird auch schlicht von „Arbeitsgruppen“ gesprochen, so etwa *Schäfer*, Ausschußberatung, in: FS Hermens, 99 (110 ff.).

jenseits von bloßen Verfahrensfragen liegen.[263] Insbesondere bei komplexen Gesetzesentwürfen nehmen an den Berichterstattergesprächen auch regelmäßig Vertreter von Ministerien des Bundes, gegebenenfalls auch der Länder, Sachverständige sowie Vertreter mitberatender Ausschüsse teil. In diesem Fall werden in diesen Gesprächen strittige Punkte im Einzelnen vorberaten. Zwar legen die Berichterstattergruppen Zwischenberichte zu Streitpunkten vor sowie einen Lösungsvorschlag, über die der Ausschuss entscheiden muss. In den Berichterstattergesprächen werden also keine Beschlüsse gefasst. Zudem findet im Ausschuss abschließend eine Schlussberatung statt. Insofern ersetzen die Berichterstattergespräche nicht die Arbeit und den Beschluss des Ausschusses. Dennoch werden zum Teil detailliert Vorentscheidungen in den Berichterstattergesprächen getroffen. Wenn in diesen Gesprächen also bereits in der Sache verhandelt und beraten wird und damit tatsächlich die parlamentarische Willensbildung bereits an dieser Stelle stattfindet, ist die spiegelbildliche Besetzung dieses Gesprächskreises grundsätzlich erforderlich. Für diese Überlegung ist nicht nur der Gedanke maßgeblich, dass hier der Begründungsaspekt des Spiegelbildlichkeitsgrundsatzes (Vorwegnahme staatlicher Willensbildung) zum Tragen kommt, sondern auch, dass bereits der Unterausschuss die Funktion einer inhaltlichen Vorabstimmung unterhalb der Ausschussebene erfüllt. Würde auch das informelle, nicht normierte, Berichterstattergespräch diese Funktion erfüllen können, würden die expliziten Regelungen[264] des Unterausschusses umgangen.[265]

(3) Sonderfall: Arbeitsgruppen des Vermittlungsausschusses

Obgleich das Bundesverfassungsgericht anerkennt, dass der Grundsatz der Spiegelbildlichkeit dort Geltung beansprucht, wo die Entscheidungen im parlamentarischen Prozess realiter getroffen werden, wendet es diesen Grundsatz nicht für Arbeitsgruppen des Vermittlungsausschusses von Bundestag und Bundesrat (vgl. Art. 77 Abs. 2 GG) an.[266] Diese Arbeitsgruppen dienten, wie es auch Berichterstattergespräche teilweise tun, der fraktionsübergreifenden Absprache, aber hier besonders auch der vorwegnehmenden Entscheidungsfindung.[267] Dass trotz Vorformung beziehungsweise Vorwegnahme der staatlichen Willensbildung und Ent-

[263] Hierzu umfassend und deutlich *Schäfer*, Ausschußberatung, in: FS Hermens, S. 99 (112 ff.).

[264] Bedeutsam ist hier insbesondere § 55 Abs. 2 S. 1 GO BT, der die spiegelbildliche Besetzung der Unterausschüsse festschreibt.

[265] Vgl. *Edinger*, Wahl und Besetzung, S. 217; kritisch auch *Dach*, in: Schneider/Zeh, Parlamentsrecht, § 40 Rn. 7 und auch *Schulze-Fielitz*, Theorie und Praxis, S. 343 f.; anders wohl *Vetter*, Parlamentsausschüsse, S. 186 f. sowie *Schäfer*, Ausschußberatung, in: FS Hermens, S. 99 (115 f.); ohne Problembewusstsein *Ritzel/Bücker*, Parlamentarische Praxis, § 65 GO BT Rn. 5.

[266] *BVerfG*E 140, 115 (154 ff.); kritisch auch *Achenbach*, JZ (2016), 95 (97 f.); *Krüper*, ZJS 9 (2016), 96 (besonders 100 f.).

[267] *BVerfG*E 140, 115 (155).

scheidungsfindung die grundsätzliche spiegelbildliche Besetzung dieser Arbeitsgruppen nicht zwingend sei, begründet das Bundesverfassungsgericht mit dem besonderen Charakter des Vermittlungsverfahrens.[268] Dieses sei darauf ausgerichtet, einen politischen Kompromiss zu erzielen. Ausgelegt sei es daher nicht auf den öffentlichen Austausch der Argumente, sondern auf Konsensfindung um einer effizienten Gesetzgebung willen.[269] Dies kann aber nicht allein entscheidend sein. Denn es ließe sich auch behaupten, dass das Verfahren der Bundestagsausschüsse ebenfalls auf die Erzielung eines politischen Kompromisses ausgerichtet sei, weshalb eine spiegelbildliche Besetzung auch der Ausschüsse des Bundestags nicht erforderlich wäre. Entscheidend ist hier stattdessen vielmehr, dass im Gegensatz zu herkömmlichen Parlamentsausschüssen, die Untergliederungen des Parlamentes sind, der Vermittlungsausschuss ein eigenständiges Verfassungsorgan[270] ist, mit der in der Verfassung festgelegten Aufgabe[271], zwischen Bundestag und Bundesrat einen Konsens herzustellen. Der Vermittlungsausschuss ist also kein „gewöhnlicher" Parlamentsausschuss – er ist noch nicht einmal ein Organ des Parlamentes –, sondern hat eine Sonderstellung inne, die Abweichungen vom Grundsatz der Spiegelbildlichkeit rechtfertigt.

So sehr der Verweis auf die Sonderstellung des Vermittlungsausschusses einleuchtend ist, so wenig ist es allerdings ein weiteres vom Bundesverfassungsgericht vorgebrachtes Argument.[272] Die Vorformung der Willensbildung durch die Arbeitsgruppe wird auch deshalb für unproblematisch gehalten, weil der Vermittlungsausschuss letztlich dem dort ausgehandelten Kompromiss noch zustimmen müsse.[273] Dies widerspricht diametral dem Gedanken des Spiegelbildlichkeitsgrundsatzes, der gerade dann schon eine proportionale Besetzung institutionalisierter Untergliederungen des Parlamentes verlangt, wenn sie auch nur Einfluss auf die staatliche Willensbildung nehmen. Gerade deshalb sind auch Unterausschüsse spiegelbildlich zu besetzen, was das Bundesverfassungsgericht in derselben Entscheidung sogar bestätigt.[274] Es ist also unerheblich, dass innerhalb des Verfahrens an einer anderen Stelle noch eine Abstimmung nötig ist, wenn das Ergebnis der Abstimmung bereits zuvor festgelegt oder signifikanter Einfluss auf das Ergebnis genommen wurde. Der Verweis auf die dem Ausschuss verbleibende Letztentschei-

---

[268] *BVerfGE* 140, 115 (155 ff.); zustimmend *Lenz*, NVwZ 34 (2016), 1755 (1756 f.).

[269] *BVerfGE* 140, 115 (156 f.).

[270] *M. Dietlein*, in: Schneider/Zeh, Parlamentsrecht, § 57 Rn. 9; *Masing*, in: vM/K/S[6], Art. 77 Rn. 65 sieht den Vermittlungsausschuss hingegen als ein erheblich eigenständiges Organ, das aber kein Verfassungsorgan sei; offengelassen in *BVerfGE* 140, 115 (139).

[271] Siehe *Masing*, in: vM/K/S[6], Art. 77 Rn. 57 m.w.N.

[272] So auch *Krüper*, ZJS 9 (2016), 96 (100 f.).

[273] *BVerfGE* 140, 115 (157 f.); dieses Argument nutzt auch *Schäfer*, Ausschußberatung, in: FS Hermens, S. 99 (115 f.), um vorentscheidenden, informellen Berichterstattergruppen Unbedenklichkeit zu attestieren.

[274] *BVerfGE* 140, 115 (151).

dung kann daher nur im Kontext des besonderen Vermittlungsverfahrens zu verstehen sein und ist damit keinesfalls verallgemeinerungsfähig.[275]

(4) Fraktionsinterne Arbeitsgruppen

Jenseits dessen gibt es noch eine Reihe weiterer Arbeitsgruppen innerhalb der Fraktionen.[276] Diese fraktionsinternen Arbeitsgruppen existieren regelmäßig parallel zu jedem Ausschuss. Sie sorgen dafür, dass die Willensbildung zu einem Beratungsgegenstand des Ausschusses zwischen den fraktionsangehörigen Ausschussmitgliedern und der Fraktion insgesamt koordiniert und kongruent verläuft. Für die parlamentarische Willensbildung sind diese Arbeitsgruppen daher durchaus bedeutsam, gleichwohl gilt der Grundsatz der Spiegelbildlichkeit nicht für sie. Die Willensbildung findet hier allein im fraktionsinternen Raum statt, wo sich ein gleichberechtigter Einfluss aller Fraktionen von vornherein verbietet.

ee) Parlamentarische Gremien

Die Notwendigkeit der spiegelbildlichen Zusammensetzung von Ausschüssen wird von den §§ 12, 57 GO BT anerkannt und Genüge getan. Gleiches gilt aber nicht unmittelbar für Gremien.[277] Der Gesetzgeber und die Verfassung sprechen an verschiedenen Stellen von Gremien. Das Grundgesetz erklärt etwa mit Art. 45d GG das Parlamentarische Kontrollgremium für die Kontrolle nachrichtendienstlicher Tätigkeit zuständig, das Gremium nach Art. 13 Abs. 6 S. 2 GG übt die parlamentarische Kontrolle behördlicher Wohnraumüberwachung aus. Durch Parlamentsgesetz geschaffen ist etwa das Vertrauensgremium nach § 10a Abs. 2 BHO, das die finanzielle Ausstattung der Nachrichtendienste prüft und billigt, sowie nach § 3 Abs. 3 S. 2 StabMechG beziehungsweise § 6 ESM-FinG das Sondergremium[278], das darüber entscheiden kann, ob Staatsanleihen auf dem Sekundärmarkt angekauft werden sollen, um die Zahlungsfähigkeit eines Mitgliedsstaates zu erhalten (§ 1 Abs. 1 S. 2 Var. 3, Abs. 2 S. 1 StabMechG beziehungsweise § 2 ESM-FinG).

---

[275] Vgl. *Krüper*, ZJS 9 (2016), 96 (101).

[276] Zu den fraktionsinternen Arbeitskreisen siehe etwa *Achterberg/Schulte*, in: vM/K/S[6], Art. 38 Rn. 102 f.; *Dach*, in: Schneider/Zeh, Parlamentsrecht, § 40 Rn. 25 ff.; *Edinger*, Wahl und Besetzung, S. 210 f.; *Jekewitz*, in: Schneider/Zeh, Parlamentsrecht, § 37 Rn. 57 ff.; *Kißler*, Öffentlichkeitsfunktion, S. 348 f.; *Krings*, in: Morlok/Schliesky/Wiefelspütz, Parlamentsrecht, § 17 Rn. 31 f., 41 ff.; *Melzer*, in: Schneider/Zeh, Parlamentsrecht, § 41 Rn. 10 ff., 33 ff.; *Mengel*, Gesetzgebung, S. 136 ff.; *Petersen/Kaina*, ZParl 38 (2007), 243 (243 ff.); *Pieper*, in: Morlok/Schliesky/Wiefelspütz, Parlamentsrecht, § 40 Rn. 98; *Schäfer*, Bundestag, S. 122; *H. Schneider*, Gesetzgebung, Rn. 120; *Schulze-Fielitz*, Theorie und Praxis, S. 257 f., 248 f.; *Steiger*, Organisatorische Grundlagen, S. 112 f.; *Vetter*, Parlamentsausschüsse, S. 224 f.; siehe zudem noch infra S. 160 f.; zu Fraktionsarbeitsgruppen, die parallel zum Haushaltsausschuss gebildet werden siehe *Eickenboom*, in: Schneider/Zeh, Parlamentsrecht, § 44 Rn. 8.

[277] Siehe bereits supra S. 33.

[278] Zum Sondergremium siehe noch ausführlich infra S. 229 ff., 234 f., 272 f.

Im Gegensatz zu den Ausschüssen wird die spiegelbildliche Besetzung nur ausnahmsweise angeordnet – etwa für das Sondergremium nach § 3 Abs. 3 S. 3 StabMechG respektive § 6 Abs. 2 S. 2 ESM-FinG. Die Mitglieder des Parlamentarischen Kontrollgremiums werden hingegen nach § 2 PKGrG vom Plenum gewählt (Abs. 1), das auch seine Zusammensetzung und Arbeitsweise festlegt (Abs. 2). Eine das Verhältnis der Stärke der Fraktionen im Plenum zueinander sicherstellende Besetzung ist damit nicht garantiert. Da Art. 45d GG keine ausdrücklichen Vorgaben macht, fragt es sich, ob § 2 PKGrG so ausgelegt werden muss, dass dem Grundsatz der Spiegelbildlichkeit Rechnung getragen wird ((1)). Aber auch für andere Gremien könnte die Geltung des Grundsatzes der Spiegelbildlichkeit zwingend sein ((2)).

(1) Andere Bezeichnung = andere Behandlung? Das Beispiel des Parlamentarischen Kontrollgremiums

Dass das Parlamentarische Kontrollgremium nicht zwingend spiegelbildlich zu besetzen sei, wird vor allem damit begründet, dass dies dem historischen Willen des verfassungsändernden Gesetzgebers bei der Schaffung des Art. 45d GG entspreche. Dieser habe gerade die Bezeichnung Parlamentarisches Kontroll*gremium* gewählt und es eben nicht als „Ausschuss“ bezeichnet.[279] Zusätzlich wird zur Begründung dieser historischen Auslegung auch darauf verwiesen, dass der Gesetzgeber sich bei der Konzeption des Art. 45d GG und bei der Bezeichnung als Gremium von einer Entscheidung des Bundesverfassungsgerichts[280] leiten ließ.[281] Die Entscheidung bezog sich auf den Vorgänger des Vertrauensgremiums nach § 10a Abs. 2 BHO, das schon damals über die Genehmigung der Wirtschaftspläne der Nachrichtendienste zu entscheiden hatte. Die Größe dieses Gremiums wurde so klein bemessen, dass die Fraktion der Partei DIE GRÜNEN nicht vertreten war. Diese nicht spiegelbildliche Besetzung wurde vom Bundesverfassungsgericht für grundsätzlich zulässig erachtet. Es genügte danach vielmehr, dass die Opposition irgendwie (auch nur durch einen Vertreter nur einer Oppositionsfraktion) beteiligt ist.[282] Die Zugrundelegung dieser Entscheidung wird also so gedeutet, dass auch das Parlamentarische Kontrollgre-

---

279 *Achterberg/Schulte*, in: vM/K/S[6], Art. 45d Rn. 14 f.; *Hornung*, in: Morlok/Schliesky/Wiefelspütz, Parlamentsrecht, § 30 Rn. 12; *H. A. Wolff*, in: BK, Art. 45d Rn. 78.

280 *BVerfGE* 70, 324 (324 ff.); zur Kritik an dieser Entscheidung siehe vor allem *BVerfGE* 70, 324 (366 ff.) – Sondervotum *Mahrenholz* und E 70, 324 (380 ff.) – Sondervotum *Böckenförde*; vgl. auch *Hermes*, in: Dreier, Art. 45d Rn. 37; *Meyer*, in: Schneider/Zeh, Parlamentsrecht, § 4 Rn. 111.

281 Vgl. *Achterberg/Schulte*, in: vM/K/S[6], Art. 45d Rn. 18; zur Intention des Gesetzgebers vgl. *Hermes*, in: Dreier, Art. 45d Rn. 36.

282 *BVerfGE* 70, 324 (365); zustimmend *H. A. Wolff*, in: BK, Art. 45d Rn. 81 f.; im Ergebnis zustimmend *Hansalek*, Parlamentarische Kontrolle, S. 278; vgl. auch *BbgVerfG* NVwZ 2016, 931 (931 ff.).

mium wie das Vertrauensgremium nicht zwingend spiegelbildlich zu besetzen sein sollte.[283]

Wird jedoch der Grundsatz der Spiegelbildlichkeit aus dem Repräsentationsprinzip abgeleitet, dann kann auch durch eine Verfassungsänderung nicht von dieser auf Art. 20 Abs. 2 S. 2 Hs. 2 GG fußenden, zwingenden Vorgabe abgewichen werden.[284] Dies betrifft nicht nur den aus dem Repräsentationsprinzip abgeleiteten Grundsatz der Mandatsgleichheit, der durch die nichtspiegelbildliche Besetzung des Gremiums massiv eingeschränkt würde.[285] Sondern darüber hinaus verlangt eine inhaltliche Repräsentation[286], dass entscheidende Fragen auch im Plenum aufgegriffen und thematisiert werden und somit Responsivität ermöglicht wird. Dies kann nur dann sichergestellt werden, wenn sich das Gremium aus allen (Oppositions-) Fraktionen spiegelbildlich zusammensetzt.[287] Diese Mindestanforderungen an Repräsentativität gelten daher für alle Hilfsorgane des Bundestages, die Aufgaben des Plenums übernehmen.[288] Schließlich spricht auch die Kontrollfunktion des Parlamentes für eine zwingend spiegelbildliche Besetzung. Von einer Kontrolle der Regierung (durch das Kontrollgremium) kann überhaupt erst dann gesprochen werden, wenn die Opposition ausreichend beteiligt ist.[289] Schließlich kann der Argumentation mit der historischen Auslegung auch eine systematische Auslegung entgegengehalten werden. Denn das Parlamentarische Kontrollgremium steht im III. Abschnitt des Grundgesetzes im systematischen Kontext zu den Art. 44, 45, 45a, 45b und 45c

[283] Nebenbei bemerkt ist die Zugrundelegung der Entscheidung zum Vertrauensgremium in diesem Kontext nicht sehr überzeugend, da dieses sich erheblich vom Parlamentarischen Kontrollgremium unterscheidet (vgl. hierzu *Hempel*, Bundestag und Nachrichtendienste, S. 165). Während das Vertrauensgremium auch heute noch lediglich die Wirtschaftspläne der Nachrichtendienste (haushaltsrechtlich) billigt, stellt das Parlamentarische Kontrollgremium die umfassende parlamentarische Kontrolle der Nachrichtendienste sicher. Dafür verfügt es auch über weitgehende Informationsrechte (§ 5 PKGrG). Der Kompetenzbereich und die Bedeutung des Parlamentarischen Kontrollgremiums übersteigen damit denjenigen des Vertrauensgremiums deutlich. Im Übrigen hat sich die Rechtsprechung des Bundesverfassungsgerichts in der Zwischenzeit gewandelt und es ist sogar sehr wahrscheinlich, dass es denselben Sachverhalt heute anders bewerten würde. Denn nunmehr verlangt es ausdrücklich für Ausschüsse und auch für Gremien, diese spiegelbildlich zu besetzen, insbesondere wenn sie Aufgaben plenarersetzend wahrnehmen und selbst entscheiden; vgl. hierzu *BVerfGE* 130, 318 (353 ff.); vgl. *BVerfGE* 131. 230 (235 f.); darauf stellt auch *Kumpf*, Kontrolle der Nachrichtendienste, S. 130 ab und bejaht dies für das Parlamentarische Kontrollgremium.

[284] *Hempel*, Bundestag und Nachrichtendienste, S. 162; im Ergebnis so auch *Kumpf*, Kontrolle der Nachrichtendienste, S. 130; vgl. zudem *BVerfGE* 70, 324 (382 f., 385) – Sondervotum *Böckenförde*.

[285] Vgl. *BVerfGE* 70, 324 (367 f.) – Sondervotum *Mahrenholz*; vgl. *Hermes*, in: Dreier, Art. 45d Rn. 37; vgl. *Kumpf*, Kontrolle der Nachrichtendienste, S. 133.

[286] Siehe hierzu bereits supra S. 77 ff.

[287] *Hempel*, Bundestag und Nachrichtendienste, S. 178.

[288] Vgl. *Hermes*, in: Dreier, Art. 45d Rn. 17; im Ansatz auch *Magiera*, in: Sachs, Art. 45d Rn. 4. Siehe zudem schon supra S. 95 f.

[289] *Hempel*, Bundestag und Nachrichtendienste, S. 181; *Hermes*, in: Dreier, Art. 45d Rn. 37; vgl. *Kumpf*, Kontrolle der Nachrichtendienste, S. 134.

GG, die ebenfalls Hilfsorgane des Bundestages und spiegelbildlich zu besetzen sind.[290] Insgesamt kann also allein die Bezeichnung als Gremium keine Abweichung vom Grundsatz der Spiegelbildlichkeit rechtfertigen.[291]

Gegen die obligatorisch spiegelbildliche Besetzung verweist die Gegenansicht auch darauf, dass das Parlamentarische Kontrollgremium seine Aufgaben nicht plenarersetzend wahrnehme. Das Gremium würde keine Beschlüsse des Plenums vorbereiten und auch nicht an Stelle des Plenums handeln, weshalb der Grundsatz der Spiegelbildlichkeit keine Geltung beanspruchen könne.[292] Zwar stimmt es, dass das Plenum nicht seine Befugnis zur Kontrolle der Regierung gänzlich an das Kontrollgremium (ausschließlich)[293] delegiert hat, mit der Folge, dass allein das Parlamentarische Kontrollgremium die Regierung im Bereich der Nachrichtendienste kontrollieren könnte.[294] Das Plenum kann im Gegenteil weiterhin seine Kontrollbefugnis wahrnehmen. Insofern nimmt das Gremium nicht stets die Kontrollaufgabe plenarersetzend wahr. Allerdings zeigt die Praxis, dass in einer Vielzahl von Fällen das Gremium an Stelle des Plenums tätig wird.[295] Mit der Delegation auf das Kontrollgremium hat das Plenum also nicht auf seine Kontrollbefugnis verzichtet, aber sie rein faktisch doch weitgehend abgegeben. Aber auch, wenn nur in Einzelfällen das Kontrollgremium an Stelle des Plenums tätig würde, genügte dies, um seine spiegelbildliche Besetzung zu fordern. Denn nimmt ein Gremium eine Aufgabe des Plenums wahr, dann beschränkt dies die gleichen Mitwirkungsmöglichkeiten der Abgeordneten sowie den Grundsatz der Gesamtrepräsentation. Exakt dies sind die Gründe, weshalb die Repräsentation gleichzeitig mit der Übertragung der Aufgabe an das Gremium vorverlagert werden muss. Für die Repräsentativität des Gremiums erforderlich ist damit seine grundsätzlich spiegelbildliche Besetzung. Dass das Plenum theoretisch weiterhin die Aufgabe zu jeder Zeit an sich ziehen könnte, ist daher unbeachtlich. Schließlich verkennt die Gegenansicht, dass das Plenum zwar grundsätzlich weiter zuständig bleibt, das Kontrollgremium aber über weitergehende Befugnisse verfügt als das Plenum selbst.[296] So verfügt es gem. § 5 Abs. 1, 2 PKGrG über Akteneinsichts- und Anhörungsrechte für Informationen, die aufgrund ihrer

[290] Siehe hierzu auch *Hermes*, in: Dreier, Art. 45d Rn. 16.

[291] *Hermes*, in: Dreier, Art. 45d Rn. 17; auch *BVerfG*E 130, 318 (351) stellt das Parlamentarische Kontrollgremium in eine Reihe mit *Ausschüssen*, denen Kompetenzen des Plenums übertragen wurden, worauf *Hermes*, ibd., hinweist.

[292] *Uerpmann-Wittzack*, in: v. Münch/Kunig, Art. 45d Rn. 3; a.A. etwa *Hansalek*, Parlamentarische Kontrolle, S. 270f.; auch das *BVerfG*E 130, 318 (351) geht davon aus, dass das Parlamentarische Kontrollgremium seine Aufgaben plenarersetzend und selbständig erfüllt.

[293] Siehe zur konservierenden Delegation supra S. 20ff.

[294] Siehe hierzu allein *Hempel*, Bundestag und Nachrichtendienste, S. 78 und *Hermes*, in: Dreier, Art. 45d Rn. 34.

[295] *Hempel*, Bundestag und Nachrichtendienste, S. 193; vgl. auch *Kumpf*, Kontrolle der Nachrichtendienste, S. 130; zweifelnd *Klein*, in: Maunz/Dürig, Art. 45d Rn. 55.

[296] Vgl. *Hempel*, Bundestag und Nachrichtendienste, S. 82ff.; *Hermes*, in: Dreier, Art. 45d Rn. 34; vgl. *Huber*, NVwZ 28 (2009), 1321 (1321); *O. Moench*, Bundestagsausschüsse, S. 149; *H. A. Wolff*, in: BK, Art. 45d Rn. 76.

Geheimhaltungsbedürftigkeit nicht vom Plenum wahrgenommen werden könnten. Wenn nun das Kontrollgremium nicht nur an Stelle des Plenums Kontrollaufgaben wahrnimmt, sondern zudem noch über teilweise exklusive Befugnisse[297] verfügt, ist eine spiegelbildliche Besetzung erst recht notwendig. Denn durch diese exklusiven Befugnisse wird die Mandatsgleichheit noch stärker eingeschränkt.

Insgesamt ist damit das Parlamentarische Kontrollgremium grundsätzlich spiegelbildlich zu besetzen.[298] Mit der Bezeichnung als Gremium gehen keine rechtlich relevanten Unterschiede einher. Die Anerkennung der Geltung des Spiegelbildlichkeitsgrundsatzes bedeutet jedoch nicht, dass es im Einzelfall keine Abweichungen geben dürfe. Es ist also etwa denkbar, dass in Ausnahmefällen aus Gründen der Geheimhaltung die Größe des Kontrollgremiums stark herabgesetzt wird. Diese Abweichung bezweckt dann allerdings die Wahrung der Geheimhaltung und lässt sich gerade nicht damit begründen, dass es sich um ein Gremium und nicht um einen Ausschuss handelt und der Grundsatz der Spiegelbildlichkeit nicht (vollumfänglich) gelte. Entgegen einer verbreiteten Ansicht, die die Geltung des Spiegelbildlichkeitsgrundsatzes ebenfalls anerkennt, dürfen Abweichungen allgemein aber nicht dazu führen, dass einzelne Fraktionen aus dem Gremium ausgeschlossenen werden.[299] Da die parlamentarische Kontrolle der Regierung nur durch Beteiligung der gesamten parlamentarischen Opposition sichergestellt werden kann, ist daran festzuhalten, dass Abweichungen vom Grundsatz der Spiegelbildlichkeit dort ihre Grenze finden, wo eine (Oppositions-)Fraktion aus dem Gremium ausgeschlossen würde.[300] Es genügt gerade nicht, dass die Opposition überhaupt irgendwie vertreten ist.[301] Dass dieses Ergebnis auch durchaus gangbar ist, zeigen letztlich die Praxis des Bundestages und die ausdrückliche Regelung der spiegelbildlichen Besetzung der Kontrollgremien in einigen Bundesländern.[302]

---

[297] Auch aufgrund dessen wird in der Literatur teilweise die verfassungsrechtliche Eigenständigkeit des Parlamentarischen Kontrollgremiums postuliert, vgl. *Hermes*, in: Dreier, Art. 45d Rn. 34; *H. A. Wolff*, in: BK, Art. 45d Rn. 76.

[298] *Hansalek*, Parlamentarische Kontrolle, S. 270 f.; *Hempel*, Bundestag und Nachrichtendienste, S. 187, 191 ff.; *Hermes*, in: Dreier, Art. 45d Rn. 38; *O. Moench*, Bundestagsausschüsse, S. 149.

[299] So aber: *Achterberg/Schulte*, in: vM/K/S^6, Art. 45d Rn. 14 ff.; vgl. *Klein*, in: Maunz/Dürig, Art. 45d Rn. 31; wohl auch *Magiera*, in: Sachs, Art. 45d Rn. 4; *Mehde*, in: BeckOK, Art. 45d Rn. 12 f.; *Uerpmann-Wittzack*, in: v. Münch/Kunig, Art. 45d Rn. 3; *H. A. Wolff*, in: BK, Art. 45d Rn. 78, 90.

[300] *Hermes*, in: Dreier, Art. 45d Rn. 38; *Kumpf*, Kontrolle der Nachrichtendienste, S. 133 f.; *Unger*, in: vM/K/S, Art. 45d Rn. 14; vgl. auch *BVerfGE* 70, 324 (369 ff.) – Sondervotum *Mahrenholz*; nicht ganz so weitgehend: *Hansalek*, Parlamentarische Kontrolle, S. 273; *Hempel*, Bundestag und Nachrichtendienste, S. 183, 188; *Risse/Witt*, in: Hömig/Wolff, Art. 45d Rn. 1.

[301] *Hempel*, Bundestag und Nachrichtendienste, S. 182; *Hermes*, in: Dreier, Art. 45d Rn. 38; *Unger*, in: vM/K/S, Art. 45d Rn. 14; so aber etwa *Uerpmann-Wittzack*, in: v. Münch/Kunig, Art. 45d Rn. 3.

[302] Hierzu *Hermes*, in: Dreier, Art. 45d Rn. 38; vgl. auch *Hempel*, Bundestag und Nachrichtendienste, S. 183 f.

(2) Weitere Gremien

Aber nicht nur für das Parlamentarische Kontrollgremium gilt der Grundsatz der Spiegelbildlichkeit, sondern auch für das Sondergremium, das aufgrund besonderer Geheimhaltungsinteressen an Stelle des Plenums die Beteiligungsrechte des Parlamentes im Rahmen der Stabilisierung der Währungsunion ausüben darf. Im Gegensatz zu § 2 PKGrG regelt hier jedoch § 3 Abs. 3 StabMechG[303] respektive § 6 Abs. 2 S. 2 ESM-FinG explizit, dass mindestens ein Mitglied jeder Fraktion vertreten sein und die Zusammensetzung des Plenums widergespiegelt werden muss. Auch hier wird erneut deutlich, dass allein mit der Bezeichnung als Gremium keine Rechtfertigung für eine unterschiedliche Behandlung im Vergleich zu den Ausschüssen einhergeht.

Jenseits der beiden erwähnten Gremien existieren noch das Vertrauensgremium nach § 10a BHO, das Gremium nach Art. 13 Abs. 6 GG und die G 10-Kommission. Das Vertrauensgremium ist ein eigenständiges Unterorgan[304] des Bundestages und ist gem. § 10a Abs. 2 S. 1 BHO aus Mitgliedern des Haushaltsausschusses zusammengesetzt. Trotz eines Verweises auf § 2 PKGrG hinsichtlich der Besetzung des Gremiums muss auch hier der Grundsatz der Spiegelbildlichkeit gewahrt werden, was insbesondere den Ausschluss einer Fraktion unzulässig macht.[305] Gleiches gilt für das Gremium nach Art. 13 Abs. 6 GG. Dieses dient der parlamentarischen Kontrolle der akustischen beziehungsweise technischen Wohnraumüberwachung zur Gefahrenabwehr, Strafverfolgung sowie dem Schutz von verdeckten Ermittlern in einer Wohnung gem. Art. 13 Abs. 3 bis 5 GG. Auch diese Untergliederung des Bundestages übernimmt parlamentarische Funktionen, setzt sich aus Abgeordneten zusammen[306] und muss folglich das Stärkeverhältnis der Fraktionen im Plenum widerspiegeln.[307]

Anders verhält es sich hingegen mit der G 10-Kommission.[308] Zwar handelt es sich bei dieser Kommission schon sprachlich nicht um ein Gremium. Jedoch könnte man auch hier überlegen, die Geltung des Grundsatzes der Spiegelbildlichkeit in Frage zu stellen, da es sich hier dem Namen nach gerade nicht um einen Ausschuss handelt. Diese Argumentation überzeugt hier genauso wenig wie bei den Gremien. Entscheidend ist vielmehr, dass der Spiegelbildlichkeitsgrundsatz nur für parlamentarische Organisationseinheiten gilt. Dafür, dass die Kommission dem parla-

---

[303] Anders noch in der ursprünglichen Fassung des § 3 Abs. 3 StabMechG, die keinen Hinweis auf die Zusammensetzung des Plenums enthielt; vgl. auch *BVerfGE* 130, 318 (365).

[304] *v. Lewinski/Burbat*, BHO, § 10a Rn. 6.

[305] Vgl. auch *Kumpf*, Kontrolle der Nachrichtendienste, S. 154; anders *BVerfGE* 70, 324 (362 ff.).

[306] Zur aktuellen Zusammensetzung siehe BT-Drs. 18/375. Eine Regelung zur Zusammensetzung dieses Gremiums findet sich weder in Art. 13 GG noch in der Geschäftsordnung. Stattdessen entscheidet jeder Bundestag direkt mittels Einsetzungsbeschlusses, wer in das Gremium berufen wird, vgl. etwa *Papier*, in: Maunz/Dürig, Art. 13 Rn. 115.

[307] Vgl. *Hansalek*, Parlamentarische Kontrolle, S. 270 f.

[308] Siehe zur G 10-Kommission bereits kurz supra S. 34.

mentarischen Bereich zuzuordnen ist, könnte zwar sprechen, dass diese ähnlich wie das Parlamentarische Kontrollgremium mit der Kontrolle der Geheimdienste befasst ist (§ 15 Abs. 5–7 G 10-Gesetz). Dass die G 10-Kommission in einem Zusammenhang zur parlamentarischen Kontrolle[309] steht, ist allerdings nicht ausreichend. Denn sie übt gerade keine *parlamentarische* Kontrollfunktion[310] aus, sondern hat vielmehr eine rechtsschutzersetzende Funktion[311]. Dies ergibt sich schon aus Art. 10 GG direkt, der Eingriffe in das Brief-, Post- und Fernmeldegeheimnis erlaubt, ohne dass dem Betroffenen hiervon Kenntnis zu verschaffen ist. Da dem Betroffenen so der Rechtsschutz faktisch versperrt wird, ist die G 10-Kommission mit der Nachprüfung dieser Eingriffe betraut. Aber auch unabhängig davon, dass die Kommission keine parlamentarische Funktion ausübt, ist ihre Einordnung in den parlamentarischen Bereich schon deshalb zweifelhaft, weil sie nicht zwingend aus Mitgliedern des Bundestages zusammengesetzt ist.[312] § 15 Abs. 1 S. 1 G 10-Gesetz verlangt insoweit nur, dass der Vorsitzende der Kommission die Befähigung zum Richteramt hat. Daher könnte die gesamte Kommission mit geeigneten Nichtparlamentariern besetzt werden. In der Praxis werden tatsächlich auch häufig externe, juristische Fachleute in die Kommission berufen.[313] Wenngleich die Mitglieder durch das Parlamentarische Kontrollgremium, also eine parlamentarische Organisationseinheit, bestellt werden, ist die Kommission selbst somit nicht dem parlamentarischen Bereich zuzuordnen.[314] Daher gilt der Grundsatz der Spiegelbildlichkeit nicht für die Besetzung der G 10-Kommission.[315]

4. Zusammenfassung

Die Delegation von Plenarkompetenzen schränkt die Grundsätze der Gesamtrepräsentation und der Mandatsgleichheit ein. Diese Einschränkung lässt sich jedoch rechtfertigen. Dazu bedarf es eines verfassungsrechtlich legitimierten Grundes. Ein solcher ist regelmäßig die Funktionsfähigkeit des Parlamentes. Die Einschränkung muss zudem verhältnismäßig sein. Dabei ist die allgemeine Notwendigkeit von Ausschussarbeit anzuerkennen, die sich aus der hohen Arbeitsbelastung des Parlamentes ergibt. Dadurch ist insbesondere die vorbereitende Ausschussarbeit eine

---

309 Vgl. *Kumpf*, Kontrolle der Nachrichtendienste, S. 181 ff.

310 Deutlich *BVerfG*E 143, 1 (17); so auch *C. Arndt*, in: Schneider/Zeh, Parlamentsrecht, § 50 Rn. 33; *Borgs-Maciejewski*, in: Maciejewski/Ebert, Recht der Geheimdienste, B § 9 Rn. 4.

311 Vgl. *BVerfG*E 30, 1 (23); E 67, 157 (171); siehe auch *Hempel*, Bundestag und Nachrichtendienste, S. 186.

312 § 15 Abs. 1 S. 1 G 10-Gesetz.

313 *Roggan*, G-10-G, Kommentar, § 15 Rn. 4.

314 Ganz deutlich jetzt *BVerfG*E 143, 1 (16); *C. Arndt*, in: Schneider/Zeh, Parlamentsrecht, § 50 Rn. 29 ff.; vgl. *Hempel*, Bundestag und Nachrichtendienste, S. 186 f.; vgl. *Huber*, in: Erbs/Kohlhaas, Strafrechtliche Nebengesetze, NDÜV § 15 Rn. 4; *Schürmann*, in: Morlok/Schliesky/Wiefelspütz, Parlamentsrecht, § 19 Rn. 4.

315 A.A. *C. Arndt*, in: Schneider/Zeh, Parlamentsrecht, § 50 Rn. 28.

regelmäßig zulässige Beschränkung, soweit sie gerade dazu dient, die Funktionsfähigkeit des Parlamentes zu erhalten. Im Falle plenarersetzender Ausschussarbeit entscheidet hingegen ein Ausschuss an Stelle des Plenums. Dies stellt eine besonders intensive Ungleichbehandlung zwischen den Abgeordneten dar, die gleichwohl im Einzelfall gerechtfertigt sein kann.

Zusätzlich ist eine Beschränkung der Mandatsgleichheit und des Grundsatzes der Gesamtrepräsentation in der Regel nur dann verhältnismäßig, wenn der vorbereitende oder entscheidende Ausschuss beziehungsweise das Gremium auch spiegelbildlich besetzt ist. Aber auch vom Spiegelbildlichkeitsgrundsatz kann im Einzelfall abgewichen werden. Dies ist jedoch nur dann zulässig, wenn allein ein nicht spiegelbildlich besetzter Ausschuss die Wahrung der Funktionsfähigkeit des Parlamentes oder des Mehrheitsprinzips ermöglicht. Der Grundsatz der Spiegelbildlichkeit gilt ausschließlich für die Besetzung parlamentarischer Ausschüsse und Gremien. Aber auch im parlamentarischen Bereich gilt dieser Grundsatz nur, wenn in dem Ausschuss beziehungsweise Gremium Einfluss auf die Willensbildung des Parlamentes genommen werden kann. Dies ist besonders bei solchen Gremien nicht der Fall, die sich lediglich mit organisatorischen Fragen befassen. Dasselbe gilt für informelle, institutionalisierte Untergliederungen des Parlamentes. Unerheblich für die Geltung dieses Grundsatzes ist hingegen, ob es sich um einen Ausschuss oder ein Gremium handelt. Entscheidend ist nicht der Name, sondern der Einfluss auf die parlamentarische Willensbildung. Deshalb ist etwa auch das Parlamentarische Kontrollgremium erfasst.

C. Demokratie und Rechtsstaat

Die Delegation von Plenarkompetenzen auf Ausschüsse oder andere parlamentarische Gremien kann auch die Prinzipien der Rechtsstaatlichkeit und Demokratie berühren. Neben dem maßgeblich auf diesen Prinzipien beruhenden Parlamentsvorbehalt könnte aus ihnen im Einzelfall nämlich auch ein Plenarvorbehalt abgeleitet werden (II.).[316] Als terminologische Ausgangsbasis müssen diese beiden Begriffe zunächst von weiteren Vorbehaltsbegriffen abgegrenzt werden (I.).

I. Vom Rechtsatzvorbehalt bis zum Plenarvorbehalt

Die verschiedenen Vorbehaltsbegriffe[317] lassen sich wie eine Skala der Delegationsfeindlichkeit lesen. Am weitesten geht der Rechtsatzvorbehalt[318], der lediglich

[316] Siehe hierzu bereits supra S. 36.

[317] Zur Terminologie *Staupe*, Parlamentsvorbehalt, S. 31 ff.; *Lerche*, in: HGR III, § 62 Rn. 9 f.; vgl. rechtsvergleichend zu diesem Thema *Kischel*, Administrative Law Review 46 (1994), 213 (213 ff.).

ein Gesetz im materiellen Sinne verlangt. Enger gefasst ist der Gesetzesvorbehalt[319], der ein formelles Gesetz fordert. Dies schließt aber gerade nicht aus, dass der Gesetzgeber mit einem formellen Gesetz die nähere Regelung auf die Exekutive delegiert. Hierin unterscheidet sich der Gesetzesvorbehalt vom Parlamentsvorbehalt[320]. Dieser erfordert nicht nur ein formelles Gesetz, sondern auch, dass der Gesetzgeber selbst die Regelung einer Materie vornimmt. Eine Delegation auf die Exekutive ist hiernach gerade ausgeschlossen. Schließlich verbietet der Plenarvorbehalt eine Delegation noch weitergehender. Danach kann eine dem Parlament zustehende Kompetenz nur vom Plenum selbst wahrgenommen werden. Eine Delegation auf Ausschüsse oder andere parlamentarische Gremien ist nicht möglich.

II. Parlaments- und Plenarvorbehalt: Übereinstimmungen und Unterschiede

Der Parlaments- und der Plenarvorbehalt stehen in einem engen Zusammenhang[321] (1.). Auch wenn kleinere Unterschiede (2.) bestehen mögen, verlaufen Begründung, Grenzen und Folgen bei beiden Vorbehaltsbegriffen im Wesentlichen parallel (3.–5.). Trotz dieser Parallelen besteht zwischen dem Parlaments- und dem Plenarvorbehalt jedoch kein derart enger Zusammenhang, dass jede Kompetenz, die vom Parlamentsvorbehalt erfasst wird, auch dem Plenum vorbehalten wäre (6.).

1. Gemeinsame historische Wurzeln

Schon vor etwa einem Jahrhundert[322] wurde überlegt, ob eine Materie derart wichtig sein kann, dass ihre Regelung nicht delegiert werden dürfe. Hierbei ging es allerdings nicht um die Frage, wie die Kompetenzen zwischen der Exekutive und der Legislative verteilt seien sollten, ob also nur der Gesetzgeber wichtige Materien regeln dürfe. Stattdessen wurde darüber nachgedacht, ob eine Materie aufgrund ihrer Wichtigkeit allein vom Plenum, nicht aber von Ausschüssen geregelt werden sollte. Also wird schon seit Langem über die Möglichkeit eines Plenarvorbehalts nach-

---

[318] Hierzu *Ossenbühl*, in: HStR V, § 101 Rn. 16 und vor allem *Staupe*, Parlamentsvorbehalt, S. 31.

[319] Etwa *Ossenbühl*, in: HStR V, § 101 Rn. 11 ff.; *Staupe*, Parlamentsvorbehalt, S. 32 f.

[320] *BVerfG*E 49, 89 (126 f.); E 83, 130 (142); *Kloepfer*, JZ 39 (1984), 685 (691); *Seiler*, Einheitlicher Parlamentsvorbehalt, S. 36 ff.; *Staupe*, Parlamentsvorbehalt, S. 136 ff.

[321] *Schürmann*, in: Morlok/Schliesky/Wiefelspütz, Parlamentsrecht, § 19 Rn. 3: „Holz vom selben Stamm".

[322] Konkret thematisierte *Triepel*, 32. DJT 1922, S. 11 (27 ff.) einen Vorschlag zur Änderung der Reichsverfassung, die die Übertragung des Gesetzesbeschlusses auf Ausschüsse erlauben sollte, sofern es sich um Gesetze handelte, die „nicht lediglich oder hauptsächlich leitende Grundsätze enthalten und auch nicht aus anderen Gründen von besonderer Bedeutung sind" (ibd., S. 28); vgl. hierzu auch *Staupe*, Parlamentsvorbehalt, S. 108 f.

gedacht. Daher lässt sich auch keine lineare historische Entwicklungslinie zwischen den Vorbehaltsbegriffen ziehen,[323] die mit dem Gesetzesvorbehalt begänne und über den Parlaments- zum Plenarvorbehalt führte.

Gleichwohl stehen die Vorbehaltsbegriffe gedanklich in einem engen Zusammenhang. Logischer Ausgangspunkt ist hierbei der Gesetzesvorbehalt. Dieser wurde ursprünglich rechtsstaatlich-freiheitlich begründet.[324] Schutz von Freiheit und Eigentum[325] des Einzelnen sollte dadurch gewährleistet werden, dass statt des souveränen Fürsten dem parlamentarischen Repräsentationsorgan die Entscheidung über einen Eingriff vorbehalten wurde.[326] Daher verbindet sich mit diesem Vorbehaltsbegriff eine Orientierung am Eingriff in Individualrechte.[327] Jedoch schwand die Bedeutung des Gesetzesvorbehaltes mit der Geltung des Grundgesetzes. Denn nun bestand ein umfassender Grundrechtskatalog mit entsprechenden grundrechtlichen Eingriffsvorbehalten, wodurch das Bedürfnis für einen allgemeinen Gesetzesvorbehalt schwand.[328] Hinzu kam, dass der Begriff des Gesetzesvorbehaltes mit dem klassischen Eingriffsbegriff verbunden war.[329] Dadurch konnte er gerade nicht-intentionale, mittelbare Auswirkungen staatlichen Handelns nicht erfassen, was allerdings nicht der Grundrechtsdogmatik entsprach – danach waren auch mittelbare, nicht intentionale Eingriffe erfasst.[330] Zusätzlich erhielten mit der Etablierung des Sozialstaates staatliche Leistungen eine vergleichbare Bedeutung wie staatliche Eingriffe.[331] Trotz dessen vermochte der Gesetzesvorbehalt nur Eingriffe, nicht aber Leistungen zu erfassen. Aus diesen Gründen war eine Ergänzung des Gesetzesvorbehaltes notwendig geworden.

Diese Erweiterung oder Präzisierung[332] brachte der Begriff des Parlamentsvorbehaltes[333]. Danach ist ein formelles Gesetz unabhängig von einem (klassischen)

---

323 Vgl. *Staupe*, Parlamentsvorbehalt, S. 109 f., der darauf hinweist, dass der Kerngedanke der Wesentlichkeit keine Novität der Wesentlichkeitslehre sei; vgl. auch *Busch*, Gesetzes- und Parlamentsvorbehalt, S. 64 und *Ossenbühl*, in: HStR V, § 101 Rn. 43.

324 *Kloepfer*, JZ 39 (1984), 685 (685 f.); vgl. *Ossenbühl*, in: HStR V, § 101 Rn. 18, 21.

325 Zu dieser Formel etwa *Ossenbühl*, in: HStR V, § 101 Rn. 21; ausführlich *Seiler*, Einheitlicher Parlamentsvorbehalt, S. 44 ff.

326 *Huster/Rux*, in: BeckOK, Art. 20 Rn. 172.1; *Morlok*, in: ders/Schliesky/Wiefelspütz, Parlamentsrecht, § 3 Rn. 96; vgl. *Ossenbühl*, in: HStR V, § 101 Rn. 18 f.; *Schulze-Fielitz*, in: Dreier, Art. 20 (Rechtsstaat) Rn. 107.

327 Vgl. *BVerfGE* 47, 46 (78 f.); *Ossenbühl*, in: HStR V, § 101 Rn. 21.

328 *Ossenbühl*, in: HStR V, § 101 Rn. 21 und auch zu weiteren Einwänden etwa *Magiera*, Parlament und Staatsleitung, S. 289 m.w.N. sowie *Kloepfer*, JZ 39 (1984), 685 (686 ff.).

329 *Ossenbühl*, in: HStR V, § 101 Rn. 44.

330 *Ossenbühl*, in: HStR V, § 101 Rn. 31, 44.

331 Vgl. *BVerfGE* 40, 237 (249); *Busch*, Gesetzes- und Parlamentsvorbehalt, S. 21, 27 f.; *Kisker*, NJW 30 (1977), 1313 (1316); *Ossenbühl*, in: HStR V, § 101 Rn. 31, 43.

332 Vom Gesetzesvorbehalt bereits mitumfasst: *Ossenbühl*, in: HStR V, § 101 Rn. 15; Ausdifferenzierung durch den Parlamentsvorbehalt: *Staupe*, Parlamentsvorbehalt, S. 159 f.

333 Zum Verhältnis von Gesetzesvorbehalt und Parlamentsvorbehalt siehe etwa *Busch*, Gesetzes- und Parlamentsvorbehalt, S. 62 ff. und *Ossenbühl*, in: HStR V, § 101 Rn. 51

Eingriff bereits dann erforderlich, wenn eine „wesentliche“[334] Materie betroffen ist. Nach dieser Wesentlichkeitslehre ist jedoch nicht nur zur Regelung einer wesentlichen Materie ein Gesetz notwendig. Darüber hinausgehend verlangt sie neben der Schaffung einer gesetzlichen Grundlage auch, dass der Gesetzgeber dabei die wesentlichen Entscheidungen im Gesetz selbst trifft.[335] Allerdings muss der Gesetzgeber damit nicht die wesentlichen Regelungsbereiche (zum Beispiel das Schulrecht) gänzlich detailliert via Gesetz durchnormieren, immerhin aber die wichtigsten Regelungsgegenstände innerhalb eines wesentlichen Bereiches.[336] Dabei verschiebt sich insgesamt der Fokus vom rechtsstaatlich-freiheitlichen Gedanken des Individualschutzes[337] hin zu einer demokratischen Komponente.[338] Der Gesetzesvorbehalt würde es nämlich ganz formal erlauben, Blankoermächtigungen per Gesetz an die Exekutive zu erteilen. Der Gefahr der Selbstentmachtung des Parlamentes begegnet der Parlamentsvorbehalt, indem er das Parlament hinsichtlich der wesentlichen Fragen selbst in die Pflicht nimmt.[339] Der demokratische Aspekt des Parlamentsvorbehaltes kommt hier also besonders darin zum Ausdruck, dass der direkt demokratisch legitimierte Gesetzgeber geschützt wird.[340] Der Schutz von Freiheit und Eigentum des Bürgers ist nicht mehr allein maßgebend.

Schließlich kann von der Wesentlichkeitslehre ausgehend auch überlegt werden, ob eine Materie, die derart wesentlich ist, dass sie nur durch das Parlament geregelt werden darf, auch ausschließlich im Plenum verhandelt und entschieden werden muss. Von dem Parlamentsvorbehalt und der Wesentlichkeitslehre ausgehend, könnte in einem nächsten Schritt auch ein Plenarvorbehalt aufgestellt werden.

2. Unterschiedliche Ausrichtung

Sowohl Parlaments- als auch Plenarvorbehalt konstituieren Delegationsverbote. Unterschiede[341] ergeben sich hinsichtlich der Delegatare. Der Parlamentsvorbehalt

---

[334] Grundlegend *BVerfGE* 33, 125 (158); E 33, 303 (337, 346); noch auf „grundsätzliche Fragen abstellend E 33, 303 (346) und E 40, 237 (249); E 41, 251 (259 f.): „wesentliche Maßnahmen“; E 45, 400 (417 f.); E 48, 210 (221); E 49, 89 (126); E 79, 174 (195 f.); siehe etwa auch *Huster/Rux*, in: BeckOK, Art. 20 Rn. 176; *Robbers*, in: BK, Art. 20 Rn. 704.

[335] *BVerfGE* 49, 86 (126); E 80, 124 (132); E 101, 1 (34); E 108, 282 (311); E 136, 69 (114); vgl. auch *Ossenbühl*, in: HStR V, § 101 Rn. 47 f.; *Robbers*, in: BK, Art 20 Rn. 706.

[336] *Staupe*, Parlamentsvorbehalt, S. 134 ff.

[337] Abkehr von Freiheit-und-Eigentum-Formel: *Staupe*, Parlamentsvorbehalt, S. 114 f.

[338] Vgl. *BVerfGE* 49, 89 (126); *Ossenbühl*, in: HStR V, § 101 Rn. 41.

[339] *Busch*, Gesetzes- und Parlamentsvorbehalt, S. 16, 55; *Morlok*, in: Morlok/Schliesky/Wiefelspütz, Parlamentsrecht, § 3 Rn. 92; vgl. *Ossenbühl*, in: HStR V, § 101 Rn. 48; kritisch zu dieser Inpflichtnahme des Gesetzgebers durch das Bundesverfassungsgericht etwa *Kloepfer*, JZ 39 (1984), 685 (690 f.).

[340] Vgl. *Busch*, Gesetzes- und Parlamentsvorbehalt, S. 23.

[341] Hierzu auch *Schürmann*, in: Morlok/Schliesky/Wiefelspütz, Parlamentsrecht, § 19 Rn. 3.

stand zunächst[342] vor allem einer Delegation des Parlamentes zu Gunsten der Exekutive entgegen. Verhindert wird damit eine interorganschaftliche (horizontale) Delegation, das heißt, Kompetenzübertragungen im Verhältnis zwischen den Gewalten. Der Plenarvorbehalt hingegen richtet sich gegen eine intraorganschaftliche (vertikale) Delegation, indem die Kompetenzübertragung vom Plenum auf ein parlamentarisches Gremium untersagt wird – damit geht es um die Verhältnisse innerhalb einer Gewalt (Parlament). Relevanz besitzt diese unterschiedliche Ausrichtung der Vorbehalte vor allem dann, wenn die besondere Betonung auf den demokratischen Legitimationsaspekt des Parlamentsvorbehalts gelegt wird. Wird eine Delegation auf die Exekutive für unzulässig erklärt, weil eine Materie so wesentlich ist, dass nur das unmittelbar gewählte Parlament ausreichend demokratisch legitimiert ist, so greifen diese Bedenken nicht vollständig im Rahmen des Plenarvorbehaltes durch. Denn auch bei einer Delegation auf ein parlamentarisches Gremium entscheiden weiterhin unmittelbar legitimierte Abgeordnete.[343] Allerdings verfügt die Entscheidung aller Abgeordneten im Plenum gegenüber der Entscheidung einer Hand voll Abgeordneter etwa in einem Ausschuss eine größere Legitimationswirkung.[344] Jenseits der Frage der demokratischen Legitimation hat eine Plenarentscheidung zudem auch größere Repräsentationskraft[345].

3. Keine Formvorbehalte

Keine Unterschiede zwischen beiden Vorbehaltsbegriffen bestehen hingegen hinsichtlich der Form der Entscheidung, die dem Parlament beziehungsweise Plenum vorbehalten sein soll. Der Plenarvorbehalt fordert lediglich eine Entscheidung des Plenums, egal ob dies ein Gesetzesbeschluss oder die Wahl des Bundeskanzlers ist.[346] Gleiches gilt auch für den Parlamentsvorbehalt. Dies wird aber von Teilen der Literatur bestritten. Sie verstehen den Parlamentsvorbehalt so, dass Entscheidungen, die dem Parlament vorbehalten sind, nur in Gesetzesform getroffen werden können.[347] Dann würde der Parlamentsvorbehalt einen Formvorbehalt statuieren. Im Gegensatz dazu stünde dann der Plenarvorbehalt, der keine Beschränkung der Entscheidungsform des Plenums kennt.

---

[342] Der Parlamentsvorbehalt gilt allerdings auch für Kompetenzübertragungen zu Gunsten von supra- und internationalen (aber etwa auch nichtstaatlichen) Akteuren.

[343] *Schürmann*, in: Morlok/Schliesky/Wiefelspütz, Parlamentsrecht, § 19 Rn. 3; näher hierzu noch infra S. 125 f.

[344] So auch *Pietzner*, Petitionsausschuss, S. 86 f.

[345] *Pietzner*, Petitionsausschuss, S. 86 f. und hierzu bereits supra S. 80 f., 92 f. sowie infra S. 125 f.

[346] Mit der Frage, ob der Plenarvorbehalt auch einen Formvorbehalt statuiert, hat sich, soweit ersichtlich, bis dato noch niemand beschäftigt.

[347] So etwa *Baldus*, in: vM/K/S, Art. 87a Rn. 71 Fn. 122; *Busch*, Gesetzes- und Parlamentsvorbehalt, S. 67 ff.; vgl. auch *Hermes*, Parlamentsgesetz, S. 77 und *Schulze-Fielitz*, in: Dreier, Art. 20 Rn. 122.

Im Ausgangspunkt betrifft der Parlamentsvorbehalt zwar die Frage, ob und gegebenenfalls wie detailliert das Parlament eine wesentliche Materie normieren muss und damit die Regelung der Exekutive entzogen ist. Dies kann so verstanden werden, dass der Parlamentsvorbehalt sich nur auf die gesetzliche Regelung einer Materie bezieht. Hinter dem Parlamentsvorbehalt steht aber der Gedanke, dass das Parlament wesentliche Entscheidungen selbst treffen muss. Dies gilt unabhängig von der Form, in der die Entscheidung zu treffen ist. Daher statuiert der Parlamentsvorbehalt keinen Formvorbehalt.[348]

Dies gilt beispielsweise bei Entscheidungen über Auslandseinsätze der Bundeswehr. Ein Gesetzesbeschluss wäre für den konkreten Einsatz auch nicht sachgerecht.[349] Denn diese Entscheidung betrifft keinen klassischen Gegenstand abstrakt-genereller Regelung durch Gesetzgebung, sondern eine Einzelfallentscheidung über einen konkreten Sachverhalt. Zudem handelt es sich um eine für das Gemeinwesen und die Grundrechte der Soldaten wesentliche Entscheidung, so dass der direkt demokratisch legitimierte Gesetzgeber diese Entscheidung treffen muss, auch wenn dies hier nicht mittels Gesetzes möglich ist.[350]

Hierbei können Bedenken[351] aufgrund des vermeintlich minderwertigen, weil weniger öffentlichkeitswirksamen, Entscheidungsverfahrens bei einem Parlamentsbeschluss im Gegensatz zum Gesetzgebungsverfahren nicht durchgreifen. Gerade die Entscheidungen über Auslandseinsätze der Bundeswehr zeigen, dass die Plenardebatte und die mediale Aufmerksamkeit auch bei einem Parlamentsbeschluss zu einer großen Beteiligung der Öffentlichkeit beitragen und damit gerade keine Minderwertigkeit gegenüber dem Gesetzgebungsverfahren festgestellt werden kann.

Ebenfalls nicht zu überzeugen vermag die Kritik, die darauf hinweist, dass mit der Wahlfreiheit zwischen einfachem Beschluss und dem Gesetzgebungsverfahren die Beteiligung anderer Verfassungsorgane umgangen werde.[352] Dass der Parlamentsvorbehalt nicht zwingend die Gesetzesform und damit die Beteiligung des Bundesrates vorschreibt, bedeutet gerade nicht, dass das Parlament freies Ermessen

---

[348] Vgl. *BVerfGE* 104, 151 (208); E 121, 135 (154); *Huster/Rux*, in: BeckOK, Art. 20 Rn. 106; *Kloepfer*, JZ 39 (1984), 685 (694 f.); *Kokott*, in: Sachs, Art. 87a Rn. 42; *Korioth*, StaatsR I, Rn. 194; *Morlok*, in: Morlok/Schliesky/Wiefelspütz, Parlamentsrecht, § 3 Rn. 97; *Ossenbühl*, in: HStR V, § 101 Rn. 50; vgl. *Staupe*, Parlamentsvorbehalt, S. 175; *Wiefelspütz*, Einsatz, S. 47 f.; ausführlich zu diesem Problem *Sester*, Parlamentsbeschluß, S. 143 ff.

[349] *Wagner*, Parlamentsvorbehalt, S. 32.

[350] Vgl. *BVerfGE* 90, 286 (381 ff.) – ohne Bezug zur Wesentlichkeitslehre; *Baldus*, in: vM/K/S, Art. 87a Rn. 71; *Epping*, in: BeckOK, Art. 87a Rn. 26; *Wagner*, Parlamentsvorbehalt, S. 32 m.w.N.; anders *Sester*, Parlamentsbeschluß, S. 154 ff., 167, der hier keinen Anwendungsfall der Wesentlichkeitslehre sieht – siehe hierzu aber *BVerfGE* 123, 267 (360 f.): „Der Einsatz von Streitkräften ist für individuelle Rechtsgüter der Soldatinnen und Soldaten sowie anderer von militärischen Maßnahmen Betroffener *wesentlich* und birgt die Gefahr tiefgreifender Verwicklungen in sich." (Hervorhebung nicht im Original).

[351] *Busch*, Gesetzes- und Parlamentsvorbehalt, S. 69, 71 f.

[352] *Busch*, Gesetzes- und Parlamentsvorbehalt, S. 71 f.

hinsichtlich der Handlungsform besäße und den Bundesrat nach Belieben umgehen könnte. Vielmehr soll so lediglich ermöglicht werden, dass das direkt demokratisch legitimierte Parlament wesentliche Entscheidungen auch dann treffen kann, wenn das Gesetz als Handlungsalternative gerade nicht zur Verfügung steht.[353] Es geht hier also gerade nicht darum, den Bundesrat zu umgehen, sondern eine Entscheidung des direkt demokratische legitimierten Parlamentes über eine wesentliche Frage zu ermöglichen, soweit das Gesetzgebungsverfahren hierfür nicht offensteht.

Zudem wird kritisiert, dass dem einfachen Parlamentsbeschluss die Rechtsverbindlichkeit fehle.[354] Daher müsse der Parlamentsvorbehalt die Gesetzesform vorschreiben, da nur dann eine verbindliche Entscheidung des Parlaments vorläge. Es ist aber unschädlich, dass dem schlichten Parlamentsbeschluss die Verbindlichkeit fehlt,[355] denn gerade in den relevanten Fällen (Auslandseinsätze der Bundeswehr)[356] handelt es sich um konstitutive Parlamentsbeschlüsse, die rechtsverbindlich[357] sind. Im Ergebnis führt zudem gerade die Unverbindlichkeit des schlichten Parlamentsbeschlusses dazu, dass das Parlament in der Regel auf die Gesetzesform zurückgreifen muss und gerade keine Wahlfreiheit besteht. Erfordert der Parlamentsvorbehalt eine Entscheidung des Parlaments, dann ist dem mit einem unverbindlichen, schlichten Parlamentsbeschluss nicht Genüge getan. Wenn daher der Parlamentsvorbehalt nur ausnahmsweise die Wahl des (konstitutiven) Parlamentsbeschlusses erlaubt, soweit der Erlass eines Gesetzes nämlich nicht möglich wäre, besteht auch nicht die Gefahr der Umgehung des Bundesrates und des Formmissbrauches[358].

Somit konstituieren weder Parlaments- noch Plenarvorbehalt einen Formvorbehalt, so dass in dieser Hinsicht keine Unterschiede bestehen. Beide Vorbehaltsbegriffe erfordern lediglich eine Entscheidung des Parlamentes beziehungsweise

[353] So ist ein Gesetz für einen konkreten Auslandseinsatz nicht opportun, aber auch bei innerparlamentarischen Organisationsfragen mag eine Beteiligung des Bundesrates zu vermeiden sein. Die Frage, ob dem Parlamentsvorbehalt auch durch einen Parlamentsbeschluss genüge getan werden kann, wurde vor Kurzem im Zuge der sogenannten Flüchtlingskrise virulent. Nimmt man für die Entscheidung aus dem Jahr 2015, „die Grenzen zu öffnen" (Selbsteintritt nach der Dublin-III-VO), einen Parlamentsvorbehalt an, kann man einen schlichten Parlamentsbeschluss (so *Degenhart*, StaatsR I, Rn. 39a; wohl auch für die vorläufige Entscheidung in dieser Form *Kloepfer*, Tagesspiegel.de v. 04. 12. 2015) für ausreichend halten oder die Beteiligung des Bundesrates durch ein Parlamentsgesetz fordern (so *Di Fabio*, Gutachten, S. 95 ff.; offen gelassen bei *Wendel*, JZ 71 (2016), 332 [338]). Vgl. zudem allgemein: *Ossenbühl*, in: HStR V, § 101 Rn. 50. Ähnlich wie bei Auslandeinsätzen könnte man hier vertreten, dass diese Entscheidung so wichtig ist, dass das Parlament hierüber entscheiden musste, ein Gesetz bei dieser Einzelfallentscheidung aber nicht sachgerecht gewesen wäre und daher lediglich ein Parlamentsbeschluss erforderlich war.

[354] *Busch*, Gesetzes- und Parlamentsvorbehalt, S. 72 f.

[355] Siehe etwa *Magiera*, Parlament und Staatsleitung, S. 212 ff. m.w.N.; vgl. zudem *Sester*, Parlamentsbeschluß, S. 27 ff.

[356] *Ossenbühl*, in: HStR V, § 101 Rn. 50 mit weiteren Beispielen.

[357] *Wiefelspütz*, Einsatz, S. 47.

[358] *Busch*, Gesetzes- und Parlamentsvorbehalt, S. 71; *Magiera*, Parlament und Staatsleitung, S. 214 – nur bei Verbindlichkeit des schlichten Parlamentsbeschlusses.

Plenums, ohne eine Aussage darüber zu treffen, in welcher Form diese Entscheidung zu ergehen hat.

4. Gemeinsame Begründungslinien

Für die Begründung des Parlamentsvorbehalts wird überwiegend[359] auf dieselben Aspekte verwiesen, die der Herleitung des Gesetzesvorbehaltes dienen. Zwar wurde der Gesetzesvorbehalt ursprünglich vor allem freiheitlich-rechtsstaatlich begründet.[360] Aber auf dieser Stufe ist die Dogmatik nicht stehen geblieben. Vielmehr wird die Notwendigkeit einer gesetzlichen Regelung im Sinne des Gesetzesvorbehaltes mittlerweile auch damit begründet, dass der Gesetzgeber direkt demokratisch legitimiert ist.[361] Für die Begründung sowohl des Gesetzes- als auch des Parlamentsvorbehaltes sind also das Rechtsstaatsprinzip und das Demokratieprinzip von Bedeutung (a)–b)). Daneben gibt es auch alternative Begründungsansätze (c)). Entscheidend für den Plenarvorbehalt ist letztlich, ob sich die Begründung des Gesetzes- und des Parlamentsvorbehaltes auf ihn übertragen lässt (insbesondere d)).

a) Rechtsstaatsprinzip

Unter den vielen Aspekten des Rechtsstaatsprinzips werden die Rechtssicherheit und besonders[362] die Grundrechte[363] zur Begründung des Gesetzes- und damit grundsätzlich auch des Parlamentsvorbehaltes herangezogen.[364]

aa) Rechtssicherheit

Die Rechtssicherheit wird deshalb zur Begründung des Gesetzesvorbehaltes herangezogen, weil eine formell-gesetzliche Regelung öffentlich bekannt gemacht wird und typischerweise von gewisser Dauer ist. Im Gegensatz etwa zu einem

[359] Vgl. *BVerfGE* 49, 89 (126 f.); E 83, 130 (142); E 101, 1 (34); E 136, 69 (114); deutlich *Böckenförde*, Gesetz, S. 392 ff.; *Busch*, Gesetzes- und Parlamentsvorbehalt, S. 62 ff.; *Schulze-Fielitz*, Theorie und Praxis, S. 169 ff.; *Schulze-Fielitz*, in: Dreier, Art. 20 (Rechtsstaat) Rn. 119; *Seiler*, Einheitlicher Parlamentsvorbehalt, S. 73 ff.; vgl. auch mit terminologischen Unterschieden *Ossenbühl*, in: HStR V, § 101 Rn. 51; zur alternativen Herleitung siehe etwa *Staupe*, Parlamentsvorbehalt, S. 201 ff.

[360] Siehe hierzu bereits supra S. 113.

[361] Siehe hierzu sogleich infra S. 121 ff.

[362] So etwa auch *Huster/Rux*, in: BeckOK, Art. 20 Rn. 173.

[363] Teilweise werden die Grundrechte als Teilaspekt des Rechtsstaatsprinzips (etwa *Huster/Rux*, in: BeckOK, Art. 20 Rn. 173), teils als selbständige Begründungslinie (etwa *Seiler*, Einheitlicher Parlamentsvorbehalt, S. 89 ff.) verstanden und teils beide kombiniert (etwa *Busch*, Gesetzes- und Parlamentsvorbehalt, S. 27 ff.).

[364] Siehe hierzu und zum Folgenden etwa *Busch*, Gesetztes- und Parlamentsvorbehalt, S. 27 ff.; *Huster/Rux*, in: BeckOK, Art. 20 Rn. 173; *Seiler*, Einheitlicher Parlamentsvorbehalt, S. 73 ff., 89 ff.; *Staupe*, Parlamentsvorbehalt, S. 175 ff.

Verwaltungsakt ist eine mit ihr einhergehende Beeinträchtigung oder auch Begünstigung damit tendenziell vorhersehbar und berechenbar. Zwar muss auch ein Verwaltungsakt bekanntgegeben werden. Zum Zeitpunkt der Bekanntgabe liegt gegebenenfalls aber schon ein Eingriff vor und der Bürger hat keine Gelegenheit mehr, durch Änderung seines Verhaltens diesen zu vermeiden. Anders ist dies, wenn ein Parlamentsgesetz ein Verhalten des Bürgers vorschreibt und die Eingriffsgrundlage für Sanktionen bei Nichtbeachtung bildet. In diesem Fall ist der Eingriff für den Bürger vorhersehbar und abwendbar. Allerdings bestehen beim Vergleich von formell-gesetzlicher Regelung durch die Legislative und einer materiell-rechtlichen Regelung durch die Exekutive in Form einer Rechtsverordnung keine ähnlich substanziellen Unterschiede wie zwischen Verwaltungsakt und Parlamentsgesetz. Beide abstrakt-generellen Regelungen dienen der Rechtssicherheit in durchaus vergleichbarer Weise.

Daraus wird teilweise der Schluss gezogen, dass die Rechtssicherheit zwar zur Begründung des Gesetzesvorbehalts tauge, der die weitere Regelung durch Rechtsverordnung erlaubt, jedoch nicht zur Herleitung des Parlamentsvorbehalts genutzt werden könne, der eine Regelung nur durch Parlamentsgesetz zulässt.[365] Denn nur sofern ein Parlamentsgesetz im Gegensatz zu einer Rechtsverordnung ein höheres Maß an Rechtssicherheit vermittelte, könnte damit begründet werden, weshalb allein ein Parlamentsgesetz im Sinne des Parlamentsvorbehaltes erforderlich sei und keine Rechtsverordnung (Gesetzesvorbehalt) ausreiche. Allerdings trifft schon die Prämisse nicht zu, dass beide Regelungsformen dasselbe Maß an Rechtssicherheit vermitteln. Denn es bestehen zwischen den Verfahren der Gesetzgebung und des Verordnungserlasses signifikante Unterschiede.[366] So generiert das Gesetzgebungsverfahren regelmäßig ein höheres Maß an Öffentlichkeit als das Verfahren des Verordnungserlasses. Dies ergibt sich nicht allein aus der Publizität, insbesondere der Aussprache und Abstimmung im Plenum, sondern auch maßgeblich aus der medialen Aufmerksamkeit, die dem Vorgang und dem Ergebnis der Gesetzgebung zuteil wird. Schließlich ist es nicht unüblich, dass Verordnungen zeitlich befristet werden.[367] Eine nur vorübergehende Regelung kann aber nicht im gleichen Maße Rechtssicherheit erzeugen wie ein Parlamentsgesetz, das grundsätzlich zeitlich unbeschränkt gilt. Insgesamt dient das formelle Gesetz der Rechtssicherheit damit in einem höheren Maße. Der Parlamentsvorbehalt kann daher auch auf diesen Aspekt gestützt werden.

---

[365] Vgl. *Eberle*, DÖV 37 (1984), 485 (488); *Seiler*, Einheitlicher Parlamentsvorbehalt, S. 82 f.; vgl. auch *Staupe*, Parlamentsvorbehalt, S. 181; anders wohl *Lerche*, in: HGR III, § 62 Rn. 35.

[366] Vgl. dazu und zum Folgenden: *Hermes*, Parlamentsgesetz, S. 62; *Magiera*, Parlament und Staatsleitung, S. 210; *Schulze-Fielitz*, Theorie und Praxis, S. 176; vgl. *Staupe*, Parlamentsvorbehalt, S. 224 ff.; die folgenden Punkte bezweifelt *Eberle*, DÖV 37 (1984), 485 (488).

[367] Vgl. hierzu beispielsweise die landesrechtlichen Vorgaben im Polizeirecht: § 79 HSOG; § 58 ASOG Berlin; § 100 SOG LSA; § 22 SOG M-V; siehe aber auch allgemeiner § 62 LVwG SH; vgl. zudem zur zeitlichen Unbeständigkeit von Rechtsverordnungen *Schulze-Fielitz*, Theorie und Praxis, S. 168 m.w.N.

bb) Grundrechte

Zur Begründung des Gesetzes- und des Parlamentsvorbehaltes wird auch auf die Grundrechte verwiesen.[368] Die Erforderlichkeit einer gesetzlichen Regelung kann hiernach damit begründet werden, dass der grundrechtlich geschützte Freiheitsbereich des Bürgers zwar umfassend ist, das genaue Ausmaß dieses Freiheitsbereiches aber geregelt werden muss. Die Notwendigkeit einer gesetzlichen Konturierung einer grundrechtlichen Freiheit ist bei normgeprägten Grundrechten[369] besonders deutlich. Erst durch diese normative Ausgestaltung der Freiheitsbereiche wird eine effektive Grundrechtsausübung ermöglicht und gefördert. Hieraus ergibt sich ein Regelungsauftrag an den Gesetzgeber, die für die Ausübung grundrechtlicher Freiheit relevanten Normen zu schaffen. Zudem gewährleisten die Grundrechte nicht nur durch ihren abwehrrechtlichen Charakter einen individuellen Freiheitsbereich, dessen Ausmaß der Gesetzgeber regeln muss, sondern den Grundrechten kommt auch eine objektiv-rechtliche Dimension zu. Danach bestehen auch Schutzpflichten des Staates beziehungsweise Leistungsrechte des Bürgers, also Handlungspflichten insbesondere des Gesetzgebers, eine gesetzliche Regelung zu schaffen.

cc) Bedeutung für den Plenarvorbehalt

Die rechtsstaatliche Herleitung kann allerdings für den Plenarvorbehalt nicht genutzt werden. Denn der rechtsstaatliche Begründungsansatz beruht insgesamt auf der Staat-Bürger-Perspektive. Dies gilt nicht nur für die Frage der Rechtssicherheit und die Wirkung der Grundrechte, sondern auch für weitere Teilaspekte des Rechtsstaatsprinzips, auf die teilweise zur Herleitung des Gesetzesvorbehalts verwiesen wird.[370] Die Situation ist beim Plenarvorbehalt aber eine ganz andere. Zum einen geht es bei der Delegation von Plenarkompetenzen um eine rein innerparlamentarische Perspektive. Ob ein Ausschuss eine Entscheidung des Plenums vorbereitet oder statt des Plenums entscheidet, ist für den Bürger unerheblich.[371] Es berührt nicht sein Bedürfnis nach Rechtssicherheit oder seine Grundrechte, wenn die Kompetenzen innerhalb des Parlamentes verteilt werden. Denn aus der Außenper-

---

[368] Teilweise werden die Grundrechte als Teilaspekt des Rechtsstaatsprinzips (etwa *Huster/Rux*, in: BeckOK, Art. 20 Rn. 173), teils als selbständige Begründungslinie (etwa *Seiler*, Einheitlicher Parlamentsvorbehalt, S. 89 ff.) verstanden und teils beide kombiniert (etwa *Busch*, Gesetzes- und Parlamentsvorbehalt, S. 27 ff.). Zum Verhältnis von Grundrechten und Rechtsstaatsprinzip siehe allgemein *Grzeszick*, in: Maunz/Dürig, Art 20 VII Rn. 24; *Huster/Rux*, in: BeckOK, Art. 20 Rn. 149; *Sachs*, in: Sachs, Art. 20 Rn. 77; *Schulze-Fielitz*, in: Dreier, Art. 20 (Rechtsstaat) Rn. 39; *Sommermann*, in: vM/K/S, Art. 20 III Rn. 238. Siehe zur Herleitung des Gesetzesvorbehalts aus den Grundrechten zudem *Böckenförde*, Gesetz, S. 383 f.; *Hoffmann-Riem*, AöR 130 (2005), 5 (10 f.); *Lerche*, in: HGR III, § 62 Rn. 16 ff.; *Schulze-Fielitz*, in: Dreier, Art. 20 (Rechtsstaat) Rn. 111.

[369] Vgl. *Lerche*, in: HGR III, § 62 Rn. 19 und *Seiler*, Einheitlicher Parlamentsvorbehalt, S. 95 f.

[370] Siehe hierzu beispielsweise *Seiler*, Einheitlicher Parlamentsvorbehalt, S. 76 ff.

[371] Siehe hierzu noch ausführlich infra S. 287 f.

spektive stellen sich Plenar- und Ausschussentscheidungen immer als Entscheidungen des Parlamentes dar. Zum anderen gibt es bei den innerparlamentarischen Delegationen auch keinen Kontrast der Handlungsformen. Entscheidet das Plenum oder ein Ausschuss über die Aufhebung eines Sperrvermerkes, die Aufhebung der Immunität, ein Gesetzesvorhaben oder Ähnliches, dann mag es zwar auch Unterschiede im Verfahren geben. Jedoch bleibt es dabei, dass es sich um einen Beschluss des Parlamentes handelt. Es gibt hier also kein Äquivalent für Verwaltungsakt/Rechtsverordnung/Parlamentsgesetz, die ein unterschiedliches Maß an Rechtssicherheit gewährleisten könnten. Es mag zwar richtig sein, dass eine Entscheidung des Plenums die Öffentlichkeit besser erreicht als die Entscheidung eines Ausschusses.[372] Dies spielt aber keine Rolle. Denn entweder dient die Ausschussarbeit dazu, einen Beschluss des Plenums vorzubereiten. In diesem Fall kommt es ohnehin zum öffentlichkeitswirksamen Plenarverfahren. Oder ein Ausschuss entscheidet abschließend und plenarersetzend. Entscheidungen von Ausschüssen berühren aber nie unmittelbar die die Freiheitssphäre des Bürgers unmittelbar.[373] Für den Plenarvorbehalt gilt daher, dass aus dem Rechtsstaatsprinzip letztlich nichts zu seiner Begründung hergeleitet werden kann.

b) Demokratische Legitimation

aa) Zur Begründung von Gesetzes- und Parlamentsvorbehalt

Die sich auf das Demokratieprinzip stützende Herleitung[374] des Gesetzes- und Parlamentsvorbehaltes beruht auf der besonderen Legitimation des Parlaments. Aufbauend auf dieser Prämisse wird verlangt, dass die wesentlichen Fragen des Gemeinwesens durch das Parlament beantworten werden. Die Kritiker dieser Herleitung stoßen sich vor allem an drei Punkten. Zunächst wird das methodische Vorgehen, also die Ableitung des Vorbehaltsbegriffes, und damit die konkrete Zuordnung von Kompetenzen, aus einem allgemeinen Staatsprinzip, hinterfragt.[375] Bedenken werden auch gegen die „Monopolisierung" der Macht zu Gunsten des

---

[372] Siehe hierzu bereits supra S. 41 ff., 80.

[373] Vgl. hierzu die Übersichten supra S. 44 sowie infra S. 250 ff. Zwar könnte man überlegen, ob die Delegation von Kontrollkompetenzen auf das Parlamentarische Kontrollgremium Aspekte betrifft, die für die Verwirklichung des Allgemeinen Persönlichkeitsrechts und von Art. 10 GG bedeutsam sind. Jedoch hat das Parlamentarische Kontrollgremium lediglich begrenzte Informationsbefugnisse gem. § 5 PKGrG, die sich allenfalls äußerst indirekt auf die Ausübung der Grundrechte auswirken könnten.

[374] Zu dieser Begründungslinie: *Busch*, Gesetzes- und Parlamentsvorbehalt, S. 34 ff.; *Böckenförde*, Gesetz, S. 183; *Hermes*, Parlamentsgesetz, S. 50 ff.; *Huster/Rux*, in: BeckOK, Art. 20 Rn. 104 ff.; *Kisker*, NJW 30 (1977), 1313 (1314 f.); *Schulze-Fielitz*, Theorie und Praxis, S. 166 f.; *Seiler*, Einheitlicher Parlamentsvorbehalt, S. 83 ff.; *Sommermann*, in: vM/K/S, Art. 20 Rn. 186 ff., 273; *Staupe*, Parlamentsvorbehalt, S. 163 ff.; zu Begriff und Bedeutung der Legitimität umfassend *Hermes*, Parlamentsgesetz, S. 29 ff.

[375] *Schlink*, Amtshilfe, S. 130 ff.; *Staupe*, Parlamentsvorbehalt, S. 182 ff.; vgl. *Fiedler*, JZ 34 (1979), 178 (184); vgl. auch allgemein *Böckenförde*, Organisationsgewalt, S. 91.

Parlamentes geltend gemacht.[376] Schließlich wird auch grundlegend die Prämisse in Zweifel gezogen, das Parlament sei durch die Wahlen unmittelbar demokratisch und damit in höherem Maße legitimiert als die Exekutive.[377]

Die Kritik am methodischen Vorgehen kann abstrakt und auch hier konkret nicht überzeugen. Abstrakt lässt sich aus so unbestimmten Vorgaben wie dem Demokratieprinzip sicherlich nicht ohne Weiteres auf genaueste Abgrenzungen der Kompetenzen zwischen den Organen schließen. Dies ist allerdings auch nicht nötig, da sich die Ableitung des Gesetzes- und Parlamentsvorbehaltes nicht ausschließlich auf das Demokratieprinzip stützt. Zudem ist der pauschale Verweis auf Staatsprinzipien zwar generell weniger überzeugend, demgegenüber aber ist die Argumentation unter Berufung auf bestimmte Einzelausprägungen und Konkretisierungen eben dieser Staatsprinzipien durchaus legitim.[378] Die Auslegung von und Arbeit mit (auch) unbestimmten Rechtsbegriffen ist gerade Aufgabe der Rechtswissenschaft.

Etwas konkreter wird weiterhin bezweifelt, dass sich das Demokratieprinzip dazu eigne, neben Rechten des Parlamentes auch mögliche Pflichten (in Form des Parlamentsvorbehaltes) zu begründen.[379] Während es noch verständlich sei, aus der besonderen demokratischen Legitimation des Parlamentes ein rechtliches Dürfen abzuleiten, sei es befremdlich, aus dieser Legitimation eine Beschränkung seiner Kompetenzen herzuleiten.[380] Dies übersieht aber, dass es um den Einfluss des einzig direkt demokratisch legitimierten Repräsentationsorgans des Souveräns geht und nicht um das Organ „Parlament" an sich. Demokratie dient dem Souverän und nicht dem Parlament als seinem Organ.[381] Damit ist es auch geboten, diesen Einfluss des Souveräns davor zu schützen, dass das Parlament sich seiner (abgeleiteten) Macht freiwillig begibt.[382] Es steht einer Ableitung auch von Pflichten des Parlamentes aus dem Demokratieprinzip daher nichts entgegen.

Demgegenüber trifft die Kritik an einer möglichen Suprematie[383] des Parlaments und einer Überbewertung der direkt demokratischen Legitimation des Parlamentes

---

[376] *Staupe*, Parlamentsvorbehalt, S. 173 f.; vgl. allgemeiner *Böckenförde*, Organisationsgewalt, S. 79.

[377] *von Arnim*, DVBl. 102 (1987), 1241 (1242 f.); *Busch*, Gesetzes- und Parlamentsvorbehalt, S. 35 ff.; *Eberle*, DÖV 37 (1984), 485 (489); *Seiler*, Einheitlicher Parlamentsvorbehalt, S. 83 ff.; *Staupe*, Parlamentsvorbehalt, S. 167 ff.; kritisch auch *Böckenförde*, Organisationsgewalt, S. 79 ff.; anders *Dreier*, in: Dreier, Art. 20 (Demokratie) Rn. 116 m.w.N.; *Kriele*, VVDStRL 29 (1971), 46 (63); *Ossenbühl*, Verwaltungsvorschrift, S. 207; *Pietzner*, Petitionsausschuss, S. 84 f.

[378] Vgl. zu diesen Argumenten *Busch*, Gesetzes- und Parlamentsvorbehalt, S. 26 f.

[379] *Staupe*, Parlamentsvorbehalt, S. 171 ff.

[380] *Staupe*, Parlamentsvorbehalt, S. 172.

[381] Vgl. dazu abstrakter *von Arnim*, DVBl. 102 (1987), 1241 (1244).

[382] Vgl. dazu bereits supra S. 114.

[383] Diese explizit konstatierend etwa *Pietzner*, Petitionsausschuss, S. 84 und *Meßerschmidt*, Gesetzgebungsermessen, S. 515; siehe zudem *Schulze-Fielitz*, Theorie und Praxis, S. 207 f., der zwar keinen allgemeinen Vorrang des Parlamentes anerkennen will, aber betont, dass dieses

im Kern zu. Hiermit werden allerdings offene Türen eingelaufen. Denn es ist gänzlich unbestritten, dass der (demokratische) Parlamentsvorbehalt nicht in einem Gewaltenmonismus des Parlamentes münden soll.[384] Vielmehr werden die Kernbereiche der anderen Gewalten anerkannt und durch den Vorbehalt nicht berührt.[385] Dennoch wird, jenseits dieser unberechtigten Befürchtung eines Gewaltenmonismus, zu Recht die besondere Rolle des Parlamentes aufgrund seiner unmittelbaren Legitimation in Frage gestellt. Denn zum einen findet die Wahl des Parlaments nicht losgelöst von Überlegungen und Wünschen hinsichtlich der künftigen Regierungsbildung statt. Das Gegenteil ist der Fall und dadurch erstreckt sich der Akt, der dem Parlament seine direkte und damit vermeintlich besondere Legitimation vermittelt, insoweit auch auf die Exekutive.[386] Vor diesem Hintergrund wird auch zu Recht auf die weggefallene Gegensätzlichkeit von Exekutive und Legislative hingewiesen, die einst der Begründung des Gesetzesvorbehaltes diente.[387] Heute gibt es keinen strikten Antagonismus zwischen Parlament und Regierung mehr, vielmehr verläuft die Trennlinie nun zwischen der Regierung und der sie stützenden Parlamentsmehrheit auf der einen und der parlamentarischen Opposition auf der anderen Seite.[388] Wenn nun die Regierung und die Regierungsmehrheit in der Regel politisch an einem Strang ziehen, macht es auch keinen Sinn mehr, die besondere demokratische Stellung des Parlamentes zu betonen, das die Rechte des Bürgers im scharfen Widerstreit mit der Regierung verteidige. Zudem stößt eine besondere Legitimation der Legislative auf Bedenken, wenn ein Blick auf die Legitimationsquellen der anderen Gewalten geworfen wird: Die ausführende und die rechtsprechende Gewalt sind ebenso sehr institutionell und funktionell durch die Verfassung legitimiert wie das Parlament.[389] Letztendlich kann daher keine qualitativ derart gesteigerte de-

---

durch seine unmittelbare Wahl über eine besondere, den anderen Staatsorganen überlegene demokratische Qualität verfüge. Gegen eine Gewaltenhierarchie auch *Möllers*, Gewaltengliederung, S. 93.

[384] So das *BVerfGE* 49, 89 (125); vgl. *Badura*, in: HStR II, § 25 Rn. 6; siehe ferner *Staupe*, Parlamentsvorbehalt, S. 173 f.

[385] Siehe hierzu bereits *BVerfGE* 9, 268 (279 f.); *Böckenförde*, Organisationsgewalt, S. 207; *Ossenbühl*, Verwaltungsvorschrift, S. 198 ff.; zur Kritik am Kernbereichskonzept siehe *Möllers*, Gewaltengliederung, S. 409 f.

[386] *Busch*, Gesetzes- und Parlamentsvorbehalt, S. 36; *Eberle*, DÖV 37 (1984), 485 (489); deutlich *Magiera*, Parlament und Staatsleitung, S. 107 f.; *Seiler*, Einheitlicher Parlamentsvorbehalt, S. 83 f.; *Staupe*, Parlamentsvorbehalt, S. 169 f.; siehe auch *Böckenförde*, Organisationsgewalt, S. 205 Fn. 7; kritisch *Sester*, Parlamentsbeschluß, S. 190 f zu diesem Punkt, aber im Ergebnis zustimmend, dass die personelle Legitimation nicht zur Kompetenzbegründung zu Gunsten des Parlamentes taugt, ibd., S. 191 ff.

[387] Hierzu und zum Folgenden: *Kisker*, NJW 30 (1977), 1313 (1314 f.); *Seiler*, Einheitlicher Parlamentsvorbehalt, S. 84 f.; vgl. *Staupe*, Parlamentsvorbehalt, S. 170.

[388] Vgl. hierzu allein *Badura*, in: HStR II, § 25 Rn. 18.

[389] Hierzu allein *Busch*, Gesetzes- und Parlamentsvorbehalt, S. 35 und *Ossenbühl*, Verwaltungsvorschrift, S. 196 ff. jeweils m.w.N.; vgl. zudem *Böckenförde*, Organisationsgewalt, S. 79 f. und *Möllers*, Gewaltengliederung, S. 94 ff.; zur Terminologie des Bundesverfassungsgerichts siehe E 135, 317 (428 f.) m.w.N.

mokratische Legitimation des Parlamentes an sich festgestellt werden, die den Gesetzes- und Parlamentsvorbehalt zu tragen vermöchte.

Gleichwohl ist damit das Demokratieprinzip für die Herleitung des Gesetzes- und Parlamentsvorbehaltes nicht unbrauchbar. Vielmehr lässt sich auf andere Aspekte des Demokratieprinzips verweisen, die diese Herleitung zu tragen vermögen.[390] Denn Gesetzes- sowie Parlamentsvorbehalt machen letztlich die Durchführung des Parlamentsverfahrens notwendig. Dieses ist in demokratischer Hinsicht in mehreren Punkten einer Entscheidung der Exekutive überlegen. Zunächst ermöglicht es die Beteiligung der parlamentarischen Opposition[391] und zugleich aller Abgeordneter, die zusammen das ganze Volk repräsentieren.[392] Auch sind neben dem Parlament an dem Verfahren weitere Verfassungsorgane beteiligt. Weiterhin ist das parlamentarische Verfahren durch größere Transparenz gekennzeichnet. Nicht nur die Plenardebatte allein findet unter den Augen der Öffentlichkeit statt. Bereits Gesetzesentwürfe werden in den Medien mitunter ausführlich diskutiert. Dies ermöglicht eine gesellschaftliche Debatte, den Einfluss des Wählers auf das Verfahren, entsprechend die für Volkssouveränität notwendige Rückkopplung zwischen Volk und Parlament jenseits der Wahltermine.[393] Hierdurch können die verschiedenen Interessen und Strömungen innerhalb des Volkes zum Ausgleich gebracht werden. Mit dieser Integrationsleistung über das Verfahren erhält sein Ergebnis (in der Regel das Gesetz) eine besondere demokratische Legitimation, mit der Rechtsgehorsam der dadurch Verpflichteten gefordert und begründet werden kann.[394]

Zur Beantwortung „wesentlicher" Fragen ist dieses Verfahren damit notwendig, da nur so eine ausreichende demokratische Legitimation hergestellt werden kann. Ob dieses Verfahren in einem Gesetz oder einem schlichten oder konstitutiven Parla-

---

390 Siehe zum Ganzen *Busch*, Gesetzes- und Parlamentsvorbehalt, S. 37 ff. sowie knapp *von Arnim*, DVBl. 102 (1987), 1241 (1243 f.); *Classen*, Legitimation, S. 34 ff.; vgl. *Dreier*, in: Dreier, Art. 20 (Demokratie) Rn. 117; *Eberle*, DÖV 37 (1984), 485 (489 f.); *Gärditz*, in: Friauf/Höfling, Art. 20 (6. Teil) Rn. 141; *Hermes*, Parlamentsgesetz, S. 40 ff., 52 ff.; *Hoffmann-Riem*, AöR 130 (2005), 5 (10); *Kisker*, NJW 30 (1977), 1313 (1315); *Kloepfer*, JZ 39 (1984), 685 (687, 694); *Magiera*, Parlament und Staatsleitung, S. 210; vgl. *Staupe*, Parlamentsvorbehalt, S. 216 ff., 224 ff., 226 f.; *Schulze-Fielitz*, Theorie und Praxis, S. 176; *Schulze-Fielitz*, in: Dreier, Art. 20 (Rechtsstaat) Rn. 105, 120; *Sommermann*, in: vM/K/S, Art. 20 Rn. 186, 274; vgl. auch *Böckenförde*, Gesetz, S. 384; skeptisch hingegen *Seiler*, Einheitlicher Parlamentsvorbehalt, S. 85 ff.; vgl. auch zur demokratischen Legitimation durch das parlamentarische Verfahren *Bollmann*, Verfassungsrechtliche Grundlagen, S. 49 ff.

391 Zum Einfluss von bundesstaatlichen Minderheiten über den Bundesrat siehe *Busch*, Gesetzes- und Parlamentsvorbehalt, S. 38. Zur Bedeutung von Opposition für die Demokratie siehe etwa *BVerfG*E 2, 1 (13); E 44, 308 (321); E 140, 115 (153).

392 Siehe hierzu bereits supra S. 82 ff.; diesen Aspekt hervorstreichend *Hermes*, Parlamentsgesetz, S. 45 f.

393 Vgl. auch hierzu bereits supra S. 77 ff.

394 Siehe zu diesem Punkt die Ausführung zur inhaltlichen Repräsentation supra S. 77 ff. und zusammenfassend *Klein*, in: Maunz/Dürig, Art. 42 Rn. 9 f., aber auch *BVerfG*E 40, 237 (249); E 70, 324 (355); E 131, 152 (204 f.).

mentsbeschluss mündet, ist dabei unerheblich.[395] Damit vermag das Demokratieprinzip die Begründung des Gesetzes- und Parlamentsvorbehalts zu tragen.

bb) Zur Begründung des Plenarvorbehalts

Kann nun aber auch der Plenarvorbehalt auf das Demokratieprinzip gestützt werden? Dies lässt sich ohne Weiteres bejahen, wenn wie beim Parlamentsvorbehalt auf die besondere personelle demokratische Legitimation der Parlamentarier abgestellt wird.[396] Denn dann hat auch die Gesamtheit der Abgeordneten im Plenum ein höheres Legitimationsniveau als ein Teil von ihnen in einem Gremium. Zudem könnten die Ausschuss- und Gremienmitglieder durch ihre Benennung durch die Fraktionen beziehungsweise Wahl durch das Plenum nicht mehr vergleichbar unmittelbar legitimiert seien wie Abgeordnete, die im Plenum entscheiden und lediglich vom Volk gewählt wurden.[397]

Das Abstellen auf die personelle demokratische Legitimation ist in diesem Fall tatsächlich überzeugend, da die Kritik an der hierauf abstellenden Begründung des Parlamentsvorbehaltes nicht auf diese Situation übertragbar ist. So bestehen zwar zwischen der Exekutive und der Legislative keine Abstufungen in ihrem Legitimationsniveau, die einen Parlamentsvorbehalt rechtfertigten. Im Gegensatz zum Parlamentsvorbehalt werden beim Plenarvorbehalt aber nicht zwei gleichrangige Gewalten miteinander verglichen, sondern Entscheidungen aller Angehörigen eines Organs mit Entscheidungen weniger Angehöriger für das Organ. Daher wird man einer Entscheidung aller Abgeordneten, und damit aller vom Volk direkt gewählten Repräsentanten, im Plenum ein höheres Legitimationsniveau und auch eine größere Repräsentationskraft[398] zugestehen müssen als einer Entscheidung weniger Abgeordneter in einem Ausschuss oder Gremium. Aber auch jenseits der besonderen personellen Legitimation aller Abgeordneten bei einer Plenarentscheidung kann auch hier auf die Bedeutung des Verfahrens verwiesen werden.[399] Hierbei bildet

---

[395] Siehe supra S. 115 ff.

[396] Diesen Begründungsansatz für den Plenarvorbehalt vertretend *Pietzner*, Petitionsausschuss, S. 85 ff. und wohl auch *Schürmann*, in: Morlok/Schliesky/Wiefelspütz, Parlamentsrecht, § 19 Rn. 3.

[397] Der Legitimationskette wird ein weiteres Glied hinzugefügt; vgl. *Majer*, in: Umbach/Clemens, MitKomm, § 6 Rn. 39; vgl. *Pietzner*, Petitionsausschuss, S. 86; vgl. *J. Dietlein*, Gutachten, S. 50; vgl. *Payandeh*, in: FS Morlok, 205 (217); vgl. *Preuß*, ZRP 21 (1988), 389 (390).

[398] Vgl. hierzu *Kasten*, DÖV 39 (1985), 222 (224 f.); *Kreuzer*, Staat 7 (1968), 183 (186 ff.); *Pietzner*, Petitionsausschuss, S. 86 f.; *Steiger*, Organisatorische Grundlagen, S. 137.

[399] In diese Richtung können auch die Aussagen von *Kreuzer*, Staat 7 (1968), 183 (186 ff.), *Schmitt*, Verfassungslehre, S. 306 f. – unter Verweis auf *Bluntschli*, Allgemeines Staatsrecht I, S. 488 – und *Steiger*, Organisatorische Grundlagen, S. 137 interpretiert werden. Diese gehen davon aus, dass nur im Plenum die zur Repräsentation des Volkes notwendige Öffentlichkeit hergestellt werden kann. Diese Ansicht führt aber in der Sache letztlich zu einem „totalen" Plenarvorbehalt, der im Grunde keine innerparlamentarische Delegation mehr zulässt; zu dieser

allerdings nicht das exekutivische Entscheidungsverfahren den Vergleichsmaßstab, sondern das Ausschussverfahren. Im Vergleich zwischen Plenar- und Ausschussverfahren ist die Befassung und Entscheidung im und durch das Plenum überlegen.[400] Denn es gilt ebenfalls in diesem Vergleichskontext, dass das „Mehr“ an Öffentlichkeit im Plenum, im Gegensatz zum weniger transparenten Ausschussverfahren, zu einer stärkeren Integration des Volkswillens führt und dem Prinzip der Volkssouveränität eher gerecht wird. Auch kann vor diesem Hintergrund die Opposition ihrer Rolle besser gerecht werden als im Ausschuss oder Gremium, wo beispielsweise ihre Gegenargumente von den Bürgern seltener gehört werden.

Somit kann auch der Plenarvorbehalt aus dem Demokratieprinzip abgeleitet werden.

c) Funktionelle Begründung

Teilweise wird der Gesetzesvorbehalt funktionell begründet.[401] Danach werden die Organe, das Verfahren und die jeweilige Regelungswirkung der den Organen entsprechenden Handlungsformen untersucht und verglichen. Ausgehend von den Unterschieden, beispielswiese zwischen den Verfahren zum Erlass einer Rechtsverordnung und zum Erlass eines Gesetzes, wird in einem zweiten Schritt untersucht, ob inhaltliche Entscheidungen dem einen oder anderen Verfahren vorbehalten bleiben müssen. Es wird etwa festgestellt, dass die Regierung das Volk weniger zu repräsentieren vermag als das Parlament, dafür aber leistungsfähiger ist.[402] Hingegen werden im parlamentarischen Verfahren andere Staatsorgane eingebunden, aber auch die Opposition, und dadurch, dass auch die Publizität hier höher ist, ergibt sich eine größere Integrationswirkung parlamentarischer Entscheidungen. Auch hierauf gestützt lässt sich begründen, dass allein dem Parlament die Funktion zukommt, Entscheidungen zu treffen, die besonders Belange der Allgemeinheit betreffen, somit eine größere Integrationsleistung erfordern und damit in einem besonders öffentlichen Verfahren getroffen werden müssen.

Parallel dazu kann dann auch der Plenarvorbehalt damit begründet werden, dass, aufgrund größerer Öffentlichkeit im Plenum, bei wesentlichen Fragen allein dieses zuständig sein soll. Das Ergebnis dieser Ansicht deckt sich insoweit mit der Her-

---

äußerst delegationsfeindlichen Ansicht siehe bereits supra S. 65 ff. sowie noch infra S. 180 f., 192 ff. Differenzierter hingegen *Kasten*, DÖV 39 (1985), 222 (224 f.).

400 Zu den Unterschieden von Ausschuss- und Plenarverfahren siehe bereits supra S. 39 ff. m.w.N.

401 Siehe hierzu und zum Ganzen vor allem *Staupe*, Parlamentsvorbehalt, S. 201 ff.; vgl. aber auch: *BVerfGE* 40, 237 (249); E 68, 1 (86 f.); E 95, 218 (251 f.); *Böckenförde*, Gesetz, S. 384; *Kasten*, DÖV 39 (1985), 222 (224 f.); *Magiera*, Parlament und Staatsleitung, S. 210; *Ossenbühl*, in: HStR V, § 101 Rn. 48, 61; *Schulze-Fielitz*, Theorie und Praxis, S. 176; *Schulze-Fielitz*, in: Dreier, Art. 20 (Rechtsstaat) Rn. 120; *Sommermann*, in: vM/K/S, Art. 20 Rn. 274; vgl. zudem bereits supra Fn. 390 sowie noch infra S. 201 ff.

402 Siehe hierzu konkret etwa *Staupe*, Parlamentsvorbehalt, S. 216 ff.

leitung der Vorbehaltsbegriffe mittels des Demokratieprinzips, da beide auf die Besonderheiten und Bedeutung des Organs und des Verfahrens abstellen.

d) Übertragbarkeit der Begründungsaspekte

Einiges spricht also dafür, dass der Plenarvorbehalt aus dem Demokratieprinzip hergeleitet werden kann. Jedoch wenden sich kritische Stimmen aus der Literatur[403] gegen eine Ausdehnung des Parlamentsvorbehaltes und damit der Wesentlichkeitslehre auch auf den staatsinternen Bereich, auf den sich der Plenarvorbehalt bezieht.[404] Namentlich im Rahmen der Diskussion zur Frage, ob der konstitutive Parlamentsvorbehalt für Auslandseinsätze der Bundeswehr auch auf die Wesentlichkeitstheorie gestützt werden könnte, werden Bedenken vorgetragen, die daher auch den Plenarvorbehalt betreffen.[405]

---

403 Kritisch *Baldus*, in: vM/K/S, Art. 87a Rn. 71 (siehe auch Fn. 122), wenngleich auf Aspekte der Wesentlichkeitslehre abstellend; kritisch auch *Depenheuer*, in: Maunz/Dürig, Art. 87a Rn. 146; *Sester*, Parlamentsbeschluß, S. 143 ff.; a.A.: *Degenhart*, StaatsR I, Rn. 39a ff.; *Epping*, in: BeckOK, Art. 87a Rn. 26; vgl. *Heun*, JZ 49 (1994), 1073 (1074); *Kokott*, in: Sachs, Art. 87a Rn. 42; vgl. *Pieper*, in: Morlok/Schliesky/Wiefelspütz, Parlamentsrecht, § 40 Rn. 154; vgl. *Wagner*, Parlamentsvorbehalt, S. 31 ff.; vgl. *Wiefelspütz*, Einsatz, S. 46 ff.

404 Teilweise wird die Anwendbarkeit der Wesentlichkeitslehre außerhalb des Staat-Bürger-Verhältnisses insgesamt in Frage gestellt, so etwa *Düwel* Kontrollbefugnisse, S. 199, bezogen auf das Verhältnis zwischen Privaten; vgl. auch *Kisker*, NJW 30 (1977), 1313 (1313); siehe hierzu auch kurz *Classen*, JZ 58 (2003), 693 (694); *Pieroth/Aubel*, JZ 58 (2003), 504 (509); siehe zur Anwendbarkeit des Parlamentsvorbehalts bei Entscheidungen des Parlamentes in eigenen Sachen *von Arnim*, DVBl. 102 (1987), 1241 (1245 ff.); zur Frage, was wesentlich im Rahmen der Kompetenzverteilung zwischen Plenum und Gremien sein kann, siehe infra S. 196 ff.

405 Die Bedenken, die gegen eine Anwendung des Parlamentsvorbehalts und der Wesentlichkeitslehre jenseits formeller Gesetze, das heißt auch bei Beschlüssen des Parlamentes, vorgetragen werden, wurden bereits zurückgewiesen, siehe supra S. 115 ff. Auch wenn Teile der Literatur für die Delegation von Plenarkompetenzen inhaltlich die Wesentlichkeitslehre anwenden – siehe hierzu noch infra S. 196 ff. –, wird soweit ersichtlich nirgends die Frage ausführlich erörtert, ob die Wesentlichkeitslehre selbst überhaupt auf diese Fragestellung übertragbar ist. Allein *Pietzner*, Petitionsausschuss, S. 85 ff. überträgt die Grundgedanken des Parlamentsvorbehaltes ausdrücklich, wenngleich ohne Problembewusstsein; vgl. auch *Heun*, Staatshaushalt, S. 363, 367 f.; *Kisker*, in: HStR IV[1], § 89 Rn. 56; vgl. *Schreier*, Verfassungsrichter, S. 167; vgl. *Schorkopf*, in: BK, Art. 45 Rn. 79, 111. Allein *O. Moench*, Bundestagsausschüsse, S. 172 ff. diskutiert die Frage der Übertragbarkeit kurz, lehnt sie im Ergebnis aber ab, weil er davon ausgeht, dass die Prüfung der Zulässigkeit innerparlamentarischer Delegationen anhand der Wesentlichkeit zu grobmaschig sei, es bleibe dann kein Raum für eine Abwägung der Funktionsfähigkeit des Parlaments mit den Prinzipien der Gesamtrepräsentation und Mandatsgleichheit. Dabei übersieht er, dass die Frage der Wesentlichkeit einer möglichen Rechtfertigungsprüfung vorgelagert ist, absolute und relative Delegationsgrenzen also voneinander zu unterscheiden sind, siehe dazu infra S. 195 ff. (Vierter Teil A.) und S. 236 ff. (Vierter Teil B.), vgl. zudem bereits supra S. 72 ff.

Diese Bedenken beruhen im Kern auf der Annahme, dass die Wesentlichkeitslehre sich allein auf das Staat-Bürger-Verhältnis beziehe.[406] Denn zum einen sei die demokratische Begründung des Parlamentsvorbehaltes nicht von der rechtsstaatlichen zu lösen, deren Fokus auf der Freiheitsgewährung und -sicherung des Bürgers liege.[407] Zum anderen sei zu befürchten, dass die Ausdehnung der Wesentlichkeitslehre auf den staatsinternen Bereich dazu führe, dass die Gleichwertigkeit der Staatsorgane (zu Gunsten des Parlamentes) in Frage gestellt werde.[408]

Beiden Kritikpunkten ist zu widersprechen. Zunächst ist es nicht überzeugend, das Demokratieprinzip und Rechtsstaatsprinzip als Grundlagen des Parlamentsvorbehaltes und der Wesentlichkeitslehre in einem so engen Zusammenhang zu sehen, dass eine Staat-Bürger-Ausrichtung des Vorbehaltes und dieser Lehre zwingend sei. Genauso gut kann auch die eigenständige demokratische Begründung hervorgehoben werden, die auch im staatsinternen Bereich bei wesentlichen Entscheidungen eine ausreichend demokratische Legitimation fordert.[409] Weiterhin spricht die historische Entwicklung, die gerade durch eine Lösung vom rechtsstaatlichen Fokus auf Eingriffe in die Freiheit des Bürgers gekennzeichnet ist, gegen

---

[406] Vgl. *Depenheuer*, in: Maunz/Dürig, Art. 87a Rn. 146; *Maurer*, StaatR I, § 8 Rn. 21; *Sester*, Parlamentsbeschluß, S. 164 ff.; vgl. *Staupe*, Parlamentsvorbehalt, S. 119 f.; siehe zudem die Nachweise supra Fn. 403. Soweit dies auf eine Exegese der Rechtsprechung des Bundesverfassungsgerichts zur Wesentlichkeitslehre zurückgeführt wird (siehe hierzu *Depenheuer*, in: Maunz/Dürig, Art. 87a Rn. 146; *Sester*, Parlamentsbeschluß, S. 164 ff., 207 f.), ist dies für sich schon kein zwingendes juristisches Argument und im Übrigen überzeugt diese Interpretation nicht. Wiederholt machte das Gericht zwar deutlich, dass die Grundrechtsrelevanz ein wichtiges Indiz für die Wesentlichkeit sei (*BVerfG*E 47, 46 [79]; E 80, 124 [132]; E 83, 130 [142]; E 98, 218 [251]; E 101, 1 [34]; E 136, 69 [114]). Daraus ist allerdings nicht zu schließen, dass es auch das einzige ist. So verweist es an anderer Stelle allgemein auf die tragenden Prinzipien des Grundgesetzes und dabei nur insbesondere auf die Grundrechte (*BVerfG*E 136, 69 [114]). Der Gesetzgeber sei allgemein zur Regelung des Wesentlichen in grundlegend normativen Bereichen berufen (*BVerfG*E 49, 89 [126]; E 101, 1 [34]; zwar weist das Bundesverfassungsgericht in der E 84, 212 [226] darauf hin, dass die Wesentlichkeitslehre im Verhältnis zwischen Staat und Bürger gelte, schließt eine Anwendung darüber hinaus allerdings explizit nur für das Verhältnis zwischen Privaten aus). Die Rechtsprechung des Bundesverfassungsgerichts kann daher nicht so verstanden werden, dass die Wesentlichkeitslehre sich allein auf den staatsexternen Bereich bezieht. Für den Plenarvorbehalt ist hier zudem zu beachten, dass das Bundesverfassungsgericht für die Frage der Kompetenzverteilung zwischen Plenum und Ausschuss sich bisher noch nicht für oder gegen die Maßgeblichkeit der Wesentlichkeitslehre entschieden hat, sondern seine Anwendbarkeit vielmehr explizit offenließ (*BVerfG*E 130, 318 [351]).

[407] *Sester*, Parlamentsbeschluß, S. 207 f.

[408] Vgl. die kritischen Besprechungen zum Urteil des *VerfGH NRW*, NJW 1999, 1243 (1243 ff.), der die Zusammenlegung von Innen- und Justizministerium durch einen Organisationserlass des Ministerpräsidenten unter Verweis auf den Vorbehalt des Gesetzes beanstandete, *Böckenförde*, NJW 52 (1999), 1235 (1235 f.); *Hunze*, Privatisierung, S. 43 f.; *Isensee*, JZ 54 (1999), 1113 (1113 ff.); *Sendler*, NJW 52 (1999), 1232 (1232 ff.); *Sester*, Parlamentsbeschluß, S. 173 ff.; *Sommermann*, in: vM/K/S, Art. 20 Rn. 284.

[409] Vgl. *Ossenbühl*, in: HStR V, § 101 Rn. 49; zum demokratischen Aspekt und seiner eigenständigen Bedeutung vgl. *Schulze-Fielitz*, in: Dreier, Art. 20 (Rechtsstaat) Rn. 113 f.; *Sommermann*, in: vM/K/S^6, Art. 20 Rn. 186, 273.

die Untrennbarkeit beider Elemente.[410] Ist also eine Frage von derartiger Wichtigkeit, dass eine Entscheidung des Parlamentes erforderlich ist, gerade weil hierdurch die öffentliche Willensbildung[411] und Rückkopplung des Wählerwillens ermöglicht wird, kann es nicht mehr zusätzlich auf die Frage ankommen, ob hier Grundrechte betroffen sind oder eine rein staatsinterne Frage zu beantworten ist. Letztendlich lässt auch die Bejahung der Wesentlichkeit einer Materie allein aufgrund der demokratischen Erwägungen das Staat-Bürger-Verhältnis nicht aus dem Blick. Es ist ja gerade des Bürgers Wille, dass seine Meinung im Rahmen der öffentlichen Willensbildung zur Kenntnis genommen wird und Einfluss auf das Entscheidungsergebnis des Parlamentes erhalten soll. Zwar wird eine Regelung, die nicht das Staat-Bürger-Verhältnis betrifft und nicht für die Verwirklichung von Grundrechten bedeutsam ist, in aller Regel auch nicht nach der demokratischen Komponente wesentlich sein. So betrifft eine Regelung der Binnenorganisation der Verwaltung regelmäßig nicht den Bürger und lässt auch nicht das Bedürfnis einer Auseinandersetzung im Rahmen der öffentlichen Willensbildung entstehen. Damit führt die Feststellung der Wesentlichkeit allein nach der demokratischen Komponente in der Regel zu keinem anderen Ergebnis als bei Einbeziehung der rechtsstaatlichen Komponente.[412] Bedeutung erhält diese separate Betrachtung aber vor dem Hintergrund des Plenarvorbehaltes. Die Entscheidung über den Haushalt etwa berührt zunächst nicht direkt Grundrechte des Bürgers und wäre folglich nicht wesentlich nach dem rechtsstaatlichen Aspekt der Wesentlichkeitslehre. Dennoch ist sie unter demokratischen Gesichtspunkten so bedeutsam, dass sie (überwiegend) durch das Plenum getroffen werden muss.[413] Letztlich können also die dem Parlamentsvorbehalt zugrunde liegenden Gedanken und insbesondere die Wesentlichkeitslehre auch für den Plenarvorbehalt nutzbar gemacht werden, da ihnen kein rechtsstaatlicher Fokus, kein zwingender Grundrechtsbezug, inhärent ist. Sowohl Parlaments- als auch Plenarvorbehalt lassen sich allein mittels des Demokratieprinzips herleiten. Demnach sind diejenigen Entscheidungen dem Parlament beziehungsweise Plenum vorbehalten, die wesentlich im Sinne der Wesentlichkeitslehre sind.[414]

---

[410] Sieh hierzu allein *BVerfGE* 46 (78 f.) und E 49, 89 (126) sowie bereits supra S. 113 f.

[411] Vgl. *BVerfGE* 41, 251 (260).

[412] Siehe *Hunze*, Privatisierung, S. 42.

[413] Siehe zur Wesentlichkeit von Entscheidungen im Haushaltsrecht noch infra S. 207 ff. Wollte man aber dennoch an der rechtsstaatlichen Grundlage der Wesentlichkeitslehre zwingend festhalten, könnte man also diese Lehre zur Begründung des Plenarvorbehaltes nicht nutzen, müssten man für das Verhältnis von Plenum und Ausschüssen einen neuen Begriff erdenken und ihn mit dem beliebten Suffix „Lehre“ oder „Theorie“ versehen. Eine weitere Lehre oder Theorie würde den Plenarvorbehalt allein aufgrund des Demokratieprinzips herleiten. Dagegen spricht aber, dass die Übereinstimmungen mit der „klassischen“ Wesentlichkeitslehre zu groß wären, um neue Begrifflichkeiten zu etablieren. Beide fragen danach, wann eine Entscheidung so wesentlich ist, dass allein das Parlament beziehungsweise das Plenum entscheiden können solle und müsse.

[414] Für die Frage, was „wesentlich“ im Rahmen des Plenarvorbehaltes bedeutet und ob hier andere Kriterien zur Feststellung der Wesentlichkeit einer Entscheidungen in Betracht zu ziehen als es beim Parlamentsvorbehalt der Fall ist, siehe infra S. 196 ff. Gemeinsam ist beiden

Schließlich kann auch der letzte Kritikpunkt nicht durchgreifen. Denn gewiss darf auch die Wesentlichkeitslehre nicht einen Gewaltenmonismus des Parlamentes begründen – was insofern auch niemand ernsthaft vorschlägt. Vielmehr wird zu Recht betont, dass beispielsweise die Organisationsgewalt der Regierung nicht über eine extensive Anwendung der Wesentlichkeitslehre im staatsinternen Bereich ausgehebelt werden dürfe.[415] Die Wesentlichkeit darf nicht zu einem Begriff werden, mittels dessen die Gewaltenteilung aufgehoben wird.[416] Letztlich besteht diese Gefahr des Gewaltenmonismus konkret bei der Anwendung des Plenarvorbehaltes ohnehin nicht, da hier nicht die Kompetenzverteilung zwischen den Gewalten, sondern innerhalb ein und derselben betroffen ist.

Im Übrigen diskutieren Teile der Literatur die Frage, ob der Gesetzesvorbehalt und die Wesentlichkeitslehre auch im staatsinternen Bereich anwendbar sein sollen, auch unter dem Begriff des sogenannten institutionellen Gesetzesvorbehalts[417]. Danach würden auch bestimmte verwaltungsrechtliche Organisations- und Verfahrensregeln der Regelung durch Gesetz vorbehalten bleiben. Teilweise wird dieser institutionelle Gesetzesvorbehalt damit begründet, dass auch diese Regeln für die Verwirklichung von Grundrechten bedeutend sein können[418] – wodurch auch hier an einer für erforderlich erachteten Staat-Bürger-Perspektive festgehalten wird. Da nun die maßgeblichen Delegationen von Plenarkompetenzen die Grundrechte nicht berühren,[419] kann dieser Gedanke nicht auf den Plenarvorbehalt übertragen werden. Eine weitere Begründungslinie[420] des institutionellen Gesetzesvorbehaltes stellt dagegen jenseits des Eingriffsdenkens auf die politische Wichtigkeit einer Entscheidung für das Gemeinwesen auch im organisatorischen Bereich ab. Dieses Vorbehaltsverständnis lässt sich auch auf den Plenarvorbehalt übertragen. Demnach könnte beispielsweise die Aufhebung von Sperrvermerken im Haushaltsrecht – also die Freigabe von im Haushaltsplan vorgesehenen, aber zunächst gesperrten Ausgaben –, auch ohne Grundrechte zu berühren, eine derartige politische Wichtigkeit

---

Vorbehaltsbegriffen jedenfalls, dass sie die besondere Bedeutsamkeit einer Materie zum Ausgangspunkt nehmen.

415 *Degenhart*, StaatsR I, Rn. 41 f.; vgl. *Kisker*, NJW 30 (1977), 1313 (1318); *Sommermann*, in: vM/K/S, Art. 20 Rn. 284; siehe zudem die Nachweise supra Fn. 408.

416 Siehe etwa *Maurer*, StaatsR I, § 8 Rn. 22.

417 Siehe instruktiv etwa *Ohler*, AöR 131 (2006), 336 (336 ff.) und auch *Hunze*, Privatisierung, S. 40 ff.; siehe zudem bereits *Köttgen*, VVDStRL 16 (1958), 154 (161 ff.).

418 Vgl. *BVerfGE* 83, 130 (152); vgl. *Bull*, in: AK, Art. 86 Rn. 9 f.; *Gärditz*, in: Friauf/Höfling, Art. 20 (6. Teil), Rn. 168 f.; vgl. *Maurer*, StaatsR I, § 8 Rn. 22; *Sommermann*, in: vM/K/S, Art. 20 Rn. 283 f.; kritisch zur möglichen Grundrechtsbetroffenheit *Ohler*, AöR 131 (2006), 336 (342). Durch diese Kopplung an die Bedeutsamkeit der Regelung für die Verwirklichung der Grundrechte werden solche Veränderungen der verwaltungsrechtlichen Organisation ausgeklammert, die den Bürger nicht berühren können, also etwa Regeln der Binnenorganisation, siehe *Gärditz*, in: Friauf/Höfling, Art. 20 (6. Teil), Rn. 169.

419 Siehe hierzu schon supra S. 120 f.

420 *Böckenförde*, Organisationsgewalt, S. 96; *Ossenbühl*, Verwaltungsvorschrift, S. 269 ff.; vgl. *Smend*, Verfassungsrecht, S. 131 f.

besitzen, dass eine Delegation auf den Haushaltsausschuss unzulässig wäre.[421] Die Frage, wie der institutionelle Gesetzesvorbehalt begründet wird und damit wie weit er reicht, führt daher letztlich zu der zu verneinenden Frage zurück, ob der Vorbehaltsbegriff und die Wesentlichkeitslehre untrennbar mit dem rechtsstaatlichen Fokus auf die Grundrechte verbunden sind.

Somit ergibt sich aus der Diskussion um den institutionellen Gesetzesvorbehalt keine abweichende Bewertung: Der Plenarvorbehalt kann sich auch auf die dem Parlamentsvorbehalt zugrundeliegende demokratierechtliche Herleitung sowie auf die Wesentlichkeitslehre stützen.

5. Parallele Grenzen von Parlaments- und Plenarvorbehalt

Jenseits der Parallelen bei ihrer Herleitung gibt es auch grundsätzliche Ähnlichkeiten bei den Grenzen des Parlaments-[422] und des Plenarvorbehaltes. Diese Grenzen ergeben sich für den Parlamentsvorbehalt zum einen aus den exklusiven Kompetenzen der anderen Gewalten. So steht der Regierung ein „Kernbereich exekutivischer Eigenverantwortung“[423] zu – ein Zugriff des Parlamentes über den Vorbehaltsbegriff ist hier ausgeschlossen. Aber auch die Verwaltung verfügt über Bereiche, die dem parlamentarischen Zugriff entzogen sind, so etwa im Rahmen der Selbstverwaltung und der Organisationsgewalt[424]. Für den Plenarvorbehalt bedeutet das: Wenn das Parlament in diesen Bereichen keine Kompetenz für sich beanspruchen kann, dann ist auch eine Entscheidung parlamentarischer Gremien unzulässig.

Zum anderen ergeben sich für beide Vorbehaltsbegriffe faktische Grenzen. Dem Parlament beziehungsweise dem Plenum kann nicht eine Entscheidung vorbehalten werden, wenn eine Entscheidung realiter (noch) nicht getroffen werden kann. Dies gilt etwa dort, wo mangels Erkenntnissen oder wegen noch anhaltenden (technischen oder auch gesellschaftlichen) Wandels eine abschließende Regelung noch nicht möglich ist oder wo die Notwendigkeit einer Entscheidung sich bis dato noch nicht gezeigt hat beziehungsweise vorhersehbar war, aber auch wo Flexibilität notwendig ist, das heißt allgemein immer wenn keine abschließende, finale Entscheidung ge-

---

[421] Insofern ist es unzutreffend, wenn *Hunze*, Privatisierung, S. 42 pauschal ausschließt, dass beide Begründungslinien zu verschiedenen Ergebnissen führen könnten. Gleichwohl mag diese Beobachtung für die dort betrachtete und typischerweise in diesem Zusammenhangen diskutierte Frage der Privatisierung von Verwaltungsaufgaben und -strukturen zutreffen.

[422] Zu den Grenzen von Gesetzes- und Parlamentsvorbehalt siehe umfassend und zum Weiteren *Ossenbühl*, in: HStR V, § 101 Rn. 63 ff. und *Gärditz*, in: Friauf/Höfling, Art. 20 (6. Teil) Rn. 150 ff.; vgl. zudem *Eberle*, DÖV 37 (1984), 485 (490 ff.); *Huster/Rux*, in: Beck-OK, Art. 20 Rn. 180; *Kisker*, NJW 30 (1977), 1313 (1315 f.); *Staupe*, Parlamentsvorbehalt, S. 148 ff.

[423] *Scholz*, AöR 105 (1980), 564 (598); *BVerfGE* 67, 100 (139) unter Bezugnahme auf *Scholz*, ibd.; E 68, 1 (87); E 95, 1 (16); siehe auch *Seiler*, Einheitlicher Parlamentsvorbehalt, S. 74.

[424] Zur Organisationsgewalt siehe zusätzlich *Böckenförde*, Organisationsgewalt, passim.

troffen werden kann. Grenzen ergeben sich also insbesondere daraus, dass das Parlament vor allem nicht mittels Gesetz beispielsweise alle technischen Details im Umweltrecht regeln oder etwa Entscheidungen wie die Verwaltung oder Justiz treffen kann, die im Wesentlichen von den Besonderheiten im Einzelfall abhängen. Soweit damit dem Gesetzes- und Parlamentsvorbehalt dadurch Grenzen gesetzt sind, dass durch eine abstrakt-generelle Regelung nicht alle technischen Details bestimmt und auf die jeweiligen Besonderheiten des Einzelfalles Rücksicht genommen werden kann, so trifft dies auch den Plenarvorbehalt. Auch dem Plenum kann nicht der Beschluss abstrakt-genereller Regelungen vorbehalten bleiben, die es aus faktischen Gründen nicht zu treffen vermag.

Es erscheint allerdings recht offensichtlich, dass diese Grenzen in erster Linie Relevanz für den Gesetzes- und Parlamentsvorbehalt besitzen. Da die einschlägigen Fälle des Plenarvorbehaltes vor allem organisatorische Fragen innerhalb des Parlamentes betreffen, ist es eher unwahrscheinlich, dass der Kompetenzbereich anderer Gewalten berührt wird. Auch stellt mangelnde wissenschaftliche Erkenntnis und die Regelbarkeit von technischen Details selten einen Hinderungsgrund für die innerparlamentarische Aufgabenverteilung dar. Theoretisch sind aber Delegationen zumindest denkbar, die diese Grenzen berühren könnten. So könnte ein Gesetz, das die Zulassungsvoraussetzung für eine neue Technologie (beispielsweise autonomes Fahren) regelt und auf den aktuellen Stand von Wissenschaft und Technik abstellt, ein parlamentarisches Gremium bestimmen, das die Aktualisierung der Zulassungsregelungen überwacht oder selbst vornimmt.[425]

6. Konnex zwischen Parlaments- und Plenarvorbehalt

Bei aller Parallelität von Parlaments- und Plenarvorbehalt: Besteht hier eine zwingende Abhängigkeit? Das heißt, gilt überall, wo der Parlamentsvorbehalt einschlägig ist, auch der Plenarvorbehalt? Dies erscheint zunächst naheliegend. Wenn eine Entscheidung so wesentlich ist, dass sie im Parlament getroffen werden muss, wo Öffentlichkeit und Diskussion gewährleistet sind, dann muss diese doch auch gerade im Plenum fallen.[426] Hiergegen sprechen aber zwei Bedenken:[427] Zunächst liegt beiden Vorbehaltsbegriffen ein jeweils unterschiedlicher Vergleichsmaßstab zu

[425] Zumindest denkbar erscheint es hier, dass das Gremium zumindest teilweise den Gesetzesvollzug vornimmt, der der Verwaltung zusteht – allerdings ist die Verwaltung nur soweit zuständig, wie es das Gesetz gerade vorsieht, vgl. *Ossenbühl*, in: HStR V, § 101 Rn. 71. Weiterhin ist die Grenze des faktisch Regelbaren betroffen, die sich aus dem sich fortlaufend ändernden Stand der Erkenntnis in Wissenschaft und Technik ergibt.

[426] Hierfür vgl. *Berg*, Staat 9 (1970), 21 (34); vgl. *J. Dietlein*, Gutachten, S. 45 f.; vgl. *Heun*, Staatshaushalt, S. 363, 368; *C. Moench/Ruttloff*, DVBl. 127 (2012), 1261 (1267); *Kasten*, DÖV 39 (1985), 222 (225); *Pietzner*, Petitionsausschuss, S. 82 ff.; *Schmitt-Vockenhausen*, Verfassungsrechtliche Probleme, S. 72; vgl. *Schröder*, ZG 30 (2015), 150 (165); anders *Schwerin*, Bundestag, S. 175 f., der es für die Behandlung einer wesentlichen Frage für ausreichend hält, dass der Bundestag überhaupt eine Entscheidung trifft, egal ob Plenum oder Ausschuss.

[427] *Schürmann*, in: Morlok/Schliesky/Wiefelspütz, Parlamentsrecht, § 19 Rn. 3.

Grunde. Wird eine Entscheidung dem Parlament vorbehalten, geht es um eine Abgrenzung zur Exekutive. Wird eine Entscheidung dem Plenum vorbehalten, geht es um eine Abgrenzung zu parlamentarischen Untergremien. Diese sind im Gegensatz zur Exekutiven jedoch mit unmittelbar demokratisch legitimierten[428] Abgeordneten besetzt, die die repräsentative Zusammensetzung des Plenums widerspiegeln. Zudem ist das Verfahren in diesen Gremien grundsätzlich eher geeignet, Öffentlichkeit herzustellen, als ein Verfahren innerhalb der Verwaltung.[429] Eine Kompetenz, die wesentlich ist und daher vom Parlament entschieden werden muss, braucht deshalb nicht zugleich im Plenum getroffen werden. Aus einem Parlaments- ergibt sich daher nicht in jedem Fall auch ein Plenarvorbehalt. Weiterhin kann der Plenarvorbehalt auch bei Kompetenzen greifen, die nicht vom Parlamentsvorbehalt erfasst sind. Dem Parlament kommt eine Vielzahl von Kompetenzen zu, die wenigsten davon sind ihm aber aufgrund ihrer Wesentlichkeit vorbehalten. So hat das Parlament etwa gemäß Art. 46 Abs. 2, 3 GG die Kompetenz, die Immunität eines Abgeordneten aufzuheben. Diese Kompetenz steht dem Parlament also nicht aufgrund ihrer Wesentlichkeit im Sinne des Parlamentsvorbehaltes zu, sondern schon ausweislich der genannten Norm. Bei all diesen Kompetenzen, die mangels Wesentlichkeit nicht unter den Parlamentsvorbehalt fallen, muss entschieden werden, wer diese innerparlamentarisch trifft. Insofern erstreckt sich der Plenarvorbehalt potentiell auf sehr viel mehr und andere Kompetenzen als der Parlamentsvorbehalt. Insgesamt ist der Plenarvorbehalt damit in seinem Anwendungsbereich weiter und in seinen Voraussetzungen tendenziell enger als der Parlamentsvorbehalt.

7. Zusammenfassung

Zwischen dem Parlaments- und dem Plenarvorbehalt bestehen Ähnlichkeiten, aber auch signifikante Unterschiede. Gemein haben beide, dass sie keinen Formvorbehalt statuieren. Unterschiedlich hingegen ist ihre Ausrichtung. Der Parlamentsvorbehalt soll eine Entscheidung der Legislative vorbehalten und dem Zugriff der Exekutive entziehen. Der Plenarvorbehalt hingegen bezieht sich auf die Kompetenzverteilung zwischen Plenum und parlamentarischen Ausschüssen und Gremien. Unterschiede bestehen auch bei ihrer Herleitung. So kann der Parlamentsvorbehalt auf das Rechtsstaatsprinzip gestützt werden, da das Gesetzgebungsverfahren mehr Rechtssicherheit bietet und auch für die Verwirklichung von Grundrechten Relevanz besitzt. Diese Begründung kann auf den Plenarvorbehalt nicht übertragen werden, da er auf die innerparlamentarische Kompetenzverteilung ausgerichtet ist. Im Gegensatz dazu kann die demokratierechtliche Herleitung des Parlamentsvorbehalts auch für den Plenarvorbehalt genutzt werden. Letzterer kann also auf die besondere demokratische Legitimation und besondere Repräsentationskraft aller Abgeordneten im Plenum und die höhere Transparenz des Plenar-

[428] Zur Bedeutung dieses Punktes siehe supra S. 125.

[429] Vgl. supra S. 125 f.

verfahrens und damit die stärkere Integrationskraft einer Plenarentscheidung zurückgeführt werden. Dieser Herleitung des Plenarvorbehalts kann nicht entgegengehalten werden, dass die Wesentlichkeitslehre auf den staatsinternen Bereich keine Anwendung fände.

Die Zuordnung von Kompetenzen durch die Wesentlichkeitslehre darf allerdings nicht zu Fehlschlüssen führen. Der Parlamentsvorbehalt kann nicht unbegrenzt und absolut gelten. Seine relevante Grenze findet der Parlamentsvorbehalt im unantastbaren Kompetenzbereich der anderen Gewalten. Diese Gefahr besteht hingegen nicht bei dem Plenarvorbehalt, da er auf die Kompetenzverteilung innerhalb derselben Gewalt gerichtet ist.

Letztlich sind der Parlaments- und der Plenarvorbehalt eng miteinander verbunden, allerdings besteht keine zwingende Wechselseitigkeit zwischen beiden. Beiden liegt ein unterschiedlicher Vergleichsmaßstab zugrunde. Zudem setzt der Plenarvorbehalt nicht das Vorliegen des Parlamentsvorbehaltes voraus. Denn dem Plenum können auch Kompetenzen vorbehalten bleiben, die dem Parlament nicht aufgrund ihrer Wesentlichkeit zugeordnet wurden.

D. Öffentlichkeit

Wird eine Kompetenz des Plenums auf einen Ausschuss oder ein anderes parlamentarisches Gremium übertragen, so ist dabei maßgeblich zu berücksichtigen, dass im Fokus der Öffentlichkeit in der Regel die Reden und Beschlüsse des Plenums stehen und nicht die Verhandlungen der Ausschüsse und Gremien. Daher führt eine Delegation von Plenarkompetenzen regelmäßig zu einer rechtfertigungsbedürftigen Beeinträchtigung des Öffentlichkeitsprinzips.[430]

I. Öffentlichkeit als derivatives Verfassungsprinzip

Das Öffentlichkeitsprinzip ist kein eigenständiger Verfassungsgrundsatz.[431] Vielmehr ist es aus anderen Bestimmungen der Verfassung abzuleiten. Namentlich das Rechtsstaatsprinzip verlangt nach Publizität.[432] Im Rechtsstaat, der die Freiheit des Bürgers sichern soll und für Berechenbarkeit steht, kann sich das staatliche

---

[430] Siehe hierzu bereits kurz supra S. 61 f.

[431] *Grzeszick*, in: Maunz/Dürig, Art. 20 Rn. 22; *Wieckhorst*, Grundrechtsschutz, S. 182; zur historischen Entwicklung von Öffentlichkeit und Parlamentarismus siehe *Steffani*, in: Lenz, Mensch und Staat, S. 259 (260 ff.); zur philosophischen Grundlegung durch Kant siehe *Kißler*, Öffentlichkeitsfunktion, S. 54 ff.

[432] *Kißler*, Öffentlichkeitsfunktion, S. 61 ff., insbesondere S. 63 f.; vgl. auch *Kißler*, in: Schneider/Zeh, Parlamentsrecht, § 36 Rn. 5; zu weiteren Wurzeln des Öffentlichkeitsprinzips siehe beispielsweise *Wieckhorst*, Grundrechtsschutz, S. 187 m.w.N.

Handeln grundsätzlich nicht im Dunklen vollziehen.[433] Insbesondere ist es aber auch die repräsentative Demokratie, die nicht ohne Öffentlichkeit auskommt.[434] Danach kann der Souverän sein (Wahl-)Urteil über die bisherige Politik nicht fällen, wenn diese ihm unbekannt ist.[435] Zudem ist ein gewisses Maß an Rückkopplung von staatlicher und gesellschaftlicher Entscheidungsfindung auch zwischen den Wahlen erforderlich.[436] Dies setzt die Öffentlichkeit (und Begründung) staatlichen Handelns voraus.[437] Ebenso verhält es sich mit der Kontrolle durch die demokratische Öffentlichkeit, die selbstredend die Publizität hoheitlichen Agierens voraussetzt.[438]

II. Öffentlichkeit als Delegationsverbot

Manche Stimmen in der Literatur erklären das Öffentlichkeitsprinzip für sakrosankt und lehnen eine Abwägung ab, die seine Einschränkung rechtfertigen könnte. Begründet wird dies damit, dass die Öffentlichkeit dem Parlamentarismus immanent sei und fordere, dass das gesamte Verfahren und die Entscheidungen des Parlamentes transparent seien müssten.[439] Dem stünde es entgegen, würden Kompetenzen auf grundsätzlich nichtöffentlich tagende Ausschüsse delegiert. Dies betrifft sowohl die vorbereitende Ausschusstätigkeit als auch die Delegation von Entscheidungskompetenzen etwa auf das Sondergremium. Diese Vorstellung von der zwingenden Öffentlichkeit geht auf eine idealistische Konzeption des Repräsentationsbegriffes[440]

433 *Kischel*, Begründung, S. 72.

434 Siehe bereits supra S. 77 ff.; *von Arnim*, DVBl. 102 (1987), 1241 (1244); *Hermes*, Parlamentsgesetz, S. 52 f.; *Kißler*, Öffentlichkeitsfunktion, S. 64 ff.; *Schliesky*, in: Morlok/Schliesky/Wiefelspütz, Parlamentsrecht, § 5 Rn. 35; vgl. auch *BVerfGE* 96, 264 (284); E 130, 318 (344), welches den „allgemeinen Öffentlichkeitsgrundsatz“ allein mit dem Demokratieprinzip begründet; vgl. auch *Schliesky*, ibd., Rn. 36, der den Grundsatz parlamentarischer Öffentlichkeit im Demokratieprinzip verankert sieht.

435 *Kischel*, Begründung, S. 113 f.; *Kißler*, Öffentlichkeitsfunktion, S. 426; *Kißler*, in: Schneider/Zeh, Parlamentsrecht, § 36 Rn. 15 f.; vgl. *Klein*, in: Maunz/Dürig, Art. 42 Rn. 10; *F. Schneider*, APuZ 16 (6/1968), 3 (15).

436 Siehe hierzu bereits supra S. 77 ff.

437 Vgl. *BVerfGE* 131, 152 (205); *Kischel*, Begründung, S. 113 ff.; *Kluth*, in: Kluth/Krings, Gesetzgebung, § 14 Rn. 61 f.; *Schliesky*, in: Morlok/Schliesky/Wiefelspütz, Parlamentsrecht, § 5 Rn. 37, 39 f.; *Steffani*, in: Lenz, Mensch und Staat, S. 259 (267 f.); *Vetter*, Parlamentsausschüsse, S. 197 f.

438 *BVerfGE* 130, 318 (344); *Kißler*, Öffentlichkeitsfunktion, S. 306; *Klein*, in: Maunz/Dürig, Art. 42 Rn. 9; *Steffani*, in: Lenz, Mensch und Staat, S. 259 (267 f.); *Vetter*, Parlamentsausschüsse, S. 197 f.

439 *Goltz*, DÖV (1965), 605 (615); *Kreuzer*, Staat 7 (1968), 183 (186); *Schmitt*, Geistesgeschichtliche Lage, S. 60 f.; *Schmitt*, Verfassungslehre, S. 315 f.; anders aber *Leibholz*, Wesen der Repräsentation, S. 176 f.

440 Siehe hierzu und zur Kritik an dieser Konzeption supra S. 65 ff., zur zwingenden Öffentlichkeit S. 66.

nach *Carl Schmitt* und *Gerhard Leibholz* zurück, die mit dem Wesen der Repräsentation argumentieren, die nur im Raum des Öffentlichen vollzogen werden könne. Es kann aber auch hier nicht darauf ankommen, was Repräsentation als präkonstitutioneller Begriff ausmache und erfordere. Vielmehr sind die geltenden Verfassungsnormen auszulegen und daraufhin zu überprüfen, ob sie die Grundlage für die Idealisierung der Öffentlichkeit und ein absolutes Delegationsverbot bieten.[441]

Bedeutsam ist hierfür allein Art. 42 Abs. 1 S. 1 GG, der bestimmt, dass der Bundestag öffentlich verhandelt. Die Frage, ob und wieweit der Bundestag öffentlich zu verhandeln hat, muss also durch Auslegung dieser Norm beantwortet werden. Von manchen Autoren wird diese Norm tatsächlich so ausgelegt, dass sie die Öffentlichkeit des parlamentarischen Entscheidungsverfahrens vorschreibe und dadurch Delegationen von Entscheidungskompetenzen auf Ausschüsse verbiete.[442] Diese Auslegung der Norm ist aus zwei Gründen fehlerhaft. Zunächst meint Art. 42 Abs. 1. S. 1 GG – wie auch andere Bestimmungen[443] des Grundgesetzes – mit „Bundestag" nur das Plenum und nicht das Parlament insgesamt.[444] Dies ergibt sich etwa aus Art. 44 Abs. 1 S. 3 GG, aber auch schon aus Art. 42 Abs. 3 GG selbst, die die Ausschüsse explizit benennen, soweit gerade nicht der Bundestag insgesamt (als Plenum) gemeint sein soll. Bezieht sich Art. 42 Abs. 1 S. 1 GG nun allein auf die Öffentlichkeit des Plenarverfahrens, so kann hieraus nicht geschlossen werden, wann das Plenarverfahren zunächst überhaupt anzuwenden, wann das Plenum also zuständig ist.[445] Aus der Vorschrift kann also nicht abgeleitet werden, dass Entscheidungskompetenzen im Plenum wahrgenommen werden müssen. Die Norm setzt vielmehr die Zuständigkeit des Plenums voraus und nimmt daran anknüpfend lediglich auf das Verfahren im Plenum Bezug. Demnach kann aus Art. 42 Abs. 1 S. 1 GG weder die zwingende Öffentlichkeit des gesamten parlamentarischen Entscheidungsverfahrens noch ein Delegationsverbot abgeleitet werden. Schließlich überzeugt die Annahme eines Delegationsverbotes auch aus Gründen der Nor-

---

[441] Vgl. auch *Pietzner*, Petitionsausschuss, S. 67, 69 ff.; vgl. im Ansatz auch *Brink*, NVwZ 22 (2003), 953 (954 f.); kritisch auch *Kewenig*, Staatsrechtliche Probleme, S. 48 ff.

[442] *Ahrens*, Immunität, S. 32; *Kreuzer*, Staat 7 (1968), 183 (188); wohl auch *Tomuschat*, Staat 19 (1980), 1 (14).

[443] Siehe hierzu bereits supra S. 35 f.; vgl. zudem *BVerfG*E 1, 144 (152).

[444] *BVerfG*E 1, 144 (152); *Achterberg/Schulte*, in: vM/K/S^6, Art. 42 Rn. 10; *Brocker*, in: BeckOK, Art. 42 Rn. 2; *Brocker*, ZParl 47 (2016), 50 (53); *Kißler*, Öffentlichkeitsfunktion, S. 314; *Kißler*, in: Schneider/Zeh, Parlamentsrecht, § 36 Rn. 23; *Kloepfer*, in: HStR III, § 42 Rn. 62; *Klein*, in: Maunz/Dürig, Art. 42 Rn. 44; *Kluth*, in: S-B/K, Art. 42 Rn. 3; *Magiera*, in: Sachs, Art. 42 Rn. 2; *Müller-Terpitz*, in: BK, Art. 42 Rn. 50; *Steiger*, Organisatorische Grundlagen, S. 141; *Vetter*, Parlamentsausschüsse, S. 199; *Winkelmann*, in: Morlok/Schliesky/Wiefelspütz, Parlamentsrecht, § 23 Rn. 44.

[445] *BVerfG*E 1, 144 (152); *Abmeier*, Parlamentarische Befugnisse, S. 81; *Heun*, Staatshaushalt, S. 360; *Schmitt-Vockenhausen*, Verfassungsrechtliche Probleme, S. 70; *Schneider*, in: AK, Art. 42 Rn. 4; *Schürmann*, in: Morlok/Schliesky/Wiefelspütz, Parlamentsrecht, § 19 Rn. 14.

menhierarchie nicht.[446] Die Nichtöffentlichkeit der Ausschusssitzungen ist in § 69 Abs. 1 S. 1 GO BT geregelt. Nimmt man an, die Delegation auf hiernach grundsätzlich nichtöffentliche Ausschüsse sei unzulässig, weil sie Art. 42 Abs. 1 S. 1 GG umgehe,[447] wird die Geltungskraft des Geschäftsordnungsrechts überschätzt. Denn steht eine Verfassungsnorm mit einer Bestimmung der Geschäftsordnung im Konflikt, ist letztere verfassungswidrig. Dadurch wäre aber nicht die Delegation selbst unzulässig, sondern eben nur die Norm der Geschäftsordnung, die die nichtöffentliche Verhandlung im Ausschuss vorschreibt. Aus Art. 42 Abs. 1 S. 1 GG kann also gar kein Delegationsverbot abgeleitet werden, sondern allenfalls die Vorgabe, in Ausschüssen und Gremien öffentlich zu verhandeln.

III. Öffentlichkeit als allgemeine Delegationsbedingung

In eine ähnliche Richtung geht eine weitere Ansicht, die die grundsätzliche Öffentlichkeit von Ausschusssitzungen fordert, diese aber nicht aus Art. 42 Abs. 1 S. 1 GG direkt ableiten will. Vielmehr wird das allgemeine Öffentlichkeitsprinzip in Stellung gebracht beziehungsweise Art. 42 Abs. 1 S. 1 GG analog angewendet.[448] Nach dieser Ansicht würde eine Delegation von Plenarkompetenzen erfordern, dass in dem entsprechenden Ausschuss grundsätzlich öffentlich verhandelt wird. Zur Begründung der grundsätzlichen Öffentlichkeit von Ausschuss- und Gremiumssitzungen verweist diese Meinung auf den Wandel im Verhältnis zwischen Plenum und Ausschüssen. Wenn die Ausschüsse mittlerweile den Großteil der Gesetzgebungsarbeit leisteten, die faktische Entscheidungsfindung auf sie verlagert sei, dann müsse der gestiegenen Bedeutung der Ausschüsse Rechnung getragen werden, indem auch sie öffentlich zu verhandeln hätten.[449] Dazu komme noch, dass den Ausschüssen mit dem Selbstbefassungsrecht gemäß § 62 Abs. 1 S. 3 GO BT, wonach Ausschüsse sich

---

[446] So auch *Pietzner*, Petitionsausschuss, S. 67; zustimmend *Mandelartz*, Parlament und Regierung, S. 302; vgl. auch *Heun*, Staatshaushalt, S. 362; so wohl auch *Payandeh*, in: FS Morlok, 205 (219).

[447] *Ahrens*, Immunität, S. 32; wohl auch *Kunz*, Ausgabenermächtigung, S. 47.

[448] *Kunz*, Ausgabenermächtigungen, S. 47 ff.; *Mengel*, Gesetzgebung, S. 279 f.; *Morlok*, in: Dreier, Art. 42 Rn. 24; *Pünder*, VVDStRL 72 (2013), 191 (242, insbesondere auch Fn. 205); *Schneider*, in: AK, Art. 42 Rn. 5; vgl. *Steffani*, in: Schneider/Zeh, Parlamentsrecht, § 49 Rn. 82 ff.; *Versteyl*, in: v. Münch/Kunig, Art. 42 Rn. 6; *Vetter*, Parlamentsausschüsse, S. 197 f., 213 f. *Kluth*, in: S-B/K[13], Art. 42 Rn. 3, 8, 11 will das Öffentlichkeitsprinzip auf Ausschüsse anwenden, lässt aber Einschränkungen aus Gründen der Funktionsfähigkeit und Effektivität zu und hält damit den grundsätzlichen Ausschluss der Öffentlichkeit nach § 69 Abs. 1 S. 1 GO BT für zulässig (allerdings seit der 14. Auflage etwas kritischer, Rn. 11); in eine ähnliche Richtung geht wohl auch *Grzeszick*, in: Maunz/Dürig, Art. 20 Rn. 22 f., der eine Ausnahme vom Rechtsgebot der Öffentlichkeit unter anderem in dem Ziel einer effektiven Aufgabenerfüllung sieht.

[449] *Linck*, DÖV 26 (1973), 513 (516 f.); *Morlok*, in: Dreier, Art. 42 Rn. 24; *Versteyl*, in: v. Münch/Kunig, Art. 42 Rn. 6; *Vetter*, Parlamentsausschüsse, S. 213; kritisch auch *Steiger*, Organisatorische Grundlagen, S. 141 ff.

neben den überwiesenen Vorlagen auch allgemein mit Fragen aus ihrem Geschäftsbereich befassen können, auch ein bedeutendes Maß an Eigenständigkeit zukomme.[450] Schließlich werden die Befürchtungen, dass die Öffentlichkeit der Ausschusssitzungen die kompromissorientierte Zusammenarbeit im Ausschuss verhindere,[451] mit Hinweis auf die Praxis einiger Bundesländer, die diese Öffentlichkeit der Ausschusssitzungen praktizieren, zurückgewiesen.[452]

Die Ansicht, die Art. 42 Abs. 1 S. 1 GG analog anwenden will, überzeugt schon nicht, weil die Voraussetzungen für eine Analogie fehlen. Es wird sogar im Ausgangspunkt anerkannt, dass Art. 42 Abs. 1 S. 1 GG aus systematischen Gründen nicht für Ausschüsse gilt,[453] dennoch soll diese Norm analog angewandt werden.[454] Dafür fehlt es aber schon an einer planwidrigen Regelungslücke. Behauptet wird nämlich, diese Lücke sei durch die Macht- und Bedeutungsverschiebung des Plenums zu Gunsten der Ausschüsse entstanden. Dem steht jedoch entgegen, dass die Ausschüsse nur Empfehlungen abgeben, die rechtlich relevante Entscheidung, für die sich die Abgeordneten verantworten müssen, aber weiterhin im Plenum gefällt wird.[455] Die Ausschussarbeit kann die Entscheidung des Plenums nur vorbereiten, in der Regel aber nicht ersetzen. Insofern kann nicht von einer Macht- und Bedeutungsverschiebung gesprochen werden, die eine planwidrige Regelungslücke darstellt. Zudem hat die (nichtöffentliche) Ausschussarbeit eine lange parlamentarische Tradition.[456] Auch bei der Schaffung des Grundgesetzes war die relative Bedeutung

---

[450] *Achterberg/Schulte*, in: vM/K/S[6], Art. 42 Rn. 14; *Linck*, DÖV 26 (1973), 513 (516 f.); *Vetter*, Parlamentsausschüsse, S. 213.

[451] Siehe hierzu etwa *Kloepfer*, in: HStR III, § 42 Rn. 62.

[452] *Achterberg/Schulte*, in: vM/K/S[6], Art. 42 Rn. 10; *Kluth*, in: S-B/K, Art. 42 Rn. 8; *Linck*, DÖV 26 (1973), 513 (516); *Mengel*, Gesetzgebung, S. 279 f.; *Morlok*, in: Dreier, Art. 42 Rn. 24; *Steffani*, in: Lenz, Mensch und Staat, S. 259 (278 f.); *Versteyl*, in: v. Münch/Kunig, Art. 42 Rn. 7; *Vetter*, Parlamentsausschüsse, S. 206 ff. Dieser Vergleich aber hinkt, da das Interesse an Landespolitik im Vergleich zur Bundespolitik signifikant geringer ist und daher auch in öffentlich verhandelnden Ausschüssen der Landesparlamente mangels medialen Interesses ein vertrauter, sachlicher Umgang möglich ist, der bei Bundestagsausschüsse nur durch Ausschluss der Öffentlichkeit sichergestellt werden kann, *O. Moench*, Bundestagsausschüsse, S. 122.

[453] Vgl. *Linck*, DÖV 26 (1973), 513 (516); vgl. *Morlok*, in: Dreier, Art. 42 Rn. 24.

[454] So etwa *Morlok*, in: Dreier, Art. 42 Rn. 24 sowie *Vetter*, Parlamentsausschüsse, S. 213 f.; explizit gegen eine analoge Anwendung *Brocker*, in: BeckOK, Art. 42 Rn. 2 und *O. Moench*, Bundestagsausschüsse, S. 114 f.; nach *Müller-Terpitz*, in: BK, Art. 42 Rn. 50 (zustimmend *Brocker*, ZParl 47 [2016], 50 [53]) fehlt es bereits an einer planwidrigen Regelungslücke, weil die systematische Auslegung der Art. 42 Abs. 3 und 44 Abs. 1 S. 1 GG ergebe, dass Art. 42 Abs. 1 S. 1 bewusst nur die Öffentlichkeit des Plenums regeln solle. Dies allein kann jedoch nicht den Einwand entkräften, dass eine planwidrige Regelungslücke erst nach Schaffung des GG mit der Bedeutungsverlagerung zu Gunsten der Ausschüsse entstanden sei.

[455] Vgl. *Achterberg/Schulte*, in: vM/K/S[6], Art. 42 Rn. 14; *Klein*, in: Maunz/Dürig, Art. 42 Rn. 44; so geht auch *Versteyl*, in: v. Münch/Kunig, Art. 42 Rn. 6 fehl mit der Unterstellung, Abgeordnete würde sich durch die Nichtöffentlichkeit der Ausschusssitzung der Verantwortung ihren Wählern gegenüber entziehen wollen.

[456] Vgl. infra S. 157.

von Ausschussarbeit für die Funktionsfähigkeit eines Parlaments daher bekannt.[457] Entsprechend kann jedenfalls nicht von einer Planwidrigkeit ausgegangen werden, selbst wenn man eine Regelungslücke annehmen wollte.

Aber auch die Ansicht, die auf eine analoge Anwendung von Art. 42 Abs.1 S. 1 GG verzichtet und stattdessen das allgemeine Öffentlichkeitsprinzip[458], das unter anderem in Art. 42 Abs. 1 S. 1 GG zum Ausdruck komme, auf die Ausschüsse anwendet und daraus die grundsätzlich notwendige Öffentlichkeit ihrer Verhandlungen ableitet, vermag nicht zu überzeugen. Dieses Prinzip darf nicht so angewandt werden, dass es möglichst effektiv und uneingeschränkt zur Geltung kommt. Es kollidiert nämlich mit der Funktionsfähigkeit des Parlamentes, die mit der nichtöffentlichen Ausschussarbeit gefördert werden soll. Der Ausschluss der Ausschussöffentlichkeit nach § 69 Abs. 1 S. 1 GO BT ist also bereits dann verfassungsrechtlich nicht zu beanstanden, wenn er einen Ausgleich zwischen dem entgegenstehenden Verfassungsprinzip der Öffentlichkeit und der Funktionsfähigkeit als Rechtsgut von Verfassungsrang darstellt. Der Ausschluss der Öffentlichkeit wäre hingegen unzulässig, wenn dieser das unterschritte, was der demokratische Kern[459] des Öffentlichkeitsprinzips als Minimum einfordert. Diesem Minimum wird aber auch die grundsätzliche Nichtöffentlichkeit von Ausschusssitzungen gerecht. Denn die Ergebnisse der Ausschusssitzungen werden im Plenum präsentiert, erläutert, begründet und vor allem erst noch beschlossen. Soll das Öffentlichkeitsprinzip Legitimation herstellen und Kontrolle durch den Souverän ermöglichen, so sind diese Anforderungen mit der anschließenden öffentlichen Plenarverhandlung daher erfüllt.[460] Hierfür spricht im Übrigen auch, dass der Kontrast zwischen öffentlichem Plenarverfahren und grundsätzlich nichtöffentlichen Ausschussverfahren auch nicht so scharf ist, wie oft insinuiert wird. Denn die Nichtöffentlichkeit der Ausschusssit-

---

[457] Vgl. auch *O. Moench*, Bundestagsausschüsse, S. 115.

[458] *Mengel*, Gesetzgebung, S. 279 f.; *Pünder*, VVDStRL 72 (2013), 191 (242, insbesondere auch Fn. 205); vgl. zudem *Steiger*, Organisatorische Grundlagen, S. 144.

[459] Zum demokratischen Kern siehe supra S. 134 f.

[460] *Hermes*, Parlamentsgesetz, S. 52 f.; vgl. *Klein*, in: Maunz/Dürig, Art. 42 Rn. 44; *Kluth*, in: S-B/K, Art. 42 Rn. 11; vgl. *O. Moench*, Bundestagsausschüsse, S. 125; vgl. *Müller-Terpitz*, in: BK, Art. 42 Rn. 51; vgl. *Schulze-Fielitz*, Theorie und Praxis, S. 209; vgl. *Schwerin*, Bundestag, S. 163; so auch *Kloepfer*, in: HStR III, § 42 Rn. 62, der zudem darauf hinweist, dass zusätzlich die Medien die Publikumsöffentlichkeit verstärkten – ähnlich *Zeh*, in: Schneider/Zeh, Parlamentsrecht, § 32 Rn. 38 sowie *Eickenboom*, in: Schneider/Zeh, Parlamentsrecht, § 44 Rn. 10 für den Haushaltsausschuss. Für *Schürmann*, in: Morlok/Schliesky/Wiefelspütz, Parlamentsrecht, § 19 Rn. 24 f. können diese Bedingungen auch nur vom Plenum und nicht von einem öffentlich tagenden Ausschuss erfüllt werden. *Edinger*, Wahl und Besetzung, S. 292 sieht die Nichtöffentlichkeit der Ausschusssitzungen durch die Einbeziehung aller Fraktionen kompensiert. *Magiera*, Parlament und Staatsleitung, S. 153 warnt gar davor, dass die Transparenz des gesamten Willensbildungsprozesses nicht zu mehr Informiertheit, sondern dieses Überangebot an Informationen eher zur Orientierungslosigkeit führe – relevant und ausreichend sei vielmehr die Darstellung der Fraktionsstandpunkte im Plenum, ibd., S. 155 f.; demgegenüber vertraut *Mengel*, Gesetzgebung, S. 280 auf „den mündigen Bürger“; kritisch auch *Kißler*, Öffentlichkeitsfunktion, S. 307 ff.

zungen bedeutet nicht strikte Geheimhaltung. Vielmehr können die Ergebnisse und auch Details der Sitzungen durch den Ausschuss selbst oder durch einzelne Mitglieder an die Presse weitergereicht werden, was auch nicht unüblich ist.[461] Die grundsätzliche Öffentlichkeit der Ausschusssitzungen würde daher also überhaupt nicht zu einer signifikant stärkeren Informiertheit der Öffentlichkeit führen. Letztlich müsste der Versuch, mittels Öffentlichkeit der Ausschusssitzungen die parlamentarische Entscheidungsfindung transparent zu machen, ohnehin scheitern. Vertrauliche Vorgespräche und die interfraktionelle Kompromisssuche würden in diesem Fall den Ausschusssitzungen vorgelagert und in Zirkel ausgelagert, die im Gegensatz zu Ausschüssen nicht durch die Geschäftsordnung normiert und anerkannt und damit noch weniger transparent sind.[462] Die grundsätzliche Öffentlichkeit der Ausschusssitzungen könnte daher ihr Ziel gar nicht erreichen. Aus demselben Grund kann auch der Grundsatz der Spiegelbildlichkeit nicht auf jegliche Zusammenarbeit zwischen Abgeordneten erstreckt werden.[463] Es ist vielmehr generell ein Raum des informellen, vertraulichen, nicht normierbaren Bereichs anzuerkennen, der für die parlamentarische Konsensfindung unerlässlich ist. Schließlich spricht gegen eine grundsätzlich gebotene Öffentlichkeit der Ausschusssitzungen auch, dass eine solche Auslegung des Öffentlichkeitsprinzips die Verfahrensautonomie des Bundestages nach Art. 40 Abs. 1. S. 2 GG übermäßig beschränken und die Arbeitsteilung zwischen Plenum und Ausschüssen konterkarieren würde.[464] Dieser Arbeitsteilung entspricht es nämlich, dass in den Ausschüssen kompromissorientiert und sachlich nach Lösungen gesucht wird und diese anschließend im Plenum bestätigt und der Öffentlichkeit gegenüber präsentiert und begründet werden.[465] Die grundsätzliche Öffentlichkeit in den Ausschusssitzungen widerspräche dieser Aufteilung und würde die effiziente, nichtöffentliche Vorbereitung der Plenarentscheidung maßgeblich erschweren.

---

[461] *Steffani*, in: Schneider/Zeh, Parlamentsrecht, § 49 Rn. 83; vgl. *Steiger*, Organisatorische Grundlagen, S. 142 f.; vgl. zudem bereits supra S. 41 f.

[462] Vgl. *Eickenboom*, in: Schneider/Zeh, Parlamentsrecht, § 44 Rn. 10; *Kißler*, Öffentlichkeitsfunktion, S. 330; vgl. auch *Kißler*, in: Schneider/Zeh, Parlamentsrecht, § 36 Rn. 41; vgl. *Klein*, in: Maunz/Dürig, Art. 42 Rn. 44; vgl. zudem *Brocker*, in: BeckOK, Art. 42 Rn. 2.2; wenn *Morlok*, in: Dreier, Art. 42 Rn. 24 bereits jetzt die „informale[] Beratung[] […] in und zwischen den Fraktionsarbeitskreisen" verortet, dann ist der Mehrwert der von ihm befürworteten öffentlicher Ausschusssitzungen fraglich; wie *Morlok* aber auch *Schneider*, in: AK, Art. 42 Rn. 5 und *Vetter*, Parlamentsausschüsse, S. 209. Siehe im Übrigen zu den bereits bestehenden informellen Gesprächskreisen supra S. 99 ff.

[463] Siehe hierzu supra S. 99 f.

[464] *Brocker*, in: BeckOK, Art. 42 Rn. 2; vgl. *Magiera*, in: Sachs, Art. 42 Rn. 2 Fn. 6.

[465] Siehe hierzu *Brocker*, ZParl 47 (2016), 50 (55 ff.); siehe zudem supra S. 39 ff.

Der Verfassung ist damit also kein generelles Gebot zu entnehmen, nach dem auch die Ausschusssitzungen grundsätzlich öffentlich sein müssten. Die Öffentlicheit der Ausschusssitzung ist daher grundsätzlich auch keine Delegationsbedingung. Etwas anderes gilt aber ausnahmesweise dann, wenn ein Ausschuss nicht nur vorbereitende Aufgaben übernimmt, sondern abschließend an Stelle des Plenums entscheidet. Dann ist dieser Ausschuss „Bundestag“ im Sinne von Art. 42 Abs. 1 S. 1 GG.[466] In diesem Fall gilt der Grundsatz der Plenaröffentlichkeit auch für den Ausschuss, soweit dieser nämlich das Plenum ersetzt. Dass der Grundsatz der Öffentlichkeit in diesen Fällen auch in Ausschüssen gilt, bedeutet allerdings wiederum nicht, dass eine Delegation von Entscheidungskompetenzen unzulässig wäre. Vielmehr muss der Ausschuss dann lediglich als Delegatar einer Entscheidungskompetenz öffentlich verhandeln. Zudem gibt es auch hier vom Grundsatz der Öffentlichkeit Ausnahmen, so wie schon Art. 42 Abs. 1 S. 2 GG selbst Einschränkungen der Plenaröffentlichkeit erlaubt. Daher kann beispielsweise das Sondergremium nach dem StabMechG beziehungsweise ESM-FinG[467] aus Geheimhaltungsgründen an Stelle des Plenums nichtöffentlich entscheiden.[468]

IV. Öffentlichkeit als Abwägungstopos

Insgesamt lassen sich aus dem Öffentlichkeitsprinzip kein Delegationsverbot und auch keine allgemeine Delegationsbedingung ableiten. Es fordert lediglich, dass in

[466] Vgl. *Achterberg*, Parlamentarische Verhandlung, S. 29; *Achterberg/Schulte*, in: vM/K/S^{6}, Art. 42 Rn. 16; *Brocker*, in: BeckOK, Art. 42 Rn. 2.2; *Linck*, DÖV 26 (1973), 513 (517 f.); *Müller-Terpitz*, in: BK, Art. 42 Rn. 53; vgl. *Payandeh*, in: FS Morlok, 205 (225); *Pietzner*, Petitionsausschuss, S. 74; vgl. *Steiger*, Organisatorische Grundlagen, S. 141. *Versteyl*, in: v. Münch/Kunig, Art. 42 Rn. 8 geht bereits dann davon aus, dass ein Ausschuss für das Plenum entscheide, wenn dieser sich im Rahmen seines Selbstbefassungsrechts mit Themen beschäftige, für die eigentlich das Plenum zuständig sei. Vgl. auch *Kunz*, Ausgabenermächtigungen, S. 47 ff., 64 speziell für Entscheidungen des Haushaltsausschusses. Der Grundsatz der Öffentlichkeit gilt allerdings dann nicht für entscheidende Ausschüsse, wenn nur Fragen des Geschäftsganges betroffen sind, vgl. *Schürmann*, in: Morlok/Schliesky/Wiefelspütz, Parlamentsrecht, § 19 Rn. 37 mit weiteren Ausnahmen. Die Geltung des Grundsatz der Öffentlichkeit bei plenarersetzenden Entscheidungen eines Ausschusses rundweg, aber leider ohne Begründung, ablehend: *Winkelmann*, in: Morlok/Schliesky/Wiefelspütz, Parlamentsrecht, § 23 Rn. 24, 44 unter Bezugnahme auf *Kretschmer*, in: BK, 125. Ergänzungslieferung (2006), Art. 45 Rn. 222 ff., welcher allerdings wiederum die Nichtgeltung dieses Grundsatzes für den *Europaausschuss* damit begründet, dass dieser keine Entscheidungen treffe, sondern lediglich Stellungnahme abgebe, ohne direkte Wirkung für den Bürger, ibd., Rn. 229 f.

[467] Siehe hierzu bereits supra S. 109; siehe zum nichtöffentlichen Verfahren im Petitionsausschuss bereits *Brink*, NVwZ 22 (2003), 953 (954 f.) und infra S. 150 ff., 255 ff.

[468] *BVerfG*E 130, 318 (362 f.); *Schürmann*, in: Morlok/Schliesky/Wiefelspütz, Parlamentsrecht, § 19 Rn. 37. Will *Kluth*, in: S-B/K, Art. 42 Rn. 8, Einschränkungen bereits aus Gründen der Effektivität (und Funktionsfähigkeit) zulassen, so ist dies wohl auf lediglich vorbereitenden (Fach-)Ausschüsse bezogen. Auch die Ansicht, die die Öffentlichkeit aller Ausschusssitzungen verlangt, weil dort faktisch die Entscheidungen getroffen werden, erlaubt

der Regel[469] Verhandlungen des Parlaments öffentlich geführt und seine Entscheidungen öffentlich getroffen werden. Delegationen schränken das Öffentlichkeitsprinzip in unterschiedlichem Maße ein. In manchen Delegationsfällen wird statt des öffentlich verhandelnden Plenums ein geheim arbeitendes Gremium tätig, dass für das ganze Parlament entscheidet.[470] Die Anforderungen an die Einschränkung des Öffentlichkeitsprinzips sind in diesem Fall höher als bei der Delegation von Vorbereitungskompetenzen. Hier ist zwar ebenfalls grundsätzlich ein Interessenausgleich nötig, um zu bestimmen, ob die Beschränkung des Öffentlichkeitsprinzips zulässig ist. Jedoch ist diese in der Regel schon deshalb gerechtfertigt, weil das Ergebnis der Ausschussberatungen in einem anschließenden Plenarverfahren öffentlich verhandelt und bestätigt werden muss.[471] Die Delegation von Vorbereitungsaufgaben auf grundsätzlich nichtöffentlich tagende Ausschüsse dient dabei der Funktionsfähigkeit des Parlamentes und schränkt aufgrund der notwendigen anschließenden Plenarverhandlung das Öffentlichkeitsprinzip nicht besonders intensiv ein.

V. Zusammenfassung

Das Öffentlichkeitsprinzip leitet sich aus dem Rechtsstaatsprinzip und dem Prinzip der repräsentativen Demokratie ab. Insofern stellt es zugleich eine notwendige Voraussetzung für diese dar. Rechtsstaat, Repräsentation und Demokratie sind ohne grundsätzliche Öffentlichkeit staatlichen Handelns nicht denkbar. Für den parlamentarischen Bereich bedeutet dies, dass Verhandlungen und Entscheidungen grundsätzlich öffentlich zu treffen sind. Da es sich hierbei um einen Grundsatz handelt, sind allerdings Ausnahmen möglich. Daher sind innerparlamentarische Delegationen, die zu einer Einschränkung des Öffentlichkeitsprinzips führen, nicht stets unzulässig. Auch lässt sich aus diesem Prinzip nicht ableiten, dass Ausschüsse und andere parlamentarische Gremien stets öffentlich zu verhandeln hätten. Sind pauschale Antworten nicht möglich, muss für jede Delegation untersucht werden, ob das nichtöffentliche Ausschussverfahren des Delegatars eine zulässige Einschränkung des Öffentlichkeitsprinzips ist. Dies lässt sich bei der Delegation von Vorbereitungskompetenzen in der Regel vermuten, bei der Delegation von Entscheidungskompetenzen muss der Delegatar hingegen in der Regel öffentlich verhandeln, da dieser mit der Zuweisung einer Entscheidungskompetenz Bundestag im Sinne von

---

aus diesem Gründen eine Einschränkung der Öffentlichkeit, siehe etwa *Vetter*, Parlamentsausschüsse, S. 213 ff.

[469] Siehe zur Ausnahmen aus Gründen des Geheimnisschutzes bereits supra S. 58 ff.; siehe im Übrigen Art. 42 Abs. 1 GG; vgl. auch *BVerfG*E 130, 318 (344); *Schliesky*, in: Morlok/Schliesky/Wiefelspütz, Parlamentsrecht, § 5 Rn. 36.

[470] Siehe für das Beispiel des Sondergremiums bereits supra S. 58, 61 sowie infra S. 229 ff., 234 f.; zum Parlamentarischen Kontrollgremium siehe bereits supra S. 105 ff.

[471] Siehe einfachrechtlich § 69 Abs. 1 S. 1 GO BT sowie infra S. 140; zu den Grenzen der Publizität allgemein und gegen totale Transparenz *Kißler*, Öffentlichkeitsfunktion, S. 68 ff.

Art. 42 Abs. 1 GG ist. Aber auch nach dieser Norm sind Ausnahmen möglich, so dass auch bei der Delegation von Entscheidungskompetenzen zulässige Beschränkungen des Öffentlichkeitsprinzips möglich sind.

Dritter Teil

Grundsätzliche Delegierbarkeit von Plenarkompetenzen

Bevor überlegt werden kann, ob die Delegation einer konkreten Plenarkompetenz zulässig ist,[1] muss vorab geklärt werden, ob Kompetenzen des Plenums überhaupt grundsätzlich übertragbar sind. Dies zu verneinen, hieße ein totales Delegationsverbot, einen absoluten Plenarvorbehalt aufzustellen. Ist damit also die Frage zu beantworten, ob Plenarkompetenzen grundsätzlich delegiert werden dürfen, so ist zunächst der Blick auf die Qualität der delegierten Kompetenz zu lenken und eine intuitive und wesentliche Unterscheidung zu machen: Sollen lediglich Vorbereitungskompetenzen (A.) oder gar Entscheidungskompetenzen (B.) delegiert werden?

A. Grundsätzliche Delegierbarkeit von Vorbereitungskompetenzen

Die Delegation von Vorbereitungskompetenzen auf Ausschüsse und andere parlamentarische Gremien wird gemeinhin für unproblematisch gehalten.[2] Dieser Befund überrascht allerdings, berücksichtigt man den Umstand, dass die vorbereiteten Ergebnisse häufig auch die endgültigen Ergebnisse sind (I.). Dabei betrifft die Delegation von Vorbereitungskompetenzen keineswegs nur die Gesetzgebung, vielmehr bereiten Ausschüsse auch andere Beschlüsse des Plenums vor (II.). Nur vor dem Hintergrund der Qualität und Quantität der Vorbereitungskompetenzen ist die Frage zu beantworten, ob diese Kompetenzen grundsätzlich delegiert werden können (III.).

---

[1] Der Beantwortung dieser Frage dient der Vierte Teil (S. 195 ff.).

[2] Siehe hierzu bereits supra S. 80 Fn. 78.

I. Bedeutung der Vorbereitungsarbeit für das Ergebnis

Die Vorbereitung einer Entscheidung kann nie ohne Einfluss auf diese selbst bleiben.[3] Andernfalls würde die Vorbereitung ihrem Sinn nicht gerecht werden. Die Grenzen zwischen Vorbereitung, Beratung und Entschließung sind daher fließend.[4] Die Bedeutsamkeit der vorbereitenden Ausschusstätigkeit selbst ist deswegen auch unbestritten und wird zudem bereits daraus ersichtlich, dass das Ergebnis der Ausschussarbeit im Grunde stets durch das Plenum bestätigt wird.[5] Dieser Umstand ist letztlich auch nicht verwunderlich. Er ergibt sich allein schon daraus, dass das Parlament sich notwendigerweise zu einer Arbeitsteilung entschlossen hat.[6] Das Plenum ist faktisch nicht in der Lage, umfassend zu jedem Regelungsgegenstand eine gar Details umfassende Willensbildung und Entscheidungsfindung zu ermöglichen.[7] Gerade die Ausschüsse sollen daher abstimmungsreife Vorlagen erarbeiten und mögliche Regelungsalternativen ausschließen, so dass ein Konsens der Regierungsmehrheit im Plenum sicher ist. Dass das Ausschussergebnis dort in aller Regel lediglich affirmiert wird, ist somit folgerichtig.

---

[3] Zur Bedeutung von Ankereffekten im juristischen Bereich allgemein siehe etwa *Krüper*, JZ 65 (2010), 655 (655); vgl. auch *Arntz*, JR 71 (2017), 253 (254 f., 257 f.); grundlegend zum psychologischen Effekt von Ankern siehe *Kahnemann*, Denken, S. 152 ff.

[4] Vgl. *Eichenberger*, VVDStRL 40 (1982), 7 (29); *Kloepfer*, NJW 64 (2011), 131 (132); *Krüper*, JZ 65 (2010), 655 (658); *Risse*, in: Kloepfer, Gesetzgebungsoutsourcing, S. 109 (118); *Voßkuhle*, in: HStR III, § 43 Rn. 21 ff.; vgl. zudem *BVerfG*E 120, 56 (74).

[5] *C. Arndt*, in: Schneider/Zeh, Parlamentsrecht, § 21 Rn. 9; *Heun*, Staatshaushalt, S. 192; *Klein*, DÖV 25 (1972), 329 (329 f.); *Martenson*, in: Schneider/Zeh, Parlamentsrecht, § 8 Rn. 18; *Meyer*, in: Schneider/Zeh, Parlamentsrecht, § 4 Rn. 106 f.; *Schulze-Fielitz*, Theorie und Praxis, S. 351 ff.; *Steffani*, in: Lenz, Mensch und Staat, S. 259 (265 ff.); vgl. *Steiger*, Organisatorische Grundlagen, S. 230; *Tomuschat*, Staat 19 (1980), 1 (14); vgl. *Vetter*, Parlamentsausschüsse, S. 213; *Zeh*, in: Schneider/Zeh, Parlamentsrecht, § 32 Rn. 37, 40; *Zeh*, in: HStR III, § 53 Rn. 59; zu beinahe durchweg die Beschlussempfehlung des Immunitätsausschusses bestätigende Plenarabstimmungen siehe *Butzer*, Immunität, S. 350 f.; zum gleichen Befund hinsichtlich des Haushaltsausschusses siehe *Eickenboom*, in: Schneider/Zeh, Parlamentsrecht, § 44 Rn. 2 und *Edinger*, Wahl und Besetzung, S. 188; für die Gesetzgebung siehe *Voßkuhle*, in: HStR III, § 43 Rn. 3.

[6] Siehe hierzu und zum Folgenden exemplarisch *BVerfG*E 130, 318 (350); *Krüper*, in: Morlok/Schliesky/Wiefelspütz, Parlamentsrecht, § 38 Rn. 53; *Meyer*, in: Schneider/Zeh, Parlamentsrecht, § 4 Rn. 107 sowie *Steiger*, Organisatorische Grundlagen, S. 130; vgl. auch *Pünder*, VVDStRL 72 (2013), 191 (253 f.) sowie *Kelsen*, Allgemeine Staatslehre, S. 344.

[7] *Scheuner*, in: Kluxen, Parlamentarismus, S. 361 (370); siehe zudem bereits supra S. 55 f. für weitere Nachweise. Die Erarbeitung jedes Beschlusses erst und nur im Plenum entspricht allerdings der – antiquierten – idealistischen Konzeption der Repräsentation, siehe hierzu supra S. 65 ff.

II. Formen und Qualität der Delegation anhand konkreter Fälle

Typischerweise müssen die Ausschussergebnisse zwingend vom Plenum ausdrücklich affirmiert werden, um rechtliche Geltung zu erlangen (1.). So verhält es sich etwa mit Gesetzesentwürfen, die typischerweise nach Ausschussberatungen in der dritten Lesung vom Plenum beschlossen oder abgelehnt werden. Allerdings ist die anschließende Plenarabstimmung nicht stets notwendig. Vielmehr genügt es in bestimmten Fällen, dass das Plenum „schweigt" (2.). Ist die Zustimmung des Plenums in diesen Fällen also nicht mehr zwingend, sondern wird sie lediglich fingiert, hat dies auch Einfluss auf die Qualität der Delegation und ihre Bewertung. Denn in diesem Fall kommt die Delegation einer Vorbereitungskompetenz rein tatsächlich der Delegation einer Entscheidungskompetenz recht nah.

1. Anschließende obligatorische Plenarabstimmung

Im Regelfall bedarf es im Anschluss an die vorbereitende Ausschussarbeit zwingend einer Plenarabstimmung. Dies gilt nicht allein für das Gesetzgebungsverfahren (d)), sondern auch für Empfehlungen des Wahlprüfungsausschusses (a)), des Petitionsausschusses (b)) sowie des Richterwahlausschusses (c)).

a) Beschlussempfehlung des Wahlprüfungsausschusses

Der Bundestag selbst ist nach Art. 41 Abs. 1 S. 1 GG für die Wahlprüfung zuständig. Erhebt ein Wahlberechtigter Einspruch gegen die Vorbereitung oder Durchführung der Wahl (§ 1 Abs. 1, § 2 WahlPrüfG), so muss das Parlament entscheiden, ob er diesem stattgibt oder ihn zurückweist (§ 13 Abs. 1 S. 1, 2 WahlPrüfG). Zur Vorbereitung dieser Entscheidung wird der Wahlprüfungsausschuss eingesetzt, der dem Plenum eine Beschlussempfehlung vorlegt (§ 3 Abs. 1 WahlPrüfG).[8] Das Plenum muss dann im Anschluss darüber entscheiden, ob es der Beschlussempfehlung folgen möchte. Demnach handelt es sich hierbei um eine obligatorische Plenarabstimmung.[9]

Die Beschlussempfehlung des Wahlprüfungsausschusses fasst in der Regel eine Reihe von Wahleinsprüchen in einer Übersicht zusammen.[10] Aus der Übersicht ergibt sich das jeweilige Aktenzeichen des Einspruchsverfahrens, der Gegenstand (zum Beispiel: „Fünf-Prozent-Sperrklausel" oder „Grundmandat"), der jeweilige Be-

---

[8] Näher zu diesem Verfahren siehe etwa *Ewer*, in: Morlok/Schliesky/Wiefelspütz, Parlamentsrecht, § 8 Rn. 12 ff.; *Kretschmer*, in: Schneider/Zeh, Parlamentsrecht, § 13 Rn. 22 ff.; *Winkelmann*, WahlPrüfG, passim.

[9] Siehe zum Problem des eingeschränkten Rückweisungsrechts des Plenums infra S. 257 ff.

[10] Zum Inhalt dieser Beschlussempfehlung siehe exemplarisch für die Bundestagswahl BT-Drs. 18/1810 und für die Europawahl BT-Drs. 18/3100.

richterstatter im Ausschuss und zusätzlich ein Hinweis auf die Anlage. In dieser werden für jeden einzelnen Wahleinspruch der Tatbestand des Einspruches wiedergegeben sowie die Entscheidungsgründe für die Empfehlung des Ausschusses, § 11 S. 4 WahlPrüfG. Der einzelne Abgeordnete im Plenum kann sich also vor der Abstimmung ein Bild darüber machen, weshalb ein Wahleinspruch erhoben wurde und weshalb der Wahlprüfungsausschuss empfiehlt, diesen zurückzuweisen. Dem Abgeordneten ist es also möglich, aufgrund dieser Informationen zu einer abweichenden Entscheidung zu kommen und die Beschlussempfehlung des Wahlprüfungsausschusses zurückzuweisen (§ 13 Abs. 1 S. 2 WahlPrüfG). Dies ist gleichwohl bis dato noch nicht vorgekommen.[11] In diesem Fall ist natürlich zu berücksichtigen, dass die Abgeordneten ohnehin wenig geneigt sein könnten, einem Einspruch stattzugeben und damit die Ungültigkeit der (eigenen) Wahl festzustellen.

b) Beschlussempfehlung des Petitionsausschusses

Nicht nur die Beschlussempfehlung des Wahlprüfungsausschusses muss notwendigerweise vom Plenum bestätigt werden, um Geltungskraft zu erlangen. Auch die Empfehlungen des Petitionsausschusses sind auf die Affirmation durch das Plenum angewiesen.

aa) Inhalt und Funktionen des Petitionsrechts

Art. 17 GG beinhaltet das Grundrecht, seine Bitten und Beschwerden an die zuständige Stelle und an die Volksvertretung zu richten. Die Norm unterscheidet also zwischen zwei Arten von Petitionsadressaten. Zum einen die Volksvertretung und zum anderen die zuständige Stelle, das sind in erster Linie Behörden des Bundes oder der Länder sowie die mittelbare Staatsverwaltung.[12] Dabei gewährt Art. 17 GG nicht nur das Recht, eine Petition zu verfassen und an die zuständige Stelle und an die Volksvertretung zu richten, sondern umfasst auch einen Anspruch darauf, dass die Petition durch den zuständigen Adressaten ordnungsgemäß erledigt wird.[13]

Diesem grundrechtlichen Petitionsrecht wird eine Vielzahl von Funktionen zugeschrieben.[14] Zunächst ermöglicht es, seine Interessen und Rechte zu verfolgen,

---

[11] *Winkelmann*, WahlPrüfG, § 13 Rn. 3.

[12] Siehe ausführlich zur Frage, wer alles „zuständige Stelle" i.S.v. Art. 17 GG ist, *Brocker*, in: BeckOK, Art. 17 Rn. 17 ff.; *Klein*, in: Maunz/Dürig, Art. 17 Rn. 98 ff.; *Vitzthum*, Petitionsrecht, S. 35 ff.; *H. A. Wolff*, in: Hömig/H. A. Wolff, Art. 17 Rn. 5.

[13] Vgl. *BVerfGE* 2, 225 (229 f.); *Brocker*, in: BeckOK, Art. 17 Einl.; *Klein*, in: Maunz/Dürig, Art. 17 Rn. 80 ff.; vgl. *Vitzthum*, Petitionsrecht, S. 32 f.; *Vitzthum/März*, in: Schneider/Zeh, Parlamentsrecht, § 45 Rn. 5 ff.; *H. A. Wolff*, in: Hömig/H. A. Wolff, Art. 17 Rn. 7.

[14] Siehe hierzu etwa *Bauer*, in: Dreier, Art. 17 Rn. 19; *Brocker*, in: BeckOK, Art. 17 Einl.; *Langenfeld*, in: HStR III, § 39 Rn. 9 ff.; vgl. *Würtenberger*, in: BK, Art. 45c Rn. 15 ff. Kritisch ob dieser Zuschreibung einer schillernden Vielfalt an Funktionen *Klein*, in: Maunz/Dürig, Art. 17 Rn. 137 ff.

auch wenn die Verwaltungs-, Rechtsbehelfs- und Gerichtsverfahren erfolglos bleiben. Insofern wird dem Petitionsrecht eine Interessens- und Rechtsschutzfunktion zugesprochen. Darüber hinaus wird insbesondere der Möglichkeit, Petitionen an die Volksvertretung zu richten, auch eine Integrations- und Partizipationsfunktion, eine Artikulations-, Informations- sowie eine Kommunikationsfunktion zugeschrieben. Schließlich wurde dem Petitionsrecht auch schon eine „Purgationsfunktion des Herzausschüttenkönnens"[15] attestiert.

bb) Delegation des parlamentarischen Petitionswesens

(1) Rechtsgrundlagen

Das Parlament hat sich dazu entschieden, die Behandlung der an es gerichteten Petitionen zu delegieren. Hierzu wurde mit Art. 45c GG die verfassungsrechtliche Grundlage für den Petitionsausschuss geschaffen.[16] Allerdings sieht diese Norm nicht nur die Errichtung dieses Ausschusses zur Behandlung der Petitionen vor (Abs. 1), sondern schreibt in seinem zweiten Absatz auch die Regelung der Ausschussbefugnisse zur Überprüfung von Beschwerden durch ein Bundesgesetz vor. Dieses Befugnisgesetz[17] regelt aber nur, welche Kompetenzen dem Ausschuss bei der Behandlung von Beschwerden zukommen, jedoch nicht das Ausschussverfahren. Wesentliche Rechtsgrundlage neben diesem Befugnisgesetz sind daher die Verfahrensgrundsätze[18] des Petitionsausschusses, die sich dieser selbst gegeben hat, sowie in Teilen[19] die Geschäftsordnung des Deutschen Bundestages, die den Ablauf des Verfahrens im Petitionsausschuss näher regeln.

Für die Delegation der Behandlung von Petitionen relevant ist hierbei in erster Linie Art. 45c Abs. 1 GG und der diesen wiederholende § 108 Abs. 1 S. 1 GO BT, die bestimmen, dass dem Petitionsausschuss die Behandlung der an das Parlament gerichteten Petitionen obliegt. Was genau „Behandlung" dabei bedeuten soll, ist nicht ohne Weiteres erkennbar. Insofern bestimmt § 112 GO BT etwas konkreter, dass der

---

[15] *Dürig*, in: Maunz/Dürig, Stand 1960, Art. 17 Rn. 1; *Pagenkopf*, in: Sachs, Art. 17 Rn. 4 bezweifelt, dass diese Funktion noch aktuell sei, da im Digitalzeitalter das Herz eher im Internet ausgeschüttet werde.

[16] Siehe zur Entstehungsgeschichte *Vitzthum/März*, in: Schneider/Zeh, Parlamentsrecht, § 45 Rn. 25 und *Würtenberger*, in: BK, Art. 45c Rn. 1 ff. Zur Rechtslage in den Bundesländern siehe umfassend *J. Dietlein*, Gutachten, S. 85 ff.

[17] Gesetz über die Befugnisse des Petitionsausschusses des Deutschen Bundestages v. 19.07.1975 (BGBl. I, S. 1921). Die Aufstellung dieser Grundsätze schreibt § 110 Abs. 1 GO BT vor.

[18] Grundsätze des Petitionsausschusses über die Behandlung von Bitten und Beschwerden, Stand 15.01.2014 (abrufbar unter: https://www.bundestag.de/ausschuesse/ausschuesse18/a02_18/grundsaetze/verfahrensgrundsaetze/260564).

[19] §§ 108–112 GO BT.

Petitionsausschuss dem Plenum Beschlussempfehlungen vorlegt, über die das Plenum dann entscheidet.[20]

(2) Kein Delegationsverbot nach Art. 17 GG

Im Ausgangspunkt bestimmt Art. 17 GG, dass Petitionen an die Volksvertretung gerichtet werden können, während Art. 45c Abs. 1 GG die *Behandlung* dieser Petitionen dem Petitionsausschuss aufträgt. Es handelt sich also um eine ausschließliche Delegation[21] zu Gunsten des Petitionsausschusses.

Diese Delegation ist insoweit unproblematisch, als Art. 17 GG dem Plenum diese Kompetenz nicht vorbehält. Die Norm gewährt das Recht, sich mit Bitten und Beschwerden an die „Volksvertretung" zu wenden, beabsichtigt insoweit aber keine intraorganschaftliche Kompetenzzuweisung zu Gunsten des Plenums.[22] Der Begriff „Volksvertretung" soll also nicht deutlich machen, dass allein das Plenum die Entscheidung über Petitionen vorbereiten und treffen muss. Mit ihm soll vielmehr allein betont werden, dass die Landesparlamente beziehungsweise der Bundestag deshalb für die Petitionen zuständig sind, weil sie das *Volk* vertreten, also die dem Bürger nahestehenden Repräsentativorgane sind. Wer innerhalb dieser Organe die Aufgabe übernimmt, soll damit also gerade nicht festgelegt werden. Im Übrigen steht auch der dem Art. 17 GG gleichrangige Art. 45c GG einer Auslegung des Begriffs der „Volksvertretung" als Plenum entgegen, da letztgenannte Norm die Behandlung von an das Parlament gerichteten Petitionen ausdrücklich dem Petitionsausschuss zuweist.[23]

(3) Umfang der Delegation nach Art. 45c GG

Schwieriger zu beantworten ist hingegen die Frage, wie weit die Delegation des Art. 45c Abs. 1 GG genau reicht. Wörtlich wird nur die Kompetenz zur „Behand-

---

[20] Vgl. zu diesem Normgeflecht etwa auch *Finger*, in: Morlok/Schliesky/Wiefelspütz, Parlamentsrecht, § 26 Rn. 11 ff. und *Vitzthum/März*, in: Schneider/Zeh, Parlamentsrecht, § 45 Rn. 4.

[21] Es liegt eine ausschließliche Delegation vor, weil Art. 45c Abs. 1 GG nicht vorsieht, dass das Plenum neben dem Petitionsausschuss weiterhin selbst kompetent zur Behandlung von Petitionen ist; siehe hierzu auch *Bauer*, in: Dreier, Art. 45c Rn. 22; *Klein*, in: Maunz/Dürig, Art. 45c Rn. 22; *Stein*, in: AK, Art. 45c Rn. 7; *Troßmann*, Parlamentsrecht, § 112 Rn. 3.2.1; *Vitzthum*, Petitionsrecht, S. 72; *Vitzthum/März*, in: Schneider/Zeh, Parlamentsrecht, § 45 Rn. 26; vgl. *Würtenberger*, in: BK, Art. 45c Rn. 45.

[22] Hierzu und zum Folgenden: *Brink*, NVwZ 22 (2003), 953 (954); *Burkiczak*, PetAG, Einl. Rn. 10; vgl. *Krings*, in: Friauf/Höfling, Art. 45c Rn. 14; *Vitzthum*, Petitionsrecht, S. 38 ff.; *Vitzthum/März*, in: Schneider/Zeh, Parlamentsrecht, § 45 Rn. 12 ff. Anders aber *Troßmann*, Parlamentsrecht, § 112 Rn. 10, der davon ausgeht, dass eine Delegation der Entscheidungsbefugnis über Petitionen zu Gunsten des Petitionsausschusses unzulässig wäre, da Art. 17 GG der Volksvertretung, und damit gemeint sei das Plenum, diese Entscheidung vorbehalte; ebenso *Schmitt-Vockenhausen*, Verfassungsrechtliche Probleme, S. 77.

[23] *Klein*, in: Maunz/Dürig, Art. 45c Rn. 25; dies ungeachtet lassend *Troßmann*, Parlamentsrecht, § 112 Rn. 10 und *Schmitt-Vockenhausen*, Verfassungsrechtliche Probleme, S. 77.

lung" von Petitionen delegiert. Es wird also nicht deutlich, ob damit nur die Vorbereitung der Entscheidung über die Petitionen delegiert wird oder gar die Entscheidung selbst. Zwar gehen § 1 Befugnisgesetz und § 112 GO BT davon aus, dass nur die Vorbereitungskompetenz delegiert seien soll. Dies hilft aber zunächst nicht weiter. Denn sollte „Behandlung" im Sinne von Art. 45c Abs. 1 GG die Kompetenz zur Entscheidung über Petitionen mit einschließen und diese auf den Ausschuss delegieren, dann würden diese Verfassungsnorm den unterverfassungsrechtlichen Regeln vorgehen, die explizit nur die Vorbereitungskompetenz übertragen. Tatsächlich aber gibt es keinen Widerspruch zwischen den einfachrechtlichen Bestimmungen und Art. 45c Abs. 1 GG. Denn der Begriff „Behandlung" im Sinne des Art. 45c Abs. 1 GG ist so auszulegen, dass auf den Petitionsausschuss in jedem Fall die Vorbereitungskompetenz delegiert wurde, aber nicht zwingend auch die Entscheidungskompetenz.[24] Hierfür spricht maßgeblich der Wille des verfassungsändernden Gesetzgebers, der explizit nicht mit der bisherigen parlamentarischen Praxis brechen wollte, nach der der Petitionsausschuss die Entscheidungen des Plenums bis dahin immer nur vorbereitet hatte. Dieser historische Wille wird auch in § 1 Befugnisgesetz deutlich, das zusammen mit dem den Art. 45c GG inkorporierenden Gesetz erlassen wurde und welches die Beschränkung des Petitionsausschusses auf die Vorbereitung der Plenumsbeschlüsse deutlich macht.

Mit Art. 45c Abs. 1 GG wurde also nicht notwendig auch die Kompetenz zur abschließenden Entscheidung auf den Petitionsausschuss übertragen. Allerdings ist der Begriff der Behandlung offen genug, um einer derartigen Delegation durch Gesetz oder Geschäftsordnungsbestimmung nicht im Wege zu stehen.[25]

(4) Sammelvorlage und faktische Vorentscheidung

Es sind allerdings Zweifel angebracht, ob der Petitionsausschuss tatsächlich nur den Beschluss des Plenums vorbereitet. Zwar mag Art. 45c Abs. 1 GG die Delegation

[24] Siehe hierzu in erster Linie *Troßmann*, Parlamentsrecht, § 112 Rn. 10, unter Verweis auf den Ausschussbericht, BT-Drs. 7/3252, S. 2; sich anschließend *Klein*, in: Maunz/Dürig, Art. 45c Rn. 24; vgl. *Vitzthum/März*, in: Schneider/Zeh, Parlamentsrecht, § 45 Rn. 32.

[25] Siehe hierzu *BVerfGE* 130, 318 (351): „In einigen im Grundgesetz ausdrücklich vorgesehenen Fällen kann der Deutsche Bundestag auch Befugnisse zur selbständigen und plenarersetzenden Wahrnehmung auf Ausschüsse übertragen (insbesondere Art. 45, *45c*, 45d, 53a GG)" (Hervorhebung nicht im Original). Zu diesem Ergebnis kommen auch *Achterberg/Schulte*, in: vM/K/S[6], Art. 45c Rn. 9, 30; *Bauer*, in: Dreier, Art. 45c Rn. 23; *Brink*, NVwZ 22 (2003), 953 (955); *Klein*, in: Maunz/Dürig, Art. 45c Rn. 25; *Krings*, in: Friauf/Höfling, Art. 45c Rn. 20; *Magiera*, in: Sachs, Art. 45c Rn. 8; *Rohlf*, JZ 31 (1976), 359 (359); vgl. *Schürmann*, in: Morlok/Schliesky/Wiefelspütz, Parlamentsrecht, § 19 Rn. 32, besonders Fn. 149; vgl. *Vitzthum/März*, in: Schneider/Zeh, Parlamentsrecht, § 45 Rn. 32; *Würtenberger*, in: BK, Art. 45c Rn. 117. A.A. aber *Hernekamp*, in: vM/K, Art. 45c Rn. 9, der fälschlicherweise davon auszugehen scheint, dass Adressat des Petitionsrechts nach Art. 17 GG nur das Plenum seien könne – dieser Argumentation kritisch gegenüber *Krings*, in: Friauf/Höfling, Art. 45c Rn. 14; a.A. ist zudem *Kluth*, in: S-B/K, Art. 45c Rn. 4 sowie *Unger*, in: vM/K/S, Art. 45c Rn. 27 und wohl auch *Brocker*, in: BeckOK, Art. 45c Rn. 18. Zur Zulässigkeit dieser Delegation von Vorbereitungskompetenz siehe infra S. 255 ff.

von Entscheidungsbefugnissen zu Gunsten des Petitionsausschusses nicht zwingend mit umfassen und § 112 GO BT das Entscheidungsrecht dem Plenum ausdrücklich vorbehalten. Ungeachtet dessen wird aber die faktische Entscheidung gleichwohl bereits durch den Petitionsausschuss getroffen. Dies liegt in diesem Fall nicht allein daran, dass die Vorbereitung einer Entscheidung in der Regel dazu führt, dass die Entscheidung während und durch die Vorbereitung faktisch schon getroffen wird.[26] Sondern hier verstärkt besonders die konkrete Ausgestaltung des Abstimmungsverfahrens im Plenum das faktische Entscheidungsrecht des Ausschusses.[27]

Danach werden die Beschlussempfehlungen des Petitionsausschusses dem Plenum in sogenannten Sammelübersichten vorgelegt (§ 112 Abs. 1 S. 1 GO BT). Diese Übersichten enthalten zu jeder Petition keine weiteren Angaben als das Aktenzeichen der Petition, den Wohnsitz des Petenten sowie den Inhalt der Petition. Allerdings wird der Inhalt der Petition nicht zumindest summarisch zusammengefasst, sondern allein mittels eines Stichwortes wiedergegeben. Ein solches Stichwort kann etwa „Sommerzeit", „Wahlen" oder „Kraftfahrzeugtechnik" sein.[28] Damit weiß der Bürger als Außenstehender nicht, weshalb das Parlament über welches tatsächliche Begehren abgestimmt hat. Problematischerweise gilt dies jedoch auch für alle Abgeordneten im Plenum, die nicht dem Petitionsausschuss angehören, über diese Sammelübersichten aber abstimmen. Zwar könnte der jeweilige Berichterstatter aus dem Ausschuss im Plenum die Beschlussempfehlungen erklären und ebenso wäre eine Aussprache des Plenums über die Sammelübersicht möglich (§ 112 Abs. 2 S. 1 Hs. 2 und S. 2 GO BT). Jedoch ist die Erläuterung durch den Berichterstatter fakultativ und die Aussprache im Plenum erfordert einen Antrag einer Fraktion oder

---

[26] Siehe hierzu supra S. 155.

[27] Zum Abstimmungsverfahren deskriptiv *Stein*, in: AK, Art. 45c Rn. 17; *Vitzthum/März*, in: Schneider/Zeh, Parlamentsrecht, § 45 Rn. 33. Als Beispiel für Form und Umfang einer Sammelübersicht: BT-Drs. 19/395. Zur Kritik am Abstimmungsverfahren und zum Folgenden: *Achterberg/Schulte*, in: vM/K/S[6], Art. 45c Rn. 27 ff.; *Brink*, NVwZ 22 (2003), 953 (956); *Langenfeld*, in: HStR III, § 39 Rn. 57; *Röper*, NVwZ 21 (2002), 53 (54); *Stein*, in: AK, Art. 45c Rn. 7; vgl. *Troßmann/Roll*, Parlamentsrecht, § 112 Rn. 3; *Würtenberger*, in: BK, Art. 45c Rn. 117; hingegen weniger kritisch und die Praxis der Oppositionsfraktionen, eine Aussprache über die Sammelübersicht im Plenum herbeizuführen, betonend *Vitzthum/März*, in: Schneider/Zeh, Parlamentsrecht, § 45 Rn. 50 – aktueller und darauf hinweisend, dass von der Möglichkeit, eine Aussprache herbeizuführen, in der Praxis kaum Gebrauch gemacht werde *Achterberg/Schulte*, in: vM/K/S[6], Art. 45c Rn. 27 Fn. 41; dieses Verfahren nicht kritisch sehend *Krings*, in: Friauf/Höfling, Art. 45c Rn. 18 f., 21, da er die Delegation der Entscheidungskompetenz auf den Petitionsausschuss durch Änderung der GO BT für zulässig erachtet und daher das Verbleiben der Entscheidung beim Plenum bei beschränkten Berichtspflichten des Ausschusses für unproblematisch hält; für unproblematisch haltend auch *Brocker*, in: BeckOK, Art. 45c. Rn. 18 und *Kluth*, in: S-B/K, Art. 45c Rn. 21. *Schmitt-Vockenhausen*, Verfassungsrechtliche Probleme, S. 94 f. weist darauf hin, dass die faktische Entscheidung häufig sogar schon gefallen ist bevor selbst der Petitionsausschuss mit der Angelegenheit befasst ist, da dieser fast ausschließlich den begründeten Empfehlungen des Ausschussdienstes (zum Ausschussdienst sogleich infra Fn. 32) folge.

[28] Diese Beispiele sind entnommen aus der Sammelübersicht der BT-Drs. 19/463 (Lfd. Nr. 190, 191, 194).

von fünf Prozent der Mitglieder. Dementsprechend selten wird hiervon Gebrauch gemacht und im Plenum über die Sammelübersichten gesprochen.[29] Im Regelfall entscheidet also das Plenum über diese Übersichten, im Gegensatz zu den detaillierten Übersichten des Wahlprüfungsausschusses, ohne auch nur im Ansatz über den Inhalt der Petitionen Kenntnis zu haben. Folglich stimmt es üblicherweise den Beschlussempfehlungen in den Sammelübersichten pauschal zu.[30] Dies bedeutet, dass der Petitionsausschuss die Entscheidung des Plenums faktisch vorwegnimmt.

Im Ergebnis wurde also lediglich die Entscheidungsvorbereitung auf den Petitionsausschuss delegiert. Die Abstimmung des Plenums bleibt dementsprechend obligatorisch. Dennoch sind die Unterschiede zu einer Delegation der Entscheidungskompetenz auf den Ausschuss faktisch gering.[31]

cc) Subdelegation auf Ausschussmitglieder

Während im ersten Schritt die Vorbereitung der Beschlüsse über Petitionen vom Plenum auf den Petitionsausschuss gem. Art. 45c Abs. 1 GG, § 112 GO BT delegiert wurde, kann in einem zweiten Schritt diese Kompetenz sogar noch weiter delegiert werden (Subdelegation).[32] Nach § 111 GO BT und § 6 Befugnisgesetz kann der

---

[29] *Achterberg/Schulte*, in: vM/K/S[6], Art. 45c Rn. 27 Fn. 41; *Klein*, in: Maunz/Dürig, Art. 45c Rn. 45; siehe für eine Abstimmung über Sammelübersichten ohne Aussprache exemplarisch Pl.-Protokoll 18/218, TOP 28 b-g.

[30] *Achterberg/Schulte*, in: vM/K/S[6], Art. 45c Rn. 29; *Frost*, AöR 95 (1970), 38 (78 f.); vgl. *Klein*, in: Maunz/Dürig, Art. 45c Rn. 45; *Magiera*, in: Sachs, Art. 45c Rn. 9; *Stein*, in: AK, Art. 45c Rn. 7.

[31] *Würtenberger*, in: BK, Art. 45c Rn. 117 bezeichnet die parlamentarische Beschlusskompetenz nicht zu Unrecht als Farce. Zur Zulässigkeit dieser Delegation siehe infra S. 255 ff.

[32] Zu dieser Subdelegation siehe *Achterberg/Schulte*, in: vM/K/S[6], Art. 45c Rn. 24, 67; *Burkiczak*, PetAG, § 6; *Schmitt-Vockenhausen*, Verfassungsrechtliche Probleme, S. 78 ff.; allgemein zur Figur der Subdelegation *Reinhardt*, Delegation und Mandat, S. 154 ff. Zudem findet eine Delegation auf den Ausschussdienst statt, der eine Vorprüfung der eingereichten Petitionen vornimmt und sogenannte Nicht-Petitionen und auch offensichtlich nicht erfolgreiche Petitionen aussortiert. Zum Ausschussdienst und seinen Befugnissen siehe Nr. 7 der Verfahrensgrundsätze sowie *Vitzthum/März*, in: Schneider/Zeh, Parlamentsrecht, § 45 Rn. 27 und noch ausführlicher *Schmitt-Vockenhausen*, Verfassungsrechtliche Probleme, S. 90 ff. Der Ausschussdienst gehört der Bundestagsverwaltung (ibd.) an. Werden auf ihn Kompetenzen delegiert, handelt es sich nicht um die hier relevanten parlamentsinternen Delegationen, da die Bundestagsverwaltung zwar der Legislative zuzurechnen ist, aber im Gegensatz zu Ausschüssen und Gremien Verwaltungsaufgaben im materiellen Sinn wahrnimmt und nicht selbst Teil des Parlamentes oder dessen Unterorgan ist (so *Brocker*, in: Morlok/Schliesky/Wiefelspütz, Parlamentsrecht, § 34 Rn. 3). Zur Kritik an der Kompetenzübertragung zu Gunsten des Ausschussdienstes des Petitionsausschusses siehe *Achterberg/Schulte*, in: vM/K/S[6], Art. 45c Rn. 20 ff.; *Bauer*, in: Dreier, Art. 45c Rn. 29; *Krings*, in: Friauf/Höfling, Art. 45c Rn. 39 ff.; *Schmitt-Vockenhausen*, Verfassungsrechtliche Probleme, S. 95 ff.; *Schmitt-Vockenhausen*, DVBl. 95 (1980), 522 (523 f.); *Würtenberger*, in: BK, Art. 45c Rn. 85 ff. Die Kompetenzübertragung für zulässig haltend: vgl. *BVerfGE* 2, 225 (229); *BVerfG*, 1 BvR 444/78, unveröffentlichter Beschluss des Ersten Senats (Dreierausschuss), im Wortlaut abgedruckt bei *Bauer*, in: Dreier, Art. 45c Rn. 29 Fn. 127; *Brocker*, in: BeckOK, Art. 45c Rn. 16.1; *Hernekamp*, in:

Petitionsausschuss beschließen, dass eines oder mehrere seiner Mitglieder Befugnisse des Ausschusses wahrnehmen.

Für die Subdelegation auf einzelne Ausschussmitglieder gilt allerdings dasselbe, was auch für eine Subdelegation auf einen Unterausschuss oder Berichterstattergespräche gilt.[33] Sollte hier die Entscheidungsfindung vorweggenommen werden, ist eine spiegelbildliche Besetzung erforderlich. Daher muss bei der Subdelegation nach § 111 GO BT, § 6 Befugnisgesetz zumindest ein Abgeordneter jeder Fraktion berücksichtigt werden, sofern die Delegatare sich derart mit der Petition befassen, dass die Entscheidung des Ausschusses über die Beschlussempfehlung vorweggenommen wird. Da es sich bei den übertragbaren Befugnissen aber um besondere Informationsrechte nach dem Befugnisgesetz handelt, wird es in der Regel allerdings nur darum gehen, dass einzelne Abgeordnete lediglich weitere Informationen beschaffen sollen – etwa indem sie von einer Behörde Auskunft oder Vorlage von Akten verlangen gem. § 1 Befugnisgesetz –,[34] um sie der Beschlussfindung im gesamten Ausschuss zuzuführen. In diesem Fall ist der Grundsatz der Spiegelbildlichkeit nicht maßgeblich.[35]

Jedenfalls wird mit der Subdelegation die Kompetenz weiter übertragen und entfernt sich damit um eine Ebene mehr vom Plenum. Dadurch vergrößert sich der Kontrast zum Plenum, das über ein Plus an Repräsentativität und demokratischer Legitimation verfügt.[36] Während schon der Ausschuss selbst nur noch ein Spiegelbild des Plenums ist,[37] also nicht vergleichbar repräsentativ und demokratisch legitimiert, fällt es schwer, bei einer Subdelegation auf einzelne Ausschussmitglieder überhaupt noch ein Spiegelbild des Plenums zu erkennen. Daher ist die Subdelegation gegenüber der „einfachen" Delegation auf einen Ausschuss von besonderer Qualität und ebenso besonders rechtfertigungsbedürftig.[38]

---

vM/K, Art. 45c Rn. 7; *Magiera*, in: Sachs, Art. 45c Rn. 6, 9; *Pietzner*, Petitionsausschuss, S. 23 f.; *Troßmann/Roll*, Parlamentsrecht, § 108 Rn. 8; trotz grundsätzlicher Bedenken die Praxis für zulässig erachtend *Kluth*, in: S-B/K, Art. 45c Rn. 15.

[33] Siehe hierzu bereits supra S. 96, 101 f.

[34] Vgl. *Klein*, in: Maunz/Dürig, Art. 45c Rn. 73.

[35] Zur Notwendigkeit der spiegelbildlichen Besetzung bei einer Delegation nach § 6 Befugnisgesetz, § 111 GO BT: *Achterberg/Schulte*, in: vM/K/S[6], Art. 45c Rn. 67 und *Hernekamp*, in: v/M/K, Art. 45c Rn. 16, die dieses Ergebnis allerdings aus § 70 Abs. 5 S. 3 Hs. 2 GO BT herleiten. Diese Norm erlaubt es, einzelne Mitglieder eines Ausschusses mit einer öffentlichen Anhörung zu beauftragen, soweit jede Fraktion dabei berücksichtigt wird. Es ist allerdings fraglich, ob nicht § 111 GO BT eine für den Petitionsausschuss eigenständige, abweichende Regelung hiervon trifft – so auch *Burkiczak*, in: PetAG, § 6 Rn. 3 – und inwiefern § 70 Abs. 5 S. 3 Hs. 2 GO BT für solche Übertragungen von Aufgaben auf Mitglieder des Petitionsausschusses, die nicht eine öffentliche Anhörung betreffen, gelten soll.

[36] Siehe hierzu bereits supra S. 125 f.

[37] Hierzu ebenfalls bereits supra S. 91 ff.

[38] Vgl. infra S. 244.

c) Wahl der Bundesverfassungsrichter

Ebenso wie die Empfehlungen des Wahlprüfungsausschusses und des Petitionsausschusses bedarf auch der Wahlvorschlag des Richterwahlausschusses für eine frei werdende Richterstelle am Bundesverfassungsgericht der Zustimmung im Plenum. Die Plenarabstimmung ist also auch hier obligatorisch.

aa) Ausgangspunkt: Art. 94 Abs. 1 S. 2 GG

Im Ausgangspunkt bestimmt Art. 94 Abs. 1 S. 2 GG nur, dass je eine Hälfte der Richter des Bundesverfassungsgerichts vom Bundestag und vom Bundesrat gewählt wird. Die Bestimmung sagt also jedenfalls nicht explizit, dass das Plenum des Bundestages die Wahl der von ihm zu wählenden Hälfte vornehmen muss. Da aber grundsätzlich alle Kompetenzen, die dem Bundestag zugeordnet werden, vom Plenum auszuüben sind (Grundsatz der Plenarzuständigkeit)[39], fällt es also auch zunächst in seine Zuständigkeit, die Wahlentscheidung vorzunehmen. Soll hingegen eine Untergliederung des Parlamentes diese Entscheidung übernehmen oder vorbereiten, muss dies gesondert geregelt werden.

bb) § 6 BVerfGG a.F.: Wahl durch den Ausschuss

Seit Bestehen des Bundesverfassungsgerichts bis 2015 wurde die vom Bundestag zu wählende Hälfte der Richter nicht durch das Plenum gewählt, sondern durch einen Wahlausschuss. § 6 Abs. 1 BVerfGG bestimmte bereits in seiner ersten Fassung vom zwölften März 1951, dass die vom Bundestag zu berufenden Richter durch indirekte Wahl bestimmt werden.[40] Seit Inkrafttreten dieser Regelung wurden jedoch auch beständig Bedenken gegen seine Verfassungsmäßigkeit in der Literatur vorgebracht.[41]

cc) § 6 BVerfGG n.F.: Wahlvorschlag durch den Ausschuss

Nicht zuletzt aufgrund dieser andauernden verfassungsrechtlichen Kritik[42] wurde dieses Wahlverfahren reformiert. Seit dem 30. Juni 2015 gilt die Neufassung des § 6

---

[39] Siehe hierzu bereits supra S. 35 f.

[40] Gesetz vom 12.03.1951 (BGBl. I, S. 243 ff.).

[41] Zur Kritik siehe an dieser Stelle allein *Ruppert*, in: Burkiczak/Dollinger/Schorkopf, BVerfGG, § 6 Rn. 4 ff.; Näheres zur Verfassungskonformität dieser Regelung infra S. 263 ff.

[42] Siehe zur Bedeutung der Kritik der Literatur für die Reform des Wahlverfahrens die Begründung des Gesetzesentwurfs BT-Drs. 18/2737, S. 4; vgl. zudem BT-Drs. 18/4963, S. 3 sowie die Wortbeiträge während der Plenardebatte der zweiten und dritten Lesung von den Abgeordneten *Bartke*, *Winkelmeier-Becker*, *Barley*, Pl.-Protokoll 18/106, TOP 23.

BVerfGG[43]. Danach werden nunmehr die vom Bundestag zu berufenden Richter auf Vorschlag des Wahlausschusses ohne Aussprache mit verdeckten Stimmzetteln gewählt (§ 6 Abs. 1 S. 1 BVerfGG). Die Abstimmung im Plenum ist jetzt also obligatorisch. Im Gegensatz zur alten Fassung, der eine Delegation der Entscheidungskompetenz vorsah, wird mit der nun aktuellen Fassung lediglich die Kompetenz übertragen, dem Plenum einen Kandidaten vorzuschlagen.

dd) Unverändert: Faktische, informelle Vorentscheidung

Wenngleich seit 2015 nur noch die Vorbereitung der Wahl auf den Wahlausschuss delegiert wird, so ist doch zweifelhaft, ob diese Veränderung derart substanziell ist, wie man zunächst vermuten könnte. Zwar wird die Wahlentscheidung im Plenum getroffen und damit nicht mehr durch den zwölfköpfigen[44] Wahlausschuss. Die Entscheidung durch alle Abgeordneten im Plenum ist damit in einem deutlich höheren Maße demokratisch legitimiert und repräsentativ als die des Ausschusses. Dennoch bedeutet die Entscheidung des Plenums nicht, dass die Entscheidung auch erst im Plenum getroffen wird.[45] Selbst unter der alten Rechtslage war es keineswegs so, dass der Wahlausschuss originär und allein die Entscheidung traf.[46] Weil die Besetzung des Bundesverfassungsgerichts den politischen Akteuren so wichtig und vor allem da eine Zweidrittelmehrheit im Ausschuss und Plenum erforderlich ist (§ 6 Abs. 1 S. 2, Abs. 5 BVerfGG), beraten und entscheiden einige wenige Vertreter der großen Parteien und der Fraktionen im Bundestag schon, bevor der Wahlausschuss beziehungsweise das Plenum damit befasst ist. Dabei beziehen sich diese informellen Absprachen, namentlich zwischen der CDU/CSU und SPD, nicht nur auf die Besetzung der Hälfte der von dem Bundestag zu wählenden Verfassungsrichter, sondern sogar auf die Hälfte der Richter, die vom Bundesrat zu wählen sind.[47]

Vor diesem Hintergrund ist die obligatorische Plenarabstimmung über den Wahlvorschlag des Wahlausschusses insoweit ähnlich zu bewerten wie die Plenar-

---

[43] Neuntes Gesetz zur Änderung des Bundesverfassungsgerichtsgesetzes vom 24.06.2015 (BGBl. I, S. 973).

[44] § 6 Abs. 2 S.1 BVerfGG n.F. und § 6 Abs. 2 S. 1 BVerfGG a.F.

[45] Zu den informellen Absprachen: *Böckenförde*, NJW 52 (1999), 9 (16); *Fromme*, NJW 53 (2000), 2977 (2978); *Grünewald*, in: BeckOK BVerfGG, § 6 Rn. 7 ff.; *Haratsch*, in: M/S/K/B, § 6 Rn. 3 ff.; *Kischel*, in: HStR III, § 69 Rn. 21 ff.; *Lamprecht*, NJW 48 (1995), 2531 (2532); *Lamprecht*, NJW 52 (1999), 2011 (2011); *Lenz/Hansel*, BVerfGG, § 6 Rn. 6; *Ruppert*, in: Burkiczak/Dollinger/Schorkopf, BVerfGG, § 6 Rn. 19, 27 ff.; *Schlaich/Korioth*, BVerfG, Rn. 45; *Schreier*, Verfassungsrichter, S. 152 ff., 177 ff.; *Wittmann*, in: Barczak, BVerfGG, § 6 Rn. 15 f.

[46] *Böckenförde*, NJW 52 (1999), 9 (16); *Fromme*, NJW 53 (2000), 2977 (2978); *Lamprecht*, NJW 48 (1995), 2531 (2532); *Lamprecht*, NJW 52 (1999), 2011 (2011); *Kischel*, in: HStR III, § 69 Rn. 21 ff.; vgl. *Klein*, in: M/S/K/B, 13. Ergänzungslieferung (1993), § 6 Rn. 1; *Schlaich/Korioth*, BVerfG, Rn. 45; *Schreier*, Verfassungsrichter, S. 152 ff.

[47] Vgl. *Haratsch*, in: M/S/K/B, § 6 Rn. 5; *Kischel*, in: HStR III, § 69 Rn. 24; *Ruppert*, in: Burkiczak/Dollinger/Schorkopf, BVerfGG, § 6 Rn. 19; *Schreier*, Verfassungsrichter, S. 152 f.

abstimmung über die Beschlussempfehlungen des Petitionsausschusses in Sammelübersichten, als in beiden Fällen die Entscheidung in der Sache bereits gefallen ist, bevor das Plenum hierüber abstimmen soll.

d) Gesetzgebung und Fachausschüsse

Klassisches Tätigkeitsfeld der Parlamentsausschüsse ist die Gesetzgebung.[48] Allgemein dienen sie nach § 54 Abs. 1 S. 1 GO BT dazu, die Verhandlung im Plenum vorzubereiten. Konkret überweist das Plenum nach der ersten Beratung eines Gesetzesentwurfes einem oder mehreren Ausschüssen diesen Entwurf (§ 80 GO BT). Die zweite Beratung des Plenums erfolgt dann auf Grundlage des Ausschussberichtes (§ 81 Abs. 1 S. 2 GO BT). Werden zu diesem Zeitpunkt keine Änderungsanträge mehr gestellt oder der Entwurf an den Ausschuss zurückgewiesen (§ 82 GO BT), kann unmittelbar anschließend die Schlussabstimmung (§ 86 S. 2 GO BT) durchgeführt und über den Gesetzesentwurf abgestimmt werden. Hieraus wird bereits ersichtlich, dass die Form, die ein Gesetzesentwurf im Ausschuss erhält, durchaus maßgebend sein kann für die anschließende obligatorische Plenarabstimmung.[49]

Eine Alternative zu dieser Form der Arbeitsteilung zwischen dem Plenum und den Ausschüssen, die durch ihre Vorbereitung und Vorberatung das Plenum entlasten, ist kaum vorstellbar (aa)). Trotz der bedeutenden Rolle, die die Geschäftsordnung den Ausschüssen zuweist, ist ihre faktische Bedeutung (bb)–cc)) allerdings limitiert. Dies liegt zum einen daran, dass die Mitglieder der Ausschüsse in aller Regel auch Mitglieder von Fraktionen sind, an dessen Vorgaben sie zwar nicht rechtlich (Art. 38 Abs. 1 S. 1 GG), aber häufig realiter gebunden sind (dd)). Zum anderen gibt es einen signifikanten Einfluss auf die Gesetzgebung, der von außen auf das Parlament und seine Mitglieder einwirkt (ee)). Vor diesem Hintergrund ist es fraglich, ob die Delegation der Vorbereitungskompetenz auf die Fachausschüsse zu einer Verlagerung der faktischen Entscheidung auf die Ausschüsse geführt hat[50] oder aber die Ausschüsse nur das Einfallstor sind für außerparlamentarische Einflussnahmen, welche womöglich tatsächlich die Entscheidung vorwegnehmen (ff)).

---

[48] Vgl. *Zeh*, in: Schneider/Zeh, Parlamentsrecht, § 39 Rn. 2; ausgenommen sind solche Ausschüsse wie etwa der Petitionsausschuss oder der Richterwahlausschuss gem. § 6 BVerfGG, die nicht in das Gesetzgebungsverfahren involviert sind. Vgl. hierzu auch BT-Drs. 19/437, wonach 23 Ausschüsse in der 19. Legislaturperiode eingesetzt werden sollen, wobei nur wenige (Petitionsausschuss, Ausschuss für Wahlprüfung, Immunität und Geschäftsordnung) nicht mit der Gesetzgebung befasst sein dürften.

[49] Zum Verfahren deskriptiv siehe etwa *Achterberg*, Parlamentarische Verhandlung, S. 145 f. und noch ausführlicher, die Bestimmungen der Geschäftsordnung referierend, *Pieper*, in: Morlok/Schliesky/Wiefelspütz, Parlamentsrecht, § 40 Rn. 95 ff. sowie *Hadamek*, in: Kluth/Krings, Gesetzgebung, § 17 Rn. 52 ff., zum Ausschussbericht und seiner Beschlussempfehlung Rn. 149 ff.

[50] Siehe hierzu die Rechtsprechung des Bundesverfassungsgerichts supra S. 86 ff.

aa) Parlamentarische Tradition und faktische Notwendigkeit

In der Geschichte[51] des Parlamentarismus sind Ausschüsse keinesfalls Fremdkörper. Seit Parlamente mit ihrer wachsenden Bedeutung, in Deutschland spätestens mit der Weimarer Republik, auch die Notwendigkeit zur Arbeitsteilung anerkennen, werden Organisationseinheiten gebildet, um die Vollversammlung (Plenum) zu entlasten. Dementsprechend ist die wachsende Zahl und Bedeutung der Parlamentsausschüsse kein Bruch mit der parlamentarischen Geschichte oder Tradition, sondern mit dieser Geschichte und Tradition kongruent und angesichts der gewachsenen Bedeutung der Parlamente folgerichtig und notwendig. Ein Parlament im heutigen modernen, massendemokratischen Rechts- und Sozialstaat, das jede Entscheidung im Plenum vorbereiten, beraten und entschließen wollte, ist reine Utopie (oder besser: Dystopie).[52]

bb) Anteil der Fachausschüsse an der Endfassung

Das Plenum beschließt Gesetze in der Regel in der Form, die der entsprechende Fachausschuss empfiehlt.[53] Insofern liegt der Schluss nahe, dass die Vorbereitungsarbeit der Ausschüsse von größter Bedeutung für die abschließende Entscheidung des Plenums ist. Auch in diesem Fall wäre dann die obligatorische Plenarabstimmung regelmäßig nur ein Absegnen des bereits an anderem Ort Entschiedenen.[54]

Zwei Umstände relativieren allerdings diesen Befund. Zum einen wird rund ein Drittel aller Gesetzesentwürfe in der Form vom Plenum verabschiedet, in der sie in den Bundestag eingebracht wurden.[55] Das bedeutet, der Ausschluss empfiehlt le-

---

[51] Siehe zu diesem geschichtlichen Aspekt und zum Folgenden: *Dechamps*, Macht und Arbeit, S. 4 ff. zu England, Frankreich und den USA und S. 55 ff. zu Deutschland; *Frost*, AöR 95 (1970), 38 (41 ff.) ebenfalls mit Blick auch auf England, Frankreich und die USA; *Vetter*, Parlamentsausschüsse, S. 9 ff.; *Winkelmann*, in: Morlok/Schliesky/Wiefelspütz, Parlamentsrecht, § 23 Rn. 15 ff.

[52] Zur Notwendigkeit der Arbeitsteilung zur Erhaltung der Funktionsfähigkeit des Parlamentes siehe bereits supra S. 55 ff. Zur Aufgabenteilung zwischen Ausschüssen und Plenum siehe ebenfalls bereits supra S. 39 ff. Zum Idealbild eines solchen Plenums siehe supra S. 65 ff.

[53] Siehe hierzu supra S. 145.

[54] Zu vergleichbaren Fällen siehe die Beispiele supra S. 147 ff., 154 ff.

[55] Dies gilt für die 18. Legislaturperiode (2013–2017). In diesem Zeitraum wurden 684 Gesetzesentwürfe in erster Beratung behandelt und letztlich 555 in zweiter oder dritter Beratung verabschiedet, siehe Statistik der Gesetzgebung, 18. Wahlperiode. Den 245 Plenarprotokollen dieser Periode ist zu entnehmen, dass in 202 Fällen ein Gesetzesentwurf unverändert beschlossen wurde, das heißt ohne Änderungen durch einen Ausschuss. Diese entspricht einem Anteil von 36,4 % von im Vergleich zum eingebrachten Entwurf unveränderten und beschlossenen Gesetzen. Siehe hierzu auch *Schulze-Fielitz*, Theorie und Praxis, S. 318 ff. Hingegen geht *Pieper*, in: Morlok/Schliesky/Wiefelspütz, Parlamentsrecht, § 40 Rn. 103 – allerdings ohne weiteren Nachweise – davon aus, dass ein Gesetzesvorhaben nur selten das Parlament in der Fassung verlässt, in der es eingebracht wurde; demgegenüber überzeugender geht

diglich, den Entwurf so wie er ist, also ohne Änderungen, zu beschließen. In vielen weiteren Fällen empfiehlt der Ausschuss nur kosmetische, geringfügige Änderungen.[56] Somit kann bei einem erheblichen Anteil aller Gesetze nicht davon ausgegangen werden, dass der entsprechende Fachausschuss Einfluss auf das Endergebnis hatte. Zum anderen wird der weit überwiegende Teil aller Gesetzentwürfe von der Regierung eingebracht und zu einem weiteren erheblichen Teil von den Mehrheitsfraktionen.[57] Der Verbindung von Mehrheitsfraktionen und Regierung geschuldet sind wesentliche Änderungsempfehlungen des Ausschusses daher regelmäßig nicht autonome Entscheidungen der Ausschussmitglieder, sondern vielmehr verlängert sich hier der Einfluss der initiierenden Regierung beziehungsweise Koalitionsfraktionen durch die Mehrheit der Ausschussmitglieder, die den Koalitionsfraktionen angehören.[58] Die Änderungsempfehlungen beruhen in diesem Fall auf einem Wunsch der Regierung oder der Mehrheitsfraktionen, zum Beispiel wenn sich die Ansicht der Bundesregierung über bestimmte Punkte des von ihr stammenden Gesetzesentwurfes geändert hat.[59]

Dies führt dazu, dass die Vorbereitung der Gesetze durch die Fachausschüsse für ihre Endfassung häufig zwar rein formal sehr bedeutend ist. So folgt das Plenum nicht nur in aller Regel der Empfehlung des Ausschusses. Vielmehr gehen nicht selten auch wichtige Detailregelungen und Ergänzungen auf die Arbeit der Aus-

---

v. Lucius, AöR 97 (1972), 568 (569) davon aus, dass nur die *meisten* Gesetzesentwürfe im Parlament noch Veränderungen erfahren; ähnlich auch *Partsch*, VVDStRL 16 (1958), 74 (104); vgl. *Maaßen*, in: Kluth/Krings, Gesetzgebung, § 8 Rn. 33.

[56] *v. Lucius*, AöR 97 (1972), 568 (569); *Mengel*, Gesetzgebung, S. 140; vgl. *Schulze-Fielitz*, Theorie und Praxis, S. 304 ff., 344 ff.; *F. Schneider*, APuZ 16 (6/1968), 3 (17); vgl. *Steinberg*, in: Schneider/Zeh, Parlamentsrecht, § 7 Rn. 51; vgl. für ein Beispiel *Delbrück*, DÖV 23 (1970), 229 (229); anders *Dach*, in: Schneider/Zeh, Parlamentsrecht, § 40 Rn. 49, der davon ausgeht, dass die den Ausschüssen überwiesenen Gesetzesentwürfe oft wesentlich verändert würden.

[57] In der 18. Wahlperiode wurden insgesamt 731 Gesetzesvorhaben im Bundestag eingebracht, 526 durch die Regierung, 57 durch den Bundesrat und 148 aus der Mitte des Bundestages, wovon 53 durch die Koalitionsfraktionen eingebracht wurden, siehe Statistik der Gesetzgebung, 18. Wahlperiode. Verabschiedet wurden von diesen Vorlagen: der Regierung 488 (92,7 %) und des Bundestages 52 (35,1 %), 46 (86,8 %) davon von den Koalitionsfraktionen eingebrachte Vorlagen, siehe Statistik der Gesetzgebung, 18. Wahlperiode. Die Zahlen der 17. und 16. Wahlperiode sind ähnlich: beim Bundestag eingebrachte Vorlagen der Regierung 484 bzw. 537 und verabschiedet 433 (89,5 %) bzw. 488 (90,9 %) und aus der Mitte des Bundestages eingebracht wurden 278 (von den Koalitionsfraktionen 84) bzw. 264 (von den Koalitionsfraktionen 97) und verabschiedet 88 (31,7 %) (von den Koalitionsfraktionen 71 [84,5 %]) beziehungsweise 89 (33,7 %)(von den Koalitionsfraktionen 70 [72,1 %]), siehe Statistik der Gesetzgebung, 17. Wahlperiode und Statistik der Gesetzgebung, 16. Wahlperiode. Siehe zur Dominanz der Regierung als Gesetzesinitiator auch *Brüning*, in: BK, Art. 76 Rn. 116 m.w.N.

[58] *Masing*, in: vM/K/S[6], Art. 77 Rn. 3; vgl. *F. Schneider*, APuZ 16 (6/1968), 3 (17); *Schulze-Fielitz*, Theorie und Praxis, S. 345 ff.

[59] *Schulze-Fielitz*, Theorie und Praxis, S. 312 f., 345.

schüsse zurück.[60] Gleichwohl wird wohl kaum in den Ausschüssen oder auch im Plenum eine wesentlich abweichende Entscheidung über ein Gesetzesvorhaben der Regierung oder der Mehrheitsfraktionen getroffen. Insofern ist die obligatorische Plenarabstimmung auch im Rahmen der Gesetzgebung meist ein bloßes Absegnen des bereits Entschiedenen. Allerding wird die Entscheidung hier – wie auch bei der Wahl der Verfassungsrichter – nicht durch den Ausschuss getroffen, sondern durch Mitglieder der Regierung beziehungsweise der Mehrheitsfraktion.[61]

cc) Grenze der Vorbereitungsbefugnis: Das Aufsatteln

Es ist also sehr unwahrscheinlich, dass ein Ausschuss Änderungen an einem Gesetzesvorhaben beschließt, die dem erklärten Willen der Regierungsfraktionen oder der Regierung widerspräche. Denn die Mehrheit der Ausschussmitglieder gehört auch den die Regierung tragenden Fraktionen an.

Aber selbst falls ein Ausschuss seine Vorbereitungskompetenz vollständig und unabhängig von der Linie der Regierungsfraktionen ausüben wollte, könnte er Änderungen an einem Gesetzesvorhaben nicht seinem Belieben nach vornehmen.[62] Dies ergibt sich daraus, dass Ausschüsse nicht zu den nach Art. 76 Abs. 1 GG Initiativberechtigten gehören. Können sie daher dem Plenum keinen eigenen Gesetzesentwurf vorlegen, dürfen sie auch nicht einen ihnen überwiesenen Gesetzesentwurf so abändern, dass es sich im Ergebnis um einen neuen, völlig eigenen Entwurf handelt. Ebenso wenig dürfen sie, den ursprünglichen Entwurf unverändert lassend, neue Regelungen hinzufügen, die in keinerlei Beziehung zum Regelungsgegenstand

---

[60] Vgl. *H. Schneider*, Gesetzgebung, Rn. 121; zustimmend *O. Moench*, Bundestagsausschüsse, S. 75.

[61] Zum Befund, dass die Entscheidung über ein Gesetzesvorhaben bereits innerhalb der Regierung und Partei- sowie Fraktionsspitze gefallen ist, bevor eine Vorlage beim Parlament eingebracht wird, siehe: *Bryde*, in: Schneider/Zeh, Parlamentsrecht, § 30 Rn. 17; vgl. *Delbrück*, DÖV 23 (1970), 229 (229); vgl. *Edinger*, Wahl und Besetzung, S. 212; *O. Moench*, Bundestagsausschüsse, S. 74 f.; *Puhl*, in: HStR III, § 48 Rn. 47; *Schulze-Fielitz*, Theorie und Praxis, S. 282 ff.; *Steinberg*, in: Schneider/Zeh, Parlamentsrecht, § 7 Rn. 93 ff.; siehe hierzu sogleich noch detaillierter infra S. 160 ff.; eher idealistisch sieht das *BVerfG*E 80, 188 (224), durchaus die Möglichkeit, trotz typischerweise von der Mehrheit vorgegebener Linie, dass im Ausschuss durch Argumentation Einfluss auf eine Vorlage genommen werden kann.

[62] Siehe zum Verbot des „Aufsattelns" und Folgenden *BVerfG*E 1, 144 (155); *StGH Nds*, Urt. v. 14.02.1979 – 2/77 –, Rn. 561 ff. (zit. n. juris); vgl. *VerfGH NRW*, Urt. 15.06.1999 – 6/97 –, Rn. 82 ff. (zit. n. juris); *Brüning*, in: BK, Art. 76 Rn. 168; *Dach*, in: Schneider/Zeh, Parlamentsrecht, § 40 Rn. 71, der ebenfalls den Begriff des „Aufsattelns" verwendet; *Heynckes*, ZParl 39 (2008), 459 (465 f.); *Kabel*, in: Schneider/Zeh, Parlamentsrecht, § 31 Rn. 68; *Kersten*, in: Maunz/Dürig, Art. 77 Rn. 19; *Konrad*, DÖV 24 (1971), 80 (82 f.); *Masing*, in: vM/K/S[6], Art. 77 Rn. 33; *Schäfer*, Bundestag, S. 220 f.; *Schmidt-Jortzig/Schürmann*, in: BK, 78. Ergänzungslieferung (1996), Art. 76 Rn. 91, 99 ff.; *Schulze-Fielitz*, Theorie und Praxis, S. 358 ff.; *Winkelmann*, in: Morlok/Schliesky/Wiefelspütz, Parlamentsrecht, § 23 Rn. 71; zu einem praktischen Fall aus Mecklenburg-Vorpommern siehe *Gröpl*, LKV 14 (2004), 438 (438 ff.).

des ursprünglichen Entwurfs stehen.[63] Es ist also nicht möglich, einen dem Ausschuss vorliegenden Entwurf eines Gesetzes als bloßes Vehikel zu nutzen, um weitere, fremde Regelungen „aufzusatteln". Diese verfassungsrechtliche Lage anerkennend und konkretisierend bestimmt § 62 Abs. 1 S. 2 GO BT, dass Ausschüsse dem Plenum nur Beschlüsse empfehlen dürfen, „die sich […] auf die ihnen überwiesenen Vorlagen oder mit diesen in unmittelbaren Sachzusammenhang stehenden Fragen beziehen dürfen."

dd) Arbeitsgruppen und der Einfluss von Fraktionen

Wenn Ausschussmitglieder den Wünschen und Vorstellungen ihrer Fraktionen entsprechend abstimmen oder Änderungen vorschlagen, dann liegt dies vor allem an der Koordinationsleistung der fraktionsinternen Arbeitsgruppen[64]. Dort versammeln sich in der Regel zumindest die Fraktionsmitglieder, die Mitglieder eines Ausschusses sind, sowie ihre Stellvertreter. Diese Arbeitsgruppen bereiten vor allem die nächste Ausschusssitzung vor, indem sie etwa über mögliche Änderungsanträge oder öffentliche Anhörungen beraten. Darüber hinaus werden ihre Beratungsergebnisse aber auch dem Fraktionsvorstand und innerhalb der Fraktionssitzung mitgeteilt und diskutiert. Dies gewährleistet die Rückkopplung der Meinungsbildung innerhalb der Arbeitsgruppen und der ganzen Fraktion.

Dadurch haben Fraktionen einen erheblichen Einfluss auf die Beratungen und Entscheidungen ihrer Vertreter im Ausschuss[65] und damit auch auf das Ergebnis der Ausschussberatung selbst sowie mittelbar auch auf die Entscheidung des Plenums.[66] Dieser Einfluss der Fraktionen ist jedoch nicht bedenklich, sondern zulässig und sogar notwendig. Denn Fraktionen dürfen intern (in Arbeitsgruppen) beraten und einen gemeinsamen Willen bilden, weil gerade diese Bildung eines einheitlichen Willens von großer Bedeutung für die Arbeitsweise und Arbeitsfähigkeit des Parlamentes insgesamt ist und Fraktionen insoweit notwendige Bestandteile des Parlamentes sind.[67] Einen einheitlichen Willen zu bilden, vermögen sie, da sich nur

---

[63] *Kersten*, in: Maunz/Dürig, Art. 77 Rn. 19 will die Änderungskompetenz der Ausschüsse nur auf besondere Missbrauchsfälle beschränken; deutlich restriktiver beispielsweise *Schmidt-Jortzig/Schürmann*, in: BK, 78. Ergänzungslieferung (1996), Art. 76 Rn. 99 ff.

[64] Siehe hierzu bereits supra S. 104 und die dortigen Nachweise.

[65] Deutlich etwa *Vetter*, Parlamentsausschüsse, S. 230 ff.; vgl. zudem *BVerfG*E 44, 308 (318); vgl. *Pieper*, in: Morlok/Schliesky/Wiefelspütz, Parlamentsrecht, § 40 Rn. 98; vgl. *H. Schneider*, Gesetzgebung, Rn. 124; vgl. *Schulze-Fielitz*, Theorie und Praxis, S. 349 f. Wenngleich der Einfluss der Fraktion auf die einzelnen (Ausschuss-)Mitglieder erheblich ist, so haben die Experten der Fraktionen auf ihrem Fachgebiet eine gewisse Expertise, mit der sie sich auch durchaus innerhalb der Fraktion durchzusetzen vermögen; siehe dazu *Marschall*, Parlamentarismus, S. 92; *Scheuner*, in: Kluxen, Parlamentarismus, S. 361 (370).

[66] *Steiger*, Organisatorische Grundlagen, S. 117; vgl. auch *Mengel*, Gesetzgebung, S. 136 ff.

[67] Zur Bedeutung der Fraktionen für die parlamentarische Willensbildung und Funktionsfähigkeit des Parlamentes siehe *C. Arndt*, in: Schneider/Zeh, Parlamentsrecht, § 21 Rn. 5 ff.;

Abgeordnete mit weitgehend homogenen politischen Grundeinstellungen zu einer Fraktion zusammenfinden. Erst mit der Bildung von Fraktionen können dann sinnvollerweise Ausschüsse gebildet werden, auf die ein modernes Parlament angewiesen ist. Denn diese müssen die Zusammensetzung der Fraktionen im Plenum widerspiegeln. Erst hierdurch sind die Ausschüsse repräsentativ und dürfen Beschlüsse des Plenums vorbereiten.[68] Weiterhin werden die Ausschussmitglieder auch von den Fraktionen benannt und vertreten diese. Im Ausschuss sind dann auch die Grundüberzeugen derjenigen Fraktionsmitglieder repräsentiert, die tatsächlich nicht im Ausschuss sitzen.

Schließlich ermöglicht die Fraktionsbildung es auch, dass nicht ausschussangehörige Fraktionsmitglieder über fraktionsinterne Arbeitsgruppen und Fraktionssitzungen sich über alle Beratungsgegenstände umfassend informieren und eine Meinung bilden sowie Einfluss auf die jeweilige Ausschussarbeit nehmen können. Dies hat zusätzlich den Vorteil, dass die nicht ausschussangehörigen Fraktionsmitglieder dann im Plenum fundiertes Wissen über den Gesetzesentwurfes besitzen und auf dieser Grundlage abstimmen können. Diese Einflussmöglichkeit auf die Beratungen der Ausschüsse und die breite Informationsgrundlage ist dem auf sich gestellten (fraktionslosen) Abgeordneten angesichts der Vielzahl und Komplexität der parlamentarischen Beratungsgegenstände nicht gegeben. Kommen den Fraktionen für die parlamentarische Willensbildung eine derart wichtige Bedeutung zu, wird auch ersichtlich, dass die fraktionsinterne Willensbildung (in Arbeitsgruppen) und der Einfluss der Fraktionen auf die Ausschussarbeit nicht nur legitim, sondern notwendig ist.

ee) Außerparlamentarischer Einfluss auf die Gesetzgebung

Nicht nur die Fraktionen des Parlamentes nehmen Einfluss auf die Arbeit der Fachausschüsse und damit auf die Gesetzgebung. Vielmehr übt auch die Exekutive (1.) bedeutenden Einfluss auf die Gesetzgebung aus. Daneben werden ebenfalls nichtstaatliche Akteure (2.) wie etwa Interessenvertreter und Sachverständige, in das Gesetzgebungsverfahren allgemein und speziell in das Ausschussverfahren einbezogen.

Boehl, in: Kluth/Krings, Gesetzgebung, § 15 Rn. 17; *Brocker*, in: BK, Art. 40 Rn. 178; vgl. *Hadamek*, in: Kluth/Krings, Gesetzgebung, § 17 Rn. 159; vgl. auch *Klein/Krings*, in: Morlok/Schliesky/Wiefelspütz, Parlamentsrecht, § 17 Rn. 1; *Vetter*, Parlamentsausschüsse, S. 221 ff.; zur Rechtsprechung vgl. bereits *BVerfG*E 2, 143 (160) sowie jüngeren Datums und ausführlicher E 118, 277 (329); konkret zur Bedeutung der Fraktionsarbeitsgruppen und zum Folgenden, *BVerfG*E 44, 308 (318); *Schulze-Fielitz*, Theorie und Praxis, S. 350 f.; vgl. zudem E 70, 324 (374) – Sondervotum *Mahrenholz; Edinger*, Wahl und Besetzung, S. 210 f.; vgl. *Vetter*, Parlamentsausschüsse, S. 223 ff.; vgl. auch *Marschall*, Parlamentarismus, S. 92; *Schüttemeyer*, in: Patzelt/Sebaldt/Kronenpohl, Res publica, S. 240 (247).

[68] Siehe hierzu bereits supra S. 93.

(1) Einfluss der Exekutive

Die bedeutende Rolle der Exekutive bei der Gesetzgebung zeigt sich zum einen an ihrem faktischen Initiativmonopol ((a)) und zum anderen an der engen Begleitung des parlamentarischen Gesetzgebungsverfahrens durch Regierungsvertreter ((b)). Die Delegation der Vorbereitung des Gesetzesbeschlusses auf die Fachausschüsse könnte daher kritisch zu betrachten sein, soweit das Ausschussverfahren ein Einfallstor für den exekutivischen Einfluss darstellte. Etwaige Kritik kann dabei zwar nicht gegen die Grundentscheidung für eine Delegation gerichtet werden, aber gegen die konkrete Kompetenzwahrnehmung durch die Ausschüsse, soweit sie die Einflussnahme durch die Regierung ermöglichte oder erleichterte. Allerdings ist der Einfluss der Regierung dem parlamentarischen Regierungssystem immanent und die Kritik hieran vermag daher nicht zu überzeugen ((c)).

(a) Faktisches Initiativmonopol der Exekutive

Die Regierung darf gemäß Art. 76 Abs. 1 GG ebenso wie der Bundesrat und die Abgeordneten[69] selbst Gesetzesvorlagen beim Bundestag einbringen. Von diesem Recht macht insbesondere die Regierung regen Gebrauch. So stammen mehr als zwei Drittel aller beim Bundestag eingebrachten Vorlagen von der Regierung.[70] Dies ist umso beeindruckender, wenn man bedenkt, dass diese Vorlagen zudem in circa 90 Prozent der Fälle auch Gesetz werden.[71]

Vorlagen, die aus der Mitte des Bundestages stammen, haben keine vergleichbare Erfolgsquote. Dies liegt daran, dass die Initiativen aus dem Bundestag regelmäßig von den Oppositionsfraktionen stammen, die damit im Rahmen des politischen Wettbewerbes alternative Lösungsvorschläge präsentieren.[72] Diese Vorlagen haben

---

[69] Art. 76 Abs. 1 GG sieht vor, dass Gesetzesvorlagen auch aus der Mitte des Bundestages eingereicht werden dürfen. Damit ist nicht gesagt, ob einzelne Abgeordnete oder eine bestimmte Anzahl an Abgeordneten über dieses Initiativrecht verfügen sollen. § 76 Abs. 1 i.V.m. § 75 Abs. 1 lit. a GO BT konkretisiert die „Mitte des Bundestages" dahingehend, dass das Initiativrecht einer Fraktion oder dem Zusammenschluss von fünf Prozent aller Abgeordneten zukommen soll. Zur Interpretation der „Mitte des Bundestages" und der verfassungskonformen Konkretisierung durch die GO BT siehe statt vieler *Boehl*, in: Kluth/Krings, Gesetzgebung, § 15 Rn. 7 ff.

[70] Zu diesen und den folgenden Zahlen siehe bereits supra S. 157. Siehe hierzu auch *Masing*, in: vM/K/S[6], Art. 76 Rn. 17.

[71] Die Regierungsvorlagen werden allerdings nicht immer und auch nicht überwiegend genau so beschlossen, wie sie eingebracht werden, siehe supra S. 157 ff. Zum Verfahren des Entwerfens von Gesetzen in der Ministerialbürokratie siehe ausführlich *Maaßen*, in: Kluth/Krings, Gesetzgebung, § 8 Rn. 7 ff.; *Mengel*, Gesetzgebung, S. 24 ff.; *Pieper*, in: Morlok/Schliesky/Wiefelspütz, Parlamentsrecht, § 40 Rn. 80 ff.; *H. Schneider*, Gesetzgebung, Rn. 95 ff.

[72] Siehe etwa *Boehl*, in: Kluth/Krings, Gesetzgebung, § 15 Rn. 27 ff.; *Masing*, in: vM/K/S[6], Art. 76 Rn. 14.

kaum Erfolgsaussichten.[73] Haben Vorlagen aus der Mitte des Bundestages hingegen Erfolg, handelt es sich in aller Regel um Vorlagen der Regierungsfraktionen. Aber auch hier zeigt sich bisweilen der Einfluss der Regierung recht deutlich, wenn von den Regierungsfraktionen sogenannte verkappte Regierungsvorlagen eingebracht werden. Es handelt sich dabei um Gesetzesentwürfe, die den Ministerien der Regierung entstammen, aber von den Regierungsfraktionen eingebracht werden, weil Vorlagen der Regierung nach Art. 76 Abs. 2 S. 1 dem Bundesrat vorab zuzuleiten sind.[74] Für Vorlagen aus der Mitte des Bundestages gilt dies nicht, wodurch mit diesen verkappten Regierungsvorlagen Zeit gespart werden kann.

Insgesamt bedeutet dies, dass fast alle Gesetzesentwürfe, die schließlich beschlossen, ausgefertigt und verkündet werden, direkt oder indirekt von der Regierung stammen. Damit ist sie der (beinahe allein) maßgebliche Initiator von Gesetzgebung.

(b) Begleitung des Gesetzgebungsverfahrens

Mit der Einbringung eines Gesetzesentwurfes der Regierung endet der Einfluss der Regierung noch nicht. Nachdem der Entwurf in den oder die Fachausschüsse zur weiteren Beratung und Vorbereitung überwiesen wird (§ 80 GO BT), begleiten Regierungsvertreter, neben Parlamentarischen Staatssekretären eine Vielzahl Fachbeamter aus den beteiligten Referaten der Ministerien, auch das weitere Verfahren in den Ausschüssen.[75] Dabei werden sie nicht nur zu den Ausschusssitzungen selbst, sondern auch zu Berichterstattergesprächen und den begleitenden Sitzungen der Arbeitsgruppen der Mehrheitsfraktionen eingeladen.[76] Wird zu diesem Zeitpunkt noch Änderungsbedarf an dem Gesetzesentwurf festgestellt, leiten Regierungsvertreter bereitwillig Formulierungshilfen den Arbeitsgruppen der Mehrheitsfraktion zu, damit diese entsprechende Änderungsanträge in der Ausschusssitzung stellen können.[77]

Die Regierung entwirft also nicht nur die Großzahl aller Gesetze und bringt sie in den Bundestag ein, sondern begleitet die Entwürfe während des gesamten parlamentarischen Verfahrens und behält damit einen signifikanten Einfluss auf die Form des beschlossenen Gesetzes.

---

[73] *Bryde*, in: Schneider/Zeh, Parlamentsrecht, § 30 Rn. 27; *Masing*, in: vM/K/S^6, Art. 76 Rn. 20. Anders ist es bei sogenannten fraktionsübergreifenden Initiativen, vgl. *Boehl*, in: Kluth/Krings, Gesetzgebung, § 15 Rn. 34 ff.

[74] Zu den verkappten Regierungsvorlagen siehe *Boehl*, in: Kluth/Krings, Gesetzgebung, § 15 Rn. 22; *Bryde*, in: Schneider/Zeh, Parlamentsrecht, § 30 Rn. 28; *J. Dietlein*, in: BeckOK, Art. 76 Rn. 29 ff.; kritisch *Masing*, in: vM/K/S^6, Art. 76 Rn. 18, 97 ff.; *H. Schneider*, Gesetzgebung, Rn. 93.

[75] *Busse*, in: Schreckenberger/Merten, Gesetzgebungslehre, S. 47 (48); *Hadamek*, in: Kluth/Krings, Gesetzgebung, § 17 Rn. 131; *H. Schneider*, Gesetzgebung, Rn. 120.

[76] *Maaßen*, in: Kluth/Krings, Gesetzgebung, § 8 Rn. 93.

[77] *Maaßen*, in: Kluth/Krings, Gesetzgebung, § 8 Rn. 94; vgl. *Schüttemeyer*, in: Patzelt/Sebaldt/Kronenpohl, Res publica, S. 240 (246).

(c) Systemimmanenz dieses Einflusses

Dieser bedeutende Einfluss der Regierung auf das gesamte Gesetzgebungsverfahren zwingt aber nicht zugleich dazu, einen bedauernswerten Machtverlust des Parlamentes zu beklagen oder ihn gar für verfassungsrechtlich per se bedenklich zu halten.[78] Denn im parlamentarischen Regierungssystem ist die Gesetzgebung nicht dem Parlament allein überantwortet, wie das Initiativrecht der Regierung nach Art. 76 Abs. 1 GG bereits zeigt. Das Parlament wäre auch nicht in der Lage, eine vergleichbare Zahl an Gesetzesentwürfen zu schaffen wie die Regierung. Dementsprechend ist die Hauptaufgabe des Parlamentes auch nicht, Gesetze zu entwerfen, sondern die Entwürfe zu debattieren und zu beschließen oder abzulehnen.[79] Die Rolle des faktischen Gesetzesinitiators kommt der Regierung dabei auch aus guten Gründen zu. Denn da sie häufig mit dem Vollzug der Gesetze betraut ist, kann sie besser einschätzen, welche Vorgaben ein Gesetz umfassen muss.[80] Zudem verfügt sie über eine bedeutende Zahl von spezialisierten Fachbeamten, deren tägliches Brot das Entwerfen von Gesetzen ist.[81]

Zudem ist die Macht des Parlamentes und seiner Abgeordneten auch nicht durch den Einfluss der Regierung derart eingeschränkt, dass sie diesem ausgeliefert wäre und ihnen nichts weiter übrig bliebe, als die Gesetzesvorlagen der Regierung abzusegnen. Denn wenn auch die Regierung während des gesamten Gesetzgebungsverfahrens ihren Einfluss durchaus geltend zu machen weiß, haben wiederum ebenso die Abgeordneten und Fraktionen, insbesondere die die Regierung stützenden, erheblichen Einfluss auf die Regierung.[82] Die Mehrheitsfraktionen wählen die Regierung gerade deshalb, damit diese Gesetze vorbereitet und in das Parlament ein-

---

[78] Zu diesen Befunden vgl. *Boehl*, in: Kluth/Krings, Gesetzgebung, § 15 Rn. 44 ff.; vgl. *Mengel*, Gesetzgebung, S. 276; vgl. *Meßerschmidt*, Gesetzgebungsermessen, S. 495 ff.; *Puhl*, in: HStR III, § 48 Rn. 47; vgl. *Schüttemeyer*, in: Patzelt/Sebaldt/Kronenpohl, Res publica, S. 240 (243); kritisch *Oberreuter*, in: Oberreuter, Macht und Ohnmacht, S. 21 (21 ff.); vgl. auch *Papier*, in: Oberreuter, Macht und Ohnmacht, S. 79 (79 ff.).

[79] Vgl. *Boehl*, in: Kluth/Krings, Gesetzgebung, § 15 Rn. 44 ff.; vgl. *Eichenberger*, VVDStRL 40 (1982), 7 (29 f.); *Hadamek*, in: Kluth/Krings, Gesetzgebung, § 17 Rn. 3; vgl. *Krüper*, JZ 65 (2010), 655 (656 f.); vgl. *Luhmann*, Legitimation, S. 189 f.; *Maaßen*, in: Kluth/Krings, Gesetzgebung, § 8 Rn. 5; *H. Schneider*, Gesetzgebung, Rn. 131 f.; *Schulze-Fielitz*, JZ 59 (2004), 862 (865 f.); *Staupe*, Parlamentsvorbehalt, S. 223 f.; vgl. *Steinberg*, in: Schneider/Zeh, Parlamentsrecht, § 7 Rn. 95; vgl. *Voßkuhle*, in: HStR III, § 43 Rn. 52.

[80] *Maaßen*, in: Kluth/Krings, Gesetzgebung, § 8 Rn. 3; *Martini*, AöR 133 (2008), 155 (158).

[81] Vgl. *Krüper*, JZ 65 (2010), 655 (657); vgl. *Maaßen*, in: Kluth/Krings, Gesetzgebung, § 8 Rn. 3; *Martini*, AöR 133 (2008), 155 (158); *H. Schneider*, Gesetzgebung, Rn. 93; siehe umfassend zur Eignung der Exekutive für die Erarbeitung von Gesetzesentwürfen *Eichenberger*, VVDStRL 40 (1982), 7 (30 f.).

[82] *Boehl*, in: Kluth/Krings, Gesetzgebung, § 15 Rn. 23; vgl. *Busse*, in: Schreckenberger/Merten, Gesetzgebungslehre, S. 47 (62); *Hadamek*, in: Kluth/Krings, Gesetzgebung, § 17 Rn. 3; vgl. *Meßerschmidt*, Gesetzgebungsermessen, S. 524 ff.; vgl. *Oberreuter*, in: Oberreuter, Macht und Ohnmacht, S. 21 (31); *Schulze-Fielitz*, Theorie und Praxis, S. 280, 291; *Schüttemeyer*, in: Patzelt/Sebaldt/Kronenpohl, Res publica, S. 240 (245).

bringt. Dabei wurde vorab ein Koalitionsvertrag vereinbart, der das Programm der Mehrheitsfraktionen genauso vorherbestimmt wie das der Regierung.[83] Die Regierung ist hierbei von den Mehrheitsfraktionen abhängig, um ihre politische Agenda umsetzen zu können. Ihr Erfolg dabei hängt daher davon ab, ob sie den Willen der parlamentarischen Mehrheit zu antizipieren versteht.[84]

Aus diesem Grund hat sich der Austausch zwischen der Regierung und den Mehrheitsfraktionen verstetigt und institutionalisiert: in Koalitionsarbeitsgruppen tauschen sich Abgeordnete der Mehrheitsfraktionen mit der politischen Ebene und der Fachebene des federführenden Ressorts über konkrete Gesetzesvorhaben bereits im Stadium des Referentenentwurfs[85] aus, also noch bevor die Vorlage beim Parlament eingebracht wird.[86] Zudem werden auch die Oppositionsfraktionen frühzeitig in den vorparlamentarischen Gesetzgebungsprozess einbezogen. So werden etwa Referentenentwürfe der Regierung allen Fraktionen im Parlament, also auch der Opposition, zugestellt.[87] Diese frühzeitige Einbindung der Abgeordneten ist auch deshalb sinnvoll, weil Diskrepanzen zwischen der Ansicht der Regierung und der Ansicht der Mehrheitsfraktionen (beziehungsweise der Mehrheit im Ausschuss) später nur noch mittels Änderungsanträgen im Ausschuss aufgelöst werden können, was diese Meinungsverschiedenheiten öffentlich machen würde.[88] Wenn allerdings doch Änderungsanträge notwendig sind und die Regierung dafür Formulierungshilfen bereitstellt, bedeutet das nicht sogleich, dass die Regierung ihren Willen der Mehrheit im Ausschuss aufdrückt. Denn der Wunsch zur Änderung eines Gesetzesentwurfs kann auch auf dem Willen der Mehrheitsfraktionen beruhen, wodurch die Formulierungshilfe der Regierung lediglich eine gesetzestechnische Unterstützungsleistung wäre.[89]

---

[83] *Boehl*, in: Kluth/Krings, Gesetzgebung, § 15 Rn. 23; *Hadamek*, in: Kluth/Krings, Gesetzgebung, § 17 Rn. 3; *Schulze-Fielitz*, Theorie und Praxis, S. 291; vgl. *Zeh*, in: Schreckenberger/Merten, Gesetzgebungslehre, S. 33 (37 f.).

[84] *Eichenberger*, VVDStRL 40 (1982), 7 (33); *Risse*, in: Kloepfer, Gesetzgebungsoutsourcing, S. 109 (119); *H. Schneider*, Gesetzgebung, Rn. 132; *Schüttemeyer*, in: Patzelt/Sebaldt/Kronenpohl, Res publica, S. 240 (246); pointiert *Zeh*, in: Schreckenberger/Merten, Gesetzgebungslehre, S. 33 (35), der die Regierung als „Exekutivausschuss der Parlamentsmehrheit“ bezeichnet.

[85] *Maaßen*, in: Kluth/Krings, Gesetzgebung, § 8 Rn. 72.

[86] Vgl. *Busse*, in: Schreckenberger/Merten, Gesetzgebungslehre, S. 47 (62); *Maaßen*, in: Kluth/Krings, Gesetzgebung, § 8 Rn. 71; vgl. *Mengel*, Gesetzgebung, S. 131 ff.; *Hadamek*, in: Kluth/Krings, Gesetzgebung, § 17 Rn. 3; vgl. *Schulze-Fielitz*, Theorie und Praxis, S. 280. Auch die jeweiligen Ausschüsse insgesamt (das heißt einschließlich der Opposition) werden frühzeitig über die Planung von Gesetzen durch die Regierung unterrichtet, *Hadamek*, ibd., Rn. 112; *Kewenig*, Staatsrechtliche Probleme, S. 14 f.; vgl. *Zeh*, in: Schneider/Zeh, Parlamentsrecht, § 39 Rn. 30.

[87] Siehe hierzu *Hadamek*, in: Kluth/Krings, Gesetzgebung, § 17 Rn. 3.

[88] *Maaßen*, in: Kluth/Krings, Gesetzgebung, § 8 Rn. 71; vgl. *Steinberg*, in: Schneider/Zeh, Parlamentsrecht, § 7 Rn. 94.

[89] Vgl. *Boehl*, in: Kluth/Krings, Gesetzgebung, § 15 Rn. 23; vgl. *Hadamek*, in: Kluth/Krings, Gesetzgebung, § 17 Rn. 131.

Im Ergebnis geht kaum eine Regierungsvorlage durch das Parlament, ohne dass Fachleute der Fraktionen, die wie Fachbeamte der Regierung auch über erheblichen Sachverstand verfügen, an der Vorbereitung mitgewirkt haben.[90] Insofern sind die zahlreichen Gesetze, die ohne Änderungsempfehlung[91] der Ausschüsse beschlossen werden, nicht notwendig ein Zeichen mangelnden parlamentarischen Durchsetzungsvermögens. Vielmehr kann dies auch Ausdruck vorparlamentarischer Absprachen und damit des durchaus bestehenden parlamentarischen Einflusses bei der Gesetzesvorbereitung sein. Der Einfluss der Regierung ist daher insgesamt nicht bedenklich, sondern systemimmanent. Dementsprechend sind auch Bedenken gegen die Delegation der Gesetzesvorbereitung auf Fachausschüsse ungerechtfertigt, soweit sie die Beeinflussbarkeit der Ausschussarbeit durch die Regierung betreffen.

(2) Nichtstaatlicher Einfluss auf die Gesetzgebung

Neben der Exekutive verfügen auch nichtstaatliche Akteure über signifikanten Einfluss auf die Gesetzgebung.[92] Dies äußert sich zum einen darin, dass sie auf Ausschussmitglieder einwirken oder gar als Sachverständige in das Ausschussverfahren offiziell einbezogen werden. Zum anderen können sie die Gesetzgebung bereits in einem noch früheren Stadium, während der Erstellung eines Gesetzesentwurfs, beeinflussen, indem sie der Exekutive, das heißt in erster Linie den jeweiligen Fachbeamten, ihre Meinung kundtun beziehungsweise ihren Sachverstand zur Verfügung stellen.[93] Für die Delegation der Vorbereitungskompetenz auf die Fachausschüsse ist es daher entscheidend, ob diese mittelbare und unmittelbare Einflussnahme auf die Ausschussarbeit verfassungsrechtlichen Bedenken ausgesetzt ist. Genauso wenig wie bei der Einflussnahme durch die Regierung würden diese Bedenken die grundsätzliche Delegation infrage stellen. Sie könnte aber dazu führen, dass bei der Wahrnehmung der Vorbereitungskompetenz durch die Ausschüsse Vorkehrung getroffen werden müssten, um eine etwaige, unzulässige Einflussnahme zu unterbinden.

Nichtstaatliche Akteure, die Einfluss auf die Gesetzgebung nehmen, sind vor allem Sachverständige und Interessenvertreter ((a)).[94] Besondere Formen dieser Einflussnahme stellen die sognannte paktierende Gesetzgebung ((b)) und das Gesetzgebungsoutsourcing ((c)) dar. Wenngleich ein durchaus signifikanter Einfluss

[90] *Klein*, in: Maunz/Dürig, Art. 38 Rn. 48.

[91] Siehe hierzu bereits supra S. 157.

[92] Umfassend hierzu etwa *Rossi*, in: Kloepfer, Gesetzgebungsoutsourcing, S. 25 (25 ff.).

[93] Zum Parlament und der Regierung als Adressaten nichtstaatlicher Einflussnahme: *Scheuner*, DÖV 18 (1965), 577 (578); *Steinberg*, in: Schneider/Zeh, Parlamentsrecht, § 7 Rn. 17, 18, 41 ff.; *Rossi*, in: Kloepfer, Gesetzgebungsoutsourcing, S. 25 (44 ff.); aus politikwissenschaftlicher Sicht *Dhungel/Linhart*, ZParl 45 (2014), 743 (743, 748).

[94] Für weitere nichtstaatliche Akteure, die Einfluss auf die Gesetzgebung nehmen, siehe *Rossi*, in: Kloepfer, Gesetzgebungsoutsourcing, S. 25 (35 ff.).

nichtstaatlicher Akteure diagnostiziert werden kann, so ist dieser im Ergebnis doch keinen durchgreifenden Bedenken ausgesetzt ((d)).

(a) Sachverständige und Interessenvertreter

(aa) Mangelnde Unterscheidbarkeit

Sachverständige und Interessenvertreter nehmen Einfluss auf die Gesetzgebung, indem sie Regierungsbeamten, die für das Entwerfen von Gesetzen verantwortlich sind, und Parlamentariern ihr Wissen zur Verfügung stellen und ihre Meinung bekannt geben.[95] Dabei ist eine Unterscheidung zwischen dem Sachverständigen und dem Interessenvertreter nur idealtypisch möglich.[96] Demnach zeichnen sich Sachverständige durch besonderes Fachwissen, Neutralität und Unabhängigkeit aus,[97] während Interessenvertreter einseitig die Positionen der vertretenen Organisation artikulieren und von dieser abhängig sind.[98] Diese Unterscheidung ist hierbei idealtypisch, weil die Grenzen zwischen Sachverständigen und Interessenvertretern fließend sind.[99] Dies ergibt sich daraus, dass es wissenschaftlich eindeutig entscheidbare Sachfragen kaum gibt, es also beispielsweise auch auf Prognosen und die Bewertung von Interessen ankommt. Dann müssen auch Sachverständige entscheiden, welche Interessen oder Wertungen im Einzelfall den Vorrang verdienen. Dasselbe tun auch Interessenvertreter, wenn sie begründen, weshalb die von ihnen vertretenen Interessen sich im Einzelfall durchsetzen sollten. Zudem verfügen diese oft auch über einen Informationsvorteil gegenüber Sachverständigen, da sie als Interessenvertreter mit den Betroffenen in Kontakt stehen und über besondere Erfahrung aus ihrer Berufspraxis verfügen. Ihnen zu unterstellen, da sie einem Verband oder Unternehmen angehören, könnten sie ein Problem oder Thema nicht neutral bewerten, wäre außerdem pauschalisierend. Umgekehrt gibt es auch wissenschaftliche Institute, die eine gewisse (politische) Vorprägung aufweisen und bestimmte Interessen vertreten, oder Sachverständige, die von bestimmten Fraktionen[100] zu Ausschussanhörungen geladen werden. Sind also Sachverständige nicht immer so

[95] Siehe hierzu zunächst nur *Voßkuhle*, in: HStR III, § 43 Rn. 7, 17 ff. und ebenso umfassend *Heintzen*, in: Kluth/Krings, Gesetzgebung, § 9. Zum Problem, dass Mandatsträger, die Mitglieder in Verbänden sind, die Grenzen zwischen externen Interessenvertretern und Entscheidungsträgern verwischen lassen siehe *Piechaczek*, Lobbyismus, passim; *Rossi*, in: Kloepfer, Gesetzgebungsoutsourcing, S. 25 (49 ff.).

[96] Vgl. *Heintzen*, in: Kluth/Krings, Gesetzgebung, § 9 Rn. 9; *Voßkuhle*, in: HStR III, § 43 Rn. 20.

[97] *Voßkuhle*, in: HStR III, § 43 Rn. 18; vgl. auch *Heintzen*, in: Kluth/Krings, Gesetzgebung, § 9 Rn. 9.

[98] Vgl. *Heintzen*, in: Kluth/Krings, Gesetzgebung, § 9 Rn. 9; *Voßkuhle*, in: HStR III, § 43 Rn. 17. Zum Lobbyismus und dem Begriff des Lobbyisten siehe *Piechaczek*, Lobbyismus, S. 12 ff. Umfassend zu Interessenverbänden, *Steinberg*, in: Schneider/Zeh, Parlamentsrecht, § 7 Rn. 1 ff.

[99] Hierzu und zum Folgenden vgl. *Voßkuhle*, in: HStR III, § 43 Rn. 20; vgl. auch *Heintzen*, in: Kluth/Krings, Gesetzgebung, § 9 Rn. 9; vgl. *Krüper*, JZ 65 (2010), 655 (658).

[100] Siehe hierzu *Heintzen*, in: Kluth/Krings, Gesetzgebung, § 9 Rn. 9.

neutral und unabhängig, wie ihr Idealbild suggeriert, und verfügen auch Interessenvertreter über nützliches Fach- und Praxiswissen und die Fähigkeit zur distanzierten Betrachtung, dann ist die Unterscheidung zwischen beiden Gruppen kaum durchführbar.

(bb) Formen und Stadien der Sachberatung

Die Sachberatung, die Interessenvertreter und Sachverständige leisten, kann in verschiedenen Formen und innerhalb verschiedener Stadien des Gesetzgebungsverfahrens stattfinden. So reicht die Sachberatung von Einzelgesprächen über öffentliche Anhörungen bis hin zu Gutachten.[101] Frühestmöglicher Zeitpunkt der Sachberatung ist die Mitarbeit in einer Enquete-Kommission[102] (§ 56 GO BT), die die Grundlagen für spätere Gesetze bereitet. Von Zeit zu Zeit werden auch informelle Kommissionen gegründet, die mit Sachverständigen besetzt sind und Gesetze vorbereiten und damit den Diskurs aus dem Parlament auslagern, wie zum Beispiel die Hartz-Kommission.[103] Wird ein konkretes Gesetzesvorhaben in Angriff genommen, kann Sachberatung bereits während der Erstellung des Referentenentwurfs innerhalb eines Ministeriums stattfinden. Um Sachkunde und Interessen an dieser Stelle einbringen zu können, sind nicht zwingend gute Beziehungen zum Fachreferenten nötig – wenngleich hilfreich –[104], da schon die Gemeinsame Geschäftsordnung der Bundesministerien in § 47 Abs. 3 eine „rechtzeitige Beteiligung von Zentral- und Gesamtverbänden sowie von Fachkreisen" vorschreibt.[105] Während des parlamentarischen Gesetzgebungsverfahrens ist klassischer Ausdruck externer Beratung die öffentliche Anhörung von Sachverständigen und Interessenvertretern gemäß § 70 GO BT in den Fachausschüssen – wobei die Sachverständigen von den Fraktionen nicht zur Sachaufklärung, sondern vor allem deswegen benannt werden, um die Position der Fraktion zu einem Gesetzesvorhaben zu bestätigen.[106] Aber auch jenseits dieser formalisierten Sachberatung finden Sachverständige und Interessenvertreter

---

[101] Vgl. *Voßkuhle*, in: HStR III, § 43 Rn. 34; vgl. auch *Piechaczek*, Lobbyismus, S. 17 ff.; vgl. *Rossi*, in: Kloepfer, Gesetzgebungsoutsourcing, S. 25 (64 ff.). Zur Einflussnahme auf allen Stufen des Gesetzgebungsverfahrens siehe *Steinberg*, in: Schneider/Zeh, Parlamentsrecht, § 7 Rn. 19 ff.

[102] Siehe hierzu bereits supra S. 97 ff. Vgl. zudem in diesem Kontext *Heintzen*, in: Kluth/Krings, Gesetzgebung, § 9 Rn. 21.

[103] Hierzu und zu diesem Beispiel und weiteren *Voßkuhle*, in: HStR III, § 43 Rn. 52; vgl. auch *Heintzen*, in: Kluth/Krings, Gesetzgebung, § 9 Rn. 15.

[104] Vgl. *Piechaczek*, Lobbyismus, S. 17 f.

[105] *Maaßen*, in: Kluth/Krings, Gesetzgebung, § 8 Rn. 65 ff.; *Schulze-Fielitz*, Theorie und Praxis, S. 281; vgl. *Voßkuhle*, in: HStR III, § 43 Rn. 32.

[106] *Heintzen*, in: Kluth/Krings, Gesetzgebung, § 9 Rn. 20; vgl. *Maaßen*, in: Kluth/Krings, Gesetzgebung, § 9 Rn. 96; vgl. *Steinberg*, in: Schneider/Zeh, Parlamentsrecht, § 7 Rn. 27; zur Einflussnahme von Interessenvertretern auf Ausschusssitzungen umfassend (politikwissenschaftlich) siehe *Dhungel/Linhart*, ZParl 45 (2014), 743 (743 ff.); zum Verfahren und Ablauf einer Anhörung siehe *Dach*, in: Schneider/Zeh, Parlamentsrecht, § 40 Rn. 72 ff.

das Gehör von Abgeordneten, beispielsweise bei Treffen der Arbeitsgruppen[107] der Fraktionen.[108]

(b) Paktierende Gesetzgebung

Eine besondere Form der Einflussnahme von Interessenvertretern auf die Gesetzgebung stellt die sogenannte paktierende Gesetzgebung dar.[109] Hierbei verhandeln Vertreter von Interessenverbänden mit Regierungsmitgliedern über ein künftiges Gesetzesvorhaben. So einigten sich etwa beim „Atomkonsens" die Regierung und die großen Energieversorgungsunternehmen über die Restlaufzeiten der von ihnen betriebenen Kernkraftwerke.[110] Im Rahmen paktierender Gesetzgebung legt die Regierung dann das Verhandlungsergebnis bei der Erarbeitung des Gesetzesentwurfes zu Grunde. An dieses Ergebnis ist auch das Parlament anschließend faktisch gebunden, will es nicht den vorher ausgehandelten Kompromiss auch nur durch kleinere Änderungen infrage stellen.[111] Die paktierende Gesetzgebung stellt somit einen besonders deutlichen Fall intensiver Einflussnahme auf den Gesetzgebungsprozess durch nichtstaatliche Akteure dar.

(c) Gesetzgebungsoutsourcing

Das Gesetzgebungsoutsourcing stellt einen weiteren Sonderfall nichtstaatlicher Einflussnahme auf die Gesetzgebung dar.[112] Bei dieser – mittlerweile verbreiteten Praxis[113] – wird nicht die Gesetzgebungskompetenz selbst delegiert, sondern lediglich ein Dritter, häufig eine Großkanzlei, durch die Regierung mit der Erstellung eines Gesetzesentwurfes beauftragt. Meist wird der so erstellte Entwurf ohne nen-

[107] Siehe zu den Arbeitsgruppen bereits supra S. 104, 160 f.

[108] *Steinberg*, in: Schneider/Zeh, Parlamentsrecht, § 7 Rn. 32 f., 36, 92.

[109] Siehe zu diesem Thema *Herdegen*, VVDStRL 62 (2003), 7 (16 f.); *Maaßen*, in: Kluth/Krings, Gesetzgebung, § 8 Rn. 69; vgl. *Rossi*, in: Kloepfer, Gesetzgebungsoutsourcing, S. 25 (62 f.).

[110] Siehe hierzu statt vieler *Kischel*, Atomkonsens, Rn. 1 ff. und kritisch *Papier*, in: Oberreuter, Macht und Ohnmacht, S. 79 (85 ff.).

[111] *Papier*, in: Oberreuter, Macht und Ohnmacht, S. 79 (84).

[112] Zum Gesetzgebungsoutsourcing siehe *Brosius-Gersdorf*, in: Dreier, Art. 76 Rn. 46 f.; *Kersten*, in: Maunz/Dürig, Art. 76 Rn. 41; *Kloepfer*, Gesetzgebungsoutsourcing, passim; *Krüper*, in: Morlok/Schliesky/Wiefelspütz, Parlamentsrecht, § 38 Rn. 53 ff. m.w.N.; *Meßerschmidt*, Staat 51 (2012), 387 (387 ff.). In den Fokus der Öffentlichkeit gelangte diese Verfahrensweise, als 2008 eine vom Bundeswirtschaftsministerium beauftragte Kanzlei den von ihr erstellten Entwurf mit ihrem Logo versah und das Ministerium es versäumte, dieses bei Einbringung des Entwurfs in das Parlament zu entfernen; siehe zum Anlassfall *Kloepfer*, NJW 64 (2011), 131 (131 f.) und *Wolfers*, in: Kloepfer: Gesetzgebungsoutsourcing, S. 161 (161 ff.).

[113] Eine Übersicht hierzu ist der Antwort auf eine Kleine Anfrage der Fraktion Die Linke zu entnehmen, BT-Drs. 16/14133.

nenswerte Änderung durch die Regierung in das Parlament eingebracht.[114] Aber auch wenn der Entwurf nicht ohne Änderungen eingebracht wird, so hat doch dieser wie jede Vorbereitungsleistung einen signifikanten Einfluss auf das weitere Verfahren und das Endergebnis.[115]

(d) Bedenklichkeit nichtstaatlicher Einflussnahme

Der Einfluss nichtstaatlicher Akteure auf die Gesetzgebung ist vielfältig, im Falle der paktierende Gesetzgebung und des Gesetzgebungsoutsourcing bisweilen sehr weitgehend, aber auch seit Langem Normalität[116]. Dieser Einfluss ist im Ausgangspunkt auch notwendig, da der Staat zu seiner Aufgabenerfüllung nicht sämtliches Wissen selbst vorhalten kann, also zum Rückgriff auf privates Wissen gezwungen ist.[117] Zudem soll insbesondere das Parlament nicht losgelöst von den verschiedenen Ansichten und Gruppierungen innerhalb der Bevölkerung eine abstrakte, unbeeinflusste Entscheidung treffen. Staat und Gesellschaft sind keine sich nicht berührende Kreise, vielmehr soll und muss in einer Demokratie das Volk an der politischen Willensbildung mitwirken.[118] Außerdem sollen alle Bürger durch das Parlament repräsentiert[119] werden, was bedeutet, dass das Parlament sich mit den unterschiedlichen Meinungen auseinandersetzen muss und sich im Einzelfall begründet für eine Ansicht entscheidet und die übrigen ablehnt.[120] Dies kann das Parlament nur, wenn die verschiedenen Strömungen innerhalb der Bevölkerung ihm bekannt sind, die verschiedenen Standpunkte in das Gesetzgebungsverfahren eingebracht werden. Insofern tragen nichtstaatliche Akteure sogar zur Responsivität[121] staatlichen Handelns bei.[122] Letztlich zeigt auch die Existenz des Petitionsrechts nach

---

[114] *Krüper*, JZ 65 (2010), 655 (655); *Risse*, in: Kloepfer, Gesetzgebungsoutsourcing, S. 109 (109).

[115] Siehe hierzu allgemein schon supra S. 145 und in diesem Kontext *Krüper*, JZ 65 (2010), 655 (655) und im Anschluss: *Kersten*, in: Maunz/Dürig, Art. 76 Rn. 41; *Kloepfer*, Gesetzgebungsoutsourcing, S. 11 f.; *Meßerschmidt*, Staat 51 (2012), 387 (406).

[116] Vgl. *Kißler*, Öffentlichkeitsfunktion, S. 457; *Kloepfer*, NJW 64 (2011), 131 (132); *Risse*, in: Kloepfer, Gesetzgebungsoutsourcing, S. 109 (110).

[117] *Böckenförde*, in: HStR III, § 34 Rn. 38; *H. Schneider*, Gesetzgebung, Rn. 105; *Kloepfer*, NJW 64 (2011), 131 (132); vgl. *Krüper*, in: Morlok/Schliesky/Wiefelspütz, Parlamentsrecht, § 38 Rn. 65; *Risse*, in: Kloepfer, Gesetzgebungsoutsourcing, S. 109 (110); *Schulze-Fielitz*, Theorie und Praxis, S. 264, 281; *Steinberg*, in: Schneider/Zeh, Parlamentsrecht, § 7 Rn. 77 ff.; *Voßkuhle*, in: HStR III, § 43 Rn. 1 ff., 6 ff.

[118] Vgl. *Kloepfer*, NJW 64 (2011), 131 (132).

[119] Zum Repräsentationsprinzip umfassend bereits supra S. 62 ff.

[120] Siehe hierzu und zum Folgenden: *Scheuner*, DÖV 18 (1965), 577 (579 f.); *Schliesky*, in: Morlok/Schliesky/Wiefelspütz, Parlamentsrecht, § 51 Rn. 30; *Steinberg*, in: Schneider/Zeh, Parlamentsrecht, § 7 Rn. 103 f.; vgl. zudem: *Dach*, in: Schneider/Zeh, Parlamentsrecht, § 40 Rn. 63, 67; *Krüper*, in: Morlok/Schliesky/Wiefelspütz, Parlamentsrecht, § 38 Rn. 61; *Mengel*, Gesetzgebung, S. 268 ff.; *Pünder*, VVDStRL 72 (2013), 191 (198 ff., 235).

[121] Siehe supra S. 77 ff.

[122] *Schliesky*, in: Morlok/Schliesky/Wiefelspütz, Parlamentsrecht, § 51 Rn. 30. *Habermas*, Strukturwandel, S. 212 ff. ist kritisch gegenüber dem Einfluss von Verbänden und Parteien, die

Art. 17 GG, dass nichtstaatlicher Einfluss auf die Gesetzgebung durch die Verfassung anerkannt wird.[123] Darüber hinaus ist die Einflussnahme des Einzelnen, auch im Verbund mit anderen, auf die Gesetzgebung auch ganz allgemein Grundrechtsausübung.[124] Die Gründung eines Vereins, der die Interessen der Mitglieder artikuliert, das Abhalten von Versammlung oder auch die Verteilung von Presseerzeugnissen können auf die Beeinflussung der Gesetzgebung gerichtet sein, stehen dabei aber unter dem Schutz des Grundgesetzes.

Wenn nichtstaatlicher Einfluss auf die Gesetzgebung auch im Allgemeinen wünschenswert und erforderlich ist, so kann diesem Einfluss im Einzelfall eine Grenze zu setzen sein. Dies betrifft insbesondere die paktierende Gesetzgebung und das Gesetzgebungsoutsourcing. Der Wortlaut des Art. 76 Abs. 1 GG ist hier unergiebig, sieht er doch lediglich vor, dass eine bereits existierende Gesetzesvorlage von einem Initiativberechtigten in das Parlament eingebracht wird.[125] Gleichwohl ist es verfassungsrechtlich nicht irrelevant, wie ein Gesetzesentwurf zustande gekommen ist. Es darf jedenfalls nicht dazu kommen, dass ein Aushandeln von Gesetzen im vorparlamentarischen Raum oder die Erstellung eines Gesetzesentwurfs durch eine Großkanzlei dazu führt, dass sich bestimmte Interessen einseitig und unangefochten gegenüber anderen durchsetzen und das anschließende parlamentarische Verfahren, das ja gerade einen Interessenausgleich vorsieht, Makulatur wird.[126] Schließlich darf

---

seiner Ansicht nach die politisch relevanten Entscheidungen unter Ausschluss der Öffentlichkeit träfen und die öffentliche Meinung manipulierten. Wünschenswert wäre es vielmehr, würde im Parlament durch öffentliche Diskussion das Wahre und Gerechte ermittelt. Damit ist *Habermas* wie auch *Schmitt* Anhänger einer idealisierenden Vorstellung der Repräsentation und Demokratie, die nicht mehr zeitgemäß ist und unter der Geltung des Grundgesetzes keine Geltung mehr beanspruchen kann, siehe hierzu bereits supra S. 65 ff.

[123] Vgl. *Rossi*, in: Kloepfer, Gesetzgebungsoutsourcing, S. 25 (29, 33 f.).

[124] *Kißler*, Öffentlichkeitsfunktion, S. 457; *Rossi*, in: Kloepfer, Gesetzgebungsoutsourcing, S. 25 (75); *Steinberg*, in: Schneider/Zeh, Parlamentsrecht, § 7 Rn. 100 f.

[125] *Brosius-Gersdorf*, in: Dreier, Art. 76 Rn. 46; *Heintzen*, in: Kluth/Krings, Gesetzgebung, § 9 Rn. 2; *Masing*, in: vM/K/S^6, Art. 76 Rn. 2 f.; *Risse*, in: Kloepfer, Gesetzgebungsoutsourcing, S. 109 (113 f.).

[126] *Edinger*, Wahl und Besetzung, S. 292; vgl. *Herdegen*, VVDStRL 62 (2003), 7 (17 f.); vgl. *Kloepfer*, NJW 64 (2011), 131 (133); *Papier*, in: Oberreuter, Macht und Ohnmacht, S. 79 (83 ff.); vgl. *Rossi*, in: Kloepfer, Gesetzgebungsoutsourcing, S. 25 (76); vgl. *Scheuner*, DÖV 18 (1965), 577 (579); *Voßkuhle*, in: HStR III, § 43 Rn. 52. Verlangt wird daher in diesem Kontext vielfach auch, Versuche der Einflussnahme transparent zu machen, zum Beispiel indem sie in den Gesetzesmaterialien vermerkt werden, so *Schulze-Fielitz*, Theorie und Praxis, S. 518 f.; kritisch zu diesem Transparenzdefizit auch: *Dach*, in: Schneider/Zeh, Parlamentsrecht, § 40 Rn. 64 f.; *Kißler*, Öffentlichkeitsfunktion, S. 458 ff.; vgl. *Krüper*, in: Morlok/Schliesky/Wiefelspütz, Parlamentsrecht, § 38 Rn. 59, 69 f.; *Papier*, in: Oberreuter, Macht und Ohnmacht, S. 79 (83); *Pünder*, VVDStRL 72 (2013), 191 (235 ff.); vgl. auch *Habermas*, Strukturwandel, S. 212 ff. Aus politikwissenschaftlicher Sicht wird kritisiert, dass Unternehmensverbände ihre Interessen stärker durchsetzen könnten als Gewerkschaften, *Röhrich*, Repräsentative Demokratie, S. 133 ff. Das bedeutet aber noch nicht, dass sich diese Interessen einseitig und unangefochten im vorparlamentarischen Raum bereits durchsetzen würden und ihre Bewertung im parlamentarischen Verfahren nicht relativiert werden könnte.

die Regierung sich auch nicht Gesetzentwürfen von Privaten aufzwingen lassen oder bestellte Entwürfe unbesehen beim Parlament einbringen, denn nicht Private, sondern die Regierung selbst ist initiativberechtigt. Ein von ihr eingebrachter Gesetzesentwurf muss daher immer der Regierung zurechenbar sein.[127]

Da die Delegation der Gesetzesvorbereitung das Ausschussverfahren betrifft, sind die bedenklichen Formen nichtstaatlichen Einflusses hier nicht unmittelbar relevant. Ob ein Gesetzesentwurf, der einem Ausschuss zugeleitet wird, von der Regierung ausgehandelt oder von einer Kanzlei erstellt wurde, ist für die innerparlamentarische Delegation der Vorbereitungskompetenz nicht ohne Weiteres bedeutsam. Denkbar ist aber, dass Interessenvertreter, die zuvor mit der Regierung einen Gesetzesentwurf ausgehandelt haben, auch auf das Ausschussverfahren Einfluss nehmen, um eine Änderung des Verhandlungsergebnisses zu verhindern. Problematisch wäre es, wenn die Delegation nichtstaatlichen Akteuren ermöglichte, ihre Interessen einseitig nicht nur gegenüber der Regierung, sondern auch gegenüber dem Parlament durchzusetzen. Tatsächlich ist es naheliegend, dass Delegationen dazu führen, dass Ausschussmitglieder einflussreiche Experten auf ihrem Fachgebiet werden und damit bevorzugte Adressaten nichtstaatlicher Einflussnahme. Teilweise gehen wichtige Detailänderungen[128] von Gesetzen auf die Arbeit der Ausschüsse zurück und die Ausschussmitglieder sind häufig auch anerkannte Fachleute ihrer Fraktionen[129]. Insofern ermöglichen innerparlamentarische Delegationen nicht nur eine vorteilhafte Arbeitsteilung, sondern zugleich eine Fokussierung der Einflussnahme durch Interessenvertreter. Dabei müssen diese ihre Ansichten nicht einmal heimlich an die Ausschussmitglieder herantragen. Denn § 70 Abs. 1 S. 1 GO BT sieht vor, dass nicht nur Sachverständige, sondern auch Interessenvertreter von Ausschüssen (auch nichtöffentlich, Abs. 8) angehört werden können. Allerdings ändert dies nichts daran, dass es sich nur um die (notwendige) Vermittlung von Wissen und um die Mitteilung von Ansichten handelt. Das Letztentscheidungsrecht verbleibt bei den Ausschussmitgliedern und bei der Plenarabstimmung bei allen Abgeordneten. Es lässt sich nicht belegen und ist auch nicht ersichtlich, dass externe Akteure ihre Interessen uneingeschränkt durchsetzen könnten und Parlamentarier nur als Marionetten agierten.[130] Insgesamt ist die Delegation der Gesetzesvorbereitung auf

---

[127] *Krüper*, JZ 65 (2010), 655 (661 f.); *Krüper*, in: Morlok/Schliesky/Wiefelspütz, Parlamentsrecht, § 38 Rn. 59; *Endler*, in: Kloepfer, Gesetzgebungsoutsourcing, S. 143 (146 f.); vgl. *Risse*, in: Kloepfer, Gesetzgebungsoutsourcing, S. 109 (114); vgl. *Rossi*, in: Kloepfer, Gesetzgebungsoutsourcing, S. 25 (77).

[128] Siehe supra S. 158 f.

[129] Vgl. supra S. 56 f., 160 f., 172.

[130] Vgl. *Heintzen*, in: Kluth/Krings, Gesetzgebung, § 9 Rn. 6; vgl. *Herdegen*, VVDStRL 62 (2003), 7 (18 f.); vgl. *Pieper*, in: Morlok/Schliesky/Wiefelspütz, Parlamentsrecht, § 40 Rn. 90; vgl. *Risse*, in: Kloepfer, Gesetzgebungsoutsourcing, S. 109 (114); vgl. *Schulze-Fielitz*, Theorie und Praxis, S. 323; *Schüttemeyer*, in: Patzelt/Sebaldt/Kronenpohl, Res publica, S. 240 (244). Auch die Regierungsbeamten, die sich für die Erstellung von Gesetzesentwürfen verantwortlich zeichnen, lassen sich keineswegs einfach von den Vorträgen der Interessenvertreter beein-

Ausschüsse daher keinen Bedenken ausgesetzt, da sie nicht die einseitige Durchsetzung spezieller Interessen ermöglicht.

Der Einfluss nichtstaatlicher Akteure mag also allgemeiner unter dem Schlagwort der Entparlamentarisierung[131] verfassungsrechtliche Bedenken hervorzurufen. Bei isolierter Betrachtung der Delegation der Gesetzesvorbereitung auf Ausschüsse können diese Bedenken jedoch nicht durchgreifen.

ff) Tatsächliche Bedeutung der Vorbereitungskompetenz

Auf die Ausschüsse wurde die Vorbereitung des Gesetzesbeschlusses delegiert. Bei der Frage, ob jenseits der formellen Vorbereitungskompetenz den Ausschüssen faktisch auch materiell eine Entscheidungskompetenz zukommt in dem Sinne, dass dort die Entscheidung für das Parlament realiter vorweggenommen wird, ist zu differenzieren. Einerseits wird über Gesetzesvorhaben bereits im Vorfeld des parlamentarischen Verfahrens entschieden, wobei die Entscheidung im Austausch von Vertretern der Regierung und der Mehrheitsfraktionen, unter Hinzuziehung des Wissens und der Meinungen von Interessenverbänden und Sachverständigen, fällt.[132] Insoweit können die Ausschüsse keine Entscheidung für das Parlament vorwegnehmen, wenn diese bereits andernorts gefallen ist. Andererseits werden die jeweiligen Ausschüssen auch während des vorparlamentarischen Entwurfsverfahrens konsultiert.[133] Zudem kommt ihnen dann auch im Rahmen des parlamentarischen Verfahrens durchaus Bedeutung zu. Ob ein von der Regierung eingebrachter Gesetzesentwurf unverändert beschlossen werden oder aber ob es Detailänderungen oder gar wesentliche Änderungen geben soll, ob die Interessen von Verbänden berücksichtigt oder den Einschätzungen von Sachverständigen gefolgt werden soll, entscheidet sich im Ausschuss.[134] Hier beschlossene Änderungen werden in aller Regel vom Plenum bestätigt, weshalb mit der Vorbereitungskompetenz durchaus eine faktische Vorentscheidung für die Plenarabstimmung einhergeht.[135] Allerdings verstehen es die Regierung und die Mehrheitsfraktion, durch die Fraktionsarbeits-

---

drucken, sondern bewahren durchaus ihre Unabhängigkeit, vgl. *Mengel*, Gesetzgebung, S. 99 ff.

[131] Der Begriff der Entparlamentarisierung ist ein schillernder. Im Kern soll hiermit eine Entwicklung beschrieben werden, die es den Parlamenten erschwert oder unmöglich macht, ihre Funktionen zu erfüllen, das heißt die notwendigen Entscheidungen zu treffen und dabei die Bürger in ihrer Pluralität zu repräsentieren (vgl. etwa *Schüttemeyer*, in: Patzelt/Sebaldt/Kronenpohl, Res publica, S. 240 [241]). Der Begriff umfasst dabei an einem Ende der Skala den juristisch beschreibbaren Kompetenzverlust, am anderen Ende den nur noch politikwissenschaftlich greifbaren faktischen Machtverlust der Parlamente (vgl. hierzu etwa *Puhl*, in: HStR III, § 48 Rn. 1 f.; zur politikwissenschaftlichen Sicht siehe etwa *Marschall*, Parlamentarismus, S 233 ff. und *Patzelt*, in: Oberreuter, Macht und Ohnmacht, S. 33 [(33 ff.]).

[132] Siehe hierzu supra S. 157 ff., 160 f., 161 ff.

[133] Siehe hierzu supra S. 165 f.

[134] Siehe hierzu supra S. 164 ff., 172 f.

[135] Siehe hierzu supra S. 145.

kreise ihren Einfluss auf das Ausschussverfahren geltend zu machen.[136] Es ist daher nicht zu erwarten, dass im Ausschuss eine grundlegend abweichende Entscheidung über ein Gesetzesvorhaben der Regierung oder der Mehrheitsfraktionen getroffen wird.[137]

Insgesamt ist die Bedeutung der Vorbereitungskompetenz der Ausschüsse damit vor allem eine formelle. Eine faktische Vorfestlegung für das Parlament geht von der Vorbereitungskompetenz der Ausschüssen allenfalls dann aus, wenn es um Entscheidungen über Detailänderungen geht.[138] Die materielle Entscheidung über die wesentlichen Regelungen eines Gesetzesvorhabens wird hingegen nicht im Ausschuss getroffen. Insofern beschränkt sich die Rolle der Ausschüsse darauf, lediglich formell den Beschluss des Entwurfes oder diejenigen wesentlichen Änderungen zu empfehlen, über die sich bereits im Vorfeld geeinigt wurde.

e) Zusammenfassung

Sowohl dem Wahlprüfungsausschuss, dem Petitionsausschuss, dem Verfassungsrichterwahlausschuss als auch den Fachausschüssen wurde die Kompetenz übertragen, die Entscheidung des Plenums in der jeweiligen Angelegenheit vorzubereiten. Da die anschließende Abstimmung des Plenums zwingend notwendig ist, handelt es sich um obligatorische Plenarabstimmungen. Wenngleich diesen Ausschüssen jeweils nur die Vorbereitungskompetenz übertragen wurde, so unterscheidet sich die respektive Bedeutung dieser Delegationen erheblich.

Der Wahlprüfungsausschuss und insbesondere der Petitionsausschuss bereiten die Entscheidung des Plenums nicht nur vor, sondern nehmen damit auch zugleich dessen Entscheidung vorweg. Bei Entscheidungen über Petitionsangelegenheiten ist dies besonders offenkundig, werden die Beschlussempfehlung des Ausschusses hier doch in wenig aussagekräftigen Sammelübersichten dem Plenum vorgelegt, welches üblicherweise unbesehen diesen Empfehlungen zustimmt.

Anders verhält es sich bei dem Wahlausschuss nach § 6 BVerfGG und den Fachausschüssen. Auch diese empfehlen dem Plenum eine Entscheidung. Dass diese Ausschüsse aber keine originäre Entscheidung treffen, die die Plenarabstimmung faktisch vorwegnähme, liegt wohl daran, dass Gesetze und die Besetzung von Verfassungsrichterstellen eine besondere politische Bedeutung haben. Ob und in welcher Form ein Gesetz verabschiedet und welcher Kandidat zum Verfassungsrichter gewählt werden soll, entscheidet sich daher bereits, bevor das Parlament mit der Frage befasst ist.

Insgesamt ist bei der Delegation von Vorbereitungskompetenzen auf Ausschüsse bei verbleibender obligatorischer Plenarabstimmung zu unterscheiden: Bereiten sie

---

136 Siehe hierzu supra S. 157 ff., 160 f., 162 f.

137 Siehe hierzu supra S. 159.

138 Siehe hierzu supra S. 158 f.

eine politisch bedeutsame Entscheidung des Plenums vor, können sie dessen Entscheidung nicht vorwegnehmen, da sie schon im Vorfeld getroffen wurde; bereiten sie hingegen eine politisch weniger bedeutsame Entscheidung vor (Petitionsangelegenheiten etc.), dann fällt in der Regel erst im Ausschuss eine originäre Entscheidung, die eine faktische Vorentscheidung darstellt, da das Plenum der Empfehlung des Ausschusses folgt.

2. Anschließende fakultative Plenarabstimmung und fingierte Zustimmung

Während die anschließende obligatorische Plenarabstimmung den Regelfall für das parlamentarische Verfahren darstellt, gibt es auch Fälle, bei denen eine Plenarabstimmung fakultativ ist. Hierbei trifft ein Ausschuss eine Entscheidung und falls das Plenum in einer anschließenden Abstimmung diese Entscheidung nicht aufhebt, gilt die Entscheidung des Ausschusses als Entscheidung des Plenums. Das Schweigen des Plenums wird also als Zustimmung verstanden. Auch in diesen Fällen sollen die Ausschüsse eine Entscheidung des Plenums eigentlich nur vorbereiten. Im Gegensatz zur obligatorischen Plenarabstimmung, die in der Regel die Ausschussempfehlung bestätigt, wird die vorbereitete Entscheidung hier ohne weiteres Zutun, also ohne explizite Affirmation durch das Plenum, zur abschließende Entscheidung des Parlamentes.

Während Entscheidungen, die bei ausbleibender Abstimmung im Plenum zu Entscheidungen des Parlamentes werden, in den Bundesländern teilweise von dem jeweiligen Immunitätsausschuss[139] oder auch dem Europaausschuss[140] ausgehen, gilt dies auf Bundesebene nur für den Immunitätsausschuss (a)).[141] Da bei diesen Fällen die Zustimmung des Plenums fingiert wird, ähnelt die Delegation der Vorbereitungskompetenz auf diese Ausschüsse der Delegation einer Entscheidungskompetenz (b)).

[139] § 68 Abs. 4 HmbBürgGO; § 54 Abs. 2 GO LT BB; § 43 Abs. 1 i.V.m. 4. der Anlage 2 zur GO Abghs Berlin; § 70 Abs. 4 i.V.m. Nr. 6 der Anlag 4 zur GO LT M-V.

[140] § 21a Abs. 3 GO Abghs Berlin.

[141] Ähnlich gelagert, aber kein Fall innerparlamentarischer Delegation, ist das vereinfachte Zustimmungsverfahren nach §§ 4, 7 Parlamentsbeteiligungsgesetz (ParlBetG). Hierbei ersucht die Bundesregierung die Zustimmung des Parlamentes zu Einsätzen geringer Intensität der Bundeswehr im Ausland oder die Verlängerung von Auslandseinsätzen. Der Antrag der Bundesregierung wird an die Vorsitzenden der Fraktionen, die Vorsitzenden des Auswärtigen Ausschusses und des Verteidigungsausschusses und an die dortigen Obleute der Fraktionen sowie als Bundestagsdrucksache an alle Mitglieder des Bundestages verteilt (§ 4 Abs. 1 S. 3 ParlBetG). Wird danach nicht innerhalb von sieben Tagen die Befassung des Bundestages verlangt, gilt die Zustimmung als erteilt, wird also fingiert (§ 4 Abs. 1 S. 4 ParlBetG). Im Gegensatz zu den Entscheidungen des Immunitätsausschusses wird hier nicht die vorbereitete Entscheidung eines Ausschusses durch Schweigen zu einem Beschluss des Parlamentes, sondern die Zustimmung zu einem Antrag der Bundesregierung wird bei Schweigen fingiert.

a) Vereinfachtes Verfahren in Immunitätsangelegenheiten

Der Immunitätsausschuss ist im Ausgangspunkt, wie in der Regel alle anderen Ausschüsse auch, darauf beschränkt, dem Bundestag Empfehlungen auszusprechen, §§ 75 Abs. 1 lit. h, 128 GO BT. Das bedeutet, dass das Plenum grundsätzlich explizit darüber entscheiden muss, ob es diesen Empfehlungen folgen möchte. Etwas anderes ergibt sich aus einem in jeder Legislaturperiode übernommenen „Beschluss des Deutschen Bundestages betr. Aufhebung der Immunität von Mitgliedern des Bundestages"[142] und daran anknüpfend aus den Verfahrensgrundsätzen, die sich der Immunitätsausschuss gemäß § 107 Abs. 2 GO BT zu geben hat.[143] Nr. 13 dieser Verfahrensgrundsätze sieht ein vereinfachtes Verfahren[144] vor, demgemäß eine Vorentscheidung des Immunitätsausschusses in bestimmten Fällen als Entscheidung des Bundestages gilt, wenn hiergegen nicht innerhalb von sieben Tagen nach Mitteilung der Vorentscheidung des Ausschusses Widerspruch erhoben wird. Dieses vereinfachte Verfahren ist anwendbar bei Entscheidungen über die Vollstreckbarkeit von Freiheitsstrafen von maximal drei Monaten oder von Erzwingungshaft nach dem OWiG (Nr. 8 Verfahrensgrundsätze), bei Verkehrsdelikten (Nr. 11 Verfahrensgrundsätze), bei Bagatellsachen (Nr. 12 Verfahrensgrundsätze), wobei der Ausschuss darüber entscheidet, was eine Bagatelle ist, bei der Ermächtigung zur Strafverfolgung nach §§ 90b Abs. 2, 194 Abs. 4 StGB (verfassungsfeindliche Verunglimpfung des Bundestages und Beleidigung des Bundestages; B. Verfahrensgrundsätze) sowie schließlich bei Genehmigungen zur Zeugenvernehmung nach §§ 50 Abs. 3 StPO, 382 Abs. 3 ZPO (C. Verfahrensgrundsätze).[145]

b) Ähnlichkeit zur Delegation der Entscheidungskompetenz

Wird die Zustimmung des Plenums fingiert, wenn es nicht ausdrücklich über eine Vorentscheidung eines Ausschusses abstimmt, dann wird aus dieser Vorentscheidung eine Letztentscheidung. Dies ist deshalb bemerkenswert, weil den Ausschüssen in diesem Fall explizit nur die Vorbereitung der Entscheidung übertragen wurde und

[142] Dieser Beschluss wurde erstmalig in der 149/150. Sitzung des ersten Deutschen Bundestages gefasst, siehe schon Pl.-Protokoll 1/148, S. 5944 f.; Pl.-Protokoll 1/149/150, S. 5964. Näheres bei *Klein*, in: Maunz/Dürig, Art. 46 Rn. 97 und zur genauen Genese dieses Beschlusses und der Verhandlungsgrundsätze siehe *Troßmann*, Parlamentsrecht, § 114 Rn. 5.1 ff.

[143] Grundsätze in Immunitätsangelegenheiten und in Fällen der Genehmigung gemäß § 50 Abs. 3 StPO und § 382 Abs. 3 ZPO sowie bei Ermächtigungen gemäß § 90b Abs. 2, § 194 Abs. 4 StGB, enthalten in der Anlage 6 zur GO BT.

[144] Darstellungen dieses Verfahrens finden sich etwa bei *Ahrens*, Immunität, S. 30 ff.; *Berg*, Staat 9 (1970), 21 (35); *Butzer*, Immunität, S. 351 ff.; *Paschmanns*, in: Morlok/Schliesky/Wiefelspütz, Parlamentsrecht, § 24 Rn. 17.

[145] In Fällen, in denen das vereinfachte Verfahren nicht zulässig ist, ähnelt sich das Prozedere mit dem Verfahren in Petitionsangelegenheiten. So wird hier auch über Übersichten mit Beschlussempfehlungen regelmäßig ohne Aussprache abgestimmt, vgl. zu diesen „normalen" im Gegensatz zum vereinfachten Verfahren *Butzer*, Immunität, S. 347 ff.

nicht die Entscheidungskompetenz selbst.[146] Ganz formal ließe sich zwar auch unterscheiden: Wird einem Ausschuss ohne Weiteres das Entscheidungsrecht übertragen oder nur ein Vorentscheidungsrecht, wobei die Entscheidung Geltungskraft nur durch schweigende Zustimmung des Plenums erhält? Überwiegend wird tatsächlich derart formalistisch geurteilt und dementsprechend davon ausgegangen, dass etwa dem Immunitätsausschuss des Bundestages keine Entscheidungskompetenz übertragen wurde.[147]

Vor dem Hintergrund des Art. 46 Abs. 2, 3 GG, der eine Entscheidung des Bundestages, also des Plenums,[148] verlangt, erscheint es nachvollziehbar, dass eine Entscheidung des Parlamentes bei ausbleibendem Widerspruch fingiert wird.[149] Formal liegt daher eine Entscheidung des Bundestages vor. Tatsächlich bedeutet aber die Fiktion der Zustimmung des Plenums, dass diese realiter gar nicht erteilt wird, sondern eben nur als erteilt gilt. Daher wird auf den Immunitätsausschuss faktisch die Entscheidungskompetenz delegiert.[150] Das delegierte Vorentscheidungsrecht steht lediglich unter dem Damoklesschwert einer möglichen, aber in der Praxis bisher noch nicht vorgekommenen,[151] Ablehnung durch das Plenum. Diese Konstruktion ist kaum zu unterscheiden von Fällen, in denen eine Entscheidungskompetenz unmittelbar delegiert und dem Plenum (im Nachgang) eine anderweitige Entscheidung ermöglicht wurde. Ein Beispiel hierfür stellt die Delegation einer Entscheidung dar, die nachträglich vom Plenum aufgehoben werden kann.[152] So steht etwa die Auslegung einer Geschäftsordnungsbestimmung durch den Geschäftsordnungsausschuss nach § 127 Abs. 1 S. 2 Hs. 2 GO BT unter dem Vorbehalt, dass im Plenum

---

[146] Vgl. etwa § 107 Abs. 2, 3 GO BT für den Immunitätsausschuss des Bundestages.

[147] *Butzer*, Immunität, S. 355 ff.; *Klein*, in: Maunz/Dürig, Art. 46 Rn. 94; *Kretschmer*, in: Schneider/Zeh, Parlamentsrecht, § 9 Rn. 102; *Trute*, in: vM/K, Art. 46 Rn. 30. Die Mehrheit innerhalb der Kommentarliteratur geht von der Zulässigkeit – teilweise trotz Bedenken – dieser Praxis aus und scheint, ohne explizite Klarstellung, nicht von einer (faktischen) Delegation der Entscheidungskompetenz auf den Immunitätsausschuss auszugehen: *Achterberg/Schulte*, in: vM/K/S⁶, Art. 46 Rn. 46 (erhebliche verfassungsrechtliche Bedenken), ebenso *Storr*, in: vM/K/S, Art. 46 Rn. 46; *Magiera*, in: BK, Art. 46 Rn. 177; *Schulze-Fielitz*, in: Dreier, Art. 46 Rn. 39; siehe zudem schon *Klein* und *Trute* jeweils ibd.

[148] Siehe hierzu noch infra S. 188 ff. sowie bereits supra S. 35 f., 136.

[149] Eine unmittelbare Delegation der Entscheidung auf den Immunitätsausschuss wäre aufgrund des klaren Wortlauts des Art 46 Abs. 2, 3 GG verfassungswidrig; so auch die h.M.: vgl. nur *Klein*, in: Maunz/Dürig, Art. 46 Rn. 94 m.w.N.

[150] Zur Ansicht, die von einer „echten" beziehungsweise faktischen Delegation ausgeht, siehe: *Ahrens*, Immunität, S. 31 f.; *Berg*, Staat 9 (1970), 21 (35 f.); *J. Dietlein*, Gutachten, S. 15; *C. Moench/Ruttloff*, DVBl. 127 (2012), 1261 (1268); *Kreuzer*, Staat 7 (1968), 183 (203 f.); *Schürmann*, in: Morlok/Schliesky/Wiefelspütz, Parlamentsrecht, § 19 Rn. 13; *Schwerin*, Bundestag, S. 165 f.; *Steiger*, Organisatorische Grundlagen, S. 139 f.; *Wiefelspütz*, ZParl 43 (2012), 227 (231 f.).

[151] *Kreuzer*, Staat 7 (1968), 183 (202).

[152] So etwa ausdrücklich *Berg*, Staat 9 (1970), 21 (36); *Schürmann*, in: Morlok/Schliesky/Wiefelspütz, Parlamentsrecht, § 19 Rn. 13; *Schwerin*, Bundestag, S. 166; *Steiger*, Organisatorische Grundlagen, S. 140.

diese Entscheidung nicht aufgehoben wird.[153] Einen weiteren, der Konstruktion der fingierten Plenarzustimmung ähnelnden Fall stellt es dar, wenn die delegierte Entscheidungskompetenz jederzeit wieder vom Plenum an sich gezogen werden kann. Dies gilt beispielsweise für Beteiligungsrechte des Haushaltsausschusses in Angelegenheiten der EFSF beziehungsweise des ESM nach § 4 Abs. 4 StabMechG respektive § 5 Abs. 5 ESM-FinG.[154] Hier dürfen Ausschüsse Entscheidungen für das Plenum treffen, das Plenum kann die Entscheidung aber wieder an sich ziehen. Exakt so wie in diesen Vergleichsfällen verhält es sich auch bei der fingierten Zustimmung, nur dass die Widerrufsmöglichkeit hier beschränkt ist. Das Plenum kann nur binnen sieben Tagen die Zustimmung zur Vorentscheidung des Immunitätsausschusses verweigern. Insofern ist die Delegation einer Vorentscheidungskompetenz sogar noch weitgehender, da ein Widerruf des Plenums zeitlich begrenzt ist.[155]

Formal mag also in den Fällen einer fakultativen Plenarabstimmung nur eine Vorbereitungskompetenz auf einen Ausschuss übertragen worden sein, in ihrer Wirkung ist diese Übertragung von einer Delegation der Entscheidungskompetenz jedoch nicht zu unterscheiden. Die Fiktion der Zustimmung durch das Plenum ist daher nicht mehr als ein Feigenblatt, dass die faktische Delegation der Entscheidungskompetenz kaschieren soll.

3. Zusammenfassung

Den Normalfall einer Übertragung von Plenarkompetenzen auf Ausschüsse stellt die Delegation einer Vorbereitungskompetenz dar. Diese ermöglicht es den Ausschüssen, einen Beschluss des Plenums vorzubereiten. Entsprechend ist eine Plenarabstimmung über die Ausschussempfehlung fast ausnahmslos obligatorisch. Die tatsächliche Bedeutung dieser obligatorischen Abstimmung im Plenum darf allerdings nicht überschätzt werden. Denn häufig wird nicht zu diesem Zeitpunkt die Entscheidung darüber getroffen, ob der Empfehlung eines Ausschusses gefolgt werden soll. Über die Wahl von Verfassungsrichtern und über Gesetzesvorhaben wird maßgeblich bereits verhandelt und entschieden, bevor das parlamentarische Verfahren eingeleitet ist. Bei den Empfehlungen des Petitions- und des Wahlprüfungsausschusses handelt es sich um Entscheidungen, die im Ausschuss getroffen werden und faktisch den Beschluss des Plenums vorwegnehmen. Denn dieses folgt den Empfehlungen dieser Ausschüsse beinahe blindlings. Entsprechend vermittelt die obligatorische Plenarabstimmung vor allem rechtliche Geltungskraft und Legitimität. Der Entscheidungsprozess selbst findet hingegen nicht im Plenum statt.

---

153 Zu dieser Delegation siehe noch infra S. 254 f.

154 Siehe hierzu noch ausführlich infra S. 227 ff., 233 f., 271 f.

155 Zu den verschiedenen Formen der Letztentscheidungskompetenz des Plenums siehe noch ausführlicher infra S. 245 ff.

In dieser Hinsicht ist der Unterschied zu einer nur fakultativen Plenarabstimmung über eine Ausschussempfehlung, die kraft Fiktion mangels Widerspruchs zur Plenarentscheidung wird, nicht groß. Auch hier findet der Entscheidungsprozess nicht erst im Plenum statt. Allerdings erhält die Ausschussvorentscheidung nur durch Schweigen des Plenums rechtliche Geltung, nicht durch explizite Affirmation. Zwar mag in diesem Fall ausdrücklich nur die Vorbereitung einer Plenarentscheidung übertragen werden, in seiner Wirkung handelt es sich in diesem Fall aber um die Delegation einer Entscheidungskompetenz.

III. Grundsätzliches Delegationsverbot für Vorbereitungskompetenzen?

Die Bedeutung[156] der Vorbereitungsarbeit durch die Ausschüsse des Parlamentes wurde von vielen Seiten erkannt und bewertet. Dabei reichen die Kommentare hierzu von Denunziationen („Parlament eher selbst [...] eine riesige Antichambre vor den Bureaus oder Ausschüssen unsichtbarer Machthaber")[157] über lakonische Feststellungen („wesentlicher Teil der Parlamentsarbeit [wird] traditionell außerhalb des Plenums geleistet")[158] bis hin zur positiven Bewertung dieses Umstandes („Die Anwesenheit des Abgeordneten im Plenum ist nämlich keineswegs seine wichtigste Aufgabe.")[159].

Teilweise wird die Bedeutung der Vorbereitungsarbeit der Ausschüsse als so hoch und als derart kritisch eingeschätzt, dass ein grundsätzliches Verbot der Delegation von Vorbereitungskompetenzen befürwortet wird. Dabei richtet sich die Kritik nicht so sehr an die Unterstützung der Plenararbeit durch die Ausschüsse, die unverzichtbar ist.[160] Vielmehr wird als problematisch empfunden, dass durch diese Delegation nicht nur die Vorbereitung übertragen wird, sondern auch (faktisch) die Entscheidung selbst. Denn dies widerspricht dem vermeintlichen Idealbild eines Plenums, das in aller Öffentlichkeit durch den Austausch von Argumenten zu einer gerechten und „wahren" Entscheidung gelangt. Dieser Vorstellung entspräche es daher, wenn für Vorbereitungskompetenzen ein grundsätzliches Delegationsverbot bestünde, um die Entscheidungsfindung gerade im Plenum sicherzustellen. Ob man dies für überzeugend hält, hängt davon ab, inwieweit man das zugrunde liegende idealisierende Repräsentationsverständnis teilt (1.). Zusätzlich wird durch eine faktische Vorentscheidung einiger weniger Abgeordneter die Gleichheit zwischen den Mandatsträgern beeinträchtigt und das Gesamtrepräsentationsprinzip eingeschränkt (2.).

---

[156] Siehe hierzu bereits supra S. 42 ff., 145.

[157] *Schmitt*, Geistesgeschichtliche Lage, S. 12; vgl. auch *Schmitt*, Verfassungslehre, S. 208 f.; vgl. *Leibholz*, Wesen der Repräsentation, S. 226.

[158] *BVerfG*E 44, 308 (317).

[159] *C. Arndt*, in: Schneider/Zeh, Parlamentsrecht, § 21 Rn. 11.

[160] Siehe hierzu bereits supra S. 145, 157.

1. Bedeutung des Repräsentationsbegriffes

Die Ansicht, die einen idealisierten Repräsentationsbegriff vertritt, wird auch als Kreationstheorie (a)) bezeichnet. Danach soll erst im Plenum eine Entscheidung gefunden (kreiert) werden und nicht vorab. Im Gegensatz dazu verlangt eine realistischere Interpretation des Repräsentationsbegriffes nicht, dass eine Entscheidung erst im Plenum fällt. Es genügt, dass die Plenarabstimmung einer Entscheidung Legitimität vermittelt (Legitimationstheorie; b)).[161] Zwischen diesen beiden Polen lässt sich zusätzlich eine vermittelnde Ansicht ausmachen, der auch idealistische Vorstellungen zugrunde liegen, die aber nicht verlangt, dass die Entscheidung erst im Plenum getroffen wird (c)).

a) Idealisierte Repräsentation und Kreationstheorie

Vertreter einer idealisierenden Vorstellung von Parlamentarismus im Allgemeinen und von Repräsentation im Speziellen[162] betonen die große Bedeutung des Plenums. In ihm sollen die Abgeordneten durch den Austausch von Argumenten zu einer wahren und gerechten Entscheidung gelangen.[163] Damit das Volk dabei repräsentiert werden könne, müsse diese Entscheidungsfindung zudem in aller Öffentlichkeit stattfinden.[164] Würden Absprachen und Vorentscheidungen also außerhalb des Plenums getroffen, repräsentierte das Parlament nicht mehr das Volk.[165] Für diese Ansicht ist es daher auch unerheblich, ob es dadurch zu faktischen Vorentscheidungen kommt, dass in den Ausschüssen vorberaten wird, oder dadurch, dass Entscheidungen schon durch Absprachen zwischen Regierungs- und Interessenvertretern fallen.[166] Insofern steht diese Ansicht nicht nur einer Delegation von Vorbereitungskompetenzen entgegen, soweit in den Ausschüssen eine faktische Vorentscheidung fällt, sondern auch dem maßgeblichen Einfluss der Regierung und von externen Akteuren auf das parlamentarische Verfahren[167].

---

[161] Die Bezeichnungen „Kreationstheorie" und „Legitimationstheorie" findet sich bei *Zeh*, in: Schneider/Zeh, Parlamentsrecht, § 32 Rn. 16; zu dieser Gegenüberstellung siehe auch *Schürmann*, in: Morlok/Schliesky/Wiefelspütz, Parlamentsrecht, § 20 Rn. 7 ff. und *Hofmann/Dreier*, in: Schneider/Zeh, Parlamentsrecht, § 5 Rn. 9 ff.

[162] Siehe zu dieser Ansicht bereits supra S. 65 ff.

[163] *Schmitt*, Geistesgeschichtliche Lage, S. 9; vgl. *Ahrens*, Immunität, S. 32; vgl. *Habermas*, Strukturwandel, S. 214 (anders aber dann *Habermas*, Strukturwandel (Neuauflage), Vorwort S. 34 und besonders S. 42; vgl. zudem *Habermas*, Faktizität und Geltung, S. 349 ff.; zur Ähnlichkeit im Denken von *Schmitt* und *Habermas* siehe etwa *Linden*, in: Linden/Thaa, Krise und Reform, S. 149 [156 ff., 163 f.]); vgl. *Kreuzer*, Staat 7 (1968), 183 (187).

[164] *Kreuzer*, Staat 7 (1968), 183 (186 ff.); *Schmitt*, Geistesgeschichtliche Lage, S. 7 ff., 43 ff.; *Schmitt*, Verfassungslehre, S. 208; vgl. *Habermas*, Strukturwandel, S. 214; vgl. *Leibholz*, Wesen der Repräsentation, S. 176 ff., der auch Ausnahmen zulässt.

[165] *Schmitt*, Verfassungslehre, S. 208 f.

[166] Vgl. *Schmitt*, Verfassungslehre, S. 208 f.

[167] Siehe hierzu supra S. 161 ff.

b) Realistische Repräsentation und Legitimationstheorie

Überzeugender ist eine nüchternere, realistische Auffassung von Repräsentation.[168] Dies liegt nicht allein daran, dass die idealisierende Vorstellung notwendig an der Wirklichkeit scheitern muss (aa)). Vielmehr kommt es schon nicht darauf an, was Repräsentation ihrem vermeintlichen Wesen nach bedeutet, sondern welche Aussagen das Grundgesetz hierzu trifft (bb)). Entsprechend ist die Funktion der Plenarabstimmung nicht die Produktion von Wahrheit und Gerechtigkeit (cc)), weswegen es auch unproblematisch ist, wenn die Entscheidungsfindung durch Ausschüsse vorweggenommen wird.

aa) Ideal und Wirklichkeit

Mit viel Vorstellungskraft mag es möglich sein, sich eine Gesellschaft und eine Zeit vorzustellen, in der in einem Plenum jede Entscheidung ad hoc durch den Austausch der Argumente getroffen werden konnte.[169] Heute jedenfalls wäre dies unmöglich. Im modernen, industrialisierten Sozialstaat gibt es eine unüberschaubare Vielzahl an Interessen und äußerst komplexe Themen, so dass das Plenum nicht aus dem Stand auf jede Frage eine differenzierte, adäquate Antwort zu geben imstande ist. Man stelle sich vor, allein das Plenum hätte spontan eine dem Umfang der Hartz-IV-Gesetzgebung entsprechende Regelung zu entwerfen. Alle erforderlichen Informationen im Plenum vorzuhalten, auszutauschen, zu bewerten und auf dieser Grundlage sich über jedes Detail zu einigen; dies alles ist reinste Utopie. Arbeitsteilung und die Unterstützung des Plenums durch Parlamentsausschüsse und Fraktionen sind daher unvermeidlich.[170]

bb) Repräsentationsbegriff des Grundgesetzes

Dass die Realität einer Norm widerspricht, heißt zwar nicht, dass die Norm sich der Wirklichkeit anzupassen hat, sondern in der Regel hat es andersherum zu sein. Wenn allerdings eine Norm etwas von vornherein Unmögliches verlangt, sind Zweifel berechtigt, ob die Norm tatsächlich so zu verstehen ist. Bei der Frage, was Repräsentation genau bedeutet, kommt es jedenfalls nicht darauf an, was das Wesen

---

168 Siehe hierzu bereits supra S. 72 ff.

169 Vgl. *Habermas*, Strukturwandel, S. 235 ff.; kritisch hierzu supra S. 70 f.

170 Zur Kritik an der mangelnden Realisierbarkeit der idealistischen Vorstellung: *C. Arndt*, Sondervotum, BT-Drs. 7/5924, S. 86; *Edinger*, Wahl und Besetzung, S. 308; vgl. *Klein*, in: HStR III, § 50 Rn. 7; *Luhmann*, Legitimation, S. 15 f., 24 ff., 32, 185 ff.; *Schürmann*, in: Morlok/Schliesky/Wiefelspütz, Parlamentsrecht, § 20 Rn. 8; *Zeh*, in: Schneider/Zeh, Parlamentsrecht, § 32 Rn. 41.

der Repräsentation[171] ausmacht, sondern allein, was sich aus dem Grundgesetz hierzu ableiten lässt.[172]

Die Verfassung sieht lediglich vor, dass im Plenum grundsätzlich öffentlich verhandelt wird (Art. 42 Abs. 1 GG). Sie sagt damit aber nicht aus, dass das Plenum der Ort von Wahrheitssuche und originärer Entscheidungsfindung durch den Austausch von Argumenten sei und deshalb Delegationen von Vorbereitungskompetenzen auf Ausschüsse grundsätzlich unzulässig wären. Vielmehr machen andere Normen des Grundgesetzes deutlich, dass die Notwendigkeit der Arbeitsteilung, Vorbereitung und Meinungsbildung außerhalb des Plenums anerkannt wird.[173] So ist der Parlamentsautonomie[174] der Gedanke der Arbeitsteilung inhärent. Zudem ergibt sich aus der Existenz von Parteien (Art. 21 GG)[175] und Fraktionen[176], sowie aus der Abhängigkeit[177] der Regierung von den Mehrheitsfraktionen (vgl. Art. 67 f. GG) ein Bedarf an Koordination und Absprache, die dem Verfahren im Plenum notwendigerweise vorausgehen.

cc) Funktionen der Plenarabstimmung

Auch unter Geltung der repräsentativen Demokratie des Grundgesetzes erfüllt die Plenardebatte verschiedene, wichtige Funktionen.[178] Keine von ihnen verlangt aber, dass jede Entscheidung erst und allein während der Debatte im Plenum und nicht schon im Ausschuss getroffen wird.

Zunächst trägt die Plenardebatte ganz wesentlich zur wechselseitigen Kommunikation zwischen Repräsentanten und Repräsentierten bei.[179] Während der Debatte werden Argumente und Gegenargumente präsentiert und die Entscheidung des Plenums damit begründet. Hierauf aufbauend können die Repräsentierten sich ihre Meinung bilden und beim nächsten Wahltermin entscheiden, ob sie die getroffenen Entscheidungen und ihre Begründung für überzeugend halten. Da dies auch den Repräsentanten bekannt ist, werden sie ihre Entscheidung und Begründung unter Berücksichtigung der Reaktion der öffentlichen Meinung treffen. Die öffentliche

---

171 Vgl. *Leibholz*, Wesen der Repräsentation, S. 25 ff.; vgl. *Schmitt*, Geistesgeschichtliche Lage, S. 42 ff.

172 Siehe hierzu bereits supra S. 70 f., 72 ff.

173 Vgl. zum Folgenden *Morlok*, VVDStRL 62 (2003), 37 (64 ff.).

174 Siehe hierzu bereits supra S. 52 ff.

175 Vgl. hierzu *Schmitt-Vockenhausen*, Verfassungsrechtliche Probleme, S. 68.

176 Zur Notwendigkeit der Bildung von Fraktionen siehe bereits supra S. 160 f.

177 Siehe hierzu bereits supra S. 162 ff.

178 Siehe hierzu bereits kurz supra S. 42 ff.

179 Siehe hierzu *Klein*, in: Maunz/Dürig, Art. 42 Rn. 9 f., 27; *Linden*, in: Linden/Thaa, Krise und Reform, S. 149 (166); *Magiera*, Parlament und Staatsleitung, S. 155 f.; *Schürmann*, in: Morlok/Schliesky/Wiefelspütz, Parlamentsrecht, § 20 Rn. 20; *Steiger*, Organisatorische Grundlagen, S. 141; vgl. *Zeh*, in: Schneider/Zeh, Parlamentsrecht, § 32 Rn. 40 ff. Siehe zur notwendigen Responsivität bereits supra S. 77 ff.

Debatte und der dort bestehende politische Begründungszwang zeitigen also Vorwirkungen auf die staatliche Willensbildung. Insofern trägt die Plenardebatte zur Responsivität bei, also zur gegenseitige Einflussnahme und Verbindung von Repräsentanten und Repräsentierten.

Zudem ermöglicht die Plenardebatte auch Kontrolle.[180] Die Regierung und die Mehrheitsfraktionen müssen ihre Entscheidungen hier erläutern und begründen. Dies geschieht in aller Öffentlichkeit und insofern ermöglicht es den Repräsentierten auch, seine Repräsentanten zu kontrollieren. Dies gilt auch für die parlamentarische Opposition. Sie kann ihre Kritik während der öffentlichen Debatte vorbringen und so für die eigenen Ansichten werben. Dies trägt auch dazu bei, dass aus der Minderheit bei der nächsten Wahl eine Mehrheit werden kann, was in einer Demokratie von eminenter Wichtigkeit ist.

Schließlich vermittelt die Plenarabstimmung Legitimation.[181] Dies nicht nur, weil hier direkt demokratisch gewählte Abgeordnete entscheiden und somit die Entscheidung selbst Legitimation erhält. Vielmehr erreicht gerade auch durch das öffentliche Erläutern, Diskutieren und Begründen der Plenarentscheidung diese ein besonders hohes Legitimationsniveau. Dem Repräsentierten wird dadurch nämlich verdeutlich, dass ein Prozess stattgefunden hat, in dem verschiedene Interessen und Entscheidungsalternative abgewogen wurden. Dies fördert die Akzeptanz der Entscheidung gerade auch bei Repräsentierten, die eine andere Entscheidung befürwortet hätten.

All diese Funktion erfüllt die Abstimmung im Plenum auch, wenn über diese bereits im Vorfeld umfänglich und faktisch bindend beraten, verhandelt und sie damit letztlich vorweggenommen wurde.[182] Unabhängig davon, ob während einer Ausschusssitzung oder im Gesprächen zwischen Regierungs-, Fraktions- und Interessenvertretern die Entscheidung im Plenum faktisch vorweggenommen wird, ermöglicht das anschließende Begründen und Verteidigen dieser Entscheidung im Plenum Responsivität, Kontrolle und Legitimation. Durch die Plenarabstimmung übernehmen die Abgeordneten letztlich auch sichtbar die Verantwortung für die getroffene Entscheidung, auch wenn diese faktisch bereits im Vorfeld gefallen sein sollte.[183] Die Debatte im Plenum richtet sich aus diesen Gründen nicht nach innen, sie

---

[180] Siehe hierzu *Klein*, in: Maunz/Dürig, Art. 42 Rn. 9, 27 f.; *Schmitt-Vockenhausen*, Verfassungsrechtliche Probleme, S. 69; *Schulze-Fielitz*, Theorie und Praxis, S. 353; *Schürmann*, in: Morlok/Schliesky/Wiefelspütz, Parlamentsrecht, § 20 Rn. 9 f.; *Steiger*, Organisatorische Grundlagen, S. 142.

[181] Siehe hierzu *Luhmann*, Legitimation, S. 196 ff.; *Schürmann*, in: Morlok/Schliesky/Wiefelspütz, Parlamentsrecht, § 20 Rn. 9; siehe zudem supra S. 121 ff.

[182] Vgl. *Klein*, in: Maunz/Dürig, Art. 42 Rn. 9 f., 27; *Magiera*, Parlament und Staatsleitung, S. 154 ff.; vgl. *Schürmann*, in: Morlok/Schliesky/Wiefelspütz, Parlamentsrecht, § 20 Rn. 9 ff.; vgl. *Zeh*, in: Schneider/Zeh, Parlamentsrecht, § 32 Rn. 35 ff.

[183] Siehe zu dem Verantwortungszusammenhang: *Dreier*, JZ 45 (1990), 310 (318); *Morlok*, VVDStRL 62 (2003), 37 (70 ff.), der allerdings nur von einer Vermutung für die Urheberschaft

dient nicht dem gegenseitigen, argumentativen Überzeugen unter Abgeordneten, sondern sie ist nach außen gerichtet, um die getroffene Entscheidung gegenüber dem Bürger zu erläutern und zu rechtfertigen.[184]. Insofern weckt die Delegation von Vorbereitungskompetenzen keine grundsätzlichen verfassungsrechtlichen Bedenken.

c) *Leicht idealisierende Vorstellung von Repräsentation*

Die Rechtsprechung und Teile der staatsrechtlichen Literatur lassen allerdings keineswegs eine totale Abkehr von jeglichen idealisierenden Vorstellungen über Repräsentation und Bedeutung der Plenardebatte erkennen. Ganz im Gegenteil finden sich immer wieder Reminiszenzen dieser Idealisierung,[185] wenngleich diese weit von der Radikalität der Kreationstheorie entfernt sind.

So wird immer noch stellenweise davon ausgegangen, dass das Plenum der Ort sei, an dem unterschiedliche Meinungen zu einem Kompromiss geführt und Interessen zur Konkordanz gebracht würden.[186] Besonders das Bundesverfassungsgericht scheint dieser Vorstellung anzuhängen. So geht es etwa davon aus, dass das parlamentarische Verfahren ein „höheres Maß an Öffentlichkeit der Auseinandersetzung und Entscheidungssuche und damit auch größere Möglichkeiten eines Ausgleichs widerstreitender Interessen" ermögliche.[187] Auch an anderen Stellen scheint es davon auszugehen, dass die Abgeordneten sich ihre Meinung erst aufgrund der freien Plenardebatten und auf Grundlage der dort vorgetragenen Argumente bildeten.[188]

---

und Verantwortlichkeit der Disputieren ausgeht; *Schürmann*, in: Morlok/Schliesky/Wiefelspütz, Parlamentsrecht, § 20 Rn. 9.

[184] *C. Arndt*, Sondervotum, BT-Drs. 7/5924, S. 87; *Dreier*, JZ 45 (1990), 310 (318); *Edinger*, Wahl und Besetzung, S. 186; vgl. *Habermas*, Faktizität und Geltung, S. 373; vgl. *Klein*, in: Maunz/Dürig, Art. 42 Rn. 28; *Linck*, DÖV 26 (1973), 513 (519); vgl. *Linden*, in: Linden/Thaa, Krise und Reform, S. 149 (166); *Luhmann*, Legitimation, S. 190; *Magiera*, Parlament und Staatsleitung, S. 154 ff.; vgl. *F. Schneider*, APuZ 16 (6/1968), 3 (8 f.); *Schröder*, ZG 30 (2015), 150 (162); *Schulze-Fielitz*, Theorie und Praxis, S. 353; vgl. *Schürmann*, in: Morlok/Schliesky/Wiefelspütz, Parlamentsrecht, § 20 Rn. 9 ff.; *Steiger*, Organisatorische Grundlagen, S. 141 f.; vgl. *Thoma*, in: Kluxen, Parlamentarismus, S. 54 (56); vgl. *Zeh*, in: Schneider/Zeh, Parlamentsrecht, § 32 Rn. 35 ff.; *Zeh*, ZParl 17 (1986), 397 (401 f.); für die Haushaltsdebatte vgl. *Tomuschat*, Staat 19 (1980), 1 (4 f.).

[185] Vgl. *Schüttemeyer*, in: Patzelt/Sebaldt/Kronenpohl, Res publica, S. 240 (244 f.).

[186] Vgl. *BVerfG*E 40, 237 (249); E 70, 324 (355), E 140, 115 (150); *Achterberg*, Parlamentarische Verhandlung, S. 155; *Achterberg*, Parlamentsrecht, S. 681; *Berg*, Staat 9 (1970), 21 (28); *Partsch*, VVDStRL 16 (1958), 74 (79); *Schürmann*, in: Morlok/Schliesky/Wiefelspütz, Parlamentsrecht, § 19 Rn. 22; *Schliesky*, in: Morlok/Schliesky/Wiefelspütz, Parlamentsrecht, § 5 Rn. 40 sieht auch weiterhin den Zweck parlamentarischer Debatten in einer „an Richtigkeit und Wahrheit orientierten Realisierung von Herrschaftszwecken".

[187] *BVerfG*E 40, 237 (249); ähnlich auch *Berg*, Staat 9 (1970), 21 (28 f.).

[188] *BVerfG*E 112, 363 (366); E 136, 277 (317). Vgl. auch *BVerfG*E 80, 188 (224): das Gericht betont die Möglichkeit, trotz typischerweise von der Mehrheit vorgegebener Linie, im Ausschuss durch Argumentation Einfluss auf eine Vorlage zu nehmen.

Weiterhin geht es davon aus, dass die „Präsenz aller Abgeordneten im Plenum dem Geiste des Parlamentarismus und des Prinzips der Repräsentation am ehesten gerecht“ werde.[189] Zudem hält es das „öffentliches Verhandeln von Argument und Gegenargument, öffentliche Debatte und öffentliche Diskussion [für] wesentliche Elemente des demokratischen Parlamentarismus“.[190] Diese Ausführungen tragen deutlich Züge einer idealisierenden Vorstellung von Repräsentation und Parlamentarismus.

Genau betrachtet ist der Unterschied zur realistischen Konzeption des Repräsentationsbegriffs aber gar nicht so groß. Denn auch nach dieser spielt die öffentliche Diskussion im Plenum eine erhebliche Rolle, da sie die Entscheidung des Parlaments sichtbar macht und erläutert und damit auch die Kontrolle durch und den Dialog mit dem Souverän ermöglicht. Zudem fußt auch der unbestrittene Grundsatz der Gesamtrepräsentation[191] auf der Annahme, dass das Volk nur durch die Gesamtheit aller Parlamentarier vollkommen repräsentiert werden könne. Damit wird auch grundsätzlich die Bedeutung der Verhandlung und Entscheidung aller Abgeordneten im Plenum für das Repräsentationsprinzip anerkannt. Die realistische Betrachtung verzichtet aber auf die idealistische Unterstellung, dass Entscheidungen erst und gerade durch den Austausch von Argumenten im Plenum fielen. Dies ist hier aber auch tatsächlich nur als Unterstellung gemeint und wird nicht wie durch die Kreationstheorie als rechtliches Sollen beschrieben. Wird also auf Grundlage dieser Unterstellung die Delegation von Vorbereitungskompetenzen und die damit einhergehende Verlagerung der Entscheidungsfindung vom Plenum zu Gunsten der Ausschüsse kritisiert, dann nur, weil das dieser Idealvorstellung widerspricht. Es wird nicht behauptet, dass das Ideal der Entscheidungsfindung im Plenum durch den Austausch von Argumenten verfassungsrechtlich zwingend geboten sei. Entsprechend wird die Delegation von Vorbereitungskompetenzen auch nicht vor dem Hintergrund eines leicht idealistischen Repräsentationsverständnisses für grundsätzlich unzulässig gehalten.[192]

---

189 *BVerfGE* 44, 308 (317); ähnlich auch *Badura*, in: Schneider/Zeh, Parlamentsrecht, § 15 Rn. 35. *Bollmann*, Verfassungsrechtliche Grundlagen, S. 38 bezeichnet die Mitwirkung aller Abgeordneten an der Willensbildung als „oberste Regel parlamentarischer Arbeitsweise“.

190 *BVerfGE* 70, 324 (355); E 131, 152 (205); E 140, 115 (150 f.).

191 Siehe hierzu ausführlich supra S. 82 ff.

192 Siehe zudem bereits supra S. 86 ff. *Frost*, AöR 95 (1970), 38 (85) konstatiert explizit, dass die Machtverlagerung vom Plenum zu den Ausschüssen (siehe dazu auch schon supra S. 137 ff.) keine juristische Frage betreffe, sondern eine des „politischen Fingerspitzengefühl[s]“. Vgl. auch *Leibholz*, Wesen der Repräsentation, S. 174 ff., 212 f., der auch das Ideal öffentlicher Diskussion im Plenum als Mittel der Entscheidungsfindung hochhält, aber anerkennt, dass das Grundgesetz nicht von diesem Ideal ausgeht (S. 224 ff., 235 ff., 242 ff.) und zugibt, dass diese Ideal heute nicht mehr Wirklichkeit ist (*Leibholz*, in: Kluxen, Parlamentarismus, S. 349 [354]).

2. Mandatsgleichheit und Gesamtrepräsentation

Vorbereitende Ausschussarbeit beschränkt die Gleichheit der Abgeordneten und das Prinzip der Gesamtrepräsentation.[193] Diese Beschränkung ist allerdings nicht unzulässig, sondern kann gerechtfertigt sein. Daher kann allein aus der Tatsache, dass die Delegation von Vorbereitungskompetenzen diese Prinzipien einschränkt, kein grundsätzliches Delegationsverbot abgeleitet werden.

Die Einschränkbarkeit der Mandatsgleichheit und des Gesamtrepräsentationsprinzips ergibt sich dabei nicht allein daraus, dass das Parlament auf die Unterstützung durch Ausschüsse angewiesen, Arbeitsteilung eine unabweisbare Notwendigkeit ist. Vielmehr wird das Bedürfnis für Arbeitsteilung normativ durch die dem Parlament verliehene Autonomie anerkannt.[194] Danach ist es ihm gerade möglich, Organisationseinheiten unterhalb des Plenums zu schaffen und diesen Aufgaben zuzuweisen. Hierdurch können zwar die Mandatsgleichheit und das Prinzip der Gesamtrepräsentation nicht beliebig aufgehoben werden, allerdings sind Abweichungen bei Vorliegen eines zwingenden, besonders rechtfertigenden Grundes zulässig.[195] Die Wahrung der Funktionsfähigkeit des Parlamentes ist ein solcher Grund.[196] Zudem ist die Beeinträchtigung der Mandatsgleichheit und des Prinzips der Gesamtrepräsentation hier auch nicht von großem Gewicht, da zum einen die nicht ausschussangehörigen Abgeordneten ihren Einfluss noch bei der Plenarabstimmung geltend machen können und zum anderensie über ihre Fraktionen auch an der Entscheidungsfindung im Ausschuss mittelbar beteiligt sind.[197]

Ein grundsätzliches Delegationsverbot lässt sich auch nicht daraus ableiten, dass in bestimmten Fällen die Beeinträchtigung größer ist, weil die Delegation der Vorbereitungskompetenz in ihrer Wirkung der Delegation einer Entscheidungskompetenz nahekommt. Die unspezifischen Sammelübersichten des Petitionsausschusses[198] oder die Vorentscheidungen des Immunitätsausschusses[199] bewirken, dass diese Ausschüsse faktisch an Stelle des Plenums entscheiden. Dies führt aber nicht dazu, dass die grundsätzliche Entscheidung für die Delegation der Vorbereitungskompetenz unzulässig wäre. Es kann allenfalls bedeuten, dass die

---

[193] Siehe zur Mandatsgleichheit, der Gesamtrepräsentation und ihrer Einschränkbarkeit bereits umfassend supra S. 82 ff.

[194] Zur Parlamentsautonomie siehe bereits supra S. 52 ff., und zur Parlamentsautonomie als Grundlage von Delegationen zudem supra S. 84 ff.

[195] Siehe bereits supra S. 85 f.

[196] Siehe bereits supra S. 54 ff.

[197] Vgl. auch *O. Moench*, Bundestagsausschüsse, S. 100 ff., 113; zum Einfluss nicht ausschussangehöriger Fraktionsmitglieder siehe supra S. 160 f.

[198] Siehe hierzu supra S. 150 ff.

[199] Siehe hierzu supra S. 175 ff.

verfahrensrechtliche Ausgestaltung der Vorbereitungskompetenz unzulässig ist, weil sie tatsächliche eine Delegation der Entscheidungskompetenz bewirkt.[200]

Für ein grundsätzliches Delegationsverbot spricht auch nicht, dass in manchen Fällen [201] Regierungs-, Mehrheitsfraktionen- und gegebenenfalls Interessenvertreter bereits vor Einleitung des parlamentarischen Verfahrens faktisch bindende Entscheidungen treffen. Denn diese außerparlamentarische Einflussnahme[202] wird durch die Delegation nicht ermöglicht oder begünstigt. Das bedeutet, dass die Verlagerung der Entscheidungsfindung und damit die geringere Einflussmöglichkeit aller Abgeordneten sich gar nicht aus der Delegation der Vorbereitungskompetenz ergeben. Daher kommt es hier zu keiner erhöhten Intensität der Beschränkung der Mandatsgleichheit und des Gesamtrepräsentationsprinzips im Vergleich zu anderen Fällen der Übertragung von Vorbereitungskompetenzen.

3. Zusammenfassung

Es gibt kein grundsätzliches Verbot, Vorbereitungskompetenzen auf Ausschüsse und andere Gremien des Parlamentes zu delegieren. Dem steht zwar ein idealisierendes Verständnis von Repräsentation entgegen, nach dem im Plenum der maßgebliche Willensbildungsprozess vollzogen werden muss. Allerdings handelt es sich hierbei um veraltete Vorstellungen, die in ihrer Radikalität keine Grundlage im Grundgesetz finden. Das Plenum ist nicht in der Lage, alle Entscheidungen des Parlamentes selbst vorzubereiten. Dies anerkennend erlaubt die Parlamentsautonomie gerade die Schaffung von Ausschüssen, denen Vorbereitungsaufgaben überwiesen werden. Wenn das Plenum dann auch nicht mehr der Ort ist, an dem die Entscheidungen fallen, so hat die Plenarentscheidung doch einen signifikanten Wert. Das öffentliche Debattieren und Begründen der Entscheidung ermöglicht den Dialog zwischen Repräsentanten und Repräsentierten sowie öffentliche Kontrolle und verleiht dem Plenarbeschluss besondere Legitimität. Auch wenn von manchen nach wie vor (leicht idealistisch) das Plenum als Ort der Entscheidungsfindung hochgehalten wird, so geschieht dies nicht mit der Absicht, den Prozess der Willensbildung verfassungsrechtlich zu regeln. Schließlich werden durch die Delegation von Vorbereitungskomptenzen auch grundsätzlich nicht das Prinzip der Gesamtrepräsentation und der Grundsatz der Mandatsgleichheit verletzt. Denn diese Delegation dient der Funktionsfähigkeit des Parlamentes, die ohne diese Arbeitsteilung nicht aufrechterhalten werden könnte.

---

200 Siehe zur Zulässigkeit der Vorentscheidungen des Immunitätsausschusses infra S. 251 ff. und der Sammelübersichten des Petitionsausschusses infra S. 255 ff.

201 Siehe hierzu supra S. 154 ff., 156 ff.

202 Siehe hierzu supra S. 161 ff.

B. Grundsätzliche Delegierbarkeit von Entscheidungskompetenzen

Die Delegation von Entscheidungskompetenzen unterscheidet sich signifikant von der Übertragung von Vorbereitungskompetenzen. Während im letzteren Fall anschließend stets das Plenum entscheidet (oder widersprechen kann), ist dies bei der Delegation von Entscheidungskompetenzen nicht der Fall, da hier ein Ausschuss für das Parlament und das Plenum entscheidet. Dadurch ist auch die Beeinträchtigung der Mandatsgleichheit und des Prinzips der Gesamtrepräsentation intensiver. Dies ist bei der Frage, ob Entscheidungskompetenzen überhaupt grundsätzlich delegierbar sind, zu berücksichtigen. Für Einzelfälle gibt die Verfassung direkt hierauf eine Antwort, indem sie explizite verfassungsrechtliche Ermächtigungen für Delegationen (II.) oder aber Kernkompetenzen des Plenums vorsieht, die unter keinen Umständen übertragen werden können (I.). Hieraus allein lässt sich jedoch nicht ableiten, ob Entscheidungskompetenzen grundsätzlich auch ohne solch explizite Aussagen der Verfassung allgemein delegierbar sind (III.).

I. Delegationsfeste Kernkompetenzen des Plenums

Die Delegation einer Entscheidungskompetenz ist immer dann ausgeschlossen, wenn die Verfassung vorsieht, dass nur das Plenum einen Beschluss fassen kann. Explizit findet sich ein solcher Vorbehalt nicht im Grundgesetz. Jedoch ergibt sich ein solcher für Entscheidungen, die nach Art. 121 GG von der Mehrheit der Mitglieder des Bundestages zu treffen sind. Dies schließt es aus, dass ein Ausschuss oder ein sonstiges Untergremium des Parlamentes diese Entscheidung für die Mehrheit der Mitglieder trifft.[203] Daher ist beispielsweise[204] in folgenden Fällen eine Delegation der Entscheidung ausgeschlossen:

- Art. 61 Abs. 1 GG: Präsidentenanklage,
- Art. 63 GG: Wahl des Bundeskanzlers,
- Art. 67 GG: Misstrauensvotum,
- Art. 68 GG: Vertrauensfrage,
- Art. 77 Abs. 4 S. 1 und 2 GG: Zurückweisung eines Einspruchs des Bundesrates.

---

[203] Siehe hierzu *Achterberg*, Parlamentsrecht, S. 680 Fn. 42; *Brink*, NVwZ 22 (2003), 953 (954); *Hölscheidt*, Haushaltsausschuss, S. 174 f.; *Kasten*, DÖV 39 (1985), 222 (223); *Kewenig*, Staatsrechtliche Probleme, S. 45; *Mandelartz*, Parlament und Regierung, S. 286; *O. Moench*, Bundestagsausschüsse, S. 92 f.; *C. Moench/Ruttloff*, DVBl. 127 (2012), 1261 (1267); *Schmitt-Vockenhausen*, Verfassungsrechtliche Probleme, S. 61; *Schürmann*, in: Morlok/Schliesky/Wiefelspütz, Parlamentsrecht, § 19 Rn. 15; *Schwerin*, Bundestag, S. 169; *Vetter*, Parlamentsausschüsse, S. 133.

[204] Eine vollständige Aufzählung der Anwendungsfälle des Art. 121 GG findet sich bei *Klein*, in: Maunz/Dürig, Art. 121 Rn. 11.

Darüber hinaus sehen einige Bestimmungen des Grundgesetzes explizit auch weitere Quoren vor. Danach muss ein bestimmter Anteil aller Abgeordneten einem Antrag zustimmen. Das schließt es ebenfalls aus, dass statt dieses Anteils an Abgeordneten weniger Abgeordnete in einem Ausschuss diese Entscheidung fällen.[205] Delegationsfeindlich hiernach sind unter anderem[206] die Entscheidungen über:

- Art. 39 Abs. 3 S. 3 GG: Zusammentritt des Bundestages,
- Art. 42 Abs. 1 S. 2 GG: Ausschluss der Öffentlichkeit,
- Art. 44 Abs. 1 S. 1 GG: Einsetzung eines Untersuchungsausschusses.

Schließlich ergeben sich Delegationsverbote grundsätzlich[207] auch schon daraus, dass die Verfassung Kompetenzen dem „Bundestag" zuweist, da mit „Bundestag" das Plenum gemeint ist.[208] Dies gilt etwa für die Wahl des Bundestagspräsidenten, seiner Stellvertreter und der Schriftführer nach Art. 40 Abs. 1 S. 1 GG und für die Schaffung und Änderung der Geschäftsordnung nach Art. 40 Abs. 1 S. 2 GG.[209] Ebenfalls dem Bundestag und damit dem Plenum exklusiv zugeordnet ist auch der

---

[205] Siehe hierzu *C. Moench/Ruttloff*, DVBl. 127 (2012), 1261 (1267); *Schürmann*, in: Morlok/Schliesky/Wiefelspütz, Parlamentsrecht, § 19 Rn. 15.

[206] Eine vollständige Aufzählung der Fälle, auf die sich Art. 121 GG auch mittelbar erstreckt, findet sich ebenfalls bei *Klein*, in: Maunz/Dürig, Art. 121 Rn. 12.

[207] Etwas anderes gilt für Art. 94 Abs. 1 S. 2 GG für die Wahl der Verfassungsrichter, da man hier nicht zwingend auf das Wort Bundestag abstellen kann, sondern auch darauf, dass die Verfassung an anderen Stellen eine unmittelbare Wahl anordnet und an manchen nicht, vgl. hierzu *Kischel*, in: HStR III, § 69 Rn. 48; vgl. auch *Kreuzer*, Staat 7 (1968), 183 (191). Siehe zur Zulässigkeit der früheren Delegation auf einen Wahlausschuss noch infra S. 264 ff. Ebenfalls ist der Begriff Volksvertretung bei Art. 10 Abs. 2 S. 2 und 17 GG nicht zwingend so zu verstehen, dass damit die dort genannten Kompetenzen dem Plenum exklusiv übertragen würden, siehe supra S. 149 sowie S. 264 Fn. 295.

[208] Siehe hierzu bereits supra S. 35 f. sowie supra S. 136 f. Dass sich hieraus auch Delegationsverbote ergeben, konstatieren explizit auch *Mandelartz*, Parlament und Regierung, S. 286 f. und *Steiger*, in: Schneider/Zeh, Parlamentsrecht, § 26 Rn. 21; a.A. *O. Moench*, Bundestagsausschüsse, S. 135 ff., der einer Ableitung von Delegationsverboten aus dem Wortlaut (Bundestag) entgegenhält, dass diese im eklatanten Widerspruch zum Selbstorganisationsrecht des Parlamentes stünde, ibd., S. 136. Dabei übersieht er, dass das Selbstorganisationsrecht des Bundestages nur so weit reicht, wie die Verfassung selbst die Organisation regelt. Nimmt man an, dass sie, immer wenn sie von „Bundestag" spricht, dem Plenum eine Kompetenz zuordnet, dann bleibt für das Selbstorganisationsrecht und für eine Delegation entsprechend kein Raum mehr.

[209] Das *LVerfG M-V*, LKV 2001, 510 (512) stellt für die Landesverfassung richtigerweise ebenfalls auf den Text der Verfassung ab (Art. 29 Abs. 1 S. 2 LV M-V; entspricht Art. 40 Abs. 1 S. 2 GG) und schließt daher daraus, dass eine Kompetenz explizit dem Landtag zugeordnet wurde, dass sie nicht übertragbar sei; zum gleichen Ergebnis der Delegationsfeindlichkeit der Kompetenzen des Art. 40 Abs. 1 GG (Parlamentsautonomie), aber ohne Begründung kommen: *Berg*, Staat 9 (1970), 21 (25); *Hölscheidt*, Haushaltsausschuss, S. 175; *Kasten*, DÖV 39 (1985), 222 (223); *Kewenig*, Staatsrechtliche Probleme, S. 45 f.; *C. Moench/Ruttloff*, DVBl. 127 (2012), 1261 (1267); *Schürmann*, in: Morlok/Schliesky/Wiefelspütz, Parlamentsrecht, § 19 Rn. 15; *Vetter*, Parlamentsausschüsse, S. 133; *Schwerin*, Bundestag, S. 169 f. führt dies unnötiger Weise auf die „Natur der Sache" zurück.

Gesetzesbeschluss.[210] Dies ergibt sich nicht aus Art. 77 Abs. 4 S. 1 und 2 i.V.m. Art. 121 GG[211], da diese Bestimmungen nur die Zurückweisung des Einspruchs des Bundesrates betreffen, sondern daraus, dass Art. 77 Abs. 1 S. 1 GG dem „Bundestag" den Gesetzesbeschluss vorbehält.[212]

Andere Ansichten, die zur Herleitung von Delegationsverboten für die genannten Kompetenzen allein auf die besondere demokratische Legitimation und Repräsentationskraft des Plenums abstellen[213], bedienen sich grundlos eines notwendigerweise ungenaueren Maßstabes. Ob es einer Entscheidung des Plenums bedarf, muss danach daran gemessen werden, inwieweit diese Entscheidung der besonderen demokratischen und repräsentativen Qualität einer Plenarentscheidung bedarf. Klarer und eindeutiger ist es demgegenüber, darauf abzustellen, dass die Verfassung in den genannten Fällen das Plenum meint, wenn vom Bundestag die Rede ist.[214]

Zusammengefasst ist eine innerparlamentarische Delegation demnach ausgeschlossen, soweit das Grundgesetz eine Kompetenz explizit dem Bundestag zuweist oder die Entscheidung der Mehrheit oder ein anderes Quorum seiner Mitglieder vorsieht.

---

[210] Ohne Begründung *BVerfGE* 1, 144 (152 ff.). Für Bremen ergibt sich dies bereits aus der Verfassung, Art. 105 Abs. 3.

[211] So aber *Berg*, Staat 9 (1970), 21 (25); *Kasten*, DÖV 39 (1985), 222 (223); *Kewenig*, Staatsrechtliche Probleme, S. 45; *O. Moench*, Bundestagsausschüsse, S. 93; *C. Moench/Ruttloff*, DVBl. 127 (2012), 1261 (1267); *Schwerin*, Bundestag, S. 169; hiergegen: *Kunz*, Ausgabenermächtigungen, S. 14 ff.

[212] *Mandelartz*, Parlament und Regierung, S. 287; vgl. *Schmitt-Vockenhausen*, Verfassungsrechtliche Probleme, S. 59 f. Ein innerparlamentarisches Delegationsverbot für die Gesetzgebung muss daher gar nicht unter Rückgriff auf Art. 45 GG a.F. und Art. 115e GG belegt werden (zu den beiden Normen siehe infra S. 281), wie es manchmal vertreten wird, so etwa *J. Dietlein*, Gutachten, S. 11; vgl. *Pietzner*, Petitionsausschuss, S. 80 f.; vgl. auch *Mandelartz*, Parlament und Regierung, S. 287. Danach zeige Art. 45 GG a.F., der das Gesetzgebungsrecht für den Ständigen Ausschuss zwischen den Wahlperioden ausschloss, dass eine Delegation dieser Kompetenz auf einen Ausschluss gerade nicht möglich sei. Art. 115e GG, der eine solche Delegation in Notzeiten zulässt, zeige hingegen, dass diese nur in Ausnahmefällen und nur mittels expliziter verfassungsrechtlicher Ermächtigung möglich sei.

[213] So etwa *Preuß*, ZRP 21 [1989], 389 [390]; vgl. auch *Schmitt-Vockenhausen*, Verfassungsrechtliche Probleme, S. 58 f.; hingegen anders *Kretschmer*, in: Schneider/Zeh, Parlamentsrecht, § 9 Rn. 106, der sowohl auf den Textbefund des Grundgesetzes als auch auf die „Grundprinzipien parlamentarischer Demokratie" abstellt.

[214] Gleichwohl spielt die besondere demokratische und repräsentative Qualität einer Plenarentscheidung eine wichtige Rolle, allerdings nur für die Frage, ob Delegationsverbote jenseits solch expliziter Bestimmungen des Grundgesetzes bestehen können, siehe dazu sogleich infra S. 192 ff., 195 ff.

II. Explizite verfassungsrechtliche Ermächtigung

Neben Kompetenzen, die dem Plenum derart zugewiesen sind, dass eine Übertragung ausgeschlossen ist, sieht die Verfassung an mehreren Stellen auch explizit die Möglichkeit vor, Kompetenzen auf Ausschüsse zu delegieren.[215] So kann etwa das Plenum nach Art. 45 S. 2 GG den Europaausschuss dazu ermächtigen, „die Rechte des Bundestages gemäß Art. 23 gegenüber der Bundesregierung wahrzunehmen". Zudem kann es nach Art. 44 GG das parlamentarische Untersuchungsrecht auf einen Untersuchungsausschuss delegieren.[216] Im Übrigen wurde mit verfassungsänderndem Gesetz durch die Art. 45c, 45d GG eine Delegation vorgenommen, die in ihrem Umfang und näheren Ausgestaltung vom Gesetzgeber abhängt.

III. Grundsätzliche Delegierbarkeit von Entscheidungskompetenzen ohne explizite Ermächtigung?

Nicht für alle Delegationen findet sich eine explizite Ermächtigung in der Verfassung wie etwa Art. 45 S. 2 GG. Beispielsweise erfolgte die Delegation der Entscheidungskompetenzen auf das Sondergremium nach dem StabMechG beziehungsweise nach dem ESM-FinG[217] jenseits einer solchen ausdrücklichen verfassungsrechtlichen Ermächtigung. Allerdings erklärt auch keine Verfassungsnorm diese Kompetenz für delegationsfest. Dies gilt für einen großen Teil parlamentarischer Kompetenzen. Für diese Fälle fragt es sich daher, ob eine innerparlamentarische Delegation grundsätzlich zulässig sein kann.

1. Bedeutung verfassungsrechtlicher Delegationsverbote und -ermächtigungen

Da das Grundgesetz an einigen Stellen eine Delegation von Plenarkompetenzen verbietet und an anderen Stellen eine solche ausdrücklich zulässt, wird teilweise geschlussfolgert, dass eine solche Delegation nur aufgrund einer solchen ausdrücklichen verfassungsrechtlichen Ermächtigung zulässig sei.[218] Dieser Schluss ist aber nicht logisch zwingend; vielmehr ist dem Grundgesetz kein abstraktes Delegationsverbot jenseits konkreter verfassungsrechtlicher Ermächtigungen zu entnehmen.[219] Denn ebenso gut, wie man aus den einzelnen expliziten Delegationser-

---

[215] *BVerfGE* 130, 318 (351); *Schürmann*, in: Morlok/Schliesky/Wiefelspütz, Parlamentsrecht, § 19 Rn. 14.

[216] Siehe hierzu *Wiefelspütz*, ZParl 43 (2012), 227 (232).

[217] Siehe hierzu supra S. 109.

[218] *Brenner*, ThürVBl. 3 (1993), 196 (199); *C. Moench/Ruttloff*, DVBl. 127 (2012), 1261 (1263 f.); vgl. *Schenke*, VerwArch 68 (1977), 118 (124).

[219] *Abmeier*, Parlamentarische Befugnisse, S. 81; *Achterberg*, Parlamentsrecht, S. 680 f.; *Berg*, Staat 9 (1970), 21 (26, 34); *J. Dietlein*, Gutachten, S. 63; *Kewenig*, Staatsrechtliche

mächtigungen schließen kann, dass jenseits dieser keine Delegation möglich ist, kann man aus den verschiedenen Delegationsverboten schließen, dass eine Delegation jenseits dieser Verbote allgemein zulässig ist.[220] Zudem wäre dem Art. 45 Abs. 2 GG a.F. nur deklaratorische Bedeutung zugekommen, sollte es ein generelles Delegationsverbot vorbehaltlich expliziter Ermächtigungen geben.[221] Diese Norm, die die Einsetzung eines Ständigen Ausschusses für die parlamentslose Zeit zwischen zwei Legislaturperioden vorsah,[222] regelte in ihrem Abs. 2 explizit, dass diesem Ausschuss insbesondere nicht das Recht der Gesetzgebung, der Wahl des Bundeskanzlers und der Anklage des Bundespräsidenten zustünde. Wenn ohnehin eine solche Delegation dieser Plenarkompetenzen im Sinne eines generellen Delegationsverbotes unzulässig sein sollte, hätte der Verfassunggeber auf diesen Absatz verzichten können.

2. Bedeutung von Repräsentations- und Demokratieprinzip

Aber auch unabhängig davon, dass sich dem Grundgesetz keine explizite Aussage dazu entnehmen lässt, wird die Delegation von Entscheidungskompetenzen von manchen Stimmen für grundsätzlich unzulässig gehalten.[223] Für ein solches Delegationsverbot wird auf das repräsentative Demokratieverständnis der Verfassung verwiesen, wobei wieder ein leicht idealistisches Verständnis von Repräsentation zum Ausdruck kommt.[224] Im Einzelnen begründet wird das Delegationsverbot zum

---

Probleme, S. 45 ff.; *Mandelartz*, Parlament und Regierung, S. 288; *O. Moench*, Bundestagsausschüsse, S. 157 f.; *Pietzner*, Petitionsausschuss, S. 60 f.; *Schwerin*, Bundestag, S. 170 ff.; vgl. *Triepel*, Delegation und Mandat, S. 106; *Vetter*, Parlamentsausschüsse, S. 133.

[220] *Berg*, Staat 9 (1970), 21 (26); *O. Moench*, Bundestagsausschüsse, S. 157 f. Ein vergleichbares Problem betrifft die Frage, ob Art. 94 Abs. 1 S. 2 GG eine indirekte Wahl zulässt, wenn doch im Grundgesetz teilweise explizit eine unmittelbare Wahl vorgeschrieben wird (Art. 38 Abs.1 S. 1, 28 Abs. 1 S. 2 GG), andererseits aber auch explizit ein Wahlausschuss (für eine mittelbare Wahl) vom Grundgesetz vorgesehen wird (Art. 95 Abs. 2 GG). Auch hier ist kein logisch zwingender Schluss möglich; siehe hierzu *Kischel*, in: HStR III, § 69 Rn. 48 und *Kreuzer*, Staat 7 (1968), 183 (194) sowie Genaueres infra S. 264.

[221] *Berg*, Staat 9 (1970), 21 (26).

[222] Siehe hierzu noch infra S. 281.

[223] Ohne Begründung: *Krings*, in: Friauf/Höfling, Art. 45 Rn. 13 Fn. 34; *Pieroth*, in: Jarass/Pieroth[14], Art. 40 Rn. 4 (seit der 15. Auflage anders unter Bezugnahme auf die neuere Rechtsprechung [*BVerfG*E,130, 318 <353 ff.>], Rn. 4); *R. Schneider*, DVBl. 71 (1956), 363 (364 f.). Ohne exakte Begründung: *Kabel*, in: FS Grabitz, S. 241 (247) (nach der Systematik des Grundgesetzes werden Entscheidungsbefugnisse grundsätzlich vom Plenum wahrgenommen); ebenso *Hauck*, Mitwirkungsrechte, S. 54; vgl. *Triepel*, Delegation und Mandat, S. 115 f. (wichtige Funktionen, die nach Absicht der Verfassung ganz allein vom Parlament ausgeübt werden müssen); *Vetter*, Parlamentsausschüsse, S. 134 (weil Entscheidungen von Ausschüssen möglich wären, ohne dass das Plenum Kenntnis hätte und Einfluss nehmen könnte).

[224] *Kreuzer*, Staat 7 (1968), 183 (186 ff.); *Majer*, in: Umbach/Clemens, MitKomm, § 6 Rn. 39; *Mandelartz*, Parlament und Regierung, S. 294 ff.; *Morlok/Hientzsch*, JuS 51 (2001), 1 (2); *Schmitt*, Verfassungslehre, S. 316 f.; *Scholz*, in: Maunz/Dürig, Art. 23 Rn. 155; *Tomuschat*, Staat 19 (1980), 1 (14).

einen mit dem Prinzip der Gesamtrepräsentation, wonach nur alle Abgeordneten zusammen das Volk repräsentierten und nur sie alle zusammen für das Volk verbindliche Entscheidungen treffen könnten.[225] Zum anderen sei ein Ausschuss, der eine Entscheidung für den Bundestag treffe, nicht mit dem Plenum vergleichbar legitimiert.[226] Weiterhin sei aus Art. 38 Abs. 1 GG abzuleiten, dass jeder Abgeordnete Anspruch habe, an allen parlamentarischen Entscheidungen teilzuhaben.[227] Schließlich sei auch nur bei einer Entscheidung durch das Plenum sichergestellt, dass die widerstreitenden Interessen durch alle Abgeordneten im Plenum repräsentiert und ausgeglichen werden.[228]

Diese Punkte sprechen tatsächlich gegen die Delegation von Entscheidungskompetenzen – allerdings nicht grundlegend, weshalb sich hieraus kein grundsätzliches Delegationsverbot für Entscheidungskompetenzen ableiten lässt.[229] Das Prinzip der Gesamtrepräsentation mag ein wesentliches Verfassungsprinzip darstellen und es mögen auch die demokratische Legitimation des Plenums ebenso wie die Mitwirkungsrechte der Abgeordneten bedeutend sein: Sie gelten aber nicht absolut. Für die Mitwirkungsrechte ist die Grenze der Einschränkbarkeit erst dann erreicht, wenn diese grundsätzlich infrage gestellt oder entzogen werden.[230] Dies geschieht aber nicht bei der punktuellen Delegation von Entscheidungsbefugnissen. Zudem gibt es auch keinen Anspruch jedes Abgeordneten, an allen Entscheidungen mitzuwirken.[231] Schließlich sind Abweichungen von den Prinzipien der Gesamtrepräsentation und Mandatsgleichheit aus zwingenden Gründen[232] möglich und auch entscheidungsbefugte Ausschüsse sind (mittelbar) demokratisch legitimiert.

Soweit für die Delegation von Entscheidungskompetenzen die Aufrechterhaltung der Funktionsfähigkeit des Parlamentes spricht, ist daher nicht von vornherein ersichtlich, dass dem Prinzip der Gesamtrepräsentation und den Mitwirkungsrechten der Abgeordneten der Vorrang einzuräumen ist. Dies wird besonders deutlich im Falle der Delegation von Entscheidungskompetenzen auf das Sondergremium im Rahmen der Eurokrise.[233] Hier konnte eine Rettungsmaßnahme schon dadurch vereitelt werden, dass ihre Planung bekannt wurde, und das Parlament konnte daher überhaupt nur entscheiden, weil diese Entscheidung von einem kleinen, geheim

---

225 *Majer*, in: Umbach/Clemens, MitKomm, § 6 Rn. 39; *Mandelartz*, Parlament und Regierung, S. 295 f.; *Morlok/Hientzsch*, JuS 51 (2001), 1 (2); vgl. *Scholz*, in: Maunz/Dürig, Art. 23 Rn. 155; vgl. *Steiger*, in: Schneider/Zeh, Parlamentsrecht, § 26 Rn. 21; vgl. *Tomuschat*, Staat 19 (1980), 1 (14).

226 *Majer*, in: Umbach/Clemens, MitKomm, § 6 Rn. 39.

227 *Kreuzer*, Staat 7 (1968), 183 (187); zustimmend *Mandelartz*, Parlament und Regierung, S. 299.

228 *Kreuzer*, Staat 7 (1968), 183 (186 ff.).

229 So ebenfalls *O. Moench*, Bundestagsausschüsse, S. 165 f.

230 Siehe hierzu bereits supra S. 86.

231 *O. Moench*, Bundestagsausschüsse, S. 166 f.

232 Siehe hierzu bereits supra S. 85 f.

233 Siehe hierzu bereits supra S. 48 f., 58, 61.

tagenden Gremium getroffen wurde. Die Alternative hierzu war eine Entscheidung nur durch die Regierung. In diesem Fall wäre aber weder die Funktionsfähigkeit des Parlamentes in diesem Bereich erhalten geblieben, noch hätte die Gesamtheit oder auch nur ein einzelner der Abgeordneten entscheiden können.

Wenn schließlich diese Art der Delegation deshalb abgelehnt wird, weil darauf bestanden wird, dass im Plenum eine die Interessen ausgleichende Entscheidung getroffen wird, so ertönt hier wieder eine idealistische Vorstellung von Repräsentation.[234] Diese Aufgaben aber kann und soll das Plenarverfahren nicht leisten. Vielmehr dient es dazu, Kommunikation zwischen Repräsentanten und Repräsentierten sowie Kontrolle und Legitimation zu ermöglichen.[235] Dass diese Funktionen nicht vollständig erfüllt werden können, wenn eine Entscheidung außerhalb des Plenums in einem Ausschuss getroffen wird, bedeutet aber nicht die Unzulässigkeit der Delegation. Vielmehr kann dieser Funktionsverlust (teilweise) kompensiert werden. Die Legitimation der Entscheidungen eines Ausschusses könnte dadurch erhöht werden, dass seine Mitglieder durch das Plenum gewählt werden.[236] Kontrolle und Öffentlichkeit kann durch Informationsrechte der nicht beteiligten Abgeordneten hergestellt werden.[237]

Insgesamt ist daher nicht ersichtlich, weshalb die Delegation von Entscheidungskompetenzen auf Ausschüsse und andere parlamentarische Gremien grundsätzlich unzulässig sein sollte[238].

---

[234] So auch *O. Moench*, Bundestagsausschüsse, S. 163; siehe zu der idealistischen Konzeption des Repräsentationsbegriffes bereits supra S. 181.

[235] Siehe hierzu bereits supra S. 182 ff.

[236] Siehe hierzu noch infra S. 242 ff. Vgl. zudem bereits § 3 Abs. 3 S. 2 StabMechG für das Sondergremium.

[237] Vgl. hierzu etwa *BVerfG*E 130, 318 (353, 355 f.); vgl. § 3 Abs. 3 S. 6 StabMechG („Das Sondergremium berichtet dem Deutschen Bundestag über Inhalt und Ergebnis seiner Beratungen unverzüglich nach Wegfall der besonderen Vertraulichkeit").

[238] So etwa auch *Abmeier*, Parlamentarische Befugnisse, S. 81 f.; *Berg*, Staat 9 (1970), 21 (34); *Brink*, NVwZ 22 (2003), 953 (954); vgl. *J. Dietlein*, Gutachten, S. 63; *Schürmann*, in: Morlok/Schliesky/Wiefelspütz, Parlamentsrecht, § 19 Rn. 19 ff.; *Schwerin*, Bundestag, S. 186; *Wiefelspütz*, ZParl 43 (2012), 227 (237 f.); vgl. auch *Pietzner*, Petitionsausschuss, S. 66 ff. Siehe zudem die Nachweise infra S. 196 ff., 242 ff. Die dort genannten Autoren machen die Zulässigkeit der Delegation von Entscheidungsbefugnissen von bestimmten Voraussetzungen abhängig und vertreten daher kein grundsätzliches Delegationsverbot.

Vierter Teil

Voraussetzungen und Grenzen von Delegationen

Die Delegation von Plenarkompetenzen ist wie gesehen nicht grundsätzlich unzulässig, Entscheidungs- und Vorbereitungskompetenzen sind vielmehr grundsätzlich delegierbar. Dies bedeutet aber nicht, dass jede Kompetenz stets delegiert werden könnte. Im jedem Einzelfall sind an die Delegation einzelner konkreter Kompetenzen weitere Anforderungen zu stellen. Hierbei zu beachten ist zum einen eine absolute Grenze, die die Delegation bestimmter, wesentlicher Kompetenzen von vornherein verbietet (A.). Zum anderen besteht jenseits dessen eine relative Grenze, die die Abwägung des mit der Delegation verfolgten Zweckes mit den durch sie eingeschränkten Verfassungsprinzipien erfordert (B.). Das bedeutet, dass ausschließlich nicht wesentliche Kompetenzen delegiert werden dürfen und dies auch nur dann, wenn die Delegation auch im Übrigen verhältnismäßig ist. Nur innerhalb dieser Grenzen ist eine Delegation im Einzelfall zulässig. Zusätzlich ergeben sich keine Anforderungen an die Rechtsform der Delegationsnorm, eine Delegation muss also nicht zwingend mittels Parlamentsgesetz vorgenommen werden (C.). Da diese Delegationsgrenzen nur so bedeutsam sind wie sie auch durchgesetzt werden können, ist abschließend festzustellen, welche Rechtschutzmöglichkeiten gegen verfassungswidrige Delegationen bestehen (D.).

A. Absolute Grenze: Keine Delegation „wesentlicher" Kompetenzen

Die Frage nach einer absoluten Grenze für Delegationen von Plenarkompetenzen betrifft den Plenarvorbehalt. Es geht hierbei darum, dass bestimmte Kompetenzen allein vom Plenum, nicht von Ausschüssen und anderen parlamentarischen Untergliederungen, ausgeübt werden dürfen. Solche in jedem Fall delegationsfeindlichen Kompetenzen ergeben sich – wie dargestellt – zum einen explizit aus der Verfassung selbst, beispielsweise für die Gesetzgebung oder die Wahl des Bundeskanzlers.[1] Diese ausdrücklichen Delegationsverbote sind der Verfassung allerdings nur für recht wenige, spezielle Kompetenzen zu entnehmen und spielen im Folgenden[2] daher weitgehend keine Rolle. Jenseits dessen ergibt sich zum anderen implizit aus der

[1] Siehe hierzu bereits supra S. 188 ff.

[2] Siehe aber infra S. 210 ff.

Verfassung ein Delegationsverbot für alle wesentlichen Kompetenzen des Plenums. In diesem Fall sind bestimmte Kompetenzen allein aufgrund ihrer Qualität einer Delegation von vornherein entzogen. Dabei verläuft die Begründung wesentlicher, delegationsfester Kompetenzen aufgrund eines Plenarvorbehaltes im Wesentlichen parallel zum klassischen Parlamentsvorbehalt.[3] Danach führen die besondere demokratische Legitimation und Repräsentationskraft des Plenarverfahrens dazu, dass bestimmte Kompetenzen nur von allen Abgeordneten zusammen ausgeübt werden können. Eine Rolle spielt dabei zusätzlich, dass das Verfahren im Plenum im Gegensatz zu Verfahren in Ausschüssen in der Regel von höherer Transparenz gekennzeichnet ist, von der Öffentlichkeit intensiver wahrgenommen wird und damit stärkere Integrationskraft besitzt. Aus diesen Gründen ist eine Kompetenz aufgrund ihrer Wesentlichkeit dem Plenum vorbehalten, wobei auch andere Kriterien in Betracht kommen (I.). Wie tauglich diese Kriterien sind und ob sie zur Verfassungswidrigkeit von in der Parlamentspraxis üblichen Delegationen führen, entscheidet sich allerdings erst im konkreten Einzelfall (II.).

I. Bewertungskriterien

Ob der Parlamentsvorbehalt die Delegation einer Kompetenz sperrt, entscheidet sich danach, ob diese Kompetenz wesentlich ist. Der Begriff der Wesentlichkeit einer Kompetenz ist allerdings nur bedingt auf den Plenarvorbehalt übertragbar (1.). Jenseits der Wesentlichkeit sind daher auch andere Kriterien heranzuziehen, um die Delegationsfestigkeit von Kompetenzen zu bestimmen (2.–5.).

1. Wesentlichkeit

Für die Beantwortung der Frage, was wesentlich im Sinne der klassischen Wesentlichkeitslehre ist, wird auf zwei Aspekte (a)); kurz: Grundrechte und Gemeinwesen) abgestellt. Aber auch wenn die Bestimmung der Wesentlichkeit anhand dieser beiden Aspekte erleichtert wird, wird doch weiterhin die Bestimmtheit des Kriteriums der Wesentlichkeit angezweifelt (b)). Für den Plenarvorbehalt sind die beiden Aspekte zur Bestimmung von Wesentlichem ohnehin nur teilweise von Nutzen (c)).

a) Was ist wesentlich?

Die Wesentlichkeit einer Kompetenz ist nach der Wesentlichkeitslehre aus zwei verschiedenen Perspektiven zu untersuchen, die mit der rechtsstaatlich-individuellen und der demokratischen Herleitung des Parlamentsvorbehaltes korrespon-

[3] Siehe hierzu bereits umfassend supra S. 121 ff.

dieren.[4] Zum einen geht es um die Sicht des Individuums als Grundrechtsträger. Danach ist zu fragen, ob eine Kompetenz für die Verwirklichung von Grundrechten bedeutend ist und wie sehr Grundrechte von ihrer Ausübung betroffen sind.[5] Zum anderen geht es um die Perspektive des Gemeinwesens. Wesentlich kann eine Kompetenz danach etwa sein, wenn ihre Ausübung einen großen Personenkreis betrifft oder in finanzieller Sicht bedeutsam für das Gemeinwesen ist, aber auch wenn die Staatsorganisation und in der Folge die politische Willensbildung berührt werden kann.[6]

b) Kritik: Alles und nichts ist wesentlich

Kritiker der Wesentlichkeitslehre betonen, dass alles und nichts wesentlich sein kann, sich also mittels des Begriffs der Wesentlichkeit allein nicht der zugrunde liegende Kompetenzkonflikt lösen ließe.[7] Weiterhin wird behauptet, der inflationäre Gebrauch des Begriffes, gepaart mit einer gewissen Beliebigkeit seines Bezugspunktes (Gesetzgeber muss bei einer wesentlichen Frage selbst entscheiden und dann das Wesentliche selbst regeln)[8], führe zu freiem richterlichen Dezisionismus.[9]

---

[4] Zu der Herleitung des Parlamentsvorbehalts siehe bereits supra S. 118 ff.; siehe zudem kurz *Busch*, Gesetzes- und Parlamentsvorbehalt, S. 41 ff.

[5] Vgl. *BVerfGE* 47, 46 (79); E 80, 124 (132); E 83, 130 (142); E 98, 218 (251); *Busch*, Gesetzes- und Parlamentsvorbehalt, S. 43 ff.; *Hermes*, Parlamentsgesetz, S. 104 ff.; *Sachs*, in: Sachs, Art. 20 Rn. 117; *Schulze-Fielitz*, in: Dreier, Art. 20 (Rechtsstaat) Rn. 113; *Schulze-Fielitz*, Theorie und Praxis, S. 164 ff.; *Sommermann*, in: vM/K/S^6, Art. 20 Rn. 276 ff.; vgl. *Staupe*, Parlamentsvorbehalt, S. 113 ff.

[6] Vgl. *VerfGH NRW*, NJW 1999, 1243 (1245); *Busch*, Gesetzes- und Parlamentsvorbehalt, S. 51 ff.; *Grzeszick*, in: Maunz/Dürig, Art. 20 Rn. 107; vgl. *Hermes*, Parlamentsgesetz, S. 114 ff.; vgl. *Kisker*, NJW 30 (1977), 1313 (1317); *Magiera*, Parlament und Staatsleitung, S. 209; vgl. *Morlok*, in: Morlok/Schliesky/Wiefelspütz, Parlamentsrecht, § 3 Rn. 96; vgl. *Ossenbühl*, in: HStR V, § 101 Rn. 46 ff.; vgl. *Sachs*, in: Sachs, Art. 20 Rn. 117; *Schulze-Fielitz*, Theorie und Praxis, S. 166 f.; vgl. *Schulze-Fielitz*, in: Dreier, Art. 20 (Rechtsstaat) Rn. 114; kritisch *Staupe*, Parlamentsvorbehalt, S. 126, vgl. aber auch S. 247 ff. Das Bundesverfassungsgericht drückt dies nicht so deutlich aus, betont aber, dass die Wesentlichkeit einer Kompetenz sich nicht nur aus der Grundrechtsrelevanz ergibt, sondern allgemein auch aus anderen tragenden Prinzipien des Grundgesetzes (*BVerfGE* 98, 218 [251]; E 136, 69 [114]) und wesentliche Kompetenzen daher generell grundlegend normative Bereiche betreffen (*BVerfGE* 101, 1 [34]; E 136, 69 [114]). Es finden sich zudem auch Entscheidungen, die erkennen lassen, dass die Wesentlichkeit einer Frage, auch vom Grundrechtsbezug losgelöst, sich allein aus ihrer Bedeutung für das Gemeinwesen ergeben kann: So betont das Bundesverfassungsgericht, dass für finanziell bedeutsame Entscheidung – „grundlegende haushaltspolitische Entscheidungen“ (*BVerfGE* 129, 124 [178]) beziehungsweise „wesentliche haushaltspolitische Fragen“ (*BVerfGE* 130, 318 [344]) – das Parlament zuständig sei.

[7] Vgl. *Hoffmann-Riem*, AöR 130 (2005), 5 (50 f.); vgl. *Kisker*, NJW 30 (1977), 1313 (1317 f.); vgl. *Kloepfer*, JZ 39 (1984), 685 (692); *Staupe*, Parlamentsvorbehalt, S. 111; kritisch auch *Eberle*, DÖV 37 (1984), 485 (487).

[8] *Kloepfer*, JZ 39 (1984), 685 (691 f.); *Staupe*, Parlamentsvorbehalt, S. 112 f.

[9] So ausdrücklich *Kloepfer*, JZ 39 (1984), 685 (692); vgl. auch: *Hoffmann-Riem*, AöR 130 (2005), 5 (50 f.); *Staupe*, Parlamentsvorbehalt, S. 113.

Ein gewisser Grad an Unbestimmtheit von Begriffen ist der Verfassungsdogmatik allerdings keinesfalls fremd,[10] sondern sogar hinzunehmen. Denn nur so ist sichergestellt, dass die sich wandelnden Vorstellungen davon, was im Gemeinwesen bedeutsam ist, weiterhin begrifflich erfasst bleiben.[11] Es kann dementsprechend keine abstrakten, jeden Einzelfall exakt erfassenden Maßstäbe geben, die von vornherein bestimmen, was wesentlich sei.[12] Immerhin gibt es aber Konkretisierungsversuche (was ist wesentlich für die Verwirklichung von Grundrechten, was für das Gemeinwesen etc.), die die Gefahr beliebiger richterlicher Entscheidungen als Popanz entlarven.[13] Insgesamt vermag daher die grundlegende Kritik an der Wesentlichkeitslehre nicht zu überzeugen.

c) Nutzen für den Plenarvorbehalt

Ebenso wie auch eine rechtsstaatlich-grundrechtliche Herleitung des Plenarvorbehalts scheitert,[14] kann auch für die Bestimmung dessen was wesentlich ist, nicht auf diesen Aspekt zurückgegriffen werden. Die innerparlamentarische Delegation vermag es nicht, unmittelbar Grundrechte zu berühren oder auf ihre Verwirklichung Einfluss zu nehmen.

Im Gegensatz dazu eignet sich die Bestimmung von Wesentlichem durch die Perspektive des Gemeinwesens auch für den Plenarvorbehalt. So kann die Entscheidung darüber, ob Staatsanleihen gekauft werden sollen, um die Zahlungsfähigkeit eines Mitgliedsstaates der EU zu erhalten, welche auf das Sondergremium gemäß § 3 Abs. 3, 1, 2 Nr. 1, § 1 Abs. 1, 2 StabMechG beziehungsweise §§ 2, 6 ESM-FinG delegiert wurde, eine finanziell für das Gemeinwesen wesentliche Frage sein. In diesem Fall würde der Plenarvorbehalt greifen und die Delegation wäre verfassungswidrig.[15] Aber auch die Fragen, ob durch die Delegation ein großer Personenkreis betroffen ist und ob die Staatsorganisation und in der Folge auch die politische Willensbildung betroffen sind, lassen sich für die Feststellung des Plenarvorbehaltes heranziehen.

---

[10] Vgl. *Busch*, Gesetzes- und Parlamentsvorbehalt, S. 42; *Magiera*, Parlament und Staatsleitung, S. 207 f.; *Schlink*, Amtshilfe, S. 119 f.; *Schulze-Fielitz*, Theorie und Praxis, S. 172.

[11] *Busch*, Gesetzes- und Parlamentsvorbehalt, S. 42; *Magiera*, Parlament und Staatsleitung, S. 208; *Morlok*, in: Morlok/Schliesky/Wiefelspütz, Parlamentsrecht, § 3 Rn. 96; *Schulze-Fielitz*, Theorie und Praxis, S. 172.

[12] *Busch*, Gesetzes- und Parlamentsvorbehalt, S. 42; *Magiera*, Parlament und Staatsleitung, S. 208; vgl. *Ossenbühl*, in: HStR V, § 101 Rn. 56.

[13] Vgl. *Busch*, Gesetzes- und Parlamentsvorbehalt, S. 42 f.; zu weiteren Konkretisierungsversuchen vgl. auch *Ossenbühl*, in: HStR V, § 101 Rn. 59.

[14] Siehe hierzu supra S. 120 f.

[15] Genauer dazu noch infra S. 229 ff., 234 f.

2. Politisches Gewicht

Statt für die Bestimmung einer nicht delegierbaren Kompetenz auf ihre Wesentlichkeit abzustellen, wird teilweise vorgeschlagen, nach ihrem politischen Gewicht[16] beziehungsweise nach ihrer politischen Umstrittenheit[17] zu fragen. Wenn es darum gehe, Fragen zu identifizieren, die nur im öffentlichen und die öffentliche Meinung integrierenden parlamentarischen Verfahren zu beantworten sind, dann sei es sinnvoll, auch auf die politische Umstrittenheit abzustellen. Denn diese sei ein Indiz dafür, dass es um Konflikte geht, die ein solches Verfahren erforderlich machten.[18] Zudem zeigten Art. 59 Abs. 2 GG (Völkerrechtliche Verträge über politische Beziehungen), Art. 63 und 67 GG (Kanzlerwahl und Misstrauensvotum)[19], aber auch Art. 110 Abs. 2 S. 1 (Haushaltsgesetz), dass politisch bedeutende Fragen an verschiedenen Stellen des Grundgesetzes dem Parlament zugeordnet werden.[20] Zu Recht betont wird dabei aber, dass das politische Gewicht einer Frage nur behutsam berücksichtigt werden sollte, gerade wenn es um die Bedeutung für das Gemeinwesen gehe.[21] Es wäre nämlich nicht mit dem Grundgesetz vereinbar, alle politisch bedeutenden Entscheidungen dem Parlament zuzuweisen. Dies zeigt sich schon daran, dass das Grundgesetz auch der Regierung politisch bedeutsame Kompetenzen zuweist, wie etwa die Richtlinienkompetenz des Bundeskanzlers (Art. 61 GG) und die Auswahl der Bundesminister (Art. 64 GG) sowie ihre grundsätzliche Zuständigkeit im Bereich der Außenpolitik.[22] Aber auch davon unabhängig wäre es im gewaltenteilenden Rechtsstaat unzulässig, allein dem Parlament alle politisch wichtigen Entscheidungen vorzubehalten und damit seine Suprematie zu begründen.[23]

Insofern können dem Parlament auch nicht pauschal alle staatsleitenden Befugnisse vorbehalten werden, wie es teilweise insbesondere auch für den Plenar-

---

[16] *Berg*, Staat 9 (1970), 21 (34); vgl. *Kisker*, NJW 30 (1977), 1313 (1317); vgl. *Ossenbühl*, in: HStR V, § 101 Rn. 45; *Pietzner*, Petitionsausschuss, S. 83 f., 87 ff.; *Schulze-Fielitz*, Theorie und Praxis, S. 166; vgl. *Staupe*, Parlamentsvorbehalt, S. 238 f., 248 ff.; vgl. *Vetter*, Parlamentsausschüsse, S. 134; unentschlossen *Grzeszick*, in: Maunz/Dürig, Art. 20 Rn. 107; ablehnend *BVerfG*E 49, 89 (126).

[17] *Kisker*, NJW 30 (1977), 1313 (1318); vgl. auch *VerfGH NRW*, NJW 1999, 1243 (1245); vgl. zudem *Busch*, Gesetzes- und Parlamentsvorbehalt, S. 51 f.; *Morlok*, in: Morlok/Schliesky/Wiefelspütz, Parlamentsrecht, § 3 Rn. 96; *Schulze-Fielitz*, Theorie und Praxis, S. 166 f.; *Staupe*, Parlamentsvorbehalt, S. 248 ff.

[18] *Kisker*, NJW 30 (1977), 1313 (1318); vgl. auch *Hermes*, Parlamentsgesetz, S. 118; *Schulze-Fielitz*, Theorie und Praxis, S. 166 f.

[19] *Berg*, Staat 9 (1970), 21 (34).

[20] Vgl. *Berg*, Staat 9 (1970), 21 (33 f.); *Kisker*, NJW 30 (1977), 1313 (1317 f.); siehe auch *Hermes*, Parlamentsgesetz, S. 119 f.; vgl. *Papier*, Gesetzesvorbehalt, S. 93 ff.

[21] Hierzu und zum Folgenden *Kisker*, NJW 30 (1977), 1313 (1318).

[22] Siehe hierzu auch *Seiler*, Einheitlicher Parlamentsvorbehalt, S. 121.

[23] Siehe hierzu bereits supra S. 122 ff.

vorbehalt vertreten wird.[24] Vielmehr kann allenfalls gefordert werden, lediglich staatsleitende Befugnisse des Parlamentes dem Plenum vorzubehalten, also Kompetenzen, die dem Parlament bereits unabhängig von ihrem staatsleitenden Charakter zukommen.[25] In diesem Fall besteht die Gefahr der Suprematie des Parlamentes gerade nicht, weil mit dem Begriff der staatsleitenden Befugnisse dann nicht dem Parlament Kompetenzen zugeordnet und anderen Gewalten genommen werden können. Als Beispiele für solch staatsleitenden Befugnisse des Parlamentes aufgeführt werden etwa Kompetenzen des Parlamentes im Bereich der Haushaltsverabschiedung und der Notstandsgewalt.[26] Allerdings sind die Begriffe des politischen Gewichts und der staatsleitenden Befugnisse insofern deckungsgleich, als staatsleitende Befugnisse immer auch von höchster politischer Bedeutung sind. Dies wird beispielsweise im Bereich des Haushaltsrechts deutlich: Die Verabschiedung des Haushalts wird als staatsleitende Kompetenz und wie gesehen auch als politisch bedeutend eingeordnet, was das Grundgesetz in Art. 110 Abs. 2 S. 1 anerkenne. Damit bleibt der Begriff der staatsleitenden Befugnisse in diesem Kontext ohne über das Kriterium politischer Wichtigkeit hinausreichenden Erkenntnisgewinn.[27]

Insgesamt kann aber das vorgeschlagene Kriterium der politischen Wichtigkeit auch für den Plenarvorbehalt genutzt werden. Danach ist eine Kompetenz tendenziell bei hoher politischer Bedeutung dem Plenum vorbehalten und eine Delegation auf Ausschüsse scheidet aus.[28] Aber auch hier kommt der politischen Bedeutung/Umstrittenheit nur Indizwirkung zu. Dies gilt im besonderen Maß für die politische Umstrittenheit, da sich eine solche bewusst herbeiführen lässt, dieses Kriterium also manipulierbar ist.[29]

---

[24] Vgl. *Achterberg*, Parlamentarische Verhandlung, S. 170; vgl. *Pietzner*, Petitionsausschuss, S. 87 ff.; vgl. *Abmeier*, Parlamentarische Befugnisse, S. 82. Dagegen *Kisker*, NJW 30 (1977), 1313 (1318); vgl. *Seiler*, Einheitlicher Parlamentsvorbehalt, S. 121 f.

[25] *Pietzner*, Petitionsausschuss, S. 87 f.; vgl. *Abmeier*, Parlamentarische Befugnisse, S. 82; vgl. *Papier*, Gesetzesvorbehalt, S. 93 ff.; *Würtenberg*, in: BK, Art. 45c Rn. 118.

[26] *Pietzner*, Petitionsausschuss, S. 88.

[27] Im Ergebnis auch *O. Moench*, Bundestagsausschüsse, S. 178 ff., wenngleich dieser eine Beurteilung der Zulässigkeit von Delegation sowohl nach dem Kriterium der Wesentlichkeit als auch nach der politischen Wichtigkeit ausschließt, weil er fälschlicherweise annimmt, dass dadurch keine (anschließende) Abwägung der durch die Delegation betroffenen Verfassungsprinzipien und -güter der Mandatsgleichheit, Gesamtrepräsentation und Funktionsfähigkeit mehr möglich sei; siehe aber infra S. 236 ff. sowie bereits supra S. 127 Fn. 405.

[28] *Berg*, Staat 9 (1970), 21 (34); *Kasten*, DÖV 39 (1985), 222 (225); *Klein*, in: M/S/K/B, 13. Ergänzungslieferung (1993), § 6 Rn. 3; *Schwerin*, Bundestag, S. 175 kommt zu diesem Ergebnis, weil seiner Ansicht nach nur das Plenum dazu geeignet sei, eine politische Kontroverse öffentlich und integrierend beizulegen, nicht aber Ausschüsse, in denen die sachliche Auseinandersetzung im Vordergrund stünde.

[29] *Eberle*, DÖV 37 (1984), 485 (487); *Sendler*, NJW 52 (1999), 1232 (1233); hingegen für unproblematisch haltend *Schulze-Fielitz*, Theorie und Praxis, S. 166, da politische Kontroversen im Gesetzgebungsverfahren selten der veröffentlichten Meinung folgten; vgl. auch *Hermes*, Parlamentsgesetz, S. 118.

3. Sachgerechtigkeit

Einige Autoren schlagen vor, bei der Frage nach der Delegierbarkeit von Plenarkompetenzen auf die Sachgerechtigkeit der Delegation abzustellen.[30] Sachgerecht sei eine Delegation auf einen Ausschuss, wenn das Plenum die Kompetenz selbst nicht ordnungsgemäß wahrnehmen könne, vielmehr der Ausschuss dafür besser geeignet sei und ohne die Position des Parlaments gegenüber der Regierung insgesamt geschwächt wäre.[31] Der letzte Teil dieser Definition macht deutlich, dass die Autoren sich bei diesem Kriterium vor allem von Delegationen von Kompetenzen auf den Haushaltsausschuss leiten ließen.[32] Es soll also berücksichtigt werden, dass das Plenum überfordert wäre, die Freigabe von unzähligen gesperrten Haushaltstiteln[33] selbst und gründlich zu prüfen, so dass am Ende die Stellung des Parlamentes gegenüber der Regierung geschwächt wäre.

Das Kriterium der Sachgerechtigkeit wurde allerdings nicht erstmals für die intraorganschaftliche (Plenum-Ausschuss), sondern für die interorganschaftliche Kompetenzabgrenzung (Parlament-Regierung) herangezogen. So betonte das Bundesverfassungsgericht, dass es bei der Gewaltenteilung auch darum gehe, dass Entscheidungen möglichst richtig, also von dem Organ getroffen werde, das dafür nach Organisation, Zusammensetzung, Funktion und Verfahrensweise über die besten Voraussetzungen verfüge.[34] Hierauf wies das Gericht auch zur Bestimmung des Gesetzesvorbehaltes, neben den bekannten Ausführungen zur Wesentlichkeitslehre, hin.[35] Da die Rechtsprechung also neben dem Aspekt der Wesentlichkeit einer

---

[30] *Kewenig*, Staatsrechtliche Probleme, S. 53 ff.; zustimmend *Heun*, Staatshaushalt, S. 363 sowie *Moeser*, Beteiligung des Bundestages, S. 172 (besonders Fn. 33); vgl. *Achterberg*, Parlamentarische Verhandlung, S. 156; vgl. *Hölscheidt*, Haushaltsausschuss, S. 178; vgl. *Nettesheim*, NJW 65 (2012), 1409 (1411 f.); auch *Sommermann*, in: vM/K/S, Art. 20 Rn. 207 kann so verstanden werden, da er den Aspekt der funktionsgerechten Organstruktur auch auf die Verfahrensgestaltung innerhalb der Gewalten anwenden will. Der Begriff der Sachgerechtigkeit und Funktionsgerechtigkeit sind insoweit austauschbar.

[31] Vgl. *Kewenig*, Staatsrechtliche Probleme, S. 55.

[32] Vgl. *Kewenig*, Staatsrechtliche Probleme, S. 55 f.; *Moeser*, Beteiligung des Bundestages, S. 172.

[33] Zu haushaltsrechtlichen Sperrvermerken siehe sogleich noch infra S. 207 ff.

[34] *BVerfGE* 68, 1 (86); E 95, 1 (15); E 139, 321 (362); vgl. *von Arnim*, DVBl. 102 (1987), 1241 (1243 ff.); vgl. auch *Moeser*, Beteiligung des Bundestages, S. 27 ff. *Mandelartz*, Parlament und Regierung, S. 178 ff. (m.w.N.) sieht den maßgeblichen Grund der Gewaltenteilung und für die Bestimmung, welcher Gewalt welche Kompetenzen zugeordnet sind, allein in der Sach- und Funktionsgerechtigkeit der Zuordnung; kritisch hierzu *Heun*, Staatshaushalt, S. 97; vgl. auch *Böckenförde*, Gesetz, S. 252 f.; die h.M. stellt wie die Rechtsprechung neben der Sachgerechtigkeit auch weiterhin auf die Mäßigung der Staatsherrschaft als wesentlichen Grund der Gewaltenteilung ab, siehe etwa: *Grzeszick*, in: Maunz/Dürig, Art. 20 Rn. 29 ff.; *Huster/Rux*, in: BeckOK, Art. 20 Rn. 156; *Sachs*, in: Sachs, Art. 20 Rn. 81; *Schmidt-Aßmann*, in: HStR II, § 26 Rn. 49 f.; *Sommermann*, in: vM/K/S, Art. 20 Rn. 207; *Schulze-Fielitz*, in: Dreier, Art. 20 (Rechtsstaat) Rn. 68.

[35] *BVerfGE* 98, 218 (251 f.); E 139, 19 (45 f.); siehe auch *Ossenbühl*, in: HStR V, § 101 Rn. 48, 61; *Sommermann*, in: vM/K/S, Art. 20 Rn. 274; vgl. auch *Staupe*, Parlamentsvorbehalt,

Kompetenz auch auf die Sachgerechtigkeit der Delegation abstellt, um zu bestimmen, ob eine Kompetenz delegierbar ist, scheint eine Übertragung des Gedankens der Sachgerechtigkeit auf den Plenarvorbehalt denkbar. Im Gegensatz zur Literaturansicht will die Rechtsprechung allerdings nicht (für den Gesetzes- und Parlamentsvorbehalt) *allein* auf die Sachgerechtigkeit abstellen, sondern in erster Linie weiterhin die Wesentlichkeit der Kompetenz berücksichtigen.[36]

Allerdings ist das (alleinige/zusätzliche) Abstellen auf das Kriterium der Sachgerechtigkeit Bedenken ausgesetzt. Kritisiert wird die Beliebigkeit der Ergebnisse, die sich mit diesem Kriterium erzielen ließen; es sei zu befürchten, dass dieses „einem pragmatischen Voluntarismus Tür und Tor" öffne.[37] Zudem könne es nicht darum gehen, dass Prinzipien der Verfassung und die sich aus ihnen ergebende Kompetenzverteilung anhand dieses Kriteriums an die sich wandelnde Wirklichkeit automatisch angepasst werden. Vielmehr müsse sich das Kriterium in diese Prinzipien und die bestehende Kompetenzverteilung einpassen oder aber diese Prinzipien verändert werden.[38] Befürworter des Kriteriums der Sachgerechtigkeit wenden hiergegen ein, dass die Sachgerechtigkeit auch maßgeblicher Ausgangspunkt für die Verteilung der Kompetenzen zwischen den Staatsorganen bei der Schaffung des Grundgesetzes gewesen sei. Entsprechend könne dieser Gedanke auch bei der Abgrenzung der Kompetenzen, auch innerhalb einer Staatsgewalt (vertikal), angewandt werden.[39]

Tatsächlich mag der Gedanke der Sachgerechtigkeit für die Bestimmung des Inhalts des Gewaltenteilungsgrundsatzes sehr hilfreich sein.[40] In seiner zugespitzten Form trägt er jedoch nicht überzeugend zur Klärung bei, wann ein Plenarvorbehalt vorliegt. Danach wird nämlich darauf abgestellt, ob das Plenum nicht in der Lage ist, die Kompetenz ordnungsgemäß auszuüben und ein Ausschuss dafür besser geeignet wäre. Dies ist aber nicht mehr als ein Rekurrieren auf die Funktionsfähigkeit des Parlamentes. Diese stellt aber lediglich ein Rechtsgut von Verfassungsrang dar, das sich in einer Abwägung mit kollidierenden Rechtsprinzipien (i. e. dem Prinzip der Gesamtrepräsentation etc.) durchsetzen muss.[41] Eine

S. 201 ff. Siehe auch die Nachweise zur Literaturansicht, die den Gesetzes- und Parlamentsvorbehalt funktionell bestimmen will, also im Ergebnis (auch) darauf abstellt, welches Organ besser für die Wahrnehmung der Kompetenz geeignet ist, supra S. 126 f.

[36] Vgl. *Ossenbühl*, in: HStR V, § 101 Rn. 61; vgl. *Heun*, Staatshaushalt, S. 95 ff.

[37] *Pietzner*, Petitionsausschuss, S. 94 f. (fälschlicherweise zitieren *Heun*, Staatshaushalt, S. 363 und *Moeser*, Beteiligung des Bundestages, S. 172 Fn. 33, *Pietzner* mit den Seiten 74 f.); diesen Einwand bereits antizipierend *Kewenig*, Staatsrechtliche Probleme, S. 55 Fn. 124; *Moeser*, ibd., hält den Einwand *Pietzners* schlicht und ohne weitere Erläuterung für methodologisch angreifbar, *Heun*, ibd. hält den Einwand für wenig überzeugend.

[38] *Steiger*, Organisatorische Grundlagen, S. 139.

[39] *Kewenig*, Staatsrechtliche Probleme, S. 55 f. Fn. 124.

[40] Vgl. statt vieler *Horn*, AöR 127 (2002), 427 (437 ff.).

[41] Siehe dazu schon supra S. 52 sowie sogleich infra S. 237; vgl. auch *O. Moench*, Bundestagsausschüsse, S. 181.

Kompetenz kann nicht schon deshalb delegiert werden, weil sie das Plenum entlastet und die Funktionsfähigkeit des Parlamentes fördert. Andernfalls könnten auch höchst bedeutsame (wesentliche) Kompetenzen auf Ausschüsse delegiert werden, unter massiver Einschränkung der Mandatsgleichheit und des Prinzips der Gesamtrepräsentation, allein sofern das Plenum andernfalls überfordert wäre. Zudem stellte sich dann im Anschluss die Frage, wann man denn davon ausgehen darf, dass das Plenum eine Kompetenz nicht mehr ordnungsgemäß ausüben kann. Man müsste den Maßstab bei wesentlichen Kompetenzen wohl sehr hoch ansetzen, bei unwesentlichen eher niedrig. Im Ergebnis wird das Abstellen auf das Kriterium der Sachgerechtigkeit in diesem Sinne der Komplexität des Konflikts widerstreitender Verfassungsprinzipien und -güter nicht gerecht und führt zusätzlich am Ende zur Frage der Wesentlichkeit zurück.

Aber auch, wenn man das Kriterium der Sachgerechtigkeit nicht in dieser überspitzten Form auf den Plenarvorbehalt anwendet, sondern in der allgemeinen Formulierung zur Ergänzung des Gewaltenteilungsgrundsatzes, gelangt man zu keinem Erkenntnisgewinn. Denn zur Bestimmung der Sachgerechtigkeit wird unter anderem auf die besondere Qualität des dem jeweiligen Organs eigenen Verfahrens, hier das parlamentarischen Verfahren, verwiesen. Das parlamentarische Verfahren erzeuge durch seine Öffentlichkeit, Dauer und Beteiligung anderer Verfassungsorgane eine besondere Legitimationswirkung. Das parlamentarische Verfahren ist danach sachgerecht, wenn es um Kompetenzen geht, die eine derartige hohe Legitimation benötigen. Derartige, besonders legitimationsbedürftige Kompetenzen sind allerdings nichts anderes als wesentliche Kompetenzen, womit man wieder am Anfang steht.[42]

Letztlich vermag daher der Gedanke der Sachgerechtigkeit nichts zur Klärung der Frage beitragen, ob es sich um eine wesentliche und damit stets delegationsfeindliche Kompetenz handelt (absolute Grenze). Dieses Kriterium kann allenfalls dann eine Rolle spielen, wenn bereits geklärt es, dass eine nicht wesentliche Kompetenz delegiert werden soll. Erst dann kann sich die Frage stellen, ob die Delegation einer Abwägung mit widerstreitenden Verfassungsprinzipien standhält (relative Grenze), wobei die Sachgerechtigkeit einer Delegation dafür spricht, dass sie der Erhaltung der Funktionsfähigkeit des Parlaments dient.

4. Außenwirkung

Teile der Literatur wollen zur Bestimmung des Plenarvorbehalts auch auf die Außenwirkung der jeweiligen Kompetenz abstellen. Danach unterfielen Kompetenzen, denen lediglich innerparlamentarische Bedeutung zukomme (beispielsweise

[42] Vgl. zum Ganzen: *von Arnim*, DVBl. 102 (1987), 1241 (1243 ff.); *Horn*, AöR 127 (2002), 427 (449 f.); *Sommermann*, in: vM/K/S, Art. 20 Rn. 274.

Vorentscheidungen in Immunitätssachen)[43], nicht dem Plenarvorbehalt. Dies wird von manchen damit begründet, dass das Parlament autonom[44] die eigene Organisation und das jeweilige Verfahren regeln müsse, was die unbeschränkte interne Verteilung von Kompetenzen (also zwischen Plenum und Ausschüssen) einschließe.[45] Das Abstellen auf die Außenwirksamkeit soll also gerade Delegationen im innerparlamentarischen Bereich erlauben, um die Parlamentsautonomie zu wahren. Umso mehr sich die Kompetenz aber nach außen hin auswirke, desto eher sei eine Delegation unzulässig.[46]

Dies ergibt sich aber schon aus dem Kriterium der Wesentlichkeit.[47] Wenn es für die Wesentlichkeit einer Plenarkompetenz nämlich darauf ankommt, wie sehr diese für das Gemeinwesen bedeutend ist, dann kann es sich nur um Kompetenzen mit Außenwirkung handeln. Mit Außenwirkung ist dabei allerdings keine unmittelbare Rechtswirkung im Verhältnis zum Bürger gemeint. Die Wesentlichkeit im Sinne der Bedeutung einer Kompetenz für das Gemeinwesen lässt es vielmehr ausreichen, dass eine Kompetenz nur mittelbar für den Einzelnen und das gesellschaftliche Zusammenleben (politisch) relevant ist.[48] Wenn einer Kompetenz also lediglich im parlamentsinternen Bereich Relevanz zukommt, dann fehlt eine derartige besondere politische Bedeutung für die Gemeinschaft. Je größer die politische Relevanz einer Kompetenz für das Gemeinwesen ist, umso wesentlicher ist diese Kompetenz auch.

Insofern fasst das Kriterium der Außenwirksamkeit lediglich einiges davon zusammen, was sich schon aus der Wesentlichkeitslehre selbst ergibt. Es ist daher nicht geeignet, den Begriff der Wesentlichkeit zu ersetzen oder sinnvoll zu ergänzen.

5. Art und Umfang der delegierten Kompetenz

Ob eine Kompetenz wesentlich und damit bedeutsam für das Gemeinwesen ist, hängt entscheidend von Art und Umfang der Kompetenz ab. Wird lediglich die

[43] Beispiel bei *Klein*, in: M/S/K/B, 13. Ergänzungslieferung (1993), § 6 Rn. 3; zu Vorentscheidung in Immunitätssachen siehe supra S. 176.

[44] Zur Parlamentsautonomie siehe bereits supra S. 52 ff.

[45] Zu dieser Begründung der Zulässigkeit von Kompetenzen ohne Außenwirkung siehe *Kasten*, DÖV 39 (1985), 222 (224); *Schwerin*, Bundestag, S. 171; vgl. hierzu auch *Preuß*, ZRP 21 (1989), 389 (390).

[46] *Berg*, Staat 9 (1970), 21 (33); vgl. *Eickenboom*, in: Schneider/Zeh, Parlamentsrecht, § 44 Rn. 37; *Kasten*, DÖV 39 (1985), 222 (225); vgl. *Kewenig*, Staatsrechtliche Probleme, S. 47; vgl. *Klein*, in: M/S/K/B, 13. Ergänzungslieferung (1993), § 6 Rn. 3; vgl. *Payandeh*, in: FS Morlok, 205 (221); vgl. *Preuß*, ZRP 21 (1988), 389 (390); vgl. *Schreier*, Verfassungsrichter, S. 167; vgl. *Zeh*, in: HStR III, § 52 Rn. 40; vgl. *C. Moench/Ruttloff*, DVBl. 127 (2012), 1261 (1268) und *Butzer*, Immunität, S. 357 zu Vorentscheidungen des Immunitätsausschusses; vgl. *Roll*, NJW 34 (1981), 23 (24) zu § 128 GO BT a.F. (heute § 127 GO BT), wonach der Geschäftsordnungsausschuss in bestimmten Fällen über die Auslegung der GO BT entscheiden kann.

[47] Vgl. hierzu *Berg*, Staat 9 (1970), 21 (33) und *Kasten*, DÖV 39 (1985), 222 (225).

[48] Siehe hierzu zuvor supra S. 197, 198.

Kompetenz delegiert, einen Beschluss des Plenums vorzubereiten, dann ist diese Kompetenz aufgrund des verbleibenden Letztentscheidungsrechts des Plenums in aller Regel nicht von großer Bedeutung für das Gemeinwesen.[49] Etwas anderes mag sich ergeben, wenn mit der Vorbereitung des Beschlusses typischerweise schon eine faktisch bindende Vorentscheidung einhergeht und das Letztentscheidungsrecht des Plenums dadurch Makulatur wird. Dies ist etwa der Fall bei den Sammelvorlagen des Petitionsausschusses[50] oder den Vorentscheidungen durch den Immunitätsausschuss[51]. Aber weder die rechtliche Delegation einer Entscheidungskompetenz auf einen Ausschuss noch die faktische Delegation einer solchen lassen auf der anderen Seite zugleich den Schluss auf die Wesentlichkeit der Kompetenz zu. Die Kompetenz zur Auslegung der Geschäftsordnung des Bundestages, die auf den Geschäftsordnungsausschuss delegiert wurde, ist für das Gemeinwesen nicht bedeutsam. Ebenso wenig sind es in der Regel die Vorentscheidungen durch den Immunitätsausschuss. Allgemein sind Kompetenzen, auch wenn es Entscheidungskompetenzen sind, die sich auf die Regelung des parlamentsinternen Bereichs beziehen, in der Regel nicht wesentlich.[52] Die Kategorie der delegierten Kompetenz (Vorbereitung oder Entscheidung) kann daher nur ein Indiz sein.

Allerdings ist nicht nur die Art der Kompetenz von Bedeutung, sondern auch ihr konkreter Umfang. So kann eine Entscheidungskompetenz unter bestimmten Einschränkungen delegiert werden. Es macht einen Unterschied, ob einem Ausschuss die Kompetenz übertragen wird, „frei" zu entscheiden, oder ob die Entscheidung von vornherein konditioniert und determiniert ist. Dieser Gedanke spiegelt sich auch in der Rechtsprechung des Bundesverfassungsgerichts wider. Das Gericht hielt die Delegation von Entscheidungskompetenzen auf den Haushaltsausschuss im Kontext der Gewährung von Finanzhilfen im Zuge der Eurokrise für zulässig, da die delegierte Entscheidung des Haushaltsausschusses an „gesetzlich bestimmte Inanspruchnahmevoraussetzungen gebunden [...], streng konditional [...] und zeitlich eng befristet[]" war.[53] In einer weiteren Entscheidung hält das Gericht fest, dass eine „selbständige und plenarersetzende Tätigkeit des Haushaltsausschusses [...] lediglich bei untergeordneten oder bereits ausreichend klar durch das Plenum vorherbestimmten Entscheidungen erfolgen [darf]"[54]. Die Rechtsprechung ist erkennbar

---

[49] Vgl. zur Ansicht, dass die Delegation von Vorbereitungskompetenzen stets unproblematisch sei supra S. 30 Fn. 78.

[50] Siehe supra S. 150 ff.

[51] Siehe supra S. 176.

[52] Soeben supra S. 203 f.

[53] *BVerfGE* 130, 318 (351 f.) unter Verweis auf E 129, 124 (185 f.).

[54] *BVerfGE* 132, 195 (275); auf den Umfang der Kompetenz ebenfalls abstellend *Nettesheim*, NJW 65 (2012), 1409 (1411); vgl. *Schorkopf*, in: BK, Art. 45 Rn. 111; vgl. auch *Heun*, Staatshaushalt, S. 363, der auch auf Bedeutung und Gewicht der delegierten Kompetenz abstellen will, wobei Bedeutung und Gewicht „maßgebend von dem Umfang der eingeräumten Entscheidungsspielräume" abhingen; auf die Rechtsprechung hinweisend jetzt auch *Payandeh*, in: FS Morlok, 205 (217) sowie *Schürmann*, in: Morlok/Schliesky/Wiefelspütz, Parlamentsrecht, § 19 Rn. 31, letzterer allerdings kritisch hinsichtlich der Bestimmbarkeit der bereits

auf den Bereich des Haushaltsrechts beschränkt. Die Gedanken lassen sich allerdings auch allgemein zur Bestimmung der Wesentlichkeit einer Kompetenz heranziehen. Wird eine Entscheidungskompetenz delegiert und ist die Entscheidung bereits vorher weitgehend determiniert und die Grundentscheidung damit schon gefallen, handelt es sich in der Regel nicht um eine wesentliche Kompetenz. Denn die delegierte Kompetenz ist dann für das Gemeinwesen nicht vergleichbar bedeutsam wie die bereits vorhergehende Grundentscheidung. Beispielsweise könnte das Parlament über die Zuweisung von Haushaltsmitteln für ein bestimmtes Vorhaben der Regierung entscheiden,[55] die tatsächliche Freigabe aber von einer Entscheidung des Haushaltsausschusses abhängig machen. Wird diese Freigabeentscheidung lediglich von der Überprüfung formeller Voraussetzungen abhängig gemacht, dann ist diese Entscheidungsdelegation nicht vergleichbar bedeutsam wie die bereits gefallene Grundentscheidung für die Zuweisung der Haushaltsmittel.

6. Zusammenfassung

Dem Plenum des Parlaments sind alle wesentlichen Kompetenzen vorbehalten. Folglich scheidet eine Delegation auf Ausschüsse und andere Untergliederungen des Parlamentes in diesem Fall aus.

Wesentlich meint in diesem Kontext nicht die Bedeutung für die Ausübung und Verwirklichung von Grundrechten. Relevant ist vielmehr die Bedeutung für das Gemeinwesen. Anhaltspunkte für die Wesentlichkeit in diesem Sinne sind etwa die Betroffenheit eines großen Personenkreises, finanziell bedeutsame Belastungen für die Allgemeinheit und Veränderungen der Staatsorganisation, die die politische Willensbildung betreffen. Für die Bedeutsamkeit einer Kompetenz für das Gemeinwesen kann auch allgemein ihr politisches Gewicht sprechen. Regelmäßig kann auch nur eine Kompetenz wesentlich sein, die Bedeutung über den parlamentsinternen Bereich hinaus besitzt. Schließlich sind auch die Art und der Umfang einer Kompetenz relevant für die Beurteilung ihrer Wesentlichkeit. Danach sind Vorbereitungskompetenzen in der Regel nicht wesentlich, Entscheidungskompetenzen umso eher, je freier der Delegatar in seiner Entscheidung ist, also je weniger diese von vornherein konditioniert und determiniert ist. Unerheblich für die Bestimmung des Plenarvorbehaltes ist hingegen die Sachgerechtigkeit der Delegation. Sie überbetont die Bedeutung der Funktionsfähigkeit des Parlamentes und führt letztlich zur Frage der Wesentlichkeit zurück.

---

durch das Plenum vorherbestimmten Entscheidungen; zu einem ähnlichen Ergebnis kam bereits *Moeser*, Beteiligung des Bundestages, S. 172, der davon ausging, dass der Plenarvorbehalt eher bei „positiv-gestaltenden – im Gegensatz zu ausgrenzend-kontrollierenden – Kompetenzen“ greife; vgl. auch *Würtenberger*, in: BK, Art. 45c Rn. 118. Auch diese Autoren stellen damit letztlich auf den Umfang der delegierten Kompetenz ab.

[55] Zur Delegationen auf den Haushaltsausschuss sogleich genauer infra S. 207 ff.

II. Die „Wesentlichkeit“ einzelner delegierter Kompetenzen im Haushaltsrecht

Da die Wesentlichkeit einer Kompetenz sich unter anderem danach bestimmt, ob und wie groß ihre Auswirkung auf die finanzielle Belastung des Gemeinwesens ist, verwundert es nicht, dass der Streit um das Vorliegen eines Plenarvorbehalts immer wieder im Haushaltsrecht entbrennt. Klassische Beispiele hierfür sind die Zustimmungsvorbehalte und Sperrvermerke, die Entscheidungen auf den Haushaltsausschuss delegieren (1.). Einen ungewöhnlichen Fall stellt zudem die Delegation der Entscheidung über die Gewährung von Finanzhilfen auf den Finanzausschuss des Landtages Mecklenburg-Vorpommern dar (2.). Größere Aufmerksamkeit der Rechtsprechung fand hingegen nur die Delegation von Kompetenzen auf den Haushaltsausschuss und das Sondergremium im Zuge der Eurokrise (3.).

1. Haushaltsausschuss

Die Entscheidung darüber, ob es zur Ausgabe und Umschichtung von Haushaltsmitteln kommt, ist in bestimmten Fällen dem Haushaltsausschuss vorbehalten (a)). Diese Delegation verstößt nicht gegen explizit sich aus der Verfassung ergebende Delegationsverbote (b)).[56] Daher kann sie nur an der absoluten Delegationsgrenze scheitern, wenn die übertragenen Kompetenzen wesentlich sind und deshalb nicht delegiert werden dürfen (c)).

a) Delegierte Entscheidungskompetenzen: Sperrvermerke und Zustimmungsvorbehalte

aa) Sperrvermerke

Sperrvermerke beziehen sich auf einen bestimmten Teil eines Ausgabentitels des Haushaltsplans. Dieser Teil ist grundsätzlich bewilligt und Finanzmittel können ausgegeben werden. Der Sperrvermerk führt hier aber dazu, dass diese Ausgabe von einer weiteren Zustimmung abhängig ist. Hierbei ist zwischen einfachen und qualifizierten Sperrvermerken zu differenzieren, wobei es sich hierbei um eine rein formelle Unterscheidung handelt. Bei einfachen Sperrvermerken ist die Zustimmung des Finanzministers nötig, §§ 22 S. 1, 36 S. 1 BHO. Diese Art von Sperrvermerk ist daher im Weiteren nicht relevant, weil keine Kompetenzen innerparlamentarisch verteilt werden. Anders ist dies beim qualifizierten Sperrvermerk. Hier ist zusätzlich die Zustimmung des Bundestages erforderlich, §§ 22 S. 3, 36 S. 2 BHO. In diesem Fall greift also eine zusätzliche, parlamentarische Kontrolle. Entgegen dieser expliziten Regelung beziehen sich qualifizierte Sperrvermerke im Haushaltsplan in der Praxis allerdings nicht auf die Zustimmung des Bundestages, sondern ausdrücklich

[56] Siehe zu expliziten Delegationsverboten supra S. 188 ff., 195 ff.

auf die des Haushaltsausschusses und bewirken damit eine Delegation von Entscheidungskompetenzen. Beispielhaft ist im Haushaltsplan 2017 im Kapitel 0602 (IT und Netzpolitik, Digitalfunk und Moderne Verwaltung) ein Haushaltsvermerk in der Titelgruppe 04 (Umsetzung der IT-Konsolidierung Bund) zum Titel 812 42–011, der den Erwerb von Anlagen, Geräten, Ausstattungs- und Ausrüstungsgegenständen sowie Software im Bereich der Informationstechnik betrifft, eingetragen worden, der festlegt:

„1. Die Ausgaben sind in Höhe von 4 842 T€ gesperrt. Die Aufhebung der Sperre bedarf der Einwilligung des Haushaltsausschusses des Deutschen Bundestages.“[57]

Der qualifizierte Sperrvermerk ist allerdings nicht darauf beschränkt, im Haushaltsplan bereits vorgesehene Ausgaben zu sperren, sondern er kann sich auch auf Verpflichtungen des Bundes für zukünftige Haushaltsjahre beziehen (sogenannte Verpflichtungsermächtigungen), §§ 22 S. 2, 36 BHO. An gleicher Stelle im Haushaltsplan ist beispielsweise vorgesehen:

„2. Die Verpflichtungsermächtigung ist in Höhe von	4.268 T€	gesperrt.
Haushaltsjahr 2018	2.018 T€	
Haushaltsjahr 2019	1.327 T€	
Haushaltsjahr 2020	923 T€	

Die Aufhebung der Sperre bedarf der Einwilligung des Haushaltsausschusses des Deutschen Bundestages.“[58]

Das Instrument des qualifizierten Sperrvermerks dient zwar im Allgemeinen der Gewährleistung einer zusätzlichen, parlamentarischen Kontrolle, hat aber je nach Anwendungsfall konkretere Funktionen.[59] So kann die Regierung für ein bisher nur vages Vorhaben pauschal eine Summe beantragen. Unterstützt der Bundestag dieses Vorhaben, gibt er diese Summe frei, sperrt sie aber zugleich, da er die unbedingte Freigabe für ein vages Projekt nicht verantworten möchte. Durch die Sperrung ist die Regierung gezwungen, das Projekt im Weiteren ausreichend zu konkretisieren und das Parlament zu informieren, um eine Aufhebung der Sperre zu erreichen. In einer weiteren Konstellation dient der qualifizierte Sperrvermerk als Kompromiss, wenn die von der Regierung vorgesehene Summe als zu hoch angesehen wird, eine Kürzung dieser Summe aber nicht vorgenommen werden soll. Schließlich wird der qualifizierte Sperrvermerk auch dazu eingesetzt, ein bestimmtes Verhalten der Regierung zu erzwingen. So forderte der Haushaltsausschuss in der Vergangenheit etwa, den Deutschlandfunk und die Deutsche Welle räumlich zusammenzulegen. Um die Regierung hierzu zu bewegen, wurden die

[57] Haushaltsgesetz 2017 v. 20.12.2016 (BGBl. I, S. 3016).

[58] Ibd.

[59] Zusammenstellung nach *Moeser*, Beteiligung des Bundestages, S. 163 ff.; vgl. auch *Heun*, Staatshaushalt, S. 349 ff. sowie *Eickenboom*, in: Schneider/Zeh, Parlamentsrecht, § 44 Rn. 36.

Mittel für den Erwerb eines neuen Grundstückes gesperrt, da die Zusammenlegung noch nicht begonnen wurde.[60]

bb) Zustimmungsvorbehalte

Wie die qualifizierten Sperrvermerke dienen auch Zustimmungsvorbehalte einer erhöhten Flexibilität beim Haushaltsvollzug.[61] Während aber der qualifizierte Sperrvermerk Ausgaben für einen bestimmten Bewilligungszweck sperrt, soll im Fall des Zustimmungsvorbehaltes die Verwendung der Mittel für einen anderen als den vorgesehenen Bewilligungszweck ermöglicht werden. Es geht hier also vor allem um Umschichtungen im Rahmen des Haushaltsplans. Beispielsweise sieht § 6 Abs. 5 S. 1 Haushaltsgesetz 2017 vor:

> „Das Bundesministerium der Finanzen wird ermächtigt, mit Einwilligung des Haushaltsausschusses des Deutschen Bundestages innerhalb des Einzelplans 14 die Deckungsfähigkeit der Ausgaben bei Titeln der Gruppen 551 bis 559 der Kapitel 1404 bis 1408 sowie bei Titel 514 03 in Kapitel 1407 anzuordnen, falls dies auf Grund von Umständen, die nach Inkrafttreten des Haushaltsgesetzes eingetreten sind, wirtschaftlich zweckmäßig erscheint.“

Auch einen Fall von Umschichtungen stellt es dar, wenn der Finanzminister ermächtigt wird, mit Zustimmung des Haushaltsausschusses nicht vorgesehene Planstellen auszubringen, die durch Einsparungen von Planstellen an anderer Stelle des Haushaltsplans kompensiert werden, vgl. § 15 Abs. 1 Haushaltsgesetz 2017.[62]

Qualifizierte Sperrvermerke wie auch Zustimmungsvorbehalte stellen eine Delegation einer Entscheidungskompetenz zu Gunsten des Haushaltsausschusses dar.[63]

---

[60] Beispiel nach *Moeser*, Beteiligung des Bundestages, S. 165.

[61] Zur Definition und Arten des Zustimmungsvorbehaltes siehe umfassend *Heun*, Staatshaushalt, S. 365 ff.; vgl. auch *Moeser*, Beteiligung des Bundestages, S. 178 ff. und auch *Maunz*, in: ders/Dürig, 19. Ergänzungslieferung, Art. 110 Rn. 74. Teilweise wird der Terminus „Zustimmungsvorbehalt“ auch als Oberbegriff verstanden, unter den dann auch die qualifizierten Sperrvermerke fallen, vgl. etwa *Kisker*, in: HStR IV[1], § 89 Rn. 54 f.

[62] Es handelt sich hingegen nicht mehr um Umschichtungen, wenn der Finanzminister ermächtigt wird, zusätzliche Stellen auszubringen, also keine Kompensation durch Einsparung von Stellen an anderer Stelle des Haushaltsplans vorgesehen sind: *Heun*, Staatshaushalt, S. 366 f.; *Moeser*, Beteiligung des Bundestages, S. 174 f.

[63] Damit unterscheiden sich Zustimmungsvorbehalte von allgemeinen Ermächtigungen an die Exekutive nach dem Gesetz zur Förderung der Stabilität und des Wachstums der Wirtschaft (StabG), Gesetz vom 8. Juni 1967 (BGBl. I, S. 582). Nach § 6 Abs. 2 StabG darf die Regierung zur Förderung der Konjunktur Ausgaben leisten, die nicht im Haushaltsplan vorgesehen sind. Im Unterschied zu Zustimmungsvorbehalten hat hier nicht der Haushaltsausschuss über übliche Vorbereitungskompetenzen hinausgehende Entscheidungsrechte, vgl. § 94 GO BT; siehe zu dem Verfahren auch knapp *Lewinski/Burbat*, BHO, § 42 Rn. 1 ff. Daher ist diese Konstellation für die innerparlamentarische Delegation nicht vom vergleichbaren Interesse wie die Zustimmungsvorbehalte. *Moeser*, Beteiligung des Bundestages, S. 174 f. hält Zustimmungsvorbehalte und Ermächtigungen nach dem StabG allerdings nicht auseinander; dies konstatierend auch *Heun*, Staatshaushalt, S. 366 Fn. 279. Siehe zum StabG und der Kritik an diesem etwa *Heun*, Staatshaushalt, S. 481 ff.; *Papier*, Gesetzesvorbehalt, S. 111 ff.

Während aber im Fall der qualifizierten Sperrvermerke der Haushaltsausschuss darüber entscheidet, ob vorgesehene Mittel freigegeben werden, entscheidet er beim Zustimmungsvorbehalt darüber, ob vorgesehene Mittel auch für einen anderen Zweck verwendet werden dürfen.

b) Vorfrage: Spezielle Delegationsverbote für Sperrvermerke?

Auf den ersten Blick scheint es, dass die qualifizierten Sperrvermerke im Widerspruch zu Art. 110 Abs. 2 S. 1 GG stehen. Danach muss der Haushaltsplan durch das Haushaltsgesetz festgestellt werden. Hieraus ist abzuleiten, dass die Feststellung des Haushaltsplans der Gesetzesform bedarf, wodurch ausdrücklich eine Entscheidung des Plenums vorgesehen ist. Daraus ergibt sich eine delegationsfeste Kernkompetenz des Plenums hinsichtlich der Feststellung des Haushaltsplans.[64] Weiterhin könnte dann geschlussfolgert werden, dass die notwendige Entscheidung des Plenums nicht dadurch umgangen werden dürfe, dass das Plenum diese Entscheidung in Teilen auf den Haushaltsausschuss überträgt.[65] Hiergegen spricht aber entscheidend, dass Art. 110 Abs. 2 S. 1 GG nur die Entscheidung über die Feststellung des Haushaltsplans dem Plenum vorbehält. Diese Entscheidung wird durch qualifizierte Sperrvermerke aber nicht verlagert. Denn die von den Sperrvermerken erfassten Titel sind durch das Plenum bereits aufschiebend bedingt freigegeben, eine Entscheidung des Plenums gibt es also bereits.[66] Zudem betrifft Art. 110 Abs. 2 S. 1 GG nur die Gesetzgebung, die qualifizierten Sperrvermerke sind aber nachträgliche, typischerweise am Einzelfall orientierte Entscheidungen.[67] Überdies wäre dann auch die Aufhebung eines Sperrvermerkes durch Plenarbeschluss keine Gesetzgebung.[68] Diese Bestimmung des Grundgesetzes vermag also dem Plenum lediglich den Beschluss über die Feststellung des Haushaltsplans in Gesetzesform vorzubehalten, sie sagt aber nichts über den Inhalt der Feststellung aus oder darüber, ob diese Feststellung in Teilen von Bedingungen (Zustimmung des Haushaltsausschusses) abhängig gemacht werden kann.

---

[64] Siehe zur Ableitung delegationsfester Kernkompetenzen supra S. 188 ff.

[65] *Hillgruber/Drüen*, in: vM/K/S, Art. 110 Rn. 80; vgl. *Kunz*, Ausgabenermächtigungen, S. 182 ff.; vgl. *Schürmann*, in: Morlok/Schliesky/Wiefelspütz, Parlamentsrecht, § 19 Rn. 53; vgl. auch *Mußgnug*, Haushaltsplan, S. 376, der die Unzulässigkeit qualifizierter Sperrvermerke allerdings mit einem allgemeinen Delegationsverbot von Plenarkompetenzen begründet.

[66] *Pünder*, in: Friauf/Höfling, Art. 110 Rn. 105; vgl. auch *Gröpl*, in: BK, Art. 110 Rn. 115 und *Heun*, Staatshaushalt, S. 365.

[67] *Heintzen*, in: HStR V, § 120 Rn. 75; *O. Moench*, Bundestagsausschüsse, S. 224; *Papier*, Gesetzesvorbehalt, S. 100 f., ist der Ansicht, dass Art. 110 Abs. 2 S. 1 GG nicht die Rechtsform der Entscheidung festschreibe, sondern nur die Entscheidung dem Parlament vorbehalten wolle. Entsprechend würde diese Norm nicht einen Gegenstand der Gesetzgebung der Entscheidung des Parlamentes vorbehalten. Vielmehr wäre die Feststellung des Haushaltsplans dem Parlament vorbehalten, unabhängig davon, ob diese Entscheidung ein Akt der Gesetzgebung oder eine Einzelfallregelung wäre. Allerdings bleibt es auch dann dabei, dass eine (bedingte) Entscheidung des Parlamentes/Plenums auch bei qualifizierten Sperrvermerke vorliegt.

[68] *O. Moench*, Bundestagsausschüsse, S. 224.

Von einigen Stimmen in der Literatur wird ein den qualifizierten Sperrvermerken entgegenstehendes Delegationsverbot auch der Systematik der Art. 110, 112 GG entnommen. Diese Normen erlauben es nach der Feststellung des Haushaltsplans nach Art. 110 Abs. 2 S. 1 GG auf eine veränderte Situation zu reagieren, indem entweder nach Art. 110 GG ein Nachtragshaushalt beschlossen oder nach Art. 112 GG, § 37 BHO über- oder außerplanmäßige Ausgaben genehmigt werden. Entsprechend wird argumentiert, das Grundgesetz sehe bereits Verfahren vor, die die nötige Flexibilität auch nach Feststellung des Haushaltsplans böten und die Entscheidung gerade nicht dem Haushaltsausschuss zuordneten.[69] Dass qualifizierte Sperrvermerke diesen Verfahren gegenüber weniger umständlich[70] oder sachgerechter[71] seien, könne aufgrund dieser systematischen Auslegung keine Rolle spielen.[72] Tatsächlich ist dieser Hinweis nicht von der Hand zu weisen. Ob nachträgliche Entscheidungen des Haushaltsausschusses durch qualifizierte Sperrvermerke sachgerecht oder sie sogar wegen einer möglichen Überlastung des Plenums zur Wahrung der Funktionsfähigkeit notwendig sind, ist hier nicht entscheidend. Dies wird erst später im Rahmen der relativen Delegationsgrenze bei der Abwägung mit den entgegenstehenden Prinzipien der Gesamtrepräsentation und Mandatsgleichheit bedeutsam.[73] Diese Aspekte vermögen daher nicht die Frage zu beantworten, ob die Art. 110, 112 GG systematisch so auszulegen sind, dass sie Delegationen in Form qualifizierter Sperrvermerke von vornherein verbieten. Allerdings ist eine solche systematische Auslegung, die nachträgliche Änderungen der Feststellungen des Haushaltsplans nur im Rahmen des Nachtragshaushalts oder mittels über- und außerplanmäßiger Ausgaben zulassen will, selbst nicht überzeugend. Denn die Möglichkeit eines Nachtragshaushalts sagt noch nichts darüber aus, wie der Haushaltsplan ausgestaltet sein darf und wann ein Nachtragshaushalt nötig sein sollte. Es ist ihm also keine Vorgabe dahingehend zu entnehmen, dass der Haushaltsplan qualifizierte Sperrvermerke verbietet, die eine nachträgliche Zustimmung des Haushaltsausschusses vorsehen. Auch Art. 112 GG lässt diese Schlussfolgerungen nicht zu. Er betrifft über- und außerplanmäßige Ausgaben, qualifizierte Sperrvermerke betreffen aber Ausgaben, die vom Haushaltsplan erfasst sind, also planmäßige Ausgaben.[74] Daher lassen sich aus Art. 112 GG keine Vorgaben über Art und Umfang der planmäßigen Ausgaben entnehmen.

---

69 Vgl. *Wieland*, AöR 112 (1987), 449 (484); vgl. *Hillgruber/Drüen*, in: vM/K/S, Art. 110 Rn. 79.

70 So etwa *Pünder*, in: Friauf/Höfling, Art. 110 Rn. 104; vgl. *Mahrenholz*, in: AK, Art. 110 Rn. 68.

71 Vgl. *Heun*, Staatshaushalt, S. 363 f.; *Hölscheidt*, Haushaltsausschuss, S. 178 ff.; *Kewenig*, Staatsrechtliche Probleme, S. 55 f.; vgl. *Moeser*, Beteiligung des Bundestages, S. 172.

72 Vgl. *Kunz*, Ausgabenermächtigungen, S. 182 ff.; vgl. *Schürmann*, in: Morlok/Schliesky/Wiefelspütz, Parlamentsrecht, § 19 Rn. 54; vgl. *Steiger*, Organisatorische Grundlagen, S. 139; *Wieland*, AöR 112 (1987), 449 (482 ff.).

73 Siehe hierzu noch infra S. 269 ff.

74 Vgl. *Mußgnug*, Haushaltsplan, S. 375.

Im Übrigen sieht § 36 S. 3 BHO einfachrechtlich explizit eine Entscheidung des Bundestages, also des Plenums,[75] über die Aufhebung von qualifizierten Sperrvermerken vor.[76] Da allerdings sowohl die BHO als auch das jeweilige Haushaltsgesetz und der zugehörige Haushaltsplan, die die Entscheidung dem Haushaltsausschuss übertragen, als formelle Gesetze gelten, löst sich dieser Normwiderspruch nach der Regel lex posterior derogat legi anteriori.[77]

Im Ergebnis verstoßen die qualifizierten Sperrvermerke jedenfalls weder gegen Bestimmungen der BHO noch gegen ein vermeintliches, dem Art. 110, 112 GG zu entnehmendes Delegationsverbot.

c) Wesentlichkeit der Kompetenzen des Haushaltsausschusses

Da dem Grundgesetz kein ausdrückliches Delegationsverbot zu entnehmen ist, kann die Delegation von Entscheidungskompetenzen durch qualifizierte Sperrvermerke im Haushaltsplan nur an der absoluten Delegationsgrenze[78] scheitern, wenn die übertragenen Kompetenzen wesentlich sind und damit dem Plenarvorbehalt unterfallen. Gleiches gilt auch für Zustimmungsvorbehalte im Haushaltsgesetz, da auch in diesem Fall der Verfassung kein unmittelbares Delegationsverbot zu entnehmen ist.[79] Zur Feststellung der Wesentlichkeit ist auf die zuvor entwickelten Bewertungskriterien[80] zurückzugreifen.

Das Bundesverfassungsgericht vermeidet es hingegen, zur Frage der Wesentlichkeit dieser Kompetenzen klar Stellung zu beziehen. Im Ausgangspunkt nimmt es

[75] Vgl. hierzu supra S. 35 f.

[76] Zur weiteren Kritik an dem Instrument des Sperrvermerks, die sich aber nicht auf die Delegation zu Gunsten des Haushaltsausschusses bezieht, sondern in erster Linie das Verhältnis von Regierung und Parlament, von Haushaltsgesetzgebung und Haushaltsvollzug betrifft, siehe: *Heun*, Staatshaushalt, S. 351 ff.; *Maunz*, in: ders/Dürig, 19. Ergänzungslieferung, Art. 110 Rn. 72; *Moeser*, Beteiligung des Bundestages, S. 167 ff.; *Mußgnug*, Haushaltsplan, S. 370 ff.; *Pünder*, in: Friauf/Höfling, Art. 110 Rn. 100 ff.; *Wieland*, AöR 112 (1987), 449 (481 f.). Das Bundesverfassungsgericht hat sich insgesamt bisher zu den qualifizierten Sperrvermerken nur dahingehend geäußert, dass diese der Staatspraxis entsprächen, *BVerfG*E 130, 318 (351).

[77] Vgl. *Hasenjäger*, in: Morlok/Schliesky/Wiefelspütz, Parlamentsrecht, § 25 Rn. 28; vgl. *Heun*, Staatshaushalt, S. 359; *Maunz*, in: ders/Dürig, 19. Ergänzungslieferung, Art. 110 Rn. 73; *O. Moench*, Bundestagsausschüsse, S. 225; *Pünder*, in: Friauf/Höfling, Art. 110 Rn. 105; a.A. *Mandelartz*, Parlament und Regierung, S. 306 f., und im Anschluss auch *Hölscheidt*, Haushaltsausschuss, S. 180 ff., die eine ausdrückliche Änderung von § 22 S. 3 BHO durch das Haushaltsgesetz verlangen.

[78] Zur Frage, ob diese Delegationen an der relativen Delegationsgrenze scheitern siehe infra S. 269 ff.

[79] Siehe hierzu *Heun*, Staatshaushalt, S. 367 ff. Für eine parallele Bewertung von qualifiziertem Sperrvermerk und Zustimmungsvorbehalt sprechen sich aus: *Hillgruber/Drüen*, in: vM/K/S, Art. 110 Rn. 81; *Kube*, in: Maunz/Dürig, Art. 110 Rn. 81; *Pünder*, in: Friauf/Höfling, Art. 110 Rn. 106.

[80] Siehe supra S. 196 ff.

zwar einen Parlamentsvorbehalt für wesentliche Entscheidungen bei der Ausübung des Budgetrechts und der Wahrnehmung der haushaltspolitischen Gesamtverantwortung an.[81] Ob aber auch ein Plenarvorbehalt für solche wesentlichen Entscheidungen besteht, lässt es offen und sagt nur, dass jedenfalls grundsätzlich ein Beschluss des Plenums in diesem Bereich erforderlich sei.[82] Damit sagt es nicht mehr aus, als der Grundsatz der Plenarzuständigkeit[83] ohnehin schon besagt, dass nämlich Kompetenzen des Parlamentes grundsätzlich vom Plenum wahrgenommen werden. Wann aber allgemein eine Entscheidung des Plenums notwendig und wann verzichtbar ist, bleibt ungeklärt. Das Gericht umgeht eine Stellungnahme, indem es lapidar auf die Staatspraxis verweist, welche jedenfalls qualifizierte Sperrvermerke anerkenne.[84] Es genügt hier aber keinesfalls, darauf zu verweisen, dass Delegationen im Haushaltsrecht der Staatspraxis entsprächen.[85] Sollte der Hinweis auf die Staatspraxis so gedeutet werden, dass die Zulässigkeit der Delegation von Entscheidungskompetenzen sich aus Verfassungsgewohnheitsrecht ergebe, kann dem nicht gefolgt werden. Dies ergibt sich schon allein daraus, dass die Zulässigkeit dieser Delegationen seit Langem umstritten sind, es also an der erforderlichen opinio iuris hierfür fehlt.[86]

aa) Sachgerechtigkeit

Statt der Frage der Wesentlichkeit nachzugehen, verweisen manche Autoren allerdings darauf, dass diese Delegationen sachgerecht beziehungsweise notwendig seien, weil das Parlament mit der Wahrnehmung der delegierten Kompetenzen überfordert wäre.[87] Dies wird wiederum von anderen Stimmen bestritten.[88] Diese Überlegungen führen allerdings – wie gesehen – nicht weiter, da das Parlament und das Plenum unabhängig davon alle wesentliche Entscheidungen selber treffen und gegebenenfalls Maßnahmen ergreifen müssen, um dabei handlungsfähig zu bleiben.[89]

---

[81] *BVerfG*E 130, 318 (345).

[82] *BVerfG*E 130, 318 (347).

[83] Siehe supra S. 35 f.

[84] *BVerfG*E 130, 318 (351 f.).

[85] Kritisch auch *Ketterer/Van Roosebeke*, BayVBl. 143 (2012), 466 (466); *C. Moench/Ruttloff*, DVBl. 127 (2012), 1261 (1263 f.).

[86] So auch *Kischel*, in: HStR III, § 69 Rn. 48 sowie *O. Moench*, Bundestagsausschüsse, S. 172.

[87] *Eickenboom*, in: Schneider/Zeh, Parlamentsrecht, § 44 Rn. 37; *Gröpl*, in: BK, Art. 110 Rn. 115; *Hölscheidt*, Haushaltsausschuss, S. 179 f.; vgl. *Kewenig*, Staatsrechtliche Probleme, S. 55 f.; vgl. *Moeser*, Beteiligung des Bundestages, S. 172.

[88] *Schwerin*, Bundestag, S. 180; zustimmend *Schürmann*, in: Morlok/Schliesky/Wiefelspütz, Parlamentsrecht, § 19 Rn. 54.

[89] Zur Unbeachtlichkeit des Kriteriums der Sachgerechtigkeit siehe bereits supra S. 201 ff.; vgl. hier nur *Kunz*, Ausgabenermächtigungen, S. 183; vgl. *Steiger*, Organisatorische Grundlagen, S. 139.

bb) Bedeutung für Regierungskontrolle

Daneben wird teilweise argumentiert, diese Delegationen schränkten die Kontrollfunktion des Parlamentes gegenüber der Regierung ein.[90] Der Haushaltsausschuss mache sich zum Komplizen der Regierung und nehme das gesamte Parlament dabei in Geiselhaft. Indem nämlich der Haushaltsausschuss die Aufhebung von Sperrvermerken oder Umschichtungen im Haushaltsplan auf Antrag der Regierung genehmige, träfen beide eine gemeinsame Entscheidung. Eine spätere Kontrolle der Regierung durch das Parlament bezüglich dieser Entscheidungen sei dann nicht mehr realistisch. Weitergedacht und auf die Frage der Wesentlichkeit bezogen würde dies bedeuten, dass neben der Kompetenz, Sperrvermerke aufzuheben und die Zustimmung bei Zustimmungsvorbehalten auszusprechen, in diesem Bereich auch faktisch die haushaltspolitische Kontrolle auf den Haushaltsausschuss übertragen wurde. Für die Wesentlichkeit dieser Entscheidungskompetenzen und damit ihrer Delegationsfeindlichkeit spräche in diesem Fall, dass die parlamentarische Kontrolle der Regierung insbesondere in Haushaltsfragen eine politisch bedeutende Angelegenheit ist. Zudem handelt es sich um eine Frage der Staatsorganisation, die auch die politische Willensbildung berührt. Müsste nämlich im Plenum über die Aufhebung der Sperrvermerke und die Zustimmungsvorbehalte entschieden werden, würde dies von der Öffentlichkeit womöglich stärker zur Kenntnis genommen als Entscheidungen des Haushaltsausschusses. Hierbei könnten auch Kontroversen eher zu Tage treten und die Willensbildung des Bürgers beeinflussen.

Andere Autoren[91] gehen hingegen davon aus, dass Instrumente wie die qualifizierten Sperrvermerke, bezogen auf das Parlament insgesamt, sogar zu einem Mehr an parlamentarischer Kontrolle führten. Diese Instrumente schränkten die Entscheidungsfreiheit der Regierung ein und zwängen zur Begründung, wenn diese die Aufhebung einer Sperre begehrt. Daher ermöglichen unter anderem qualifizierte Sperrvermerke eine größere parlamentarische Kontrolle, da dem Parlament Entscheidungen vorbehalten werden. Dieses Mehr an parlamentarischer Kontrolle bleibt dann aber auch erhalten, wenn der Haushaltsausschuss für das Parlament über die Aufhebung der Sperre entscheidet. Dies zeigt sich schon daran, dass der Haushaltsausschuss nicht wie behauptet mit der Regierung zusammen eine Entscheidung trifft und damit eine anschließende Kontrolle durch das Plenum verhindert. Ganz im Gegenteil bleibt die Verantwortlichkeit der Regierung trotz dieser Delegation sichtbar. Denn die Aufhebung der Sperre durch den Haushaltsausschuss erfolgt nur auf Antrag des Finanzministers, der also für diese Entscheidung weiterhin gegenüber

[90] *Berg*, Staat 9 (1970), 21 (39 ff.); zustimmend: *Schürmann*, in: Morlok/Schliesky/Wiefelspütz, Parlamentsrecht, § 19 Rn. 54 sowie *Steiger*, Organisatorische Grundlagen, S. 138; *Goltz*, DÖV 18 (1965), 605 (614 f.); *Kunz*, Ausgabenermächtigungen, S. 183; *Schwerin*, Bundestag, S. 181; *Tomuschat*, Staat 19 (1980), 1 (14 f.).

[91] Siehe etwa *Pünder*, in: Friauf/Höfling, Art. 110 Rn. 104; vgl. auch *Heun*, Staatshaushalt, S. 358; vgl. *Hölscheidt*, Haushaltsausschuss, S. 186 ff.

dem gesamten Parlament verantwortlich ist.[92] Selbst wenn man dies anders sehen wollte, würde die parlamentarische Kontrolle nicht durch die Delegation eingeschränkt. Es macht nämlich insofern keinen Unterschied, ob der Antrag des Finanzministers vom Ausschuss oder vom Plenum bewilligt wird. In beiden Fällen könnte die nachträgliche Kontrolle in gleichem Maße durch die parlamentarische Bewilligung erschwert sein. Insofern spricht das Argument einer erschwerten nachträglichen Kontrolle der Regierung schon nicht speziell gegen die Delegation auf den Haushaltsausschuss, sondern nur gegen eine parlamentarische Bewilligung an sich.[93] Letztlich basiert die Warnung vor einem Kontrolldefizit des Parlamentes ohnehin auf der Vorstellung eines strikten Antagonismus zwischen Regierung und Parlament, die nicht mehr zeitgemäß ist, seit Parlamentsmehrheit und Regierung eine politische Einheit bilden.[94] Diese Einheit zeigt sich – wie gesehen – im Plenum wie auch in den Ausschüssen, wo die Regierung und die sie tragende Mehrheit im Parlament fast immer zu einer konsensualen Entscheidung kommen.[95] Eine defizitäre haushaltspolitische Kontrolle der Regierung durch das Parlament läge entsprechend nicht in der Delegation von Entscheidungskompetenzen auf den Haushaltsausschuss begründet, sondern wäre Ausdruck dieser grundlegenden Verflechtung von Regierung und Parlamentsmehrheit. Daher ist es auch vorwiegend Aufgabe der Opposition, die Entscheidungen dieser politischen Einheit öffentlichkeitswirksam zu kritisieren. Dies wird der Opposition durch die Verlagerung der Entscheidung vom Plenum auf die Ausschüsse aber nicht verwehrt.[96]

Die Sorge vor einem Verlust an parlamentarischer Kontrolle durch die Delegation von Entscheidungskompetenzen auf den Haushaltsausschuss ist daher unbegründet. Entsprechend sind diese Kompetenzen nicht schon deshalb wesentlich, weil ihre Übertragung die politisch wichtige parlamentarische Kontrolle der Regierung vermeintlich verminderte.

cc) Finanzielle Bedeutung für das Gemeinwesen

Ob eine Kompetenz wesentlich ist und damit dem Plenarvorbehalt unterfällt, bestimmt sich allgemein nach der Bedeutung dieser Kompetenz für das Gemeinwesen und konkret hier nach ihrer finanziellen Relevanz für die Allgemein-

---

[92] *Heun*, Staatshaushalt, S. 355 f.; *Hölscheidt*, Haushaltsausschuss, S. 185; vgl. *Kewenig*, Staatsrechtliche Probleme, S. 52 f.

[93] *Kewenig*, Staatsrechtliche Probleme, S. 53. Für die Kritik, die sich entsprechend nur gegen eine Entscheidung des Parlamentes allgemein, nicht des Haushaltsausschusses im Speziellen, in Folge qualifizierter Sperrvermerke richtet, siehe *Kröger*, DÖV 26 (1973), 439 (441).

[94] Siehe zur Einheit von Regierung und Parlamentsmehrheit bereits supra S. 123 sowie *Heun*, Staatshaushalt, S. 355, 358; vgl. auch *Moeser*, Beteiligung des Bundestages, S. 166 f.

[95] Siehe supra S. 162 ff.

[96] Siehe hierzu auch *Heun*, Staatshaushalt, S. 358.

heit.[97] Hierbei kann zum einen konkret jeder qualifizierte Sperrvermerk und jeder Zustimmungsvorbehalt für sich dahingehend untersucht werden, ob die delegierte Entscheidung aufgrund ihrer finanziellen Bedeutung so bedeutsam für das Gemeinwesen ist, dass das Plenum zu entscheiden hätte. Zum anderen können auch alle Sperrvermerke und Zustimmungsvorbehalte zusammen betrachtet werden. In diesem Fall fragt es sich, ob dem Haushaltsausschuss insgesamt Entscheidungskompetenzen von einem finanziell signifikanten Umfang übertragen wurden.

In der Literatur wird beinahe ausschließlich diese zweite Betrachtungsweise genutzt.[98] Hierbei wird teilweise nur konstatiert, dass das Instrument des qualifizierten Sperrvermerks regelmäßig genutzt werde, was nicht gerade eine quantitativ exakte Angabe darstellt.[99] Zum Teil verweisen andere, allerdings ebenfalls ohne Angabe von Zahlen, darauf, dass es den qualifizierten Sperrvermerken an dem von § 22 S. 3 BHO vorgesehenen Ausnahmecharakter mangele.[100] Wenn tatsächlich das Volumen beziffert wird, das die qualifizierten Sperrvermerke ausmachen, handelt es sich um eine ungenaue Angabe: mehrere Hundert Millionen DM.[101] Dies falle im Verhältnis zum Gesamthaushalt nicht ins Gewicht.[102] Die aktuellere Literatur verweist zwar darauf, dass die qualifizierten Sperrvermerke in den vergangenen Jahrzehnten häufiger gebraucht worden seien[103], aber der Haushalt 2013 beispielsweise nur acht qualifizierte Sperrvermerke enthielte, was gegenüber circa 6.600 Titeln ihren Ausnahmecharakter bestätige.[104]

---

[97] Siehe hierzu zuvor supra S. 197. Es ist hingegen nicht ausreichend, auf die Außenwirkung dieser Kompetenzen abzustellen. *Berg*, Staat 9 (1970), 21 (39) bejaht hier sogar die Außenwirksamkeit der Kompetenz zur Aufhebung von Sperrvermerken, da sie im Verhältnis zum Finanzminister Regelungswirkung entfalte; vgl. auch *Vetter*, Parlamentsausschüsse, S. 132. *Eickenboom*, in: Schneider/Zeh, Parlamentsrecht, § 44 Rn. 37 lehnt die Außenwirksamkeit hingegen ab, da das Haushaltsrecht allgemein lediglich zwischen Parlament und Regierung Wirkung entfalte. Beide Autoren übersehen, dass es auf die Wirkung gegenüber dem Bürger ankommt. Dieser wird zwar nicht durch qualifizierte Sperrvermerke oder Zustimmungsvorbehalte beziehungsweise durch die Entscheidung über diese unmittelbar berechtigt oder verpflichtet, es handelt sich aber um Kompetenzen von politischer Bedeutung für das Gemeinwesen, siehe hierzu bereits supra S. 203 f.

[98] Anders aber *Schwerin*, Bundestag, S. 180, der auch das konkrete Vorhaben betrachten will.

[99] *Eickenboom*, in: Schneider/Zeh, Parlamentsrecht, § 44 Rn. 36.

[100] *Maunz*, in: ders/Dürig, 19. Ergänzungslieferung, Art. 110 Rn. 71; *Tomuschat*, Staat 19 (1980), 1 (13).

[101] *Heun*, Staatshaushalt, S. 350; vgl. auch *Moeser*, Beteiligung des Bundestages, S. 165, der das Volumen im Haushaltsplan 1975 mit 323 Millionen DM beziffert, dabei aber laut *Heun*, Staatshaushalt, S. 350 Fn. 190 ungenau rechne.

[102] *Heun*, Staatshaushalt, S. 357.

[103] *Gröpl*, in: BK, Art. 110 Rn. 113.

[104] *Hasenjäger*, in: Morlok/Schliesky/Wiefelspütz, Parlamentsrecht, § 25 Rn. 29; vgl. auch *Gröpl*, in: BK, Art. 110 Rn. 114.

Wenn damit der Eindruck erweckt wird, heute spielten qualifizierte Sperrvermerke keine Rolle mehr, dann täuscht dieser Eindruck. Im Haushaltplan 2017 sind dem Haushaltsausschuss die Entscheidung über die Aufhebung von Sperren (einschließlich Verpflichtungsermächtigungen) in einem Volumen von etwa 5,4 Milliarden Euro übertragen worden.[105] Der Haushaltsplan sieht allerdings insgesamt Ausgaben und Einnahmen von circa 330 Milliarden Euro vor. Entsprechend wurde dem Haushaltsausschuss die Entscheidung über die Freigabe von Mitteln und über die Eingehung von Verpflichtungen in einer Höhe eingeräumt, die nur etwa 1,6 Prozent des gesamten Haushalts ausmacht. Man kann daher noch davon ausgehen, dass die Delegationen in ihrer Summe Entscheidungskompetenzen in einem für das Gemeinwesen nicht bedeutsamen Umfang umfassen. In welcher Relation die Höhe des finanziellen Entscheidungsspielraums des Haushaltsausschusses zum Gesamthaushalt stehen muss, um für das Gemeinwesen so bedeutsam zu sein, dass die Schwelle zur Wesentlichkeit tatsächlich überschritten ist, lässt sich nur willkürlich bestimmen. Die Grenze müsste jedenfalls so bemessen sein, dass allein aufgrund des Umfangs der delegierten Kompetenzen anzunehmen ist, dass der Haushaltsausschuss finanziell bedeutende Entscheidung für das Gemeinwesen treffen kann. Dies könnte man etwa ab einem finanziellen Entscheidungsspielraum des Haushaltsausschusses in einem Umfang von drei Prozent des Gesamthaushalts annehmen. Dies entspricht bezogen auf den Haushaltsplan 2017 rund zehn Milliarden Euro: Dies ist mehr als das Bundesministerium für Familien, Senioren, Frauen und Jugend und das Bundesministerium für wirtschaftliche Entwicklung und Zusammenarbeit 2017[106] jeweils ausgegeben haben und auch mehr als das gegenwärtige Haushaltsvolumen Mecklenburg-Vorpommerns[107]. Man kann daher davon ausgehen, dass Delegationen, die dem Haushaltsausschuss Entscheidungskompetenzen jenseits dieser Grenze einräumen, finanziell bedeutsam im Sinne des Plenarvorbehalts und damit unzulässig sind.

Neben den qualifizierten Sperrvermerken kommt auch den Zustimmungsvorbehalten in ihrer Summe keine finanziell für das Gemeinwesen bedeutende Rolle zu. Zwar erlauben sie Umschichtungen in einem großen Umfang, praktisch kommt es aber nur vereinzelt zur Verschiebung von Geldern oder Planstellen.[108]

Aber auch wenn die dem Haushaltsausschuss delegierten Kompetenzen in ihrer Summe keine für das Gemeinwesen bedeutsame Qualität zukommt, kann etwas anderes unter Umständen für die jeweilige delegierte Kompetenz gelten. Dies ergibt

---

[105] Diese Zahlen sind Ergebnis einer selbständigen Auswertung des Haushaltsplans 2017 durch den Autor. Nicht eingerechnet sind Verpflichtungsermächtigungen für künftige Haushaltsjahre. Zudem ist dem Haushaltsausschuss die Entscheidungen über die Aufhebung von Sperren für zusammengerechnet 125,5 Planstellen übertragen worden.

[106] Haushaltsplan 2017, Gesamtplan – Teil I: Haushaltsübersicht, B. Ausgaben, S. 16.

[107] § 1 Abs. 1 Haushaltsgesetz M-V 2018/2019, genauer: Gesetz über die Feststellung des Haushaltsplans des Landes Mecklenburg-Vorpommern für die Haushaltsjahre 2018 und 2019 (Haushaltsgesetz 2018/2019) vom 18. 12. 2017, GS Meck.-Vorp. Gl. Nr. 630–45.

[108] *Heun*, Staatshaushalt, S. 368 f.

sich dann nicht allein aus der finanziellen Bedeutung der delegierten Entscheidungskompetenz, sondern auch aus der politischen Bedeutung des Zwecks, der mit den vorgesehenen, gesperrten Mitteln verfolgt wird. Beispielsweise ist eine Verpflichtungsermächtigung über 1.100 Millionen Euro gesperrt,[109] die für Erwerbsanteile an einem Öffentlich-Privaten-Partnerschaft-Projekt, bei der es um die Bundesautobahn A 49 geht, vorgesehen ist. Für die Wesentlichkeit der Entscheidung über die Aufhebung dieser Sperre spricht nicht nur, dass Öffentlich-Private-Partnerschaften politisch heftig umstritten sind und in der Öffentlichkeit kontrovers diskutiert werden, nicht erst seit der Betreiber der Bundesautobahn A 1 den Bund auf mehrere Hundert Millionen Euro Schadensersatz verklagt hat.[110] Zusätzlich betreffen Bau und Instandsetzung von Autobahnen einen äußert großen Personenkreis über einen unbestimmten Zeitraum. Ein weiteres Beispiel einer politisch bedeutenden und umstrittenen Entscheidung betrifft die Zahlung von Hilfsgeldern an Griechenland. Nachdem am 24. Mai 2016 die Eurogruppe feststellte, dass Griechenland ausreichend Reformfortschritte erreicht hat, wurde die Zahlung von 10,3 Milliarden Euro an Griechenland als Finanzhilfe beschlossen.[111] Da nicht absehbar war, ob weitere Maßnahmen notwendig würden, wurden im Haushaltsplan 2017 240 Millionen Euro als weitere finanzielle Hilfe vorgesehen, die wegen laufender weiterer Verhandlungen qualifiziert gesperrt wurden.[112] Die Entscheidung, die auf den Haushaltsausschuss delegiert wurde, nämlich weitere Hilfsgelder an Griechenland auszuzahlen, steht im Kontext der Frage, ob sich die Bundesrepublik Deutschland an Hilfszahlungen an Griechenland beteiligen sollte. Dies stellt eine in ihrer europa- und finanzpolitischen Dimension höchst bedeutsame Frage für das Gemeinwesen dar. Gleichwohl ist zuzugeben, dass der Haushaltsausschuss hier nur in einem kleinen Ausschnitt dieses Komplexes Entscheidungskompetenzen erhalten hat, die in ihrer finanziellen Höhe hier auch keine signifikante Rolle spielen.

dd) Konditionalität

Die politische Bedeutung einzelner Kompetenzen und damit ihre Wesentlichkeit kann allerdings wiederum dadurch relativiert werden, dass der Haushaltsausschuss nicht frei über die Aufhebung von Sperren entscheiden kann. Dem Haushaltsausschuss wird durch die qualifizierten Sperren also nicht eine unbeschränkte Entscheidungskompetenz übertragen. Vielmehr ist die Entscheidung bereits von vornherein durch Vorgaben des Plenums bei Verabschiedung des Haushaltsplans deter-

---

[109] Kapitel 1201 (Bundesfernstraßen), Titelgruppe 01 (Bau, Erhaltung und Betrieb der Bundesfernstraßen), Titel 823 11 – 721, Haushaltsplan 2017.

[110] Siehe hierzu und zur politischen Umstrittenheit Öffentlich-Privater-Partnerschaften *Balser*, SZ vom 26.08.2017.

[111] Siehe hierzu Pressemitteilung der Bundesregierung vom 25.05.2016 (https://www.bundesregierung.de/Content/DE/Artikel/2016/05/2016-05-24-eurogruppe-einigung-griechenland-zweite-tranche-kredite.html).

[112] Kapitel 6002 (Allgemeine Bewilligungen), Titel 687 02 – 029.

miniert und konditioniert. Soweit der Haushaltsausschuss also keinen nennenswerten eigenen Entscheidungsspielraum hat, er also vielmehr nur prüft, ob die mit dem qualifizierten Sperren vorgegebenen Bedingungen für ihre Aufhebung erfüllt sind, und dann die Aufhebung beschließt, dann realisiert sich nur die vom Plenum bereits getroffene Entscheidung. In diesem Fall ist die Kompetenz des Haushaltsausschusses, die Voraussetzungen für die Aufhebung der Sperre zu prüfen und entsprechend zu beschließen, nicht wesentlich.[113]

Dem Haushaltsausschuss fällt aber nicht in jedem Fall nur die Rolle zu, lediglich ganz formale Vorgaben für die Aufhebung der Sperren zu prüfen. Abhängig vom jeweiligen Sperrvermerk kann er vielmehr auch durchaus über einen gewissen eigenen Entscheidungsspielraum verfügen. Einen solchen Fall würde es beispielsweise darstellen, wenn die Freigabe von Mitteln für den Ankauf von militärischem Gerät gesperrt wurde, weil bisher sein militärischer Nutzen nicht belegt wurde. Wenn dann ein entsprechendes Konzept vorgelegt wird, das diesen Nutzen belegen soll, muss der Haushaltsausschuss entscheiden, ob der Grund für die Sperre weggefallen ist, und daher bewerten, ob dieses Konzept überzeugend ist. In diesem Fall kommt dem Haushaltsausschuss ein Einschätzungsspielraum zu. Anders ist es, wenn eine Sperre eingetragen wird, weil für die Realisierung eines Vorhabens noch der Erwerb eines Grundstückes aussteht. Hier kann der Haushaltsausschuss nur feststellen, ob das Grundstück mittlerweile erworben wurde oder nicht. Damit verbleibt ihm also kein Entscheidungsspielraum.

Ob es zulässig ist, dass dem Haushaltsausschuss ein Entscheidungsspielraum verbleibt, lässt sich aber nicht pauschal beantworten. Insofern ist die Ansicht[114] abzulehnen, die allgemein fordert, dass jede Entscheidung des Haushaltsausschusses über die Aufhebung einer qualifizierten Sperre von vornherein derart konditioniert ist, dass ihm kein Entscheidungsspielraum mehr bleibt.[115] Andererseits überzeugt es

[113] Vgl. *Gröpl*, in: BK, Art 110 Rn. 115; vgl. *Kewenig*, Staatsrechtliche Probleme, S. 52; vgl. *Moeser*, Beteiligung des Bundestages, S. 172 f.; vgl. *Pünder*, in: Friauf/Höfling, Art. 110 Rn. 105; vgl. *Schürmann*, in: Morlok/Schliesky/Wiefelspütz, Parlamentsrecht, § 19 Rn. 53. *Schwerin*, Bundestag, S. 180 f. betrachtet alle Entscheidungen des Haushaltsausschusses über die Freigabe gesperrter Mittel als politisch und damit wesentlich. Dabei lässt er den Grad der Determiniertheit dieser Entscheidungen durch Vorgaben des Plenums außer Acht. Auch *Mußgnug*, Haushaltsplan, S. 376 hält es für unerheblich, dass Ausgaben inhaltlich und summenmäßig beschränkt sind. Dies begründet er aber mit der vermeintlichen Geltung eines allgemeinen, umfassenden Plenarvorbehalts.

[114] *Heun*, in: Dreier, Art. 110 Rn. 40 verlangt, dass dem Haushaltsausschuss keine wesentlichen Gestaltungsspielräume eingeräumt werden; vgl. auch *Moeser*, Beteiligung des Bundestages, S. 172 f.; nach *Schürmann*, in: Morlok/Schliesky/Wiefelspütz, Parlamentsrecht, § 19 Rn. 53 darf dem Haushaltsausschuss keine politische Gestaltungsaufgabe übertragen werden.

[115] *Siekmann*, in: Sachs, Art. 110 Rn. 91 fordert auch nur, dass die Vorgaben für die Zustimmung des Haushaltsausschusses von Haushaltsplan und Haushaltsgesetz hinreichend genau sind; *Kewenig*, Staatsrechtliche Probleme, S. 52 geht davon aus, dass durch die Vorgaben der qualifizierten Sperrvermerke der Entscheidungsspielraum des Haushaltsausschusses allgemein ausreichend eingeschränkt sei.

auch nicht, jede Entscheidung über die Aufhebung von Sperrvermerken für unwesentlich zu halten, unabhängig davon, wie groß der Entscheidungsspielraum des Haushaltsausschusses ist.[116] Statt dieser Extreme ist folgende Differenzierung überzeugender: Eine Konditionierung, die dem Haushaltsausschuss keinen Entscheidungsspielraum einräumt, ist nur erforderlich, wenn die Entscheidung über die Aufhebung selbst bereits von politischer Bedeutung für das Gemeinwesen ist. Dies gilt etwa in dem zitierten Fall der Finanzhilfen für Griechenland und für die Beteiligung an Öffentlich-Privaten-Partnerschafts-Projekten. Anders ist es aber mangels Bedeutsamkeit beispielsweise bei einer Entscheidung über die Freigabe von 500.000 Euro für Kulturmaßnahmen.[117] Es genügt in diesem Fall, dass die Höhe der Ausgabe durch den Titel bereits festgelegt ist und dass der Grund für die Eintragung der Sperre die Entscheidung des Haushaltsausschusses über die Aufhebung der Sperre leitet.

Wenn damit auch die Genauigkeit der inhaltlichen Vorgaben des Plenums zur Aufhebung der Sperre schwankt, haben alle qualifizierten Sperrvermerke doch eines gemein: Sie sind nicht dem Haushaltsplan oder dem Haushaltsgesetz zu entnehmen. Vielmehr ergeben sich die Gründe für die Sperren und die Bedingungen für ihre Aufhebung in den der Öffentlichkeit nicht zugänglichen Protokollen des Haushaltsausschusses.[118] Dies mag der Rechtssicherheit abträglich sein, stellt aber kein grundlegendes Problem dar.[119] Der Plenarvorbehalt will gerade solche Entscheidungen dem Plenum vorbehalten, die von allen Abgeordneten in aller Öffentlichkeit beschlossen werden müssen. Wenn aber die Entscheidung des Haushaltsausschusses konditioniert und daher nicht wesentlich ist, bedarf es einer solchen Öffentlichkeit nicht. Deshalb ist es nicht ausgeschlossen, die Bedingungen für die Aufhebung dieser (nicht wesentlichen) Sperrvermerke in einer für den Bürger nicht nachvollziehbaren Form festzuhalten.

Im Gegensatz zu den qualifizierten Sperrvermerken sind die Vorgaben für die delegierte Entscheidung des Haushaltsausschusses bei Zustimmungsvorbehalten im Haushaltsgesetz enthalten. Dadurch sind diese Vorgaben ohne Weiteres für jeder-

---

[116] Vgl. *Heun*, Staatshaushalt, S. 364 f.; vgl. *Gröpl*, in: BK, Art. 110 Rn. 115; *C. Moench/Ruttloff*, DVBl. 127 (2012), 1261 (1267 f.).

[117] Siehe zu diesem Beispiel Kapitel 0452 (Die Beauftragte der Bundesregierung für Kultur und Medien), Titelgruppe 02 (Kulturförderung im Inland), Titel 894 24 – 183 (Zuschüsse für investive Kulturmaßnahmen bei Einrichtungen im Inland), Haushaltsplan 2017. *Heun*, Staatshaushalt, S. 364 f. will dem Haushaltsausschuss ebenfalls nicht einen gewissen Entscheidungsspielraum versagen, solange er sich nicht gegen den erklärten Willen des Plenums stellt. *Kewenig*, Staatsrechtliche Probleme, S. 35 nimmt – allerdings zu Unrecht; so auch *Mandelartz*, Parlament und Regierung, S. 37 – an, dass qualifizierte Sperrvermerke stets politisch bedeutsame Entscheidungen beträfen, aber ohne deshalb ihre Delegation für unzulässig zu halten.

[118] Siehe zu diesem Problem bereits *Moeser*, Beteiligung des Bundestages, S. 163 Fn. 3.

[119] Anders *Siekmann*, in: Sachs, Art. 110 Rn. 91, der verlangt, dass die Bedingungen im Haushaltsplan und im Haushaltsgesetz zu finden sind; vgl. auch *Heun*, in: Dreier, Art. 110 Rn. 40.

mann nachvollziehbar. Hingegen ähnlich wie im Falle der qualifizierten Sperrvermerke kommt dem Haushaltsausschuss auch bei Zustimmungsvorbehalten keine unbeschränkte Entscheidungskompetenz zu. Jedoch verfügt er, wie auch regelmäßig bei der Aufhebung von qualifizierten Sperren, über einen begrenzten Entscheidungsspielraum. So fordert etwa § 15 Abs. 1 S. 2 Haushaltsgesetz 2017 für das Ausbringen neuer Planstellen bei Einsparung von Stellen an anderer Stelle, dass ein „unabweisbarer, auf andere Weise nicht zu befriedigender Bedarf besteht“. In diesem Fall muss der Haushaltsausschuss prüfen, ob ein derartiger Bedarf vorhanden ist. Bei Umschichtungen, die einem Zustimmungsvorbehalt unterliegen, sind Änderungen des Zwecks von Haushaltsmitteln damit an enge tatbestandliche Voraussetzungen geknüpft und der alternative Verwendungszweck bereits konkretisiert.[120] Die mit dem Zustimmungsvorbehalt delegierte Entscheidungskompetenz ist damit weitgehend konditioniert.[121] Da die Kompetenz auch nur geringe praktische Bedeutung aufweist, damit auch keine Bedeutung für das Gemeinwesen besitzt, ist sie nicht wesentlich.[122]

ee) Zusammenfassung

Die Kompetenz, über die Aufhebung qualifizierter Sperrvermerke zu entscheiden, ist grundsätzlich keine wesentliche Kompetenz und damit delegationsfähig. Anders ist dies ausnahmsweise, wenn die Aufhebung der Sperre im Einzelfall eine für das Gemeinwesen bedeutsame Frage darstellt. Die Entscheidung über die Zustimmung zu Umschichtungen im Haushalt ist in keinem Fall wesentlich für das Gemeinwesen. Die Delegation dieser Entscheidungskompetenz in Form von Zustimmungsvorbehalten zu Gunsten des Haushaltsausschusses ist daher zulässig. Dass mit qualifizierten Sperrvermerken in der Regel und mit Zustimmungsvorbehalten allgemein keine wesentlichen Kompetenzen delegiert werden, liegt daran, dass die jeweiligen Entscheidungen bereits durch das Plenum weitgehend vorgeprägt sind und die Vorgaben des Plenums bei der Entscheidung des Haushaltsausschusses maßgebend sind. Insofern handelt es sich nicht um Delegationen von Kompetenzen zur freien Entscheidung, sondern von Kompetenzen mit beschränktem Umfang.

---

[120] *Heun*, Staatshaushalt, S. 371.

[121] Anders wohl *Kewenig*, Staatsrechtliche Probleme, S. 52, der pauschal behauptet, dass der Haushaltsausschuss der Verwendung von Haushaltsmitteln für einen ganz anderen Zweck als den im Haushaltsplan vorgesehenen zustimmen könne. Dabei übersieht er aber gerade, dass diese Umschichtung nur unter eng begrenzten Voraussetzungen möglich ist beziehungsweise die alternativen Zwecke bereits konkretisiert sind. Kritisch auch *Moeser*, Beteiligung des Bundestages, S. 181.

[122] *Heun*, Staatshaushalt, S. 368 f., 371. Die Delegation für zulässig haltend auch *Pünder*, in: Friauf/Höfling, Art. 110 Rn. 106, 105.

2. Gewährung von Finanzhilfen (Werftenrettung M-V)

Eine besondere Form einer Entscheidungskompetenz wurde dem Finanzausschuss des Landtages Mecklenburg-Vorpommern zuteil. 2012 beantragte der Betreiber von Werften in Stralsund und Wolgast, trotz bereits in der Vergangenheit gewährter staatlicher Hilfen, Insolvenz.[123] Bei der Entscheidung über weitere finanzielle Unterstützung des Betreibers sollte nun das Parlament und die parlamentarische Opposition einbezogen werden. Das hierfür am 16. Dezember 2013 verkündete Werftenförderungsgesetz[124] sieht in § 11 Abs. 4 deshalb vor, dass die Regierung bei Bürgschaften über fünf Millionen Euro die Zustimmung des Finanzausschusses einholen muss. Während ohne diese Regelung eine Entscheidung über Finanzhilfen nur durch die Regierung getroffen worden wäre, war nun zusätzlich eine Entscheidung des Parlamentes unter Beteiligung aller Fraktionen nötig. Im Gegensatz zum qualifizierten Sperrvermerk geht es hier aber nicht um die Entscheidung eines Ausschusses darüber, ob bereits vorgesehene Mittel ausgezahlt werden sollen, oder im Falle eines Zustimmungsvorbehaltes um die Umschichtung von Mitteln. Stattdessen soll der Finanzausschuss über von der Regierung beantragte neue, im Haushaltsplan nicht vorgesehene Ausgaben entscheiden.

Wäre die Gewährung einer Bürgschaft des Landes eine wesentliche Frage, dann hätte sie nicht auf den Finanzausschuss übertragen werden dürfen.[125] Entscheidend ist also, ob die Rettung von Werften für das Gemeinwesen bedeutsam ist.[126]

Diese Bedeutsamkeit kann sich zum einen bereits aus dem finanziellen Volumen der Bürgschaft ergeben. § 11 Abs. 4 Werftenförderungsgesetz fordert eine Zustimmung des Finanzausschuss bei Bürgschaften ab einer Höhe von fünf Millionen Euro. Damit könnte die Entscheidungskompetenz im Einzelfall auch Bürgschaften in signifikant größerer Höhe umfassen. So wurde 2015 über mögliche Bürgschaften für einen anderen Betreiber von Werften in Wismar, Warnemünde und Stralsund spekuliert, die 800 Millionen Euro umfassen sollten.[127] Dabei sah der Haushaltsplan

---

[123] Zur Genese des Werftenförderungsgesetzes siehe *LVerfG M-V*, Urt. v. 27.08.2015 – 1/14 –, Rn. 4 f. (zit. n. juris).

[124] GVOBl. M-V S. 720.

[125] Eine Entscheidung der Legislative über die Gewährung einer Bürgschaft verletzt nicht das Gewaltenteilungsprinzip, siehe *Kischel*, Stellungnahme zum Werftenförderungsgesetz, S. 1 f. Diese Frage betrifft aber ohnehin nur die Verteilung von Kompetenzen zwischen den Gewalten, nicht aber innerhalb ein und derselben Gewalt. Insofern ist dieses Problem lediglich eine Vorfrage für die innerparlamentarische Delegation. Eine solche ist überhaupt nur denkbar, wenn das Parlament entscheiden darf. Wenn dies aber der Fall ist, sagt sie nichts darüber aus, wie das Parlament zu entscheiden hat.

[126] Dabei ist es unerheblich, dass es sich um eine Kompetenz handelt, die ohne die Bestimmung des Werftenförderungsgesetzes der Exekutiven zukommen würde, vgl. auch *Kischel*, Stellungnahme zum Werftenförderungsgesetz, S. 5 f. Denn eine Kompetenz, die nicht wesentlich im Sinne des Parlamentsvorbehalts ist, kann dennoch wesentlich im Sinne des Plenarvorbehalts sein, siehe hierzu bereits supra S. 132 f.

[127] *Pubantz*, Ostsee-Zeitung.de vom 25.11.2015.

2014/2015 Einnahmen und Ausgaben von circa 7,3 Milliarden Euro vor. Diese Bürgschaft hätte damit etwa 11 Prozent des Haushalts entsprochen. Die Entscheidung über eine derart große Belastung für den Haushalt ist von so gravierender Bedeutung für das Gemeinwesen, dass es sich um eine wesentliche Kompetenz handelt. Daher ist in diesem Fall eine Delegation auf den Finanzausschuss unzulässig. Eine Bürgschaft in dieser Höhe und damit auch eine entsprechende Entscheidung des Finanzausschusses wären aber auch bereits nach dem Werftenförderungsgesetz unzulässig. Nach § 3 Abs. 1 S. 1 Werftenförderungsgesetz beläuft sich die Obergrenze auf 200 Millionen Euro für alle Bürgschaften nach diesem Gesetz unabhängig vom Haushaltsjahr, was weniger als 3 Prozent des Haushaltsvolumens von 2014/2015 ausmacht. § 3 Abs. 2 verschiebt diese Grenze auf 400 Millionen Euro, aber nur wenn sich der Bund beteiligt. Insgesamt umfasst die Entscheidungskompetenz des Finanzausschusses die Bewilligung von Bürgschaften über ein Volumen von insgesamt nicht mehr als etwa drei Prozent des jährlichen Haushaltes. Damit ist diese Kompetenz noch nicht von einer derartigen finanziellen Bedeutung für das Gemeinwesen, dass eine Entscheidung des Plenums zwingend wäre. Dies gilt nicht allein deshalb, weil die Kompetenz eine abstrakte und notwendig willkürliche Grenze von drei Prozent des Haushaltsvolumens nicht übersteigt.[128] Hinzu kommt hier vielmehr, dass der Finanzausschuss nicht die Kompetenz hat, die Auszahlung von Geldern in einer solchen Größenordnung zu beschließen, sondern lediglich der Gewährung von Bürgschaften zuzustimmen. Dies ist eher vergleichbar mit der Gewährung eines Kredits. Das heißt, dass im Vergleich zu qualifizierten Sperrvermerken nicht Geld für einen bestimmten Zweck final und unwiederbringlich ausgegeben wird, sondern nur kurzzeitig eingesetzt wird, in der Erwartung, dass im Rahmen zukünftiger Haushalte dieses Geld wieder eingesetzt werden kann. Im Unterschied zu einem Kredit muss bei einer Bürgschaft der Bürgende noch nicht einmal das Geld anfänglich zur Verfügung stellen. Vielmehr verspricht er nur die Zahlung unter der Bedingung, dass der Bürgschaftsschuldner zahlungsunfähig wird. Im Idealfall muss der Bürgende dabei gar nicht zahlen. Zweck der Bürgschaften im konkreten Fall ist es, das Vertrauen von Investoren in das geförderte Unternehmen zu stützen. Dass der Bürge letztlich nicht in Anspruch genommen wird, sollen die §§ 5 ff. Werftenförderungsgesetz sicherstellen, die eine (laufende) Prüfung des geförderten Unternehmens vorsehen. Bürgschaften werden also nur für Unternehmen übernommen, bei denen ein Zahlungsausfall und damit eine Inanspruchnahme des Bürgen gerade ausgeschlossen sein sollten. Die Kompetenz, die Auszahlung von Haushaltsmitteln zu beschließen, ist also nicht vergleichbar bedeutsam wie die Kompetenz, der Gewährung von Bürgschaften zuzustimmen.

Die Kompetenz zur Entscheidung über die Gewährung von Bürgschaften für Werften könnte sich aber zum anderen, unabhängig von der Höhe der Bürgschaft, aus der politischen Bedeutung der Werftenrettung für das Gemeinwesen ergeben. Im

---

[128] Zur absoluten Grenze von drei Prozent des Haushaltsvolumens siehe bereits supra S. 215 ff.

Gesetzesentwurf selbst wird die Beteiligung des Finanzausschusses damit begründet, dass diese der Bedeutung der Werftenrettung für das Land und den Risiken für den Landeshaushalt entspreche.[129] Damit erkennt der Gesetzgeber selbst die politische Relevanz der Werftenrettung an.[130] Diese ergibt sich aus der Bedeutung der Werften als einigen der größten Arbeitgeber in der Region. In Mecklenburg-Vorpommern sind in der maritimen Industrie circa 300 Unternehmen tätig, die etwa 10.000 Arbeitnehmer beschäftigen.[131] Entsprechend ist die Werftenrettung als politisch wichtige Frage auch auf ein großes, teils überregionales, mediales Echo gestoßen.[132] Bei solchen für das Gemeinwesen bedeutenden Entscheidungen, wie sie auf Bundesebene die Finanzhilfen an Griechenland oder die Beteiligung an Öffentlich-Privaten-Partnerschafts-Projekten darstellen können,[133] kann dem Finanzausschuss als Delegatar kein eigener, signifikanter Entscheidungsspielraum gewährt werden.[134] Im Falle der qualifizierten Sperrvermerke liegt immerhin bereits eine Entscheidung des Plenums vor, dass bestimmte Haushaltsmittel in bestimmter Höhe und unter bestimmten Voraussetzungen ausgezahlt werden. Dadurch ist die Freigabe durch den Haushaltsausschuss inhaltlich und der Höhe nach durch das Plenum vorbestimmt. Aber sogar dies genügt im Einzelfall nicht, wenn die Auszahlung der Mittel eine politisch bedeutsame Frage betrifft. Im Falle der Werftenrettung handelt es sich um eine solche bedeutsame Frage, wobei es zusätzlich an einer vorherigen, die Entscheidung des Finanzausschusses determinierenden Entscheidung des Plenums fehlt. Das Plenum des Landtages hat sich mit der einzelnen Bürgschaft nicht vorab befasst und inhaltliche oder die Höhe der Bürgschaft festlegende Vorgaben gemacht. Insofern ist der Finanzausschuss des Landtages M-V ungebundener als der Haushaltsausschuss des Bundestages bei der Entscheidung über die Freigabe von Haushaltsmitteln im Falle einer qualifizierten Sperre. Eine solch weitgehende, für das Gemeinwesen bedeutsame Kompetenz unterliegt dem Plenarvorbehalt. Die Kompetenz, Bürgschaftsanträgen über fünf Millionen Euro zuzustimmen, durfte daher nicht auf den Finanzausschuss delegiert werden. § 11 Abs. 4 Werftenförderungsgesetz ist damit verfassungswidrig.[135]

---

[129] LT-Drs. 6/1999, S. 11.

[130] Vgl. auch *Kischel*, Stellungnahme zum Werftenförderungsgesetz, S. 2.

[131] *Roth*, SVZ.de vom 24.05.2018.

[132] Siehe etwa *Frost*, Tagesspiegel.de vom 26.08.2012; *Müssgens/Ritter*, FAZ.net vom 05.10.2012; ohne Verfasser, SVZ.de vom 22.02.2012; ohne Verfasser, Handelsblatt.com vom 29.08.2012.

[133] Siehe hierzu zuvor supra S. 215 ff.

[134] Siehe hierzu ebenfalls bereits supra S. 218 ff.

[135] Das *LVerfG M-V*, Urt. v. 27.08.2015 – 1/14 –, hatte sich in einem Organstreitverfahren mit der Frage der Verfassungsmäßigkeit dieser Regelung zu beschäftigen, nahm aber bedauerlicherweise und zu Unrecht an, dass die Anträge bereits unzulässig seien; zum Rechtsschutz gegen innerparlamentarische Delegationen siehe noch infra S. 288 ff.

3. Kompetenzen des Haushaltsausschusses und des Sondergremiums nach dem StabMechG und ESM-FinG

Verschiedene Kompetenzen wurden dem Haushaltsausschuss des Bundestages sowie dem Sondergremium, das sich aus Mitgliedern des Haushaltsausschusses zusammensetzt, im Zuge der sogenannten Eurokrise übertragen. Die Delegation von Kompetenzen lässt sich dabei in zwei Abschnitte einteilen: Kompetenzen, die im Zuge der Errichtung der Europäischen Finanzstabilisierungsfazilität (EFSF) durch das Stabilisierungsmechanismusgesetz (StabMechG)[136] übertragen wurden (a)) sowie Kompetenzen, die im Zuge der Errichtung des Europäischen Stabilitätsmechanismus (ESM) durch das ESM-Finanzierungsgesetz (ESM-FinG)[137] übertragen wurden (b)).

Bereits im Vorfeld dieser Maßnahmen wurde ein Versuch unternommen, den Euroraum zu stabilisieren.[138] Hierbei ging es aber zunächst allein um die Unterstützung Griechenlands. Am 8. Mai 2010 schlossen die Eurostaaten eine Vereinbarung über die Errichtung einer Darlehensfazilität mit einem Volumen von 80 Milliarden Euro, um die Zahlungsunfähigkeit Griechenlands abzuwenden. Hierdurch wurden Griechenland koordinierte, bilaterale Darlehen zugesichert, die allerdings mit der Erwartung von Reformen Griechenlands verbunden waren. Für Deutschland wurde die Kreditanstalt für Wiederaufbau (KfW) als Darlehensgeberin für den deutschen Anteil von 22,4 Milliarden Euro vorgesehen. Damit diese die Kredite für Griechenland zu günstigeren Konditionen finanzieren konnte, wurde der Finanzminister durch § 1 Abs. 1 S. 1 Währungsunion-Finanzstabilitätsgesetz (WFStG)[139] ermächtigt, Gewährleistungen für die Kredite der KfW an Griechenland zu übernehmen. Entscheidungsrechte wurden hierbei dem Haushaltsausschuss nicht übertragen. Vielmehr sieht § 1 Abs. 3 WFStG lediglich eine Pflicht vor, den Haushaltsausschuss über die Übernahme von Gewährleistungen zu unterrichten. In diesem frühen Stadium der Eurorettung kam es also noch nicht zu Delegationen von Kompetenzen auf den Haushaltsausschuss.

---

[136] Gesetz zur Übernahme von Gewährleistungen im Rahmen eines europäischen Stabilisierungsmechanismus vom 22.05.2010 (BGBl. I, S. 627).

[137] Gesetz zur finanziellen Beteiligung am Europäischen Stabilitätsmechanismus vom 13.09.2012 (BGBl. I, S. 1918).

[138] Siehe hierzu ausführlich *Röger*, Finanzhilfemechanismen, S. 40 ff.; kurz auch: *Häde*, Euro-Rettung, S. 11; *Hild*, Staatsschuldenkrise, S. 89 ff.; *Peterek*, in: v. Arnauld/Hufeld, Lissabon-Begleitgesetze, § 18 Rn. 2.

[139] Im vollen Wortlaut trägt das WFStG den einprägsamen Titel: Gesetz zur Übernahme von Gewährleistungen zum Erhalt der für die Finanzstabilität in der Währungsunion erforderliche Zahlungsfähigkeit der Hellenischen Republik vom 07.05.2010 (BGBl. I, S. 537).

a) Delegationen durch das StabMechG

Das StabMechG ermöglicht innerstaatlich die Beteiligung an der EFSF (aa)). In späteren Fassungen des Gesetzes wurden sowohl dem Haushaltsausschuss (bb)) als auch dem Sondergremium (cc)) Kompetenzen übertragen.

aa) EFSF

Schon während über die beschriebene Griechenlandhilfe verhandelt wurde, zeichnete sich ab, dass auch andere Eurostaaten in Schieflage geraten könnten. Einige konnten sich nur noch zu Konditionen finanzieren, die nicht auf Dauer tragbar waren. Anfang Mai 2010 wurde deshalb die European Financial Stability Facility in der, einer deutschen Kapitalgesellschaft entsprechenden, Gesellschaftsform einer Société Anonyme nach luxemburgischen Recht gegründet. Die EFSF war von vornherein nur als vorübergehender Mechanismus zur Bewältigung der Eurokrise vorgesehen; Finanzhilfen konnten nur bis zum 30. Juni 2013 beschlossen werden. Die mit einem Grundkapital von circa 30 Milliarden Euro ausgestattete EFSF sollte in Not geratene Eurostaaten finanziell unterstützten, was verbunden wurde mit bestimmten Reformerwartungen an den unterstützten Eurostaat. Für die auszuzahlenden Finanzhilfen musste die EFSF sich Geld auf dem Kapitalmarkt beschaffen. Ein schwieriges Unterfangen bei einem hohen Ausfallrisiko der Finanzhilfen an notleidende Eurostaaten und einem vergleichsweise niedrigen Grundkapital. Um eine günstige Finanzierung der Finanzhilfen der EFSF auf dem Kapitalmarkt zu ermöglichten, übernahmen die Eurostaaten Gewährleistungen in Form von Bürgschaften[140] für die Verbindlichkeiten der EFSF gegenüber ihren Gläubigern. Alle Eurostaaten waren zur Gewährung von Bürgschaften in einer Gesamthöhe von etwa 780 Milliarden Euro, Deutschland entsprechend dem Beitragsschlüssel anteilig in einer Höhe von circa 211 Milliarden Euro, verpflichtet. Innerstaatlich ermächtigt § 1 Abs. 1 S. 1 StabMechG das Bundesministerium für Finanzen, Gewährleistungen in diesem Umfang für Finanzierungsgeschäfte der EFSF zu übernehmen.[141]

Die Finanzhilfen, die den notleidenden Eurostaaten gewährt wurden, konnten verschiedene Formen annehmen. In erster Linie handelte es sich hierbei um Darlehen der EFSF. Dieses Instrument stellte sich allerdings als nicht flexibel genug heraus, insbesondere um eine Ansteckungsgefahr zu vermeiden. Diese Ansteckungsgefahr ergab sich beispielsweise aus der grenzüberschreitenden Tätigkeit von Finanzinstituten. Geraten diese wegen der Rezession eines Eurostaates in Gefahr, kann dies

[140] Gewährleistungen ist nur der Oberbegriff, den das StabMechG verwendet; der EFSF-Rahmenvertrag (ein Vertrag zwischen den Eurostaaten und der EFSF, welcher englischem Recht unterliegt, *Röger*, Finanzhilfemechanismen, S. 88) verpflichtet konkreter zur Übernahme von Bürgschaften, *Röger*, Finanzhilfemechanismen, S. 119 ff., 134.

[141] Siehe hierzu ausführlich *Röger*, Finanzhilfemechanismen, S. 87 ff.; vgl. kurz auch: *Häde*, Euro-Rettung, S. 13 f.; *Hild*, Staatsschuldenkrise, S. 95 ff.; *Peterek*, in: v. Arnauld/Hufeld, Lissabon-Begleitgesetze, § 18 Rn. 2; *Schmidt*, in: HStR XI, § 252 Rn. 39.

auch zu finanziellen Schwierigkeiten in einem anderen Eurostaat führen, in dem diese Institute tätig sind. Um dieser Gefahr zu begegnen, wurde das Instrument vorsorglicher Fazilitäten geschaffen, die auch kurzfristig abrufbare Kreditlinien vorsahen oder Zertifikate gegen den teilweisen Ausfall von Staatsanleihen ausgaben, um die Zinslast des die Staatsanleihen emittierenden Eurostaates zu senken. Daneben stand auch das Instrument einer Fazilität zur Rekapitalisierung von Finanzinstituten zur Verfügung, um gerade notleidenden grenzüberschreitenden Finanzinstituten, von denen eine Ansteckungsgefahr für mehrere Eurostaaten ausgehen konnte, zu helfen. Schließlich war es der EFSF auch möglich, Staatsanleihen von in Not geratenen Eurostaaten direkt am Primärmarkt oder aber am Sekundärmarkt zu kaufen. Mit Käufen am Primärmarkt wurde das Risiko gesenkt, dass die Auktion von Staatsanleihen des Eurostaates fehlschlägt oder zu wenige Anleihen verkauft werden und dadurch die Kapitalisierung des Eurostaates insgesamt gefährdet gewesen wäre. Die Möglichkeit, Käufe von Anleihen am Sekundärmarkt vorzunehmen, wurde vorgesehen, da die Preise für Anleihen auf dem Sekundärmarkt auch Auswirkung auf die Preise auf dem Primärmarkt haben. Mit anderen Worten kann unter Umständen ein Staat, dessen Anleihen auf dem Sekundärmarkt nicht gekauft werden oder nur zu hohen Preisen, auf dem Primärmarkt mangels Nachfrage keine Anleihen mehr versteigern oder nur zu nicht tragbaren Konditionen.[142]

bb) Kompetenzen des Haushaltsausschusses

Dem Haushaltsausschuss wurden nach § 4 StabMechG ein allgemeines Beteiligungsrecht sowie ein Zustimmungsrecht und nach § 1 Abs. 5 StabMechG ein Zustimmungsrecht bei Erhöhung des Gewährleistungsrahmens nach § 1 Abs. 1 StabMechG übertragen.[143]

(1) § 4 StabMechG: Beteiligungsrecht

Nach § 4 Abs. 1 S. 1 StabMechG ist der Haushaltsausschuss an allen die Haushaltsverantwortung des Deutschen Bundestages berührenden Angelegenheiten der EFSF zu beteiligen, sofern nicht nach § 3 StabMechG eine Entscheidung des Plenums vorgesehen ist. Nach § 3 Abs. 1 S. 1 StabMechG ist eine Zustimmung des Bundestages (i. e. das Plenum) erforderlich, wenn eine Entscheidung in Angelegenheiten der EFSF die haushaltspolitische Gesamtverantwortung des Bundestages berührt. Die §§ 3 und 4 StabMechG unterscheiden also zwischen Angelegenheiten, die nur die Haushaltsverantwortung des Bundestages berühren, und solchen, die die haushaltspolitische Gesamtverantwortung berühren und die eine Zustimmung des

---

142 Siehe hierzu ausführlich *Röger*, Finanzhilfemechanismen, S. 100 ff.; kurz: *Häde*, Euro-Rettung, S. 14.

143 Mit Beteiligungsrechten und Zustimmungsrechten ist hier und im Folgenden die Einflussnahme auf den deutschen Vertreter innerhalb der EFSF gemeint. Ein Zustimmungsrecht des Haushaltsausschusses oder auch des Sondergremiums meint damit nur, dass der Haushaltsausschuss über die Zustimmung des deutschen Vertreters bei der EFSF entscheiden darf.

Plenums erfordern. § 3 Abs. 2 StabMechG nennt Regelbeispiele für solche Entscheidungen, die eine Zustimmung des Plenums erfordern, unter anderem die Vereinbarung einer Finanzhilfe zwischen der EFSF und einem Eurostaat sowie wesentliche Änderungen einer solchen Vereinbarung.[144]

Ist also keine Entscheidung des Plenums nach § 3 StabMechG erforderlich, so ist der Haushaltsausschuss zu beteiligen. Hierbei geht es im Wesentlichen nur um das Recht dieses Ausschusses zur Stellungnahme, § 4 Abs. 1 S. 2, Abs. 3 StabMechG. Aber auch wenn die Leitlinien des Direktoriums der EFSF geändert werden sollen, genügte die Zustimmung des Haushaltsausschusses. Diese Leitlinien konkretisieren, wie eine Vereinbarung von Finanzhilfen (beispielsweise über den Ankauf von Staatsanleihen auf dem Primärmarkt) zustande kommt und was sie enthalten muss.[145] Da diese Leitlinien einen signifikanten Einfluss darauf haben können, ob im Einzelfall Finanzhilfe gewährt wird, ist die Kompetenz des Haushaltsausschusses, über die Annahme oder Änderung solcher Leitlinien zu entscheiden, durchaus bedeutsam. Gleichwohl konnte dieser nach § 4 Abs. 2 Nr. 1 StabMechG in der Fassung vom 09. 10. 2011[146] hierüber entscheiden. Erst seit der Fassung vom 23. 05. 2012[147] sieht § 4 Abs. 2 StabMechG nur noch vor, dass der Haushaltsausschuss nicht mehr über die Annahme von Leitlinien, sondern nur über ihre nicht wesentliche Änderung entscheiden kann. Annahme und wesentliche Änderungen sind nun nach § 3 Abs. 2 Nr. 5 StabMechG explizit dem Plenum vorbehalten.

Insgesamt delegiert § 4 StabMechG nur eine unwesentliche Entscheidungskompetenz und ein allgemeines Beteiligungsrecht auf den Haushaltsausschuss. Das Recht des Haushaltsausschusses zur Stellungnahme entzieht dem Plenum dabei nicht die Möglichkeit, selbst Stellung zu nehmen, vgl. § 4 Abs. 4 StabMechG. Von der Wesentlichkeit der delegierten Kompetenzen ist daher nicht auszugehen.

(2) § 1 Abs. 5 StabMechG: Zustimmungsrecht

Eine bedeutsamere Entscheidungskompetenz wird durch § 1 Abs. 5 StabMechG auf den Haushaltsausschuss delegiert. Danach kann der Gewährleistungsrahmen nach § 1 Abs. 1 StabMechG (also 211 Milliarden Euro) mit der Einwilligung des

[144] In seiner ursprünglichen Fassung besaß das StabMechG nur einen § 1. Eine Beteiligung von Bundestag und Haushaltsausschuss, wie er in den derzeitigen Fassung in §§ 3 f. vorgesehen ist, fehlte. Diese wurden erst eingefügt, nachdem das *BVerfG*E 129, 124 (185 f.), feststellte, dass § 1 Abs. 4 S. 1 StabMechG in seiner ursprünglichen Fassung so ausgelegt werden müsse, dass der Haushaltsausschuss der Übernahme von Gewährleistungen zuzustimmen habe. Ob aber eine Zustimmung des Haushaltsausschusses an Stelle des Plenums genügte, erörterte das Bundesverfassungsgericht interessanterweise hier noch nicht, sondern erst – und zwar sehr ausführlich – in einer kurz darauf folgenden Entscheidung, *BVerfG*E 130, 318; auf diese Diskrepanz hinweisend *Ketterer/Van Roosebeke*, BayVBl. 143 (2012), 466 (467); *Sauer*, StaatsR III, § 9 Rn. 45j.

[145] Vgl. *Röger*, Finanzhilfemechanismen, S. 89.

[146] Änderungsgesetz vom 09. 10. 2011 (BGBl. I, S. 1992).

[147] Änderungsgesetz vom 23. 05. 2012 (BGBl. I, S. 1166).

Haushaltsausschusses um 20 Prozent überschritten werden. Dies bedeutet, dass der Ausschuss über eine potentiell zusätzliche Verpflichtung von 42 Milliarden Euro entscheiden kann, was mehr als zehn Prozent des gegenwärtigen Haushaltsvolumens entspricht. Dennoch handelt es sich nicht um eine wesentliche Kompetenz. Denn zum einen geht es hier nur um die Erhöhung des Gewährleistungs*rahmens*, das heißt, dass weiterhin jeder konkreten Finanzhilfe für einen notleidenden Eurostaat jenseits des ursprünglichen Gewährleistungsrahmens in jedem Einzelfall zugestimmt werden muss und dann wiederum das Plenum nach § 3 Abs. 2 Nr. 1 StabMechG die Entscheidung trifft. Aus der Erhöhung des Gewährleistungsrahmens ergibt sich also noch keine Verpflichtung zur Übernahme weiterer Bürgschaften. Zum anderen ist die eigentliche, wesentliche Entscheidung bereits im Vorfeld der möglichen Erhöhung getroffen worden. Das Plenum hat § 1 Abs. 1 S. 1 StabMechG, der Gewährleistungen in einer Höhe von 211 Milliarden Euro vorsieht, zugestimmt und damit die politisch relevante Entscheidung gefällt. Die nachträgliche Erhöhung des Rahmens ist keine vergleichbar grundlegende, politische Entscheidung. Schließlich ist die Erhöhung des Gewährleistungsrahmens nur unter den Voraussetzungen des § 37 Abs. 1 S. 2 BHO möglich. Danach muss ein unvorhergesehenes und unabweisbares Bedürfnisses für die Erhöhung vorliegen. Die Entscheidungskompetenz des Haushaltsausschusses ist damit von vornherein konditioniert und auf das Vorliegen einer Ausnahmesituation begrenzt. Im Ergebnis handelt es sich bei der Entscheidungskompetenz des § 1 Abs. 5 StabMechG folglich nicht um eine wesentliche, nicht delegierbare Kompetenz.

cc) Kompetenzen des Sondergremiums

Das StabMechG in seiner Fassung vom 09.10.2011[148] sah in § 3 Abs. 3 die Errichtung eines Sondergremiums[149] vor. Dieses setzte sich aus Mitgliedern des Haushaltsausschusses zusammen, sollte aber die kleinstmögliche Anzahl an Mitgliedern umfassen, bei der jede Fraktion zumindest ein Mitglied stellt, § 3 Abs. 3 S. 2 StabMechG. Dieses Gremium sollte in Fällen besonderer Eilbedürftigkeit oder Vertraulichkeit die Beteiligungsrechte des Bundestages nach § 3 Abs. 1 StabMechG wahrnehmen, § 3 Abs. 3 S. 1 StabMechG. Demnach konnte statt des Plenums dieses Gremium einer Vereinbarung über die Gewährung von Finanzhilfen durch die EFSF entscheiden, was mit der Verpflichtung zur Übernahme von nationalen Gewährleistungen für die Finanzierung dieser Finanzhilfen und damit mit einer signifikanten finanziellen Verpflichtung des Bundes einhergegangen wäre. Nach § 3 Abs. 3 S. 3 StabMechG wurde die besondere Eilbedürftigkeit und Vertraulichkeit sogar vermutet, wenn es um Finanzhilfen ging, die eine Ansteckungsgefahr verhindern sollten. Dabei ging es etwa um die Rekapitalisierung von Finanzinstituten oder den Ankauf von Staatsanleihen auf dem Primär- oder dem Sekundärmarkt.

---

[148] Änderungsgesetz vom 09.10.2011 (BGBl. I, S. 1992).

[149] Diese Bezeichnung findet sich allerdings erst in der Fassung vom 23.05.2012, siehe Änderungsgesetz vom 23.05.2012 (BGBl. I, S. 1166).

Aufgrund einer Entscheidung des Bundesverfassungsgerichts wurde das StabMechG geändert und die Reichweite der auf das Sondergremium delegierten Kompetenzen deutlich beschnitten.[150] In der aktuellen Fassung vom 23.05.2012[151] sieht § 3 Abs. 3 S. 1 StabMechG nur noch vor, dass das Sondergremium im Ausnahmefall über den Ankauf von Staatsanleihen auf dem Sekundärmarkt entscheiden und nicht mehr pauschal alle Kompetenzen des Plenums nach § 3 Abs. 1 StabMechG wahrnehmen darf. Zudem kann das Sondergremium nur aus Gründen besonderer Vertraulichkeit entscheiden, eine besondere Eilbedürftigkeit reicht demgegenüber nicht mehr aus. Dies liegt daran, dass das Bundesverfassungsgericht in seiner Entscheidung zum StabMechG in seiner Fassung vom 09.10.2011[152] infrage stellte, ob es eine Entscheidung des Sondergremiums aus Gründen der Eilbedürftigkeit brauche.[153] Der zeitliche Vorteil der Befassung einer im Vergleich zum Plenum deutlich geringeren Anzahl Beteiligter war zwar zunächst naheliegend.[154] Die wenigen Mitglieder des Sondergremiums sind schneller geladen und kommen zügiger zusammen als über 600 Abgeordnete im Plenum. Es genügten nach Ansicht des Bundesverfassungsgerichts allerdings nicht irgendeine Zeitersparnis, vielmehr sei vorauszusetzen, dass das Plenum nicht zeitnah zusammenfinden oder beraten und beschließen könne, die Entscheidung also gerade nur in diesem Untergremium getroffen werden könne.[155] Zweifel daran, dass es sich um eine derart eilbedürftige Entscheidung handelt, äußerte das Gericht, weil die Finanzhilfen nicht unmittelbar im Anschluss an eine Entscheidung des Sondergremiums umgesetzt werden sollten, es also ausreichend Zeit für eine Befassung des Plenums gegeben hätte. Zudem kritisierte es, dass die Gewährung von Finanzhilfen vielfältige Vorbereitungs- und Ausführungsmaßnahmen erfordere, was regelmäßig gegen die Eilbedürftigkeit einer Entscheidung spreche. Schließlich seien für die Mitglieder des Sondergremiums keine Stellvertreter vorgesehen, wodurch bei Verhinderung schon weniger Mitglieder das Sondergremium beschlussunfähig gewesen wäre.[156] Eine Delegation zu Gunsten des Haushaltsausschusses, der wohl tatsächlich schneller zusammen kommen und entscheiden könnte, wäre demgegenüber wohl zulässig gewesen.[157] Denn im Gegensatz zum Sondergremium verfügen die Mitglieder des Haushaltsausschusses über Stellvertreter.[158] Letztlich schien das Sondergremium damit nicht

---

[150] *BVerfG*E 130, 318; vgl. hierzu bereits supra S. 58, 61.

[151] Änderungsgesetz vom 23.05.2012 (BGBl. I, S. 1166).

[152] Änderungsgesetz vom 09.10.2011 (BGBl. I, S. 1992).

[153] Siehe hierzu und zum Folgenden *BVerfG*E 130, 318 (360 f.). Für eine enge Auslegung des Begriffs der Eilbedürftigkeit auch *Calliess*, NVwZ 31 (2012), 1 (6).

[154] Vgl. *BVerfG*E 130, 318 (361). Hierzu bereits ausgesprochen kritisch: *Wiefelspütz*, ZParl 43 (2012), 227 (241 f.).

[155] *BVerfG*E 130, 318 (359 f.).

[156] *BVerfG*E 130, 318 (361); hierzu etwa auch *O. Moench*, Bundestagsausschüsse, S. 205 und *Schürmann*, in: Morlok/Schliesky/Wiefelspütz, Parlamentsrecht, § 19 Rn. 29.

[157] *BVerfG*E 130, 318 (361).

[158] *BVerfG*E 130, 318 (361).

geeignet, besonders eilbedürftige Entscheidungen zu treffen.[159] Zwar sieht § 3 Abs. 3 S. 3 StabMechG mittlerweile vor, dass die Mitglieder des Sondergremiums über Stellvertreter verfügen; auf den Delegationsgrund der besonderen Eilbedürftigkeit wurde dennoch verzichtet.

Nach all diesen Änderungen blieb dem Sondergremium, bis zum Auslaufen der Möglichkeit der Gewährung von Finanzhilfen durch die EFSF am 30. Juni 2013, nur die Kompetenz, bei besonderer Vertraulichkeit über den Ankauf von Staatsanleihen auf dem Sekundärmarkt durch die EFSF zu entscheiden. Die Ausübung dieser Kompetenz hätte erhebliche finanzielle Auswirkungen für die Bundesrepublik Deutschland haben können. Hätte das Sondergremium zugestimmt und die EFSF Staatsanleihen auf dem Sekundärmarkt gekauft, so hätte Deutschland anteilig Gewährleistung für die Finanzierung dieser Hilfsmaßnahme übernehmen müssen. Da der Anteil Deutschlands am Gewährleistungsrahmen etwa 211 Milliarden Euro betrug, hätte es bei Inanspruchnahme einer Gewährleistung in denkbar größtem Umfang zu einer Haftung von etwa Zweidritteln des gegenwärtigen Haushaltsvolumens kommen können. Der Konjunktiv verrät bereits, dass es dazu nie gekommen ist: Deutschland musste weder in maximaler noch in geringerer Höhe Gewährleistung für die Finanzierung des Ankaufs von Staatsanleihen durch die EFSF übernehmen. Ein Ankauf von Staatsanleihen wurde nie von der EFSF und später auch nicht vom ESM durchgeführt.[160] Dies lag nicht zuletzt daran, dass die EZB bereits seit 2010 öffentliche und private Schuldverschreibungen auf dem Sekundärmarkt und seit 2012 Staatsanleihen von Eurostaaten kaufte, die Finanzhilfen von der EFSF oder dem ESM erhielten.[161] Die Notwendigkeit eines Ankaufs durch die EFSF oder den ESM erübrigte sich damit.

Nun hängt die Wesentlichkeit einer Kompetenz selbstredend nicht davon ab, ob sie genutzt wurde. Gegen ihre Wesentlichkeit spricht aber auch hier, dass es nur um die Übernahme einer Bürgschaft ging. Das Sondergremium hätte also nicht über die direkte Auszahlung von Haushaltsgeldern entscheiden können, sondern nur darüber, ob unter bestimmten Umständen (Zahlungsausfall des Eurostaates) eine solche Zahlung erfolgen solle. Im Normalfall, denn zu einem Zahlungsausfall kam es nicht, wäre der Haushalt also nicht durch die Entscheidung des Sondergremiums belastet worden. Zusätzlich spricht gegen die Wesentlichkeit der Kompetenz des Sondergremiums, dass seine Entscheidung weitgehend konditioniert gewesen wäre.[162] So

---

[159] *BVerfGE* 130, 318 (360 f.). Zustimmend etwa *Schürmann*, in: Morlok/Schliesky/Wiefelspütz, Parlamentsrecht, § 19 Rn. 29 und *Wiefelspütz*, ZParl 43 (2012), 227 (240 ff.).

[160] Für die EFSF siehe *EFSF*, Report 2016, S. 6 ff.; vgl. auch *Hild*, Staatsschuldenkrise, S. 98. Für den ESM siehe *Wall/Boettcher/Koerner*, European integration, S. 4.

[161] Vgl. zu den Ankaufprogrammen der EZB und ihrer Zulässigkeit *BVerfGE* 142, 123; vgl. auch *Hild*, Staatsschuldenkrise, S. 99 ff.

[162] Vgl. auch *O. Moench*, Bundestagsausschüsse, S. 208 f. Die Voraussetzungen für die Gewährung von Finanzhilfe nach dem StabMechG sind teilweise enger als die nach dem EFSF-Rahmenvertrag zwischen der EFSF und Eurostaaten vereinbarten, *Röger*, Finanzhilfemechanismen, S. 132 f. Da aber das StabMechG binnenrechtlich unabhängig davon verbindlich ist,

erlaubte § 1 Abs. 2 S. 1 StabMechG die Gewährung von Finanzhilfen allgemein nur, wenn sie dem Erhalt der Zahlungsfähigkeit eines Mitgliedsstaates dienten und sie unabdingbar waren, um die Stabilität des Euro-Währungsgebietes insgesamt zu wahren. Ob eine solche Gefährdung der Finanzstabilität des Euro-Währungsgebietes vorlag, hätten gem. § 1 Abs. 2 S. 2 StabMechG die Eurostaaten zu beurteilen gehabt, allerdings ohne den um Finanzhilfe ersuchenden Eurostaat, dafür aber gemeinsam mit der EZB und nach Möglichkeit mit dem IWF einvernehmlich. Darüber hinaus konnte unter anderem der Ankauf von Staatsanleihen auf dem Sekundärmarkt nur zur Verhinderung von Ansteckungsgefahren erfolgen, § 1 Abs. 2 S. 3 StabMechG. Schließlich wurde konkret der Ankauf von Staatsanleihen auf dem Sekundärmarkt nach § 1 Abs. 2 S. 4 StabMechG davon abhängig gemacht, dass die EZB außergewöhnliche Umstände auf dem Finanzmarkt feststellte. All diese Voraussetzungen stellten sicher, dass diese Form von Finanzhilfe nur in besonderen Ausnahmesituationen erfolgen konnte. Dies bedeutet, dass das Sondergremiums nicht nach Belieben über den Ankauf von Staatsanleihen auf dem Sekundärmarkt hätte entscheiden können. Vorab hätten verschiedene Akteure bereits die engen Voraussetzungen für dieses Finanzhilfeinstrument prüfen und ihnen zustimmen müssen. Erst danach hätte das Sondergremium seine Zustimmung erteilen oder verweigern können und dies auch nur, wenn die Entscheidung hierüber besondere Vertraulichkeit erfordert hätte. Damit hätte das Sondergremium nur über eine Maßnahme entscheiden können, die für einen besonderen Ausnahmefall vorgesehen war und zusätzlich hätte es diese Entscheidung nur in einem besonderen Ausnahmefall selbst treffen können. Die Geltendmachung der besonderen Vertraulichkeit der Entscheidung durch die Bundesregierung nach § 3 Abs. 3 S. 1 StabMechG, von der die Kompetenz des Sondergremiums abhängig war, konnte zudem nach Ansicht des Bundesverfassungsgerichts nur erfolgen, wenn schon die Tatsache, dass über den Ankauf von Staatsanleihen auf dem Sekundärmarkt beraten wird, hätte geheim gehalten werden müssen.[163] Dies wiederum wäre nur dann der Fall gewesen, wenn das Bekanntwerden der Beratung bereits den Erfolg dieser Maßnahme von vornherein unmöglich gemacht hätte.[164]

Insgesamt mag zwar die Kompetenz des Sondergremiums durchaus politisch bedeutsam gewesen sein, da sie zu einer signifikanten Belastung des Bundeshaushalts hätte führen können. Allerdings war die Kompetenz von mehreren Faktoren abhängig und bestand nur in einer extremen Ausnahmesituation. Aufgrund dessen handelte es sich hierbei nicht um eine wesentliche Kompetenz, die dem Plenarvorbehalt unterfallen und daher nicht delegierbar gewesen wäre.

---

werden die Kompetenzen des Finanzministers und auch des Sondergremiums damit konditioniert.

163 *BVerfG*E 130, 318 (362); siehe zudem bereits supra S. 60 f.

164 *BVerfG*E 130, 318 (362 f.).

b) Delegationen durch das ESM-FinG

Mit dem ESM-Gesetz[165] wurde die Zustimmung zum völkerrechtlichen[166] ESM-Vertrag zur Errichtung des ESM (aa)) erteilt. Das ESM-FinG hingegen sieht vor, in welcher Weise sich Deutschland am ESM beteiligt und welche Kompetenzen von der Bundesregierung und vom Bundestag – genauer: vom Plenum, Haushaltsausschuss (bb)) und Sondergremium (cc)) – wahrgenommen werden.

aa) ESM

Im Gegensatz zur von vornherein als vorläufig geplanten EFSF stellt der ESM[167] einen dauerhaften Stabilitätsmechanismus dar. Beim ESM handelt es sich um eine eigenständige internationale Finanzinstitution mit eigener Rechtspersönlichkeit, die durch den von den Eurostaaten geschlossenen ESM-Vertrag gegründet wurde. Er verfügt über ein Stammkapital von circa 705 Milliarden Euro, die sich aus rund 80,5 Milliarden Euro Bareinlagen (eingezahltes Kapital) und aus etwa 624 Milliarden Euro Gewährleistungen (abrufbares Kapital) zusammensetzt. Benötigt der ESM Kapital jenseits der Bareinlagen, sind die Mitglieder verpflichtet, ihrem Anteil gemäß das abrufbare Kapital bereitzustellen. Der deutsche Anteil am Barkapital beträgt 21,7 Milliarden, an den Gewährleistungen 168,3 Milliarden Euro, § 1 Abs. 1 ESM-FinG. Auch der ESM finanziert die jeweilige Finanzhilfe nicht mit eigenem Kapital, sondern über den Kapitalmarkt. Durch das hohe Stammkapital soll eine günstige Finanzierung ermöglicht werden.

Die Finanzhilfeinstrumente, die dem ESM offenstehen, ähneln weitgehend denen, die der EFSF zustanden. So kann der ESM notleidenden Eurostaaten Darlehen gewähren, aber auch Ankäufe von Staatsanleihen auf dem Primär- und dem Sekundärmarkt durchführen, vorsorgliche Finanzhilfen und Finanzhilfen zur Rekapitalisierung von Finanzinstitutionen gewähren. Die Gewährung von Finanzhilfen ist auch hier wieder mit bestimmten Reformerwartungen an den um Hilfe ersuchenden Eurostaat verbunden.

bb) Kompetenzen des Haushaltsausschusses

Wie auch das StabMechG regelt das ESM-FinG die Kompetenzen[168] des Haushaltsausschusses in Abgrenzung zu den Kompetenzen des Plenums. Nach § 4 Abs. 1

---

[165] Gesetz zum Vertrag vom 2. Februar 2012 zur Errichtung des Europäischen Stabilitätsmechanismus vom 13.09.2012 (BGBl. II, S. 981).

[166] *Röger*, Finanzhilfemechanismen, S.157 f.

[167] Siehe zum ESM ausführlich *Röger*, Finanzhilfemechanismen, S. 151 ff.; siehe auch: *Hild*, Staatsschuldenkrise, S. 105 ff.; *Peterek*, in: v. Arnauld/Hufeld, Lissabon-Begleitgesetze, § 18 Rn. 9 ff.; *Schmidt*, in: HStR XI, § 252 Rn. 40.

[168] Kompetenzen des Plenums, des Haushaltsausschusses und des Sondergremiums beziehen sich auch hier nur auf die Einflussnahme auf das Verhalten des deutschen Vertreters beim

S. 1 ESM-FinG nimmt das Plenum die haushaltspolitische Gesamtverantwortung wahr, nach § 5 Abs. 1 S. 1 ESM-FinG ist der Haushaltsausschuss dagegen berufen in allen sonstigen Angelegenheiten des ESM, die „nur“ die Haushaltsverantwortung berühren. Die haushaltspolitische Gesamtverantwortung ist nach § 4 Abs. 1 S. 2 Nr. 1 ESM-FinG insbesondere betroffen – und damit eine Entscheidung des Plenums zwingend –, wenn es um die Entscheidung geht, einem Eurostaat Finanzhilfe zu gewähren. Weiterhin kann nur das Plenum entscheiden, ob ein sogenanntes Memorandum of Understanding angenommen werden soll, das die mit der Finanzhilfe verbundenen Auflagen enthält (Nr. 2). Schließlich ist eine Entscheidung des Plenums auch erforderlich, wenn es um die Veränderung der Höhe des Stammkapitals des ESM geht (Nr. 3) oder wenn die Obergrenze einzelner Finanzhilfen festgelegt oder geändert werden soll (Nr. 4).

Nicht vergleichbare wichtige Entscheidungen werden von § 5 Abs. 2 S. 1 ESM-FinG auf den Haushaltsausschuss delegiert. Dies betrifft etwa die Anpassung einer bereits beschlossenen Finanzhilfe ohne Erhöhung des Volumens dieser Hilfsmaßnahme und ohne wesentliche Änderung ihrer Bedingungen, § 5 Abs. 2 S. 1 Nr. 1 ESM-FinG. Diese Entscheidung hat also keine unmittelbaren finanziellen Konsequenzen. Sie verändert insbesondere nicht signifikant die bereits vom Plenum getroffene Entscheidung über die Gewährung einer Finanzhilfe nach § 4 Abs. 1 S. 2 Nr. 1 ESM-FinG und ist damit nicht wesentlich. Nach Nr. 2 muss nur der Haushaltsausschuss zustimmen, wenn von den Mitgliedern abrufbares Kapital – also jenseits der Bareinlage – abgerufen werden soll oder wenn die Regelungen und Bedingungen hierfür wesentlich geändert werden sollen. Dies scheint dem Haushaltsausschuss eine finanziell bedeutsame Entscheidungskompetenz zu gewähren. Tatsächlich kommt es zu einem Kapitalabruf aber nur, wenn dies in Folge der Gewährung von Finanzhilfen notwendig ist. Ob Finanzhilfen gewährt werden, entscheidet innerstaatlich aber das Plenum (§ 4 Abs. 1 S. 2 Nr. 1 ESM-FinG). Daher ist die Entscheidung über Kapitalabrufe nicht wesentlich. Auch die weiteren von § 5 Abs. 2 S. 1 ESM-FinG aufgezählten Kompetenzen des Haushaltsausschusses haben eine untergeordnete Bedeutung und betreffen nur unwesentliche Modalitäten. Die grundlegenden Entscheidungen, insbesondere ob Finanzhilfe gewährt werden soll, wird weiterhin vom Plenum getroffen. Insgesamt sind die dem Haushaltsausschuss nach § 5 ESM-FinG delegierten Entscheidungskompetenzen nicht wesentlich und unterliegen folglich nicht dem Plenarvorbehalt.

cc) Kompetenzen des Sondergremiums

Die Kompetenz, die dem Sondergremium nach § 6 ESM-FinG übertragen wurde, entspricht beinahe übereinstimmend derjenigen, die § 3 Abs. 3 StabMechG delegiert. Das Sondergremium setzt sich genauso zusammen wie das Sondergremium

---

ESM. Stimmt das Plenum etc. nicht zu, muss sich der deutsche Vertreter bei einer Abstimmung entsprechend verhalten, vgl. § 4 Abs. 2, § 5 Abs. 2 S. 2, 4 ESM-FinG.

nach dem StabMechG; tatsächlich nimmt das Sondergremium nach dem StabMechG die Rechte nach § 6 ESM-FinG wahr, § 6 Abs. 2 S. 3 ESM-FinG. Erst nach dem Außerkrafttreten des StabMechG und damit dem Ende des Sondergremiums nach § 3 Abs. 3 StabMechG wurde erstmals das Sondergremium nach § 6 Abs. 2 ESM-FinG aus Mitgliedern des Haushaltsausschusses samt Stellvertretern gewählt, § 6 Abs. 2 S. 4 ESM-FinG. Da Notmaßnahmen der EFSF und dafür erforderliche Gewährleistungsübernahmen nur bis zum 30.06.2013 möglich waren, bildet sich das Sondergremium nunmehr ausschließlich nach § 6 ESM-FinG und nimmt nur die dort genannten Rechte wahr. Auch dieses Sondergremium kann nur über den Ankauf von Staatsanleihen auf dem Sekundärmarkt entscheiden, sofern die Bundesregierung die besondere Vertraulichkeit geltend macht, § 6 Abs. 1 S. 1 ESM-FinG. Besondere Vertraulichkeit setzt voraus, dass bereits das Vorliegen der Tatsache der Beratung oder Beschlussfassung geheim gehalten werden muss, um den Erfolg der Maßnahme nicht zu vereiteln, § 6 Abs. 1 S. 2 ESM-FinG. Hiermit wurden die Voraussetzungen, die das Bundesverfassungsgericht zur Delegation von Entscheidungskompetenzen auf das Sondergremium nach § 3 Abs. 3 StabMechG formuliert hat,[169] in Gesetzesform gegossen. Darüber hinausgehend verlangt § 6 Abs. 1 S. 3 ESM-FinG die Begründung der besonderen Vertraulichkeit durch die Bundesregierung. Auch hier stellt die Kompetenz des Sondergremiums aufgrund ihres besonderen Ausnahmecharakters keine wesentliche Kompetenz dar. So konnte sie damit grundsätzlich auf das Sondergremium delegiert werden.

4. Zusammenfassung

Die Wesentlichkeit delegierter Kompetenzen im Haushaltsrecht bestimmt sich in erster Linie danach, welche finanzielle Bedeutung ihnen zukommt. Erlaubt eine Kompetenz erhebliche finanzielle Belastungen des Haushalts, spricht dies für die Wesentlichkeit dieser Kompetenz. Dies ist aber nicht das einzige Kriterium zur Bestimmung der Wesentlichkeit. Vergleichbar bedeutsam ist es, welchen Umfang die delegierte Kompetenz hat. Wird die Entscheidung des Ausschusses durch Vorgaben des Plenums bereits maßgeblich determiniert, dann ist die delegierte Kompetenz von nur begrenztem Umfang und in der Regel nicht wesentlich. Schließlich kann den delegierten Kompetenzen ein unterschiedliches politisches Gewicht zukommen. Handelt es sich um die Kompetenz, über die Auszahlung von Geldern für ein politisch umstrittenes Vorhaben (zum Beispiel Öffentlich-Private-Partnerschafts-Projekte) zu entscheiden, spricht das für die Wesentlichkeit dieser Kompetenz. Diese abstrakten Erwägungen können allerdings nur Leitlinien für die Bestimmung der Wesentlichkeit einer Kompetenz im Haushaltsrecht darstellen. Ob eine Kompetenz tatsächlich wesentlich ist, kann nur im konkreten Einzelfall bestimmt werden.

Klassische Beispiele für delegierte Kompetenzen im Haushaltsrecht stellen die qualifizierten Sperrvermerke und die Zustimmungsvorbehalte dar. Im ersten Fall

---

[169] Siehe supra S. 229 ff.

ermöglichen sie, dass der Haushaltsausschuss über die Auszahlung von bereits im Haushaltsplan vorgesehenen, aber gesperrten Mitteln entscheidet. Im zweiten Fall muss der Haushaltsausschuss über Umschichtungen im Haushalt entscheiden. In beiden Fällen sind die Entscheidungen des Haushaltsausschusses durch Vorgaben des Plenums bereits maßgeblich konditioniert. Daher können diese Kompetenzen nur ausnahmsweise wesentlich sein, wenn es sich um eine Entscheidung über ein politisch höchst bedeutsames Vorhaben handelt. Dies ist nur bei qualifizierten Sperrvermerken vorstellbar, die für konkrete Vorhaben ausgebracht werden, nicht aber bei Zustimmungsvorbehalten, die sich auf „abstrakte" Umschichtungen beziehen. Vorstellbar wäre auch, dass die dem Haushaltsausschuss delegierten Kompetenzen bei einer kumulativen Betrachtung wesentlich sind. Allerdings kann der Haushaltsausschuss aufgrund von qualifizierten Sperrvermerken nur über die Freigabe von Geldern in Höhe von etwas mehr als einem Prozent des gesamten Haushaltsvolumens entscheiden. Die Summe aller dem Haushaltsausschuss delegierten Kompetenzen führt also nicht dazu, dass diese kumulativ wesentlich sind.

Anders gelagert ist hingegen der Fall der dem Finanzausschuss M-V nach § 11 Abs. 4 Werftenförderungsgesetz zukommenden Kompetenz. Dieser Ausschuss muss über die Gewährung von Bürgschaften zur Rettung von Werften in M-V ab einer Höhe von fünf Millionen Euro entscheiden. Dabei ist diese Entscheidung nicht durch Vorgaben des Plenums vorgeprägt. Zudem handelt es sich um insgesamt politisch höchst bedeutsame und umstrittene Entscheidungen. Damit ist die delegierte Kompetenz wesentlich und kann nur vom Plenum, nicht aber vom Finanzausschuss, wahrgenommen werden. Die Delegation war damit verfassungswidrig.

Schließlich wurden dem Haushaltsausschuss seit Beginn der Eurokrise weitere Kompetenzen übertragen, jeweils parallel zur Errichtung der (temporären) EFSF und des (dauerhaften) ESM. Dabei wurden dem Plenum die wesentlichen, die haushaltspolitische Gesamtverantwortung berührenden Entscheidungen aber vorbehalten, § 3 Abs. 1 StabMechG, § 4 ESM-FinG. Nach der Konzeption dieser Normen erhielt der Haushaltsausschuss daher nur solche Kompetenzen, die nicht wesentlich sind. Aber auch die Kompetenz, die dem aus Mitgliedern des Haushaltsausschusses bestehenden Sondergremium übertragen wurde, ist nicht wesentlich. Es handelt sich hierbei um eine Kompetenz für einen besonderen Ausnahmefall, wobei die Entscheidung aufgrund dieser Kompetenz wiederum selbst an vielerlei Bedingungen geknüpft ist.

B. Relative Grenze: Abwägung widerstreitender Verfassungsprinzipien und -güter

Die Wesentlichkeit einer Kompetenz bildet eine absolute Grenze für Delegationen. Das bedeutet, dass nicht wesentliche Kompetenzen grundsätzlich innerparlamentarisch delegiert werden können. Die nur grundsätzliche Zulässigkeit bedeutet wiederum, dass nicht jede Delegation nicht wesentlicher Kompetenzen zulässig ist. Nur wenn eine Abwägung widerstreitender Verfassungsprinzipien und -güter ergibt, dass die Delegation verhältnismäßig ist, ist die Delegation letztendlich auch zulässig. Nur eine Delegation, die weder die absolute noch die relative Grenze verletzt, ist verfassungskonform.

Die als relative Grenze umschriebene Abwägung verschiedener, gegensätzlicher Verfassungsprinzipien und -güter (I.) erfolgt dabei mittels einer (strengen) Verhältnismäßigkeitsprüfung (II.). Um der Gefahr der Beliebigkeit der mittels Abwägung erzielten Ergebnisse entgegenzuwirken, ist eine Reihe von allgemeinen Abwägungskriterien zu berücksichtigen (III.). Letztlich muss die Verhältnismäßigkeit einer Delegation aber im konkreten Einzelfall beurteilt werden (IV.).

I. Zur Konkordanz zu führende Verfassungsprinzipien und -güter

Wie gesehen sprechen für die Verhältnismäßigkeit einer jeden innerparlamentarischen Delegation die Parlamentsautonomie und die Funktionsfähigkeit des Parlamentes. Die innerparlamentarische Delegation dient in der Regel der Entlastung des Plenums und damit der Wahrung der Funktionsfähigkeit des Parlamentes. Klassisches Beispiel ist die Vorbereitung von Gesetzesbeschlüssen durch die Fachausschüsse. Eine Delegation kann aber auch erfolgen, wenn die Funktionsfähigkeit des Parlamentes gefährdet ist, weil eine besonders schnelle oder vertrauliche Entscheidung zwingend ist und die Befassung des Plenums dem nicht gerecht würde.[170]

Auf der anderen Seite steht zum einen das Repräsentationsprinzip, das eine Rückkopplung zwischen staatlichem Handeln und Gesellschaft sowie die öffentliche Begründung staatlicher Entscheidungen verlangt. Zum anderen verlangen die Prinzipien der Gesamtrepräsentation und der Mandatsgleichheit grundsätzlich die Beteiligung aller Abgeordneten am staatlichen Handeln. Diese Prinzipien werden durch eine innerparlamentarische Delegation eingeschränkt. Schließlich wird auch das Öffentlichkeitsprinzip eingeschränkt, wenn der Empfänger einer Kompetenz nichtöffentlich verhandelt und beschließt.[171]

II. Anwendbarkeit und Maßstab des Verhältnismäßigkeitsprinzips

Der Grundsatz der Verhältnismäßigkeit ist auch im Bereich staatlicher Selbstorganisation anwendbar (1.). Bei der innerparlamentarischen Delegation von Entscheidungskompetenzen ist dabei ein strenger Maßstab anzuwenden (2.).

---

170 Siehe zur Parlamentsautonomie und Funktionsfähigkeit supra S. 52 ff.

171 Siehe zu diesen Prinzipien bereits supra S. 62 ff., 134 ff.

1. Anwendbarkeit

Vereinzelt wird angenommen, der Grundsatz der Verhältnismäßigkeit sei unter keinen Umständen im Bereich staatlicher Selbstorganisation anwendbar.[172] Diese Auffassung stützt sich in erster Linie darauf, dass dieser Grundsatz aus den Grundrechten abzuleiten sei und daher nur zur Anwendung kommen könne, wenn Interessen des Bürgers und des Staates kollidierten. Weiterhin wird behauptet, die Struktur des Verhältnismäßigkeitsgrundsatzes sei für diesen Bereich ungeeignet. So dienten organisationsrechtliche Regelungen keinem bestimmten Zweck. Daher scheitere der Verhältnismäßigkeitsgrundsatz bereits daran, dass ein Zweck einer zu beurteilenden Regelung unmöglich zu bestimmen sei. Zudem wird auch bezweifelt, dass alle zur Schaffung der konkreten organisationsrechtlichen Regelungen führenden Erwägungen und Gründe im Rahmen einer Abwägung erfasst werden könnten. Weiterhin ergäben sich insbesondere im innerparlamentarischen Bereich zusätzlich Probleme, da hier die Feststellung der Erforderlichkeit einer Regelung nicht sinnvoll sei.[173] Es gehe hier nicht um die Abwehr eines Eingriffs, sondern um die Ausgestaltung des parlamentarischen Verfahrens unter Berücksichtigung verschiedener Interessen. Würde die Erforderlichkeit einer verfahrensrechtlichen Regelung geprüft, so führe dies zu unerwünschten Ergebnissen. Beispielsweise stellte sich die Frage, ob die Beschränkung der Redezeit im Plenum auf fünf, sechs oder sieben Minuten erforderlich ist.[174] Die Abgeordnetenrechte würden bei einer Verhältnismäßigkeitsprüfung wie Grundrechte des Bürgers behandelt und Einschränkungen wären nur möglich, wenn sie das mildeste Mittel darstellten, um die Handlungsfähigkeit des Parlaments zu erhalten.[175] Die Abgeordnetenrechte sollten aber nicht generellen Vorrang vor der Funktionsfähigkeit des Parlamentes erhalten. Eine Verfahrensregelung müsse daher bereits gerechtfertigt sein, wenn sie der parlamentarischen Arbeit diene und dabei nicht andere Interessen übermäßig beeinträchtige.[176] Schließlich wird die Anwendung des Verhältnismäßigkeitsgrundsatzes im Bereich des Staatsorganisationsbereiches abgelehnt, weil sie die grundgesetzliche Kompetenzverteilung verwische. Kompetenzen seien nicht gegeneinander abzuwägen.[177]

Diese Argumente überzeugen nicht. Zunächst beruht der Hinweis auf die Herleitung des Verhältnismäßigkeitsgrundsatzes auf einer starken, unzulässigen Vereinfachung. Dieser Grundsatz ist nicht allein aus den Grundrechten abzuleiten und damit auch nicht nur im Verhältnis Staat-Bürger anwendbar. Die Herleitung des Verhältnismäßigkeitsgrundsatzes wird nämlich verschiedentlich vorgenommen:

---

[172] Siehe, auch zum Folgenden *Kühnreich*, Selbstorganisationsrecht, S. 165 ff.

[173] Siehe zu diesem Einwand *Abmeier*, Parlamentarische Befugnisse, S. 70 f.

[174] *Abmeier*, Parlamentarische Befugnisse, S. 70 f.

[175] Vgl. *Abmeier*, Parlamentarische Befugnisse, S. 70 f.

[176] *Abmeier*, Parlamentarische Befugnisse, S. 71.

[177] Zu diesem Argument siehe nur *Leisner*, DÖV 22 (1969), 405 (408); *Isensee*, JZ 54 (1999), 1113 (1114).

Art. 1, 3 Abs. 1, 19 Abs. 2 und das Rechtsstaatsprinzip werden neben den Grundrechten als mögliche Quellen genannt.[178] Dies bedeutet, dass der Grundsatz der Verhältnismäßigkeit nicht auf eine Herleitung aus den Grundrechten angewiesen ist, er sich vielmehr im Bereich des Staatsorganisationsrechts auf das Rechtsstaatsprinzip stützen kann.[179]

Gänzlich haltlos ist die Behauptung, organisationsrechtlichen Regelungen sei kein Zweck eindeutig zu entnehmen und die Gründe und Erwägungen für eine solche Regelung könnten nicht in eine Abwägung eingestellt werden. Innerparlamentarische Delegationen als Beispiele organisationsrechtlicher Regelungen dienen stets einem bestimmbaren Zweck. In der Regel geht es darum, das Plenum zu entlasten und damit seine Funktionsfähigkeit zu wahren. Soll ein Ausschuss statt des Plenums entscheiden, um die Vertraulichkeit der Entscheidung zu wahren, wie es das Sondergremium kann, so soll auch damit die Handlungsfähigkeit des Parlamentes erhalten werden. Ohne Delegation könnte die Entscheidung gar nicht, auch nicht von lediglich einem Teil des Parlamentes, getroffen werden. Diese Gründe, die zum Erlass einer solchen organisationsrechtlichen Regelung geführt haben, können selbstverständlich im Rahmen einer Verhältnismäßigkeitsprüfung berücksichtigt werden.[180]

Der Kritik an einer Erforderlichkeitsprüfung von parlamentarischen Verfahrensregeln macht hingegen zu Recht darauf aufmerksam, dass hier nicht die Abgeordnetenrechte zur maximalen Entfaltung zu Lasten der Funktionsfähigkeit des Parlamentes gelangen sollen. Allein, diese Gefahr besteht nicht bei einer richtig verstandenen Prüfung der Erforderlichkeit. Das zur Erläuterung dieser Gefahr gewählte Beispiel verdeutlicht dies. Behauptet wird, bei der Redezeit der Abgeordneten sei eine Beschränkung auf eine bestimmte Dauer erst erforderlich, wenn andernfalls das Parlament nicht mehr funktionsfähig wäre. Richtig ist zwar, dass die Beschränkungen der Redezeit auf fünf Minuten und auf sieben Minuten der Sicherung der Funktionsfähigkeit des Parlamentes dienen und die Beschränkung auf sieben Minuten ein milderes Mittel sein mag. Sie ist aber nicht genauso geeignet wie eine Beschränkung auf fünf Minuten. Dass die Kritiker der Anwendung des Verhältnismäßigkeitsgrundsatzes dies anders sehen, liegt daran, dass sie zu Unrecht in den Kategorien Funktionsfähigkeit/Funktionsunfähigkeit denken. Es gibt aber eine Vielzahl[181] von Regelungen, die alle der Wahrung der Funktionsfähigkeit dienen,

---

[178] Siehe hierzu allein *Grzeszick*, in: Maunz/Dürig, Art. 20 Rn. 108 m.w.N.

[179] Vgl. *BVerfG*E 43, 242 (288); *Grzeszick*, in: Maunz/Dürig, Art. 20 Rn. 108; *Schwerin*, Bundestag, S. 199; vgl. *Hempel*, Bundestag und Nachrichtendienste, S. 172; *Hillgruber*, JZ 66 (2011), 861 (863).

[180] *Bollmann*, Verfassungsrechtliche Grundlagen, S. 91 ff.

[181] Beispielsweise: § 20 Abs. 3 S. 1 GO BT: Beschränkung der Verhandlungsgegenstände nach Feststellung der Tagesordnung; § 57 Abs. 2 S. 2 GO BT: Kein Stimmrecht für fraktionslose Ausschussmitglieder; § 76 Abs. 1 GO BT: Gesetzesvorlage aus der Mitte des Bundestages nur von einer Fraktionen oder von fünf von Hundert der Mitglieder des Bundestages;

ohne für sich genommen eine drohende Funktionsunfähigkeit abzuwenden. Die Funktionsfähigkeit des Parlamentes ist ein Synonym für die Handlungsfähigkeit und Effizienz parlamentarischen Arbeitens, die sich nahezu beliebig steigern ließe. Verschiedene Verfahrensregeln sind daher unterschiedlich geeignet, der Funktionsfähigkeit zu dienen. Deswegen besteht nicht die Gefahr, dass die Erforderlichkeitsprüfung zur Überbetonung der Abgeordnetenrechte zu Lasten der Funktionsfähigkeit des Parlamentes führte. Dadurch bleibt auch der dem Parlament zustehende Gestaltungsspielraum zur Regelung des eigenen Verfahrens gewahrt, welchen Art. 40 Abs. 1 S. 2 GG schützt.[182]

Schließlich hat der Hinweis auf die Gefahr, die Anwendung des Verhältnismäßigkeitsgrundsatzes könne die klare Kompetenzverteilung des Grundgesetzes verwischen, aber einen richtigen Kern. Soweit nämlich die Verfassung eine solche klare Kompetenzverteilung vornimmt, darf nicht durch dieHintertür mittels Abwägung diese Verteilung relativiert werden. Dieser Hinweis wird üblicherweise dann in die Diskussion eingebracht, wenn es um die Kompetenzen zwischen den Gewalten geht,[183] nicht aber wenn die Kompetenzen innerhalb einer Gewalt in Rede stehen. Auch das Bundesverfassungsgericht wendet ohne Weiteres den Verhältnismäßigkeitsgrundsatz im innerparlamentarischen Bereich an.[184] Dies ist auch überzeugend, bedenkt man, dass das Grundgesetz eine Vielzahl an Regelungen enthält, die das Verhältnis zwischen den Gewalten betreffen, aber kaum eine Aussage zur Kompetenzverteilung innerhalb einer Gewalt macht. Für das Parlament begnügt sich das Grundgesetz mit den Bestimmungen des Art. 40 Abs. 1 GG (Wahl eines Präsidiums, Geschäftsordnungsautonomie) und den Art. 44 ff. GG, die die Möglichkeit der Einsetzung eines Untersuchungsausschusses sowie die Einrichtung einiger bestimmter Ausschüsse vorsehen. Darüber hinaus sind der Verfassung keine klaren Aussagen zur Verteilung von Kompetenzen innerhalb des Parlamentes zu entnehmen. Wenn solche klaren Aussagen aber fehlen, kann die Anwendung des Verhältnismäßigkeitsgrundsatzes diese auch nicht verwischen. Vielmehr ist es hier geradezu geboten, die sich entgegenstehenden verfassungsrechtlichen Wertungen gegeneinander abzuwägen.[185]

---

§ 85 Abs. 1 GO BT: Änderungsanträge zu Gesetzesentwürfen in dritter Beratung nicht durch den einzelnen Abgeordneten.

[182] Vgl. zu diesem Gestaltungsspielraum und zur Selbstautonomie des Parlamentes bereits supra S. 53 f.

[183] Vgl. *Isensee*, JZ 54 (1999), 1113 (1114).

[184] Die Delegation von Kompetenzen vom Plenum auf den Haushaltsausschuss und das Sondergremium wird auf ihre Verhältnismäßigkeit geprüfte, *BVerfG*E 130, 318 (350, 353); vgl. hierzu auch *Hempel*, Bundestag und Nachrichtendienste, S. 172 f.; zu dieser Delegation siehe bereits supra S. 225 ff.

[185] *Bollmann*, Verfassungsrechtliche Grundlagen, S. 90 f.; *Hempel*, Bundestag und Nachrichtendienste, S. 173 f.; *Schwerin*, Bundestag, S. 199 f. Dies mag auch der Grund sein, weshalb das Bundesverfassungsgericht den Verhältnismäßigkeitsgrundsatz nicht im Verhältnis Bund-Länder zur Anwendung gebracht hat, *BVerfG*E 81, 310 (338). Für die Anwendung des Grundsatz der Verhältnismäßigkeit im innerparlamentarischen Bereich sprechen sich auch aus:

2. Maßstab

Je nachdem, ob eine Delegation die widerstreitenden Verfassungspositionen besonders intensiv einschränkt, muss ein strenger Verhältnismäßigkeitsmaßstab angelegt werden. Dies anerkennend hat das Bundesverfassungsgericht auch für die Delegation von Entscheidungskompetenzen die strikte Wahrung des Grundsatzes der Verhältnismäßigkeit verlangt.[186] Damit eine Delegation einer derartig verschärften Verhältnismäßigkeitsprüfung standhält, muss sie zur Aufrechterhaltung der Funktionsfähigkeit des Parlamentes zwingend erforderlich sein.[187] Diese strenge Prüfung schränkt dabei den Gestaltungsraum des Parlamentes zur Regelung des eigenen Geschäftsganges a priori weitgehend ein, wozu die Verhältnismäßigkeitsprüfung eigentlich nicht dienen sollte. Allerdings handelt es sich bei der Übertragung von Entscheidungskompetenzen um Fälle, bei denen die Prinzipien der Repräsentation, der Gesamtrepräsentation und Mandatsgleichheit in besonderem Maße beschränkt werden. Insofern ist auch eine strenge Verhältnismäßigkeitsprüfung angezeigt.

Werden hingegen lediglich Vorbereitungskompetenzen delegiert, sind keine besonderen Anforderungen an die Wahrung der Verhältnismäßigkeit zu stellen. Vielmehr gilt es hierbei zu beachten, dass dem Parlament bei der Regelung des eigenen Geschäftsganges ein grundsätzlich weiter Gestaltungsspielraum zusteht.[188]

Bücker, in: Schneider/Zeh, Parlamentsrecht, § 34 Rn. 11; *Schulze-Fielitz*, DÖV 42 (1989), 829 (833). Vermittelnde Ansichten, die den Grundsatz der Verhältnismäßigkeit nicht grundsätzlich im Staatsorganisationsrecht anwenden wollen, jedenfalls aber soweit Abgeordnetenrechte eingeschränkt werden, vertreten: *Grzeszick*, in: Maunz/Dürig, Art. 20 Rn. 109; *Sachs*, in: Sachs, Art. 20 Rn. 146 f.; *Schulze-Fielitz*, in: Dreier, Art. 20 (Rechtsstaat) Rn. 188; *Sommermann*, in: vM/K/S, Art. 20 Rn. 318. Kurz und ohne vertiefte Auseinandersetzung zur Anwendbarkeit des Verhältnismäßigkeitsgrundsatzes konkret bei innerparlamentarischen Delegationen *O. Moench*, Bundestagsausschüsse, S. 97 f.

[186] Siehe supra S. 88 ff. *J. Dietlein*, Gutachten, S. 82 erkennt hierin ein „dynamisches Rechtfertigungsmodell"; *Ketterer/Van Roosebeke*, BayVBl. 143 (2012), 466 (467) (vgl. auch *Schürmann*, in: Morlok/Schliesky/Wiefelspütz, Parlamentsrecht, § 19 Rn. 16) gehen davon aus, dass die Wesentlichkeit der Kompetenz Einfluss auf den Rechtfertigungsmaßstab haben. Richtigerweise führt aber die Wesentlichkeit einer Kompetenz bereits dazu, dass sie nicht übertragen werden kann, siehe supra S. 195 ff. Es ist daher zu unterscheiden zwischen wesentlichen Kompetenzen, die dem Plenarvorbehalt unterfallen und solchen, die nicht wesentlich sind, aber dennoch, wie Entscheidungskompetenzen, so bedeutend sind, dass ihre Delegation nur unter strikter Wahrung der Verhältnismäßigkeit zulässig ist. Die Tendenz, Delegationen von Entscheidungskompetenzen kritischer zu sehen, spiegelt sich in der Literaturansicht wider, die die Delegation gerade von Vorbereitungskompetenz für völlig unproblematisch hält, siehe dazu supra S. 30 Fn. 78. In dieselbe Richtung weisen Stimmen, die eine Delegation für zulässig erachten, weil gerade nicht die Kompetenz zur Entscheidung an Stelle des Plenums übertragen wurde, vgl. *BVerfGE* 120, 56 (74) sowie E 140, 115 (156) zum Vermittlungsausschuss; vgl. *Hempel*, Bundestag und Nachrichtendienste, S. 185 zum Parlamentarischen Kontrollgremium.

[187] *BVerfGE* 130, 318 (353); E 137, 185 (242).

[188] Siehe hierzu bereits supra S. 54, 85.

III. Maßgebliche Abwägungskriterien

Die Prüfung der Verhältnismäßigkeit einer Delegation sollte einige bestimmte Abwägungskriterien stets einbeziehen: das Delegationsobjekt (1.), die Wahl der Ausschuss- oder Gremienmitglieder (2.), die Ähnlichkeit von Plenar- und Ausschussverfahren (3.), die Rückholbarkeit der delegierten Kompetenz (4.) sowie Rechte des Plenums als Ausgleich für die Delegation (5.).[189] Dabei soll nicht eine schematische Abarbeitung dieser Punkte die Verhältnismäßigkeitsprüfung im Einzelfall ersetzen. Sprechen die Mehrheit dieser Kriterien für oder gegen die Verhältnismäßigkeit einer Delegation, dann ist damit keineswegs eine genaue Abwägung im Einzelfall überflüssig. Vielmehr dienen diese Kriterien lediglich als Leitlinien, die die Prüfung der Verhältnismäßigkeit strukturieren und berechenbarer machen sollen.

1. Delegationsobjekt – Vorbereitungs- oder Entscheidungskompetenzen

Die Art des Delegationsobjektes entscheidet über den Verhältnismäßigkeitsmaßstab.[190] Wird eine Entscheidungskompetenz delegiert, ist ein strenger Verhältnismäßigkeitsmaßstab anzulegen. Dies ist bei der Übertragung von Vorbereitungskompetenzen in der Regel nicht notwendig. Das Kriterium des Delegationsobjekts darf jedoch nicht formalistisch verstanden werden. In manchen Fällen wird nur eine Vorbereitungskompetenz delegiert, effektiv bereitet der Ausschuss aber nicht nur die Entscheidung des Plenums vor, sondern nimmt diese gar vorweg. Dies gilt wie gesehen etwa für die Beschlussempfehlungen des Petitionsausschusses, die in Sammelvorlagen im Plenum beschlossen werden, üblicherweise ohne dass die im Plenum Anwesenden genaue Kenntnis über die Empfehlung des Ausschusses haben.[191] Ist, wie in diesem Fall, die Delegation so ausgestaltet, dass mit der Delegation der Vorbereitungskompetenz zugleich die faktische Entscheidung übertragen wird, so ist auch hier ein strenger Verhältnismäßigkeitsmaßstab anzulegen.

2. Wahl der Ausschuss- beziehungsweise Gremienmitglieder

Im Regelfall werden die Mitglieder von Ausschüssen und Gremien nach § 57 Abs. 2 S. 1 GO BT von ihren jeweiligen Fraktionen benannt. Ausnahmsweise werden sie aber durch das Plenum gewählt. Dies gilt etwa für das Sondergremium nach § 6 Abs. 2 S. 1 ESM-FinG oder auch für den Richterwahlausschuss nach § 6 Abs. 2 S. 1 BVerfGG. Die Wahl der Ausschussmitglieder durch das Plenum hat dabei

[189] Zu den Punkten 2, 4 und 5 siehe *BVerfGE* 130, 318 (355 f., 353 ff., 355 f.). Siehe hierzu auch *C. Moench/Ruttloff*, DVBl. 127 (2012), 1261 (1265 f.); *Schürmann*, in: Morlok/Schliesky/Wiefelspütz, Parlamentsrecht, § 19 Rn. 16, 36 ff.; vgl. auch *Payandeh*, in: FS Morlok, 205 (217, 225).

[190] Soeben supra S. 241.

[191] Siehe hierzu supra S. 150 ff.

Einfluss auf die Abgwägung der durch die Delegation einhergehende Einschränkung der Prinzipien der Repräsentation, der Gesamtrepräsentation und Mandatsgleichheit mit der Erhaltung der Funktionsfähigkeit des Parlamentes. Für die Verhältnismäßigkeit der Delegation spricht dann also auch, dass zwar nicht alle Abgeordneten beteiligt werden, die wenigen aber, die entscheiden oder eine Entscheidung des Plenums vorbereiten, immerhin von der Mehrheit der nicht beteiligten Abgeordneten damit beauftragt wurden. Vereinzelt wird die Wahl der Ausschuss- oder Gremienmitglieder nicht nur als abwägungsrelevanter Gesichtspunkt anerkannt, sondern die Zulässigkeit der Delegation von Entscheidungskompetenzen von ihr insgesamt abhängig gemacht.[192]

Ganz im Gegensatz dazu wird von anderen Stimmen der Literatur der Gewinn an demokratischer Legitimation durch die Wahl der Ausschuss- oder Gremienmitglieder grundlegend bezweifelt.[193] Die Abgeordneten seien bereits durch die Parlamentswahl unmittelbar demokratisch legitimiert. Eine Wahl durch das Plenum verschaffe keine darüber hinausgehende Legitimation.

Man mag zwar zu Recht bezweifeln, dass mit der Wahl von Ausschuss- und Gremienmitgliedern eine Steigerung demokratischer Legitimation einhergehe, sodass die Wahl conditio sine qua non für jede Delegation von Entscheidungskompetenzen sei oder auch nur Einfluss auf ihre Zulässigkeit habe. Unmittelbar vom Volk gewählte Vertreter verfügen nicht über mehr demokratische Legitimation durch eine zweite Wahl durch andere vom Volk Gewählte. Eine direkte Wahl und eine zusätzliche mittelbare Wahl durch das Volk lassen sich nicht addieren. Gleichwohl lässt sich die Bedeutung der Wahl von Ausschuss- und Gremienmitgliedern auch nicht gänzlich negieren. Bei der relativen Delegationsgrenze geht es nämlich nicht um das Niveau demokratischer Legitimation des Delegatars. Diese spielt im Rahmen der absoluten Delegationgsgrenze eine Rolle und bewirkt, dass wesentliche Kompetenzen aufgrund des Plenarvorbehalts dem demokratisch direkt legitimierten Plenum vorbehalten sind.[194] Bei der relativen Delegationsgrenze geht es um die Abwägung, ob die Einschränkungen des Repräsentations- und Gesamtrepräsentationsprinzips sowie der Mandatsgleichheit gerechtfertigt sind. Verlangt das Repräsentationsprinzip eine Rückkopplung von staatlicher und gesellschaftlicher Willensbildung,[195]

---

[192] So etwa: *Butzer*, Immunität, S. 384; *Kretschmer*, in: Schneider/Zeh, Parlamentsrecht, § 9 Rn. 106; vgl. auch *Kretschmer*, in: BK, Art. 45 Rn. 211; wie hier die Wahl der Ausschussmitglieder nur als ein Kriterium von vielen betrachtend jetzt auch *Payandeh*, in: FS Morlok, 205 (217); teilweise wird sogar generell gefordert, dass die Mitglieder der Ausschüsse nicht durch die Fraktionen benannt, sondern immer vom Plenum gewählt werden, *Abmeier*, Parlamentarische Befugnisse, S. 83 ff.; gegen diese Ansicht explizit und ausführlich *C. Arndt*, in: Schneider/Zeh, Parlamentsrecht, § 21 Rn. 40 ff.

[193] *Schürmann*, in: Morlok/Schliesky/Wiefelspütz, Parlamentsrecht, § 19 Rn. 36; vgl. auch *Wiefelspütz*, ZParl 43 (2012), 227 (245) („Eine Wahl durch den Bundestag ist zulässig, aber nicht geboten; jedenfalls verlangt das Bundesverfassungsgericht dies nicht").

[194] Siehe supra S. 195 ff.

[195] Siehe supra S. 77 ff.

so wird dies eher sichergestellt, wenn die Ausschussmitglieder im Plenum gewählt werden statt durch die Fraktionen benannt. Die Wahl findet im Plenum vor den Augen der Öffentlichkeit statt, die Entscheidung muss begründet, Verantwortung dafür übernommen werden. Entsprechend wird Rücksicht genommen auf die Ansichten der Wähler. Auch das Gesamtrepräsentationsprinzip und der Grundsatz der Mandatsgleichheit werden bei der Wahl der Delegatare weniger intensiv beeinträchtigt. Wenn durch die Delegation eine Kompetenz des Plenums übertragen wird und schon nicht alle Abgeordneten in der Sache entscheiden können, so können sie immerhin durch die Wahlentscheidung die Empfänger der Kompetenz auswählen. Dies ist ein Plus im Gegensatz zur Delegation ohne Wahl der Ausschussmitglieder.

Die Wahl der Ausschuss- und Gremienmitglieder steigert daher zwar nicht ihre demokratische Legitimation und hat auf diese Weise auch keinen Einfluss auf die grundsätzliche Zulässigkeit einer innerparlamentarischen Delegation. Jedoch spielt die Wahl eine Rolle bei der Abwägung, weil sie eine weniger intensive Beeinträchtigung des Repräsentations- und Gesamtrepräsentationsprinzips sowie der Mandatsgleichheit darstellt.

3. Ähnlichkeit von Plenar- und Ausschussverfahren

Ideal wird das Volk nur im Plenum repräsentiert. Das öffentliche Verfahren dort erlaubt die Wechselwirkung zwischen gesellschaftlicher und staatlicher Willensbildung.[196] Zudem können sich hier alle Abgeordneten an der Willensbildung und Entscheidungsfindung beteiligen.[197] Werden das Repräsentations- und Gesamtrepräsentationsprinzip sowie die Mandatsgleichheit durch die Delegation von Plenarkompetenzen beschränkt, ist diese Beschränkung umso weniger intensiv, je mehr sich das Plenar- und das Ausschussverfahren ähneln.[198] Dabei ähneln sie sich umso mehr, je stärker die Kräfteverhältnisse der Fraktionen im Plenum in der Ausschussbesetzung widergespiegelt werden, je weiter der Grundsatz der Spiegelbildlichkeit also verwirklicht wird.[199] Eine noch größere Ähnlichkeit erhält das Ausschussverfahren mit dem Plenarverfahren, wenn auch im Ausschuss öffentlich verhandelt wird.[200]

---

[196] Siehe supra S. 77 ff.

[197] Vgl. supra S. 84 ff.

[198] Vgl. *Achterberg*, Parlamentsrecht, S. 681; *Achterberg*, Parlamentarische Verhandlung, S. 156; vgl. *Kasten*, Ausschussorganisation, S. 21.

[199] Siehe supra S. 92.

[200] Siehe supra S. 134 ff.

4. Letztentscheidungskompetenz des Plenums

Für die Verhältnismäßigkeit der Delegation einer Entscheidungskompetenz spricht, wenn das Plenum das „letzte Wort" hat, also die Entscheidung wieder an sich ziehen (a)) oder die Entscheidung des Ausschusses verwerfen kann (b)).

a) Rückholbarkeit der Kompetenz

Wenn durch eine Delegation nicht alle Abgeordneten gleichermaßen an einer Entscheidung beteiligt werden, dann muss es der Gesamtheit der Abgeordneten zum Ausgleich grundsätzlich möglich sein, die Kompetenz wieder an sich zu ziehen. Der damit umschriebene Topos der Rückholbarkeit – der teilweise auch mit dem „Grundsatz der Letztentscheidung"[201] umschrieben wird – betrifft also nur Entscheidungskompetenzen (bei Vorbereitungskompetenzen behält das Plenum ohnehin das Letztentscheidungsrecht). Die mit der Delegation einhergehende Einschränkung des Repräsentations- und Gesamtrepräsentationsprinzip sowie der Mandatsgleichheit ist dann grundsätzlich nur verhältnismäßig[202], wenn durch die Delegation die Kompetenz nicht unwiderruflich übertragen wird.

Dies ist aber auch gar nicht möglich, denn die Delegationsnorm (formelles Gesetz oder Geschäftsordnungsbestimmung) kann jederzeit durch das Plenum aufgehoben oder abgeändert werden. Mit Rückholbarkeit der Kompetenz ist also konkreter das

---

[201] Siehe dazu *Brocker*, in: BK, Art. 40 Rn. 53; vgl. *Butzer*, Immunität, S. 385; *Kluth*, in: S-B/K, Art. 40 Rn. 16; *Kretschmer*, in: S/K, Art. 40 Rn. 8; *Kretschmer*, in: BK, Art. 45 Rn. 212; *Schliesky*, in: Morlok/Schliesky/Wiefelspütz, Parlamentsrecht, § 5 Rn. 63; vgl. *Schmidt*, AöR 128 (2003), 608 (624); vgl. *Schorkopf*, in: BK, Art 45 Rn. 109. Damit ist aber nichts anderes als die Forderung nach der grundsätzlichen Rückholbarkeit der delegierten Kompetenz gemeint. Denn dieser Grundsatz wird auch aus dem Prinzip der Gesamtrepräsentation und dem Grundsatz der Mandatsgleichheit abgeleitet (vgl. etwa *Brocker*, in: BK, Art. 40 Rn. 53 und *Schliesky*, in: Morlok/Schliesky/Wiefelspütz, Parlamentsrecht, § 5 Rn. 63) und sagt dabei nicht mehr aus als letztere selbst, nämlich dass grundsätzlich alle Abgeordneten gleichberechtigt im Plenum entscheiden müssen. Dies wird auch bei den von den Autoren zitierten Rechtsprechungsquellen deutlich, die ebenfalls auf diese Prinzipien abstellen: vgl. *BVerfGE* 44, 308 (317); E 130, 318 (355 f.); *LVerfG M-V*, Urt. v. 31.05.2001 – 2/00 –, Rn. 68 (zit. n. juris); vgl. auch *C. Moench/Ruttloff*, DVBl. 127 (2012), 1261 (1265 f.), die darauf verzichten, auf den Grundsatz der Letztentscheidung abzustellen; vgl. *Roll*, NJW 34 (1981), 23 (24).

[202] *J. Dietlein*, Gutachten, S. 40 ff. geht zu Recht davon aus, dass die Rückholbarkeit einer Kompetenz nicht den Eingriff in die Mandatsgleichheit und in das Gesamtrepräsentationsprinzip entfallen lässt. Zu Unrecht nimmt er jedoch an (ibd., S. 44 ff.), dass die Rückholbarkeit ohne Einfluss auf die „Eingriffstiefe" sei. Dies liegt daran, dass *J. Dietlein* allein die Delegation von Gesetzgebungskompetenzen untersucht und diese aufgrund ihrer Wesentlichkeit auch bei ihrer Rückholbarkeit ausschließen möchte. Dies ist aber ohnehin der Fall, wenn man richtigerweise davon ausgeht, dass wesentliche Kompetenzen einer absoluten Delegationsgrenze (supra S. 195 ff.) unterfallen und damit überhaupt nicht delegiert werden dürfen. Die Frage, ob sich die Rückholbarkeit der Kompetenz auf die Rechtfertigung auswirkt, stellt sich hier richtigerweise nicht; eine Rechtfertigung kann es nicht geben. Gleichwohl stellt sich diese Frage bei nicht wesentlichen Kompetenzen, bei deren Übertragung eine Abwägung im Rahmen einer Verhältnismäßigkeitsprüfung erforderlich ist.

Wieder-an-sich-Ziehen der Kompetenz durch das Plenum ohne Änderung der Delegationsnorm gemeint. Dem Plenum soll es also grundsätzlich sofort möglich sein, eine delegierte Kompetenz wieder selbst auszuüben. Die Änderung der Delegationsnorm kann im Zweifel zu viel Zeit in Anspruch nehmen, so dass es dem Plenum verwehrt bliebe, den konkreten Einzelfall noch ansichzuziehen. Die Rückholbarkeit delegierter Kompetenzen kann entweder die Delegationsnorm explizit vorsehen, für den Haushaltsausschuss etwa § 4 Abs. 4 StabMechG und § 5 Abs. 5 ESM-FinG vor („Das Plenum […] kann die Befugnisse […] jederzeit durch einen […] Beschluss an sich ziehen und […] ausüben.").[203] Oder aber die Delegationsnorm sieht die Rückholbarkeit nicht explizit vor. Beruht die Delegation auf einer Bestimmung der Geschäftsordnung, kann das Plenum gleichwohl die Entscheidung im Einzelfall an sich ziehen.[204] Dies ergibt sich aus § 126 GO BT, der Abweichung von Bestimmungen der Geschäftsordnung durch Beschluss von Zweidritteln der anwesenden Abgeordneten erlaubt. Wird allerdings die Rückholbarkeit einer Kompetenz von Quoren, und besonders von derart hohen Quoren, abhängig gemacht, ist die Beschränkung der Mandatsgleichheit und des Repräsentations- sowie Gesamtrepräsentationsprinzips intensiver. Das bedeutet, dass die unbedingte Rückholbarkeit einer Kompetenz am stärksten für die Verhältnismäßigkeit einer Delegation spricht.[205]

Beruht die Delegation allerdings nicht auf einer Bestimmung der Geschäftsordnung, sondern auf einem Parlamentsgesetz und sieht dieses nicht die Rückholbarkeit der Kompetenz vor, dann kann das Plenum die Kompetenz nicht ohne Änderung dieses Gesetzes im Einzelfall wieder an sich ziehen. Ist die Rückholbarkeit der Kompetenz im Einzelfall ausgeschlossen, dann sind die Mandatsgleichheit und das Prinzip der Repräsentation und Gesamtrepräsentation besonders stark eingeschränkt.[206] Diese Einschränkung der Rückholbarkeit ist nur in begründeten Ausnahmefällen verhältnismäßig und damit zulässig. Einen solchen Ausnahmefall stellt die Delegation der Kompetenz des Sondergremiums dar, über den Ankauf von Staatsanleihen auf dem Sekundärmarkt zu entscheiden, § 6 ESM-FinG, § 3 Abs. 3 StabMechG. Diese Kompetenz kommt dem Gremium nur zu, wenn die Bundesregierung die besondere Vertraulichkeit der Angelegenheit geltend macht, § 6 Abs. 1 S. 1 ESM-FinG, § 3 Abs. 3 S. 1 StabMechG. In diesem Fall erlangt das Plenum keine Kenntnis von der bevorstehenden Entscheidung. Die Rückholbarkeit der Kompetenz im Einzelfall ist damit ausgeschlossen. Nur wenn das Gremium der Annahme der besonderen Vertraulichkeit widerspricht, kann das Plenum die Entscheidung an sich

---

[203] Dogmatisch handelt es sich damit um eine konservierende Delegation, siehe hierzu supra S. 20; *Payandeh*, in: FS Morlok, 205 (217) spricht in diesem Zusammenhang von explizit vorbehaltenen Revokationsrechten.

[204] *Kluth*, in: S-B/K, Art. 40 Rn. 16; *Kretschmer*, in: S/K, Art. 40 Rn. 8.

[205] Vgl. zur Bedeutung von Quoren für die Rückholbarkeit einer delegierten Kompetenz *J. Dietlein*, Gutachten, S. 41 ff.; *C. Moench/Ruttloff*, DVBl. 127 (2012), 1261 (1265 f.).

[206] Vgl. *BVerfG*E 130, 318 (355 f.); vgl. *BVerfG*E 132, 195 (275); vgl. *Brocker*, in: BK, Art. 40 Rn. 53; vgl. *Kretschmer*, in: BK, 125. Ergänzungslieferung (2006), Art. 45 Rn. 212.

ziehen, § 6 Abs. 3 ESM-FinG, § 3 Abs. 3 S. 4, 5 StabMechG. Zum Ausschluss der Rückholbarkeit besteht hier aber keine Alternative, da die notwendige Informierung des Plenums über eine bevorstehende Maßnahme des Sondergremiums die Wirksamkeit der Maßnahme von vornherein aufheben würde.[207] In diesem Fall ist daher die weitgehende Einschränkung der Mandatsgleichheit und des Repräsentations- sowie Gesamtrepräsentationsprinzips ausnahmsweise gerechtfertigt.

Dass die Delegationsnorm grundsätzlich die Rückholbarkeit der delegierten Kompetenz erlauben muss, gilt natürlich nicht, wenn die Delegationsnorm Verfassungsrang hat. Denn Delegationsnorm, Repräsentations- und Gesamtrepräsentationsprinzip sowie Mandatsgleichheit stünden dann normenhierarchisch auf einer Stufe. Unabhängig davon sehen aber ohnehin alle verfassungsrechtlichen Delegationsnormen vor, dass die genaue Ausgestaltung der Delegation einer einfachrechtlichen Regelung vorbehalten sein soll. Ist eine einfachrechtliche Konkretisierung erforderlich, dann darf diese wiederum grundsätzlich die Rückholbarkeit der Kompetenz nicht ausschließen. Beispielsweise sieht etwa Art. 45 S. 3 GG für den Europaausschuss vor, dass der Bundestag diesen ermächtigen kann (also durch einen Beschluss, eine Regelung der Geschäftsordnung oder eine einfachrechtliche Regelung), die Rechte des Bundestages wahrzunehmen, die dem Bundestag in den vertraglichen Grundlagen der Europäischen Union eingeräumt sind. § 93b GO BT[208], der die Ermächtigung hierzu näher regelt, sieht in Abs. 2 S. 6 dann zu Recht explizit vor, dass das Recht des Bundestages (i. e. des Plenums) unberührt bleibt, jederzeit selbst über eine Angelegenheit der Europäischen Union zu beschließen.

b) Kassation und Kassationsvorbehalt

Ist die Rückholbarkeit der Kompetenz nicht im Einzelfall vorgesehen, kann dem Plenum dennoch das Letztentscheidungsrecht verbleiben. Dies gilt etwa beim vereinfachten Verfahren des Immunitätsausschusses.[209] Formal sind die Entscheidungen dieses Ausschusses nur Vorentscheidungen. Allerdings gelten diese kraft Fiktion als Entscheidungen des Parlamentes, wenn das Plenum nicht binnen sieben Tagen widerspricht. Faktisch wurde damit auch die Entscheidungskompetenz delegiert. Der dabei statuierte Kassationsvorbehalt (Widerspruch innerhalb der Frist) wahrt aber ebenso wie die Rückholbarkeit einer Kompetenz die Mandatsgleichheit und das Gesamtrepräsentationsprinzip weitgehender als eine Delegation ohne einen solchen Vorbehalt. Der Kassationsvorbehalt steht der Rückholbarkeit der Kompetenz also weitgehend gleich. Zwar kann das Plenum sein Letztentscheidungsrecht nur innerhalb einer Frist ausüben. Zudem ist eine Kassation erst möglich, wenn der Ausschuss bereits eine Entscheidung getroffen hat, im Falle der Rückholbarkeit muss

---

207 Siehe hierzu bereits supra S. 60 f.

208 Siehe hierzu *Kretschmer*, in: BK, 125. Ergänzungslieferung (2006), Art. 45 Rn. 212.

209 Siehe hierzu bereits ausführlich supra S. 176 ff. sowie sogleich infra S. 251 ff., einschließlich der Nachweise zu den Autoren, die diese Delegation nur aufgrund des Kassationsvorbehaltes für zulässig erachten.

das Plenum aber eine Entscheidung des Delegatars gar nicht erst abwarten, sondern kann direkt selbst entscheiden. Allerdings wird die Vorentscheidung des Ausschusses letztendlich erst wirksam, wenn das Plenum nicht binnen Frist anders entschieden hat; in beiden Fällen verbleibt dem Plenum also das Letztentscheidungsrecht. Daher sind die Unterschiede zwischen Rückholbarkeit und Kassationsvorbehalt nicht signifikant.

Anders gelagert und damit nicht vergleichbar mit der Rückholbarkeit der Kompetenz und dem Kassationsvorbehalt ist der Fall, in dem das Plenum die bereits getroffene Entscheidung nur noch nachträglich wieder aufheben kann. Die bloße Möglichkeit einer späteren Kassation sieht beispielsweise Art. 35a Abs. 2 S. 3 LVerf. M-V vor, wonach die Entscheidungen des Europaausschusses des Landtages auf Antrag einer Fraktion oder von mindestens vier Abgeordneten nachträglich aufgehoben werden können. Weitere Beispiele finden sich in den Landtagen, die die Entscheidungen über Petitionen auf den Petitionsausschuss delegiert, aber sich auch vorbehalten haben, die jeweilige Entscheidung im Plenum aufzuheben.[210] Im Gegensatz zum Kassationsvorbehalt ist eine wirksame Entscheidung des Ausschusses hier bereits ergangen, ihr Wirksamwerden ist also nicht vom Ausbleiben eines Widerspruchs des Plenums abhängig. Da das Plenum damit auf eine nur nachgeordnete Kassation der Entscheidung des Ausschusses beschränkt ist, wird hierdurch die Mandatsgleichheit und das Gesamtrepräsentationsprinzip weitgehender beschränkt als durch einen Kassationsvorbehalt oder die Rückholbarkeit der Kompetenz und ist damit besonders rechtfertigungsbedürftig. Gleichwohl ist diese Einschränkung immer noch weniger intensiv als im Falle einer irreversiblen Ausschussentscheidung. Ein Beispiel irreversibler Ausschussentscheidung stellt die Dezision des Wahlausschusses nach § 6 BVerfGG a.F. dar, welcher die Richter einer Hälfte des Bundesverfassungsgerichts wählte, ohne dass das Plenum die Entscheidung an sich ziehen oder nachträglich hätte revidieren können.

5. Unterrichtung des Plenums als Ausgleich

Immer wenn auf ein parlamentarisches Gremium Entscheidungskompetenzen übertragen werden, muss dieses das Plenum umgehend über eine geplante oder eine getroffene Entscheidung im Einzelfall informieren und auch alle Informationen teilen, die ihm zugänglich gemacht wurden.[211] Dies ist aber immer dann nur bedingt möglich, wenn die Entscheidungskompetenzen auf ein Gremium delegiert wurden, weil die Entscheidung (für eine bestimmte Dauer) geheim gehalten werden soll.

Dies gilt etwa für das Sondergremium, das über einen von der Regierung geplanten Ankauf von Staatsanleihen auf dem Sekundärmarkt durch die EFSF/den

---

[210] Siehe zu diesem Beispiel m.w.N. *Schürmann*, in: Morlok/Schliesky/Wiefelspütz, Parlamentsrecht, § 19 Rn. 12 Fn. 62.

[211] Vgl. *C. Moench/Ruttloff*, DVBl. 127 (2012), 1261 (1265); vgl. auch *Schürmann*, in: Morlok/Schliesky/Wiefelspütz, Parlamentsrecht, § 19 Rn. 29.

ESM informiert wird.[212] Auf Grundlage der Informationen der Regierung kann das Gremium dann entscheiden, ob es dem Ankauf zustimmt. Aufgrund der Geheimhaltungsbedürftigkeit der geplanten Maßnahme werden aber dem Plenum nicht nur Informationen vorenthalten, sondern es wird ihm darüber hinaus auch unmöglich gemacht, die Entscheidung des Sondergremiums zu antizipieren und durch eine eigene zu ersetzen. Um die damit verbundene Einschränkung der Mandatsgleichheit und des Gesamtrepräsentationsprinzips auf das Notwendigste zu beschränken, ist es erforderlich, das Plenum umgehend nach Wegfall der Geheimhaltungsbedürftigkeit über den Vorgang zu unterrichten, was §§ 3 Abs. 3 S. 6 StabMechG, 6 Abs. 4 ESMFinG für das Sondergremium auch zwingend vorschreiben.[213] Dadurch wird die Beschneidung der Informationsrechte der im Gremium nicht vertretenen Abgeordneten auf ein Minimum beschränkt. Überdies erlaubt es die umgehende Unterrichtung dem Plenum, zu kontrollieren, ob die Delegationsnormen korrekt angewandt wurden und auch zu entscheiden, ob diese beibehalten werden sollen.[214] Ist die Entscheidung des Gremiums oder Ausschusses nicht geheim zu halten und muss das Plenum daher auch über die geplante Entscheidung informiert werden, kann hierdurch das Plenum von einem etwaigen Rückholrecht Gebrauch machen. Insofern ist die Unterrichtung des Delegatars Voraussetzung für die Wahrnehmung des Rückholrechts des Plenums.[215]

6. Zusammenfassung

Ob eine Delegation das Repräsentations- und Gesamtrepräsentationsprinzip sowie die Mandatsgleichheit verhältnismäßig einschränkt, bestimmt sich überwiegend nach den folgenden fünf Kriterien. Erstens ist das Delegationsobjekt zu bestimmen. In der Regel unterliegen nur Entscheidungskompetenzen einer strengen Verhältnismäßigkeitsprüfung. In diesem Fall muss die Delegation zwingend erforderlich sein. Zweitens ist zu unterscheiden, ob die Ausschuss- oder Gremienmitglieder durch das Plenum gewählt oder durch die Fraktionen benannt werden. Hierbei schränkt die Wahl der Mitglieder durch das Plenum die entgegenstehenden Prinzipien weniger stark ein. Drittens ist die Ähnlichkeit des Ausschussverfahrens zum Plenarverfahren bedeutsam. Je mehr sich das Ausschussverfahren dem Plenarverfahren annähert, desto weniger intensiv ist die Einschränkung. Die Ähnlichkeit richtet sich danach, wie groß der Ausschuss ist und damit wie weit er das Plenum zu spiegeln vermag, sowie danach, ob er öffentlich verhandelt. Viertens muss dem Plenum grundsätzlich die Letztentscheidungskompetenz verbleiben. Dies ist bei der Delegation von Vorbereitungskompetenzen immer, bei Entscheidungskompetenzen

---

[212] Ausführlicher siehe hierzu supra S. 229 ff., 234 f.

[213] *BVerfG*E 130, 318 (355, 366); vgl. E 131, 230 (235); vgl. *Ketterer/Van Roosebeke*, BayVBl. 143 (2012), 466 (467); vgl. *C. Moench/Ruttloff*, DVBl. 127 (2012), 1261 (1266).

[214] *BVerfG*E 130, 318 (366); *Ketterer/Van Roosebeke*, BayVBl. 143 (2012), 466 (467); vgl. *C. Moench/Ruttloff*, DVBl. 127 (2012), 1261 (1266).

[215] *BVerfG*E 130, 318 (355 f.).

aber nur dann der Fall, wenn das Plenum jederzeit die Entscheidung wieder an sich ziehen kann oder eine Entscheidung des Ausschusses nur bei Ausbleiben einer abweichenden Entscheidung des Plenums Wirksamkeit erlangt. Die Letztentscheidung wird dem Plenum hingegen weniger effektiv vorbehalten, wenn es eine Entscheidung des Ausschusses nur noch nachträglich revidieren kann. Einen kompletten Ausschluss des Letztentscheidungsrechts des Plenums kann es nur im Ausnahmefall geben. Fünftens richtet sich die Verhältnismäßigkeit einer Delegation auch danach, ob das Plenum über geplante Entscheidungen des Delegatars (nachträglich) informiert wird.

IV. Abwägung im Einzelfall

Der Deutsche Bundestag hat eine Vielzahl von Vorbereitungs- und Entscheidungskompetenzen auf Ausschüsse und andere parlamentarische Gremien delegiert, um seine hohe Arbeitsbelastung bewältigen zu können.[216] Thematisch lassen sich die verschiedenen Delegationen den Bereichen der Gesetzgebung (1.), der Regelung parlamentsinterner Angelegenheiten (2.), der Petitionen (3.), der Wahlprüfung (4.), der parlamentarischen Kontrolle (5.), der Wahlen durch das Parlament (6.) und des Haushaltsrechts (7.) zuordnen. Einen Sonderfall stellt dabei der Hauptausschuss[217] dar, weil ihm sowohl Vorbereitungs- als auch Entscheidungskompetenzen, die thematisch sowohl die Gesetzgebung als auch beispielsweise Petitionen betreffen, übertragen wurden und seine Einsetzung nicht nur unverhältnismäßig ist, sondern auch gegen explizite Bestimmungen der Verfassung verstößt (8.).

1. Gesetzgebung

Im Bereich der Gesetzgebung werden lediglich Vorbereitungskompetenzen auf die Fachausschüsse delegiert, § 80 Abs. 1 S. 1 GO BT.[218] Im Einzelfall kann diese Delegation zwar vergleichbar mit der Delegation einer Entscheidungskompetenz sein, wenn Ausschüsse Detailregelungen ändern, die im Grunde stets im Plenum bestätigt werden. Dies ist allerdings nicht in der Delegationsnorm angelegt. Ebenfalls ist die Delegationsnorm nicht der Grund dafür, dass Gesetzesentwürfe in der Regel bereits vor Beginn des parlamentarischen Verfahrens von Vertretern der Regierung und der Mehrheitsfraktionen erstellt und verabredet werden. Eine möglicherweise kritikwürdige Verlagerung der Entscheidung über Gesetzesentwürfe aus dem parlamentarischen Bereich ist damit auch nicht in der Delegation der Vorbereitungskompetenz auf Ausschüsse begründet. Insofern ist tatsächlich nur eine Delegation

[216] Eine Übersicht über die bedeutendsten delegierten Kompetenzen ist supra S. 44 ff. zu finden.

[217] BT-Drs. 18/101; Pl.-Protokoll 18/3 TOP 1; BT-Drs. 19/85; Pl.-Protokoll 19/2 TOP 1.

[218] Siehe ausführlich zu Umfang und Bedeutung dieser Delegation bereits supra S. 156 ff.

der Kompetenz zur Vorbereitung von Beschlüssen über Gesetzesentwürfe auf die Fachausschüsse zu konstatieren. Damit kommt kein strenger Maßstab für die Prüfung der Verhältnismäßigkeit in Betracht.[219] Dem Parlament kommt daher ein weitgehender Gestaltungsspielraum zu.

Die Mitglieder der Fachausschüsse werden zwar nicht gewählt, sondern durch die jeweiligen Fraktionen benannt, § 57 Abs. 2 S. 1 GO BT, und sie verhandeln in der Regel auch nichtöffentlich, § 69 Abs. 1 S. 1 GO BT. Dafür haben die nicht ausschussangehörigen Abgeordneten aber auch die Möglichkeit, über ihre Fraktion Einfluss auf die Beratung des Ausschusses zu nehmen.[220] Zudem behält das Plenum, wie stets bei der Delegation von Vorbereitungskompetenzen, das Letztentscheidungsrecht. Im zwingend erforderlichen Plenarverfahren wird öffentlich über die Beschlussempfehlung der Ausschüsse beraten und entschieden. Dabei haben alle Abgeordneten die Möglichkeit, sich zu beteiligen und ihre Stimme abzugeben. Insgesamt kommt es durch diese Delegation somit nicht zu einer weitgehenden Einschränkung des Repräsentations- und Gesamtrepräsentationsprinzips sowie der Mandatsgleichheit.

Die Delegation der Vorbereitung der Gesetzesbeschlüsse ist in Anbetracht der kaum zu überschauenden Menge zu regelnder Sachverhalte[221] sogar unabdingbar, um die Handlungsfähigkeit des Parlamentes zu erhalten. Die Delegation verlässt daher nicht den dem Parlament zukommenden Gestaltungsspielraum bei der Regelung des eigenen Geschäftsganges und ist daher verhältnismäßig.[222]

2. Regelung parlamentsinterner Angelegenheiten

Zur Regelung eigener Angelegenheiten hat das Parlament Kompetenzen delegiert, die die Aufhebung der Immunität von Abgeordneten (a)) und die Auslegung der Geschäftsordnung (b)) betreffen.

a) Aufhebung der Immunität

Dem Immunitätsausschuss[223] ist die Kompetenz übertragen, bei – vereinfacht zusammengefasst – geringeren Vergehen von Abgeordneten über die Aufhebung ihrer Immunität eine Vorentscheidung zu treffen. Diese Vorentscheidung wird zur Entscheidung des gesamten Parlaments, wenn das Plenum nicht innerhalb von sieben Tagen widerspricht. Die aufgrund von Art. 46 Abs. 2, 3 GG, wonach der *Bundestag* (also das Plenum) über die Aufhebung der Immunität entscheidet, notwendige Zu-

---

219 Siehe hierzu supra S. 241.

220 Siehe hierzu supra S. 160 f.

221 Siehe hierzu bereits supra S. 55 ff.

222 Vgl. auch *O. Moench*, Bundestagsausschüsse, S. 113.

223 Siehe zum Immunitätsausschuss bereits ausführlich supra S. 175 ff.

stimmung des Plenums ist damit lediglich eine Fiktion. Faktisch wurde für diese Fälle die Entscheidungskompetenz auf den Immunitätsausschuss übertragen. Folglich ist eine strenge Verhältnismäßigkeitsprüfung erforderlich.

Wenn also realiter eine Entscheidungskompetenz delegiert wurde, ist es grundsätzlich erforderlich, dass dem Plenum das Letztentscheidungsrecht verbleibt. Dies ist hier auch sichergestellt, da es dem Plenum formal unbenommen bleibt, jede Vorentscheidung des Immunitätsausschusses aufzuheben.[224] Auch wenn das Plenum dafür nur sieben Tage Zeit hat, wird sein Letztentscheidungsrecht gewahrt. Dadurch ist das Plenum auch über Entscheidungen des Immunitätsausschusses ausreichend informiert, sogar bevor sie letztlich wirksam werden. Die Mitglieder des Immunitätsausschusses werden allerdings wie auch die Mitglieder der Fachausschüsse nicht gewählt, sondern von den Fraktionen benannt. Ebenso verhandelt der Immunitätsausschuss grundsätzlich nichtöffentlich.

Als Gründe für die Delegation der Vorentscheidung werden geltend gemacht, dass, erstens, das Plenum von der Befassung mit Bagatellen zu entlasten sei,[225] sowie, zweitens, dass unnötige, negative Publizität[226] vermieden werden sollte. Beim vereinfachten Verfahren werden die Vorentscheidungen des Immunitätsausschusses daher den Abgeordneten zwar bekannt gegeben, aber nicht auf die Tagesordnung gesetzt, sodass die Öffentlichkeit von ihnen in der Regel keine Kenntnis nehmen kann. Die andernfalls hervorgerufene negative Publizität benachteilige den einzelnen Abgeordneten gegenüber dem Bürger und schade zusätzlich dem Ansehen des ganzen Parlamentes.[227]

Da bei dieser Delegation faktisch die Entscheidungskompetenz auf den Immunitätsausschuss übertragen wurde, müsste diese Delegation aus den genannten Gründen zwingend erforderlich sein. Es ist aber bereits mehr als fraglich, ob die Vorentscheidungen des Ausschusses zur Aufrechterhaltung der Funktionsfähigkeit des Parlamentes überhaupt beitragen, indem sie das Plenum entlasteten. Denn die Fälle, in denen solche Vorentscheidungen möglich sind, bleiben durchaus überschaubar.[228] Dies liegt zum einen daran, dass jeder Bundestag eine generelle Genehmigung für die Durchführung von Ermittlungsverfahren für fast sämtliche

[224] Vielfach wird diese Delegation nur deshalb für zulässig erachtet, weil dem Plenum das Letztentscheidungsrecht verbleibt: *Klein*, in: Maunz/Dürig, Art. 46 Rn. 94; *Magiera*, in: BK, Art. 46 Rn. 177; *Schulze-Fielitz*, in: Dreier, Art. 46 Rn. 39; *Steiger*, Organisatorische Grundlagen, S. 139 f.; vgl. im Ansatz auch *Berg*, Staat 9 (1970), 21 (35 f.).

[225] *Ahrens*, Immunität, S. 31; vgl. *Berg*, Staat 9 (1970), 21 (35); vgl. *Butzer*, Immunität, S. 351; *Kreuzer*, Staat 7 (1968), 183 (202); *Magiera*, in: BK, Art. 46 Rn. 177.

[226] *Ahrens*, Immunität, S. 31; vgl. *Berg*, Staat 9 (1970), 21 (35); vgl. *Butzer*, Immunität, S. 351; *Kreuzer*, Staat 7 (1968), 183 (202 f.); vgl. *Meyer*, Immunität, S. 38 f.

[227] Vgl. *Schorn*, NJW 19 (1966), 234 (235), der – ohne Begründung – annimmt, dass die Delegation nicht dazu geeignet sei, die negative Publizität zu verhindern; vgl. *Berg*, Staat 9 (1970), 21 (35).

[228] *Butzer*, Immunität, S. 354; *Klein*, in: Maunz/Dürig, Art. 46 Rn. 94.

Straftaten[229] erteilt.[230] Soweit die Vorentscheidung des Ausschusses zum anderen auf die Genehmigung der Vollstreckung von Freiheitsstrafen von bis zu drei Monaten erstreckt wird, so ist eine so geringe Freiheitsstrafe gem. § 47 StGB ohnehin nur in Ausnahmefällen möglich.[231] Wenn die Delegation der Vorentscheidung in der Praxis daher selten vorkommt, spricht dies dafür, dass die Delegation kaum zur Aufrechterhaltung der Funktionsfähigkeit beiträgt. Zudem ist ein alternatives Verfahren vorstellbar, das das Repräsentations- und Gesamtrepräsentationsprinzip sowie die Mandatsgleichheit weniger intensiv einschränkt. Statt eine faktische Delegation der Entscheidungskompetenz auf den Immunitätsausschuss durch die Fiktion einer Plenarzustimmung vorzusehen, könnte eine explizite Entscheidung des Parlamentes vorgeschrieben werden. Dadurch erhielte der Immunitätsausschuss tatsächlich allein die Vorbereitungskompetenz und die Mitwirkung aller anderen Abgeordneten im Plenum wäre sichergestellt. Diese Vorgehensweise würde die Funktionsfähigkeit des Parlamentes auch nicht weniger effektiv sichern. Statt der Fiktion einer Plenarentscheidung müsste das Plenum über die Beschlussempfehlung des Ausschusses entscheiden. Dabei würde es sich nicht um viele Fälle handeln: von der zwölften Wahlperiode (1990–1994) bis zur 17. Wahlperiode (2009–2013) gab es *insgesamt* im Schnitt pro Wahlperiode gerade einmal 15 Immunitätsfälle,[232] wovon nur ein Bruchteil im vereinfachten Verfahren behandelt wurde. Durch eine zwingende Plenarentscheidung würde die Arbeitsfähigkeit des Plenums auch nicht spürbar belastet. Denn das Plenum kann sich auch hier auf die vorrangige Prüfung eines Ausschusses verlassen und wie auch in anderen Fällen[233] die Ausschussempfehlungen ohne vertiefte Prüfung bestätigen. Wenn es aber damit eine die entgegenstehenden Prinzipien weniger intensiv einschränkende, aber gleich geeignete Alternative gibt, dann ist das derzeitige Verfahren nicht zwingend erforderlich und damit unverhältnismäßig.

Dem kann auch nicht entgegengehalten werden, dass nur durch die Vorentscheidungen des Immunitätsausschusses negative Publizität und damit ein Ansehensverlust des Parlamentes vermieden werden könne. Denn zum einen kann auch im Plenarverfahren die Öffentlichkeit ausgeschlossen und die Geheimschutzordnung angewandt werden.[234] Dieses Vorgehen ist grundsätzlich gegenüber einer Delegation aus Vertrauensschutzgründen vorzugswürdig.[235] Nur wenn allein durch die Delegation die Geheimhaltung sichergestellt werden kann, wie im Falle des Sonder-

---

[229] Nr. 1 Beschluß des Bundestages betr. Aufhebung der Immunität von Mitgliedern des Bundestages, Anlage 6 zur GO BT; siehe zu dieser Genehmigung ausführlich *Wiefelspütz*, in: Morlok/Schliesky/Wiefelspütz, Parlamentsrecht, § 13 Rn. 41 ff.

[230] *Butzer*, Immunität, S. 354; *Klein*, in: Maunz/Dürig, Art. 46 Rn. 94.

[231] Hierauf weist auch *Butzer*, Immunität, S. 354 hin.

[232] Datenhandbuch, Kap. 2.4.

[233] Siehe zur Bestätigung der Empfehlungen des Petitionsausschusses supra S. 150 ff.

[234] Siehe hierzu supra S. 59 f.

[235] *Wiefelspütz*, in: Morlok/Schliesky/Wiefelspütz, Parlamentsrecht, § 13 Rn. 45.

gremiums,[236] wäre diese zulässig. Dies ist hier nicht ersichtlich. Letztlich geht es bei den Vorentscheidungen des Immunitätsausschusses unter anderem um die Genehmigung der Vollstreckung von Freiheitsstrafen von bis zu drei Monaten[237] und Bagatellen[238]. Die Annahme, das Ansehen des Parlamentes insgesamt und damit seine Funktionsfähigkeit könnten beeinträchtigt werden, sollten solche Fälle öffentlich bekannt werden, erfordert sehr viel Phantasie. Auch aus diesem Grund ist eine Delegation der faktischen Entscheidungskompetenz auf den Immunitätsausschuss damit nicht zwingend erforderlich. Es bleibt mithin dabei, dass die mit dieser Delegation einhergehende Einschränkung des Repräsentations- und Gesamtrepräsentationsprinzips sowie der Mandatsgleichheit nicht verhältnismäßig und damit verfassungswidrig ist.

b) Auslegung der Geschäftsordnung

Dem Ausschuss für Wahlprüfung, Immunität und Geschäftsordnung obliegt gemäß § 127 Abs. 1 S. 2 Hs. 1 GO BT die Auslegung der Geschäftsordnung.[239] Damit wird diesem Ausschuss die Kompetenz übertragen, Auslegungsentscheidungen zu treffen. Es handelt sich folglich um eine Delegation einer Entscheidungskompetenz. Wie bei Ausschüssen üblich, verhandelt auch dieser Ausschuss grundsätzlich nichtöffentlich und seine Mitglieder werden nicht gewählt, sondern von den Fraktionen benannt.

Allerdings können die Entscheidungen des Ausschusses stets vom Plenum nachträglich nach § 127 Abs. 1 S. 2 Hs. 2 GO BT kassiert werden. Der dazu nötige Antrag kann dabei nicht nur von einer Fraktion gestellt werden, sondern auch von einem Ausschuss, dem Bundestagspräsident, einem Viertel der Mitglieder des Ausschusses für Wahlprüfung, Immunität und Geschäftsordnung sowie von fünf von Hundert der Mitglieder des Bundestages. Damit ist die Möglichkeit der nachträglichen Kassation auch als Minderheitenrecht[240] ausgestaltet. Die nur nachträgliche Kassation vermag allerdings das Repräsentation-, Gesamtrepräsentationsprinzip und die Mandatsgleichheit nicht so weitgehend zu wahren wie die jederzeitige Rückholbarkeit der Kompetenz durch das Plenum.[241]

Für die Zulässigkeit der Delegation wird teilweise geltend gemacht, dass nicht das Recht zum Erlass der Geschäftsordnung übertragen werde, sondern nur das Recht ihrer Auslegung.[242] Das ist zwar richtig, darauf kommt es aber nicht an. Werden nicht

[236] Siehe hierzu supra S. 61, 229 ff., 234 f.

[237] Nr. 8 Verfahrensgrundsätze, Anlage 6 GO BT.

[238] Nr. 12 Verfahrensgrundsätze, Anlage 6 GO BT.

[239] Siehe hierzu allgemein *Troßmann/Roll*, Parlamentsrecht, § 127 Rn. 6 ff.; *Schulte/Zeh*, in: Schneider/Zeh, Parlamentsrecht, § 43 Rn. 27 ff.

[240] Diese Bezeichnung auch bei *Troßmann/Roll*, Parlamentsrecht, § 127 Rn. 11 ff.

[241] Siehe hierzu supra S. 248.

[242] *Schwerin*, Bundestag, S. 171.

alle Abgeordneten an Entscheidungen für das Parlament beteiligt, ist es zunächst unerheblich, welcher Art diese Entscheidungen sind. In jedem Fall muss der Ausschluss der Gesamtheit der Abgeordneten durch die Delegation strikt verhältnismäßig, also insbesondere zwingend erforderlich sein. Dass die Delegation des Entscheidungsrechts zwingend erforderlich zur Wahrung der Funktionsfähigkeit des Parlamentes ist und eine Delegation lediglich der Vorbereitungskompetenz nicht ausreichte, ist aber zweifelhaft. Diese Zweifel ergeben sich daraus, dass seit geraumer Zeit kaum von dieser Entscheidungskompetenz durch den Ausschuss Gebrauch gemacht wird: Auslegungsentscheidungen ergingen in der 14. Wahlperiode noch 14[243], in der 15. noch vier[244], in der 16. sechs[245] und in der 17. nur eine[246]. Es ist daher nicht ersichtlich, inwiefern die Delegation der Entscheidungskompetenz zur Aufrechterhaltung der Funktionsfähigkeit des Parlaments zwingend erforderlich seien könnte. Würde dem Geschäftsordnungsausschuss nur die Vorbereitung der Auslegungsentscheidung übertragen und über dessen Beschlussempfehlung im Plenum abgestimmt, wäre angesichts des geringen Aufwandes die Funktionsfähigkeit des Parlamentes nicht spürbar belastet. Die Delegation der Auslegungsentscheidung ist daher unverhältnismäßig und somit verfassungswidrig.

3. Petitionen

Auch der Petitionsausschuss verhandelt grundsätzlich nichtöffentlich und seine Mitglieder werden ebenfalls nicht durch das Plenum gewählt, sondern von den Fraktionen benannt.[247] Formal ist dem Petitionsausschuss nur die Vorbereitungskompetenz übertragen worden. Da der Ausschuss dem Plenum aber nur Sammelübersichten vorlegt, aus denen Begehren und Begründung der Petenten nicht hervorgehen, entscheidet faktisch der Ausschuss über die einzelnen Petitionen. Den Abgeordneten im Plenum bleibt nur, blind über die in den Sammelübersichten zusammengefassten einzelnen Petitionen abzustimmen.

Wie auch im Fall des Immunitätsausschusses liegt damit eine faktische Delegation der Entscheidungskompetenz vor, die nur unter strikter Wahrung des

[243] *Ausschuss für Wahlprüfung, Immunität und Geschäftsordnung*, Bilanz der 14. Wahlperiode, S. 2.

[244] *Ausschuss für Wahlprüfung, Immunität und Geschäftsordnung*, Bilanz der 15. Wahlperiode, S. 4.

[245] Dies ergibt sich nicht aus der Bilanz der 16. Wahlperiode, sondern aus der Auflistung aller Auslegungsentscheidungen des Geschäftsordnungsausschusses, die nur 6 Auslegungsentscheidungen aus der 16. Wahlperiode auflistet, *Ausschuss für Wahlprüfung, Immunität und Geschäftsordnung*, Auslegungsentscheidungen, 2013. Daher irrt *Paschmanns*, in: Morlok/Schliesky/Wiefelspütz, Parlamentsrecht, § 24 Rn. 7, wenn er angibt, in der 16. und 17. Wahlperiode seien nur 2 Auslegungsentscheidungen ergangen.

[246] *Ausschuss für Wahlprüfung, Immunität und Geschäftsordnung*, Bilanz der 17. Wahlperiode, S. 7.

[247] Zum Petitionsausschuss siehe bereits umfänglich supra S. 148 ff.

Grundsatzes der Verhältnismäßigkeit zulässig ist. Dass das Plenum der Unterstützung durch einen Ausschuss bedarf, ist zunächst unbestreitbar: Zwischen 2010 und 2017 gingen jedes Jahr circa 14.000 Petitionen beim Deutschen Bundestag ein.[248] Die Delegation der Vorbereitungskompetenz ist angesichts dieser Zahlen unumgänglich. Bei einem so hohen Arbeitsaufwand erscheint es auch denkbar, dass sogar die Entscheidungskompetenz auf den Petitionsausschuss delegiert werden darf. Der Wortlaut des Art. 45c Abs. 1 GG ist insofern offen genug.[249] § 112 GO BT sieht jedoch vor, dass nur die Vorbereitungskompetenz übertragen wird. Auch in diesem Fall muss dem Plenum das Letztentscheidungsrecht verbleiben.[250] Dies ist aber nur möglich, wenn das Plenum über Inhalt und Gründe der Entscheidung des Ausschusses informiert ist.[251]

So wie die Delegation derzeit aber ausgestaltet ist, wird faktisch die Entscheidungskompetenz übertragen und das Plenum kann sein Letztentscheidungsrecht nicht effektiv wahrnehmen. So bedürfen zwar die Sammelübersichten zwingend der Bestätigung im Plenum. Allerdings ergeben sich aus diesen nicht genügend Informationen, um das Letztentscheidungsrecht des Plenums tatsächlich zu wahren. Für diese weitgehende Einschränkung der der Delegation entgegenstehenden Prinzipien gibt es keine Gründe. So mag es zwar richtig sein, dass die Petenten nicht mit vollständigem Namen, Anschrift und unter Umständen sehr persönlichem Anliegen öffentlich in den Sammelübersichten angegeben werden sollten. Es genügt aber, diese Informationen zu anonymisieren oder alternativ separat nichtöffentlich bereitzustellen. Die Geheimschutzordnung des Bundestages stellt die Vertraulichkeit sensibler Informationen grundsätzlich ausreichend sicher und ist der Delegation auf einen Ausschuss zur Geheimhaltung vorzuziehen.[252] Entscheidend für die Möglichkeit, eine informierte Entscheidung im Plenum zu treffen, sind ohnehin nicht Name und Anschrift des Petenten, sondern Begründung der Petition und Begründung der Beschlussempfehlung des Ausschusses. Würden diese Informationen dem Plenum zugänglich gemacht, wäre schließlich auch die Funktionsfähigkeit des Parlamentes in keiner Weise eingeschränkt. Dazu müssten den Abgeordneten nur der Einblick in die Entscheidungsgründe des Ausschusses bezüglich jeder Petitionen gewährt werden. Dies ist mit keinem Aufwand verbunden. Der Ausschussdienst umfasst bereits etwa 80 Mitarbeiter, die jede eingehende Petition prüfen und einen ersten begründeten Entscheidungsvorschlag erarbeiten.[253] Anschließend prüfen Ausschussmitglieder selbst die Petitionen und machen Vorschläge zur Erledigung, die dann im Ausschuss diskutiert werden. Die Akteneinsicht genügte den Abgeordneten des Plenums hier, um eine informierte Entscheidung zu treffen. Zudem ist

---

[248] Vgl. *Petitionsausschuss*, Jahresbericht 2018, S. 109.

[249] Siehe hierzu konkret bereits supra S. 149 f.

[250] Siehe supra S. 247.

[251] Siehe zu diesen Punkten ausführlich supra S. 248 f.

[252] Siehe supra S. 59 f.

[253] Siehe hierzu und zum Folgenden *Finger*, in: Morlok/Schliesky/Wiefelspütz, Parlamentsrecht, § 26 Rn. 31 ff.

zu beachten, dass von den vielen jährlich eingehenden Petitionen ein großer Teil nicht im Parlament beraten wird. Dabei geht es beispielsweise um Petitionen, die sich durch Auskunft erledigen, die reine Meinungsäußerungen oder verworren sind oder die direkt an die Landesparlamente mangels Zuständigkeit weitergeleitet werden.[254] 2017 machten diese Art von Petitionen 6.477 von insgesamt 10.296 (etwa 63 %) aus. Daher ist es nicht nötig, allen Abgeordneten Akteneinsicht für alle und noch nicht einmal für die meisten Petitionen zu gewähren, sondern nur für den kleineren Anteil an Petitionen, über die das Plenum letztlich auch abstimmen muss.

Würde den Abgeordneten im Plenum so eine informierte, autonome Entscheidung ermöglicht, käme dem Petitionsausschuss wirklich nur die Vorbereitungskompetenz zu. Dies ist eine gleich geeignete, aber mildere Alternative gegenüber der derzeitigen faktischen Delegation der Entscheidungskompetenz auf den Petitionsausschuss, welche daher unverhältnismäßig ist.

4. Wahlprüfung

Wie auch im Falle des Petitionsausschusses wird auf den Wahlprüfungsausschuss die Kompetenz delegiert, die Beschlüsse des Plenums vorzubereiten, § 3 Abs. 1 WahlPrüfG; wobei allerdings die Mitglieder des Wahlprüfungsausschusses durch das Plenum gewählt werden, § 3 Abs. 2 S. 3 WahlPrüfG.[255] Ebenfalls ähnlich ist, dass der Wahlprüfungsausschuss dem Plenum Übersichten der einzelnen Wahleinsprüche vorlegt, über die das Plenum geschlossen abstimmt. Der Unterschied hierbei besteht aber darin, dass diese Übersichten im Gegensatz zu den Sammelübersichten des Petitionsausschusses den Gegenstand der einzelnen Einsprüche darstellen und die Empfehlungen des Ausschusses begründen, § 11 S. 4 WahlPrüfG. Auf dieser Grundlage können die Abgeordneten im Plenum ihr Letztentscheidungsrecht effektiv wahrnehmen. Daher handelt es sich hier nicht um eine faktische Delegation der Entscheidungskompetenz, sondern lediglich der Vorbereitungskompetenz. Insofern ist auch keine strikte Verhältnismäßigkeitsprüfung erforderlich. Es genügt also, dass die Delegation der Vorbereitungskompetenz auf den Wahlprüfungsausschuss die Funktionsfähigkeit des Parlamentes fördern kann. In den Wahlperioden zwölf bis 18 kam es im Durchschnitt zu 375 Wahleinsprüchen.[256] Die Vorbereitung der Entscheidungen über eine solche Vielzahl an Einsprüchen zu delegieren, fördert die Funktionsfähigkeit des Bundestages. Im Ergebnis ist die Delegation der Vorbereitungskompetenz auf den Wahlprüfungsausschuss damit nicht zu beanstanden.

Eine Besonderheit ergibt sich allerdings aus § 13 Abs. 2 WahlPrüfG. Nach § 13 Abs. 2 S. 1 WahlPrüfG muss der Wahlprüfungsausschuss dem Plenum eine neue Empfehlung vorlegen, wenn der ursprünglichen vom Plenum nach § 13 Abs. 1 WahlPrüfG nicht zugestimmt wurde. Dabei kann diese zweite Empfehlung auch

---

[254] Vgl. *Petitionsausschuss*, Jahresbericht 2018, S. 119.

[255] Siehe hierzu bereits ausführlich supra S. 146f.

[256] Datenhandbuch, Kap. 1.18.

lediglich die erste wiederholen.[257] Das Problem dabei ist, dass das Plenum gemäß § 13 Abs. 2 S. 2 WahlPrüfG diese zweite Empfehlung nur noch zurückweisen darf, indem es eine alternative Beschlussempfehlung annimmt. Legt der Wahlprüfungsausschuss dem Plenum keine Alternative zur zweiten Empfehlung vor, könnte er damit seine zweite – gegebenenfalls die erste Empfehlung wiederholende – Empfehlung ohne oder sogar gegen den Willen des Plenums durchsetzen.[258] Denkbar ist zumindest auch, dass der Wahlausschuss neben der zweiten Empfehlung, die die erste wiederholt, eine Alternative anbietet, die offensichtlich keine Mehrheit im Plenum finden wird.[259] In jedem Fall würde dies bedeuten, dass dem Ausschuss ein Letztentscheidungsrecht zukäme. In diesem Falle würde es sich tatsächlich um eine Delegation der Entscheidungskompetenz handeln. Eine solche Delegation wäre auch dann unzulässig, wenn sie zur Aufrechterhaltung der Funktionsfähigkeit des Parlamentes zwingend erforderlich wäre. Denn die Wahlprüfung ist durch Art. 41 GG dem Plenum exklusiv zugeordnet.[260]

Tatsächlich ist § 13 Abs. 2 WahlPrüfG aber nicht deshalb verfassungswidrig oder muss verfassungskonform ausgelegt werden. Wird nämlich diese Norm richtig ausgelegt[261], dann enthält sie keine Delegation der Entscheidungskompetenz. Denn eine solche wäre mit dem Willen des Gesetzgebers unvereinbar. Im Bericht des Wahlprüfungsausschusses über den Entwurf des WahlPrüfG heißt es: „Selbstverständlich kann der Bundestag nicht verpflichtet sein, dem zweiten Vorschlag des Ausschusses, der vielleicht dasselbe enthält wie der erste, zuzustimmen: denn dann wäre die Entscheidung nicht in die Hände des Bundestages, sondern allein in die Hände des Wahlprüfungsausschusses gelegt.“[262] Weiterhin wird auch die Möglich-

---

[257] *Winkelmann*, WahlPrüfG, § 13 Rn. 4.

[258] Sieh zu diesem Problem: *Troßmann, Parlamentsrecht, § 64 Rn. 5; Wiefelspütz*, ZParl 43 (2012), 227 (232); *Winkelmann*, WahlPrüfG, § 13 Rn. 4; die Autoren, die auf das Problem aufmerksam machen, begnügen sich allerdings mit einem Hinweis auf die Bedenklichkeit dieser Verfahrensgestaltung (*Winkelmann*, ibd.: „nur theoretisch denkbare Verfahrensentwicklung“; *Wiefelspütz*, ibd.:„Bislang unbeachtet geblieben sind die Regelungen des Wahlprüfungsgesetzes“).

[259] Allerdings kann der Ausschuss dem Plenum letztlich nur empfehlen, dem Einspruch des Wahlberechtigten stattzugeben oder ihn abzuweisen. Es ist daher eher unwahrscheinlich, dass das Plenum im Falle eines Alternativvorschlags diesen ablehnt. Denn zu einem zweiten Vorschlag und einem Alternativvorschlag kommt es nur, wenn das Plenum den ersten Vorschlag abgelehnt hat. Wenn es nun eine Alternative zu dem zweiten Vorschlag gibt, der den ersten wiederholt, wird das Plenum diesen in aller Regel annehmen. Möglich wäre es aber, dass die Mehrheit im Plenum auch den Alternativvorschlag ablehnt, weil es dessen Begründung nicht zustimmt. Die mangelnde politische Bedeutung der Ablehnung von Wahleinsprüchen lässt dieses Szenario zugegeben als recht unwahrscheinlich erscheinen.

[260] Siehe supra S. 188 ff.

[261] Dies gelingt den genannten Autoren nicht.

[262] Schriftlicher Bericht des Wahlprüfungsausschusses, Pl.-Protokoll der 112. Sitzung vom 18.01.1951, S. 4240. Die Empfehlung des Wahlprüfungsausschusses im Einvernehmen mit dem Ausschuss für Rechtswesen und Verfassungsrecht (BT-Drs. 1/1756) änderte den Regie-

keit erkannt, dass der Ausschuss keinen alternativen Vorschlag einbringt, um so seinen zweiten Vorschlag durchzusetzen. In diesem Fall könne aber die Mehrheit im Plenum ohne Weiteres die Aussetzung der Verhandlung beantragen, bis ein solcher alternativer Vorschlag vorliege.[263] Hinzuzufügen ist dem nur, dass der Ausschuss den Alternativvorschlag auch nicht auf Dauer schuldig bleiben kann, denn der Ausschuss ist dazu verpflichtet, diesen dem Plenum vorzulegen.[264]

5. Parlamentarische Kontrolle

Im Rahmen der parlamentarischen Kontrolle betreffen die relevanten Delegationen den Bereich der Geheimdienste. Zum einen ist das Parlamentarische Kontrollgremium mit der allgemeinen Kontrolle der Geheimdienste beauftragt (a)), zum anderen prüft das Vertrauensgremium die Wirtschaftspläne der Geheimdienste und kontrolliert damit, ob und wofür die Geheimdienste wie viele Finanzmittel benötigen (b)).

a) Parlamentarisches Kontrollgremium

Art. 45d GG sieht die Einrichtung des Parlamentarischen Kontrollgremiums[265] vor. Da die grundsätzliche Entscheidung für eine Delegation somit im Grundgesetz verankert ist, ist sie keinen grundsätzlichen verfassungsrechtlichen Bedenken ausgesetzt.[266] Art. 45d Abs. 1 GG sagt allerdings nur, dass dieses Gremium zu bestellen ist, wobei Abs. 2 die nähere Regelung von Organisation und Verfahren einem Bundesgesetz überlässt. Diese konkrete, einfachgesetzliche Ausgestaltung der Delegation durch das PKGrG ist im Gegensatz zur grundsätzlichen Delegationsentscheidung des Art. 45d Abs. 1 GG einer Prüfung ihrer Verfassungskonformität zugänglich.[267]

Nach § 1 Abs. 1 PKGrG unterliegen der Kontrolle des Gremiums die Tätigkeit des Bundesamtes für Verfassungsschutz, des Militärischen Abschirmdienstes und des Bundesnachrichtendienstes sowie die Aufsicht der Bundesregierung über diese.[268] Damit ist aber nicht die parlamentarische Kontrolle in diesem Bereich exklusiv auf das Parlamentarische Kontrollgremium übergegangen. Gemäß § 1 Abs. 2 PKGrG

---

rungsentwurf (BT-Drs. 1/983) teils deutlich ab und schuf auch die in Rede stehende Verfahrensregelung des § 13 Abs. 2 WahlPrüfG.

[263] Schriftlicher Bericht des Wahlprüfungsausschusses, Pl.-Protokoll der 112. Sitzung vom 18.01.1951, S. 4240.

[264] Vgl. § 3 Abs. 1 WahlPrüfG; vgl. auch § 62 Abs. 1 S. 1 GO BT.

[265] Siehe zum parlamentarischen Kontrollgremium allgemein sowie speziell zur Frage, ob es spiegelbildlich zu besetzen ist, supra S. 105 ff.

[266] Zur Frage, ob diese grundgesetzliche Verankerung den Grundsatz der Spiegelbildlichkeit für die Besetzung dieses Gremiums suspendieren kann, siehe supra S. 105 ff.

[267] Vgl. *Mehde*, in: BeckOK, Art. 45d Rn. 2.2.

[268] Siehe hierzu allein *Unger*, in: vM/K/S, Art. 45d Rn. 11.

bleiben die Kontrollrechte des Bundestages, seiner Ausschüsse und der G10-Kommission unberührt.[269] Wenn hiermit Kontrollrechte des Plenums und der Abgeordneten nicht verlagert, sondern nur multipliziert würden, hätte dies Auswirkung auf die Bewertung der Delegation. Die Mandatsgleichheit wäre nicht betroffen, verfügten die Abgeordneten im Parlamentarischen Kontrollgremium und die dort nicht vertretenen Abgeordneten über dieselben Rechte. Würde die Kontrolle der Geheimdienste zudem maßgeblich im Plenum, das heißt öffentlich und unter Beteiligung aller Abgeordneten, vollzogen, wären auch das Repräsentations- und Gesamtrepräsentationsprinzip nicht wesentlich beeinträchtigt.

Tatsächlich geht die Kontrolle der Geheimdienste durch das Gremium aber weit über das hinaus, was nicht im Gremium vertretene Abgeordnete leisten können.[270] Dies liegt daran, dass das Parlamentarische Kontrollgremium, das durch § 10 PKGrG zur Geheimhaltung verpflichtet ist, die Vertraulichkeit von Informationen deutlich besser sicherstellen kann.[271] Daher können Auskünfte gegenüber dem „einfachen" Abgeordneten eher verweigert werden als gegenüber dem Parlamentarischen Kontrollgremium. Allein hierdurch reicht die Kontrolle durch das Gremium weiter als die des Plenums und des einzelnen Abgeordneten.[272] Zusätzlich verfügt das Parlamentarische Kontrollgremium gemäß § 5 PKGrG über besondere Auskunfts- und Zutrittsrechte, die anderen Abgeordneten nicht zukommen.

Damit wurde die parlamentarische Kontrolle im Bereich der Geheimdienste im Wesentlichen auf das Parlamentarische Kontrollgremium delegiert. Für die Zulässigkeit der Delegation spricht zunächst, dass die Mitglieder des Parlamentarischen Kontrollgremiums nach § 2 Abs. 1 PKGrG vom Plenum gewählt werden. Zudem hat das Gremium nach § 13 PKGrG dem Plenum regelmäßig Bericht über seine Kontrolltätigkeit zu erstatten.[273] Dies reicht jedoch allein nicht aus, da die Delegation auch einer strengen Verhältnismäßigkeitskontrolle Stand halten muss. Denn wenn es sich hierbei auch nicht um eine Delegation von Entscheidungskompetenzen handelt, so ist doch hier derselbe Maßstab anzulegen.[274] Soweit nämlich hier Kontrollrechte des Parlamentes auf das Gremium übertragen wurden, ist die Beteiligung aller anderen Abgeordneten und die Repräsentation des Volkes mittels Beratung im Plenum ebenso ausgeschlossen wie bei der Delegation von Entscheidungskompetenzen. Zudem kann die Kontrolle bestimmter Maßnahmen der Geheimdienste dieselbe

---

[269] Aus diesem Grund wird teilweise davon ausgegangen, dass keine Delegation vorliege; siehe dazu supra S. 20 ff.

[270] Siehe hierzu bereits supra S. 107 f.

[271] Vgl. *C. Arndt*, in: Schneider/Zeh, Parlamentsrecht, § 50 Rn. 2, 7; vgl. *H. A. Wolff*, in: BK, Art. 45d Rn. 46 ff.

[272] *Unger*, in: vM/K/S, Art. 45d Rn. 17; *H. A. Wolff*, in: BK, Art. 45d Rn. 55 f.

[273] Siehe hierzu statt vieler *Unger*, in: vM/K/S, Art. 45d Rn. 35.

[274] Vgl. *BVerfG*E 130, 318 (351, 355 f., 359); E 137, 185 (242 f.); im Ergebnis auch *Mehde*, in: BeckOK, Art. 45d Rn. 4 f.; *H. A. Wolff*, in: BK, Art. 45d Rn. 57 geht zumindest auch von einer Einschränkung der Mandatsgleichheit und des Öffentlichkeitsprinzips aus.

Relevanz für das Gemeinwesen besitzen wie die Ausübung von Entscheidungsrechten. Somit muss die Delegation zwingend erforderlich sein.

Die Übertragung der Kontrolle dient der Wahrung der Vertraulichkeit bestimmter Informationen, die so sensibel sind, dass sie nicht ins öffentlich verhandelnde Plenum gelangen sollen.[275] Allgemein stellt die Geheimhaltung von Informationen über die Arbeit der Geheimdienste ihre Funktionsfähigkeit sicher, da sie ihre Aufgabe üblicherweise nur im Geheimen ausüben können.[276] Dabei dienen diese Dienste der inneren und äußeren Sicherheit des Staates[277], was zwingende Gründe des Staatswohls[278] sind. Im Einzelfall kann es etwa um Informationen gehen, deren Bekanntgabe Operationen eines Geheimdienstes oder die Sicherheit eines dabei eingesetzten Mitarbeiters des Geheimdienstes gefährdete.[279] Die Geheimschutzordnung des Bundestages ist nicht geeignet, die Geheimhaltung solcher Informationen im Plenarverfahren ausreichend sicherzustellen. Ihre Anwendung vermag es weder, die Tatsache, dass beispielsweise über einen konkreten Einsatz beraten werden soll, geheim zu halten – was über dessen Erfolg entscheiden kann –, noch die Vertraulichkeit konkreter Informationen über die Arbeit der Geheimdienste oder deren Erkenntnisse zu sichern.[280] Die Unzulänglichkeit der Geheimschutzordnung hinsichtlich derart sensibler Informationen liegt zum einen an der großen Zahl Beteiligter im Plenarverfahren und der entsprechend großen Gefahr des Durchstechens von Informationen.[281] Zum anderen sind die Mitglieder des Gremiums auch besonders streng zur Geheimhaltung verpflichtet, auch gegenüber dem Plenum und auch nach ihrem Ausscheiden aus dem Gremium (§ 10 PKGrG).[282]

Denkbar ist es zwar auch, dass die Kontrolle der Geheimdienste durch den Innenausschuss erfolgt, der in dem Fall nichtöffentlich unter Anwendung der Geheimschutzordnung verhandeln würde, die auch auf die Arbeit der Ausschüsse Anwendung finden kann, § 1 Abs. 1 S. 1 Geheimschutzordnung. Aber auch so kann die Geheimhaltung besonders sensibler Informationen nicht ausreichend sicherge-

---

[275] Zum Geheimnisschutz siehe bereits supra S. 58 ff.. Zur besonderen Geheimhaltungsbedürftigkeit nachrichtendienstlicher Informationen siehe *H. A. Wolff*, in: Dietrich u. a., Nachrichtendienste, S. 69 (81).

[276] Vgl. *BbgVerfG*, NWvZ-RR 2005, 299 (301); *BbgVerfG*, NVwZ 2016, 931 (932 f.); vgl. *C. Arndt*, in: Schneider/Zeh, Parlamentsrecht, § 50 Rn. 1; *Gusy*, ZRP 41 (2008), 36 (38): „Ein transparenter Geheimdienst wäre ein Widerspruch in sich"; *Hermes*, in: Dreier, Art. 45d Rn. 13; *Unger*, in: vM/K/S, Art. 45d Rn. 8; *H. A. Wolff*, in: BK, Art. 45d Rn. 51.

[277] *BVerfGE* 143, 101 (139); vgl. *BbgVerfG* NWvZ-RR 2005, 299 (301); *Magiera*, in: Sachs, Art. 45d Rn. 2.

[278] *BVerfGE* 130, 318 (359); E 137, 185 (242).

[279] Vgl. *BVerfGE* 137, 185 (243); *H. A. Wolff*, in: BK, Art. 45d Rn. 53 mit weiteren Beispielen.

[280] Vgl. *BVerfGE* 130, 318 (362); E 131, 185 (243).

[281] Siehe hierzu bereits supra S. 60 f.

[282] *H. A. Wolff*, in: BK, Art. 45d Rn. 55; siehe zur besonderen Verpflichtung zur Geheimhaltung auch *Hermes*, in: Dreier, Art. 45d Rn. 39.

stellt werden.[283] Der Innenausschuss umfasst derzeit 45 Mitglieder[284] während dem Parlamentarischen Kontrollgremium nur neun Mitglieder[285] angehören. Damit wird der Innenausschuss zwar dem Grundsatz der Spiegelbildlichkeit besser gerecht, die Gefahr des Durchstechens von Informationen ist demgegenüber allerdings größer. Zudem sind die Mitglieder des Innenausschuss nicht vergleichbar zur Geheimhaltung verpflichtet und werden auch nicht durch das Plenum gewählt.

Kann damit nur das Parlamentarische Kontrollgremium die Vertraulichkeit bestimmter besonders sensibler Informationen sicherstellen, ist die Delegation zwingend erforderlich. Ohne diese könnte im Bereich besonders vertraulicher Informationen andernfalls gar keine parlamentarische Kontrolle sichergestellt werden.[286] Insgesamt ist die weitgehende Delegation der parlamentarischen Kontrolle der Geheimdienste auf das Parlamentarische Kontrollgremium daher verfassungskonform.

b) Vertrauensgremium

Aber nicht nur Informationen über einzelne Aktivitäten der Geheimdienste sollen geheim gehalten werden, sondern auch ihre finanzielle Ausstattung. Aus den Wirtschaftsplänen der Dienste ließen sich detaillierte Informationen zur Struktur, Personal, Vorhaben und Aktivitäten entnehmen.[287] Daher kann nach § 10a Abs. 2 S. 1 BHO aus zwingenden Gründen des Geheimschutzes die Beratung[288] und Bewilligung dieser Wirtschaftspläne auf das sogenannte Vertrauensgremium[289] delegiert werden. Dabei liegen zwingende Gründe der Geheimhaltung aufgrund der Aussagekraft der Wirtschaftspläne stets vor.[290] Zudem entscheidet das Gremium auch für das Parlament, soweit im Haushaltsplan im Bereich der Geheimdienste Zustimmungsvorbehalte oder Sperrvermerke vorgesehen sind.[291] Weiterhin obliegt dem Vertrauensgremium auch die nachträgliche Budgetkontrolle der Geheimdienste.[292]

---

[283] Für diesen Vergleich vgl. auch *H. A. Wolff*, in: Dietrich u. a., Nachrichtendienste, S. 69 (83 f.); vgl. zudem *BVerfG*E 137, 185 (241).

[284] BT-Drs. 19/437.

[285] BT-Drs. 19/441 und 19/442.

[286] *Klein*, in: Maunz/Dürig, Art. 45d Rn. 28; vgl. *Mehde*, in: BeckOK, Art. 45d Rn. 11.4, 23; *H. A. Wolff*, in: BK, Art. 45d Rn. 55 f.

[287] *BVerfG*E 70, 324 (364); E 137, 185 (242 f.); *Hansalek*, Parlamentarische Kontrolle, S. 100; *Hornung*, in: Morlok/Schliesky/Wiefelspütz, Parlamentsrecht, § 30 Rn. 49.

[288] *Hasenjäger*, in: Morlok/Schliesky/Wiefelspütz, Parlamentsrecht, § 25 Rn. 56.

[289] Zum Vertrauensgremium siehe etwa *Hansalek*, Parlamentarische Kontrolle, S. 100 ff.; *Hasenjäger*, in: Morlok/Schliesky/Wiefelspütz, Parlamentsrecht, § 25 Rn. 54 ff.; *Kumpf*, Kontrolle der Nachrichtendienste, S. 153 ff.; siehe zudem bereits supra S. 105, 109.

[290] *Hansalek*, Parlamentarische Kontrolle, S. 121.

[291] *Edinger*, Wahl und Besetzung, S. 259; *Hansalek*, Parlamentarische Kontrolle, S. 122.

[292] *Hansalek*, Parlamentarische Kontrolle, S. 122 f.; *Hasenjäger*, in: Morlok/Schliesky/Wiefelspütz, Parlamentsrecht, § 25 Rn. 58.

Das Vertrauensgremium setzt sich aus Mitgliedern des Haushaltsausschusses zusammen (§ 10a Abs. 2 S. 1 BHO), die nach § 2 PKGrG ebenfalls vom Plenum gewählt werden. Es verfügt über die gleichen Kontrollrechte und unterliegt den gleichen Berichtspflichten wie das Parlamentarische Kontrollgremium (§ 10a Abs. 2 S. 2 BHO).

Auch hier bietet die Anwendung der Geheimschutzordnung keine Alternative, da sie die Vertraulichkeit der Informationen – weder im Plenum noch in den Ausschüssen – nicht mit ausreichender Wahrscheinlichkeit sicherstellen kann. Da die Delegation des Bewilligungsrechts und der Kontrollrechte auf das Vertrauensgremium zur Geheimhaltung und damit zur Aufrechterhaltung der Funktionsfähigkeit der Geheimdienste daher zwingend erforderlich ist, seine Mitglieder gewählt werden und durch Berichtspflichten eine möglichst weitgehende Einbeziehung des Plenums sichergestellt wird, ist die mit der Delegation einhergehende Beschränkung verhältnismäßig.[293]

6. Wahl der Richter des Bundesverfassungsgerichts

Die wohl meist diskutierte[294] Delegation einer Plenarkompetenz stellt die Wahl der Richter des Bundesverfassungsgerichts dar.[295] Bis vor kurzem wurde die Ent-

---

293 Vgl. *BVerfGE* 70, 324 (355 ff.).

294 Das Schrifttum zur Verfassungsmäßigkeit der Wahl der Verfassungsrichter durch den Richterwahlausschuss nach § 6 BVerfGG a.F. ist schier unüberschaubar. Für verfassungswidrig haltend: *Abmeier*, Parlamentarische Befugnisse, S. 82; *Berg*, Staat 9 (1970), 21 (37 f.); *Heun*, Staatshaushalt, S. 363; *Kasten*, DÖV 39 (1985), 222 (226); *Kischel*, in: HStR III, § 69 Rn. 48 ff.; *Kreuzer*, Staat 7 (1968), 183 (189 ff.); *Kunz*, Ausgabenermächtigungen, S. 16 ff.; *Majer*, in: Umbach/Clemens, MitKomm, § 6 Rn. 32 ff.; *Meyer*, in: Schneider/Zeh, Parlamentsrecht, § 4 Rn. 92 f.; *C. Moench/Ruttloff*, DVBl. 127 (2012), 1261 (1268); *Morlok*, in: Morlok/Schliesky/Wiefelspütz, Parlamentsrecht, § 3 Rn. 45; *Pestalozza*, BRJ 4 (2012), 18 (19), der sogar die unmittelbar Wahl der Richter durch das Volk für optimal hält; *Pieper*, Verfassungsrichterwahlen, S. 29 ff.; *Pietzner*, Petitionsausschuss, S. 89; *Preuß*, ZRP 21 (1988), 389 (389 ff.); *Schmitt-Vockenhausen*, Verfassungsrechtliche Probleme, S. 64 Fn. 1; *Schreier*, Verfassungsrichter, S. 156 ff.; *Schürmann*, in: Morlok/Schliesky/Wiefelspütz, Parlamentsrecht, § 19 Rn. 55 ff.; *Schwerin*, Bundestag, S. 181 (allerdings nur in Bezug auf die fehlende Ausschussöffentlichkeit und die Rechtsform der Delegation, also Parlamentsgesetz statt Geschäftsordnungsbestimmung); *Steiger*, in: Schneider/Zeh, Parlamentsrecht, § 26 Rn. 21; *Steiger*, Organisatorische Grundlagen, S. 136 f.; *Wiefelspütz*, DÖV 65 (2012), 961 (961 ff.); *Wiegand*, RuP 49 (2013), 11 (11 ff.); *Wieland*, in: Dreier, Art. 94 Rn. 15; für verfassungsgemäß haltend: *BVerfGE* 131, 230 (230 ff.) – wobei *Voßkuhle*, in: vM/K/S, Art. 94 Rn. 11 dieser Entscheidung, an der er selbst beteiligt war, explizit widerspricht und das Wahlverfahren nach neuer Fassung für verfassungsrechtlich geboten hält; *Lenz/Hansel*, BVerfGG, § 6 Rn. 1; *Klein*, in: M/S/K/B, 13. Ergänzungslieferung (1993), § 6 Rn. 3 f.; *Kretschmer*, ZParl 17 (1986), 334 (343); *Schnelle*, NVwZ 31 (2012), 1597 (1597 ff.); *Zuck*, NJW 66 (2013), 2248 (2250); offen lassend: *Gusy*, in: Schneider/Zeh, Parlamentsrecht, § 60 Rn. 12; *Schröder*, ZG 30 (2015), 150 (164 ff.); *Wittmann*, in: Barczak, BVerfGG, § 6 Rn. 61 ff.

295 Siehe hierzu bereits supra S. 154 ff. Überraschend ist, dass die Wahl der Mitglieder der G 10-Kommission durch das Parlamentarische Kontrollgremium nach § 15 Abs. 1 S. 4 G 10-

scheidung, wen das Parlament zum Verfassungsrichter ernennt, auf einen Wahlausschuss übertragen (a)). Dies war verfassungswidrig. Seit dem 30. Juni 2015[296] bereitet der Ausschuss die Wahlentscheidung nur noch vor, die Entscheidung trifft nunmehr das Plenum. Gleichwohl verbleibt dem Ausschuss eine wichtige Kompetenz: Allein dieser darf Kandidaten auswählen und sie dem Plenum vorschlagen, § 6 Abs. 1 S. 1 BVerfGG (b)).

a) Delegation der Wahlentscheidung

Über die Delegation der Wahlentscheidung auf den Wahlausschuss ist viel geschrieben, alle Argumente sind mehrfach ausgetauscht worden.[297] Übereinstimmend mit der wohl h.L. ist auch bei Zugrundelegung des hier entwickelten Beurteilungssystems (absolute/relative Grenze) von der Verfassungswidrigkeit der Kompetenzübertragung auszugehen. Danach ist die Wahlentscheidung schon nicht delegierbar. Dies liegt nicht unbedingt daran, dass das Grundgesetz dem Bundestag und damit dem Plenum in Art. 94 Abs. 1 S. 2 GG die Wahlentscheidung explizit und exklusiv zugeordnet hätte. Denn insoweit lässt sich mit den Unterstützern der Ansicht, § 6 BVerfGG a.F. sei verfassungskonform, darauf hinweisen, dass das Grundgesetz zum Teil die unmittelbare Wahl explizit vorsieht, wie etwa in Art. 38 Abs. 1 S. 1 GG. Daraus könnte man schließen, dass durch fehlende Festschreibung der Unmittelbarkeit in Art. 94 Abs. 1 S. 2 GG gerade keine unmittelbare Wahl durch das Plenum und damit keine exklusive Plenarkompetenz statuiert werden sollte.[298]

Gesetz nicht ansatzweise so intensiv diskutiert wurde. Denn nach Art. 10 Abs. 2 S. 2 GG ist die G 10-Kommission von der Volksvertretung zu wählen. Damit ist eine Delegation dieser Wahlentscheidung eigentlich von vornherein ausgeschlossen; siehe supra S. 188 ff.; siehe aus der Literatur einzig *Edinger*, Wahl und Besetzung, S. 247; *Pietzner*, Petitionsausschuss, S. 89 f. sowie *Schmitt-Vockenhausen*, Verfassungsrechtliche Probleme, S. 64 Fn. 2. Allerdings ist der Fall hier vergleichbar mit der Bestimmung des Art. 17 GG, siehe dazu bereits supra S. 149. Auch dort wurde eine Kompetenz der „Volksvertretung" übertragen und aus den zeitgleich erlassenen Gesetz (hier G 10-Gesetz) ergibt sich, dass damit diese Kompetenz gerade nicht dem Plenum vorbehalten werden sollte; a.A. *Edinger*, ibd.; *Pietzner*, ibd., S. 90.

[296] Neuntes Gesetz zur Änderung des Bundesverfassungsgerichtsgesetzes vom 24.06.2015 (BGBl. I, S. 973).

[297] Übersichtliche Streitdarstellungen finden sich etwa bei: *Haratsch*, in: M/S/K/B, § 6 Rn. 6 ff.; *Kischel*, in: HStR III, § 69 Rn. 27 ff.; *Wittmann*, in: Barczak, BVerfGG, § 6 Rn. 61 ff.

[298] Zum Auslegungsergebnis, dass sich hier in beide Richtungen argumentieren ließe (keine unmittelbare Wahl, weil an anderer Stelle Unmittelbarkeit explizit angeordnet; unmittelbare Wahl, weil an anderer Stelle – Art. 95 Abs. 2 und Art. 98 Abs. 4 GG – Wahlausschuss explizit vorgesehen), siehe allein *Ruppert*, in: Burkiczak/Dollinger/Schorkopf, BVerfGG, § 6 Rn. 7 sowie *Kischel*, in: HStR III, § 69 Rn. 48. Wenn das Bundesverfassungsgericht seine Auffassung, Art. 94 Abs. 1 S. 2 GG erlaube eine Delegation, auch darauf stützt, dass der verfassungsändernde Gesetzgeber diese Auslegung bestätigt habe, indem er, trotz Kritik aus der Literatur an der Delegation, bei mehrfach erfolgten Änderungen der Art. 92 ff. GG den Art. 94 Abs. 1 S. 2 GG nicht änderte (*BVerfGE* 131, 230 [234]), dann ist

Die Delegationsfeindlichkeit der Wahlentscheidung ergibt sich stattdessen aber aus der Wesentlichkeit dieser Kompetenz.[299] Die Besetzung eines Verfassungsorgans, das zudem Entscheidungen des direkt gewählten Repräsentationsorgans des Volkes aufheben kann, ist für das Gemeinwesen höchst bedeutsam. Der von einzelnen[300] geäußerte Vergleich mit der Wahl des Bundeskanzlers, der selbstverständlich auch vom Plenum gewählt werde, mag überzogen klingen, da diese Wahl gemeinhin für politisch bedeutsamer gehalten werden dürfte. Der Unterschied ist gleichwohl kein kategorialer, da es jeweils um die Wahl eines Verfassungsorgans geht, das Entscheidungen von weitreichender Bedeutung für das Gemeinwesen trifft. Ist die Wahl der Verfassungsrichter daher eine wesentliche Kompetenz, unterfällt sie dem Plenarvorbehalt und darf nicht delegiert werden.

Aber auch unabhängig davon müsste die Übertragung der Wahlentscheidung im zweiten Schritt an der relativen Delegationsgrenze scheitern. Da hier eine Entscheidungskompetenz delegiert wird, müsste diese Delegation zur Erreichung des Zweckes auch zwingend erforderlich sein. Der Zweck des § 6 BVerfGG a.F., den das Bundesverfassungsgericht als verfassungskonform ansah, erblickte es darin, dass die dem Blick der Öffentlichkeit entzogene Wahl durch einen Ausschuss der Sicherung des Ansehens des Gerichtes und des Vertrauens in seine Unabhängigkeit und damit letztlich seiner Funktionsfähigkeit diene.[301] Dass es sich hierbei um einen verfassungsrechtlich anerkannten Zweck handele, wird teilweise bezweifelt.[302] Zu Recht wird dabei darauf aufmerksam gemacht, dass Einschränkungen der Mandatsgleichheit und des Gesamtrepräsentationsprinzips in der Regel nur zur Sicherung der Funktionsfähigkeit des Parlamentes vorgenommen werden.[303] Hierfür bietet die Parlamentsautonomie in Art. 40 Abs. 1 S. 2 GG eine verfassungsrechtliche Grundlage.[304] Im Vergleich hierzu fehlen zumindest in der Entscheidung des Bundesverfassungsgerichts Angaben, wo sich die Sicherung der Funktionsfähigkeit des Bundesverfassungsgerichts verfassungsrechtlich verorten ließe.[305] Das bedeutet aber

---

das schlicht grotesk. Sollte diese Norm keine Delegation erlauben, ändern daran auch nichts das Schweigen des verfassungsändernden Gesetzgebers; nur sein „Reden" im Rahmen des Art. 79 GG hat Bedeutung. Entsprechend ist diese Argumentation in der Literatur auch auf vehemente Kritik gestoßen. Am prägnantesten formuliert es *Ruppert*, in: Burkiczak/Dollinger/Schorkopf, BVerfGG, § 6 Rn. 6: „Dieses Argument ist schlicht keines."; siehe zudem: *Haratsch*, in: M/S/K/B, § 6 Rn. 11; *Schreier*, Verfassungsrichter, S. 160 f.; *Wittmann*, in: Barczak, BVerfGG, § 6 Rn. 66.

299 *Abmeier*, Parlamentarische Befugnisse, S. 82; vgl. *Klein*, in: M/S/K/B, 13. Ergänzungslieferung (1993), § 6 Rn. 3; vgl. *Schreier*, Verfassungsrichter, S. 167; *Wiefelspütz*, DÖV 65 (2012), 961 (968).

300 *Wiefelspütz*, DÖV 65 (2012), 961 (968).

301 *BVerfG*E 131, 230 (236).

302 *Schnelle*, NVwZ 31 (2012), 1597 (1598); vgl. auch *O. Moench*, Bundestagsausschüsse, S. 246 ff.

303 *Schnelle*, NVwZ 31 (2012), 1597 (1598); *Wiegand*, RuP 49 (2013), 11 (15).

304 Siehe hierzu bereits supra S. 52 ff.

305 *Schnelle*, NVwZ 31 (2012), 1597 (1598).

keineswegs, dass die Funktionsfähigkeit des Bundesverfassungsgerichts kein verfassungsrechtlich anerkennenswertes Gut ist.[306] Soweit nämlich die Verfassung die Institution Bundesverfassungsgericht in Art. 94 GG vorsieht, kommt damit auch zum Ausdruck, dass diese funktionsfähig sein soll. Die Funktionsfähigkeit ist daher ein dem Kreationsakt inhärentes Moment.[307] Schließlich ist es auch unproblematisch, wenn Mandatsgleichheit und Gesamtrepräsentationsprinzip nicht um der Funktionsfähigkeit des Parlamentes willen eingeschränkt werden, sondern um der Funktionsfähigkeit eines anderen Verfassungsorgans willen, also aus externen Gründen. So werden diese Grundsätze und die parlamentarische Kontrolle durch die Delegation von Kontrollkompetenzen auf das Parlamentarische Kontrollgremien auch aus externen Gründen beschränkt: zur Wahrung der Funktionsfähigkeit der Geheimdienste.[308]

Damit mag nun die Funktionsfähigkeit des Bundesverfassungsgerichts ein legitimer Zweck für die Delegation sein und die Einschätzung des Gesetzgebers, die Delegation der Wahl stelle ihre Vertraulichkeit sicher und bewahre dadurch das Ansehen des Bundesverfassungsgerichts und damit seine Funktionsfähigkeit,[309] von seiner Einschätzungsprärogative umfasst sein. Dadurch ist die Delegation aber noch nicht zwingend erforderlich.[310] Denn die Sorge um einem Ansehens- und Funktionsverlust, und damit der Grund für die Vertraulichkeit, lag darin begründet, dass die Wahl im Plenum eine öffentliche Anhörung beinhalte und zur einer öffentlichen Diskussion über die Kandidaten und damit insgesamt zu einer Politisierung des Wahlvorgangs führe,[311] die dem Vertrauen in die Unparteilichkeit des Gerichtes schade. Wäre das die Alternative zur Delegation der Wahlentscheidung, könnte sie durchaus zwingend erforderlich gewesen sein, um diesen Vertrauens- und Funktionsverlust zu verhindern. Wie § 6 BVerfGG n.F. aber zeigt, geht es nicht um die Wahl zwischen diesen beiden Extremen: Wahl durch den Ausschuss oder öffentliche Anhörung und Wahl im Plenum. Die Delegation nur der Wahlvorbereitung nach der

---

306 Die Funktionsfähigkeit des Bundesverfassungsgerichts als hinreichenden Grund mit Verfassungsrang erkennt etwa *Schreier*, Verfassungsrichter, S. 165 an.

307 Vgl. supra S. 55.

308 Siehe hierzu soeben supra S. 259 ff.

309 Vgl. *BVerfG*E 131, 230 (236).

310 Hierzu und zum Folgenden: *Ruppert*, in: Burkiczak/Dollinger/Schorkopf, BVerfGG, § 6 Rn. 11; *Schnelle*, NVwZ 31 (2012), 1597 (1598 f.); *Schreier*, Verfassungsrichter, S. 160 ff.; vgl. auch: *Haratsch*, in: M/S/K/B, § 6 Rn. 11; *C. Moench/Ruttloff*, DVBl. 127 (2012), 1261 (1268); *O. Moench*, Bundestagsausschüsse, S. 251 f.; *Wiefelspütz*, DÖV 65 (2012), 961 (969); *Wiegand*, RuP 49 (2013), 11 (14 f.).

311 Hierzu umfassend und anschaulich am Beispiel der Berufung der Richter des US Supreme Courts expliziert *Kischel*, in: HStR III, § 69 Rn. 40 ff. Kritisch hingegen *O. Moench*, Bundestagsausschüsse, S. 249 ff., der bezweifelt, dass die öffentliche Wahl der Richter durch das Plenum einen vergleichbaren Effekt wie in den USA hätte. Das Ansehen des Bundesverfassungsgerichts (und damit seine Funktionsfähigkeit) ergäben sich vielmehr aus dem Wahlquorum, das bereits zu einer überparteilichen, entpolitisierten Wahl führe. Eine öffentliche Wahl durch das Plenum würde entsprechend keine Politisierung bewirken.

neuen Fassung des § 6 BVerfGG führt dazu, dass alle Abgeordneten im Plenum abstimmen können. Gleichzeitig verbietet § 6 Abs. 1 S. 1 BVerfGG eine Aussprache. Damit beschränkt diese Regelung weniger intensiv die Mandatsgleichheit und das Repräsentations- und Gesamtrepräsentationsprinzip, schützt aber genauso effektiv vor einem Ansehens- und Funktionsverlust des Bundesverfassungsgerichts. Die Delegation durch § 6 BVerfGG a.F. war daher nicht zwingend erforderlich. Das gesteht das Bundesverfassungsgericht sogar selbst ein, wenn es konstatiert, dass die gesetzgeberische Einschätzung, die nicht vertrauliche Wahl der Richter führe zu Funktionseinbußen, „nicht in dem Sinne geboten [sei], dass sie den Gesetzgeber hinderte, andere Modalitäten der Richterwahl zu bestimmen."[312] Damit ignoriert es den eigenen Maßstab einer strikten Verhältnismäßigkeitsprüfung.[313]

b) Delegation der Wahlvorbereitung und des Wahlvorschlagrechts

Da durch § 6 BVerfGG n.F. nur noch die Wahlvorbereitung delegiert wird und damit dem Plenum das Letztentscheidungsrecht verbleibt, scheint auf den ersten Blick das Wahlverfahren nunmehr verfassungskonform gestaltet zu sein. Denn wenn nur eine Vorbereitungskompetenz delegiert wird, ist auch keine strenge Verhältnismäßigkeitsprüfung erforderlich.[314] Dass die Vorbereitung der Wahl und die Abstimmung ohne Aussprache über den Vorschlag des Ausschusses dem Ansehen und damit der Funktionsfähigkeit des Bundesverfassungsgerichtes dienen und dieses Verfahren insoweit erforderlich ist, kann als durchaus plausibel bezeichnet werden.

Gleichwohl werden das neue Verfahren und die Abstimmung im Plenum als reine Symbolik kritisiert.[315] In der Tat ändert sich durch die Reform nichts daran, dass die Entscheidungen bereits im Vorfeld der parlamentarischen Befassung, sogar im Vorfeld des Ausschussverfahrens getroffen werden.[316] Diese politischen Absprachen im Vorfeld sind aber nicht so problematisch, wenn nunmehr der Wahlausschuss wirklich nur auf die Vorbereitung der Wahl beschränkt wäre und nicht mehr die Entscheidung für das Parlament träfe. Sollte nämlich die neue Delegationsnorm derart gestaltet sein, dass sie eine faktische Delegation der Wahlentscheidung zu

---

[312] *BVerfGE* 131, 230 (236).

[313] Siehe hierzu bereits supra S. 89. Selbstverständlich konnte das Bundesverfassungsgericht aus nachvollziehbaren Gründen nicht konsequent unter diesen Maßstab subsumieren und zu dem Ergebnis kommen, dass § 6 BVerfGG a.F. verfassungswidrig war. In diesem Fall wären alle Entscheidungen des Gerichtes, an dem Richter beteiligt waren, die durch den Wahlausschuss berufen wurden, ihrer Legitimität entzogen; darauf auch hinweisend: *Haratsch*, in: M/S/K/B, § 6 Rn. 12; *Wiefelspütz*, DÖV 65 (2012), 961 (969).

[314] Siehe hierzu bereits supra S. 242.

[315] So ausdrücklich *Lenz/Hansel*, BVerfGG, § 6 Rn. 10; kritisch auch: *Schlaich/Korioth*, BVerfG, Rn. 42; *Wittmann*, in: Barczak, BVerfGG, § 6 Rn. 66 f., der auch richtig feststellt, dass die Kritik am Wahlverfahren mit der Reform des § 6 BVerfGG nicht überholt ist; anders aber *Grünwald*, in: BeckOK BVerfGG, § 6 Rn. 5.

[316] Siehe supra S. 155 f.

Gunsten des Wahlausschusses bewirkt, müsste sie wie die Übertragung einer Entscheidungskompetenz behandelt werden und folglich an der absoluten und relativen Delegationsgrenze scheitern wie auch schon § 6 BVerfGG a.F.[317] Tatsächlich führt auch die neue Regelung nicht dazu, dass dem Plenum effektiv das Letztentscheidungsrecht zukommt.[318] Dies liegt insbesondere daran, dass nach § 6 Abs. 1 S. 1 BVerfGG n.F. dem Wahlausschuss das Wahlvorschlagsrecht exklusiv übertragen wird. Das bedeutet, dass das Plenum keinen anderen Kandidaten wählen kann als einen vom Ausschuss vorgeschlagenen. Darüber hinaus darf das Plenum noch nicht einmal erfahren, weshalb der Wahlausschuss einen Kandidaten vorschlägt: Nach § 6 Abs. 4 BVerfGG sind seine Mitglieder zur Verschwiegenheit verpflichtet. Der Vorschlag darf außerdem nicht zur Diskussion gestellt werden, § 6 Abs. 1 BVerfGG. Schließlich wird es sich die Bundestagsmehrheit politisch nicht leisten können, einen bereits im Ausschuss oder davor im Konsens auserkorenen Kandidaten im letzten Verfahrensschritt scheitern zu lassen. Das Plenum ist damit faktisch daran gehindert, eine autonome Entscheidung zu fällen, vielmehr ist es an den Vorschlag des Ausschusses gebunden. Damit führt § 6 BVerfGG aber erneut zu einer unzulässigen (faktischen) Delegation der Wahlentscheidung.

Bei der Kritik am neuen Wahlverfahren geht es indes nicht darum, informelle Absprachen im Vorfeld des Ausschuss- und Plenarverfahrens zu pönalisieren. Informelle Gespräche und Absprachen sind zur Erzeugung eines Konsenses im parlamentarischen Verfahren bisweilen unersetzlich.[319] Hier allerdings führt eine gesetzliche Regelung dazu, dass dem Plenum die Möglichkeit einer informierten, selbstbestimmten Entscheidung genommen wird. Wäre die Bindung an den Vorschlag des Wahlausschusses aufgehoben, könnte das Plenum also auch einen Kandidaten wählen, der von diesem nicht vorgeschlagen wurde, spräche dies dafür, dass dem Plenum tatsächlich das Letztentscheidungsrecht zukäme.[320] Vorteilhaft wäre es auch, wenn der Ausschuss seinen Vorschlag in einem Bericht (wie sonst auch üblich im parlamentarischen Verfahren) begründen würde.[321] Zwar wird der Vorschlag teilweise nicht für begründbar gehalten, weil es sich um eine politische Präferenzentscheidung handele, für die es keine nachvollziehbaren Auswahlkri-

---

[317] Für eine nicht nur normative Betrachtung, sondern die Einbeziehung der Wahlpraxis bei der Bewertung von § 6 BVerfGG auch *Schreier*, Verfassungsrichter, S. 177; siehe zudem zum Prüfungsmaßstab für faktische Delegationen von Entscheidungskompetenzen bereits supra S. 242.

[318] Hierzu und zum Folgenden: *Wittmann*, in: Barczak, BVerfGG, § 6 Rn. 66 f.; auch *Schröder*, ZG 30 (2015), 150 (166) erkennt an, dass sich das Plenum letztlich in einer „Ratifikationslage" befindet.

[319] Siehe hierzu bereits supra S. 99 f. So in diesem Kontext auch *Schreier*, Verfassungsrichter, S. 200 f.

[320] Auch *Berkemann*, DVBl. 132 (2017), 830 (832) und *Detterbeck*, in: Sachs, Art. 94 Rn. 3, sehen in dem Wahlvorschlagsrecht des Wahlausschusses den verbleibenden Kritikpunkt am Wahlverfahren.

[321] Vgl. auch *O. Moench*, Bundestagsausschüsse, S. 256.

terien gäbe.[322] Es ist aber kaum vorstellbar, dass ein Kandidat allein aufgrund politischer Nähe zu einer Partei ausgesucht wird. Fachliche Exzellenz und akademische Meriten dürften stets eine nicht untergeordnete Rolle spielen. Hierauf ließe sich der Vorschlag des Ausschusses auch stützten. Wenn das Plenum auf Grundlage dieser Daten nun seine Entscheidung treffen könnte, käme dies einer informierten, autonomen Entscheidung des Plenums immer noch näher als eine Entscheidung ohne diese Daten. Das Verbot der Aussprache nach § 6 Abs. 1 BVerfGG verhinderte auch bei einem begründeten Vorschlag des Ausschusses immer noch, dass in einer öffentlichen Diskussion der Kandidat aus sachfremden Gründen infrage gestellt und eine Politisierung der Wahl herbeigeführt würde.[323] Eine Ausgestaltung des Wahlverfahrens jedenfalls, die die Letztentscheidungskompetenz des Plenums sicherstellte und damit zeitgleich die Kompetenz des Wahlausschusses auf die Vorbereitung der Plenarentscheidung effektiv beschränkte, wäre verfassungskonform. In der gegenwärtigen Fassung ist § 6 BVerfGG hingegen verfassungswidrig.

7. Haushalt

Im Bereich des Haushaltsrechts wurden Kompetenzen zum einen auf den Haushaltsausschuss (a)) und zum anderen auf das Sondergremium (b)) delegiert.

a) Haushaltsausschuss

Dem Haushaltsausschuss wurde – wie dargelegt – die Kompetenz übertragen, über die Aufhebung von Sperrvermerken zu entscheiden und Umschichtungen im Haushalt zuzustimmen (aa)).[324] Im Zuge der Eurorettung wurden zudem weitere Kompetenzen zu seinen Gunsten delegiert (bb)).[325] In all diesen Fällen gilt, dass die Mitglieder des Haushaltsausschusses nicht gewählt werden und dieser grundsätzlich nichtöffentlich verhandelt.

aa) Sperrvermerke und Zustimmungsvorbehalte

Mit qualifizierten Sperrvermerken und Zustimmungsvorbehalten werden dem Haushaltsausschuss Entscheidungskompetenzen übertragen. Hierbei erhält das Plenum allerdings nicht die Möglichkeit, Entscheidungen des Haushaltsausschusses aufzuheben. Das Plenum wird nicht über anstehende Entsperrungsentscheidungen des Ausschusses informiert, vielmehr können die Abgeordneten lediglich der Ta-

---

[322] *Schröder*, ZG 30 (2015), 150 (163).

[323] Eine öffentliche Aussprach hingegen hält *O. Moench*, Bundestagsausschüsse, S. 256 für wünschenswert.

[324] Siehe hierzu im Einzelnen supra S. 207 ff., 233 f.

[325] Siehe hierzu im Einzelnen supra S. 227 ff.

gesordnung des Ausschusses entnehmen, ob das Finanzministerium Entsperrungsanträge gestellt hat. Hat der Ausschuss erstmal über die Entsperrung entschieden, kann das Plenum diese nachträglich nicht mehr kassieren. Die einzige Möglichkeit des Plenums, eine eigene Entscheidung in der Sache zu treffen, ist es, eine anstehende Entscheidung des Ausschusses seiner Tagesordnung zu entnehmen und die Delegationsnorm vorab formell zu ändern, so dass statt des Ausschusses das Plenum zu entscheiden hat. Insgesamt sind damit die Unterrichtung des Plenums und seine Möglichkeit der Rückholung der Kompetenz im Einzelfall, ohne die Delegationsnorm zu ändern, weitgehend beschränkt.[326] Dies spricht stark gegen die Verhältnismäßigkeit dieser Delegationen.

Zusätzlich müssten diese Delegationen, da Entscheidungskompetenzen übertragen werden, auch strikt verhältnismäßig sein. Für die Verhältnismäßigkeit spricht, dass die Entscheidungen des Haushaltsausschusses bereits determiniert sind.[327] Das Plenum hat mit dem Beschluss des Haushaltsplans oder Haushaltsgesetzes über die Auszahlung von Mitteln beziehungsweise ihren Umschichtungen aufschiebend bedingt entschieden und dem Haushaltsausschuss lediglich die Prüfung übertragen, ob die Bedingungen eingetreten sind. Haben aber alle Abgeordneten in der Sache bereits (bedingt) entschieden, dann ist ihr Anspruch auf gleiche Mitwirkung an allen Entscheidungen des Parlaments auch weniger stark eingeschränkt. Auf der anderen Seite fördert die Delegation die Funktionsfähigkeit des Parlamentes erheblich, indem es die Abgeordneten davon entlastet, eine Vielzahl bereits getroffener Entscheidungen zu affirmieren. Diese Feststellung beantwortet aber noch nicht die Frage, ob diese Delegationen auch zwingend erforderlich sind.[328] Hierfür genügt es nicht, dass die Übertragung von Entscheidungskompetenzen das Plenum entlastet, denn das ist bei jeder Delegation regelmäßig der Fall. Vielmehr muss diese Delegation, gerade im Vergleich zur Übertragung nur der Vorbereitungskompetenz, zwingend erforderlich sein. Dass es aber das Plenum, müsste es selbst über die Aufhebung von Sperrvermerken und Zustimmungsvorbehalten entscheiden, belasten würde,[329] genügt nicht, dass es dadurch überlastet wäre,[330] ist nicht ersichtlich.[331] Es ist gerade die Aufgabe der Fachausschüsse, Entscheidungen des Plenums vorzubereiten, indem es die Fakten

---

[326] Angaben über die Information des Plenums und der eingeschränkten Rückholbarkeit der Kompetenz durch das Plenum sind einer dem Verfasser erteilten Auskunft des Sekretariats des Haushaltsausschusses des Deutschen Bundestages entnommen.

[327] Siehe hierzu bereits supra S. 218 ff.

[328] Unterschiedliche Einschätzung der Erforderlichkeit dieser Delegation finden sich bei der Diskussion wieder, ob diese sachgerecht ist, supra S. 213.

[329] So etwa *Hölscheidt*, Haushaltsausschuss, S. 179; wohl nur eine weniger strenge Verhältnismäßigkeitsprüfung durchführend, obwohl wie auch die Rechtsprechung eine strenge Prüfung bei der Delegation von Entscheidungskompetenzen propagierend, *O. Moench*, Bundestagsausschüsse, S. 227 f.

[330] So etwa *Moeser*, Beteiligung des Bundestages, S. 172.

[331] *Schwerin*, Bundestag, S. 180; zustimmend *Schürmann*, in: Morlok/Schliesky/Wiefelspütz, Parlamentsrecht, § 19 Rn. 54.

und Argumente zusammenträgt und bewertet und darauf aufbauend dem Plenum eine Beschlussempfehlung vorlegt.[332] Der Aufwand des Plenums ließe sich dann immer noch verringern, indem für die Zustimmung des Plenums ein vereinfachtes, zügigeres Verfahren[333] (wie beispielsweise bei Petitionen) geschaffen würde oder, noch effektiver, indem einfach weniger qualifizierte Sperrvermerke und Zustimmungsvorbehalte ausgebracht würden[334]. Es kann jedenfalls nicht konstatiert werden, dass allein die Delegation gerade der Entscheidungskompetenz auf den Haushaltsausschuss die Funktionsfähigkeit des Plenums sichert. Damit sind die qualifizierten Sperrvermerke und Zustimmungsvorbehalte zu Gunsten des Haushaltsausschusses nicht zwingend erforderlich und somit verfassungswidrig.

bb) Kompetenzen im Zuge der Eurorettung

Weitere Entscheidungskompetenzen erhielt der Haushaltsausschuss im Zuge der Eurokrise durch das StabMechG und das ESM-FinG.[335] Eine besonders bedeutsame Kompetenz wurde durch § 1 Abs. 5 StabMechG übertragen.[336] Die in § 1 Abs. 1 S. 1 festgelegte Höhe von 211 Milliarden Euro zur Übernahme von Gewährleistungen für Maßnahmen der EFSF kann nach Abs. 5 um 20 Prozent mit Einwilligung des Haushaltsausschusses überschritten werden. Die zwingende Erforderlichkeit dieser Delegation ergibt sich hier aus der besonderen Eilbedürftigkeit der Entscheidung. Der Haushaltsausschuss darf demnach nur an Stelle des Plenums entscheiden, wenn das Plenum eine Änderung des Gewährleistungsrahmens durch Anpassung des § 1 Abs. 1 S. 1 StabMechG nicht selbst rechtzeitig vornehmen könnte.[337] Dies wäre nur dann der Fall, wenn der zeitliche Vorteil einer Entscheidung des Haushaltsausschusses eine Beeinträchtigung schwerwiegender politischer, wirtschaftlicher oder sozialer Staatsinteressen abwenden kann.[338] Ist die Delegation auf eine derartige Ausnahmesituation beschränkt und kann die Beteiligung des Parlamentes und damit seiner Funktionsfähigkeit nicht anders sichergestellt werden, ist sie auch zwingend erforderlich.

Liegt einer Delegation jedoch keine solche Ausnahmesituation zu Grunde, dient sie vielmehr nur der Entlastung des Plenums, ohne zwingend erforderlich zu sein, ist sie verfassungswidrig. § 5 Abs. 2 ESM-FinG überträgt dem Haushaltsausschuss eine Reihe von Kompetenzen, die im Vergleich zu § 4 ESM-FinG nicht vergleichbar bedeutsam sind.[339] Kompetenzen nach § 4 ESM-FinG unterliegen einem gesetzlich

[332] *Schwerin*, Bundestag, S. 180.

[333] *Schwerin*, Bundestag, S. 180.

[334] *Schürmann*, in: Morlok/Schliesky/Wiefelspütz, Parlamentsrecht, § 19 Rn. 54.

[335] Siehe hierzu bereits supra S. 227 ff., 233 f.

[336] Siehe hierzu bereits supra S. 228 f.

[337] Siehe hierzu ausführlich *Röger*, Finanzhilfemechanismen, S. 141 ff.

[338] *Röger*, Finanzhilfemechanismen, S. 142.

[339] Siehe hierzu bereits supra S. 233 f.

festgelegten Plenarvorbehalt. Kompetenzen nach § 5 Abs. 2 ESM-FinG erfassen beispielsweise die Bereitstellung zusätzlicher Instrumente ohne Änderung des Gesamtfinanzierungsvolumens einer bestehenden Finanzhilfefazilität oder wesentliche Änderungen der Bedingungen der Finanzhilfefazilität (Nr. 1). Die Finanzhilfe des ESM für einen Mitgliedsstaat wird danach also lediglich modifiziert. Es wird folglich nicht mehr Geld ausgezahlt, sondern nur für andere Zwecke verwendet. Dass nun Kompetenzen nach § 5 Abs. 2 ESM-FinG nicht vergleichbar wichtig sind wie dem Plenum nach § 4 ESM-FinG vorbehaltene und es praktisch erscheinen mag, diese Entscheidungen dem Haushaltsausschuss zu übertragen, wird aber dem Maßstab strikter Verhältnismäßigkeit nicht gerecht.[340] Auch hier, wie bei den qualifizierten Sperrvermerken, ist die Vorbereitung der Plenarentscheidung durch den Haushaltsausschuss vorrangig.

b) Sondergremium

Zwar finden die Verhandlungen des Sondergremiums nicht nur nichtöffentlich statt, wie bei Ausschüssen üblich, § 69 Abs. 1 S. 1 GO BT, sie sind auch vertraulich. Dafür setzt sich das Sondergremium[341] im Gegensatz zum Haushaltsausschuss aus vom Plenum gewählten Mitgliedern zusammen, § 3 Abs. 3 S. 2 StabMechG, § 6 Abs. 2 S. 1 ESM-FinG. Dass dabei aber nur eine einstellige Zahl von Abgeordneten in das Gremium gewählt wird und dieses damit nur ansatzweise spiegelbildlich[342] besetzt ist, ist aus Gründen des Geheimnisschutzes geboten.[343] Denn die Gefahr des Durchstechens von Informationen ist bei einem kleineren Kreis Eingeweihter geringer.[344] Zudem geht es bei den delegierten Kompetenzen um Entscheidungen über Hilfsmaßnahmen, deren Vorbereitung und Beratung an sich schon geheim gehalten werden muss.[345]

Wie dem Haushaltsausschuss bei der Entscheidung über die Erhöhung des Gewährleistungsrahmens nach § 1 Abs. 5 StabMechG wurde auch dem Sondergremium die Entscheidungskompetenz nur für Ausnahmesituationen (Gefährdung der Stabilität des Euroraums etc.) übertragen und ist damit weitgehend inhaltlich konditioniert.[346] Zudem kann das Sondergremium nur entscheiden, wenn und soweit die besondere Vertraulichkeit einer Entscheidung geltend gemacht wird, § 3 Abs. 3 S. 1

---

340 A.A., aber inkonsequenterweise ohne strenge Verhältnismäßigkeitsprüfung, *O. Moench*, Bundestagsausschüsse, S. 233 ff.

341 Siehe hierzu bereits supra S. 229 ff., 234 f.

342 Je kleiner der Ausschuss/das Gremium, umso geringer seine Repräsentativität, siehe supra S. 92.

343 Siehe hierzu auch *O. Moench*, Bundestagsausschüsse, S. 203 ff.

344 Siehe hierzu auch soeben schon zum Parlamentarischen Kontrollgremium supra S. 261 sowie allgemein supra S. 60 f.

345 Siehe supra S. 232.

346 Siehe dazu supra S. 231 f.

StabMechG, § 6 Abs. 1 ESM-FinG.[347] Daher geht die Einschränkung der Mandatsgleichheit sowie des Repräsentations- und Gesamtrepräsentationsprinzips nicht weiter als unbedingt erforderlich. Die Delegation ist zwingend erforderlich.[348] Die Alternative zur Delegation der Entscheidungskompetenz ist hier nicht die Delegation der Vorbereitungskompetenz, da die Befassung des Plenums aufgrund der besonderen Vertraulichkeit gerade nicht möglich wäre. Würde dem Sondergremium nicht die Entscheidungskompetenz für diese Situation übertragen, würde es überhaupt keine parlamentarische Beteiligung geben.[349] Zudem wird die Beschränkung der Abgeordnetenrechte und des Repräsentationsprinzips dadurch abgemildert, dass das Gremium der von der Bundesregierung geltend gemachten besonderen Vertraulichkeit der Entscheidung widersprechen kann, wodurch das Plenum die Entscheidungskompetenz wiedererlangt, § 3 Abs. 3 S. 4, 5 StabMechG, § 6 Abs. 3 ESM-FinG. Damit verbleibt zwar dem Plenum kein Rückholrecht im Einzelfall, was aufgrund der besonderen Vertraulichkeit auch unmöglich wäre: die Abgeordneten außerhalb des Sondergremiums sollen gerade nicht vorab in Kenntnis gesetzt werden. Immerhin prüft aber ein parlamentarisches Gremium, ob die Nichtbefassung des Plenums angezeigt ist. Schließlich ist das Plenum durch das Sondergremium über Inhalt und Ergebnis seiner Beratung in Kenntnis zu setzen, sobald die Gründe für die besondere Vertraulichkeit entfallen, § 3 Abs. 3 S. 6 StabMechG, § 6 Abs. 4 ESM-FinG. Insgesamt ist die Delegation der Entscheidungskompetenz auf das Sondergremium damit verhältnismäßig.

8. Exkurs: Der Hauptausschuss

Erstmalig in der 18. und danach erneut in der 19. Wahlperiode setzte der Deutsche Bundestag einen sogenannten Hauptausschuss ein (a)). Es handelt sich dabei um einen Sonderfall, der sich einer Einordnung in die hier entwickelten Kategorien zur Prüfung von Delegationen teilweise entzieht. Denn zum einen ergeben sich Zweifel an der Zulässigkeit der Einsetzung des Hauptausschusses daraus, dass auf diesen eine Vielzahl von Aufgaben delegiert wurde, wodurch die Prinzipien der Gesamtrepräsentation und Mandatsgleichheit berührt und letztlich die hier zu prüfende relative Delegationsgrenze verletzt wurde.

Zum anderen verstößt die Einsetzung dieses Ausschusses aber auch gegen Bestimmungen der Verfassung, die zwingend die Einrichtung von bestimmten Ausschüssen vorsehen, die der Hauptausschuss ersetzt hat. Damit wird nicht die absolute Delegationsgrenze berührt, weil der Ausschuss nicht wesentliche oder explizit dem Plenum vorbehaltene Kompetenzen übernimmt, sondern vielmehr solche, die die

347 Zu dieser Kompetenz siehe bereits supra S. 232, 235 sowie supra S. 60 f.

348 Vgl. *BVerfGE* 130, 318 (360 ff.).

349 Hierauf auch abstellend *O. Moench*, Bundestagsausschüsse, S. 215.

Verfassung ausdrücklich anderen Ausschüssen vorbehält. Im Übrigen verletzt die Einsetzung des Hauptausschusses auch einfachrechtliche Normen (b)).[350]

a) Hauptausschuss der 18. und 19. Wahlperiode

Am 28.11.2013 beschloss der Bundestag, einen Hauptausschuss einzusetzen.[351] Grund dafür war, dass durch die Konstituierung des Hauptausschusses die Einrichtung aller Fachausschüsse aufgeschoben werden sollte, bis die Koalitionsverhandlungen abgeschlossen wurden.[352] Die Abhängigkeit der Einrichtung der Ausschüsse vom Ende der Koalitionsverhandlungen ergibt sich zum einen daraus, dass der Zuschnitt der Fachausschüsse in der Regel dem Zuschnitt des jeweiligen Ministeriums entspricht,[353] also dem Umweltministerium, das auch für das Bauwesen zuständig ist, auch ein Ausschuss für Umwelt und Bau gegenüberstehen soll.[354] Welchen Zuschnitt welches Ministerium genau erhält, wird aber erst bei den Koalitionsverhandlungen festgelegt. Zum anderen können durch das Hinauszögern der Besetzung der Ausschüsse Politiker, die nicht als Minister oder Parlamentarischer Staatssekretär zum Zuge kommen, anschließend mit einem Ausschussvorsitz entschädigt werden.[355] Zu diesen Zwecken wurde der Hauptausschuss als eine Art Super-Ausschuss kreiert, um erst nach Abschluss der Koalitionsverhandlungen am 19.12.2013 die Ausschüsse entsprechend der genannten Praxis zu besetzen.[356] Dieser 47 Abgeordnete umfassende Hauptausschuss vereinte in sich alle Fachausschüsse, den Europaausschuss, den Außenausschuss, den Verteidigungsausschuss und den Petitionsausschuss sowie den Haushaltsausschuss.

Aufgrund der sich erneut abzeichnende Länge der Koalitionsverhandlungen beschloss der Bundestag auch in der 19. Wahlperiode, am 21.11.2017, die Einsetzung eines Hauptausschusses.[357] Dieser, wieder 47 Abgeordnete umfassende Ausschuss, stellte ebenfalls eine Zusammenfassung aller Fachausschüsse sowie des Europaausschusses, der Ausschüsse für Auswärtiges und Verteidigung und des Haushaltsausschusses dar. Zusätzlich wurden aber der Petitionsausschuss und der Ausschuss für Wahlprüfung, Immunität und Geschäftsordnungsfragen eingesetzt. Aufgelöst wurde in diesem Fall der Hauptausschuss erst am 17.01.2018[358], aller-

---

[350] Siehe zu diesem Thema bereits *Pfengler*, DVBl. 133 (2018), 1268 (1286 ff.).

[351] Pl.-Protokoll 18/3, TOP 1; BT-Drs. 18/101.

[352] Siehe etwa MdB *Grosse-Brömer*, Pl.-Protokoll 18/3, TOP 1; siehe auch *Grosse-Brömer*, Pl.-Protokoll 19/2, TOP 1; vgl. *Hadamek*, ZG 29 (2014), 353 (363); vgl. *Koschmieder*, NVwZ 33 (2014), 852 (853).

[353] *Zeh*, in: Schneider/Zeh, Parlamentsrecht, § 39 Rn. 10.

[354] Siehe zu diesem Beispiel den Beschluss zur Einsetzung der Ausschüsse, BT-Drs. 18/211 vom 19.12.2013 nach der Regierungsbildung, vgl. Pl.-Protokoll 18/4, TOP 3 vom 17.12.2013.

[355] Vgl. *Koschmieder*, NVwZ 33 (2014), 852 (853).

[356] Pl.-Protokoll 18/6, TOP 7a; BT-Drs. 18/211.

[357] Pl.-Protokoll 19/2, TOP 1a; BT-Drs. 19/85.

[358] Pl.-Protokoll 19/6, TOP 1; BT-Drs. 19/437.

dings weit vor Abschluss der laufenden Koalitionsverhandlungen, die doch der angegebene Grund für seine Schaffung waren.[359] Entsprechend wurde auch nicht die angestrebte Parallelität des Zuschnitts von Ausschüssen und Ministerien erreicht. Nach wie vor ist der Umweltausschuss auch für das Bauwesen zuständig, allerdings ist nun der Innenminister mit diesem Ressort betraut und nicht mehr die Umweltministerin.[360]

b) Zulässigkeit der Einsetzung des Hauptausschusses

Dem Bundestag ist es durchaus gestattet, im Rahmen der Parlamentsautonomie Ausschüsse zu schaffen und mit Kompetenzen auszustatten.[361] Dies gilt auch, wenn die Geschäftsordnung einen Hauptausschuss nicht vorsieht und dieser keinem der dort aufgeführten Ausschusstypen entspricht.[362] Grenzen ergeben sich dabei aber zum einen aus den Prinzipien der Mandatsgleichheit und der Gesamtrepräsentation (aa)) sowie aus anderen Bestimmungen, die Aussagen zu seiner Organisation treffen (bb)). Im Übrigen gab und gibt es im Grundgesetz Ausschüsse, die die Interessen des Parlamentes bündelten, aber unter gänzlich anderen Vorzeichen errichtet werden durften (cc)).

aa) Mandatsgleichheit und Gesamtrepräsentation

Entscheidend für die Beantwortung der Frage, ob die Beeinträchtigung der Prinzipien der Mandatsgleichheit und Gesamtrepräsentation gerechtfertigt werden kann, ist, welche Intensität diese Beeinträchtigung aufweist und wie überzeugend die Berufung auf die Funktionsfähigkeit des Parlamentes als zwingender Grund sein kann.[363]

47 Mitgliedern des Hauptausschusses standen 631 Abgeordnete in der 18. Wahlperiode (= ca. 7,4 %) und sogar 709 in der 19. Wahlperiode (= ca. 6.6 %) gegenüber. Nun sind die vorbereitende Ausschussarbeit und damit der Ausschluss der Mehrheit der Abgeordneten zwar grundsätzlich zulässig,[364] allerdings erhöht sich beim Hauptausschuss die Wirkung der Einschränkung der Mandatsgleichheit und der Gesamtrepräsentation beträchtlich.

---

[359] Die Bundeskanzlerin wurde erst am 14.03.2018 gewählt, Pl.-Protokoll 19/19, TOP 1.

[360] Siehe hierzu den Beschluss zur Einsetzung der Ausschüsse, BT-Drs. 19/437 und die Regierungsbildung, Pl.-Protokoll 19/19, TOP 3.

[361] Siehe hierzu bereits supra S. 52 ff., 84 f.

[362] Siehe hierzu umfänglich *Fuchs*, DVBl. 129 (2014), 886 (888); anders jedoch *Koschmieder*, NVwZ 33 (2014), 852 (853), der den Hauptausschuss als Sonderausschuss gemäß § 54 Abs. 1 S. 2 GO BT einordnet.

[363] Zur Einschränkbarkeit dieser Prinzipien siehe bereits supra S. 85 f.

[364] Siehe hierzu supra S. 179 ff.

Dies liegt zum einen daran, dass nicht alle Abgeordneten Mitglieder überhaupt in einem Ausschuss waren. In diesem Fall haben die nicht Ausschussangehörigen zwar einen geringeren Einfluss auf die Willensbildung dort, dafür haben sie aber einen größeren Einfluss in ihrem Ausschuss. Die Situation ist beim Hauptausschuss eine andere. Da dies der einzige Ausschuss war, neben den in der 19. Wahlperiode parallel eingesetzten Petitions- und Wahlprüfungs-, Geschäftsordnungs- und Immunitätsausschuss, wurde der weit überwiegende Teil der Abgeordneten gänzlich von jeglicher Ausschussarbeit ausgeschlossen. Dadurch entstanden nicht nur sichtbar zwei Klassen[365] von Abgeordneten, wobei die dem Hauptausschuss angehörenden Abgeordneten über einen deutlich größeren Einfluss auf die parlamentarische Willensbildung verfügten. Zusätzlich kam es neben dieser Beeinträchtigung der Mandatsgleichheit zu einem massenhaften, teilweisen Entzug von Abgeordnetenrechten. Ein solcher Entzug durch den Ausschluss von Abgeordneten an jeglicher Ausschussarbeit ist, angesichts der Bedeutung von Ausschussarbeit, nur aus gewichtigen Gründen möglich, die der Wahrung der Funktionsfähigkeit des Parlamentes dienen.[366] Weiterhin war der Hauptausschuss zwar formal spiegelbildlich besetzt, da er die Stärkeverhältnisse des Plenums widerspiegelte.[367] Allerdings ist die Repräsentativität eines Ausschusses umso stärker eingeschränkt, je kleiner dieser ist. Ein Ausschuss, der so gut wie alle Vorhaben vorbereitete und mit allen Themen befasst sein konnte, müsste besonders repräsentativ und sollte entsprechend groß sein. Ihm gehörten aber nur 47 Abgeordnete an. Das entspricht zwar etwa der gegenwärtigen Größe des Verkehrsausschusses[368] und mag ein effektives Arbeiten ermöglichen, ist aber auch in Anbetracht von circa 600 Abgeordneten, die gar keinem Ausschuss angehörten, recht wenig. Dementsprechend müssen die Gründe, die die Einschränkungen tragen sollen, umso überzeugender sein. Dies gilt im Übrigen umso mehr, als dem Hauptausschuss nicht nur Vorbereitungs-, sondern auch Entscheidungskompetenzen übertragen wurden. Denn dieser gilt laut Einsetzungsbeschluss auch als Haushaltsausschuss. Diesem ist die Entscheidung über die Aufhebung von Sperrvermerken übertragen.[369]

Insgesamt führte die Einsetzung des Hauptausschusses damit zu einer sehr weitgehenden Einschränkung der Mandatsgleichheit und des Prinzips der Gesamtrepräsentation. Daher hätte die Funktionsfähigkeit des Parlamentes ohne seine Einsetzung nachweisbar gefährdet sein müssen. Dies war sie aber nicht. Die Mehrheitsfraktionen, die Gegenteiliges bei der Einsetzung des Hauptausschusses behaupteten,[370] nutzten bei ihrer Begründung einen falschen Vergleichsmaßstab.[371]

---

[365] So auch ausdrücklich *Kämmerer*, NVwZ 34 (2014), 29 (31).

[366] Vgl. *BVerfG*E 80, 188 (222); hierauf auch abstellend: *Koschmieder*, NVwZ 33 (2014), 852 (854); *Thielbörger/Ackermann*, ZJS 7 (2014), 497 (502).

[367] Zum Spiegelbildlichkeitsgrundsatz und seinen Anforderungen siehe bereits supra S. 91 ff.

[368] BT-Drs. 19/437.

[369] Siehe hierzu bereits supra S. 48 und ausführlicher supra S. 207 ff.

[370] MdB *Grosse-Brömer*, Pl.-Protokoll 18/3, TOP 1.

Sie verglichen nämlich die Einsetzung des Hauptausschusses mit der Einsetzung keines Ausschusses. Bei diesem Vergleich mag die erste Alternative (Einsetzung des Hauptausschusses) der Funktionsfähigkeit des Parlamentes besser dienen. Der Vergleich muss aber gezogen werden zwischen der Einsetzung des Hauptausschusses und der Einsetzung aller Ausschüsse. Bei dieser Gegenüberstellung ist die Einsetzung des Hauptausschusses nicht besser geeignet, die Funktionsfähigkeit des Parlamentes zu wahren. Im Gegenteil: Alle Ausschüsse erlauben eine viel effektivere Arbeitsteilung und sichern die Arbeitsfähigkeit des Parlamentes besser als nur ein Hauptausschuss.[372] Demgegenüber bietet die Einsetzung des Hauptausschusses keinen greifbaren Vorteil für die Funktionsfähigkeit des Parlamentes. Denn weil der Zuschnitt von Ausschüssen auch später noch angepasst, der Vorsitz und die Mitgliedschaft in Ausschüssen noch geändert werden kann, ist die Funktionsfähigkeit durch die „vorzeitige" Einsetzung der Ausschüsse nicht spürbar beeinträchtigt.[373] Es kann daher nur geltend gemacht werden, dass der Aufwand für eine Veränderung des Zuschnitts der Ausschüsse und gegebenenfalls der Vorsitzenden und Mitglieder einen zu hohen Aufwand bedeute und daher die Funktionsfähigkeit des Parlamentes beeinträchtige. Dass eine solche Beeinträchtigung allenfalls minimal ist, zeigt sich aber schon daran, dass in der 19. Wahlperiode die Ausschüsse mehrere Wochen vor der Regierungsbildung eingesetzt wurden und dies sogar bereits während der Debatte[374] um die Einsetzung des Hauptausschusses in Aussicht gestellt wurde. Eine vorübergehende fehlende Parallelität des Zuschnitts der bereits eingesetzten Ausschüsse und des künftigen Zuschnitts der Ministerien wurde also in Kauf genommen. So bedeutend können also dieser Zuschnitt und die Personalpolitik für die Funktionsfähigkeit des Parlamentes kaum sein. Darüber hinaus trägt der Hinweis auf die nötige Parallelität von Ausschüssen und Ministerien ohnehin nur soweit, als es zu jedem Ausschuss ein Ministerium gibt.[375] Dies ist etwa für den Petitions- und den Geschäftsordnungs-, Wahlprüfungs- und Immunitätsausschuss nicht der Fall, weshalb konsequenterweise in der 19. im Gegensatz zur 18. Wahlperiode diese Ausschüsse auch neben dem Hauptausschuss bereits eingesetzt wurden. Aber auch der Europaausschuss hat kein Pendant in einem Ministerium, wurde aber von beiden Hauptausschüssen ersetzt. Zudem ändert sich der Zuschnitt von Außen- und Ver-

---

371 Siehe hierzu auch *Thielbörger/Ackermann*, ZJS 7 (2014), 497 (502).

372 So auch *O. Moench*, Bundestagsausschüsse, S. 262.

373 *Fuchs*, DVBl. 129 (2014), 886 (892); *Koschmieder*, NVwZ 33 (2014), 852 (855); vgl. *O. Moench*, Bundestagsausschüsse, S. 262; *Thielbörger/Ackermann*, ZJS 7 (2014), 497 (502); anders *Winkelmann*, in: Morlok/Schliesky/Wiefelspütz, Parlamentsrecht, § 23 Rn. 6, der davon ausgeht, dass die reguläre Arbeit der Ausschüsse mit Beginn der Wahlperiode höchst theoretisch sei; anderer Ansicht ist auch *Hadamek*, ZG 29 (2014), 353 (366), der betont, dass die Mandatsgleichheit nur vorübergehend beeinträchtigt sei und in der „Regierungsbildung und den anstehenden Aufgaben" ausreichende Gründe für diese Beeinträchtigung sieht.

374 Vgl. Pl.-Protokoll 19/2, TOP 1.

375 Hierzu *Fuchs*, DVBl. 129 (2014), 886 (892).

teidigungsausschuss tatsächlich nie, weshalb die Einsetzung dieser Ausschüsse auch nicht aufgeschoben werden brauchte.[376]

Die Einschränkungen der Abgeordnetenrechte, ihrer Gleichheit und des Prinzips der Gesamtrepräsentation können also nicht unter Hinweis auf Personalpolitik und Zuschnitt der Ausschüsse gerechtfertigt werden. Die Einsetzung der Hauptausschüsse war daher bereits aus diesem Grund verfassungswidrig.

bb) Entgegenstehende Organisationsregelungen

Zusätzlich stehen der Einsetzung eines Hauptausschusses auch Regelungen der Geschäftsordnung und Parlamentsgesetze ((1)) sowie explizite Bestimmungen der Verfassung ((2)) entgegen.

(1) Verstoß gegen Gesetz und Geschäftsordnung

Die Einsetzungsbeschlüsse für den jeweiligen Hauptausschuss bestimmten, dass diese auch Haushaltsausschuss im Sinne der gesetzlichen und geschäftsordnungsrechtlichen Vorgaben seien.[377] Dies erscheint zunächst unproblematisch, weil auch der Haushaltsausschuss durch schlichten Parlamentsbeschluss eingesetzt wird, es also unter die Autonomie des Parlaments fallen könnte, zu bestimmen, was als Haushaltsausschuss zu gelten hat.[378] Damit würde aber der Gehalt gesetzlicher und geschäftsordnungsrechtlicher Vorgaben, sofern sie sich auf den Haushaltsausschuss beziehen, unter Verletzung der einschlägigen Verfahrensvorschriften abgeändert. Denn den geschäftsordnungsrechtlichen sowie den gesetzlichen Normen lag bei ihrer Schaffung ein sehr konkretes Bild des Haushaltsausschusses vor Augen. Schließlich gab es bisher noch nicht den Fall, dass ein anderer Ausschuss als Haushaltsausschuss galt. Daher würde der Einsetzungsbeschluss diesen Normen ihre beabsichtige Wirkung nehmen. Eine solche normative Gestaltungsmacht kommt einem schlichten Parlamentsbeschluss jedoch nicht zu. Zur Änderung der Geschäftsordnung und von Parlamentsgesetzen müssen vielmehr die einschlägigen Verfahren und Zuständigkeiten beachtet werden. Das Parlament hätte also die Geschäftsordnung entweder explizit ändern oder für den Einzelfall einen Beschluss mit Zweidrittelmehrheit nach § 126 GO BT herbeiführen sowie Parlamentsgesetze, die Kompetenzen auf den Haushaltsausschuss übertragen, im Gesetzgebungsverfahren ändern müssen. So

---

[376] Letztlich hat es in einem die Gewalten teilenden Rechtsstaat auch einen etwas fahlen Beigeschmack, wenn das Parlament sich freiwillig in einen künstlichen Winterschlaf versetzt, um der Regierungsbildung nicht vorzugreifen; ähnlich *Kämmerer*, NVwZ 34 (2014), 29 (31), der im Übrigen befürchtet, Deutschland könne zu einer „Lame Duck Democracy" werden, wenn die Zeiten des Stillstandes durch den Wahlkampfes um eine Zeit des Stillstandes im Parlament durch Einsetzung eines Hauptausschusses erweitert werde.

[377] BT-Drs. 18/101; BT-Drs. 19/85; siehe zu dem Konflikt zwischen Geschäftsordnung und Einsetzung des Hauptausschusses *Fuchs*, DVBl. 129 (2014), 886 (891), wenn auch mit anderer Lösung.

[378] *Fuchs*, DVBl. 129 (2014), 886 (891).

sieht zum Beispiel § 95 Abs. 1 S. 2 GO BT ausdrücklich vor, dass Haushaltsvorlagen dem Haushaltsausschuss zu überweisen sind.[379] Soll nun der Hauptausschuss Haushaltsausschuss sein und ihm Haushaltsvorlagen überwiesen werden, hätte § 95 Abs. 1 S. 2 GO BT explizit geändert oder nach § 126 GO BT in jedem Einzelfall mit einer Zweidrittelmehrheit der anwesenden Mitglieder von diesem abgewichen werden müssen. Ein Beispiel für Kompetenzen, die dem Haushaltsausschuss durch Parlamentsgesetze übertragen wurden,[380] stellt § 3 Abs. 7 Haushaltsgesetz 2017 dar. Dieser sieht vor, dass der Haushaltsausschuss grundsätzlich bestimmten Gewährleistungsübernahmen durch das Finanzministerium zustimmen muss. Da nun der Hauptausschuss nicht der eigentliche Haushaltsausschuss ist, verstößt die Einsetzung des Hauptausschusses gegen diese Bestimmungen.

(2) Verstoß gegen Verfassungsbestimmungen

Weiterhin sieht die Verfassung die Einrichtung von einigen Ausschüssen zwingend vor, die deshalb auch als Pflichtausschüsse bezeichnet werden.[381] Namentlich die Art. 45, 45a und 45c GG sehen vor, dass ein Europaausschuss, ein Verteidigungs- und ein Außenausschuss sowie ein Petitionsausschuss *bestellt* werden. Es steht daher nicht im Belieben des Bundestages, diese zu bestellen oder es zu unterlassen.[382] Hierdurch ist der Bundestag aber nicht nur verfassungsrechtlich verpflichtet, diese Ausschüsse zu errichten (Bestandsgarantie), sondern auch dazu, diesen die entsprechenden Aufgaben zuzuweisen (Substanzgarantie).[383] Es widerspricht daher dem Grundgesetz, wenn diese Ausschüsse als Hauptausschuss zusammengefasst

---

[379] Auf diese Überweisung kann auch nicht nach § 80 Abs. 2 GO BT verzichtet werden, weil diese Vorschrift nicht anwendbar ist, wenn die Vorlage an einen Ausschuss zwingend vorgesehen ist, was bei § 95 Abs. 1 S. 2 GO BT der Fall ist. Siehe hierzu *Fuchs*, DVBl. 129 (2014), 886 (891); siehe hierzu auch *Hadamek*, ZG 29 (2014), 353 (360).

[380] Zu weiteren Beispielen siehe *Hadamek*, ZG 29 (2014), 353 (357).

[381] Siehe hierzu *Achterberg*, Parlamentsrecht, S. 144; *Achterberg/Schulte*, in: vM/K/S[6], Art. 45 Rn. 11; *Achterberg/Schulte*, in: vM/K/S[6], Art. 45a Rn. 12; *Achterberg/Schulte*, in: vM/K/S[6], Art. 45c Rn. 7; *Bauer*, in: Dreier, Art. 45c Rn. 19; *Brocker*, in: BeckOK, Art. 45a Rn. 1; *Brocker*, in: BeckOK, Art. 45c Rn. 1; *Dürig/Klein*, in: Maunz/Dürig, Art. 45a Rn. 12; *Heintschel v. Heinegg*, in: BeckOK, Art. 45 Rn. 1; *Hernekamp*, in: vM/K, Art. 45a Rn. 2; *Hernekamp*, in: vM/K, Art. 45c Rn. 4; *Heun*, in: Dreier, Art. 45a Rn. 3; *Klein*, in: Maunz/Dürig, Art. 45c Rn. 13; *Koschmieder*, NVwZ 33 (2014), 852 (853); *Kretschmer*, in: BK, 125. Ergänzungslieferung (2006), Art. 45 Rn. 154 ff.; *Magiera*, in: Sachs, Art. 45 Rn. 1; *Magiera*, in: Sachs, Art. 45a Rn. 1; *Magiera*, in: Sachs, Art. 45c Rn. 1; *Müller-Terpitz*, in: BK, Art. 45a Rn. 14; *Scholz*, in: Maunz/Dürig, Art. 45 Rn. 5; *Thielbörger/Ackermann*, ZJS 7 (2014), 497 (499 f.); *Uerpmann-Wittzack*, in: vM/K, Art. 45 Rn. 1; *Vitzthum/März*, in: Schneider/Zeh, Parlamentsrecht, § 45 Rn. 1; *Wollenschläger*, in: Dreier, Art. 45 Rn. 11; *Würtenberger*, in: BK, Art. 45c Rn. 42; *Zeh*, in: Schneider/Zeh, Parlamentsrecht, § 39 Rn. 17.

[382] Dieses Ergebnis deckt sich auch mit der Intention des verfassungsändernden Gesetzgebers, siehe hierzu *Thielbörger/Ackermann*, ZJS 7 (2014), 497 (499 f.).

[383] *Fuchs*, DVBl. 129 (2014), 886 (891); *Thielbörger/Ackermann*, ZJS 7 (2014), 497 (499 f.).

werden,[384] dieser als Ausschüsse im Sinne der Art. 45, 45a oder 45c GG gilt und auch, wenn dem Hauptausschuss Aufgaben übertragen werden,[385] die den genannten Pflichtausschüssen laut Verfassung zustehen. Letzteres wird besonders deutlich durch Art. 45a Abs. 2 S. 1 GG, der gerade und nur dem Verteidigungsausschuss für seinen Bereich die Rechte eines Untersuchungsausschusses zuweist.[386] Entsprechend war die Einsetzung des Hauptausschusses als Ausschuss im Sinne der Art. 45, 45a und 45c GG verfassungswidrig.

An diesem Befund ändert sich auch nichts, wenn man betont, der Hauptausschuss werde nur vorübergehend eingesetzt.[387] Denn das Argument, eine nur vorübergehende Einsetzung des Hauptausschusses als Ausschuss im Sinne der Art. 45, 45a und 45c GG gefährde nicht den Bestand dieser Ausschüsse, überzeugt nicht. Zum einen ist es nicht von vornherein absehbar, was vorübergehend heißt. Dies zeigte sich in der 19. Wahlperiode, in der zum Zeitpunkt der Einsetzung des Hauptausschusses nicht absehbar war, wann eine Regierung gebildet werden könne. Zum anderen mag es für einen kurzen Zeitraum zulässig sein, diese Ausschüsse nicht einzusetzen.[388] Dies ändert aber nichts daran, dass die Einsetzung des Hauptausschusses diese Ausschüsse zusammengelegt und ihre Aufgaben diesem Hauptausschuss übertragen hat.[389] Dies widerspricht aber gerade der Bestands- und Substanzgarantie dieser Ausschüsse.

---

[384] Vgl. *Dürig/Klein*, in: Maunz/Dürig, Art. 45a Rn. 12; *Fuchs*, DVBl. 129 (2014), 886 (891 f.); *Koschmieder*, NVwZ 33 (2014), 852 (853); vgl. *O. Moench*, Bundestagsausschüsse, S. 259; *Thielbörger/Ackermann*, ZJS 7 (2014), 497 (499 f.).

[385] Vgl. *Dürig/Klein*, in: Maunz/Dürig, Art. 45a Rn. 12; *Fuchs*, DVBl. 129 (2014), 886 (892 f.); vgl. *Koschmieder*, NVwZ 33 (2014), 852 (853 f.); *O. Moench*, Bundestagsausschüsse, S. 259; *Thielbörger/Ackermann*, ZJS 7 (2014), 497 (500).

[386] *Fuchs*, DVBl. 129 (2014), 886 (892); zustimmend: *O. Moench*, Bundestagsausschüsse, S. 259. Ähnliches gilt für Art. 45 S. 2 GG, wonach der Europaausschuss ermächtigt werden kann, Rechte des Bundestages gemäß Art. 23 GG gegenüber der Bundesregierung wahrzunehmen (so im Ergebnis auch *Fuchs*, DVBl. 129 [2014], 886 [892 f.]). Zwar handelt es sich nur um die Ermächtigung zu einer Delegation, von der noch nie Gebrauch gemacht wurde (vgl. *Heintschel v. Heinegg*, in: BeckOK, Art. 45 Rn. 3). Allerdings wird der Hauptausschuss als Ausschuss nach Art. 45 GG eingesetzt und damit ein potentieller Delegatar, der von dieser Norm gerade nicht vorgesehen wurde.

[387] So auch *Fuchs*, DVBl. 129 (2014), 886 (892); *O. Moench*, Bundestagsausschüsse, S. 259 f.; *Thielbörger/Ackermann*, ZJS 7 (2014), 497 (500 f.); darauf abstellend aber: *Hadamek*, ZG 29 (2014), 353 (363 ff.); *Winkelmann*, in: Morlok/Schliesky/Wiefelspütz, Parlamentsrecht, § 23 Rn. 6.

[388] Anders *Dürig/Klein*, in: Maunz/Dürig, Art. 45a Rn. 12 und *Koschmieder*, NVwZ 33 (2014), 852 (854), die verlangen, dass Pflichtausschüsse unverzüglich eingesetzt werden.

[389] Anders *Hadamek*, ZG 29 (2014), 353 (364 f.), der davon ausgeht, dass kein Konkurrenzverhältnis bestehe, da die Pflichtausschüsse nicht eingesetzt waren als der Hauptausschuss eingesetzt wurde.

cc) Art. 45 GG a.F. und Art. 115e GG

Schließlich zeigen bereits die Art. 45 Abs. 2 GG a.F. und Art. 115e GG, dass die Einsetzung eines Gremiums, das das gesamte Plenum unter Ausschluss der meisten Abgeordneten in bestimmten Angelegenheiten vertritt, eine strikte Ausnahme darstellt.

In seiner ursprünglichen Fassung bestimmte Art. 45 GG, dass der Bundestag einen ständigen Ausschuss zu bestellen hat, der die Rechte des Bundestages gegenüber der Bundesregierung zwischen zwei Wahlperioden zu wahren hatte.[390] Diese parlamentsfreie Zeit und damit die Notwendigkeit eines solchen Ausschusses ergab sich daraus, dass Art. 39 Abs. 1 S. 2 GG in seiner ursprünglichen Fassung vorsah, dass die Wahlperiode vier Jahre nach dem ersten Zusammentritt des Bundestages endet und nicht wie heute mit dem Zusammentritt eines neuen Bundestages. Im Gegensatz zum Hauptausschuss war die Zeit seiner Einsetzung von vornherein begrenzt. Außerdem war ihm nach Art. 45 Abs. 2 GG a.F. ausdrücklich nicht das Recht zur Gesetzgebung übertragen. Dies steht zwar auch dem Hauptausschuss nicht zu, aber dieser kann gleichwohl bedeutenden Einfluss auf Gesetzesvorlagen nehmen, die diesem überwiesen werden. Der ständige Ausschuss war vielmehr in erster Linie auf die Kontrolle der Regierung beschränkt, die zwischen den Wahlperioden nicht ausbleiben sollte. Entsprechend sah Art. 45 Abs. 2 S. 2 GG a.F. auch vor, dass der ständige Ausschuss die Rechte eines Untersuchungsausschusses hatte. Im Vergleich zum Hauptausschuss ergibt sich hier ein deutlich geringerer Wirkungsbereich des ständigen Ausschusses. Da dieser über eine verfassungsrechtliche Grundlage verfügt, kann daraus gefolgert werden, dass der Hauptausschuss, der sogar Gesetze vorbereiten konnte und einer solchen Grundlage entbehrte, verfassungswidrig ist.

Ähnliche Bedenken ergeben sich aus einem Vergleich mit den Rechten des Gemeinsamen Ausschusses nach Art. 115e GG.[391] Dieser besteht gemäß Art. 53a Abs. 1 S. 1 GG zu zwei Dritteln aus Mitgliedern des Bundestages und zu einem Drittel aus Mitgliedern des Bundesrates. Im Verteidigungsfall hat dieser Ausschuss die Stellung des Bundestages und des Bundesrates inne und nimmt deren Recht wahr, Art. 115e Abs. 1 GG. Im Unterschied zum Hauptausschuss ersetzt dieser also nicht nur die Ausschüsse des Bundestages, sondern den Bundestag insgesamt sowie den Bundesrat. Er verfügt daher über deutlich mehr Rechte als der Hauptausschuss. Da dem Gemeinsame Ausschuss diese Rechte nur in einer absoluten Extremsituation zukommen können und dafür auch eine verfassungsrechtliche Grundlage geschaffen wurde, wird auch hieran deutlich, auf welchem dünnen Eis die Einsetzung eines Hauptausschusses in einer für eine Demokratie alltäglichen Situation (nämlich der Phase der Regierungsbildung) steht.

---

[390] Einen ständigen Ausschuss sieht auch heute noch Hessen in Art. 93 seiner Verfassung vor.

[391] Siehe hierzu auch *Kämmerer*, NVwZ 34 (2014), 29 (31); *Koschmieder*, NVwZ 33 (2014), 852 (854); *Thielbörger/Ackermann*, ZJS 7 (2014), 497 (500).

c) Zusammenfassung

Die Einsetzung eines Hauptausschusses, wie am Anfang der 18. und 19. Wahlperiode geschehen, schränkt die Prinzipien der Mandatsgleichheit und Gesamtrepräsentation massiv ein. Diese Einschränkung ist dabei nicht aus Gründen der Funktionsfähigkeit gerechtfertigt. Daneben verletzt die Einsetzung des Hauptausschusses auch die Bestands- und Substanzgarantie der Pflichtausschüsse der Art. 45, 45a und 45c GG. Zudem verletzt die Einsetzung des Hauptausschusses als Haushaltsausschuss gesetzliche und Geschäftsordnungsbestimmungen, die Kompetenzen explizit dem Haushaltsausschuss und keinem anderen Ausschuss zuordnen. Schließlich zeigen bereits die Art. 45 GG a.F. und Art. 115e GG, dass Ausschüsse, die die Interessen des Bundestages bündeln und vertreten sollen, auf Ausnahmesituationen beschränkt sind und grundsätzlich einer verfassungsrechtlichen Grundlage bedürfen.

C. Rechtsform der Delegation

Delegationen von Plenarkompetenzen dienen der Regelung des parlamentsinternen Verfahrens und unterfallen damit der Parlamentsautonomie.[392] Typischerweise finden sich derartige Verfahrensregelungen in der Geschäftsordnung des Bundestages, die auf Grundlage des Art. 40 Abs. 1 S. 2 GG erlassen wurde. Jenseits dessen fragt es sich, ob die Gestaltung des Parlamentsverfahrens durch Delegationen auch in Form von Gesetzen zulässig ist (I.) oder unter Umständen gar notwendig sein kann (II.). Die Lektüre des Grundgesetzes hilft hier unmittelbar nur bedingt weiter. Sofern durch Änderungen der Verfassung nicht selbst Plenarkompetenzen delegiert wurden (beispielsweise Art. 45 GG), finden sich explizite Aussagen zur Rechtsform der Delegation in der Verfassung nur stellenweise: Art. 10 Abs. 2 S. 2 sieht etwa die Delegation insgesamt, Art. 45d Abs. 2 nur seine nähere Ausgestaltung durch Gesetz vor.

I. Delegation durch Gesetz möglich

Ob Delegationen auch mittels Gesetz vorgenommen werden können, hängt vom Verhältnis von Gesetz und Geschäftsordnung ab (1.). Geht man davon aus, dass beide im Bereich parlamentarischer Verfahrens- und Organisationsregeln gleichrangig sind, kann dem Parlament die Wahl eingeräumt werden, welche Regelungsform es für eine Delegation nutzen möchte (2.).

---

[392] Vgl. bereits supra S. 52 ff.

1. Kompetenz- und Rangfrage

Erfolgen Delegationen, und damit die Regelung parlamentsinterner Organisation, durch Gesetz, werden Bedenken laut: zum einen erhalten andere Staatsorgane durch das Gesetzgebungsverfahren Einfluss auf den parlamentsautonomen Bereich und zum anderen unterliegen Gesetze nicht dem Grundsatz parlamentarischer Diskontinuität, der es jedem Bundestag erlauben soll, sich seine Regeln selbst zu setzen.[393] Weil parlamentsinterne Regelungen in Gesetzesform damit problematisch erscheinen, hat das Bundesverfassungsgericht Grenzen formuliert: ein Gesetz im Rahmen der Selbstorganisation des Bundestages sei nur zulässig, wenn die Bundesregierung keine ins Gewicht fallende Einwirkungsmöglichkeiten auf das Verfahren und die Willensbildung des Parlamentes erhalte, das Gesetz sowie seine Aufhebung nicht der Zustimmung des Bundesrats bedürften, der Kern der Geschäftsordnungsautonomie nicht berührt sei und gewichtige sachliche Gründe für die Gesetzesform sprächen.[394]

Diese Bedenken fußen aber auf einer unausgesprochenen Prämisse: dass ein Gesetz einer Regelung der Geschäftsordnung übergeordnet ist. Wären nämlich beide Rechtsformen gleichrangig und würden die Regeln lex posterior derogat legi anteriori beziehungsweise lex specialis derogat legi generali gelten, könnte das Parlament jederzeit durch den Erlass einer neuen Geschäftsordnungsbestimmung eine gesetzliche Regelung des parlamentarischen Verfahrens derogieren. Der Einfluss anderer Staatsorgane und die Bindung künftiger Bundestage wären damit also unproblematisch. Denn der Einfluss von Bundesregierung und Bundesrat auf die Gesetzgebung ist nur beachtlich, wenn der Bundestag nicht jederzeit durch Setzung autonomen Rechts im Rahmen seiner Selbstorganisationsautonomie etwas anderes entscheiden kann. Ebenfalls entfiele die Bindung des neuen Bundestages durch Gesetze zum parlamentarischen Verfahren, da schon mit dem Erlass der Geschäftsordnung zu Beginn jeder Legislatur die Bindung durch diese Gesetze beseitigt werden könnte.

Entscheidend ist damit, ob die Prämisse stimmt und das Gesetz tatsächlich im Rang der Geschäftsordnung vorgeht oder aber beide auf ein und derselben Stufe

393 So etwa *Morlok*, in: Dreier, Art. 40 Rn. 15; *Schwerin*, Bundestag, S. 176. Wenn *Kühnreich*, Selbstorganisationsrecht, S. 83 f., versucht, die Bedenken gegen den Einfluss anderer Staatsorgane auf das parlamentarische Verfahren beiseite zu wischen, da es kein Gesetz ohne maßgebliche Mitwirkung des Parlamentes gebe, überzeugt dies nicht. Übersehen wird hierbei, dass das Parlament ein Gesetz zur Regelung seines Verfahrens und seiner Organisation zwar verhindern kann, ein solches gegebenenfalls aber nur mit qualifizierter Mehrheit bei Einspruch des Bundesrates nach Art. 77 Abs. 4 GG wieder aufheben kann; vgl. zu diesem Einwand gegen das Argument *Kühnreichs* etwa auch *BVerfGE* 70, 324 (380 ff., genauer 387 f.) – Sondervotum *Böckenförde* sowie *Schmidt*, AöR 128 (2003), 608 (639).

394 *BVerfGE* 130, 318 (349 f.); vgl. bereits E 70, 324 (361); zustimmend etwa *Morlok*, in: Dreier, Art. 40 Rn. 16; *Kretschmer*, in: S/K, Art. 40 Rn. 17 f.; *Pietzcker*, in: Schneider/Zeh, Parlamentsrecht, § 10 Rn. 41; *Schliesky*, in: Morlok/Schliesky/Wiefelspütz, Parlamentsrecht, § 5 Rn. 60; *Schröder*, ZG 30 (2015), 150 (165); *Wiefelspütz*, ZParl 43 (2012), 227 (246 f.); vgl. *Klein*, in: Maunz/Dürig, Art. 40 Rn. 77 ff.; eine besonders ausführliche Apologie der Ansicht des Bundesverfassungsgerichts bietet *Hansalek*, Parlamentarische Kontrolle, S. 254 ff.

stehen. Diese Rangfrage lässt sich allerdings nicht ohne Betrachtung des Kompetenzproblems entscheiden.[395] Es kommt also darauf an, ob nur das Parlament die Kompetenz hat, die eigene Organisation und das eigene Verfahren aufgrund von Art. 40 Abs. 1 S. 2 GG zu regeln, oder auch der Gesetzgeber aufgrund von Art. 77 GG. Die Verfassung sieht hier zwei unterschiedliche Ermächtigungsgrundlagen zur Rechtsetzung für zwei unterschiedliche Sachmaterien vor.[396] Art. 40 Abs. 1 S. 2 GG ist daher zu entnehmen, dass es das Parlament allein ist, das autonom seine Verfahrens- und Organisationsregeln schafft und dafür das Instrument der Geschäftsordnung nutzen kann. Daher kann das Gesetz der Geschäftsordnung in diesem Bereich nicht übergeordnet sein.

Das Bundesverfassungsgericht und ihm folgend ein Teil der Literatur qualifizieren hingegen die Geschäftsordnung als autonome Satzung und räumen dem Gesetz damit lapidar den Vorrang ein.[397] Dies überzeugt nicht, da sich aus dem vermeintlichen Rang einer Rechtsquelle noch keine Kompetenz zur ihrer Nutzung in allen Bereichen ergibt. Dies ignorierend überträgt diese Ansicht unbesehen das Schema der Normenhierarchie (Gesetz über Satzung) für das Außenrecht auf das Innenrecht und überspielt damit die verfassungsunmittelbare Kompetenzzuweisung des Art. 40 Abs. 1 S. 2 GG, indem sie schlicht auf den Vorrang des Gesetzes abstellt und davon ausgehend (stillschweigend) eine Kompetenz des Gesetzgebers zur Regelung von Parlamentsorganisation und -verfahren ableitet.[398] Gegen den Vorrang des Gesetzes für diesen Regelungsbereich spricht weiterhin, dass sich sowohl die Gesetzgebungskompetenz als auch die Geschäftsordnungsbefugnis auf die unmittelbare Volkswahl zurückführen lassen.[399] Das Parlament darf nicht nur Gesetze erlassen, weil es das einzig direkt demokratisch legitimierte Staatsorgan ist, sondern es darf aus diesem Grund auch autonom sein Verfahren und seine Organisation regeln. Lassen sich beide Kompetenzen auf dieselbe Quelle zurückführen, wäre es schwer verständlich, wenn eine Kompetenz (zur Gesetzgebung) den Eingriff in die

---

395 So auch *Bollmann*, Verfassungsrechtliche Grundlagen, S. 187; *Dreier*, JZ 45 (1990), 310 (313); *Klein*, in: Maunz/Dürig, Art. 40 Rn. 74; *Kretschmer*, in: S/K, Art. 40 Rn. 28; *Magiera*, in: Sachs, Art. 40 Rn. 26; *Schliesky*, in: vM/K/S, Art. 40 Rn. 22; *Schmidt*, AöR 128 (2003), 608 (642); *Steiger*, Organisatorische Grundlagen, S. 44 f.; vgl. bereits *Böckenförde*, Organisationsgewalt, S. 124 f., für die Geschäftsordnung der Bundesregierung.

396 Vgl. *Bollmann*, Verfassungsrechtliche Grundlagen, S. 143 ff.; *Magiera*, in: Sachs, Art. 40 Rn. 26; *O. Moench*, Bundestagsausschüsse, S. 83 f.; *Schliesky*, in: vM/K/S, Art. 40 Rn. 22; *Steiger*, Organisatorische Grundlagen, S. 45; kritisch *Kühnreich*, Selbstorganisationsrecht, S. 83.

397 *BVerfG*E 1, 144 (148); Zustimmung in der Literatur bei *Morlok*, in: Dreier, Art. 40 Rn. 17; *Klein*, in: Maunz/Dürig, Art. 40 Rn. 74; *Kretschmer*, in: S/K, Art. 40 Rn. 17 f.; *Pietzcker*, in: Schneider/Zeh, Parlamentsrecht, § 10 Rn. 41.

398 *Achterberg*, Parlamentsrecht, S. 327; *Brocker*, in: BeckOK, Art. 40 Rn. 34; *Brocker*, in: BK, Art. 40 Rn. 219 f.; *Cancik*, in: Morlok/Schliesky/Wiefelspütz, Parlamentsrecht, § 9 Rn. 33; *Dreier*, JZ 45 (1990), 310 (313); vgl. *O. Moench*, Bundestagsausschüsse, S. 82; *Steiger*, Organisatorische Grundlagen, S. 44 f.; kritisch *Kühnreich*, Selbstorganisationsrecht, S. 84.

399 *Brocker*, in: BeckOK, Art. 40 Rn. 34; *Kluth*, in: S-B/K[13], Art. 40 Rn. 43; *Kretschmer*, in: S/K, Art. 40 Rn. 28; *Schliesky*, in: vM/K/S, Art. 40 Rn. 22.

andere (Parlamentsautonomie) erlaubte. Insgesamt hat das Parlament also die ungeteilte Kompetenz zur Regelung des eigenen Verfahrens, weshalb in diesem Bereich die Geschäftsordnung dem Gesetz gegenüber nicht nachrangig ist.[400]

Versuche, die Unterordnung der Geschäftsordnung unter Gesetze aus ihren Eigenheiten abzuleiten, überzeugen demgegenüber nicht.[401] Vorgebracht wird, dass die Geschäftsordnung aufgrund ihrer Diskontinuität nur von begrenzter Dauer sei, Abweichungen von ihr gemäß § 126 GO BT im Einzelfall möglich seien, zudem grundsätzlich nur Parlamentarier durch sie verpflichtet oder berechtigt würden. Demgegenüber seien an einem Gesetz weitere, mittelbar demokratisch legitimierte Bundesorgane beteiligt. Würde das Gesetz der Geschäftsordnung nicht vorgehen, könne das Parlament durch letztere die Mitwirkung der anderen beteiligten, demokratisch legitimierten Organe bei der Schaffung von Gesetzen zur Regelung des parlamentarischen Verfahrens neutralisieren.

Wird die Nachrangigkeit der Geschäftsordnung mit der Abweichmöglichkeit (§ 126 GO BT) im Einzelfall begründet, so wird übersehen, dass zahlreiche Außenrechtssätze der Verwaltung Ermessen einräumen und damit ebenfalls eine Abweichung im Einzelfall erlauben.[402] Diese Ermessensnormen sind aber anderen Gesetzen nicht deshalb nachrangig. Zudem wird die suggerierte Beliebigkeit der Geschäftsordnung durch diese Abweichoption bereits dadurch relativiert, dass sie eine Zweidrittelmehrheit voraussetzt.[403] Weiterhin läuft das Argument der Diskontinuität und der damit einhergehenden zeitlichen Begrenztheit der Geschäftsordnung ins Leere. Gerade diese zeichnet sich nämlich durch eine erstaunliche Persistenz und Wandlungsfestigkeit aus.[404] Die Geschäftsordnung wird in aller Regel vom Vorgängerparlament übernommen, gravierende Änderungen sind selten und setzen typischerweise einen fraktionsübergreifenden Konsens voraus. Mithin zeichnet sich die Geschäftsordnung durch eine Kontinuität aus, die sogar den meisten Gesetzen fehlt. Ebenfalls geht auch die Betonung der nur beschränkten persönlichen Bin-

---

[400] Die Ansicht, Gesetz und Geschäftsordnung seien grundsätzlich gleichrangig, vertreten: *Achterberg*, Parlamentsrecht, S. 328; *Brocker*, in: BeckOK, Art. 40 Rn. 34; *Brocker*, in: BK, Art. 40 Rn. 220; *Kluth*, in: S-B/K[13], Art. 40 Rn. 43 (anders aber seit der 14. Auflage, Rn. 43); *Magiera*, in: Sachs, Art. 40 Rn. 26; *O. Moench*, Bundestagsausschüsse, S. 83 ff.; *Schliesky*, in: vM/K/S, Art. 40 Rn. 22; *Schmidt*, AöR 128 (2003), 608 (637 ff.); *Steiger*, Organisatorische Grundlagen, S. 44 f. In diese Richtung kann auch die Entscheidung des *BVerfG*E 118, 277 (359 f.) gelesen werden, wonach gesetzliche Regelungen des parlamentarischen Verfahrens „dem Geschäftsordnungsrecht zumindest nahe stehen, also Binnenrecht des Parlaments" seien, was eine flexible Handhabung, vergleichsweise einfach Abänderbarkeit und Ergänzung erlaube; für diese Lesart *O. Moench*, Bundestagsausschüsse, S. 84.

[401] Siehe hierzu umfassend *Kühnreich*, Selbstorganisationsrecht, S. 84 ff.; vgl. zudem *Morlok*, in: Dreier, Art. 40 Rn. 17.

[402] *Schmidt*, AöR 128 (2003), 608 (637).

[403] *Schmidt*, AöR 128 (2003), 608 (637).

[404] Siehe zu dieser Feststellung, auch im Folgendem, *Dreier*, JZ 45 (1990), 310 (316); auf diesen Bezug nehmend *O. Moench*, Bundestagsausschüsse, S. 81 sowie *Schmidt*, AöR 128 (2003), 608 (640).

dungskraft der Geschäftsordnung bei näherer Betrachtung fehl.[405] Denn auch Gesetze können einen nur eingeschränkten Adressatenkreis aufweisen, ohne deshalb an Rechtsqualität und Vorrang gegenüber Rechtsverordnungen mit größerem Adressatenkreis zu verlieren. Grund für den Vorrang von Bundesrecht gegenüber Landesrecht ist auch nicht, dass Landesrecht nur eine kleinere Schnittmenge an Rechtssubjekten zu binden vermag, sondern Art. 31 GG. Schließlich ist auch das letzte Argument substanzlos.[406] Der Ausschluss der Mitwirkung weiterer, nur mittelbar demokratisch legitimierter Staatsorgane kann nur dann ein Problem sein, wenn diese Mitwirkung kompetenzgerecht wäre. Dies gilt es aber erst zu beweisen; eine petitio principii. Fehlt allen an der Gesetzgebung beteiligten Organen die Kompetenz zum Erlass eines Gesetzes im Bereich parlamentsinterner Organisation, dann ist ihr Ausschluss folgerichtig.

2. Wahlmöglichkeit

Wenn nun die Verfassung dem Parlament allein die Kompetenz zur Regelung der eigenen Angelegenheiten mit dem Mittel der Geschäftsordnung zuordnet, bedeutet das aber nicht sogleich, dass das Parlament nicht auch die Option hätte, die Gesetzesform zu wählen.[407] Bedenken, die gegen die Wahlmöglichkeit zwischen Gesetz und Geschäftsordnung vorgebracht werden und das Bundesverfassungsgericht veranlasst haben, diese Wahlmöglichkeit einzuschränken, überzeugen wie gesehen nicht, wenn man aus der Regelungskompetenz des Parlamentes die Gleichrangigkeit von Gesetz und Geschäftsordnung ableitet. Dann spricht nichts dagegen, dem Parlament die Regelung des eigenen Verfahrens und der Organisation in Gesetzesform zu erlauben, da hierdurch seine Parlamentsautonomie nicht berührt wird, es vielmehr jederzeit durch einfachen Beschluss vom Gesetz abweichen kann.[408] Dass das Parlament die ihm allein zustehende Kompetenz zur Regelung des eigenen Verfahrens damit dem Einfluss anderer Staatsorgane öffnet, ist daher insoweit unproblematisch. Somit kann das Parlament grundsätzlich frei entscheiden, ob es seinen Geschäftsgang durch gesetzliche oder geschäftsordnungsrechtliche Normen regeln will.[409]

---

[405] So auch *O. Moench*, Bundestagsausschüsse, S. 81 f.

[406] Kritisch zu diesem Argument auch *O. Moench*, Bundestagsausschüsse, S. 82 f.

[407] So aber *BVerfGE* 70, 324 (367 ff., insbesondere 376 ff.) – Sondervotum *Mahrenholz*; E 70, 324 (380 ff., insbesondere 386 ff.) – Sondervotum *Böckenförde; Bollmann*, Verfassungsrechtliche Grundlagen, S. 141 ff, 154 ff., 167 f.; *Pietzcker*, in: Schneider/Zeh, Parlamentsrecht, § 10 Rn. 14 ff.; *Schmidt*, AöR 128 (2003), 608 (639 ff.); *Schwerin*, Bundestag, S. 176; *Steiger*, Organisatorische Grundlagen, S. 45; *Ziekow*, JuS 31 (1991), 28 (29 f.).

[408] Obwohl *Brocker*, in: BeckOK, Art. 40 Rn. 34 ff. von der Gleichrangigkeit von Geschäftsordnung und Gesetz ausgeht und annimmt, dass Kompetenzkonflikte mittels der Regeln lex posterior/lex specialis zu lösen sind, will er die Wahl der Regelungsform im Anschluss an das Bundesverfassungsgericht einschränken. Dafür gibt es aber keinen Grund.

[409] Vgl. *Achterberg*, Parlamentsrecht, S. 328 f.; *Brocker*, in: BK, Art. 40 Rn. 221; *Kretschmer*, in: S/K, Art. 40 Rn. 29; *Kretschmer*, ZParl 17 (1986), 334 (337 ff.); *O. Moench*, Bundestagsausschüsse, S. 83 ff.

Diese Wahlmöglichkeit entspricht auch einem praktischen Bedürfnis: Bestimmte Regelungsmaterien müssen dadurch nicht auf verschiedene Rechtsformen aufgeteilt, sondern können in einem Guss implementiert werden.[410] Es ist beispielsweise einfach praktisch, dass im StabMechG und im ESM-FinG die innerparlamentarische Aufgabenverteilung gleich mitgeregelt wurde.

II. Delegation durch Gesetz nötig?

Kann demnach das Parlament grundsätzlich frei darüber entscheiden, ob es eine interne Regelung durch eine gesetzliche Bestimmung oder durch eine der Geschäftsordnung erlassen will, so könnte diese Wahl im Einzelfall doch beschränkt sein. Käme einer parlamentsinternen Regelung nämlich Außenwirkung zu, gegenüber anderen Staatsorganen oder dem Bürger, so wäre die Gesetzesform zwingend, da die Geschäftsordnung nur eine interne Bindung zu bewirken vermag.[411] Daher fordern beispielsweise einige Stimmen für eine etwaige Delegation der Entscheidungskompetenz auf den Petitionsausschuss eine gesetzliche Grundlage.[412]

Dabei wird unterstellt, dass Delegationen im Allgemeinen Außenwirkung zukommen kann und im Speziellen die Delegation der Kompetenz zur Entscheidung über Petitionen auch Außenwirkung hätte. Dies scheint zwar auch zunächst naheliegend, tatsächlich aber kann eine interne Veränderung der Zuständigkeiten keine Außenwirkung hervorrufen, weshalb es konkret[413] für parlamentsinterne Delega-

---

[410] Vgl. *Schürmann*, in: Morlok/Schliesky/Wiefelspütz, Parlamentsrecht, § 20 Rn. 35; wie *Bollmann*, Verfassungsrechtliche Grundlagen, S.166f. anmerkt, folgt aus dem Regelungszuammenhang keine Kompetenz des Gesetzgebers. Das heißt, nur weil die Regelung des innerparlamentarischen Verfahrens sich bei der Kodifikation einer Norm anbietet, erwächst dem Gesetzgeber hierfür noch keine Kompetenz kraft Sachzusammenhangs. Vielmehr bleibt die Kompetenz beim Parlament, das durch Bestimmungen der Geschäftsordnung davon abweichen kann.

[411] Vgl. statt vieler *Schliesky*, in: vM/K/S, Art. 40 Rn. 18.

[412] *Achterberg/Schulte*, in: vM/K/S[6], Art. 45c Rn. 32; *Bauer*, in: Dreier, Art. 45c Rn. 23 *Klein*, in: Maunz/Dürig, Art. 45c Rn. 26; *Magiera*, in: Sachs, Art. 45c Rn. 8; *Pietzner*, Petitionsausschuss, S. 98f.; *Würtenberger*, in: BK, Art. 45c Rn. 119. Eine gesetzliche Grundlage bei parlamentarischen Verfahrens- oder Organisationsregelungen mit Außenwirkung generell, das heißt nicht speziell für die Delegation der Kompetenz zur Entscheidung über Petitionen, fordernd: *J. Dietlein*, Gutachten, S. 64f.; *Pietzcker*, in: Schneider/Zeh, Parlamentsrecht, § 10 Rn. 13ff.; *Schmitt-Vockenhausen*, Verfassungsrechtliche Probleme, S. 72. Gegen die Notwendigkeit einer gesetzlichen Grundlage für die Übertragung des Entscheidungsrechts auf den Petitionsausschuss: *Brink*, NVwZ 22 (2003), 953 (955); *Krings*, in: Friauf/Höfling, Art. 45 Rn. 20; *Vitzthum/März*, in: Schneider/Zeh, Parlamentsrecht, § 45 Rn. 32.

[413] Ob Regelungen des parlamentarischen Verfahrens und der Organisation hingegen allgemein (das heißt jenseits von Delegationen) Außenwirkung zukommen kann, spielt hier keine Rolle.

tionen keines Gesetzes bedarf.[414] Eine Kompetenzübertragung kann zwar dazu führen, dass statt des Plenums ein Ausschuss oder ein anderes parlamentarisches Gremium entscheidet. Gleichwohl sind diese Entscheidungen, egal ob Plenum oder Ausschuss, solche des Parlamentes.[415] Sie werden diesem also zugerechnet. Im Verhältnis zum Petenten spielt es damit keine Rolle, wer eine Entscheidung für das Parlament trifft, da es sich immer um eine Entscheidung des Parlamentes handelt. Kommen damit innerparlamentarischen Delegationen keine Außenwirkung zu, dann kann das Parlament niemals gezwungen sein, eine Delegation durch Gesetz vorzunehmen. Es bleibt also dabei, dass es im freien Ermessen des Parlamentes steht, welche Rechtsform es für die Vornahme einer Delegation nutzt.

D. Exkurs: Rechtsschutz gegen Delegationen

Scheitert eine Kompetenzübertragung an der absoluten oder relativen Delegationsgrenze, fragt es sich abschließend, ob und in welcher Form dieser Verstoß justiziabel ist.

I. Organstreit, abstrakte Normenkontrolle

Werden durch innerparlamentarische Delegationen Abgeordnete von der Wahrnehmung von Kompetenzen und der gleichberechtigten Teilhabe an der parlamentarischen Willensbildung ausgeschlossen, können sie die Verletzung ihrer Statusrechte im Organstreit geltend machen.[416] Gleiches gilt für den Ausschluss einer Fraktion, wenn eine Delegation also Kompetenzen auf eine parlamentarische Untergliederung überträgt, von der Vertreter einer Fraktion ausgeschlossen werden.[417]

Darüber hinaus ist die Überprüfung einer Delegationsnorm jederzeit im Wege einer abstrakten Normenkontrolle möglich; und zwar unabhängig davon, ob die Delegationsnorm ein Parlamentsgesetz oder eine Bestimmung der Geschäftsordnung[418] ist.

---

[414] Siehe hierzu und zum Folgenden *O. Moench*, Bundestagsausschüsse, S. 91 f., 160; *Schürmann*, in: Morlok/Schliesky/Wiefelspütz, Parlamentsrecht, § 19 Rn. 34; in diese Richtung wohl auch *Butzer*, Immunität, S. 313, 389 ff.; siehe auch bereits supra S. 120 f. Insoweit irrt daher auch *März*, Stellungnahme, S. 4, wenn er annimmt, plenarersetzende Entscheidungen von Ausschüssen hätten stets Außenwirkung.

[415] Vgl. *Achterberg*, Parlamentsrecht, S. 135 f.; *O. Moench*, Bundestagsausschüsse, S. 92; vgl. *Preuß*, ZRP 21 (1988), 389 (389).

[416] *BVerfG*E 130, 318 (340 f.).

[417] *BVerfG*E 70, 324 (350 ff.).

[418] *Kees*, in: Barczak, BVerfGG, § 76 Rn. 38; *Rozek*, in: M/S/K/B, § 76 Rn. 26; *Voßkuhle*, in: vM/K/S, Art. 93 Rn. 121.

II. Verfassungsbeschwerde?

1. Unmittelbar gegen Delegationsnorm

Kann die Verfassungswidrigkeit einer Delegation von Plenarkompetenzen auch unmittelbar mittels Verfassungsbeschwerde geltend gemacht werden? Die Antwort ist auf den ersten Blick klar: Nein, denn die innerparlamentarische Kompetenzzuweisung hat keinerlei Außenwirkung[419] und kann folglich auch keine Grundrechte und grundrechtsgleichen Rechte verletzen.

Bedenkt man aber, dass das Bundesverfassungsgericht Verfassungsbeschwerden gegen die Übertragung von Kompetenzen auf die europäische Ebene zulässt,[420] so ist die Antwort auf den zweiten Blick weniger eindeutig. Ansatzpunkt für die Justiziabilität dieser Hoheitsübertragungen im Wege der Verfassungsbeschwerde ist hier Art. 38 Abs. 1 S. 1 GG. In der viel kritisierten[421] Auslegung des Bundesverfassungsgerichts erhält Art. 38 Abs. 1 S. 1 GG einen über das Recht auf einen gleiche, freie, geheime, allgemeine, unmittelbare und öffentliche Wahl hinausgehenden „demokratischen Gehalt“[422]. Dieser gewähre nicht nur das subjektive Recht jedes wahlberechtigten Deutschen, an der Wahl teilzunehmen, sondern dadurch auch an der Legitimation der Staatsgewalt mitzuwirken und auf ihre Ausübung Einfluss zu nehmen.[423] Dieses Recht auf Legitimation der Staatsgewalt und auf Einflussnahme auf diese durch die Wahl dürfe nicht dadurch entleert werden, dass Kompetenzen des Bundestages übertragen werden.[424] Eine solche Entleerung und damit Verletzung des Prinzips repräsentativer Volksherrschaft läge dann vor, wenn im grundgesetzlichen Organgefüge die Rechte des unmittelbar demokratisch legitimierten Bundestages wesentlich geschmälert würden und damit ein Substanzverlust seiner demokratischen Gestaltungsgemacht eintrete.[425] Nach einer anderen Formulierung schütze der demokratische Gehalt des Art. 38 Abs. 1 S. 1 GG vor einem Leerlaufen des Wahlrechts in einem für die politische Willensbildung des Volkes wesentlichen Bereich, was dann der Fall sei, wenn die demokratische Selbstregierung des Volkes – vor allem verkörpert durch den Bundestag – dauerhaft derart eingeschränkt sei, dass zentrale politische Entscheidungen nicht mehr selbständig getroffen werden könnten.[426] Insofern wird bei Verfassungsbeschwerden, die das Leerlaufen des Wahlrechts

---

[419] Siehe hierzu soeben supra S. 287 f.

[420] *BVerfGE* 89, 155 (171 f.); E 123, 267 (330).

[421] Zur Kritik siehe allein die Nachweise des *Bundesverfassungsgerichts* selbst in E 129, 124 (169); zur Rezeption, positiv wie negativ, des Maastricht-Urteils (*BVerfGE* 89, 155) siehe *Soppe*, Selbstentmachtung, S. 81 ff. sowie *Classen*, in: vM/K/S, Art. 24 Rn. 42 jeweils m.w.N.

[422] *BVerfGE* 89, 155 (171); E 123, 267 (330); E 129, 124 (168); E 134, 366 (396). Zu dieser materiellrechtlichen Aufladung des Art. 38 Abs. 1 S. 1 GG und zu weiteren Ableitungen daraus siehe statt vieler die besonders luzide Darstellung von *Sauer*, StaatsR III, § 9 Rn. 70 ff.

[423] *BVerfGE* 89, 155 (171 f.); E 123, 267 (330).

[424] *BVerfGE* 89, 155 (172); E 123, 267 (330).

[425] *BVerfGE* 123, 267 (341); E 129, 124 (168 f.).

[426] *BVerfGE* 134, 366 (396); E 135, 317 (386).

durch Kompetenzübertragungen rügen, auch von kompetenzbezogenen Entleerungsrügen[427] gesprochen.

Nun bezieht sich diese Rechtsprechung auf Kompetenzübertragungen zu Gunsten der europäischen Ebene. Es spricht aber prinzipiell nichts dagegen, diese auch auf andere Situationen anzuwenden, in denen der Bundestag sich seiner Kompetenzen begibt.[428] Dies könnte etwa der Fall sein, wenn der Bundestag Entscheidungen auf andere, innerstaatliche Gewalten[429] oder nichtstaatliche Akteure delegierte. Würde beispielsweise allein die Bundesregierung zur vollständigen Vorbereitung von Gesetzen ermächtigt, über die dann nur noch das Plenum abstimmte, würde die kompetenzbezogene Entleerungsrüge nach der Maastricht-Rechtsprechung in Betracht kommen. Die Besonderheit innerparlamentarischer Delegation ist jedoch, dass sich der Bundestag nicht seiner Kompetenzen begibt, sondern nur die internen Zuständigkeiten verändert. Ob nun das Plenum oder der Haushaltsausschuss über die Aufhebung von Sperrvermerken entscheidet: In beiden Fällen handelt es sich um eine Entscheidung des Parlamentes.[430] Entsprechend hat das Bundesverfassungsgericht auch Verfassungsbeschwerden für unzulässig erklärt, die die kompetenzbezogene Entleerungsrüge darauf bezogen, dass der Haushaltsausschuss statt des Plenums bestimmte Kompetenzen wahrnimmt.[431] Das Gericht stellte fest, dass die parlamentsinterne Zuständigkeitsverteilung zwischen dem Plenum und Ausschüssen sowie anderen Untergliederungen des Bundestages nicht mit der Verfassungsbeschwerde angegriffen werden könne.[432] Überraschenderweise kommt es direkt nach dieser Feststellung zu dem Schluss, dass diese interne Zuständigkeitsverteilung *grundsätzlich* nicht zum rügefähigen Kern des Art. 38 Abs. 1 S. 1 GG zähle. Wenn dies aber nur grundsätzlich der Fall sein sollte, es also Ausnahmen gibt, dann kann die Verfassungsbeschwerde in dieser Konstellation nicht prinzipiell ausgeschlossen sein. Aus der folgenden Begründung der Unzulässigkeit der Beschwerde ergibt sich aber, dass die Verfassungsbeschwerde immer ausgeschlossen sein soll, *grundsätzlich* hier also „unjuristisch" als *prinzipiell* verwendet wurde.

Die Begründung des Gerichts für die Unzulässigkeit von Verfassungsbeschwerden gegen parlamentsinterne Delegationen umfasst drei Argumente: Erstens seien demokratische Mindesterfordernisse im Sinne des Art. 79 Abs. 3 GG auch erfüllt, wenn der Haushaltsausschuss mit Mehrheit entscheide. Zweitens kenne das Grundgesetz in den Art. 45, 45c, 45d und 53a GG plenarersetzende Ausschussentscheidungen und drittens würde es den Ausnahmecharakter der auf Art. 38 Abs. 1

---

427 Begriff bei *Sauer*, StaatsR III, § 9 Rn. 70.

428 In *BVerfG*E 129, 124 (168) spricht das Gericht selbst davon, dass es zu einer solchen Entleerung des Wahlrechts *vor allem* bei Übertragungen auf die supranationale Ebene kommen könne, schließt es also nicht aus, dass Übertragungen auf der nationalen Ebene erfasst sind.

429 Vgl. *Gassner*, Staat 30 (1995), 429 (433) m.w.N. sowie *Classen*, EuR 2016, 529 (531).

430 Vgl. supra S. 287 f.

431 *BVerfG*E 135, 317 (386 f.).

432 Hierzu und zur folgenden Begründung *BVerfG*E 135, 317 (387).

S. 1 GG gestützten Verfassungsbeschwerde verkennen und den Unterschied zum Organstreitverfahren verwischen, wenn die innerparlamentarische Zuständigkeitsverteilung unter Berufung auf den demokratischen Gehalt des Wahlrechts gerügt werden könnte.

Wenn dem auch im Ergebnis zuzustimmen ist, so gilt dies nicht für die zugrunde liegende Begründung. Der Hinweis, Entscheidungen des Haushaltsausschusses würden auch den demokratischen Mindestanforderungen genügen, kann im konkreten Einzelfall richtig sein. Allgemein erfordert das Demokratieprinzip in Form der Wesentlichkeitslehre aber, dass wesentliche Kompetenzen vom Plenum wahrgenommen werden.[433] Entsprechend können auch parlamentsinterne Delegationen durch Übertragung wesentlicher Kompetenzen von der Wesentlichkeitslehre geschützte, demokratische Mindestanforderungen unterschreiten, was damit auch über den demokratischen Gehalt des Art. 38 Abs. 1 S. 1 GG justiziabel wäre. Es wäre auch inkonsequent, eine Entleerung des Wahlrechts nur dann anzunehmen, wenn das Parlament als Ganzes sich einer Kompetenz entäußert, und nicht, wenn nur das Plenum diese Kompetenz verliert. Denn auch im letzteren Fall sinken das Legitimationsniveau und der Einfluss des Wählers auf die Ausübung von Staatsgewalt. Werden nämlich Kompetenzen nicht vom Plenum, sondern von parlamentarischen Untergliederungen wahrgenommen, sind weniger direkt demokratisch legitimierte Abgeordnete beteiligt, das Entscheidungsverfahren weniger responsiv und die Entscheidung weniger repräsentativ verglichen mit der Befassung des Plenums[434]. Weiterhin spiegelt sich in der Abgeordnetengleichheit auch die Wahlrechtsgleichheit.[435] Werden einige Abgeordnete privilegiert, indem sie in einem entscheidungsbefugten Ausschuss sitzen, dann wirkt sich diese Ungleichbehandlung mittelbar auch auf die Wahlrechtsgleichheit aus. Wähler, die Abgeordnete gewählt haben, die nicht in diesem Ausschuss vertreten sind, haben weniger Einfluss auf die Legitimation und Ausübung von Staatsgewalt. Auch hieraus könnte sich eine Verletzung demokratischer Mindestanforderungen ergeben, die nach der Rechtsprechung des Bundesverfassungsgerichts von Art. 38 Abs. 1 S. 1 GG umfasst sein sollen.[436]

Etwas anderes ergibt sich auch nicht daraus, dass das Grundgesetz an mehreren Stellen plenarersetzende Ausschüsse vorsieht, worauf das Gericht hinweist. Diese

---

[433] Siehe hierzu supra S. 121 ff., 127 ff. sowie S. 196 ff.

[434] Siehe hierzu supra S. 125 f.

[435] Siehe hierzu supra S. 82 ff.

[436] Eine unmittelbare Verletzung des Rechts auf gleiche Wahl durch die Delegation von Plenarkompetenzen kommt hingegen nicht in Betracht. Denn die Wahlrechtsgleichheit schützt nur die Gleichheit bei der Wahl, vgl. statt vieler *Klein*, in: Maunz/Dürig, Art. 38 Rn. 115 m.w.N. Erfasst von diesem Anspruch ist damit also nicht, dass die durch gleiche Wahl bestellten Abgeordneten gleich behandelt werden. Wollte man die Wahlrechtsgleichheit hingegen so weit ausdehnen, dass sie auch einen Anspruch auf Gleichbehandlung der Abgeordneten gewährte, müsste man die Wahlrechtsgleichheit genauso materiell aufladen wie es das Bundesverfassungsgericht seit Maastricht insgesamt mit dem Wahlrecht gemacht hat.

Ausschüsse wurden allesamt durch Verfassungsänderung in die Verfassung implementiert. Daher kann man nicht davon ausgehen, das in Art. 20 GG vorgesehene repräsentative System sei in Kenntnis dieser Ausschüsse geschaffen, erlaube also Delegationen und könne generell nicht mit diesem kollidieren.[437] Daher sind alle innerparlamentarischen Delegationen durch Gesetz oder Geschäftsordnungsbestimmung weiterhin darauf zu prüfen, ob sie im Einzelfall gegen das Prinzip demokratischer Repräsentation verstoßen.

Letztlich kann nur dem dritten Argument im Ergebnis gefolgt werden. Könnte die innerparlamentarische Zuständigkeitsverteilung mittels Verfassungsbeschwerde angegriffen werden, würde dies die Grenze zum Organstreit verwischen. Allerdings hat hier das Bundesverfassungsgericht die Büchse der Pandora selbst geöffnet, indem es Art. 38 Abs. 1 S. 1 GG subjektiv und materiell[438] aufgeladen hat. Die jetzt folgende Ausgrenzung innerparlamentarischer Delegationen wäre ohne diese Aufladung gar nicht nötig. Art. 93 Abs. 1 Nr. 4a GG gibt jedenfalls deutlich zu erkennen, dass nur der Absatz vier von Art. 20 GG mit der Verfassungsbeschwerde angegriffen werden kann, nicht auch Mindestanforderungen des Demokratieprinzips.[439] Im Gegensatz dazu dient das Organstreitverfahren nach Art. 93 Abs. 1 Nr. 1 GG gerade der Klärung, welchem Organ (oder anderem Beteiligten) welche Kompetenzen zustehen.[440] Wird nun aber eine Popularverfassungsbeschwerde[441] geschaffen, dann liegt hierin eine unzulässige Erweiterung[442] des abschließenden Kanons verfassungsprozessualer Verfahrensarten[443] und eine Verwischung der Grenzen der unterschiedlichen Zuständigkeiten.[444]

Im Ergebnis bedeutet dies, dass die Rügbarkeit innerparlamentarischer Delegationen mittels Verfassungsbeschwerde kongruent mit der Maastricht-Rechtsprechung wäre. Da aber diese Rechtsprechung schon aus verfassungsprozessualen Gründen abzulehnen ist, kann eine Verfassungsbeschwerde nicht unmittelbar gegen Delegationsnormen gerichtet werden.

---

[437] Vgl. hierzu auch supra S. 191.

[438] Zum Diktum materieller und subjektiver Aufladung siehe *Gassner*, Staat 30 (1995), 429 (433 f.).

[439] Vgl. *König*, ZaöRV 54 (1994), 17 (27).

[440] Statt vieler *Bethge*, in: M/S/K/B, § 13 Nr. 5 Rn. 3.

[441] *Kokott*, AöR 119 (1994), 207 (211); *Schönberger*, Staat 48 (2009), 535 (540); *Thym*, Staat 48 (2009), 559 (570).

[442] Zur Unzulässigkeit der Schaffung neuer Verfahrensarten durch das Bundesverfassungsgericht selbst siehe etwa *Walter*, in: Maunz/Dürig, Art. 93 Rn. 186.

[443] Siehe statt vieler *Bethge*, in: M/S/K/B, § 13 Rn. 2.

[444] *Schönberger*, Staat 48 (2009), 535 (540).

2. Mittelbar gegen eine Delegationsnorm

Möglich bleibt es aber, dass eine Verfassungsbeschwerde zwar nicht unmittelbar gegen die Delegationsnorm erhoben wird, diese aber mittelbar rügt. Wird eine Kompetenz übertragen, deren Ausübung auch nur indirekt mit einem staatlichen Eingriff zusammenhängt, dann kann auch die Delegation mittels Verfassungsbeschwerde angegriffen werden. Wird beispielsweise durch oder aufgrund eines Gesetzes in die Grundrechte eines Bürgers eingegriffen, kann eine Urteils- oder Rechtssatzverfassungsbeschwerde gem. Art. 93 Abs. 1 Nr. 4a GG, §§ 90 ff. BVerfGG erhoben werden. Im Rahmen der Verfassungsbeschwerde wird auch geprüft, ob die Norm Grundrechte oder grundrechtsgleiche Rechte des Beschwerdeführers verletzt, indem sie gegen sonstiges Verfassungsrecht verstößt, also ob sie auch im Übrigen verfassungsgemäß ist.[445] Denkbar und ausreichend wäre es damit, dass beispielsweise ein Gesetz, das vom Hauptausschuss[446] vorbereitet wird, zu einem Eingriff in Grundrechte führt. Dieses Gesetz verstößt selbst nicht direkt gegen das Repräsentations- und Gesamtrepräsentationsprinzip. Allerdings ist das Gesetz nicht in einem ordnungsgemäßen Verfahren zustandegekommen, wenn an dem Verfahren ein Ausschuss beteiligt war, dessen Kompetenz auf einer Delegation beruht, die diese Prinzipien verletzt.[447]

Dies betrifft aber nur die Gesetzesvorbereitung durch Ausschüsse, wobei der Hauptausschuss einen Ausnahmefall darstellt. Die Vorbereitung durch die Fachausschüsse wäre zwar auch mittelbar durch eine Verfassungsbeschwerde angreifbar, ist aber verfassungsgemäß.[448] Alle anderen Delegationsfälle betreffen hingegen keine Ausschüsse, die an der Gesetzgebung beteiligt sind. Insofern scheidet die Anknüpfung an ein Gesetz, das einen Eingriff darstellt oder einen Eingriff durch die Verwaltung erlaubt, aus. Möglich bleibt es aber, dass Ausschüsse an anderen staatlichen Entscheidungen beteiligt sind, gegen die Verfassungsbeschwerde erhoben werden kann. Einige Ausschüsse sind allerdings nicht an Entscheidungen gegenüber den Bürgern beteiligt, so etwa der Geschäftsordnungs- oder Haushaltsausschuss. Anders ist dies aber zum Beispiel bei Entscheidungen über Petitionen und Wahleinsprüche. Hier gibt es staatliche Entscheidungen gegenüber dem Bürger, die auch daraufhin überprüft werden können, ob sie unter Beteiligung eines Ausschusses zustande kamen, der seine Kompetenz aufgrund einer verfassungswidrigen Delegation erhielt. Allerdings steht nur gegen Petitionsentscheidungen der Rechtsweg offen, dessen Durchlaufen eine umfassende und auch die Delegation einschließende

---

[445] Siehe statt vieler nur *BVerfGE* 139, 321 (347 f.) m.w.N. sowie *Schlaich/Korioth*, BVerfG, Rn. 205 und *Bethge*, in: M/S/K/B, § 90 Rn. 13. Ausführlich zum Zusammenhang der Prüfung objektiven Verfassungsrechts mit der Elfes-Rechtsprechung siehe *Marsch* 137 (2012), 592 (615 f.).

[446] Siehe supra S. 273 ff.

[447] Möglich ist in diesem Fall auch eine konkrete Normenkontrolle nach Art. 100 Abs. 1 S. 1 GG.

[448] Siehe dazu supra S. 250 f.

Prüfung durch eine Urteilsverfassungsbeschwerde ermöglicht.[449] Dies ist bei Entscheidungen über Wahleinsprüche nicht möglich. Denn gegen diese Entscheidungen des Parlaments ist nicht die Verfassungsbeschwerde, sondern die Wahlprüfungsbeschwerde gem. § 18 WahlPrüfG, § 48 BVerfGG statthaft. Hier wird nicht die Verfassungsmäßigkeit im Übrigen geprüft.[450]

Einen Sonderfall stellt die Delegation der Vorbereitung der Wahl der vom Bundestag zu ernennenden Verfassungsrichter durch den Wahlausschuss dar. Hier führt die Verfassungswidrigkeit der Delegation dazu, dass der Senat oder die Kammer unter Mitwirkung derart gewählter Richter fehlerhaft besetzt ist. Dies verletzt das nach Art. 93 Abs. 1 Nr. 4a GG grundrechtsgleiche Recht auf den gesetzlichen Richter gem. Art. 101 Abs. 1 S. 2 GG. Vor dem Bundesverfassungsgericht ist daher eine Besetzungsrüge statthaft und begründet.[451]

---

[449] Zum Rechtsweg gegen Entscheidungen über Petitionen siehe beispielhaft *Brocker*, in: BeckOK, Art. 17 Rn. 29.

[450] Vgl. *Walter/Grünewald*, BeckOK BVerfGG, § 48 Rn. 34.

[451] Diese Konstellation lag auch der Entscheidung *BVerfG*E 131, 230 (230 ff.) zugrunde, in der das Gericht die Wahl nach § 6 BVerfGG a.F. für verfassungskonform erklärte; zur Besetzungsrüge siehe ibd., 233.

Zusammenfassung

Erster Teil

A. Die Delegation ist die willentliche Übertragung einer Kompetenz des Deleganten auf den Delegatar. Dies setzt voraus, dass die ursprüngliche Verfassung den einzelnen Organen bereits Kompetenzen zugeordnet hat, die diese dann übertragen können. Delegationen sind konservierend – der Delegant behält sich die Kompetenzausübung selbst weiterhin vor – und ausschließend – der Delegant verliert die Kompetenz – möglich. Beides sind „echte" Delegationen. Innerparlamentarische Delegationen können konservierend oder ausschließend sein, je nachdem, ob die konkrete Delegationsnorm dem Deleganten (Plenum) weiterhin die Ausübung der delegierten Kompetenz erlaubt. Als Empfänger von Plenarkompetenzen kommen die Parlamentsausschüsse, aber auch andere parlamentarische Untergliederungen, in erster Linie Gremien, in Betracht.

Abzugrenzen ist die Delegation vor allem von der Mandatierung, die nicht zu einer Veränderung der Kompetenzordnung führt, sondern es lediglich erlaubt, eine weiterhin fremde Kompetenz in fremden Namen auszuführen. Die Übertragung von Plenarkompetenzen stellt in den relevanten Fällen stets unabhängig davon, ob Vorbereitungs- oder Entscheidungskompetenzen übertragen werden sollen, eine Delegation und keine Mandatierung dar.

B. Kompetenzen des Parlamentes sind grundsätzlich allein Kompetenzen des Plenums. Dürfen Parlamentskompetenzen aufgrund ihrer Wesentlichkeit nicht auf eine andere Gewalt übertragen werden, dann kann dies auch innerparlamentarisch gelten. Das heißt, dass dann aufgrund eines Plenarvorbehalts eine Kompetenz nicht auf einen Ausschuss delegiert werden kann.

C. Die Ausschüsse und das Plenum unterscheiden sich grundlegend. Ausschüsse können nur ein Abbild des Plenums darstellen, sind also weniger repräsentativ. Sie arbeiten im Vergleich zum Plenum sachlicher und fachlich orientiert, aber auch nichtöffentlich. Letztlich können die Ausschussmitglieder sich auch nicht über die Vorgaben der Fraktionen und der Parteien hinwegsetzen. Auch im Plenum wird zwar keine eigene Entscheidung mehr getroffen. Dem Ergebnis vorparlamentarischer Verhandlung wird hier aber Legitimität und Rechtskraft vermittelt. Zudem wird die Entscheidung des Parlamentes in öffentlicher Rede und Gegenrede begründet und die Verantwortung für diese sichtbar gemacht.

D. In allen Tätigkeitsbereichen des Parlamentes finden sich Delegationen: bei der Gesetzgebung, der Regierungskontrolle, bei der Wahl der Verfassungsrichter, bei der

Ausübung des Budgetrechts, bei der Mitwirkung in Angelegenheiten der Europäischen Union und bei der Regelung eigener Angelegenheiten.

Zweiter Teil

A. Innerparlamentarische Delegationen beruhen auf der Parlamentsautonomie. Die Organisationsautonomie erlaubt es, Ausschüsse und andere parlamentarische Gremien zu schaffen, und die Geschäftsordnungsautonomie ermöglicht es, ihnen Kompetenzen zuzuordnen. Diese Delegationen dienen der Aufrechterhaltung der Funktionsfähigkeit des Parlamentes: zunächst allgemein dadurch, dass sie eine Form von Arbeitsteilung darstellen und dadurch bei der Bewältigung der enormen Arbeitsbelastung des Parlamentes helfen. Darüber hinaus dienen sie konkret auch der Wahrung der Entscheidungsfähigkeit des Parlamentes, wenn aufgrund besonderer Eile oder Vertraulichkeit eine Befassung des Plenums ausscheiden muss.

B.I. Repräsentation bedeutet, etwas Abwesendes, nicht Sichtbares durch den Vorgang der Repräsentation zu vergegenwärtigen, sichtbar zu machen. Keine größere Gemeinschaft kommt ohne eine Form von Repräsentation aus, durch die es möglich ist, dass einige Wenige für die Gemeinschaft handeln und diese vertreten.

Das idealistische Verständnis von Repräsentation ist veraltet. Dies wird besonders daran deutlich, dass es die Erzeugung von Wahrheit durch Argumentieren im Plenum propagiert und dazu nur Menschen von besonderem Intellekt (Honoratioren, Aristokraten) in der Lage sein sollen. Dieses Verständnis findet keinen direkten Widerklang im Grundgesetz. Lediglich die besondere Bedeutung des Plenarverfahrens und seiner Öffentlichkeit werden vom Grundgesetz (Art. 42) anerkannt – allerdings ohne Anspruch auf das Hervorbringen von Wahrheit. Insofern ist die Delegationsfeindlichkeit dieses Ansatzes auch nur beachtlich, soweit sie sich aus der Betonung der besonderen Bedeutung der Plenarverhandlung und seiner Öffentlichkeit speist.

Die realistische Konzeption des Repräsentationsbegriffes führt zum Wesenskern der Repräsentation zurück: das Handeln weniger Repräsentanten für die Repräsentierten zu legitimieren und letzteren zuzurechnen. Jedoch kommt auch dieser realistische Ansatz nicht ganz ohne ein materielles, ideelles Moment aus. Über den Akt der bloßen Legitimationsvermittlung durch Wahlen hinaus muss ein gewisser Grad an Rückkopplung zwischen Volk und Volksvertretung sichergestellt werden. Dies erfordert insbesondere die Öffentlichkeit der Plenarverhandlung und die Begründung des dort Beschlossenen.

Nach beiden Ansätzen sind daher die Plenarverhandlung und ihre Öffentlichkeit bedeutsam. Jedoch werden diese nach dem realistischen Repräsentationsverständnis nicht verabsolutiert und stehen daher einer Delegation von Plenarkompetenzen richtigerweise nicht uneingeschränkt entgegen.

B.II. Die Delegation von Plenarkompetenzen schränkt die Grundsätze der Gesamtrepräsentation und der Mandatsgleichheit ein. Diese Einschränkung lässt sich jedoch rechtfertigen. Dazu bedarf es eines verfassungsrechtlich legitimierten Grundes. Ein solcher ist regelmäßig die Funktionsfähigkeit des Parlamentes. Die

Einschränkung müsste zudem verhältnismäßig ist. Dabei ist die allgemeine Notwendigkeit von Ausschussarbeit anzuerkennen, die sich aus der hohen Arbeitsbelastung des Parlamentes ergibt. Dadurch ist insbesondere die vorbereitende Ausschussarbeit eine regelmäßig zulässige Beschränkung, soweit sie gerade dazu dient, die Funktionsfähigkeit des Parlamentes zu erhalten. Im Falle plenarersetzender Ausschussarbeit entscheidet hingegen ein Ausschuss an Stelle des Plenums. Dies stellt eine besonders intensive Ungleichbehandlung zwischen den Abgeordneten dar, die gleichwohl im Einzelfall gerechtfertigt sein kann.

Zusätzlich ist eine Beschränkung der Mandatsgleichheit und des Grundsatzes der Gesamtrepräsentation in der Regel nur dann verhältnismäßig, wenn der Ausschuss oder das Gremium auch spiegelbildlich besetzt ist. Aber auch vom Spiegelbildlichkeitsgrundsatz kann im Einzelfall abgewichen werden. Dies ist jedoch nur dann zulässig, wenn allein ein nicht spiegelbildlich besetzter Ausschuss die Wahrung der Funktionsfähigkeit des Parlamentes oder des Mehrheitsprinzips ermöglicht. Der Grundsatz der Spiegelbildlichkeit gilt ausschließlich für die Besetzung parlamentarischer Ausschüsse und Gremien. Aber auch im parlamentarischen Bereich gilt dieser Grundsatz nur, wenn in dem Ausschuss beziehungsweise Gremium Einfluss auf die Willensbildung des Parlamentes genommen werden kann. Dies ist besonders bei solchen Gremien nicht der Fall, die sich lediglich mit organisatorischen Fragen befassen. Dasselbe gilt für informelle, institutionalisierte Untergliederungen des Parlamentes. Unerheblich für die Geltung dieses Grundsatzes ist hingegen, ob es sich um einen Ausschuss oder ein Gremium handelt. Deshalb ist etwa auch das Parlamentarische Kontrollgremium erfasst.

C.I. Während der Gesetzesvorbehalt lediglich eine gesetzliche Regelung fordert, verlangt der Parlamentsvorbehalt weitergehend, dass die gesetzliche Regelung auch die wesentlichen Aspekte normiert. Der Plenarvorbehalt hingegen betrifft die Frage, ob bedeutsame Kompetenzen nur vom Plenum, nicht aber von anderen parlamentarischen Organisationseinheiten wahrgenommen werden dürfen.

C.II. Zwischen dem Parlaments- und dem Plenarvorbehalt bestehen Ähnlichkeiten, aber auch signifikante Unterschiede. Gemein haben beide, dass sie keinen Formvorbehalt statuieren. Unterschiedlich hingegen ist ihre Ausrichtung. Der Parlamentsvorbehalt soll eine Entscheidung der Legislative vorbehalten und dem Zugriff der Exekutive entziehen. Der Plenarvorbehalt hingegen bezieht sich auf die Kompetenzverteilung zwischen Plenum und parlamentarischen Ausschüssen und Gremien. Unterschiede bestehen auch bei ihrer Herleitung. So kann der Parlamentsvorbehalt auf das Rechtsstaatsprinzip gestützt werden, der Plenarvorbehalt hingegen nicht. Im Gegensatz dazu kann die demokratierechtliche Herleitung des Parlamentsvorbehalts auch für den Plenarvorbehalt genutzt werden. Dieser Herleitung des Plenarvorbehalts kann nicht entgegengehalten werden, dass die Wesentlichkeitslehre auf den staatsinternen Bereich keine Anwendung fände.

Die Gefahr, dass die Anwendung der Wesentlichkeitslehre zu einem Übergreifen auf den unantastbaren Kompetenzbereich der anderen Gewalten führt, besteht beim

Plenarvorbehalt nicht, da er auf die Kompetenzverteilung innerhalb derselben Gewalt gerichtet ist.

Letztlich sind der Parlaments- und der Plenarvorbehalt eng miteinander verbunden, allerdings besteht keine zwingende Wechselseitigkeit zwischen beiden. Beiden liegt ein unterschiedlicher Vergleichsmaßstab zugrunde. Zudem setzt der Plenarvorbehalt nicht das Vorliegen des Parlamentsvorbehaltes voraus.

D. Das Öffentlichkeitsprinzip leitet sich aus dem Rechtsstaatsprinzip und dem Prinzip der repräsentativen Demokratie ab. Insofern stellt es zugleich eine notwendige Voraussetzung für diese dar. Rechtsstaat, Repräsentation und Demokratie sind ohne grundsätzliche Öffentlichkeit staatlichen Handelns nicht denkbar. Für den parlamentarischen Bereich bedeutet dies, dass Verhandlungen und Entscheidungen grundsätzlich öffentlich zu treffen sind. Da es sich hierbei um einen Grundsatz handelt, sind allerdings Ausnahmen möglich. Daher sind innerparlamentarische Delegationen, die zu einer Einschränkung des Öffentlichkeitsprinzips führen, nicht stets unzulässig. Auch lässt sich aus diesem Prinzip nicht ableiten, dass Ausschüsse und andere parlamentarische Gremien stets öffentlich zu verhandeln hätten. Sind pauschale Antworten nicht möglich, muss für jede Delegation untersucht werden, ob das nichtöffentliche Ausschussverfahren des Delegatars eine zulässige Einschränkung des Öffentlichkeitsprinzips ist. Dies lässt sich bei der Delegation von Vorbereitungskompetenzen in der Regel vermuten, bei der Delegation von Entscheidungskompetenzen muss der Delegatar hingegen in der Regel öffentlich verhandeln, da dieser mit der Zuweisung einer Entscheidungskompetenz Bundestag im Sinne von Art. 42 Abs. 1 GG ist. Aber auch nach dieser Norm sind Ausnahmen möglich, so dass auch bei der Delegation von Entscheidungskompetenzen zulässige Beschränkungen des Öffentlichkeitsprinzips möglich sind.

Dritter Teil

A.I. Ausschüsse bereiten die Entscheidungen des Plenums vor und nehmen dadurch Einfluss auf das Endergebnis des parlamentarischen Verfahrens.

A.II.1. Sowohl dem Wahlprüfungsausschuss, dem Petitionsausschuss, dem Verfassungsrichterwahlausschuss als auch den Fachausschüssen wurde die Kompetenz übertragen, die Entscheidung des Plenums in der jeweiligen Angelegenheit vorzubereiten. Da die anschließende Abstimmung des Plenums zwingend notwendig ist, handelt es sich um obligatorische Plenarabstimmungen. Wenngleich diesen Ausschüssen jeweils nur die Vorbereitungskompetenz übertragen wurde, so unterscheidet sich die respektive Bedeutung dieser Delegationen erheblich.

Der Wahlprüfungsausschuss und insbesondere der Petitionsausschuss bereiten die Entscheidung des Plenums nicht nur vor, sondern nehmen damit auch zugleich dessen Entscheidung vorweg. Bei Entscheidungen über Petitionsangelegenheiten ist dies besonders offenkundig, werden doch die Beschlussempfehlungen des Ausschusses hier doch in wenig aussagekräftigen Sammelübersichten dem Plenum vorgelegt, welches üblicherweise unbesehen diesen Empfehlungen zustimmt.

Anders verhält es sich bei dem Wahlausschuss nach § 6 BVerfGG und den Fachausschüssen. Auch diese empfehlen dem Plenum eine Entscheidung. Dass diese Ausschüsse aber keine originäre Entscheidung treffen, die die Plenarabstimmung faktisch vorwegnähme, liegt wohl daran, dass Gesetze und die Besetzung von Verfassungsrichterstellen eine besondere politische Bedeutung haben. Die Entscheidung fällt hier bereits, bevor das Parlament mit der Frage befasst ist.

A.II.2. Bei der nur fakultativen Plenarabstimmung über eine Ausschussempfehlung wird diese kraft Fiktion mangels Widerspruchs des Plenums zur Plenarentscheidung. Die Unterschiede zur obligatorischen Plenarabstimmung sind gleichwohl nicht groß. In beiden Fällen findet der Entscheidungsprozess nicht erst im Plenum statt. Allerdings erhält bei der fakultativen Plenarabstimmung die Ausschussvorentscheidung nur durch Schweigen des Plenums rechtliche Geltung, nicht durch explizite Affirmation. Zwar mag dabei ausdrücklich nur die Vorbereitung einer Plenarentscheidung übertragen werden, in seiner Wirkung handelt es sich in diesem Fall aber um die Delegation einer Entscheidungskompetenz.

A.III. Es gibt kein grundsätzliches Verbot, Vorbereitungskompetenzen auf Ausschüsse und andere Gremien des Parlamentes zu delegieren. Dem steht zwar ein idealisierendes Verständnis von Repräsentation entgegen, nach dem im Plenum der maßgebliche Willensbildungsprozess vollzogen werden muss. Allerdings handelt es sich hierbei um veraltete Vorstellungen, die in ihrer Radikalität keine Grundlage im Grundgesetz finden. Das Plenum ist nicht in der Lage, alle Entscheidungen des Parlamentes selbst vorzubereiten. Dies anerkennend erlaubt die Parlamentsautonomie gerade die Schaffung von Ausschüssen, denen Vorbereitungsaufgaben überwiesen werden. Wenn das Plenum dann auch nicht mehr der Ort ist, an dem die Entscheidungen fallen, so hat die Plenarentscheidung doch einen signifikanten Wert. Das öffentliche Debattieren und Begründen der Entscheidung ermöglicht den Dialog zwischen Repräsentanten und Repräsentierten sowie öffentliche Kontrolle und verleiht dem Plenarbeschluss besondere Legitimität. Auch wenn von manchen nach wie vor (leicht idealistisch) das Plenum als Ort der Entscheidungsfindung hochgehalten wird, so geschieht dies nicht mit Absicht, den Prozess der Willensbildung verfassungsrechtlich zu regeln. Schließlich werden durch die Delegation von Vorbereitungskomptenzen auch grundsätzlich nicht das Prinzip der Gesamtrepräsentation und der Grundsatz der Mandatsgleichheit verletzt. Denn diese Delegation dient der Funktionsfähigkeit des Parlamentes, die ohne diese Arbeitsteilung nicht aufrechterhalten werden könnte.

B. Auch die Delegation von Entscheidungskompetenzen auf Ausschüsse und andere parlamentarische Gremien ist grundsätzlich zulässig. Es bestehen zwar für manche Kompetenzen absolute Delegationsverbote, etwa immer, wenn eine Entscheidung der Mehrheit der Mitglieder des Parlamentes von der Verfassung vorgesehen wird. Daraus lässt sich aber kein generelles Delegationsverbot für alle Kompetenzen des Parlamentes ableiten. Auch die besondere demokratische Legitimation und Repräsentationskraft des Plenums stehen einer Delegation von Entscheidungskompetenzen nicht zwingend entgegen. Vielmehr kann eine Einschränkung der mit einer Delegation betroffenen Prinzipien im Einzelfall gerechtfertigt sein und ist damit nicht generell ausgeschlossen.

Vierter Teil

A.I. Dem Plenum des Parlaments sind alle wesentlichen Kompetenzen vorbehalten. Folglich scheidet eine Delegation auf Ausschüsse und andere Untergliederungen des Parlamentes in diesem Fall aus.

Wesentlich meint in diesem Kontext nicht die Bedeutung für die Ausübung und Verwirklichung von Grundrechten, sondern für das Gemeinwesen. Anhaltspunkte für die Wesentlichkeit in diesem Sinne sind etwa die Betroffenheit eines großen Personenkreises, finanziell bedeutsame Belastungen für die Allgemeinheit und Veränderungen der Staatsorganisation, die die politische Willensbildung betreffen. Für die Bedeutsamkeit einer Kompetenz für das Gemeinwesen kann auch allgemein ihr politisches Gewicht sprechen. Regelmäßig kann auch nur eine Kompetenz wesentlich sein, die Bedeutung über den parlamentsinternen Bereich hinaus besitzt. Schließlich sind auch die Art und der Umfang einer Kompetenz relevant für die Beurteilung ihrer Wesentlichkeit. Danach sind Vorbereitungskompetenzen in der Regel nicht wesentlich, Entscheidungskompetenzen umso eher, je freier der Delegatar in seiner Entscheidung ist, also je weniger diese von vornherein konditioniert und determiniert ist.

A.II. Die Wesentlichkeit delegierter Kompetenzen im Haushaltsrecht bestimmt sich in erster Linie nach ihrer finanziellen Bedeutung. Vergleichbar bedeutsam ist zudem, welchen Umfang die delegierte Kompetenz hat. Wird die Entscheidung des Ausschusses durch Vorgaben des Plenums bereits maßgeblich determiniert, dann ist die delegierte Kompetenz von nur begrenztem Umfang und in der Regel nicht wesentlich. Schließlich kann den delegierten Kompetenzen ein unterschiedliches politisches Gewicht zukommen. Diese abstrakten Erwägungen können allerdings nur Leitlinien für die Bestimmung der Wesentlichkeit einer Kompetenz im Haushaltsrecht darstellen; sie ersetzen die Prüfung im Einzelfall nicht.

Klassische Beispiele für delegierte Kompetenzen im Haushaltsrecht stellen die qualifizierten Sperrvermerke und die Zustimmungsvorbehalte dar. Im ersten Fall ermöglichen sie, dass der Haushaltsausschuss über die Auszahlung von bereits im Haushaltsplan vorgesehenen, aber gesperrten Mitteln entscheidet. Im zweiten Fall muss der Haushaltsausschuss über Umschichtungen im Haushalt entscheiden. In beiden Fällen sind die Entscheidungen des Haushaltsausschusses durch Vorgaben des Plenums bereits maßgeblich konditioniert. Daher können diese Kompetenzen nur ausnahmsweise wesentlich sein, wenn es sich um eine Entscheidung über ein politisch höchst bedeutsames Vorhaben handelt. Dies ist nur bei qualifizierten Sperrvermerken vorstellbar, die für konkrete Vorhaben ausgebracht werden, nicht aber bei Zustimmungsvorbehalten, die sich auf „abstrakte" Umschichtungen beziehen. Vorstellbar wäre auch, dass die dem Haushaltsausschuss delegierten Kompetenzen bei einer kumulativen Betrachtung wesentlich sind. Allerdings kann der Haushaltsausschuss aufgrund von qualifizierten Sperrvermerken nur über die Freigabe von Geldern in Höhe von etwas mehr als einem Prozent des gesamten Haushaltsvolumens entscheiden.

Anders gelagert ist hingegen der Fall der dem Finanzausschuss M-V nach § 11 Abs. 4 Werftenförderungsgesetz zukommenden Kompetenz. Dieser Ausschuss muss über die Gewährung von Bürgschaften zur Rettung von Werften in M-V ab einer Höhe von fünf Millionen Euro entscheiden. Diese Entscheidung ist nicht durch Vorgaben des Plenums vorgeprägt. Zudem handelt es sich um insgesamt politisch höchst bedeutsame und umstrittene Entscheidungen. Daher ist die delegierte Kompetenz wesentlich und kann nur vom Plenum wahrgenommen werden. Die Delegation war damit verfassungswidrig.

Schließlich wurden dem Haushaltsausschuss seit Beginn der Eurokrise weitere Kompetenzen übertragen, jeweils parallel zur Errichtung der (temporären) EFSF und des (dauerhaften) ESM. Dabei wurden dem Plenum die wesentlichen, die haushaltspolitische Gesamtverantwortung berührenden Entscheidungen aber vorbehalten, § 3 Abs. 1 StabMechG, § 4 ESM-FinG. Nach der Konzeption dieser Normen erhielt der Haushaltsausschuss daher nur solche Kompetenzen, die nicht wesentlich sind. Aber auch die Kompetenz, die dem aus Mitgliedern des Haushaltsausschusses bestehenden Sondergremium übertragen wurde, ist nicht wesentlich. Es handelt sich hierbei um eine Kompetenz für einen besonderen Ausnahmefall, wobei die Entscheidung aufgrund dieser Kompetenz wiederum selbst an vielerlei Bedingungen geknüpft ist.

B.I. Wenngleich nicht wesentliche Kompetenzen prinzipiell delegiert werden können, muss die Delegation aber verhältnismäßig sein. Im Rahmen einer Verhältnismäßigkeitsprüfung sind die widerstreitenden Verfassungsprinzipien und -güter gegeneinander abzuwägen. Für jede Delegation spricht in der Regel die Funktionsfähigkeit des Parlamentes, die durch die Delegation gewahrt werden soll. Gegen innerparlamentarische Delegationen sprechen das Repräsentations- und Gesamtrepräsentationsprinzip sowie die Mandatsgleichheit.

B.II. Der Verhältnismäßigkeitsgrundsatz ist auch im innerstaatlichen Bereich und damit auch bei der Prüfung von innerparlamentarischen Delegationen anwendbar. Werden Entscheidungskompetenzen delegiert, so ist gar eine strenge Verhältnismäßigkeitsprüfung angezeigt.

B.III. Ob eine Delegation das Repräsentations- und Gesamtrepräsentationsprinzip sowie die Mandatsgleichheit verhältnismäßig einschränkt, bestimmt sich überwiegend nach den folgenden fünf Kriterien. Erstens ist das Delegationsobjekt zu bestimmen. In der Regel unterliegen nur Entscheidungskompetenzen einer strengen Verhältnismäßigkeitsprüfung. In diesem Fall muss die Delegation zwingend erforderlich sein. Zweitens ist zu unterscheiden, ob die Ausschuss- oder Gremienmitglieder durch das Plenum gewählt oder durch die Fraktionen benannt werden. Drittens ist die Ähnlichkeit des Ausschussverfahrens zum Plenarverfahren bedeutsam. Viertens muss dem Plenum grundsätzlich die Letztentscheidungskompetenz verbleiben. Fünftens richtet sich die Verhältnismäßigkeit einer Delegation auch danach, ob das Plenum über geplante Entscheidungen des Delegatars (nachträglich) informiert wird.

B.IV. Werden diese Maßstäbe im Einzelfall angewendet, ergibt sich daraus die Verfassungswidrigkeit der Delegationen zu Gunsten des Immunitätsausschusses (Vorentscheidung im vereinfachten Verfahren), des Geschäftsordnungsausschusses (Auslegungsentscheidungen), des Petitionsausschusses (Sammelübersichten), des Ausschusses zur Wahl der Richter des Bundesverfassungsgerichts nach alter und neuer Fassung des § 6 BVerfGG und des Haushaltsausschusses (Zustimmungsvorbehalte und qualifizierte Sperrvermerke sowie Kompetenzen nach § 5 Abs. 2 ESM-FinG). Auch die Einsetzung eines Hauptausschusses war unverhältnismäßig. Im Übrigen verletzten diese Delegationen auch weitere Verfassungsbestimmungen und einfachrechtliche Regelungen. Hingegen verfassungskonform sind die Delegationen zu Gunsten der Fachausschüsse (Vorbereitung von Gesetzesbeschlüssen), des Wahlprüfungsausschusses, des Parlamentarischen Kontrollgremiums und des Vertrauensgremiums, des Haushaltsausschusses (Kompetenz zur Erhöhung des Gewährleistungsrahmens nach § 1 Abs. 5 StabMechG) sowie des Sondergremiums.

C. Innerparlamentarische Delegationen sind nicht auf die Regelung durch die Geschäftsordnung beschränkt. Vielmehr können diese Delegationen auch mittels Parlamentsgesetz vorgenommen werden. Bedenken hiergegen, insbesondere bezüglich des Einflusses anderer Staatsorgane auf die parlamentsinterne Organisation, greifen nicht, wenn man richtigerweise davon ausgeht, dass Geschäftsordnung und Gesetz gleichrangig sind. In diesem Fall kann das Parlament durch Geschäftsordnungsbestimmungen jederzeit unliebsame gesetzliche Regelungen seines Verfahrens oder seiner Organisation aufheben oder ändern. In keinem Fall ist das Parlament aber gezwungen, die Delegation einer Plenarkompetenz durch Gesetz vorzunehmen, da die innerparlamentarische Kompetenzverteilung stets ohne Außenwirkung ist und daher nicht auf eine gesetzliche Regelung angewiesen sein kann.

D. Innerparlamentarische Delegationen sind stets mittels Organstreitverfahren oder abstrakter Normenkontrolle justiziabel. Die Zulässigkeit einer Verfassungsbeschwerde unmittelbar gegen innerparlamentarische Kompetenzverlagerungen erscheint aufgrund der Maastricht-Rechtsprechung ebenfalls naheliegend. Auch die innerparlamentarische Delegation könnte eine Entleerung des Wahlrechts bewirken. Allerdings ist die subjektive und materielle Aufladung des Art. 38 Abs. 1 S. 1 GG durch die Maastricht-Rechtsprechung nicht überzeugend und abzulehnen. Dementsprechend können innerparlamentarische Delegationen nur mittelbar mittels Verfassungsbeschwerde angegriffen werden.

Literaturverzeichnis

Abmeier, Klaus, Die parlamentarischen Befugnisse des Abgeordneten des Deutschen Bundestages nach dem Grundgesetz, 1984 (zit.: Parlamentarische Befugnisse)

Achenbach, Jelena von, Anmerkung zu BVerfGE 140, 155, in: Juristenzeitung (JZ), 71. Jahrgang (2016), S. 95–98

Achterberg, Norbert, Die parlamentarische Verhandlung, 1979 (zit.: Parlamentarische Verhandlung)

Achterberg, Norbert, Parlamentsrecht, 1984

Ahrens, Wolf-Eberhard, Immunität von Abgeordneten – Die Praxis des Bundestages und der Landtage in Immunitätsangelegenheiten, 1970 (zit.: Immunität)

Arnauld, Andreas von/*Hufeld*, Ulrich, Systematischer Kommentar zu den Lissabon-Begleitgesetzen – IntVG/EUZBBG/EUZBLG/ESMFinG, 2. Auflage, 2018 (zit.: *Bearb.*, in: v. Arnauld/Hufeld, Lissabon-Begleitgesetze)

Arndt, Claus, Fraktion und Abgeordneter, in: Schneider, Hans-Peter/Zeh, Wolfgang (Hrsg.), Parlamentsrecht und Parlamentspraxis in der Bundesrepublik Deutschland, 1989, § 21

Arndt, Claus, Parlamentarische Kontrolle der Nachrichtendienste, in: Schneider, Hans-Peter/Zeh, Wolfgang (Hrsg.), Parlamentsrecht und Parlamentspraxis in der Bundesrepublik Deutschland, 1989, § 50

Arndt, Klaus Friedrich, Parlamentarische Geschäftsordnungsautonomie und autonomes Parlamentsrecht, 1966 (zit.: Geschäftsordnungsautonomie)

Arnim, Hans Herbert von, Zur „Wesentlichkeitstheorie" des Bundesverfassungsgerichts – Einige Anmerkungen zum Parlamentsvorbehalt, in: Deutsches Verwaltungsblatt (DVBl.), 102. Jahrgang (1987), S. 1241–1249

Arntz, Thomas, Systematische Urteilsverzerrungen im Rahmen richterlicher Entscheidungsfindung, in: Juristische Rundschau (JR), 71. Jahrgang (2017), S. 253–264

Ausschuss für Wahlprüfung, Immunität und Geschäftsordnung, Bilanz der Tätigkeit des Ausschusses für Wahlprüfung, Immunität und Geschäftsordnung (1. Ausschuss) in der 14. Wahlperiode, 14. 10. 2002, abrufbar unter: http://webarchiv.bundestag.de/archive/2007/0206/ausschuesse/archiv15/a01/bilanz.pdf (zit.: Bilanz der 14. Wahlperiode)

Ausschuss für Wahlprüfung, Immunität und Geschäftsordnung, Bilanz der Tätigkeit des Ausschusses für Wahlprüfung, Immunität und Geschäftsordnung (1. Ausschuss) in der 15. Wahlperiode, 30. 08. 2005, abrufbar unter: http://webarchiv.bundestag.de/archive/2007/0206/ausschuesse/archiv15/a01/bilanz_15_wp.pdf (zit.: Bilanz der 15. Wahlperiode)

Ausschuss für Wahlprüfung, Immunität und Geschäftsordnung, Auslegungsentscheidungen des Ausschusses für Wahlprüfung, Immunität und Geschäftsordnung, Februar 2013, abrufbar unter: http://webarchiv.bundestag.de/cgi/show.php?fileToLoad=2925&id=1223 (zit.: Auslegungsentscheidungen, 2013)

Ausschuss für Wahlprüfung, Immunität und Geschäftsordnung, Bilanz der Tätigkeit des 1. Ausschuss – 17. Wahlperiode (2009–2013), 26.09.2013, abrufbar unter: http://webarchiv.bundestag.de/archive/2016/1004/blob/195496/91f629b5eab2919a03f23d3f8446ff72/bilanz_des_1__ausschusses_17__wp-data.pdf (zit.: Bilanz der 17. Wahlperiode)

Bachof, Otto, Teilrechtsfähige Verbände des öffentlichen Rechts – Die Rechtsnatur der Technischen Ausschüsse des § 24 der Gewerbeordnung, in: Archiv des öffentlichen Rechts (AöR), 85. Jahrgang (1958), S. 208–279

Baddenhausen, Heike, Ausschuss für Angelegenheiten der Europäischen Union, in: Morlok, Martin/Schliesky, Utz/Wiefelspütz, Dieter (Hrsg.), Parlamentsrecht – Praxishandbuch, 2016, § 27

Badura, Peter, Die parlamentarische Demokratie, in: Isensee, Josef/Kirchhof, Paul (Hrsg.), Handbuch des Staatsrechts, Band 2, 3. Auflage, 2004, § 25

Badura, Peter, Die Stellung des Abgeordneten nach dem Grundgesetz und den Abgeordnetengesetzen in Bund und Ländern, in: Schneider, Hans-Peter/Zeh Wolfgang (Hrsg.), Parlamentsrecht und Parlamentspraxis in der Bundesrepublik Deutschland, 1989, § 15

Balser, Markus, Autobahnbetreiber will noch mehr Geld vom Bund, in: Süddeutsche Zeitung (SZ) vom 26. August 2017, abrufbar unter: http://www.sueddeutsche.de/wirtschaft/autobahn betreiber-a-milliardenpanne-1.3640334 (zit.: SZ vom 26.08.2017)

Barbey, Günther, Rechtsübertragung und Delegation – Eine Auseinandersetzung mit der Delegationslehre Heinrich Triepels, 1962 (zit.: Rechtsübertragung und Delegation)

Barczak, Tristan, BVerfGG – Mitarbeiterkommentar zum Bundesverfassungsgerichtsgesetz, 2018 (zit.: *Bearb.*, in: Barczak, BVerfGG)

Benda, Ernst/*Maihofer*, Werner/*Vogel*, Hans-Jochen (Hrsg.), Handbuch des Verfassungsrechts der Bundesrepublik Deutschland, 2. Auflage, 1994 (zit.: *Bearb.*, in: Benda/Maihofer/Vogel)

Berg, Winfried, Zur Übertragung von Aufgaben des Bundestages auf Ausschüsse, in: Der Staat, 9. Jahrgang (1970), S. 21–42

Berkemann, Jörg, Besprechung von: Nicole Schreier – Demokratische Legitimation von Verfassungsrichtern: Eine rechtsvergleichende Analyse am Beispiel des Bundesverfassungsgerichts und des United States Supreme Court, in: Deutsches Verwaltungsblatt (DVBl.), 132. Jahrgang (2017), S. 830–832

Blum, Peter, Leitungsorgane, in: Morlok, Martin/Schliesky, Utz/Wiefelspütz, Dieter (Hrsg.), Parlamentsrecht – Praxishandbuch, 2016, § 21

Bluntschli, Johann Caspar, Allgemeines Staatsrecht, Band I, 4. Auflage, 1868 (zit.: Allgemeines Staatsrecht I)

Böckenförde, Ernst-Wolfgang, Die Organisationsgewalt im Bereich der Regierung, 2. Auflage, 1998 (zit.: Organisationsgewalt)

Böckenförde, Ernst-Wolfgang, Gesetz und gesetzgebende Gewalt – Von den Anfängen der deutschen Staatslehre bis zur Höhe des staatsrechtlichen Positivismus, 2. Auflage, 1981 (zit.: Gesetz)

Böckenförde, Ernst-Wolfgang, Demokratie und Repräsentation – Zur Kritik der heutigen Demokratiediskussion, 1983 (zit.: Demokratie und Repräsentation)

Böckenförde, Ernst-Wolfgang, Demokratische Willensbildung und Repräsentation, in: Isensee, Josef/Kirchhof, Paul (Hrsg.), Handbuch des Staatsrechts, Band 3, 3. Auflage, 2005, § 34

Böckenförde, Ernst-Wolfgang, Organisationsgewalt und Gesetzesvorbehalt, in: Neue Juristische Wochenschrift (NJW), 52. Jahrgang (1999), S. 1235–1236

Böckenförde, Ernst-Wolfgang, Recht, Staat, Freiheit – Studien zur Rechtsphilosophie, Staatstheorie und Verfassungsgeschichte, erweiterte Auflage, 2006 (zit.: Recht, Staat, Freiheit)

Böckenförde, Ernst-Wolfgang, Verfassungsgerichtsbarkeit: Strukturfragen, Organisation, Legitimation, in: Neue Juristische Wochenschrift (NJW), 52. Jahrgang (1999), S. 9–17

Boehl, Henner Jörg, Gesetzesinitiativen von Fraktionen und Gruppen im Bundestag, in: Kluth, Winfried/Krings, Günther (Hrsg.), Gesetzgebung – Rechtsetzung durch Parlamente und Verwaltung sowie ihre gerichtliche Kontrolle, 2014, § 15

Bollmann, Gerhard, Verfassungsrechtliche Grundlagen und allgemeine verfassungsrechtliche Grenzen des Selbstorganisationsrecht des Bundestages, 1992 (zit.: Verfassungsrechtliche Grundlagen)

Borgs-Maciejewski, Hermann/*Drescher*, Alfred, Parlamentsorganisation – Institutionen des Bundestages und ihre Aufgaben, 4. Auflage, 1993 (zit.: Parlamentsorganisation)

Borgs-Maciejewski, Hermann/*Ebert*, Frank, Das Recht der Geheimdienste, Kommentar zum Bundesverfassungsschutzgesetz (Gesetz über die Zusammenarbeit des Bundes und der Länder in Angelegenheiten des Verfassungsschutzes) sowie zum G 10 (Gesetz zur Beschränkung des Brief-, Post- und Fernmeldegeheimnisses – Gesetz zu Artikel 10 Grundgesetz) nebst Sammlung aller einschlägigen Gesetze des Bundes und der Länder sowie einer Chronik der Nachrichtendienste, 1986 (zit.: *Bearb.*, in: Borgs-Maciejewski/Ebert, Recht der Geheimdienste)

Brenner, Michael, Das Gesetz über die Zusammenarbeit von Bundesregierung und Deutschem Bundestag in Angelegenheiten der Europäischen Union, in: Thüringer Verwaltungsblätter – Zeitschrift für öffentliches Recht und öffentliche Verwaltung (ThürVBl.), 3. Jahrgang (1993), S. 196–203

Brenner, Michael, Das Prinzip Parlamentarismus, in: Isensee, Josef/Kirchhof, Paul (Hrsg.), Handbuch des Staatsrechts, Band 3, 3. Auflage, 2005, § 44

Brink, Stefan, Zur Unterrichtung des Plenums über Entscheidungen des Petitionsausschusses, in: Neue Zeitschrift für Verwaltungsrecht (NVwZ), 22. Jahrgang (2003), S. 953–956

Brocker, Lars, Plenaröffentlichkeit und nichtöffentliche Ausschussberatung: Das arbeitsteilige Konzept des Art. 42 Abs. 1 Satz 1 GG, in: Zeitschrift für Parlamentsfragen (ZParl), 47. Jahrgang (2016), S. 50–57

Bryde, Brun-Otto, Stationen, Entscheidungen und Beteiligte im Gesetzgebungsverfahren, in: Schneider, Hans-Peter/Zeh, Wolfgang, (Hrsg.), Parlamentsrecht und Parlamentspraxis in der Bundesrepublik Deutschland, 1989, § 30

Bücker, Joseph, Das parlamentarische Ordnungsrecht, in: Schneider, Hans-Peter/Zeh, Wolfgang (Hrsg.), Parlamentsrecht und Parlamentspraxis in der Bundesrepublik Deutschland, 1989, § 34

Bundesministerium der Finanzen, Auskunft auf die schriftliche Frage Nr. 409 für den Monat November 2018 durch den Abgeordneten Höhn, 05. 12. 2018, abrufbar unter: https://www.linksfraktion.de/fileadmin/user_upload/PDF_Dokumente/Antwort_716_Millionen.pdf (zit.: *Auskunft des Bundesfinanzministeriums*)

Bundesregierung, Pressemitteilung vom 25. 05. 2016, abrufbar unter: https://www.bundesregierung.de/Content/DE/Artikel/2016/05/2016-05-24-eurogruppe-einigung-griechenland-zweite-tranche-kredite.html

Burkiczak, Christian, Petitionsausschuss-Befugnisse-Gesetz, Kommentar, 2012 (zit.: PetAG)

Burkiczak, Christian/*Dollinger*, Franz-Wilhelm/*Schorkopf*, Frank (Hrsg.), Bundesverfassungsgerichtsgesetz – Kommentar, 2015 (zit.: *Bearb.*, in: Burkiczak/Dollinger/Schorkopf, BVerfGG)

Busch, Bernhard, Das Verhältnis des Art. 80 Abs. 1 S. 2 GG zum Gesetzes- und Parlamentsvorbehalt, 1992 (zit.: Gesetzes- und Parlamentsvorbehalt)

Busse, Volker, Gesetzgebungsarbeit der Bundesregierung – Politik und Planung, in: Schreckenberger, Waldemar/Merten, Detlef (Hrsg.), Grundfragen der Gesetzgebungslehre – Aktualisierte Vorträge eines Seminars zur Gesetzgebungslehre (1996) an der Deutschen Hochschule für Verwaltungswissenschaften Speyer, 2000, S. 47–75

Butzer, Hermann, Immunität im demokratischen Rechtsstaat – Verfassungsgrundlagen und Parlamentspraxis des Deutschen Bundestages, 1991 (zit.: Immunität)

Calliess, Christian, Der Kampf um den Euro: Eine „Angelegenheit der Europäischen Union“ zwischen Regierung, Parlament und Volk, in: Neue Zeitschrift für Verwaltungsrecht (NVwZ), 31. Jahrgang (2012), S. 1–7

Cancik, Pascale, Rechtsquellen des Parlamentsrechts, in: Morlok, Martin/Schliesky, Utz/Wiefelspütz, Dieter (Hrsg.), Parlamentsrecht – Praxishandbuch, 2016, § 9

Classen, Claus Dieter, Gesetzesvorbehalt und Dritte Gewalt – Zur demokratischen Legitimation der Rechtsprechung, in: Juristenzeitung (JZ), 58. Jahrgang (2003), S. 693–701

Classen, Claus Dieter, Demokratische Legitimation im offenen Rechtsstaat – Zur Beeinflussung des Demokratieprinzips durch Rechtsstaatlichkeit und internationale Offenheit, 2009 (zit.: Legitimation)

Classen, Claus Dieter, Europäische Rechtsgemeinschaft à l’allemande? – Anmerkungen zum Urteil des BVerfG vom 21.06.2016, 2 BvR 2728/13 u.a., in: Europarecht (EuR), 51. Jahrgang (2016), S. 529–543

Dach, R. Peter, Das Ausschußverfahren nach der Geschäftsordnung und in der Praxis, in: Schneider, Hans-Peter/Zeh, Wolfgang (Hrsg.), Parlamentsrecht und Parlamentspraxis in der Bundesrepublik Deutschland, 1989, § 40

Dagtoglou, Podromos, Kollegialorgane und Kollegialakte der Verwaltung, 1960 (zit.: Kollegialorgane)

Dahlinger, Erich, Die Heranziehung der Gemeinden bei der Durchführung von Aufgaben nach dem Bundessozialhilfegesetz, in: Die Öffentliche Verwaltung (DÖV), 14. Jahrgang (1961), S. 938–939

Datenhandbuch zur Geschichte des Deutschen Bundestages seit 1990, Onlineausgabe, abrufbar unter: https://www.bundestag.de/datenhandbuch (zit.: Datenhandbuch)

Dechamps, Bruno, Macht und Arbeit der Ausschüsse – Der Wandel der parlamentarischen Willensbildung, 1954 (zit.: Macht und Arbeit)

Degenhart, Christoph, Staatsrecht I – Staatsorganisationsrecht – Mit Bezügen zum Europarecht, 34. Auflage, 2018 (zit.: StaatsR I)

Delbrück, Jost, Kritische Bemerkungen zur Geschäftsordnung des Gemeinsamen Ausschusses, in: Die Öffentliche Verwaltung (DÖV), 23. Jahrgang (1970), S. 229–234

Denninger, Erhard/*Hoffmann-Riem*, Wolfgang/*Schneider*, Hans-Peter/*Stein*, Ekkehart (Hrsg.), Kommentar zum Grundgesetz für die Bundesrepublik Deutschland – Reihe Alternativkommentare, 2001 (zit.: *Bearb.*, in: AK)

Deutscher Bundestag, Statistik der Gesetzgebung – Überblick 18. Wahlperiode, 27. 11. 2017; abrufbar unter: http://www.bundestag.de/blob/194870/cf6769441cb2c733ca5f3948644d25e9/gesetzgebung_wp18-data.pdf (zit.: Statistik der Gesetzgebung, 18. Wahlperiode)

Deutscher Bundestag, Statistik der Gesetzgebung – Überblick 17. Wahlperiode, 06. 12. 2013; abrufbar unter: http://www.bundestag.de/blob/191006/3436ee1834db4e0cb9f1584ac1da7ccf/gesetzgebung_wp17-data.pdf (zit.: Statistik der Gesetzgebung, 17. Wahlperiode)

Deutscher Bundestag, Statistik der Gesetzgebung – Überblick 16. Wahlperiode, 21. 04. 2010; abrufbar unter: http://www.bundestag.de/blob/190428/ee777e0a124a769593480ef7a350700f/gesetzgebung_wp16-data.pdf (zit.: Statistik der Gesetzgebung, 16. Wahlperiode)

Dhungel, Anna-Katharina/*Linhart*, Eric, Interessensvermittlung in den Ausschüssen des Deutschen Bundestages, in: Zeitschrift für Parlamentsfragen (ZParl), 45. Jahrgang (2014), S. 743–762

Dietlein, Johannes, Zur verfassungsrechtlichen Zulässigkeit der Übertragung parlamentarischer Entscheidungsbefugnisse auf Ausschüsse, Gutachterliche Stellungnahme im Auftrag der Präsidentin des Landtags Nordrhein-Westfalen, Information 16/196, 04. 06. 2014 (zit.: Gutachten)

Dietlein, Max, Vermittlung zwischen Bundestag und Bundesrat, in: Schneider, Hans-Peter/Zeh, Wolfgang, (Hrsg.), Parlamentsrecht und Parlamentspraxis in der Bundesrepublik Deutschland, 1989, § 57

Dietrich, Jan-Henrik/*Gärditz*, Klaus Ferdinand/*Graulich*, Kurt/*Gusy*, Christoph/*Warg*, Gunter (Hrsg.), Nachrichtendienste im demokratischen Rechtsstaat – Kontrolle – Rechtsschutz – Kooperationen, 2018 (zit.: *Bearb.*, in: Dietrich u. a., Nachrichtendienste)

Di Fabio, Udo, Migrationskrise als föderales Verfassungsproblem, Gutachten im Auftrag des Freistaates Bayern, 2016 (zit.: Gutachten)

Draht, Martin, Die Entwicklung der Volksrepräsentation, in: Rausch, Heinz (Hrsg.), Zur Theorie und Geschichte der Repräsentation und Repräsentativverfassung, S. 260–329

Dreier, Horst (Begr.), Grundgesetz-Kommentar, Band 1 und 2: 3. Auflage, 2015, Band 3: 3. Auflage, 2018 (zit.: *Bearb.*, in: Dreier)

Dreier, Horst, Regelungsform und Regelungsinhalt des autonomen Parlamentsrechts, in: Juristenzeitung (JZ), 45. Jahrgang (1990), S. 310–321

Düwel, Martin, Kontrollbefugnisse des Bundesverfassungsgerichts bei Verfassungsbeschwerden gegen gerichtliche Entscheidungen – Zu einem Kooperationsverhältnis von Fach- und Verfassungsgerichtsbarkeit, 2000 (zit.: Kontrollbefugnisse)

Eberle, Carl-Eugen, Gesetzesvorbehalt und Parlamentsvorbehalt – Erkenntnisse und Folgerungen aus der jüngsten Verfassungsrechtsprechung, in: Die Öffentliche Verwaltung (DÖV), 37. Jahrgang (1984), S. 485–493

Edinger, Florian, Wahl und Besetzung parlamentarischer Gremien – Präsidium, Ältestenrat, Ausschüsse, 1992 (zit.: Wahl und Besetzung)

Eichenberger, Kurt, Gesetzgebung im Rechtsstaat, in: Veröffentlichungen der Vereinigung Deutscher Staatsrechtslehrer (VVDStRL), 40. Jahrgang (1982), S. 7–36

Eickenboom, Peter, Haushaltsausschuß und Haushaltsverfahren, in: Schneider, Hans-Peter/Zeh, Wolfgang, (Hrsg.), Parlamentsrecht und Parlamentspraxis in der Bundesrepublik Deutschland, 1989, § 44

Endler, Jan, Externe Erarbeitung von Gesetzesvorlagen, in: Kloepfer, Michael (Hrsg.), Gesetzgebungsoutsourcing – Gesetzgebung durch Rechtsanwälte?, 2011, S. 143–152

Epping, Volker/*Hillgruber*, Christian (Hrsg.), Grundgesetz – Kommentar, 38. Edition, Stand: 15.08.2018 (zit.: *Bearb.*, in: BeckOK)

Erbs, Georg (Begr.)/*Kohlhaas*, Max, Strafrechtliche Nebengesetze, hrsg. v. Peter Häberle, Loseblattsammlung, 220. Ergänzungslieferung, Stand: Juli 2018 (zit.: *Bearb.*, in: Erbs/Kohlhaas, Strafrechtliche Nebengesetze)

European Financial Stability Facility, Financial Statements – Management Report and Auditor's Report, 31. Dezember 2016, abrufbar unter: https://www.esm.europa.eu/sites/default/files/efsf_fs_signed_31.12.2016.pdf (zit.: *EFSF*, Report 2016)

Ewer, Wolfgang, Wahlprüfung, in: Morlok, Martin/Schliesky, Utz/Wiefelspütz, Dieter (Hrsg.), Parlamentsrecht – Praxishandbuch, 2016, § 8

Fairlie, John A., Das Wesen politischer Repräsentation, in: Rausch, Heinz (Hrsg.), Zur Theorie und Geschichte der Repräsentation und Repräsentativverfassung, 1968, S. 28–78 (zugleich: The Nature of Political Representation, in: The American Political Science Review, Volume 34 [1940], S. 236–248 und 456–466)

Fiedler, Wilfried, Anmerkung zu BVerfG Beschluß vom 8.8.1978 – 2 BvL 8/77, in: Juristenzeitung (JZ), 34. Jahrgang (1979), S. 178–186

Finger, Wolfgang, Petitionsausschuss, in: Morlok, Martin/Schliesky, Utz/Wiefelspütz, Dieter (Hrsg.), Parlamentsrecht – Praxishandbuch, 2016, § 26

Fraenkel, Ernst, Die repräsentative und die plebiszitäre Komponente im demokratischen Verfassungsstaat, in: Rausch, Heinz (Hrsg.), Zur Theorie und Geschichte der Repräsentation und Repräsentativverfassung, 1968, S. 330–385 (zugleich: Deutschland und die westlichen Demokratien, 1964, S. 71–109)

Friauf, Karl Heinrich/*Höfling*, Wolfram, Berliner Kommentar zum Grundgesetz, Loseblattsammlung, 4. Ergänzungslieferung 2018, Stand: Dezember 2018 (zit.: *Bearb.*, in: Friauf/Höfling)

Friesenhahn, Ernst, Parlament und Regierung im modernen Staat, in: Veröffentlichungen der Vereinigung Deutscher Staatsrechtslehrer (VVDStRL), 16. Jahrgang (1958), S. 9–65

Fromme, Friedrich Karl, Verfassungsrichterwahl, in: Neue Juristische Wochenschrift (NJW), 53. Jahrgang (2000), S. 2977–2978

Frost, Andreas, Zwei Werften vor dem Aus, in: Tagesspiegel, Online-Ausgabe vom 26. August 2012, abrufbar unter: https://www.tagesspiegel.de/wirtschaft/schiffsbau-zwei-werften-vor-dem-aus/7055564.html (zit.: Tagesspiegel.de v. 26.08.2012)

Frost, Herbert, Die Parlamentsausschüsse, ihre Rechtsgestalt und ihre Funktion, dargestellt an den Ausschüssen des Deutschen Bundestages, in: Archiv des öffentlichen Rechts (AöR) 95. Jahrgang (1970), S. 38–85

Fuchs, Michael, Zur Verfassungsmäßigkeit des Hauptausschusses des Deutschen Bundestages, in: Deutsches Verwaltungsblatt (DVBl.), 129. Jahrgang (2014), S. 886–894

Fürst, Walther/*Herzog*, Roman/*Umbach*, Dieter C. (Hrsg.), Festschrift für Wolfgang Zeidler, Band 1, 1987 (zit.: *Bearb.*, in: FS Zeidler)

Gassner, Ulrich M., Kreation und Repräsentation – Zum demokratischen Gewährleistungsgehalt von Art. 38 Abs. 1 S. 1 GG, in: Der Staat, 30. Jahrgang (1995), S. 429–453

Geis, Max-Emannuel, Parlamentsausschüsse, in: Isensee, Josef/Kirchhof, Paul (Hrsg.), Handbuch des Staatsrechts, Band 3, 3. Auflage, 2005, § 54

Glum, Friedrich, Begriff und Wesen der Repräsentation, in: Rausch, Heinz (Hrsg.), Zur Theorie und Geschichte der Repräsentation und Repräsentativverfassung, 1968, S. 105–115 (zugleich: Der deutsche und französische Reichswirtschaftsrat. Ein Beitrag zu dem Problem der Repräsentation der Wirtschaft im Staat, 1929, S. 26–36 [verkürzt])

Goltz, Horst, Mitwirkung parlamentarischer Ausschüsse beim Haushaltsvollzug, in: Die Öffentliche Verwaltung (DÖV), 18. Jahrgang (1965), S. 605–616

Götz, Heinrich, Lateinisch-althochdeutsch-neuhochdeutsches Wörterbuch, 1999

Gröpl, Christoph, Verzicht auf die „Erste Lesung" bei Änderungen von Gesetzentwürfen? Problematisierung am Beispiel des Haushaltsrechtsgesetzes 2004/2005 des Landes Mecklenburg-Vorpommern, in: Landes- und Kommunalverwaltung (LKV), 14. Jahrgang (2004), S. 438–442

Grzeszick, Bernd, Fraktionsautonomie als Teil des verfassungsrechtlichen Status der Bundestagsfraktionen, in: Neue Zeitschrift für Verwaltungsrecht (NVwZ), 36. Jahrgang (2017), S. 985–992

Gusy, Christoph, Das Parlament als Wahlorgan, Gesetzgeber und Prozeßpartei im Verhältnis zum Bundesverfassungsgericht, in: Schneider, Hans-Peter/Zeh, Wolfgang (Hrsg.), Parlamentsrecht und Parlamentspraxis in der Bundesrepublik Deutschland, 1989, § 60

Gusy, Christoph, Parlamentarische Kontrolle der Nachrichtendienste im demokratischen Rechtsstaat, in: Zeitschrift für Rechtspolitik (ZRP), 41. Jahrgang (2008), S. 36–40

Häberle, Peter, Öffentlichkeit und Verfassung – Bemerkungen zur 3. Auflage von Jürgen Habermas: Strukturwandel der Öffentlichkeit (1968), in: Häberle, Peter (Hrsg.), Verfassung als öffentlicher Prozess – Materialien zu einer Verfassungstheorie der offenen Gesellschaft, 1978, S. 225–245

Habermas, Jürgen, Faktizität und Geltung – Beiträge zur Diskurstheorie des Rechts und des demokratischen Rechtsstaats, 1. Auflage, 1998 (text- und seitenidentisch mit der 4. und erweiterten Auflage 1994)

Habermas, Jürgen, Strukturwandel der Öffentlichkeit – Untersuchung zu einer Kategorie der bürgerlichen Gesellschaft, 5. Auflage, 1971 (zit.: Strukturwandel)

Habermas, Jürgen, Strukturwandel der Öffentlichkeit – Untersuchung zu einer Kategorie der bürgerlichen Gesellschaft, Neuauflage, 1990, unveränderter Nachdruck (zit.: Strukturwandel [Neuauflage])

Hadamek, Thomas, Der Hauptausschuss im 18. Deutschen Bundestag, in: Zeitschrift für Gesetzgebung (ZG), 29. Jahrgang (2014), S. 353–366

Hadamek, Thomas, Die Gesetzesberatung im Bundestag und seinen Ausschüssen, in: Kluth, Winfried/Krings, Günther (Hrsg.), Gesetzgebung – Rechtsetzung durch Parlamente und Verwaltung sowie ihre gerichtliche Kontrolle, 2014, § 17

Häde, Ulrich, Euro-Rettung zwischen Exekutivprimat und Parlamentsvorbehalt, 2012 (zit.: Euro-Rettung)

Hansalek, Erik, Die parlamentarische Kontrolle der Bundesregierung im Bereich der Nachrichtendienste, 2005 (zit.: Parlamentarische Kontrolle)

Hasenjäger, Beate, Haushaltsausschuss und Haushaltsverfahren, in: Morlok, Martin/Schliesky, Utz/Wiefelspütz, Dieter (Hrsg.), Parlamentsrecht – Praxishandbuch, 2016, § 25

Hättich, Manfred, Zur Theorie der Repräsentation, in: Rausch, Heinz (Hrsg.), Zur Theorie und Geschichte der Repräsentation und Repräsentativverfassung, 1968, S. 498–509 (zugleich: Demokratie als Herrschaftsordnung, 1967, S. 176–184)

Hauck, Felix, Mitwirkungsrechte des Bundestages in Angelegenheiten der Europäischen Union, 1999 (zit.: Mitwirkungsrechte)

Heintzen, Markus, Externe Beratung in der Gesetzgebung, in: Kluth, Winfried/Krings, Günther (Hrsg.), Gesetzgebung – Rechtsetzung durch Parlamente und Verwaltung sowie ihre gerichtliche Kontrolle, 2014, § 9

Heintzen, Markus, Staatshaushalt, in: Isensee, Josef/Kirchhof, Paul (Hrsg.), Handbuch des Staatsrechts, Band 5, 3. Auflage, 2007, § 120

Heinz, Karl Eckhart, Delegation und Mandat – Eine rechts- und verfassungstheoretische Untersuchung, in: Der Staat, 36. Jahrgang (1997), S. 495–520

Hempel, Marcel, Der Bundestag und die Nachrichtendienste – eine Neubestimmung durch Art. 45d GG?, 2014 (zit.: Bundestag und Nachrichtendienste)

Herdegen, Matthias, Informalisierung und Entparlamentarisierung politischer Entscheidungen als Gefährdung der Verfassung?, in: Veröffentlichungen der Vereinigung Deutscher Staatsrechtslehrer (VVDStRL), 62. Jahrgang (2003), S. 7–36

Hermes, Reinhard, Der Bereich des Parlamentsgesetzes, 1988 (zit.: Parlamentsgesetz)

Hermsdorf, Fred, Zur Ausschussbesetzung in Parlamenten: Berechnungsverfahren im Vergleich, in: Zeitschrift für Parlamentsfragen (ZParl), 39. Jahrgang (2008), S. 30–35

Heun, Werner, Anmerkung zu BVerfG, Urt. v. 12.07.1994 – 2 BvE 3/92, 5, 7, 8/93, in: Juristenzeitung (JZ), 49. Jahrgang (1994), S. 1073–1075

Heun, Werner, Staatshaushalt und Staatsleitung – Das Haushaltsrecht im parlamentarischen Regierungssystem des Grundgesetzes, 1989 (zit.: Staatshaushalt)

Heynckes, Heinz-Willi, Das Ausschussverfahren nach der Geschäftsordnung des Deutschen Bundestages, in: Zeitschrift für Parlamentsfragen (ZParl), 39. Jahrgang (2008), S. 459–477

Hild, Alexandra, Die Staatsschuldenkrise in der Europäischen Währungsunion – Instrumente der Krisenprävention und des Krisenmanagements, 2016 (zit.: Staatsschuldenkrise)

Hill, Hermann, Kommunikation und Entscheidung in der „VUCA-World“, in: Hill, Hermann/Wieland, Joachim (Hrsg.), Zukunft der Parlamente – Speyer Konvent in Berlin: Beiträge zur Tagung der Deutschen Universität für Verwaltungswissenschaften in Zusammenarbeit mit dem Innenausschuss des Deutschen Bundestages, 2018, S. 121–134

Hill, Hermann/*Wieland*, Joachim (Hrsg.), Zukunft der Parlamente – Speyer Konvent in Berlin: Beiträge zur Tagung der Deutschen Universität für Verwaltungswissenschaften in Zusammenarbeit mit dem Innenausschuss des Deutschen Bundestages, 2018 (zit.: *Bearb.*, in: Hill/Wieland, Zukunft der Parlamente)

Hillgruber, Christian, Ohne rechtes Maß? Eine Kritik der Rechtsprechung des Bundesverfassungsgerichts nach 60 Jahren, in: Juristenzeitung (JZ), 66. Jahrgang (2011), S. 861–871

Hoffmann-Riem, Wolfgang, Gesetz und Gesetzesvorbehalt im Umbruch - Zur Qualitäts-Gewährleistung durch Normen, in: Archiv des öffentlichen Rechts (AöR), 130. Jahrgang (2005), S. 5–70

Hoffmann-Riem, Wolfgang/*Ramcke*, Udo, Enquete-Kommissionen, in: Schneider, Hans-Peter/Zeh, Wolfgang (Hrsg.), Parlamentsrecht und Parlamentspraxis in der Bundesrepublik Deutschland, 1989, § 47

Hofmann, Hasso, Legitimität gegen Legalität – Der Weg der politischen Philosophie Carl Schmitts, 3. Auflage, 1995 (zit.: Legitimität gegen Legalität)

Hofmann, Hasso/*Dreier*, Horst, Repräsentation, Mehrheitsprinzip und Minderheitenschutz, in: Schneider, Hans-Peter/Zeh, Wolfgang (Hrsg.), Parlamentsrecht und Parlamentspraxis in der Bundesrepublik Deutschland, 1989, § 5

Hölscheidt, Sven, Der Haushaltsausschuss des Deutschen Bundestags, 1988 (zit.: Haushaltsausschuss)

Hömig, Dieter/*Wolff*, Heinrich Amadeus (Hrsg.), Grundgesetz für die Bundesrepublik Deutschland – Handkommentar, 12. Auflage, 2018 (zit.: *Bearb.*, in: Hömig/Wolff)

Horn, Hans-Detlef, Gewaltenteilige Demokratie, demokratische Gewaltenteilung – Überlegungen zu einer Organisationsmaxime des Verfassungsstaates, in: Archiv des öffentlichen Rechts (AöR), 127. Jahrgang (2002), S. 437–459

Hornung, Gerrit, Parlamentarisches Kontrollgremium und G 10-Kommission, in: Morlok, Martin/Schliesky, Utz/Wiefelspütz, Dieter (Hrsg.), Parlamentsrecht – Praxishandbuch, 2016, § 30

Huber, Bertold, Die Reform der parlamentarischen Kontrolle der Nachrichtendienste und das Gesetz nach Art. 10 GG, in: Neue Zeitschrift für Verwaltungsrecht (NVwZ), 28. Jahrgang (2009), S. 1321–1384

Hunze, Lars, Verfassungsrechtliche Grenzen und Anforderungen der Privatisierung hoheitlicher Staatsaufgaben in Deutschland, Frankreich und den USA, 2017 (zit.: Privatisierung)

Ipsen, Jörn, Staatsrecht I – Staatsorganisationsrecht, 29. Auflage, 2017 (zit.: StaatsR I)

Isensee, Josef, Anmerkung zu VerfGH NW, 09.02.1999 – VerfGH 11/98, in: Juristenzeitung (JZ), 54. Jahrgang (1999), S. 1113–1117

Isensee, Josef/*Kirchhof*, Paul (Hrsg.), Handbuch des Staatsrechts, Band 2, 3. Auflage, 2004 (zit.: *Bearb.*, in: HStR II)

Isensee, Josef/*Kirchhof*, Paul (Hrsg.), Handbuch des Staatsrechts, Band 3, 3. Auflage, 2005 (zit.: *Bearb.*, in: HStR III)

Isensee, Josef/*Kirchhof*, Paul (Hrsg.), Handbuch des Staatsrechts, Band 4, 1. Auflage, 1990 (zit.: *Bearb.*, in: HStR[1] IV)

Isensee, Josef/*Kirchhof*, Paul (Hrsg.), Handbuch des Staatsrechts, Band 5, 3. Auflage, 2007 (zit.: *Bearb.*, in: HStR V)

Isensee, Josef/*Kirchhof*, Paul (Hrsg.), Handbuch des Staatsrechts, Band 11, 3. Auflage, 2013 (zit.: *Bearb.*, in: HStR XI)

Jahn, Gerhard/*Engels*, Dieter, Geheimschutzordnung des Bundestages, in: Schneider, Hans-Peter/Zeh, Wolfgang (Hrsg.), Parlamentsrecht und Parlamentspraxis in der Bundesrepublik Deutschland, 1989, § 20

Jarass, Hans D./*Pieroth*, Bodo, Grundgesetz für die Bundesrepublik Deutschland – Kommentar, 14. Auflage, 2016 (zit.: *Bearb.*, in: Jarass/Pieroth[14])

Jarass, Hans D./*Pieroth*, Bodo, Grundgesetz für die Bundesrepublik Deutschland – Kommentar, 15. Auflage, 2018 (zit.: *Bearb.*, in: Jarass/Pieroth)

Jekewitz, Jürgen, Politische Bedeutung, Rechtsstellung und Verfahren der Bundestagsfraktionen, in: Schneider, Hans-Peter/Zeh, Wolfgang (Hrsg.), Parlamentsrecht und Parlamentspraxis in der Bundesrepublik Deutschland, 1989, § 37

Kabel, Rudolf, Die Behandlung der Anträge im Bundestag: Rechte, Formen und Verfahren, in: Schneider, Hans-Peter/Zeh, Wolfgang (Hrsg.), Parlamentsrecht und Parlamentspraxis in der Bundesrepublik Deutschland, 1989, § 31

Kahl, Wolfgang/*Waldhoff*, Christian/*Walter*, Christian (Hrsg.), Bonner Kommentar zum Grundgesetz, Loseblattsammlung, 195. Ergänzungslieferung, Stand: Dezember 2018 (zit.: *Bearb.*, in: BK)

Kahnemann, Daniel, Schnelles Denken, langsames Denken, 2012 (zit.: Denken)

Kämmerer, Jörn Axel, Deutschland auf dem Weg zur „Lame Duck Democracy"? – Eine kleine Systemkritik, in: Neue Zeitschrift für Verwaltungsrecht (NVwZ), 33. Jahrgang (2014), S. 29–32

Kasten, Hans-Hermann, Ausschußorganisation und Ausschußsrückruf – Ein Beitrag zum freien Mandat in den Parlamenten und kommunalen Vertretungskörperschaften der Bundesrepublik Deutschland, 1983 (zit.: Ausschußorganisation)

Kasten, Hans-Hermann, Plenarvorbehalt und Ausschußfunktion – Grenzen der Übertragung parlamentarischer Aufgaben auf Ausschüsse, in: Die Öffentliche Verwaltung (DÖV), 38. Jahrgang (1985), S. 222–226

Kelsen, Hans, Vom Wesen und Wert der Demokratie, 2. umgearbeitete Auflage, 1929 (zit.: Wesen und Wert)

Kelsen, Hans, Allgemeine Staatslehre, 1. Auflage, 1925 (Nachdruck 1993)

Ketterer, Lena/*Bert*, Van Roosebeke, Urteilsanmerkung zu BVerfGE 130, 318 ff., in: Bayerische Verwaltungsblätter (BayVBl.), 143. Jahrgang (2012), S. 466–467

Kewenig, Wilhelm, Staatsrechtliche Probleme parlamentarischer Mitregierung am Beispiel der Arbeit der Bundestagsausschüsse, 1970 (zit.: Staatsrechtliche Probleme)

Kimme, Johannes, Das Repräsentativsystem – unter besonderer Beachtung der historischen Entwicklung der Repräsentation und der Rechtsprechung des Bundesverfassungsgerichts, 1988 (zit.: Repräsentativsystem)

Kischel, Uwe, Amt, Unbefangenheit und Wahl der Bundesverfassungsrichter, in: Isensee, Josef/Kirchhof, Paul (Hrsg.), Handbuch des Staatsrechts, Band 3, 3. Auflage, 2005, § 69

Kischel, Uwe, Delegation of Legislative Power to Agencies – A Comparative Analysis of United States and German Law, in: Administrative Law Review, 46. Jahrgang (1994), S. 213–256

Kischel, Uwe, Der Atomkonsens als rechtsverbindlicher Vertrag – Gutachten im Rahmen des ICSID-Schiedsverfahrens Vattenfall v. Germany im Auftrag der Vattenfall AB, 2017 (zit.: Atomkonsens)

Kischel, Uwe, Die Begründung – Zur Erläuterung staatlicher Entscheidungen gegenüber dem Bürger, 2003 (zit.: Begründung)

Kischel, Uwe, Rechtsvergleichung, 2015

Kischel, Uwe, Stellungnahme für den Finanzausschuß des Landes Mecklenburg-Vorpommern zum Werftenförderungsgesetz, Art. 1 des Entwurfs des Haushaltsbegleitgesetzes 2014/15 = Anlage 2 zur Ausschussdrucksache 6/314 v. 19.9.2013 (zit.: Stellungnahme zum Werftenförderungsgesetz)

Kisker, Gunter, Neue Aspekte im Streit um den Vorbehalt des Gesetzes, in: Neue Juristische Wochenschrift (NJW), 30. Jahrgang (1977), S. 1313–1320

Kisker, Gunter, Staatshaushalt, in: Isensee, Josef/Kirchhof, Paul (Hrsg.), Handbuch des Staatsrechts, Band 4, 1. Auflage, 1990, § 89

Kißler, Leo, Die Öffentlichkeitsfunktion des Deutschen Bundestages – Theorie – Empirie – Reform, 1976 (zit.: Öffentlichkeitsfunktion)

Kißler, Leo, Parlamentsöffentlichkeit: Transparenz und Artikulation, in: Schneider, Hans-Peter/Zeh, Wolfgang (Hrsg.), Parlamentsrecht und Parlamentspraxis in der Bundesrepublik Deutschland, 1989, § 36

Klein, Hans Hugo, Gedanken zum Parlament – Selbstverständnis, Arbeitsweise, Wirksamkeit, in: Zeitschrift für Parlamentsfragen (ZParl), 17. Jahrgang (1986), S. 263–282

Klein, Hans Hugo, Stellung und Aufgaben des Bundestages, in: Isensee, Josef/Kirchhof, Paul (Hrsg.), Handbuch des Staatsrechts, Band 3, 3. Auflage, 2005, § 50

Klein, Hans Hugo, Status der Abgeordneten, in: Isensee, Josef/Kirchhof, Paul (Hrsg.), Handbuch des Staatsrechts, Band 3, 3. Auflage, 2005, § 51

Klein, Hans Hugo, Zur Rechtsstellung des Bundestagsabgeordneten als Ausschußmitglied, in: Die Öffentliche Verwaltung (DÖV), 25. Jahrgang (1972), S. 329–331

Klein, Hans Hugo/*Krings*, Günther, Fraktionen, in: Morlok, Martin/Schliesky, Utz/Wiefelspütz, Dieter (Hrsg.), Parlamentsrecht - Praxishandbuch, 2016, § 17

Kloepfer, Michael, Der Rechtsstaat ist in Gefahr, in: Tagesspiegel, Online-Ausgabe vom 04. Dezember 2015, abrufbar unter: http://www.tagesspiegel.de/themen/debatte-fluechtlingein-deutschland/asylrechts-debatte-der-rechtsstaat-ist-in-gefahr/12680554.html (zit.: Tagesspiegel.de v. 04.12.2015)

Kloepfer, Michael, Der Vorbehalt des Gesetzes im Wandel, in: Juristenzeitung (JZ), 39. Jahrgang (1984), S. 685–695

Kloepfer, Michael, Gesetzgebungsoutsourcing – Die Erstellung von Gesetzentwürfen durch Rechtsanwälte, in: Neue Juristische Wochenschrift (NJW), 64. Jahrgang (2011), S. 131–134

Kloepfer, Michael (Hrsg.), Gesetzgebungsoutsourcing – Gesetzgebung durch Rechtsanwälte?, 2011 (zit.: *Bearb.*, in: Kloepfer, Gesetzgebungsoutsourcing)

Kloepfer, Michael, Öffentliche Meinung, Massenmedien, in: Isensee, Josef/Kirchhof, Paul (Hrsg.), Handbuch des Staatsrechts, Band 3, 3. Auflage, 2005, § 42

Kloepfer, Michael, Verfassungsrecht I – Grundlagen, Staatsorganisationsrecht, Bezüge zum Völker- und Europarecht, 2011 (zit.: Verfassungsrecht I)

Kluge, Friedrich, Etymologisches Wörterbuch der deutschen Sprache, bearb. v. Seebold et al., 24. Auflage, 2002

Kluth, Winfried, Die Begründung von Gesetzen, in: Kluth, Winfried/Krings, Günther (Hrsg.), Gesetzgebung – Rechtsetzung durch Parlamente und Verwaltung sowie ihre gerichtliche Kontrolle, 2014, § 14

Kluth, Winfried/*Krings*, Günther (Hrsg.), Gesetzgebung – Rechtsetzung durch Parlamente und Verwaltung sowie ihre gerichtliche Kontrolle, 2014 (zit.: *Bearb.*, in: Kluth/Krings, Gesetzgebung)

Kluxen, Kurt (Hrsg.), Parlamentarismus, 1967 (zit.: *Bearb.*, in: Kluxen, Parlamentarismus)

Kokott, Juliane, Deutschland im Rahmen der Europäischen Union – zum Vertrag von Maastricht, in: Archiv des öffentlichen Rechts (AöR), 119. Jahrgang (1994), S. 207–237

König, Doris, Das Urteil des Bundesverfassungsgerichts zum Vertrag vom Maastricht – ein Stolperstein auf dem Weg in die europäische Integration?, in: Zeitschrift für ausländisches öffentliches Recht und Völkerrecht (ZaöRV), 54. Jahrgang (1994), S. 17–94

Konrad, Hans-Joachim, Parlamentarische Autonomie und Verfassungsbindung im Gesetzgebungsverfahren, in: Die Öffentliche Verwaltung (DÖV), 24. Jahrgang (1971), S. 80–85

Korioth, Stefan, Staatsrecht I – Staatsorganisationsrecht unter Berücksichtigung europäischer und internationaler Bezüge, 3. Auflage, 2016 (zit.: StaatsR I)

Koschmieder, Normann, Verfassungsrechtliche Bedenken gegen die Einsetzung eines „Hauptausschusses" im Bundestag, in: Neue Zeitschrift für Verwaltungsrecht (NVwZ), 33. Jahrgang 2014, S. 852–856

Köttgen, Arnold, Besprechung von G. Leibholz „Das Wesen der Repräsentation", in: Rausch, Heinz (Hrsg.), Zur Theorie und Geschichte der Repräsentation und Repräsentativverfassung, 1968, S. 74–104 (zugleich in: Archiv des öffentlichen Rechts (AöR), 19. Jahrgang (1930), S. 290–312)

Köttgen, Arnold, Die Organisationsgewalt, in: Veröffentlichungen der Vereinigung Deutscher Staatsrechtslehrer (VVDStRL), 16. Jahrgang (1958), S. 154–188

Kretschmer, Gerald, Geschäftsordnungen deutscher Volksvertretungen, in: Schneider, Hans-Peter/Zeh, Wolfgang (Hrsg.), Parlamentsrecht und Parlamentspraxis in der Bundesrepublik Deutschland, 1989, § 9

Kretschmer, Gerald, Wahlprüfung, in: Schneider, Hans-Peter/Zeh, Wolfgang (Hrsg.), Parlamentsrecht und Parlamentspraxis in der Bundesrepublik Deutschland, 1989, § 13

Kretschmer, Gerald, Zur Organisationsgewalt des Deutschen Bundestages im parlamentarischen Bereich, in: Zeitschrift für Parlamentsfragen (ZParl), 17. Jahrgang (1986), S. 334–346

Kreuzer, Arthur, Zuständigkeitsübertragungen bei Verfassungsrichterwahlen und Immunitätsentscheidungen des Deutschen Bundestages, in: Der Staat, 7. Jahrgang (1968), S. 183–206

Kriele, Martin, Das demokratische Prinzip im Grundgesetz, in: Veröffentlichungen der Vereinigung Deutscher Staatsrechtslehrer (VVDStRL), 29. Jahrgang (1971), S. 46–80

Kröger, Klaus, Zur Mitwirkung des Bundestages am Haushaltsvollzug, in: Die Öffentliche Verwaltung (DÖV), 26. Jahrgang (1973), S. 439–442

Krüper, Julian, Das Wissen des Parlaments, in: Morlok, Martin/Schliesky, Utz/Wiefelspütz, Dieter (Hrsg.), Parlamentsrecht – Praxishandbuch, 2016, § 38

Krüper, Julian, Die Organisation des Verfassungsstaats – Festschrift für Martin Morlok zum 70. Geburtstag, 2019 (zit.: *Bearb.*, in: FS Morlok)

Krüper, Julian, Entscheidungsbesprechung – BVerfG, Urteil vom 22.09.2015 – 2 BvE 1/11, in: Zeitschrift für das Juristische Studium (ZJS), 9. Jahrgang (2016), S. 96–101

Krüper, Julian, Lawfirm – legibus solutus? Legitimität und Rationalität des inneren Gesetzgebungsverfahrens und das „Outsourcing" von Gesetzentwürfen, in: Juristenzeitung (JZ), 65. Jahrgang (2010), S. 655–662

Kuhne, Fritz, Das Problem der Delegation und Subdelegation von Kompetenzen der Staatsorgane, 1941 (zit.: Problem der Delegation)

Kühnreich, Mathias, Das Selbstorganisationsrecht des Deutschen Bundestages unter besonderer Berücksichtigung des Hauptstadtbeschlusses, 1997 (zit.: Selbstorganisationsrecht)

Kumpf, Tobias, Die Kontrolle der Nachrichtendienste des Bundes – Zur Reform der Kontrolle der Nachrichtendienste und zur Kontrolle der nachrichtendienstlichen Beobachtung von Abgeordneten des Bundestages, 2014 (zit.: Kontrolle der Nachrichtendienste)

Kunz, Reinhard, Die Delegation von Ausgabenermächtigungen durch das Bundestagsplenum auf den Haushaltsausschuss, 1976 (zit.: Ausgabenermächtigungen)

Lamprecht, Rolf, „Bis zur Verachtung" – Verfassungsrichterwahlen am Rande der Legalität, in: Neue Juristische Wochenschrift (NJW), 48. Jahrgang (1995), S. 2531–2533

Lamprecht, Rolf, Parteisoldaten(innen) in Robe, in: Neue Juristische Wochenschrift (NJW), 52. Jahrgang (1999), S. 2011–2012

Landshut, Siegfried, Der politische Begriff der Repräsentation, in: Rausch, Heinz (Hrsg.), Zur Theorie und Geschichte der Repräsentation und Repräsentativverfassung, 1968, S. 482–497 (zugleich in: Hamburger Jahrbuch für Wirtschafts- und Gesellschaftspolitik, 9. Jahrgang [1964], S. 175–186)

Lang, Joachim, Spiegelbildlichkeit versus Mehrheitsprinzip? in: Neue Juristische Wochenschrift (NJW), 58. Jahrgang (2005), S. 189–191

Lauscher, Carl Wilhelm, Die Delegation von Hoheitsrechten durch Gemeinden auf Gemeinden und Gemeindeverbände, 1968 (zit.: Delegation von Hoheitsrechten)

Lege, Joachim, Drei Versuche über Demokratie – unter besonderer Berücksichtigung der Idee des Wettbewerbs, in: Juristenzeitung (JZ), 64. Jahrgang (2009), S. 756–762

Leibholz, Gerhard, Das Wesen der Repräsentation und der Gestaltwandel der Demokratie im 20. Jahrhundert, 3. Auflage, 1966 (zit.: Wesen der Repräsentation)

Leibholz, Gerhard, Parteienstaat und repräsentative Demokratie – Eine Betrachtung zu Art. 21 und 38 des Bonner Grundgesetzes, in: Rausch, Heinz (Hrsg.), Zur Theorie und Geschichte der Repräsentation und Repräsentativverfassung, 1968, S. 235–259 (zugleich in: Deutsches Verwaltungsblatt [DVBl.], 66. Jahrgang [1951], S. 1–8)

Leibholz, Gerhard, Repräsentativer Parlamentarismus und parteienstaatliche Demokratie, in: Kluxen, Kurt (Hrsg.), Parlamentarismus, 1967, S. 349–360 (zugleich in: Mitteilungen der Max-Planck-Gesellschaft, Jahrgang 1965, Heft 1/2, S. 39–41 und 55–59; zugleich in: Der Parteienstaat des Bonner Grundgesetzes, in: Recht – Staat – Wirtschaft, Band III [1951], S. 102–110)

Leisner, Walter, Die quantitative Gewaltenteilung – Für ein neues Verständnis der Trennung der Gewalten, in: Die Öffentliche Verwaltung (DÖV), 22. Jahrgang (1969), S. 405–411

Lenz, Christofer, Anmerkung zu BVerfG, Urteil vom 22.09.2015 – 2 BvE 1/11, in: Neue Zeitschrift für Verwaltungsrecht (NVwZ), 34. Jahrgang (2015), S. 1755–1757

Lenz, Christofer/*Hansel*, Ronald, Bundesverfassungsgerichtsgesetz – Handkommentar, 2. Auflage, 2015 (zit.: BVerfGG)

Lenz, Wilhelm (Hrsg.), Mensch und Staat in NRW – 25 Jahre Landtag von Nordrhein-Westfalen, 1971 (zit.: *Bearb.*, in: Lenz, Mensch und Staat)

Lerche, Peter, „Systemverschiebung" und verwandte verfassungsgerichtliche Argumentationsformeln, in: Fürst, Walther/Herzog, Roman/Umbach, Dieter C. (Hrsg.), Festschrift für Wolfgang Zeidler, Band 1, 1987, S. 557–568 (zit.: FS Zeidler)

Lerche, Peter, Vorbehalt des Gesetzes und Wesentlichkeitstheorie, in: Merten, Detlef/Papier, Hans-Jürgen (Hrsg.), Handbuch der Grundrechte – in Deutschland und Europa, Band 3, 2009, § 62

Lewinski, Kai von/*Burbat*, Daniela, Bundeshaushaltsordnung, Kommentar, 1. Auflage, 2013 (zit.: BHO)

Linck, Joachim, Die Öffentlichkeit der Parlamentsausschüsse aus verfassungsrechtlicher und rechtspolitischer Sicht, in: Die Öffentliche Verwaltung (DÖV), 26. Jahrgang (1973), S. 513–520

Linden, Markus, Die Rolle des Parlaments in Krisendiagnosen des 20. und 21. Jahrhunderts, in: Linden, Markus/Thaa, Winfried (Hrsg.), Krise und Reform politischer Repräsentation, 2011, S. 149–169

Linden, Markus/*Thaa*, Winfried, Krise und Reform politischer Repräsentation, 2011 (zit.: *Bearb.*, in: Linden/Thaa, Krise und Reform)

Linden, Markus/*Thaa*, Winfried, Krise und Repräsentation, in: Linden, Markus/Thaa, Winfried (Hrsg.), Krise und Reform politischer Repräsentation, 2011, S. 11–41

Liu, Gang, Moderne politische Repräsentation und die Stellung der Parteien, 2013 (zit.: Moderne politische Repräsentation)

Llorente Rubio, Francisco, Die Gesetzgebungsverfahren in Spanien – Die Ortsbestimmung des Gesetzes innerhalb der Rechtsquellen, in: López Pina, Antonio (Hrsg.), Spanisches Verfassungsrecht, Handbuch, 1993, S. 377–406

López Pina, Antonio (Hrsg.), Spanisches Verfassungsrecht, Handbuch, 1993 (zit.: *Bearb.*, in: López Pina, Spanisches Verfassungsrecht)

Lorz, Ralph Alexander/*Richterich*, Maike, Regierung im Parlament, in: Morlok, Martin/Schliesky, Utz/Wiefelspütz, Dieter (Hrsg.), Parlamentsrecht – Praxishandbuch, 2016, § 35

Lucius, Robert von, Gesetzgebung durch Parlamentsausschüsse? – Möglichkeiten der Entlastung des Bundestagsplenums durch Verlagerung des Gesetzesbeschlusses in Ausschüsse (italienisches Modell), in: Archiv des öffentlichen Rechts (AöR), 97. Jahrgang (1972), S. 568–595

Luhmann, Niklas, Legitimation durch Verfahren, 3. Auflage, 1978 (zit.: Legitimation)

Maaßen, Hans-Georg, Gesetzesinitiativen der Bundesregierung, in: Kluth, Winfried/Krings, Günther (Hrsg.), Gesetzgebung – Rechtsetzung durch Parlamente und Verwaltung sowie ihre gerichtliche Kontrolle, 2014, § 8

Magiera, Siegfried, Parlament und Staatsleitung in der Verfassungsordnung des Grundgesetzes – Eine Untersuchung zu den Grundlagen der Stellung und den Aufgaben des Deutschen Bundestages, 1979 (zit.: Parlament und Staatsleitung)

Mandelartz, Herbert, Das Zusammenwirken von Parlament und Regierung beim Haushaltsvollzug – Ein Beitrag zum parlamentarischen Regierungssystem der Bundesrepublik Deutschland, 1980 (zit.: Parlament und Regierung)

Mangels, Gerd, Zur Übertragung von Hoheitsbefugnissen im Bereich der Verwaltungsbehörden, in: Juristenzeitung (JZ), 12. Jahrgang (1957), S. 161–162

Mangoldt, Hermann von (Begr.)/*Klein*, Friedrich/*Starck*, Christian (Hrsg.), Kommentar zum Grundgesetz, Band 2, 6. Auflage, 2010 (zit.: *Bearb.*, in: vM/K/S[6])

Mangoldt, Hermann von (Begr.)/*Klein*, Friedrich/*Starck*, Christian, Kommentar zum Grundgesetz, herausgegeben von Huber, Peter M./Voßkuhle, Andreas, Band 2 und 3, 7. Auflage, 2018 (zit.: *Bearb.*, in: vM/K/S)

Marsch, Nikolaus, Die objektive Funktion der Verfassungsbeschwerde in der Rechtsprechung des Bundesverfassungsgerichts, in: Archiv des öffentlichen Rechts (AöR), 137. Jahrgang (2012), S. 592–624

Marschall, Stefan, Parlamentarismus – Eine Einführung, 2. Auflage, 2016 (zit.: Parlamentarismus)

Martenson, Sten, Parlament, Öffentlichkeit und Medien, in: Schneider, Hans-Peter/Zeh, Wolfgang (Hrsg.), Parlamentsrecht und Parlamentspraxis in der Bundesrepublik Deutschland, 1989, § 8

Martini, Mario, Normsetzungsdelegation zwischen parlamentarischer Steuerung und legislativer Effizienz – auf dem Weg zu einer dritten Form der Gesetzgebung?, in: Archiv des öffentlichen Rechts (AöR), 133. Jahrgang (2008), S. 155–190

März, Wolfgang, Stellungnahme zum Entwurf eines Gesetzes zur Änderung der Verfassung des Landes Mecklenburg-Vorpommern (Drucksache 6/5076) sowie zum Entwurf zur Änderung der Geschäftsordnung des Landtages (Drucksache 6/5077) vom 26.02.2016, abrufbar unter: https://www.landtag-mv.de/fileadmin/media/Bilder/Landtag/Gremien/Rechtsausschuss/6_WP_Europa-und-Rechtsausschuss/M%C3%A4rz02032016.pdf (zit.: Stellungnahme)

Maunz, Theodor (Begr.), Bundesverfassungsgerichtsgesetz – Kommentar, fortgeführt von Schmidt-Bleibtreu, Bruno/Klein, Franz/Bethge, Herbert u. a., Loseblattsammlung, 54. Ergänzungslieferung, Stand: Juni 2018 (zit.: *Bearb.*, in: M/S/K/B, BVerfGG)

Maunz, Theodor/*Dürig*, Günter (Begr.), Grundgesetz – Kommentar, Loseblattsammlung, 84. Ergänzungslieferung, Stand: August 2018 (zit.: *Bearb.*, in: Maunz/Dürig)

Maurer, Hartmut, Staatsrecht I – Grundlagen, Verfassungsorgane, Staatsfunktionen, 6. Auflage, 2010 (zit.: *Maurer*, StaatsR I)

Melzer, Michael, Vorbereitung und Gestaltung der Ausschußarbeit durch die Fraktionen, in: Schneider, Hans-Peter/Zeh, Wolfgang (Hrsg.), Parlamentsrecht und Parlamentspraxis in der Bundesrepublik Deutschland, 1989, § 41

Mengel, Hans-Joachim, Gesetzgebung und Verfahren – Ein Beitrag zur Empirie und Theorie des Gesetzgebungsprozesses im föderalen Verfassungsstaat, 1997 (zit.: Gesetzgebung)

Mengel, Hans-Joachim, Grundvoraussetzungen demokratischer Gesetzgebung – Zur Notwendigkeit einer Prozessordnung des inneren Gesetzgebungsverfahrens, in: Zeitschrift für Rechtspolitik (ZRP), 17. Jahrgang (1984), S. 153–161

Merten, Detlef/*Papier*, Hans-Jürgen (Hrsg.), Handbuch der Grundrechte – in Deutschland und Europa, Band 3 – Grundrechte in Deutschland: Allgemeine Lehren II, 2009 (zit.: *Bearb.*, in: HGR III)

Meßerschmidt, Klaus, Gesetzgebungsermessen, 2000

Meßerschmidt, Klaus, Private Gesetzgebungshelfer – Gesetzgebungsoutsourcing als privatisiertes Regulierungsmanagement in der Kanzleiendemokratie?, in: Der Staat, 51. Jahrgang (2012), S. 387–415

Meyer, Hans, Die Stellung der Parlamente in der Verfassungsordnung des Grundgesetzes, in: Schneider, Hans-Peter/Zeh, Wolfgang (Hrsg.), Parlamentsrecht und Parlamentspraxis in der Bundesrepublik Deutschland, 1989, § 4

Meyer, Heinrich, Bundestag und Immunität – Kritische Würdigung der Praxis des ersten Deutschen Bundestages in Immunitätssachen, 1953 (zit.: Immunität)

Moench, Christoph/*Ruttloff*, Marc, Verfassungsrechtliche Grenzen für die Delegation parlamentarischer Entscheidungsbefugnisse – Zugleich Besprechung von BVerfG, Urteil vom 28.02.2012, 2 BvE 8/11, „Beteiligungsrechte des Bundestages/EFSF“, in: Deutsches Verwaltungsblatt (DVBl.), 127. Jahrgang (2012), S. 1261–1268

Moench, Oliver, Verfassungsmäßigkeit der Bundestagsausschüsse – Zulässigkeit und Grenzen der Delegation parlamentarischer Aufgaben unter besonderer Berücksichtigung von Entscheidungsbefugnissen, 2017 (zit.: Bundestagsausschüsse)

Moeser, Ekkehard, Die Beteiligung des Bundestages an der staatlichen Haushaltsgewalt – Eine Untersuchung zur rechtlichen und tatsächlichen Stellung des Bundestages in haushaltswirtschaftlichen Entscheidungsprozessen, 1978 (zit.: Beteiligung des Bundestages)

Möllers, Christoph, Gewaltengliederung – Legitimation und Dogmatik im nationalen und internationalen Rechtsvergleich, 2005 (zit.: Gewaltengliederung)

Morlok, Martin, Informalisierung und Entparlamentarisierung politischer Entscheidungen als Gefährdung der Verfassung?, in: Veröffentlichungen der Vereinigung Deutscher Staatsrechtslehrer (VVDStRL), 62. Jahrgang (2003), S. 37–80

Morlok, Martin, Parlamentarisches Geschäftsordnungsrecht zwischen Abgeordnetenrechten und politischer Praxis – Zugleich zum Urteil des BVerfG vom 13.6.1989 – 2 BvE 1/88 –, in: Juristenzeitung (JZ), 44. Jahrgang, 1989, S. 1035–1047

Morlok, Martin, Volksvertretung als Grundaufgabe, in: Morlok, Martin/Schliesky, Utz/Wiefelspütz, Dieter (Hrsg.), Parlamentsrecht – Praxishandbuch, 2016, § 3

Morlok, Martin/*Hientzsch*, Christina, Das Parlament als Zentralorgan der Demokratie – Eine Zusammenschau der einschlägigen parlamentsschützenden Normen, in: Juristische Schulung (JuS), 51. Jahrgang (2011), S. 1–9

Morlok, Martin/*Schliesyk*, Utz/*Wiefelspütz*, Dieter (Hrsg.), Parlamentsrecht – Praxishandbuch, 2016 (zit.: *Bearb.*, in: Morlok/Schliesky/Wiefelspütz, Parlamentsrecht)

Mückenberger, Ulrich, Zeiten der Politik und Zeiten der Medien, in: Aus Politik und Zeitgeschichte (APuZ) – Beilage zu Das Parlament, 62. Jahrgang (2014), Heft 22/23, S. 3–9

Münch, Ingo von/*Kunig*, Philip, Grundgesetz-Kommentar, Band 1, 6. Auflage, 2012 (zit.: *Bearb.*, in: v. Münch/Kunig)

Müssgens, Christian/*Ritter*, Johannes, Werftenrettung auf dem Rücken der Steuerzahler, in: Frankfurter Allgemeine Zeitung, Online-Ausgabe vom 05. Oktober 2012, abrufbar unter: http://www.faz.net/aktuell/wirtschaft/mecklenburg-vorpommern-werftenrettung-auf-dem-ruecken-der-steuerzahler-11915252.html (zit.: FAZ.net. v. 05.10.2012)

Mußgnug, Reinhard, Der Haushaltsplan als Gesetz, 1976 (zit.: Haushaltsplan)

Nettesheim, Martin, Verfassungsrecht und Politik in der Staatsschuldenkrise, in: Neue Juristische Wochenschrift (NJW), 65. Jahrgang (2012), S. 1409–1413

Niemöller, Martin/*Schuppert*, Gunnar Folke, Die Rechtsprechung des Bundesverfassungsgerichts zum Strafverfahrensrecht, in: Archiv des öffentlichen Rechts (AöR), 107. Jahrgang (1982), S. 387–498

Obermayer, Klaus, Die Übertragung von Hoheitsbefugnissen im Bereich der Verwaltungsbehörden, in: Juristenzeitung (JZ), 11. Jahrgang (1956), S. 625–630

Oberreuter, Heinrich (Hrsg.), Macht und Ohnmacht der Parlamente, 2013 (zit.: *Bearb.*, in: Oberreuter, Macht und Ohnmacht)

Oberreuter, Heinrich, Marginalisierung der Parlamente?, in: Oberreuter, Heinrich (Hrsg.), Macht und Ohnmacht der Parlamente, 2013, S. 21–31

Ohler, Christoph, Der institutionelle Vorbehalt des Gesetzes, in: Archiv des öffentlichen Rechts (AöR), 131. Jahrgang (2006), S. 336–377

Ohne Verfasser, Land greift tiefer in die Tasche, in: Schweriner Volkszeitung, Online-Ausgabe vom 22. Februar 2012, abrufbar unter: https://www.svz.de/regionales/mecklenburg-vorpommern/land-greift-tiefer-in-die-tasche-id4271661.html (zit.: SVZ.de v. 22.02.2012)

Ohne Verfasser, P+S Werften melden Insolvenz an, in: Handelsblatt, Online-Ausgabe vom 29. August 2012, abrufbar unter: http://www.handelsblatt.com/rettung-gescheitert-ps-werften-melden-insolvenz-an/7067438.html (zit.: Handelsblatt.com v. 29.08.2012)

Ossenbühl, Fritz, Verwaltungsvorschriften und Grundgesetz, 1968 (zit.: Verwaltungsvorschriften)

Ossenbühl, Fritz, Vorrang und Vorbehalt des Gesetzes, in: Isensee, Josef/Kirchhof, Paul (Hrsg.), Handbuch des Staatsrechts, Band 5, 3. Auflage, 2007, § 101

Papier, Hans-Jürgen, Die finanzrechtlichen Gesetzesvorbehalte und das grundgesetzliche Demokratieprinzip – Zugleich ein Beitrag zur Lehre von den Rechtsformen der Grundrechtseingriffe, 1973 (zit.: Gesetzesvorbehalte)

Papier, Hans-Jürgen, Entparlamentarisierung und Selbstverantwortung der Parlamente – Ein Plädoyer für die Wahrung des demokratisch-parlamentarischen Systems, in: Oberreuter, Heinrich (Hrsg.), Macht und Ohnmacht der Parlamente, 2013, S. 79–93

Partsch, Karl Josef, Parlament und Regierung im modernen Staat, in: Veröffentlichungen der Vereinigung Deutscher Staatsrechtslehrer (VVDStRL), 16. Jahrgang (1958), S. 74–109

Paschmanns, Norbert, Ausschuss für Wahlprüfung, Immunität und Geschäftsordnung, in: Morlok, Martin/Schliesky, Utz/Wiefelspütz, Dieter (Hrsg.), Parlamentsrecht – Praxishandbuch, 2016, § 24

Patzelt, Werner J., Konstruktion und Dekonstruktion von Parlamentsmacht, in: Oberreuter, Heinrich (Hrsg.), Macht und Ohnmacht der Parlamente, 2013, S. 33–58

Patzelt, Werner J./*Sebaldt*, Martin/*Kranenpohl*, Uwe (Hrsg.), Res publica semper reformanda – Wissenschaft und politische Bildung im Dienst des Gemeinwohls, Festschrift für Heinrich Oberreuter zum 65. Geburtstag, 2007 (zit.: *Bearb.*, in: Patzelt/Sebaldt/Kranenpohl, Res publica)

Payandeh, Mehrdad, Die Entplenarisierung des Bundestages – Verfassungsrechtliche Rahmenbedingung parlamentsinterner Entscheidungsdelegationen, in: Krüper, Julian, Die Organisation des Verfassungsstaats – Festschrift für Martin Morlok zum 70. Geburtstag, 2019, S. 205–225

Pestalozza, Christian, Volkszuständigkeit im Grundgesetz, in: Bonner Rechtsjournal (BRJ), 4. Jahrgang (2012), S. 18–25

Petersen, Anne Sophie/*Kaina*, Viktoria, „Die Fäden habe ich in der Hand" – Arbeitsgruppenvorsitzende der SPD- und CDU/CSU-Bundestagsfraktionen, in: Zeitschrift für Parlamentsfragen (ZParl), 38. Jahrgang (2007), S. 243–260

Petitionsausschuss des Deutschen Bundestages, Im Dienste der Bürger – Der Jahresbericht des Petitionsausschusses. Ausgabe 2018, 2018, abrufbar unter: https://www.bundestag.de/resource/blob/561182/3b6d9209a4c61363d39f4583c9bc9fbe/Ausgabe_2018-data.pdf (zit.: *Petitionsausschuss*, Jahresbericht 2018)

Pfengler, Christian, Verfassungsbruch durch Hauptausschuss, in: Deutsches Verwaltungsblatt (DVBl.), 133. Jahrgang (2018), S. 1268–1274

Piechaczek, Oliver, Lobbyismus im Deutschen Bundestag – Lobbytätigkeit von Bundestagsabgeordneten (Built-in-Lobbyismus) im Lichte des Verfassungs- und Abgeordnetenrechts, 2014 (zit.: Lobbyismus)

Pieper, Stefan Ulrich, Gesetzgebungsverfahren, in: Morlok, Martin/Schliesky, Utz/Wiefelspütz, Dieter (Hrsg.), Parlamentsrecht – Praxishandbuch, 2016, § 40

Pieper, Stefan Ulrich, Verfassungsrichterwahlen, 1998

Pieroth, Bodo/*Aubel*, Tobias, Die Rechtsprechung des Bundesverfassungsgerichts zu den Grenzen der richterlichen Entscheidungsfindung, in: Juristenzeitung (JZ), 58. Jahrgang (2003), S. 504–510

Pietzcker, Jost, Schichten des Parlamentsrechts: Verfassung, Gesetze und Geschäftsordnung, in: Schneider, Hans-Peter/Zeh, Wolfgang (Hrsg.), Parlamentsrecht und Parlamentspraxis in der Bundesrepublik Deutschland, 1989, § 10

Pietzner, Rainer, Das Zutrittsrecht der Bundesregierung im parlamentarischen Untersuchungsverfahren (Art. 43 II 1 GG), in: Juristische Rundschau (JR), 23. Jahrgang (1969), S. 43–47

Pietzner, Rainer, Petitionsausschuss und Plenum – Zur Delegation von Plenarzuständigkeiten, 1973 (zit.: Petitionsausschuss)

Preuß, Ulrich K., Die Wahl der Mitglieder des BVerfG als verfassungsrechtliches und -politisches Problem, in: Zeitschrift für Rechtspolitik (ZRP), 21. Jahrgang (1988), S. 389–395

Pubantz, Frank, Werften-Rettung: Nordic will Millionen-Bürgschaft vom Land, in: Ostsee-Zeitung, Online-Ausgabe vom 25. November 2015, abrufbar unter: http://www.ostsee-zeitung.de/Nachrichten/MV-aktuell/Werften-Rettung-Nordic-will-Millionen-Buergschaft-vom-Land (zit.: Ostsee-Zeitung.de v. 25. 11. 2015)

Puhl, Thomas, Entparlamentarisierung und Auslagerung staatlicher Entscheidungsverantwortung, in: Isensee, Josef/Kirchhof, Paul (Hrsg.), Handbuch des Staatsrechts, Band 3, 3. Auflage, 2005, § 48

Pünder, Hermann, Wahlrecht und Parlamentsrecht als Gelingensbedingungen repräsentativer Demokratie, in: Veröffentlichungen der Vereinigung Deutscher Staatsrechtslehrer (VVDStRL), 72. Jahrgang (2013), S. 191–261

Rasch, Ernst, Die Festlegung und Veränderung staatlicher Zuständigkeiten – Delegation, Mandat, Ausfüllung von Rahmenbedingungen, in: Die Öffentliche Verwaltung (DÖV), 10. Jahrgang (1957), S. 337–339

Rausch, Heinz, Zur Theorie und Geschichte der Repräsentation und Repräsentativverfassung, 1968 (zit.: *Bearb.*, in: Rausch, Theorie der Repräsentation)

Reinhardt, Thorsten, Delegation und Mandat im öffentlichen Recht – Eine Untersuchung zur rechtlichen Zulässigkeit von Kompetenzübertragungen, 2006 (zit.: Delegation und Mandat)

Risse, Horst, Verfassungsrechtliche und politische Grenzen des Gesetzgebungsoutsourcing, in: Kloepfer, Michael (Hrsg.), Gesetzgebungsoutsourcing – Gesetzgebung durch Rechtsanwälte?, 2011, S. 109–122

Ritzel, Heinrich G./*Bücker*, Joseph (Begr.), Handbuch für die Parlamentarische Praxis – mit Kommentar zur Geschäftsordnung des Deutschen Bundestages, fortgeführt von Schreiner, Herrmann J., nunmehr herausgegeben von Winkelmann, Helmut unter Mitarbeit von

Hadamek, Thomas, Band 2, Loseblattsammlung, 31. Ergänzungslieferung 2016 (zit.: *Ritzel/Bücker*, Parlamentarische Praxis)

Röger, Sebastian, Finanzhilfemechanismen für die Eurozone – Die vertraglichen, gesetzlichen und verfassungsrechtlichen Grundlagen von Griechenland-Hilfe, EFSF und ESM, 2018 (zit.: Finanzhilfemechanismen)

Roggan, Frederik, G-10-Gesetz, Kommentar, 1. Auflage, 2012

Rohlf, Dietwalt, Erweiterte Befugnisse für den Petitionsausschuß des Bundestages, in: Juristenzeitung (JZ), 31. Jahrgang (1976), S. 359–363

Röhrich, Wilfried, Die repräsentative Demokratie – Ideen und Interessen, 1981 (zit.: Repräsentative Demokratie)

Röhring, Hans-Helmut/*Sontheimer*, Kurt, Handbuch des deutschen Parlamentarismus – Das Regierungssystem der Bundesrepublik in 270 Stichworten, 1970 (zit.: *Bearb.*, in: Röhring/Sontheimer, Hdb Parlamentarismus)

Roll, Hans-Achim, Geschäftsordnungsreform im Deutschen Bundestag, in: Neue Juristische Wochenschrift (NJW), 34. Jahrgang (1981), S. 23–25

Röper, Erich, Notwendiger Inhalt der Berichte des Petitionsausschusses, in: Neue Zeitschrift für Verwaltungsrecht (NVwZ), 21. Jahrgang (2002), S. 53–54

Rossi, Matthias, Erscheinungsformen nichtstaatlicher Einflüsse auf die staatliche Gesetzgebung, in: Kloepfer, Michael (Hrsg.), Gesetzgebungsoutsourcing – Gesetzgebung durch Rechtsanwälte?, 2011, S. 25–77

Roth, Torsten, Werften kurbeln Wirtschaft an, in: Schweriner Volkszeitung, Online-Ausgabe vom 24. Mai 2018, abrufbar unter: https://www.svz.de/regionales/mecklenburg-vorpommern/werften-kurbeln-wirtschaft-an-id19936771.html (zit.: SVZ.de v. 24.5.2018)

Rousseau, Jean-Jacques, Du contrat social ou Principes du droit politique – Vom Gesellschaftsvertrag oder Grundsätze des Staatsrechts (Französisch/Deutsch), übersetzt und herausgegeben von Brockard, Hans, 1977/2010 (zit.: Du contrat social)

Sachs, Michael, Grundgesetz – Kommentar, 8. Auflage, 2018 (zit.: *Bearb.*, in: Sachs)

Sauer, Heiko, Staatsrecht III – Auswärtige Gewalt, Bezüge des Grundgesetzes zu Völker- und Europarecht, 5. Auflage, 2018 (zit.: StaatsR III)

Schäfer, Friedrich, Der Bundestag – Eine Darstellung seiner Aufgaben und seiner Arbeitsweise, 4. Auflage, 1982 (zit.: Bundestag)

Schäfer, Friederich, Die Ausschußberatung im Deutschen Bundestag, in: Wildenmann, Rudolf (Hrsg.), Form und Erfahrung – Ein Leben für die Demokratie, Festschrift zum 70. Geburtstag von Ferdinand A. Hermens, 1976, S. 99–116

Schenke, Wolf-Rüdiger, Delegation und Mandat im Öffentlichen Recht, in: Verwaltungsarchiv (VerwArch), 68. Jahrgang (1977), S. 118–168.

Scheuner, Ulrich, Das repräsentative Prinzip in der modernen Demokratie, in: Kluxen, Kurt (Hrsg.), Parlamentarismus, 1967, S. 361–373 (zugleich: Verfassungsrecht und Verfassungswirklichkeit, in: Festschrift für Hans Huber, 1961, S. 222–246)

Scheuner, Ulrich, Politische Repräsentation und Interessenvertretung, in: Die Öffentliche Verwaltung (DÖV), 18. Jahrgang (1965), S. 577–581

Schinkels, Boris, Normsatzstruktur des IPR – Zur rechtstheoretischen Einordnung des Befehls der „Anwendung“ ausländischem Recht entnommener Normsätze im autonomen deutschen IPR, 2007 (zit.: Normsatzstruktur des IPR)

Schlaich, Klaus/*Korioth*, Stefan, Das Bundesverfassungsgericht – Stellung, Verfahren, Entscheidungen – Ein Studienbuch, 11. Auflage, 2018 (zit.: BVerfG)

Schliesky, Utz, Parlamentsfunktionen, in: Morlok, Martin/Schliesky, Utz/Wiefelspütz, Dieter (Hrsg.), Parlamentsrecht – Praxishandbuch, 2016, § 5

Schlink, Bernhard, Die Amtshilfe – Ein Beitrag zu einer Lehre von der Gewaltenteilung in der Verwaltung, 1982 (zit.: Amtshilfe)

Schmidt, Reiner, Geldwirtschaft im Weltfinanzsystem, in: Isensee, Josef/Kirchhof, Paul (Hrsg.), Handbuch des Staatsrechts, Band 11, 3. Auflage, 2013, § 252

Schmidt, Thorsten Ingo, Die Geschäftsordnungen der Verfassungsorgane als individuell-abstrakte Regelungen des Innenrechts, in: Archiv des öffentlichen Rechts (AöR), 128. Jahrgang (2003), S. 608–648

Schmidt-Aßmann, Eberhard, Der Rechtsstaat, in: Isensee, Josef/Kirchhof, Paul (Hrsg.), Handbuch des Staatsrechts, Band 2, 3. Auflage, 2004, § 26

Schmidt-Bleibtreu, Bruno/*Klein*, Franz (Begr.), GG – Kommentar zum Grundgesetz, hrsg. v. Hofmann, Hans und Henneke, Hans-Günter, 13. Auflage, 2014 (zit.: *Bearb.*, in: S-B/K^{13})

Schmidt-Bleibtreu, Bruno/*Klein*, Franz (Begr.), GG – Kommentar zum Grundgesetz, hrsg. v. Hofmann, Hans und Henneke, Hans-Günter, 14. Auflage, 2018 (zit.: *Bearb.*, in: S-B/K)

Schmidt-Bleibtreu, Bruno/*Klein*, Franz, GG – Kommentar zum Grundgesetz, 10. Auflage, 2004 (zit.: *Bearb.*, in: S/K)

Schmidt-Jortzig, Edzard, Enquetekommissionen, in: Morlok, Martin/Schliesky, Utz/Wiefelspütz, Dieter (Hrsg.), Parlamentsrecht – Praxishandbuch, 2016, § 32

Schmitt, Carl, Die geistesgeschichtliche Lage des heutigen Parlamentarismus, 7. Auflage, 1991 (unveränderter Nachdruck der 2. Auflage, 1926) (zit.: Geistesgeschichtliche Lage)

Schmitt, Carl, Verfassungslehre, 8. Auflage, 1993 (Neusatz auf Basis der 1. Auflage, 1928)

Schmitt-Vockenhausen, Monika, Die Unzulässigkeit des Vorprüfverfahrens bei der Behandlung von Petitionen an den Bundestag durch die Zentralstelle für Petitionen, in: Deutsches Verwaltungsblatt (DVBl.), 95. Jahrgang (1980), S. 522–525

Schmitt-Vockenhausen, Monika, Verfassungsrechtliche Probleme der Behandlung von Petitionen durch den Bundestag nach Artikel 17 GG, 1979 (zit.: Verfassungsrechtliche Probleme)

Schneider, Franz, Diskussion und Evidenz im parlamentarischen Regierungssystem, in: Aus Politik und Zeitgeschichte (APuZ) – Beilage zu Das Parlament, 16. Jahrgang (1968), Heft 6, S. 3–24

Schneider, Hans, Gesetzgebung – Ein Lehr- und Handbuch, 3. Auflage, 2002 (zit.: Gesetzgebung)

Schneider, Hans-Peter, Das parlamentarische System, in: Benda, Ernst/Maihofer, Werner/Vogel, Hans-Jochen (Hrsg.), Handbuch des Verfassungsrecht der Bundesrepublik Deutschland, 2. Auflage, 1994, § 13

Schneider, Hans-Peter/*Zeh*, Wolfgang (Hrsg.) Parlamentsrecht und Parlamentspraxis in der Bundesrepublik Deutschland, 1989 (zit.: *Bearb.*, in: Schneider/Zeh, Parlamentsrecht)

Schneider, Hans-Peter/*Zeh*, Wolfgang, Koalitionen, Kanzlerwahl und Kabinettsbildung, in: Schneider, Hans-Peter/Zeh, Wolfgang (Hrsg.), Parlamentsrecht und Parlamentspraxis in der Bundesrepublik Deutschland, 1989, § 48

Schneider, Rolf, Immunität und Verfahrenseinstellung, in: Deutsches Verwaltungsblatt (DVBl.), 71. Jahrgang (1956), S. 363–365

Schnelle, Eva Marie, Die indirekte Wahl der Bundesverfassungsrichter durch den Wahlausschuss des Bundestages vor dem Hintergrund der parlamentarischen Repräsentationsfunktion, in: Neue Zeitschrift für Verwaltungsrecht (NVwZ), 31. Jahrgang (2012), S. 1597–1599

Scholz, Rupert, Parlamentarischer Untersuchungsausschuß und Steuergeheimnis, in: Archiv des öffentlichen Rechts (AöR), 105. Jahrgang (1980), S. 564–622

Schönberger, Christoph, Die Europäische Union zwischen „Demokratiedefizit" und Bundestaatsverbot – Anmerkungen zum Lissabon-Urteil des Bundesverfassungsgerichts, in: Der Staat, 48. Jahrgang (2009), S. 535–558

Schorn, Hubert, Abgeordneter und Immunität, in: Neue Juristische Wochenschrift (NJW), 19. Jahrgang (1966), S. 234–237

Schreckenberger, Waldemar/*Merten*, Detlef (Hrsg.), Grundfragen der Gesetzgebungslehre – Aktualisierte Vorträge eines Seminars zur Gesetzgebungslehre (1996) an der Deutschen Hochschule für Verwaltungswissenschaften Speyer, 2000 (zit.: *Bearb.*, in: Schreckenberger/Merten, Gesetzgebungslehre)

Schreier, Nicole, Demokratische Legitimation von Verfassungsrichtern – Eine rechtsvergleichende Analyse am Beispiel des Bundesverfassungsgerichts und des United States Supreme Court, 2016 (zit.: Verfassungsrichter)

Schröder, Meinhard, Verfassungsrichterwahl im transparenten Konsens?, in: Zeitschrift für Gesetzgebung (ZG), 30. Jahrgang (2015), S. 150–167

Schulte, Manfred/*Zeh*, Wolfgang, Der Ausschuß für Wahlprüfung, Immunität und Geschäftsordnung, in: Schneider, Hans-Peter/Zeh, Wolfgang (Hrsg.), Parlamentsrecht und Parlamentspraxis in der Bundesrepublik Deutschland, 1989, § 43

Schulze, Hans (Begr.), fortgeführt von Basler, Otto, bearb. v. Strauß, Gerhard u. a., Deutsches Fremdwörterbuch, Band 4: da capo – Dynastie, 2. Auflage, 1999

Schulze-Fielitz, Helmuth, Der Fraktionslose im Bundestag: Einer gegen alle?, in: Die Öffentliche Verwaltung (DÖV), 42. Jahrgang (1989), S. 829–838

Schulze-Fielitz, Helmuth, Theorie und Praxis parlamentarischer Gesetzgebung – besonders des 9. Deutschen Bundestages (1980–1983), 1988 (zit.: Theorie und Praxis)

Schulze-Fielitz, Helmuth, Wege, Umwege und Holzwege zu besserer Gesetzgebung – durch sachverständige Beratung, Begründung, Folgeabschätzung und Wirkungskontrolle?, in: Juristenzeitung (JZ), 59. Jahrgang (2004), S. 862–871

Schürmann, Thomas, Plenarvorbehalt, in: Morlok, Martin/Schliesky, Utz/Wiefelspütz, Dieter (Hrsg.), Parlamentsrecht – Praxishandbuch, 2016, § 19

Schüttemeyer, Suzanne S., Abgeordnete: Repräsentanten oder Rädchen im Getriebe?, in: Oberreuter, Heinrich (Hrsg.), Macht und Ohnmacht der Parlamente, 2013, S. 59–78

Schüttemeyer, Suzanne S., Modewort oder Alarmsignal? – Befunde und Überlegungen zur Entparlamentarisierung, in: Patzelt, Werner J./Sebaldt, Martin/Kranenpohl, Uwe (Hrsg.), Res publica semper reformanda – Wissenschaft und politische Bildung im Dienst des Gemeinwohls, Festschrift für Heinrich Oberreuter zum 65. Geburtstag, 2007, S. 240–253

Schüttemeyer, Suzanne S., Öffentliche Anhörungen, in: Schneider, Hans-Peter/Zeh, Wolfgang (Hrsg.), Parlamentsrecht und Parlamentspraxis in der Bundesrepublik Deutschland, 1989, § 42

Schwabe, Jürgen, Zum Organistationsrechtlichen Mandat, in: Deutsches Verwaltungsblatt (DVBl.), 89. Jahrgang (1974), S. 69–74

Schwerin, Thomas, Der Deutsche Bundestag als Geschäftsordnungsgeber – Reichweite, Form und Funktion des Selbstorganisationsrechtes nach Art. 40 Abs. 1 S. 2 GG, 1998 (zit.: Bundestag)

Seiler, Christian, Der einheitliche Parlamentsvorbehalt, 2000 (zit.: Einheitlicher Parlamentsvorbehalt)

Sendler, Horst, Vom schönen Schein des bösen Scheins – Oder: Alle Macht den Richtern!, in: Neue Juristische Wochenschrift (NJW), 52. Jahrgang (1999), S. 1232–1235

Sester, Martin, Der Parlamentsbeschluß, 2007 (zit.: Parlamentsbeschluß)

Smend, Rudolf, Verfassung und Verfassungsrecht, 1928 (zit.: Verfassungsrecht)

Sobolewski, Marek, Politische Repräsentation im modernen Staat der bürgerlichen Demokratie, in: Rausch, Heinz (Hrsg.), Zur Theorie und Geschichte der Repräsentation und Repräsentativverfassung, 1968, S. 419–442 (zugleich unter polnischem Titel, in: Dissertationen und Studien der Universität Krakau, Band 33, 1962, S. 187–201)

Soppe, Martin, Parlamentarische Selbstentmachtung als faktische Wahlrechtsbeeinträchtigung – Ein Beitrag zum subjektiven Recht auf Demokratie aus Art. 38 Abs. 1 GG, 2002 (zit.: Selbstentmachtung)

Spanner, Hans, Anmerkung zu BVerwG, Urt. v. 28.9.1961, II C 168/60, in: Die Öffentliche Verwaltung (DÖV), 15. Jahrgang (1962), S. 340–343

Staupe, Jürgen, Parlamentsvorbehalt und Delegationsbefugnis – Zur „Wesentlichkeitstheorie" und zur Reichweite legislativer Reglungskompetenz, insbesondere im Schulrecht, 1986 (zit.: Parlamentsvorbehalt)

Steffani, Winfried, Das öffentliche Parlament, in: Lenz, Wilhelm (Hrsg.), Mensch und Staat in NRW – 25 Jahre Landtag von Nordrhein-Westfalen, 1971, S. 259–279

Steffani, Winfried, Formen, Verfahren und Wirkung der parlamentarischen Kontrolle, in: Schneider, Hans-Peter/Zeh, Wolfgang (Hrsg.), Parlamentsrecht und Parlamentspraxis in der Bundesrepublik Deutschland, 1989, § 49

Steffani, Winfried, Parlamentarische und präsidentielle Demokratie – Strukturelle Aspekte westlicher Demokratien, 1979 (zit.: Parlamentarische und präsidentielle Demokratie)

Steiger, Heinhard, Organisatorische Grundlagen des parlamentarischen Regierungssystems – Eine Untersuchung zur rechtlichen Stellung des Deutschen Bundestages, 1973 (zit.: Organisatorische Grundlagen)

Steiger, Heinhard, Selbstorganisation und Ämterbesetzung, in: Schneider, Hans-Peter/Zeh, Wolfgang (Hrsg.), Parlamentsrecht und Parlamentspraxis in der Bundesrepublik Deutschland, 1989, § 25

Steinberg, Rudolf, Parlament und organisierte Interessen, in: Schneider, Hans-Peter/Zeh, Wolfgang (Hrsg.), Parlamentsrecht und Parlamentspraxis in der Bundesrepublik Deutschland, 1989, § 7

Thielbörger, Pierre/*Ackermann*, Tobias, Großer Ausschuss oder großer Ausschluss? – Zur Verfassungsmäßigkeit eines Hauptausschusses im Deutschen Bundestag, in: Zeitschrift für das Juristische Studium (ZJS), 7. Jahrgang (2014), S. 497–504

Thoma, Richard, Zur Ideologie des Parlamentarismus, in: Kluxen, Kurt (Hrsg.), Parlamentarismus, 1967, S. 54–58 (zugleich in: Archiv für Sozialwissenschaft und Sozialpolitik, Band 53. Jahrgang [1925], S. 212 ff.)

Thym, Daniel, Europäische Integration im Schatten souveräner Staatlichkeit – Anmerkungen zum Lissabon-Urteil des Bundesverfassungsgerichts, in: Der Staat, 48. Jahrgang (2009), S. 559–586

Tomuschat, Christian, Die Parlamentarische Haushalts- und Finanzkontrolle in der Bundesrepublik Deutschland, in: Der Staat, 19. Jahrgang (1980), S. 1–28

Triepel, Heinrich, Delegation und Mandat im Öffentlichen Recht – Eine kritische Studie, 1942 (zit.: Delegation und Mandat)

Triepel, Heinrich, Empfiehlt es sich, in die Reichsverfassung neue Vorschriften über die Grenzen zwischen Gesetz und Rechtsverordnung aufzunehmen?, in: Verhandlungen des 32. Deutschen Juristentages (Bamberg), 1922, Erste Sitzung der 1. Abteilung, S. 11–35 (zit.: *Triepel*, in: 32. DJT 1922)

Troßmann, Hans, Parlamentsrecht des Deutschen Bundestages – Kommentar zur Geschäftsordnung des Deutschen Bundestages unter Berücksichtigung des Verfassungsrechts, 1977 (zit.: Parlamentsrecht)

Troßmann, Hans/*Roll*, Hans-Achim, Parlamentsrecht des Deutschen Bundestages – Kommentar zur Geschäftsordnung des Deutschen Bundestages unter Berücksichtigung des Verfassungsrechts, Ergänzungsband, 1981 (zit.: Parlamentsrecht)

Umbach, Dieter C./*Clemens*, Thomas, Bundesverfassungsgerichtsgesetz, Mitarbeiterkommentar und Handbuch, 1992 (zit.: *Bearb.*, in: Umbach/Clemens, MitKomm)

Vetter, Joachim, Die Parlamentsausschüsse im Verfassungssystem der Bundesrepublik Deutschland – Rechtsstellung – Funktion – Arbeitsweise, 1986 (zit.: Parlamentsausschüsse)

Vitzthum, Wolfgang Graf, Petitionsrecht und Volksvertretung – Zu Inhalt und Schranken des parlamentarischen Petitionsbehandlungsrechts, 1985 (zit.: Petitionsrecht)

Vitzthum, Wolfgang Graf/*März*, Wolfgang, Der Petitionsausschuss, in: Schneider, Hans-Peter/Zeh, Wolfgang (Hrsg.), Parlamentsrecht und Parlamentspraxis in der Bundesrepublik Deutschland, 1989, § 45

Vogel, Hans-Jochen, Gewaltenvermischung statt Gewaltenteilung?, in: Neue Juristische Wochenschrift (NJW), 49. Jahrgang (1996), S. 1505–1511

Voßkuhle, Andreas, Sachverständige Beratung des Staates, in: Isensee, Josef/Kirchhof, Paul (Hrsg.), Handbuch des Staatsrechts, Band 3, 3. Auflage, 2005, § 43

Wagner, Tobias M., Parlamentsvorbehalt und Parlamentsbeteiligungsgesetz – Die Beteiligung des Bundestages bei Auslandseinsätzen der Bundeswehr, 2010 (zit.: Parlamentsvorbehalt)

Wall, Mark/*Boettcher*, Barbara/*Koerner*, Kevin, European integration and the role of the ESM, Deutsche Bank Research, 3. November 2017, abrufbar unter: https://www.dbresearch.com/PROD/RPS_EN-PROD/PROD0000000000454452/European_integration_and_the_role_of_the_ESM.pdf (zit.: European integration)

Walter, Christian/*Grünewald*, Benedikt (Hrsg.), Beck'scher Online-Kommentar BVerfGG, 6. Edition, Stand: 01.12.2018 (zit.: *Bearb.*, in: BeckOK BVerfGG)

Weber, Max, Parlamentarisierung und Demokratisierung, in: Kluxen, Kurt (Hrsg.), Parlamentarismus, 1967, S. 27–40 (zugleich: Parlament und Regierung im neugeordneten Deutschland, in: Gesammelte Schriften, 2. Auflage, 1958, S. 370–391)

Weber, Max, Wirtschaft und Gesellschaft, 5. Auflage, 1972

Wefelmeier, Christian, Repräsentation und Abgeordnetenmandat – Zur aktuellen Bedeutung des Art. 38 Abs. 1 Satz 2 GG, 1990 (zit.: Repräsentation)

Wendel, Mattias, Asylrechtlicher Selbsteintritt und Flüchtlingskrise – Zugleich ein Beitrag zu den Grenzen administrativer Entscheidungsspielräume im Mehrebenensystem, in: Juristenzeitung (JZ), 71. Jahrgang (2016), S. 332–341

Wieckhorst, Arno, Grundrechtsschutz durch Legislativverfahren – Grundrechtlich induzierte Prozeduralisierung der Gesetzgebung und ihrer Kontrolle im Verfassungs- und Unionsrecht, 2017 (zit.: Grundrechtsschutz)

Wiefelspütz, Dieter, Das Primat des Parlaments – Zum *Danckert/Schulz*-Urteil des Bundesverfassungsgerichts zur Europäischen Finanzstabilisierungsfazilität, in: Zeitschrift für Parlamentsfragen (ZParl), 43. Jahrgang (2012), S. 227–250

Wiefelspütz, Dieter, Der Einsatz bewaffneter deutscher Streitkräfte und der konstitutive Parlamentsvorbehalt, 2003 (zit.: Einsatz)

Wiefelspütz, Dieter, Die Bundesverfassungsrichter werden vom Deutschen Bundestag direkt gewählt!, in: Die Öffentliche Verwaltung (DÖV), 65. Jahrgang (2012), S. 961–969

Wiefelspütz, Dieter, Indemnität und Immunität, in: Morlok, Martin/Schliesky, Utz/Wiefelspütz, Dieter (Hrsg.), Parlamentsrecht – Praxishandbuch, 2016, § 13

Wiegand, Marc André, Eine vertrauliche Angelegenheit? – Zur Wahl der Richter des Bundesverfassungsgerichts, in: Recht und Politik (RuP), 49. Jahrgang (2013), S. 11–17

Wieland, Joachim, Haushaltsentscheidungen im gewaltenteilenden Staat – Zur Wiederbelebung der Gewaltentrennungsdoktrin in den USA, in: Archiv des öffentlichen Rechts (AöR), 112. Jahrgang (1987), S. 449–484

Wildenmann, Rudolf (Hrsg.), Form und Erfahrung – Ein Leben für die Demokratie, Festschrift zum 70. Geburtstag von Ferdinand A. Hermens, 1976 (zit.: *Bearb.*, in: FS Hermens)

Winkelmann, Helmut, Parlamentarische Ausschussarbeit, in: Morlok, Martin/Schliesky, Utz/Wiefelspütz, Dieter (Hrsg.), Parlamentsrecht – Praxishandbuch, 2016, § 23

Winkelmann, Helmut, Wahlprüfungsgesetz – Kommentar, 2012 (zit.: WahlPrüfG)

Wolfers, Benedikt, Finanzmarktstabilisierung Oktober 2008: „Gefahrenabwehr" in 48 Stunden, in: Kloepfer, Michael (Hrsg.), Gesetzgebungsoutsourcing – Gesetzgebung durch Rechtsanwälte?, 2011, S. 161–178

Wolff, Hans Julius, Die Repräsentation, in: Rausch, Heinz (Hrsg.), Zur Theorie und Geschichte der Repräsentation und Repräsentativverfassung, 1968, S. 116–208

Wolff, Hans Julius, Organschaft und Juristische Person – Untersuchung zur Rechtstheorie und zum öffentlichen Recht, Zweiter Band: Theorie der Vertretung – Stellvertretung, Organschaft und Repräsentation als soziale und juristische Vertretungsformen, 1934 (zit.: Theorie der Vertretung)

Wolff, Hans Julius/*Bachof*, Otto, Verwaltungsrecht II – Organisations- u Dienstrecht, 4. Auflage, 1976 (zit.: Verwaltungsrecht[4] II)

Wolff, Hans Julius/*Bachof*, Otto/*Stober*, Rolf, Verwaltungsrecht III, 5. Auflage, 2004 (zit.: Verwaltungsrecht III)

Wolff, Hans Julius/*Bachof*, Otto/*Stober*, Rolf/*Kluth*, Winfried, Verwaltungsrecht II, 7. Auflage, 2010 (zit.: Verwaltungsrecht[7] II)

Wolff, Heinrich Amadeus, Entwicklungslinien und Prinzipien der parlamentarischen Kontrolle der Nachrichtendienste, in: Dietrich, Jan-Henrik/Gärditz, Klaus Ferdinand/Graulich, Kurt/Gusy, Christoph/Warg, Gunter (Hrsg.), Nachrichtendienste im demokratischen Rechtsstaat – Kontrolle – Rechtsschutz – Kooperationen, 2018

Zeh, Wolfgang, Altersschichten in der Geschäftsordnung des Deutschen Bundestages, in: Zeitschrift für Parlamentsfragen (ZParl), 17. Jahrgang (1986), S. 396–413

Zeh, Wolfgang, Das Ausschußsystem im Bundestag, in: Schneider, Hans-Peter/Zeh, Wolfgang (Hrsg.), Parlamentsrecht und Parlamentspraxis in der Bundesrepublik Deutschland, 1989, § 39

Zeh, Wolfgang, Impulse und Initiativen zur Gesetzgebung, in: Schreckenberger, Waldemar/Merten, Detlef (Hrsg.), Grundfragen der Gesetzgebungslehre – Aktualisierte Vorträge eines Seminars zur Gesetzgebungslehre (1996) an der Deutschen Hochschule für Verwaltungswissenschaften Speyer, 2000, S. 33–45

Zeh, Wolfgang, Parlamentarisches Verfahren, in: Isensee, Josef/Kirchhof, Paul (Hrsg.), Handbuch des Staatsrechts, Band 3, 3. Auflage, 2005, § 53

Zeh, Wolfgang, Theorie und Praxis der Parlamentsdebatte, in: Schneider, Hans-Peter/Zeh, Wolfgang (Hrsg.,), Parlamentsrecht und Parlamentspraxis in der Bundesrepublik Deutschland, 1989, § 32

Ziekow, Jan, Der Status des fraktionslosen Abgeordneten – BVerfGE 80, 190, in: Juristische Schulung (JuS), 31. Jahrgang (1991), 28–35

Zuck, Rüdiger, Der Rechtsanwalt im Verfassungsbeschwerdeverfahren – Nachrichten aus der anwaltlichen Parallelwelt, in: Neue Juristische Wochenschrift (NJW), 66. Jahrgang (2013), S. 2248–2251

Stichwortverzeichnis